Library of Marxism Studies, Volume 2
马克思主义研究论库
第二辑

20 世纪
马克思主义发展史

The History of Marxism in the 20th Century

北京大学马克思主义学院　组编
总主编　顾海良

第六卷　20 世纪下半期马克思主义在苏联东欧的发展

Volume 6: The Development of Marxism in the Soviet Union and Eastern Europe in the Second Half of the 20th Century

主　编　王　东
副主编　陈　红

中国人民大学出版社
· 北京 ·

马克思主义研究论库

出版说明

马克思主义是我们立党立国的根本指导思想，是我们认识世界、改造世界的强大理论武器，加强和推进马克思主义理论研究和建设，具有十分重要的意义。当前，随着中国特色社会主义伟大实践深入推进，新情况、新问题层出不穷，迫切需要我们紧密结合我国国情和时代特征大力推进理论创新，在实践中检验真理、发展真理，研究新情况，分析新矛盾，解决新问题，用发展着的马克思主义指导新的实践。时代变迁呼唤理论创新，实践发展推动理论创新。当代中国的学者，特别是马克思主义学者，要想适应时代要求乃至引领思想潮流，就必须始终以高度的理论自觉与理论自信，不断推进马克思主义中国化、时代化、大众化，不断赋予马克思主义新的生机和活力，使马克思主义焕发出强大的生命力、创造力、感召力，放射出更加灿烂的真理光芒。

为深入推进马克思主义理论研究、马克思主义中国化研究，中国人民大学出版社组织策划了“马克思主义研究论库”丛书。作为一个开放性的论库，该套丛书计划在若干年内集中推出一批国内外有影响的马克思主义研究高端学术著作，通过大批马克思主义研究性著作的出版，回应时代变化提出的新挑战，抓住实践发展提出的新课题，推进国内马克思主义研究，促进国内哲学社会科学的繁荣发展。

我们希望“马克思主义研究论库”的出版，能够受到广大读者的欢迎，为推动国内马克思主义研究和教学做出更大贡献。

中国人民大学出版社

目　录

导　论

本书是北京大学马克思主义学院组编、顾海良总主编的《20 世纪马克思主义发展史》九卷本中的第六卷，是其中的一个重要组成部分。

本书是在历史与逻辑、理论与实践的统一之中，叙述 20 世纪下半期马克思主义在苏联东欧各国的发展过程，揭示其与战后时代课题及苏东各国国情相结合的复杂过程，以及马克思主义的理论创新与思想成果、历史规律与历史特点、历史经验与历史教训。

同时，本书在研究对象上又有一定的特殊性、相对独立性，因而也使得本书具有相对独立的学术价值、理论价值。它要回答这个时代一个不可回避的重大理论问题、时代课题——苏联模式的历史命运问题：20 世纪下半期苏东马克思主义经过了怎样的曲折发展历程，为什么马克思主义发展史上会出现苏东剧变这样的重大历史曲折？

由此决定，本书就是要回答一个当代富有挑战性的尖锐问题：苏东剧变历史命运和马克思主义究竟是什么关系？

为此，在导论部分，我们简要地回答与此相关的几个基本问题。从本书研究的特殊对象、历史分期入手，深入这一阶段的内在逻辑、历史特点，最后总结出这一时期的主要历史经验与历史教训。

一、本书研究的特定对象

本书有特定的研究对象：20 世纪下半期苏东马克思主义史，即从 1945 年第二次世界大战结束之后，特别是从 1953 年斯大林逝世之后，苏联与东欧各国马克思主义发展的历史，研究持续到 2000 年前后，乃至延续至今。

为了便于大家简单明快地把握这个特定研究对象，我们在这里提出了一个新的特定概念：战后苏东马克思主义史。

下面，我们从空间、时间、理论内容、理论形态、发展过程这五个维度，简要概述“20 世纪下半期苏东马克思主义史”这个特定研究对象的特殊性。

（1）空间上的特殊性——把苏联与东欧八国这两大区域、两大板块作为一个统一整体、特殊的国家体系加以系统整体研究。

在战后现代世界历史上，当年这九国也构成“社会主义阵营”的欧洲部分，基本上都是“华沙条约缔约国”（南斯拉夫未加入，是个例外）。由此表明，这是在特殊时期、特定空间中构成的特殊的国家体系。

在这里，中心区域首先是苏联，包括 16 个加盟共和国。另一大板块，则是东欧八国：民主德国、波兰、捷克斯洛伐克、保加利亚、罗马尼亚、匈牙利、南斯拉夫、阿尔巴尼亚。

如果说俄罗斯的典型特征是一个处于东方与西方之间的国家的话，那么东欧国家从地理空间、地缘政治角度来看的典型特征，就是处于欧洲东部，介于典型西欧国家与俄罗斯之间的国家，在历史地理文化上，都有其特殊性。这种中间带、过渡带、走廊带的空间位置，也带来东欧民族国家文化特有的多样性、交错性、复杂性。

（2）时间上的特殊性——从 20 世纪下半期回溯到 1945 年第二次世界大战结束，中间经过 1953 年斯大林逝世，到 2000 年，或者更宽泛地说是世纪之交。

这里必须注意的是，“20 世纪下半期”不仅指的是从 20 世纪 50 年代开始的一个特殊时间段，而且意味着世界历史发展的一个新时期、新阶段，具有不同于“20 世纪上半期”的新特点、新情况、新矛盾、新课题，这是 20 世纪下半期以来当代马克思主义必须回答的时代课题。

为此，本书第一章开宗明义，首先分析了“20 世纪下半期”面临的时代新变化。这种新变化最突出的三点是：第一，20 世纪上半期的时代主题是战争与革命，打了两次世界大战，迎来了两次革命高潮，而 20 世纪下半期的时代主题，则从 20 世纪 50 年代中期开始，逐渐转向和平与发展；第二，新一轮的现代科技革命，首先从西方发达资本主义国家兴起，使经济落后国家如何利用资本主义现代文明成果推动本国走向现代化问题更加突出；第三，社会主义从一国走向多国，怎样结合多个民族国家特点，寻求走向社会主义、建设社会主义多样化道路问题，比 20 世纪上半期更加突出、更加重要。

“20 世纪下半期”，顾名思义，指的是 1950 年之后的 50 年。这个时间节点，是简单明了的。而从思想史的角度讲，这个历史起点，多少有点复杂性。

这个阶段的历史起点，究竟是 1945 年第二次世界大战结束，还是 1953 年斯大林逝世，抑或 1956 年苏共二十大？这个问题，还是可以争论的，各有一定根据、一定道理、一定合理性。

比较来比较去，最终我们还是倾向于把这个阶段的历史起点，从 1953 年斯大林逝世，向前延伸到 1945 年，即第二次世界大战结束。这样，更能说明时代背景、历史条件、时代主题的重大转变。

这个阶段的历史终点，不是 1991 年前后的东欧剧变、苏联解体。虽然这个重大历史事件，使苏东马克思主义史发生急剧转折，一度断崖式地跌入谷底，但这并不是苏东马克思主义的终结。在此之后，我们还以俄罗斯为主，考察了苏东马克思主义的艰难重生。大体到 2000 年前后，世纪之交，有的直至今天，2020 年前后。

（3）理论内容上的特殊性——时代与国情的特殊性，决定了战后苏东马克思主义特殊的理论内容，就是要回答苏联与东欧各国如何从以战争与革命为主题的历史时代，走向以和平与发展为主题的历史时代，如何依据本国各自的历史特点、特殊国情，逐步走向社会主义，建设社会主义。

对于苏联来说，是怎样从战时体制、战时经济走出，怎么适应和平与发展新时代、科技革命新时代的需要，探寻新道路、新体制。

而对于东欧各国来说，又有不同于苏联的历史特点，甚至各国还各有特点，怎样才能适合新时代、新国情的需要，做出相应的实践创新、理论创新，显然是全新的时代课题、理论课题。

（4）理论形态上的特殊性——由于种种复杂的历史原因，在苏联模式理论桎梏下的马克思主义曲折发展，成了战后苏东马克思主义发展的特殊理论形态。具体分析起来，又有三种不同的理论形态。

在战后几十年的发展中，在苏东各国，占主导地位的多半是 20 世纪 30—50 年代形成的苏联模式下的马克思主义，即带有战争时代、战时体制历史局限，简单化教条主义色彩的理论形态，长期占据主导地位。

在学术层面，也出现了一些解放思想的理论创新，如卢卡奇的晚年四大创新、南斯拉夫自治社会主义的理论探索，寥若晨星，未成主流形态。

还出现了一种倾向，就是为了反抗苏联模式、教条主义，面向西方思潮、西方马克思主义寻求思想资源的东欧“新马克思主义”，在学术上占有一席之地，但在东欧剧变之前，未成主流形态。

（5）发展过程上的特殊性——“20 世纪下半期”的精确时间起点，就是 20 世纪 50 年代，同时它还有个世界历史的特殊起点，就是 1945 年第二次世界大战结束；特殊的历史转折点就是 1991 年前后苏东剧变，由此也决定了“战后苏东马克思主义”发展过程具有其他地域、民族国家所没有的特殊性。

1945 年第二次世界大战结束后，马克思主义如雨后春笋一般，在东欧各国迅速普及。1991 年苏东剧变之后，东欧各国马克思主义又断崖式地迅速跌入低谷。世纪之交，战后苏东马克思主义，主要是俄罗斯的马克思主义，则在经历艰难重生过程。

二、这一阶段的历史分期

马克思主义发展史是一门思想史，我们必须要回答 20 世纪下半期苏联东欧马克思主义发展史的历史分期问题，也就是马克思主义经历了哪些不同的发展阶段，这些不同发展阶段的不同历史特点是什么？

由于马克思主义发展史不同于一般的学术思想、社会思潮，其有一个本质特征，就是它在苏联与东欧各国，实际上是马克思所说的“统治阶级的思想在每一个时代都是占统治地位的思想”，是各国马克思主义执政党的指导思想、理论基础，是各个社会主义国家的主流意识形态和文化灵魂。

也正是由于这个原因，20 世纪下半期苏联东欧马克思主义发展史的命运和苏联模式社会主义在苏东各国的历史命运结下了不解之缘。

20 世纪下半期苏联东欧马克思主义发展史的内在逻辑，尚有待我们做深入细致的分析。在这里，我们不妨按照大家公认、显而易见的方式，首先将其分成四个历史时期和发展阶段。

这四个阶段的明显历史标志是苏联国家主要领导人的历史更迭。这种分期方式虽然比较表面，但有一个颇为深层的内在根据，即苏东九国实际上构成了特殊历史时期的特殊国家体系，这个国家体系的核心是苏联，整个苏东社会主义阵营的国家意识形态体系也是如此。

20 世纪下半期苏联东欧马克思主义经历了一个跌宕起伏的发展过程，主要经历了四个发展阶段。第一阶段，大体相当于斯大林逝世前后和赫鲁晓夫时期 10 年，20 世纪五六十年代的改革来潮与受挫；第二阶段，大体相当于勃列日涅夫时期 18 年（1964—1982 年），20 世纪六七十年代改革再次来潮与再次受挫，苏联模式僵化期；第三阶段，大体相当于戈尔巴乔夫时期 7 年（1985—1991 年底），东欧剧变，苏联解体；第四阶段，大体相当于 1992 年以后，世纪之交新阶段，苏东剧变后马克思主义艰难重生。

上述四个阶段决定了本书在总体结构上的四大板块。

第一阶段：从斯大林逝世前后到赫鲁晓夫主政时期。1953 年斯大林逝世之后，1956 年苏共二十大前后，出现了所谓“思想解冻”的历史现象，实际上也就是对 20 世纪 30—50 年代形成的苏联模式和斯大林问题进行历史反思，借以总结历史教训，突破“左”的教条主义、僵化体制、僵化观念。

叙述这一历史阶段的主要内容，构成前六章，即第一章至第六章，也就是本书总体结构上的第一板块。而这一历史时期的显著特点则是改革与逆转、开放与封闭的复杂二重性。

这一部分的前两章，向前追溯到战后初期的季米特洛夫人民民主论与斯大林晚年思想二重性，相当于一个历史导言。

这一阶段的中心事件是 1956 年 2 月召开的苏共二十大。苏共二十大在 20 世纪下半期苏联东欧马克思主义发展史的历史作用具有特别复杂的二重性。毛泽东当年曾用“揭了盖子，又捅了娄子”来形容这种二重性。也就是说，苏共二十大，尤其是会议结束时赫鲁晓夫做的所谓“内部报告”，打着反对斯大林个人崇拜的旗号，实际上对斯大林时期苏联模式所存在的问题及弊端第一次“揭了盖子”，引起反思，由此推动苏联东欧各国普遍出现了改革来潮，试图适应战后时代变化新趋势，开始探索社会主义建设新道路。另一方面，赫鲁晓夫用“内部报告”形式，把苏联模式下的体制问题简单归结为斯大林个人品质、个人崇拜问题，而对于基本理论与制度体制的重大问题却缺少实事求是的具体分析，因而在国际范围内引起了相当程度的思想混乱。

由于苏共二十大具有这样复杂的二重性，因而造成 20 世纪五六十年代苏联东欧马克思主义史也呈现出带有二重性的发展历史图景。

一方面，这一时期的南斯拉夫、匈牙利、波兰、苏联等国先后出现了解放思想、改革开放的改革来潮，马克思主义哲学、政治经济学、科学社会主义的学术研究也开始出现解冻现象。另一方面，由于处理所谓斯大林问题和苏联模式基本理论等问题上的简单化方式，因而在处理 1956 年“波兹南事件”“匈牙利事件”等问题上，都出现了思想混乱，左右摇摆，社会动荡。与此相应，赫鲁晓夫领导时期的苏联改革，1953 年至 1958 年有些生气，1959 年至 1964 年却出现了不少盲动现象，虎头蛇尾，直至 1964 年 10 月赫鲁晓夫下台而草草收场。

这一时期的主要问题，是用斯大林的个人崇拜问题掩盖了制度的根本问题，用“三和”“两全”的抽象理论代替了马克思主义基本理论，尤其是时代观、国家观、社会主义观的理论创新，因而错失了战后当代社会主义改革的历史机遇。

第二阶段：20 世纪六七十年代，大体上相当于通常所说的勃列日涅夫时期 18 年。这一时期的基本特征是：一方面，在苏联出现柯西金改革，在匈牙利出现卡达尔改革，1968 年在捷克斯洛伐克出现杜布切克领导下的改革高潮，马克思主义哲学、政治经济学、科学社会主义研究也有活跃趋势；另一方面，固守传统计划经济体制的苏联模式的僵化倾向借助于勃列日涅夫“发达社会主义论”旗号重新抬头，武装占领布拉格的强力镇压，使改革来潮再次遭到了严重挫折，苏联模式由此走向僵化。

对于勃列日涅夫时期的研究，构成了本书的第二大板块，共五章，即第七章至第十一章。这一阶段也有其独特的二重性、矛盾性。由于趋于保守，没有大折腾、大逆转，苏联东欧马克思主义哲学社会科学出现了平衡发展、比较活跃的历史特点。然而，勃列日涅夫的“发达社会主义论”与僵化观念，却掩盖了矛盾、拖延了改革，苏联模式完全僵化由此定局。

这一时期，苏联马克思主义哲学、政治经济学、科学社会主义领域一度出现了比较活跃的思想倾向，甚至还产生了一些别开生面的学术流派与社会思潮。本书第八章择要介绍了这一时期马克思主义哲学七个方面的进展、政治经济学上出现的七个学派、科学社会主义关于社会主义社会发展阶段的研究及先后展开的三场讨论。本书第十、第十一章叙述了东欧各国马克思主义的学术研究、主要成果、各个学派、国际地位。

在东欧各国出现了以卢卡奇为首的匈牙利布达佩斯学派，南斯拉夫则有实践派与辩证唯物主义学派之争，波兰则有沙夫等人倡导的人道主义马克思主义学派，其他各国也出现了相应的马克思主义学术研究的活跃时期。

问题的症结在于，以勃列日涅夫为首的苏共领导集团，长期脱离群众，垄断既得利益，蜕化为官僚特权阶层，因而成为压制改革来潮的僵化保守力量。

1966 年，时任苏联部长会议主席柯西金倡导的经济改革，起初也有较好势头，后来在 1968 年镇压“布拉格之春”后，偃旗息鼓，无果而终。

1968 年捷克斯洛伐克的改革，曾经势头很大，也取得了重大突破，但是在 1968 年 8 月，突然遭到华约 20 万大军武力镇压。

在这种严峻形势下，匈牙利、波兰等国的改革也先后遭到厄运，乃至在 20 世纪 70 年代末 80 年代初，已经酿成苏东各国的体制危机。

第三阶段：20 世纪八九十年代，戈尔巴乔夫在苏联主政的 7 年，再加上其余波时期 3 年左右。这一阶段的主要特点是戈尔巴乔夫新思维，以固守苏联僵化模式的“加速战略”失败为契机，急剧改旗易帜，打出“人道的民主的社会主义”旗号，根本上背离了马克思列宁主义，造成东欧剧变、苏联解体，造成马克思主义发展史上的大动荡、大曲折。

对于戈尔巴乔夫时期苏东剧变的研究，构成了本书的第三大板块，共有四章，即第十二章至第十五章。我们不仅力求全面再现这个历史过程，而且努力科学揭示苏东剧变的深刻根源及其与马克思主义的关系——究竟是坚持马克思主义、社会主义的失败，还是走上改旗易帜之路的失败？

1982 年勃列日涅夫逝世后，安德罗波夫、契尔年科两人，都是年迈老人，各自执政一年左右就撒手人寰，这成为体制危机的典型表现。

钻了这个空子，当时 54 岁的、号称年富力强的戈尔巴乔夫，掌握了苏联党和国家的最高权力。他没有意识到苏联模式的体制性危机，起初企图以苏联模式固有的“加速战略”侥幸取胜。在遭到失败后，他提出新思维、公开性、民主化，打着“人道的民主的社会主义”旗号，实际上从根本上抛弃了党的领导、马克思列宁主义指导、社会主义道路。

正是这种改旗易帜的根本错误导向，造成了苏联意识形态的崩溃和整个苏联社会思想的巨大混乱，最终导致苏联解体。也正是这种错误导向，加剧了东欧各国的苏联模式体制性危机，原有的执政党陷于被动局面，强制维持的苏联模式社会主义纷纷解体，造成了东欧各国发生剧变的历史一幕。

从本质上看，这不是马克思列宁主义、科学社会主义的根本失败，而是苏联模式社会主义及其教条主义僵化观念，加上戈尔巴乔夫思想背叛、改旗易帜的失败。

第四阶段：从 1995 年到 2000 年，再到今天。马克思列宁主义、社会主义并没有像福山等人所断言的那样，从此销声匿迹，永远地退出历史舞台；而是在苏联解体之后的俄罗斯，经历了低谷之后艰难重生，并且在思想理论上出现了六个初具雏形的马克思主义学派：固守苏联正统的马克思主义学派、反思的马克思主义学派、批判的马克思主义学派、创新的马克思主义学派、文化学马克思主义学派、文本学马克思主义学派，这些学派特点鲜明、各具特色，使俄罗斯的马克思主义研究呈现多元化的态势。

苏东剧变后，苏联东欧马克思主义进入低谷期，这种断崖式地跌入低谷的趋势，延续到 1995 年前后，又开始逐渐出现一种转机，即马克思列宁主义在低潮时期艰难重生。对这一时期的研究，构成本书的第四大板块。

本书力图综合以上述四个时期、四个阶段、四大板块，历史地和逻辑地再现20世纪下半期马克思主义在苏联东欧曲折发展的历史过程。

三、方法论上的三点创新

在一个半世纪的马克思主义历史长河中，在20世纪马克思主义历史图景中，有一个不可忽略的重要组成部分，就是20世纪下半期苏联东欧的马克思主义历史发展。

然而，由于种种复杂的历史原因，这个重要研究领域却没有受到应有重视。其研究的广度深度，根本无法与经典马克思主义、西方马克思主义、中国化马克思主义相比，更莫论与西学、国学等显学的研究热潮相比。专门研究苏东马克思主义史的论文专著，真可谓寥若晨星，少而又少。把这一时期苏联东欧马克思主义史作为专门研究对象，做出整体研究的学术专著，更如凤毛麟角，珍稀难找。根据我的粗略考察，对于苏东九国战后马克思主义史的专门研究论著，仅就论文及专著数量来说，可能还比不上西方马克思主义的一个流派——法兰克福学派的论著分量。

为了更好地找出问题症结所在，我们不妨从国内外学术界找几部较有影响，甚至是最有影响的有关学术专著，做点具体分析、比较研究。

南斯拉夫实践派重要代表人物普·弗兰尼茨基1961年发表的《马克思主义史》三卷本，是一部至今影响重大的学术专著，既有对马克思主义的总体宏观研究，也在其最后的第六篇中，有对苏联东欧马克思主义史的一些综合考察。美中不足的是，时间上仅限于20世纪60年代之前，也就是20世纪50年代的苏东马克思主义史；在国别上，主要限于苏联、南斯拉夫两个国家的马克思主义史；对于其他诸多国家，则只限于用“蜻蜓点水”的方式，点到了匈牙利卢卡奇、民主德国布洛赫等个别马克思主义理论家；在马克思主义理论领域，则多半限于马克思主义哲学这个专业领域，对马克思主义哲学、政治经济学、科学社会主义的综合研究则远未涉及。

科拉科夫斯基的《马克思主义的主要流派》是一部由学者个人完成的三卷本巨著，在西方影响颇大，甚至被一些人推崇为马克思主义史的权威性著作。但作者的马克思主义观是存在根本问题的，对马克思的解释并不科学准确，制造了马克思与恩格斯的思想对立，更把列宁主义以来现实社会主义社会中的马克思主义，包括中国马克思主义、毛泽东思想，都斥为“虚假意识形态”。

从国内论著来看，1996 年由黄楠森、庄福龄、林利作为总主编的《马克思主义哲学史》八卷本中作为压轴的第八卷，专讲当代国外马克思主义哲学史，最后三章分别叙述了苏联、波兰、南斯拉夫三国战后马克思主义哲学发展史①。这不失为一个有益尝试，但离苏东九国马克思主义哲学、政治经济学、科学社会主义的系统整体研究，还有很长的路要走。

1996 年，由中国人民大学马列主义发展史研究所组编的《马克思主义史》四卷本出版，其中第四卷对于苏联东欧的战后马克思主义史，做出了一些粗线条的综合研究，而且联系苏联模式与改革命运，开始了马克思主义哲学、政治经济学、科学社会主义综合研究。然而，篇幅有限，仅限几章，学术层面的系统研究远未真正展开②。

2009 年，由顾海良主编的《马克思主义史》出版，第七章题为“苏联社会主义模式的形成和发展”，第十一章题为“苏联东欧剧变与世纪之交马克思主义的命运”，包含着对苏联与东欧各国、马克思主义三个组成部分的综合研究，而限于篇幅，显得有些简略、笼统。

在苏东马克思主义史的研究领域中，研究得最少的其实首推对东欧各国的研究，许多国家许多方面，实际上还是一块未开垦的“处女地”。在这方面，我们欣喜地看到，在中国北方的学术重镇黑龙江大学，有一支年轻的学术队伍，做了一些基础性研究工作。在 2015 年前后，一并出版了《东欧新马克思主义理论研究丛书》20 本、《东欧新马克思主义译丛》40 本。但离东欧与苏联、理论与实践的综合研究还有很大距离。有许多基本观点，需要仔细推敲。

我们希望在国内外前人研究的基础上，在以下“三个综合”上，创新方法论：

第一，对苏联与东欧这两大板块进行综合，有所创新。原来的研

---

① 黄楠森，等. 马克思主义哲学史：第 8 卷. 北京：北京出版社，1996：655-835.

② 中国人民大学马列主义发展史研究所. 马克思主义史：第 4 卷. 北京：人民出版社，1996：3-108，513-610.

究，多半是就苏联与东欧这两大板块，采取盲人摸象的方式，各取所需，孤立研究。实际上，在国家体系、意识形态、理论研究、社会思潮上，二者之间有不可割裂、千丝万缕的联系，需要做整体系统考察。“20 世纪下半期马克思主义在苏联东欧的发展”这个书名与概念的提出，就鲜明昭示了这一点。

第二，对战后苏东理论研究与改革实践这两个方面进行综合，有所创新。过去这两个方面的学术研究，几乎成了两条平行线。本书试图把二者统一起来，揭示其内在的逻辑联系。

第三，对战后苏东马克思主义哲学、政治经济学、科学社会主义这三个组成部分进行综合研究，打破学科壁垒，努力做出新的综合。

下面我们不是按部就班、原原本本地依此介绍本书的基本内容，而是重点阐明本书依据这种方法论上的综合创新主要提出了哪些新问题、新观点。

四、理论内容上的五点创新

（一）战后苏东马克思主义曲折发展的内在逻辑

一部马克思主义史著作，不仅要能准确全面描述 20 世纪下半期苏东马克思主义史的历史过程，而且应当进一步揭示其深刻内在逻辑，这是本书的一个新尝试。

我们需要对 20 世纪下半期苏东马克思主义史的发展主线、基本脉络有一个总体把握，借以超越前人的一般研究。

以往相关著作，多半是孤立地研究某一个时期、某一个国家、某一学科领域、某一个学派，或某一个学者、某部著作。因而，我们迫切需要超越这种孤立静止的局部研究、个案研究，上升到对 20 世纪下半期苏东马克思主义史的总体动态系统把握，并且努力揭示其深层结构、内在逻辑。

纵观这段历史，我们可以说，20 世纪下半期苏东马克思主义史是曲折发展的三部曲，经历了跌宕起伏的三个阶段：改革三次来潮、三次受挫—改旗易帜、苏东剧变—陷入低谷、艰难重生。

第一阶段，1945—1985 年，苏东各国试图突破苏联模式的改革来潮，思想解放的来潮，学术自由、理论创新的来潮。在 20 世纪四五十年代、五六十年代、六七十年代，改革先后三次来潮，却又先后三次受挫，始终未能根本突破“计划经济为主、市场调节为辅”的狭隘框架，未能突破只搞经济体制改革、不搞政治体制改革的狭隘思路。

第二阶段，1985—1995 年，20 世纪 80 年代后期、90 年代前期，改革转向、政治社会大动荡 10 年，苏联戈尔巴乔夫改革初期受挫之后，迷失方向，改旗易帜，走上邪路，乃至在八九十年代之交，东欧剧变，苏联解体，苏东马克思主义研究也随之断崖式地跌入低谷之中。

第三阶段，1995 年至世纪之交，由于东欧剧变、苏联解体，原来意义上的“苏东马克思主义”已经不复存在，但这些国家范畴中的马克思主义并未完全消失泯灭，尤其是在马克思列宁主义根基特别深厚的俄罗斯，又开始了马克思主义艰难重生的过程。

为了更好地从系统上总体把握 20 世纪下半期苏联东欧马克思主义发展基本线索，本书形成了揭示其内在逻辑的三篇结构，只是在表述形式上服从统一规范而未在目录中明示：

上篇十一章，改革三次来潮、三次受挫——战后苏东马克思主义曲折发展。

中篇四章，改旗易帜，苏东剧变——戈尔巴乔夫“新思维”与当代社会主义大曲折。

下篇四章，陷入低谷，艰难重生——当代俄罗斯马克思主义六个学派。

本书尝试以上述“20 世纪下半期苏东马克思主义三部曲”为内在逻辑，全面展现 20 世纪下半期马克思主义在苏联东欧的曲折发展过程。

（二）苏东改革的三次来潮、三次受挫

怎样从总体上把握 20 世纪下半期苏东马克思主义发展主线、来龙去脉？本书的一个新尝试，是把苏联与东欧八国作为一个有机整体，揭示出 20 世纪 50—80 年代贯穿苏东马克思主义发展史的一条主线，就是改革的三次来潮、三次受挫，由此构成本书前十一章的主体内容，也是本书的思想重心所在。

本书研究的历史起点是 20 世纪 50 年代，但是为了讲清苏东改革的来龙去脉，我们不能不向前追溯到 1945 年第二次世界大战结束的

战后初期。从这个意义上可以说，我们研究的是战后苏东马克思主义史。

战后苏东马克思主义史的第一个阶段，也是一个主要的历史阶段，就是从 1945 年至 1985 年这战后 40 年，其历史主线，就是突破传统计划经济体制的苏联模式的社会主义改革，在 20 世纪四五十年代、五六十年代、六七十年代的三次来潮，推动了马克思主义哲学、政治经济学、科学社会主义等各个领域的思想解放、理论创新；然而，由于种种复杂历史原因，改革先后都被僵化的苏联模式用强制甚至是暴力手段压制下去了。正是这种曲折发展的历史，构成了战后 40 年的苏东马克思主义史的一条主线。

前人很少完整描述这段历史，我们这里试图用粗线条的方式，简要地勾画出这段历史的整体轮廓。

在国内外流行的著作中，多半都把战后东欧改革起点追溯到 20 世纪 50 年代初的南斯拉夫自治社会主义实践探索。这一说法并不科学准确，问题就是忽略了 1945 年至 1948 年间，保加利亚季米特洛夫、南斯拉夫铁托等主张不要简单照搬苏联模式，东欧各国应独立探索适合本国国情的人民民主道路。这样的正确主张，在 1948 年后被压制下去。这段历史，被尘封多年却不应忽略。今天应当拨开迷雾，让其重见天日。

战后苏东的改革初潮，不是迟至 20 世纪 50 年代中期之后，而是在 20 世纪四五十年代，准确地说，是在 1945 年后的 40 年代中后期，1945 年至 1948 年间。其典型代表人物，一是保加利亚的季米特洛夫，二是南斯拉夫的铁托。

力图摆脱高度集中的苏联模式，战后独立探索本国社会主义特殊道路的努力，是由来已久的。最有影响的代表人物有三位：毛泽东、季米特洛夫、铁托。以毛泽东为首的中国共产党人，对中国的新民主主义革命建国道路、社会主义改造道路进行了独立探索、大胆创新，并且鲜明地提出了“把马克思主义普遍真理与中国具体实践相结合”的口号，并作为毛泽东思想的思想主旨。曾担任过共产国际领导的保加利亚共产党人季米特洛夫，明确提出了各民族社会主义道路的多样性问题：“大小各国最后将过渡到社会主义，是毋庸置疑的，因为那在历史上说是不可避免的。问题的核心（而且我们马克思主义者应该了解这点）是：每一个国家实行过渡到社会主义不是经过定型的道路，也不是恰好像苏联的道路，而是经过它自己的道路，这个道路要看它的历史、民族、社会及文化情况而定。”① 他曾设想，由东欧新建立的社会主义国家组织起一个联邦，其主要宗旨在于：我们要走自己的路去建设社会主义，没有必要使我们的社会主义看起来完全与苏联的一个样，我们的社会主义将具有更加民主的形式。可惜的是，这位有胆略的马克思主义者，1949 年 7 月就不幸去世了。

以大无畏精神，首先突破高度集中的苏联模式的，是以铁托为首的南斯拉夫共产党人。他们紧密立足南斯拉夫国情、反对法西斯抵抗运动与革命游击战争道路的特殊性，铁托在 1946 年前后产生了突破苏联模式道路，走出自己新路的思想火花：每个国家内部发展的特殊条件和性质决定了到达和实现更美好社会制度所走的道路的特殊性。具体地说，在我们这里，就是争取达到真正的人民民主的道路。

保加利亚季米特洛夫与南斯拉夫铁托心心相印，一拍即合，于是 1947 年 7 月季米特洛夫访问了南斯拉夫首都贝尔格莱德，同年 11 月铁托又回访了保加利亚首都索非亚。

在这样的背景下，“南保联邦”问题似乎也有了新的进展。铁托在索非亚称：“许多人说我们已经形成了一个联邦。但我们正在创立的是一个关系更密切、范围更广泛的联盟，至于联邦只不过是个形式而已。”季米特洛夫 1948 年 1 月 18 日在布加勒斯特对记者说：“联邦或邦联的问题对我们来说还不成熟。它还没有列入目前的议事日程，因此，这个问题不是我们在会上讨论的题目。当这个问题成熟的时候（成熟是不可避免的），那么，我们这些国家的人民，即罗马尼亚、保加利亚、南斯拉夫、阿尔巴尼亚、捷克斯洛伐克、波兰和匈牙利等人民民主国家的人民将和希腊一起解决它。”②

然而，季米特洛夫与铁托自主建立两国联盟——巴尔干联邦，乃至中东欧联邦，旨在保障东欧国家自主走上不同于苏联模式的人民民主道路的政治主张，受到斯大林的强力压制。

1945 年 8 月 2 日，南保两国签订了互助友好合作条约之后，季米特洛夫要求这个条约是没有期限的。

斯大林得知后，给铁托发了一封电报称：“苏联政府认为，两国政

① 季米特洛夫. 季米特洛夫文集. 延安：解放社，1950：457.

② 孔寒冰. 东欧史. 上海：上海人民出版社，2010：307-308.

府无视苏联政府的预先警告，在和约未曾生效前就签订了条约，而且是没有期限的条约，是犯了一个错误。苏联政府认为，两国政府仓促行事是帮了英美反动分子的忙，为他们加紧对希腊和土耳其事务的军事干涉、反对南斯拉夫和保加利亚提供了又一个借口。”

为了协调对国际问题的认识，三方决定在莫斯科举行会谈。莫洛托夫向铁托和季米特洛夫发出邀请，请他们不晚于 2 月 8—10 日到达莫斯科。

斯大林严厉批评季米特洛夫道：“您就像一名共青团员似的，跑得太快了。您想让世界大吃一惊，仿佛您仍旧是共产国际的书记。您和南斯拉夫人什么也不告诉我们，我们是靠道听途说才知道的。您让我们面对既成事实！”①

1948 年 1 月 17 日，季米特洛夫对记者宣布，将会努力构建一个东欧国家联盟，保障东欧各国共同走上人民民主新道路，建立新制度、新国家。然而，这立即遭到斯大林的严厉反对……

1947 年 9 月，成立了由苏东国家、法、意等九国组成的共产党和工人党情报局，1948 年 6 月召开的第三次会议根据日丹诺夫报告，做出了《关于南斯拉夫共产党状况的决议》，1949 年 11 月的第四次会议，进一步做出《在杀人犯与间谍掌握中的南斯拉夫共产党》的决议。南斯拉夫被开除出共产党和工人党情报局，并在各方面受到严厉制裁。

季米特洛夫则积劳成疾，1949 年 3 月 7 日送往苏联进行抢救未果，于 1949 年 7 月 2 日逝世。本书专门写了第二章，恢复季米特洛夫人民民主论在 20 世纪马克思主义史上应有的历史地位。

怎样看待晚年斯大林？这成了一个众说纷纭的历史问题。本书第三章“战后斯大林的理论贡献和历史局限”，试图更好地回答这个问题，实事求是、具体分析斯大林晚年思想的二重性、理论贡献与历史局限。

其实，在苏联内部，甚至包括斯大林本人，在战后初期，1945 年至 1946 年间，也曾肯定地支持“战后和平发展论”“东欧人民民主道路论”“社会主义道路的民族特殊性理论”。1946 年 5 月 4 日，斯大林会见波兰总统贝鲁特时，还特别明确地提出，由于波兰不同于苏联的特殊

---

① 卡尔波夫. 大元帅斯大林. 北京：社会科学文献出版社，2013：779-780.

国情，不必要实行那么严厉的无产阶级专政，可以开创人民民主制的新制度、新道路。

然而，后来 1947 年后斯大林本人带头向“左”逆转，并借用苏联模式的强制力量，强行压制了东欧各国战后初期第一次改革来潮。

这种二重性也集中反映到斯大林晚年的两部重要理论著作——《马克思主义和语言学问题》《苏联社会主义经济问题》中。他一方面坚持和发展了马克思主义语言观和社会主义政治经济学的基本理论，另一方面又表现出其理论局限与历史局限。最根本的局限表现在其时代观与社会主义观上，政治上提出“两个对立的阵营”，经济上提出“两个平衡的世界市场”，这两个主张成为思想向“左”逆转、改革受挫的主要理论根源。

战后苏东改革的第二次来潮，是在 20 世纪五六十年代。1956 年苏共二十大前后，南斯拉夫、匈牙利、波兰、苏联等国家，都再次先后出现了改革来潮，1956 年酿成“波兹南事件”“匈牙利事件”，苏联借助于军事干涉，把这次改革来潮又强行压制下去。

最先开始的是铁托、卡德尔等人领导的南斯拉夫自治社会主义的理论创新与实践创新，在学术上也出现了辩证唯物主义学派与实践派的学术争鸣。

匈牙利出现了改革来潮，各种思潮涌动，纳吉政府上台。一些思想比较激进的青年知识分子还打出了鼓吹民族独立自由诗人裴多菲的旗帜，成立了裴多菲俱乐部。1956 年 10 月 23 日发生“匈牙利事件”。

20 世纪 50 年代中期，波兰也出现了改革来潮，开始冲击走向僵化的苏联模式，主张走出波兰自己道路的哥穆尔卡，顶住苏联压力，东山再起。1956 年 6 月，波兰发生了著名的“波兹南事件”，工人群众自发抗议，矛盾冲突转变为社会动乱。

1956 年 10 月 24 日、11 月 3 日，苏联先后出动 19 个师、几十万人的兵力，出兵匈牙利，占领布达佩斯。同时，从 10 月 17 日起，苏联兵分四路，用几十万大军，从四面包围波兰与华沙，其先遣部队甚至已开进华沙机场。这就是震惊世界的所谓“波匈事件”，既包括 1956 年 10 月的“匈牙利事件”，又包括 1956 年 6 月的“波兹南事件”和 10 月的“波苏对抗”事件。

正是在这种重兵压境、武装入侵、暴力威胁的重压下，东欧各国

20 世纪 50 年代的第二次改革来潮严重受挫，后来虽有余波余势余力，但锐气已挫，势头已经被严重阻遏。

这种情况反过来又影响到苏联自身。1953 年斯大林逝世后，1956 年苏共二十大前后，苏联自身内部也开始出现突破苏联模式、防止走向僵化的苗头与倾向；对外用武力镇压或威胁匈牙利、波兰的改革来潮，几乎必然导致缺少对苏联模式的深入反思，在改革道路上不进而退、半途而废。对内对外，都退守僵化的苏联模式。

战后苏东改革的第三次来潮，是在 20 世纪六七十年代。1962 年，苏联经济学界围绕“利别尔曼建议”展开了理论讨论，1964 年，苏联部长会议主席柯西金提出改善经济体制的倡议；1963—1971—1980 年，南斯拉夫自治社会主义道路探索经历了从企业自治上升到社会自治、联合劳动的新阶段；匈牙利从 1968 年开始探索建立一种“计划-市场”二元结构的经济体制；1968 年，捷克斯洛伐克则迎来了全面激进改革的“布拉格之春”——1968 年 8 月 20 日，在苏联主导下，华约五国 20 万大军，占领布拉格乃至整个捷克斯洛伐克，由此使战后苏东改革第三次受挫。

这次改革来潮，最早是从苏联开始，苏联从经济体制改革开始，经济改革则从经济学理论突破开始。1962 年 9 月 9 日，苏联经济学家利别尔曼发表《计划、利润、奖金》一文，提出了经济改革的“利别尔曼建议”，由此引发了社会主义政治经济学理论与体系的大讨论。1964 年，苏联部长会议主席柯西金带头倡导改革经济体制，扩大企业自主权，在哲学、科学社会主义等领域也开始出现一些思想活跃、理论创新的学术探索。

南斯拉夫的自治社会主义探索，在 20 世纪 50 年代，主要是以“工人自治”“企业自治”的基层自治为主。1963 年公布新宪法，标志着 1963—1967 年第二轮改革的开始，从“企业自治”上升到“社会自治”。1971—1980 年，改革开始了第三轮探索，从“社会自治”走向整个国家、整个社会，实现“联合劳动”的自治社会主义体制机制。南斯拉夫改革新阶段，也出现了难以很好解决的新问题。

其中表现最活跃、最全面、最激进的，首推 1968 年的捷克斯洛伐克首都的“布拉格之春”——1967 年、1968 年出现的政治、经济体制改革来潮。这次改革来潮的特点，是从政治体制改革的要求开始的。

1967 年 6 月，作家协会领导人批评书报检查制度，要求实行民主化，由此开始了全党上下、全国上下有关马克思主义哲学、政治经济学、科学社会主义各个领域各个方面的大讨论。1968 年 3 月，捷共中央全会还通过了捷克斯洛伐克共产党行动纲领，比较系统地提出政治、经济改革构想，宣布走捷克斯洛伐克自己的社会主义道路。

然而，从 1968 年 8 月 20 日深夜开始，在苏联党政军最高领导机构的策划下，华约五国的 20 万大军，用闪电战方式，一夜之间，强行占领了捷克斯洛伐克首都布拉格与全国。

本书开头的主体部分——前十一章，讲的正是改革三次来潮、三次受挫的来龙去脉：前三章讲的是 20 世纪四五十年代，苏东改革的第一次来潮、第一次受挫；第四、五、六章讲的是 20 世纪五六十年代，苏共二十大前后出现的苏东改革第二次来潮、第二次受挫；第七章至第十一章讲的是 20 世纪六七十年代苏东改革的第三次来潮、第三次受挫。

一鼓作气，再而衰，三而竭——这句古语，成了描述战后苏东改革历史命运的最好偈语。

在 20 世纪中后期的这三四十年间，改革三次来潮，又三次受挫，从而走上了一条封闭僵化的老路，使得原本有一定历史合理性的传统计划经济体制的苏联模式，痛失改革机遇，蜕变为僵化模式，这是多么惨痛、深刻的历史教训！

（三）苏东剧变的根源实质

在戈尔巴乔夫主政期间发生了苏东剧变，它是 20 世纪下半期苏东马克思主义史上的一件大事，因而也构成了本书的重要内容之一，书中的第十二章至第十五章，就是论述这个问题，并努力做出客观全面的科学回答。

从世界历史与各国发展的角度，全面具体评价 1991 年前后苏东剧变，是一个十分复杂，需要具体分析、专门研究的历史理论课题，这里暂且不论。

从 20 世纪马克思主义史的角度来看，这个问题非常简单明了，这是 20 世纪马克思主义遭受的最大挫折，使马克思主义跌入前所未有的低谷之中。这是 20 世纪下半期苏东马克思主义史的第二阶段，1985—1995 年这动荡剧变的 10 年。

苏东剧变的根源何在，实质何在？在这个问题上，有两种各执一端的流行观点：一种观点认为，苏东剧变的根源就是右的错误，戈尔巴乔夫的叛变行为，加上西方和平演变阴谋；另一种观点则认为，苏东剧变的根源就是“左”的错误，苏联模式的僵化体制，加上“左”的僵化观念。

那么，问题根源究竟何在？

苏联这个庞然大物，为何在1989年至1991年这两三年间，像多米诺骨牌那样，轰然倒塌，至今仍是一个众说纷纭的历史之谜。

其实，苏东剧变的历史根源，是战后多年间依然固守20世纪30—50年代形成的苏联模式，日趋僵化，脱离时代、脱离国情、脱离人民。而苏东剧变的直接根源，则是戈尔巴乔夫改革转向、改旗易帜、自乱阵脚。

总之，一“左”一右，先“左”后右，先是固守封闭僵化的老路，后又突然转向改旗易帜的邪路，这样两条错误道路综合到一起，二者的历史合力造成了苏东剧变的历史曲折。

本书的主编，1991年在莫斯科大学做访问学者，是苏东剧变的亲历者。本书力图客观全面地再现这段历史过程，从而引出应有的历史教训。

除了个别引语之外，本书没有采用流行的“斯大林模式”概念，更反对使用“斯大林主义”概念，而通常采用了“苏联模式”“苏联模式社会主义”“传统计划经济体制的苏联模式”等更为科学的提法。这种苏联模式最初固然是在20世纪30—50年代斯大林领导时期形成，当时其实是功过参半的，问题是在20世纪50年代后，在时代主题转换的新时期，从晚年斯大林开始，到赫鲁晓夫、勃列日涅夫，甚至一直到戈尔巴乔夫主政初期，依然固守已经僵化的苏联模式，终于长期酿成苏东各国的体制性危机，直至最后苏东剧变。

1985年4月29日，戈尔巴乔夫上台伊始，就在中央全会上提出固守苏联模式的“加速战略”。1986年2月25日至3月6日苏共二十七大讨论通过的《苏联1986至1990年和至2000年经济和社会发展基本方针》规定在1986年至2000年这15年间，国民收入平均增长速度达到4%，到20世纪末国民收入翻一番。这种固守僵化模式、脱离实际的老办法、高速度，一开始就选错了突破口。

1987 年，“加速战略”失败后，戈尔巴乔夫把重心转向政治改革，在经济没有发展、人民生活没有改善的情况下，大讲民主化、公开性，导致根本否定苏联共产党与社会主义道路的思潮泛滥一时。

在这种情况下，戈尔巴乔夫改旗易帜，提出“人道的民主的社会主义”，根本抛弃马克思列宁主义旗帜、共产党领导的社会主义道路。因而，首先从苏联共产党自身、苏联自身、苏联模式核心中枢发生混乱，失去控制。

从总体上看，其大体上可分为五步：

(1) 1985—1989 年，改革转向，国家失控，改旗易帜，国家自乱。

(2) 1989—1990 年，德（民主德国）、波、匈、保、捷、罗等华沙条约 6 国，改旗易帜。

(3) 1990 年 3 月，立陶宛率先脱离苏联独立。

(4) 1990 年 6 月—1991 年 1 月，俄罗斯、乌克兰等 12 个加盟共和国，先后宣布脱离苏联独立。

(5) 1991 年“八一九”事变后，苏联共产党失去执政党地位；12 月，苏联宣布解体。

下面我们做一番梳理工作，厘清其来龙去脉、因果关系：苏联模式、腐败现象，主要是一个从内到外的蔓延过程；而苏联霸权体系解体，则主要是从外到内的分崩离析过程，表现为以下五个阶段：

第一阶段，1985—1989 年，改革转向，国家失控，改旗易帜，国家自乱。由于苏联模式长期积累的问题，再加上戈尔巴乔夫改革方针的严重失误，1987 年以后国家甚至完全迷失了方向，改旗易帜，实际上是三个层面的严重失控：一是经济发展失控，商品匮乏，通货膨胀，财政危机，民生凋敝；二是政治局面、国家体系失控；三是国家意识形态混乱失控。

第二阶段，1989—1990 年，华沙条约 6 国：德、波、匈、保、捷、罗，先后改旗易帜，脱离苏联控制。

第三阶段，1990—1991 年，波罗的海三国——立陶宛、拉脱维亚、爱沙尼亚先后宣布脱离苏联独立。波罗的海三国的独立倾向，可谓由来已久，事出有因。1991 年初，波罗的海三国就独立问题举行全民公决，赞同独立的票数在立陶宛占 90.4%，在拉脱维亚占 73.6%，在爱沙尼亚占 77%。至此，波罗的海三国脱离苏联已成定局，不可逆转。

第四阶段，1990 年 6 月—1991 年 1 月，俄罗斯、乌克兰等其余 12 个加盟共和国也纷纷闹起独立，乃至成立独联体，以取代苏联。

第五阶段，1991 年“3·17”公投与“八一九”事变是力图拯救苏联国家体制的最后一搏，12 月，苏联国家宣布解体。

1991 年，是苏联的最后一年，历史记载的文献资料可参考俄罗斯著名历史学家罗·麦德维杰夫的著作《苏联的最后一年》，还有时任苏联副总统的亚纳耶夫回忆录——《捍卫苏联的最后一搏——“国家紧急状态委员会”反对戈尔巴乔夫》。

1991 年的苏联解体，实质上是苏联国家体制与时代潮流发展、民族国家发展、人民生活发展之间的根本矛盾，不相适应；然而，在表现形式上，却相当集中表现为苏联总统戈尔巴乔夫与俄罗斯总统叶利钦两位总统、两位国家元首之间，相互勾结又相互争夺的复杂关系与权力之争上。为什么会如此？其深刻根源却在于苏联模式、国家体制的本质自身矛盾之中。

对于苏联模式，有必要做出实事求是的具体分析，不能简单地把苏联模式与社会主义截然对立起来。实际上，它是在备战时期、战争时期的特殊历史条件下，在原先经济、文化落后的国家中形成的一种社会主义特殊体制、战时体制。

因而，苏联模式社会主义必然带有特殊的二重性：一方面，尽管发展还极不充分，但也体现出社会主义的共同本质特征，这是其中蕴含的社会主义的“活”东西；另一方面，也不可避免带有战时体制、国家指令性、国家垄断制的“死”东西，这在战时是必需的，在和平时代则成了过时的“死”东西。

怎样对待苏联模式？20 世纪下半期，随着时代主题从战争与革命转向和平与发展，实际上出现了三种选择、三条道路。

第一条道路，就是无视 20 世纪下半期时代主题新变化，固守苏联模式，走上封闭僵化的老路。种种复杂的历史原因综合到一起，从 1947 年到 1987 年这 40 年间，这条封闭僵化的老路不幸在苏联东欧各国占了上风。

第二条道路，就是借助于简单化地、历史虚无主义地否定苏联模式，根本否定马克思列宁主义与社会主义、党的领导，走上改旗易帜的邪路，1987 年后的戈尔巴乔夫的改革就是一个典型。

第三条道路，就是在马克思列宁主义指导下，根据时代与国情新变化，坚持苏联模式中社会主义的“活”东西，扬弃传统计划经济体制、国家垄断制的“死”东西，走出坚持与发展社会主义的新路。战后苏东的三次改革来潮，主流曾经大体如此，但未能得到充分发展；其真正充分发展的典型，则是改革开放开创的中国特色社会主义。

“苏联模式僵化”与“戈尔巴乔夫现象”二者之间是什么关系？

从表现形式上看，二者似乎是完全对立的，一个是“左”，一个是右，两种倾向，两个极端。然而，从历史过程与内在逻辑来看，二者又不可割裂地联系在一起。在一定意义上应当说，“戈尔巴乔夫现象”正是“苏联模式僵化”的历史产物，是作为其反面的派生物存在的。没有苏联僵化模式造成的固有制度缺陷、原有领导层的老化、人民监督制的缺失，就没有戈尔巴乔夫这类人上台掌权的机会。

从社会思潮走向来看，物极必反，没有“苏联模式僵化”下民主与人道的缺失，就没有“人道的民主的社会主义”思潮的借机抬头，这是对苏联模式的反动。

没有苏联模式下经济政治体制的高度集中，缺少权力监督机制，戈尔巴乔夫也就不可能先后利用总书记、总统的权力，公然否定原有苏联宪法规定的共产党领导地位，公然推翻 1991 年“3 · 17”公投中要求保持苏联作为苏维埃共和国联盟的人民意志。

没有“苏联模式僵化”下长期掩盖的民族矛盾、民族问题、民族主义思潮，也就没有在戈尔巴乔夫改旗易帜时民族问题的普遍爆发，也就不会出现苏东剧变的直接导火索。

苏东剧变的实质是什么？主张“马列主义原罪论”的戈尔巴乔夫、雅科夫列夫、齐普科等人，还有国际上主张“历史终结论”的西方思想家福山等人，企图把苏东剧变说成是马克思主义、社会主义的根本失败，这种说法尽管在 20 世纪 90 年代前期那几年中曾经流行一时，实际上却是根本错误的，站不住脚的，如过眼烟云，倏忽即逝。

苏东剧变的实质，不是马克思主义、社会主义的根本失败，而是“苏联模式僵化”的失败；更准确、更全面地说，是“苏联模式僵化”加上戈尔巴乔夫改旗易帜的失败，是先后走上封闭僵化老路、改旗易帜邪路的失败。本书第十一章至第十五章，尤其是第十五章的第七节，集中论述与回答了这个人们长期争论的重大问题。

（四）苏东剧变后的艰难重生

苏东剧变后，马克思主义的历史命运是怎样的？20 世纪下半期马克思主义在苏联东欧发展的历史结局是怎样的？这也是研究 20 世纪马克思主义发展史中一个不可回避的严峻问题。

通常有许多人认为，随着 1991 年前后东欧剧变、苏联解体，马克思主义在原先苏联东欧各国范畴内就再也不复存在了。日裔美籍学者福山提出的“历史终结论”，就特别明确地表达了这样一种学术观点。

本书根据实地考察，调查和研究各种历史文献，历史具体地回答了这个问题。我们认为 1991 年前后那几年苏东马克思主义的确曾一度断崖式跌入低谷，但马克思主义的星星之火并没有完全泯灭，世纪之交开始艰难重生。

1991 年 8 月，叶利钦宣布苏联共产党为非法组织，其遭到严厉取缔，共产主义一度被强制取消，马克思列宁主义也受到严厉封锁。东欧各国也有类似情况。马克思主义在苏联东欧地区，一度陷入了最低谷，甚至连其存在的合法性都不复存在。

然而，这一地区的马克思主义并没有就此泯灭、销声匿迹，正像一首古诗所说的：“离离原上草，一岁一枯荣。野火烧不尽，春风吹又生。”首先在俄罗斯，就出现了马克思主义的艰难重生。

以久加诺夫为代表的俄罗斯共产党人，1995 年在党的第三次代表大会上通过了党纲，2008 年又在党的第八次代表大会上通过了经修订的新党纲。久加诺夫 1993 年 2 月担任俄共第一书记后，还先后发表了多部理论著作：《全球化与人类命运》（2002）、《斯大林与当代现实》（2008）、《危机的出路——社会主义》（2010）、《斯大林时代：数字、事实和结论》（2010）。

在学术界，也逐渐出现了马克思主义艰难重生的思潮走向，形成了六个主要学派。一是以科索拉波夫为代表的固守苏联正统的马克思主义学派。该学派认为，苏共意识形态是正确的，必须要坚持；苏联社会主义是最先进、最合理的社会制度；苏联的解体不是历史的必然，是苏共领导人变质、背叛的结果；苏联完全可以避免重蹈资本主义的覆辙；苏联社会主义制度的瓦解是历史的倒退；必须对当代俄罗斯资本主义社会进行坚决的批判；要恢复和重建苏联。

二是以巴加图利亚为代表，积极参与《马克思恩格斯全集》国际版编辑出版的马克思主义文本学派。该学派主张对马克思的学说进行准确的诠释和理解，反对将马克思的思想庸俗化。要根据当代的实际来努力发展马克思恩格斯理论遗产中积极的、正面的内容，以此来证明马克思主义的重要价值。

三是以奥伊泽尔曼为代表的马克思主义反思学派。该学派认为，马克思主义是进步的、合理的，正是由于马克思对社会历史进行唯物主义的阐释，才告别和超越了空想社会主义抽象的道德设定，真正开始了对资本主义的科学批判。但是，马克思主义是“科学成分与乌托邦成分的统一”，马克思主义哲学存在着不系统、不成熟之处。苏联时期，马克思主义理论界容不得任何批判的声音，任何创新都被划为“修正主义”，马克思主义被教条化，失去了生命力。任何理论和学说都必须根据实践的发展而进行修正，伯恩施坦思想具有合理之处。可见，该学派在反思中背离了马克思列宁主义，转向了伯恩施坦式的修正主义。

四是以布兹加林等人为代表的批判的马克思主义学派。该学派的基本观点主张可以简要地概括为“两个复兴”：一个是在理论层面上，深入挖掘马克思主义的现实意义，致力于马克思主义的再现实化，实现“马克思主义的复兴”；另一个是在实践层面上，结合当今世界和俄罗斯社会的现实展望 21 世纪的社会主义，致力于实现“社会主义的复兴”。

五是以斯拉文为代表的马克思主义创新学派。该学派强调，应当将马克思主义与当代俄罗斯社会发展的实际、与当代人类社会发展的实际结合起来，强调马克思主义的思想创新和发展的重要性。

六是以梅茹耶夫等人为代表的马克思主义文化学派。该学派从马克思的实践、历史、人、自由时间等观点出发，将马克思的历史理论阐释为一种文化理论，提出马克思的唯物主义是一种实践唯物主义，马克思的社会主义学说是一种文化学说，共产主义只有在自由时间背景下才能实现。

这些学派特点鲜明、各具特色，使当代俄罗斯马克思主义研究呈现出曲折复兴的基本态势。

这一部分的理论内容，构成了本书尾声部分的第十六章到第十九章。这部分的撰稿、统稿者，是中共中央党校（国家行政学院）的林艳梅教授、海南师范大学的陈红教授。她们二位都曾在世纪之交到俄罗斯做学术访问与实地考察，掌握了许多鲜活的第一手资料，林艳梅还出版过有关专著——《当代俄罗斯马克思主义研究》。这也构成了本书的一个鲜明特色。

（五）历史经验与历史教训

作为一部马克思主义史著作，本书不仅描述出20世纪下半期马克思主义在苏联东欧各国的发展过程，而且揭示了其发展规律、内在逻辑，并总结出其在马克思主义发展史上的历史经验与历史教训，从而有利于我们更好地把握开创21世纪与当代中国马克思主义发展新时代、新形态。我们应努力接近历史科学的最高境界，“究天人之际，通古今之变，成一家之言”。

20世纪下半期苏东马克思主义经历了曲折发展三部曲，既有丰富的历史经验，更有惨痛的历史教训。

战后苏东马克思主义在马克思主义历史长河中，尤其是在20世纪马克思主义史上，占有相当重要、不可忽视的历史地位，留下了相当宝贵的思想遗产，积累了非常宝贵的历史经验。时至今日，即使发生了苏东剧变，也不应当采取历史虚无主义态度，把马克思主义、社会主义的这段历史看得“一团漆黑”“一无是处”。

其中，较为重要的历史经验、历史成就，主要是以下五条：

(1) 坚持马克思列宁主义基本原理，并且与新的时代特点、新的国情特点相结合，就能够在苏联东欧国家探索人民民主、社会主义道路中，发挥巨大的思想活力、生命力、创造力、影响力。

这方面的两个典型代表，一是在党的指导思想、国家意识形态层面上的季米特洛夫的人民民主论、民族特色论、社会主义道路多样性理论；二是在学术层面上，匈牙利的卢卡奇晚年做出的四大理论创新——马克思主义革新论、政治民主化改革论、社会存在本体论、马克思主义美学理论体系（见第十章第五节）。

(2) 20世纪下半期，更准确地说，从1945年至1985年，在战后苏东各国，先后出现了改革的三次来潮，在不同程度上代表了把马克思主义与时代特色、国情特点相结合的有益理论尝试。

在战后初期，1945年至1947年，斯大林本人也曾先后提出和平发展论与民族特色论的两大理论创新观点，可惜后来其思想发生了“左”

的逆转。20 世纪 50 年代他发表的最后两部理论著作——《马克思主义和语言学问题》(1950)、《苏联社会主义经济问题》(1952),包含着对马克思主义基本理论的有益探索,分别为马克思主义语言观、社会主义政治经济学做出了新奠基、新开拓,但也表现出对社会主义的简单化、教条化理解。

在东欧各国,也有一些马克思主义实践探索、理论探索值得肯定,具有实践意义与理论价值,如南斯拉夫铁托、卡德尔等人的自治社会主义理论,哥穆尔卡的波兰社会主义道路论,卡达尔对匈牙利社会主义模式的探讨,等等。

(3) 在学术层面,战后苏联马克思主义理论界也在马克思主义哲学、政治经济学、科学社会主义层面进行了有益探索,出现了一些在学术上自成一家之言的学术流派,成为马克思主义发展史上的宝贵思想遗产。

奥伊泽尔曼、拉宾等人对马克思早期著作、马克思主义哲学形成史的研究,曾经产生较大影响。凯德洛夫开创了唯物辩证法研究中的认识论学派,他发表的一系列辩证法专著、科学史专著,堪称是苏联哲学 70 年的主要代表作。柯普宁则开创了马克思主义认识论学派,发表了认识理论领域的系列性专著,列克托尔斯基也在认识论领域做出了创新性理论贡献。伊里因科夫虽然 55 岁不幸去世,但他的理论有其独特个性、反思性、批判性,代表了苏联学者试图理论上突破苏联模式、教条主义的可贵探索。在政治经济学领域,瓦尔加新帝国主义理论、利别尔曼的经济改革理论等都属于自成一家、有所创新的学术成果。还有弗罗洛夫的人学理论、阿诺辛的超前反映论、列克托尔斯基的现代科学认识论等,也在马克思主义史上,主要是马克思主义哲学史上成一家之言。

(4) 战后东欧马克思主义远没有像西方马克思主义那样受到国内外应有的重视,更缺少对其总体研究、总体评价。今天,我们应当还原历史的本来面目,承认"战后东欧马克思主义"是 20 世纪马克思主义不可忽视的重要组成部分,并应当占有一席之地。

根据多年来对于东欧马克思主义的跟踪研究,我们认为,战后东欧马克思主义在哲学上有十大学派,在 20 世纪马克思主义史,甚至整个马克思主义史上,都是不可或缺的。

一是由卢卡奇开创、赫勒等人传承的匈牙利布达佩斯学派;

二是以保加利亚哲学家巴甫洛夫为代表的现代科学的辩证唯物主义

反映论学派；

三是以马尔科维奇、彼得洛维奇等人为代表的南斯拉夫实践学派；

四是以波兰哲学家沙夫为代表的马克思主义人本学派；

五是以南斯拉夫弗兰尼茨基、波兰科拉科夫斯基为代表的总体性马克思主义史学派；

六是以捷克斯洛伐克里赫塔为代表的现代科技革命论学派；

七是以古利安为代表的罗马尼亚的马克思主义哲学人类学派；

八是以布洛赫为代表的希望哲学学派；

九是以梅茹耶夫为代表的实践唯物主义学派；

十是以捷克斯洛伐克柯西克为代表的以人与世界关系研究为主旨的具体辩证法学派。

东欧各国的改革，主要限于经济改革，因此在经济改革理论领域也先后出现了十个流派，这些流派具有较大作用和国际影响，在马克思主义经济思想史上成一家之言。

一是波兰经济学家兰格的计划模拟市场理论；

二是波兰经济学家布鲁斯提出的计划经济体制下包含的“可调节市场机制论”；

三是捷克斯洛伐克经济学家奥塔·希克试图探讨市场与计划结合的“第三条道路”经济改革论；

四是匈牙利经济学家贝尔纳的短缺经济学理论；

五是波兰学者明兹的社会主义政治经济学体系；

六是波兰学者卡莱斯基的社会主义经济增长论；

七是捷克斯洛伐克学者考斯塔的社会主义计划与市场理论；

八是南斯拉夫政治领袖与学者卡德尔的“联合劳动自治”社会主义体制理论；

九是南斯拉夫学者马尔科维奇的自治社会主义社会所有制理论；

十是匈牙利学者里斯卡主张普遍推广个人承包经营的个人社会所有制模式构想。

（5）1991 年苏东剧变后，马克思主义一度跌入低谷，乃至福山等人认为这是“历史的终结”，马克思主义、社会主义已经被彻底战胜，永远退出了历史舞台。然而，在苏东各国范围内，特别是俄罗斯，马克思主义并没有就此销声匿迹，在经历了一段最低谷期之后，又艰难重生。

俄罗斯马克思主义的艰难复生，主要表现在两个层面上。

一是以久加诺夫为代表的俄罗斯共产党人，致力于继续高举马克思列宁主义旗帜，在议会内外，进行广泛的政治活动、群众活动；

二是在学术层面至少出现六个值得注意的马克思主义学派：主张回到苏联主流传统的正统马克思主义学派、以奥伊泽尔曼为代表的马克思主义反思学派、以巴加图利亚为代表的继续参与《马克思恩格斯全集》国际版出版工作的马克思主义文本学派、以斯拉文为代表的马克思主义创新学派、以梅茹耶夫等人为代表的马克思主义文化学派、以布兹加林等人为代表的马克思主义批判学派。他们各自的思想倾向、理论得失，本书最后四章分别做出了叙述与评判。

东欧剧变、苏联解体的历史实践、历史结局表明，战后苏东马克思主义也存在严重的历史局限、历史教训，其中特别重要的是以下五条：

（1）除了卢卡奇等个别杰出思想家之外，其他人始终未能科学区分马克思列宁主义思想精髓与苏联模式、僵化教条主义的区别。长期以来，一直把 20 世纪 30—50 年代形成的苏联模式、苏联教科书体系作为马克思主义、科学社会主义的最高典范，甚至是唯一典范，社会主义理想模式，甚至是唯一模式。

（2）由于他们长期混淆上述二者，实际上是用苏联模式、僵化教条主义取代了活生生的、创造性的马克思列宁主义及其思想精髓，因而在马克思主义、科学社会主义基本问题上迷失了方向，也就是说，搞不清楚到底什么是社会主义，怎样建设社会主义。

（3）他们长期固守苏联模式及其教条主义理论体系，忽视了马克思列宁主义的思想精髓是要求解放思想、实事求是，把马克思列宁主义基本原理与新的时代特点、新的国情特点，历史地、具体地结合在一起。每个时代、每个国家都要走出自己的道路。他们把苏联模式及其教条主义理论体系当成不可更改的教条、不可触动的天条。

（4）20 世纪下半期苏联马克思主义学术界、理论界虽然出现了一些有学术价值、理论价值的辩证法、认识论、人学学派，却多半流于抽象理论，未能回答一个最根本的时代课题：如何根据新的时代特点与国情特点，突破传统计划经济体制的苏联模式，开创社会主义新道路、新体制？

20世纪下半期这近50年，主要错误倾向是“左”，是“左”的教条主义、僵化模式，使改革三次来潮、三次受挫。在勃列日涅夫主政18年的后期，就已经出现体制性危机。1985年，戈尔巴乔夫上台，在其主政的7年间，主要错误倾向是从开始偏“左”转向极右，抛弃马克思列宁主义，改旗易帜，自乱阵脚。是先“左”后右两种错误倾向，使苏联解体、发生大曲折。

（5）东欧各国的马克思主义，在战后45年间，始终存在与时代特点、国情特点相结合的理论创新、实践创新努力，其典型代表就是战后初期的季米特洛夫人民民主论、民族特色论、社会主义道路的多样性理论，卢卡奇晚年的马克思主义革新论、政治民主化改革论、社会存在本体论、马克思主义美学理论体系。可惜这种创新，未能占据主导地位。

问题的症结就在于，占统治地位的僵化苏联模式加上僵化教条主义的社会主义观念。就像椭圆形有两个焦点一样，苏联模式走向僵化，苏东改革半途而废，也有两个制约它们的瓶颈环节：一是僵化体制，二是僵化观念。正是这两大“绳索”套在它们的头上，极大地压抑了广大人民群众蕴藏的巨大积极性、主动性、创造性，扼杀了社会主义的强大生机活力。

如何进一步追问到底，僵化体制与僵化观念到底哪一个更深层、更根本？那么或许我们应当说，社会主义观念问题是一个更根本、更深层的问题。归根结底，“什么是社会主义、怎样建成社会主义”的根本问题，决定人们选择什么样的社会主义体制制度，建构什么样的社会主义体制。

“社会主义＝大一统的计划经济”“社会主义＝清一色的国有化”——这两个教条主义的死板公式，就像紧箍咒一样套在它们的头上，使苏东各国改革在战后搞了三四十年，就是突破不了“计划经济为主，市场调节为辅”的狭隘框架，更不要说经济、政治、文化“三位一体”的系统全盘改革了！

其实，追根溯源地说，早在列宁晚年论著中，就已经一针见血、振聋发聩地深刻指出：“我们不得不承认我们对社会主义的整个看法根本改变了。”① 几十年过去了，又有几人真正理解了列宁的深意所在呢？

① 列宁．列宁选集：第4卷．3版．北京：人民出版社，1995：773．

这个历史教训，难道不是太深刻了吗？

因而在东欧各国，思想理论上始终存在“左”、右两种思潮：一种倾向是，照搬苏联模式、教条主义的“左”的思潮；另一种倾向是，照搬西方流行思潮，或西方新马克思主义思潮，或多或少带有右的倾向的东欧新马克思主义思潮。

苏东剧变，本质上不是马克思主义、社会主义的失败，而是僵化苏联模式的失败，先“左”后右的两种教条主义的失败，是先走封闭僵化老路、后走改旗易帜邪路的失败。

具体分析起来，两个不同历史时期，具有不同表现形式：

从 1945 年到 1985 年，第二次世界大战后的苏联东欧各国，主要问题是固守战时形成的苏联模式、传统计划经济模式，走封闭僵化的老路，这乃是战后苏东改革三次受挫的症结所在；从 1985 年到 1991 年，戈尔巴乔夫上台后这几年，尤其是 1987 年以后这三四年，主要问题是戈尔巴乔夫带头鼓吹所谓“新思维”“人道的民主的社会主义”，转向改旗易帜的邪路，放弃党的领导与社会主义道路，滑向自由主义、资本主义道路。

我们为什么要注意研究“战后苏东马克思主义史”这段历史？其意义何在？绝不仅仅是为了“发思古之幽情”。研究这段“战后苏东马克思主义史”，不仅有重要的不可或缺的历史意义、理论意义，而且对于中国共产党人与中国人民怎样走好自己的路具有十分重大、不可替代的借鉴意义、实践意义。

中国式现代化新道路探索史、中国特色社会主义道路开拓史，令人信服地说明了这一点：

1956 年八大前后，毛泽东正是在借鉴苏联模式工业化道路的基础上，写出《论十大关系》，首倡中国式工业化新道路，同时也为探索中国特色社会主义提供了最初理论源头；

1978 年十一届三中全会前后，邓小平正是基于苏联模式封闭僵化的历史教训，首倡解放思想、改革开放新道路；

1992 年，正是基于苏联解体、东欧剧变的严重历史教训，邓小平发表南方谈话，江泽民在中共十四大报告中提出建立社会主义市场经济体制；

从 2012 年十八大到 2022 年二十大，以习近平同志为核心的党中央，则以“两个不走”——“既不走封闭僵化的老路，也不走改旗易帜的邪路”，深刻总结了苏联解体、东欧剧变的历史教训，并创造了中国式现代化新道路，创造了人类文明新形态，开拓出一条中华文明综合创新、现代复兴的金光大道，21 世纪与当代中国马克思主义守正创新大道！

第一章　20 世纪下半期时代主题的重大转化

从 20 世纪上半期到 20 世纪下半期，当代马克思主义面临的首要问题就是时代主题的重大变化，从战争与革命转向和平与发展。

我们在考察战后苏东马克思主义史的历史变迁、是非得失的时候，首先需要注意的是战后世界的时代变化，这是一个不容忽视的首要世界历史背景。本书的主题是 20 世纪下半期苏东马克思主义史。为了真正讲清问题的来龙去脉，我们有必要把理论视线向前延伸到 1945 年第二次世界大战结束时。

这里需要特别注意的是三个重要的历史关节点：第一，从 1945 年到 1955 年战后最初 10 年。这是跌宕起伏、曲折发展的 10 年。1945 年至 1947 年，曾经一度出现了战后和平景象比较突出的 3 年，季米特洛夫、铁托等人的改革初潮萌动；但从 1947 年起，随着丘吉尔“铁幕”演说等事件，冷战威胁开始形成；1953 年斯大林逝世后，缓和解冻之风又开始徐徐吹起。第二，1956 年是个重要的历史转折点。此时不仅有苏共二十大、中共八大的先后召开，而且有现代科技革命与经济全球化的历史先兆，这是时代主题转换的历史契机，也给苏东各国改革和马克思主义理论创新发出了时代呼唤。第三，从 20 世纪 50 年代中期到 20 世纪 80 年代中期的 30 年。此时从冷战走向缓和，时代主题转换的历史大势已成，由此决定苏东各国改革与马克思主义理论创新已是大势所趋。

世界历史发展的一个时代往往有一个主题。20世纪上半期的时代主题是战争与革命，20世纪下半期的时代主题变成了和平与发展。当然，时代主题的变化不是一朝一夕突然发生的，大都有一个逐渐变化的曲折历史过程。

一、战后十年的跌宕起伏

从1945年第二次世界大战结束到1956年之前，这战后的最初十年，是一个相对独立的历史阶段，我们在这里称之为“战后十年”。

战后十年虽然短暂，但出现了跌宕起伏、曲折发展的三部曲。

第一阶段是战后最初三年，也就是1945年至1947年。经历了20世纪两次世界大战的各国人民，普遍向往世界和平，东欧各国马克思主义政党，甚至包括斯大林本人，都表现出强烈的和平愿望，希望世界出现一个“和平民主发展的新阶段”。当时斯大林带头支持季米特洛夫等人积极探索东欧各国不同于苏联模式的人民民主新道路，季米特洛夫与铁托等人也在积极筹备创立巴尔干联邦，可好景不长。

第二阶段的1948年至1953年，是向冷战逆转的最初5年。战后和平形势向冷战逆转的危机种子早已埋下，比较开明的美国总统罗斯福1945年不幸早逝，而继之上台的杜鲁门总统开始转向垄断资本的强硬立场。与此伴随的是英国首相丘吉尔所做的反对苏联“铁幕”的著名演说，美国提出的“遏制政策”和斯大林的过激反应，这些促使美苏两极对立的世界冷战格局初步成型，并在1947年以后逐步抬头。1950年6月开始的朝鲜战争，使冷战格局基本定型。这场战争谈谈打打、打打谈谈，一直持续到1953年7月。

第三阶段从1953年到1955年。在接近战后十年之际，美国总统由杜鲁门换成了艾森豪威尔，斯大林在1953年去世，朝鲜战争在1953年结束。以此为契机，又重新出现了走出冷战、走向缓和的新苗头、新动向、新趋势。其最显著的标志是1954年4月26日至7月21日召开了呼唤和平的日内瓦国际会议，该会议旨在解决朝鲜战争和印度支那战争问题，维护世界和平，缓和美苏关系、东西方关系。作为这次会议的延续，1955年7月13日在日内瓦举行了苏美英法四国首脑高峰会议，这是战后十年首次召开的东西方首脑会议，主题是缓和与和平。

在战后十年之际，这种呼唤缓和、和平的时代新苗头、新动向、新趋势都积聚到一定程度，于是在 20 世纪 50 年代中期，特别是在 1956 年前后，开始了时代主题从战争与革命走向和平与发展的重大转变。

二、20 世纪 50 年代时代主题转换的历史先机

1956 年前后，整个世界历史局势出现了依稀可辨的新苗头、新走向。两极对抗的冷战格局有所松动，时代主题出现了从战争与革命向和平与发展转换的兆头。而这正是苏东各国改革第二次来潮的首要国际环境与世界历史背景。

时代主题从战争与革命转向和平与发展的世界历史性转变究竟发生在什么时候？这是一个至今尚在争论的历史问题和理论问题，主要存在三种说法：一是 1945 年第二次世界大战后立即转变论，二是 20 世纪 50 年代中期最初转变论，三是 20 世纪 80 年代中期真正转变论。

比较而言，这三种说法各有一定根据，又都有一定局限，它们只是各自描述了时代主题转换历史过程的不同阶段。

第一种说法失之过早。1945 年第二次世界大战的结束为时代主题转换提供了历史前提。但这个世界历史性的时代主题的转换，不是立刻发生的，而是在历史中曲折前进，在 1947 年以后，曾有一段冷战时代的插曲。第三种说法为时已晚。20 世纪 80 年代中期，这个转变已经相当明显，成为一种时代大潮。此前有一个长期酝酿、曲折发展的过程，而这个时代课题的解决更是一个持久的历史过程，转变的起点要向历史源头上追溯很远。第二种说法比较接近历史实际。这种说法趋向于指出时代主题转换的最初起点是在 20 世纪 50 年代中期。1956 年前后，出现了时代主题转换的先兆。

或许，我们可以把第二次世界大战结束以后时代主题转换的过程描述为跌宕起伏的三部曲：1945 年第二次世界大战结束，尽管为时代主题转换提供了前提，但实际上 1947 年后却出现了冷战时代的历史插曲。20 世纪 50 年代前 5 年与后 5 年之间发生了戏剧性变化，成为时代主题

转换的最初起点。20 世纪 70 年代后至 80 年代中期，基本实现了时代主题的转换。但如果要真正解决“和平与发展”这两大时代主题，时至今日还有相当漫长的路要走。

要理解 20 世纪 50 年代中期时代主题的转变先机，就必须了解冷战时代的历史插曲。冷战时代的种子，或许应当追溯到雅尔塔体系，在这种体系下存在着两极对立、美苏对立、东西对立的潜在趋势。反法西斯战争的共同目标和第二次世界大战后初期的最初格局，部分掩盖了这种内在潜流。然而从 1946 年特别是 1947 年开始，以美、苏为首的西方资本主义、东方社会主义两大阵营的对立日趋明显，矛盾日趋尖锐。1946 年 3 月，英国首相丘吉尔访问美国，发表了以打破苏联“铁幕”为主旨的富尔顿演说，要求建立军事同盟，对付苏联威胁，于是建立起了美、英、法等 12 国组成的北大西洋公约组织，率先打出了“冷战牌”。

在这种尖锐、复杂的挑战面前，社会主义阵营也做出了强烈反应。斯大林于 1946 年 3 月发表了同样强硬的演说；1947 年苏、波、德、南、匈、罗、保、意、法 9 国共产党或工人党成立情报局；1949 年又成立了苏、保、波、捷、罗、匈 6 国经济互助委员会，力图建立一个与西方世界市场平行的东方社会主义世界市场。从 1946 年至 1950 年，雅尔塔、波茨坦体系包含的潜在矛盾由于种种复杂、深刻的原因，迅速被激化了，形成了东西方明显对立的两大阵营：以美国为首、以北大西洋公约组织为依托的西方资本主义阵营，以苏联为首、以华沙条约组织为依托的东方社会主义阵营。

20 世纪 40 年代后 5 年，两极对立的冷战格局只是初步形成，20 世纪 50 年代前 5 年，冷战气氛骤然升温，并且出现了“热战”性质的两场局部战争。为了抢占中间地带，形成对苏联、中国的包围圈，美国、法国先后发动了侵朝、侵越两场战争。1950 年 6 月，美国悍然发动侵略朝鲜的战争，而法国则大大强化了早已开始的侵越战争。然而，冷战升温只是世界历史发展中一时的表象而已。20 世纪 50 年代中期峰回路转，世界风向变了，时代主题从战争与革命向和平与发展的转化已经开始，甚至已经迈出了有重要意义的第一步。冷战紧张局势松动的苗头，最集中地表现在三个标志性事件之中。

第一个显著标志是朝鲜战争的结束。1954 年 4 月 26 日至 7 月 21 日在日内瓦召开国际会议，旨在和平解决朝鲜战争问题和印度支那战争问题。

20 世纪 50 年代前期，在中国周边进行了两场举世瞩目的局部战争，这就是朝鲜战争和越南战争。中国、朝鲜、越南等国人民团结一致，前赴后继，浴血斗争，最终打败了侵略者，赢得了战争，迎来了和平。朝鲜战争，从 1950 年 6 月到 1953 年 7 月，打打谈谈、谈谈打打，相持了 3 年之久，最后美国人自己不得不承认，这是一场在错误地点、错误时间打的一场错误战争，这是第一场美国未能取胜的战争。在毛泽东思想指引下，由周恩来总理率领的中国代表团，在日内瓦国际会议上表现出巨大的和平诚意与灵活态度。由于美国国务卿杜勒斯等人固守冷战思维方式，朝鲜战争遗留问题未能完全解决。但美国同意放弃武力征服朝鲜、中国的企图，愿意回到谈判桌上和平解决问题，这是时代潮流转换的一个重要征兆。正是以日内瓦会议为起点，中美双方开始了长达 15 年、多达 100 次的中美大使级谈判。也正是在日内瓦会议期间，周恩来总理与英国外交大臣安东尼·艾登多次接触，终于达成协议，中英两国在双方首都互设代办联络处，这为中英关系走向缓和铺设了道路。冷战时代的坚冰，从此开始打破。

第二个显著标志是中印、中缅共同倡导的和平共处五项原则。该原则在 1955 年 4 月万隆召开的亚非 29 国会议上被发展为和平共处十项原则的“万隆精神”。这表明亚非发展中国家作为一支争取和平的独立政治力量，开始登上世界历史舞台，使“和平-战争”的世界天平发生了倾向于“和平”的历史转向。

1954 年 6 月下旬，在和平解决朝鲜战争和印度支那战争问题的日内瓦会议期间，周恩来总理兼外长先后访问了印度与缅甸。中印、中缅两份联合公报带头倡导了和平共处五项原则。1955 年 4 月，经缅甸、印度、锡兰（今斯里兰卡）、印度尼西亚、巴基斯坦 5 国倡议，在印度尼西亚万隆，召开了由 29 个亚非国家和地区参加的国际盛会。经过上述发起国、参加国的共同努力，特别是经过周恩来总理艰苦卓绝的外交努力，终于排除了种种干扰、隔阂，通过了《亚非会议最后公报》，其中有一节题目就是“关于促进世界和平合作的宣言”。宣言中提出的十条原则，被称为“万隆会议和平共处十项原则”，简称“万隆精神”。不难看出，万隆会议提出的和平共处十项原则，正是从中印、中缅提倡的和平共处五项原则基础上发展而来的。万隆亚非会议的召开，是世界历史上的一个重要里程碑，它标志着第三世界发展中国家的崛起。正如周恩来在大会上的发言中开门见山地指出的那样，“举世瞩目的亚非会议已经开始”，“亚非两洲有这么多的国家在一起举行会议，这在历史上还是第一次。在我们亚非两洲的土地上生活着全世界半数以上的人民”①。亚非会议这个重要的世界历史里程碑还表明，占世界人口一半以上的发展中国家人民走上世界舞台，本质上是作为和平力量，而不是战争力量，因而使战争与和平的世界政治力量对比发生了有利于和平、不利于战争的重大变化。周恩来总理在亚非会议上十分透彻地指出了引起战争与和平力量对比的新因素：“正像其他的亚洲国家一样，我们迫切地需要一个和平的国际环境，来发展我国独立自主的经济。”“我们相信，只要我们同世界上一切愿意和平的国家和人民一道，决心维护和平，和平是有可能维护得住的。”②

第三个显著标志是 20 世纪 50 年代中期美苏两个超级大国的关系开始出现某些缓和迹象，对峙、冷战格局开始有所松动。

美苏对抗，两极对立，美苏争霸，这种冷战世界格局在 20 世纪 50 年代前期已经基本形成。然而双方很快就发现，两方面力量对比形成了某种均势，一方完全压倒另一方、完全吃掉另一方，在相当长的一段时间内是根本不可能，迎头冲撞、四处冲突，只能是两败俱伤。于是，美苏双方在争霸的同时也开始寻求某种妥协路径，出现某些缓和迹象。1954 年 2 月 18 日，苏、美、英、法四国外长在柏林举行会议，共同决定召开和平解决朝鲜战争和印度支那战争问题的国际会议。1954 年底 1955 年初，美国总统艾森豪威尔建议与苏联首脑赫鲁晓夫会晤，共同商讨控制和减少热核武器问题，随后双方举行会谈。这一时期，美国总统艾森豪威尔、国务卿杜勒斯一方面继续坚持美国国家战略的最终目标，另一方面主张实行更现实、更灵活、更实用的“和平演变战略”，以和平接触促进“解放政策”。1946 年，发表富尔顿演说、强硬主张打破苏联“铁幕”的丘吉尔，在 1951 年重新当选英国首相之后，特别是在 1953 年艾森豪威尔当上美国总统之后，于同年 7 月 1 日致函美国总

① 中华人民共和国外交部，中共中央文献研究室．周恩来外交文选．北京：中央文献出版社，1990：112.

② 同①116，115.

统，要求保持原有冷战目标，但要采取“十年缓和、首脑会谈”的新手段。他说：“我的意向与 1946 年在富尔顿演讲时一样，不愿被俄国人愚弄；然而我认为世界均势已有变化，特别是由于美国的行动和再武装，也由于共产主义哲学的退潮，因此自由国家亟宜保持联合，强大冷静地进行真相调查研究。”他转而极力鼓吹首脑会谈，缓和局势、和平共处的和平改变世界新战略：“为期十年的缓和，加上科学进展，或许可以使世界改观。”作为西方世界的战略家，丘吉尔虽然因为年老落选而未能参加 1955 年日内瓦高峰会谈，但却是这一会谈的最早倡导者。1954 年，苏联领导人马林科夫开始大谈原子能时代核战争的巨大危险性，第一次表达出苏联也在谋求缓和的想法。

正是在这样的历史背景下，1955 年 7 月 13 日，在日内瓦举行了苏、美、英、法四国首脑高峰会议。参加者为美国总统艾森豪威尔、苏共中央第一书记赫鲁晓夫，另外还有取代丘吉尔的英国首相安东尼·艾登、法国总理埃德加·富尔。这是在第二次世界大战后召开的东西方首次高峰会议，离解决反法西斯战争同盟问题的雅尔塔会议、波茨坦会议已有 10 年之久。正是在这次四国首脑会议上，赫鲁晓夫提出了“东西方关系健康化”的主张，艾森豪威尔提出了“开放天空”的建议。这次日内瓦高峰会议的重要意义不在于其讨论的具体内容，也没有什么重大议题、重大决议、重大进展，而在于开始改变一种气氛：从冷战气氛转为缓和气氛。在这一意义上，或许可以说，1955 年日内瓦高峰会议是从冷战走向缓和的最初历史起点。

实际上，更准确地说，从冷战走向缓和的最初三步的历史和逻辑的顺序都是一致的：第一步，1954 年和平解决朝鲜战争的日内瓦会议；第二步，1955 年 4 月万隆会议上 29 个亚非国家和地区共倡和平共处十项原则；第三步，1955 年 7 月美、苏、英、法初步走向缓和的日内瓦高峰会谈。

三、原子能和信息化的现代科技革命先机

恩格斯在《费尔巴哈论》中留下一则名言，阐明了自然科学技术革命对马克思主义哲学理论形态发展变化的深刻影响，他指出，“像唯心

主义一样，唯物主义也经历了一系列的发展阶段。甚至随着自然科学领域中每一个划时代的发现，唯物主义也必然要改变自己的形式”①。

20世纪50年代中期，世界历史开始进入一个新时期的历史先兆，不仅表现在时代主题开始从战争与革命转向和平与发展，而且表现在一场超越近代工业化的现代新型科技革命正在兴起过程之中。当时，还没有像今天这样准确地称之为“信息化新科技革命”，多半还是称之为“原子能新科技革命”。

从1945年至1956年的十多年间，特别是20世纪50年代中期这几年，现代科技革命悄然兴起，主要有四个显著标志：

第一个显著标志，是原子能科学技术的迅速发展。1945年7月16日，按照爱因斯坦提出的科学建议，在奥本海默、费米、劳伦斯、康普龙等人的努力下，美国进行了世界上第一颗原子弹爆炸试验。1945年8月6日、9日，美国先后向日本广岛、长崎各掷下一颗原子弹。1949年，苏联也成功地爆炸了原子弹，打破了美国对原子弹的垄断权。

1950年1月，美国又开始试验氢弹。1952年11月，美国研制成第一颗氢弹，其威力相当于早期原子弹的500倍。1955年11月，苏联科学家萨哈罗夫等人采用不同于美国的新原理、新方法，也成功地进行了氢弹试验。1954年，美国采用更新技术在太平洋比基尼岛，成功地爆炸了威力相当于1 400万吨TNT炸药的更新式氢弹。

1947年，美国发明同步回旋加速器，和平利用原子能技术的科学实验由此上马。1954年，美国RCA（无线电）公司研制成原子能电池，用原子能直接发电。1954年，美国建造了第一艘原子能潜艇——3 200吨级的“舡鱼号”，1955年又建造了第二艘原子能潜艇“海狼号”。与此同时，苏联、英国、法国也相继开始了和平利用原子能的科学实验。在当时，原子能一度成为现代科技革命最显著的特征，显示出特定时代的烙印。

第二个显著标志，是系统论、控制论、信息论等新兴学科群蓬勃兴起。1945年，从维也纳大学到加拿大侨居的贝塔朗菲，发表了在一般系统论领域中的第一篇论文——《关于一般系统论》；1947—1949年，他又在美国重新发表了《关于一般系统论》摘要，并做了新的具体发

① 马克思，恩格斯．马克思恩格斯选集：第4卷．2版．北京：人民出版社，1995：228.

挥；1954 年，他同经济学家保尔丁、生物学家 A. 拉波波特、生理学家 B. 杰拉德，共同发起创办了“一般系统学会”，并定期出版《行为科学》杂志和《一般系统论年鉴》。系统论作为一门高度综合的新型科学应运而生。如果说 19 世纪科学的中心概念是“发展”的话，那么 20 世纪科学的中心概念则是“系统”，更确切地说是“系统发展”。

1943 年，曾在英国剑桥大学就学于著名哲学家罗素、在德国哥廷根大学就学于著名数学家阿尔伯特的美国科学家维纳，与罗森勃吕特、毕拉罗合作发表了《行为、目的和目的论》一文，这是控制论的萌芽之作；1948 年，在数学、数理逻辑、无线电通信、电子技术、生物学、生命科学、自动控制等诸多领域综合创新的基础上，维纳发表了控制论的奠基之作《控制论（或关于在动物和机器中控制和通信的科学）》；1956 年，维纳又以通俗方式发表了影响广泛的控制论专著《人有人的用处》。而留学美国的中国学者钱学森出版了专著《工程控制论》，开创了控制论宏观应用于复杂开放系统的新方向。

1940 年，美国数学家兼电机工程师申农，因首次将布尔代数二进制理论应用于解决开关电路设计问题，开创计算机逻辑电路设计新方向；1948 年，申农发表了为信息论奠基的科学论文《通信的数学理论》，进一步提出了设计能下棋的电脑的初步构想；1952 年和 1956 年，英国生物学家、医学家、病理学家威 · 罗 · 艾什比先后发表他的两部重要著作——《设计一个脑》《控制论导论》。

系统论、控制论、信息论，通常被称为三门科学，三者虽有侧重点的某些不同，但实质上是三位一体的一门科学，三者的研究对象是同一的：复杂系统、自动控制、信息通信。以跨学科的大综合，求跨越自然科学、社会科学、哲学的大创新，这正是 20 世纪中期开始的科学革命新潮流。

第三个显著标志，是电子计算机技术的勃然兴起。系统论、控制论、信息论的基本理论突破，迅速凝聚为电子计算机技术的新突破。1943 年，英国战时密码中心设计了第一台电子数字计算机。1944 年，美国成立了由莫奇利、埃克脱领导的 ENIAC 计算机研究小组，现代计算机奠基者、普林斯顿大学教授、美籍匈牙利数学家冯 · 诺依曼也参与了研究工作，他提出的“存储程序”概念为现代计算机技术奠定了重要基础。1946 年，美国贝尔实验室终于成功地研制出了第一台电子计算机 ENIAC，这台电子计算机使用了 18 000 只电子管，重近 30 吨，占地 70 平方米。1948 年，美国贝尔实验室巴丁、布拉顿、肖克莱发明了第一支晶体管，开始了晶体管时代。1954 年，美国首创通用电子计算机，标志着第一代现代电子计算机诞生。1958 年，晶体管出现 10 年之后，美国首创第一块集成电路，为微电子技术、电脑技术、网络技术开辟了新路。

第四个显著标志，是生物基因与生命工程技术的快速崛起。1944 年，加拿大科学家 O. T. 埃弗里通过肺炎双球菌的转化实验，确定生物遗传的关键性物质基础主要还不是蛋白质，而是脱氧核糖核酸，即 DNA。1952 年，美籍德国学者德尔布吕克领导的加州理工学院实验室证实，DNA 是生物体遗传信息的主要物质载体。1953 年，美国人沃森和英国人克里克，通过在剑桥进行的合作研究，发表论文《核酸的分子结构》，提出 DNA 分子结构的双螺旋模型，首次揭示了生物基因复制遗传的内在机理，分子生物学应运而生。1953 年，英国人桑格首次确定蛋白质（牛胰岛素）的分子氨基酸顺序结构。1955—1956 年，美国首次用酶促法人工合成核糖核酸（RNA）和脱氧核糖核酸（DNA）。1956 年，美籍华人李樵豪确定垂体后叶激素中的肾上腺皮质激素分子中的氨基酸顺序，证实人类生长激素的氨基酸组成，生物遗传工程、生命工程技术由此发展起来。

四、经济全球化的历史先机

经济全球化趋势在 20 世纪 50 年代中期已经初步显现出来，主要有以下五个标志：

第一个标志是金融货币的全球化趋势。在以往的世界历史上，只有过在一个国家内、一个跨国区域内的主导性货币，而没有过真正意义上的“世界货币”。1944 年 7 月，在第二次世界大战即将结束之际，44 个国家参加的布雷顿森林会议协定，形成了直接影响全世界的布雷顿森林货币体系，并确定美元为国际通用货币，由此形成了以美元为中心的世界货币体系。为了支撑布雷顿森林会议协定的世界货币体系，还建立了两个全球性的国际金融机构，一个是国际货币基金组织，另一个是世界银行。这一世界货币体系就建立在这两个机构之上。货币金融的全球化趋势，在一定意义上成为当代经济走向全球化趋势的风向标与指示器。

第二个标志是跨国性、区域性经济组织在东西方世界分别形成。这类跨国性、区域性的经济组织，最初是在战时同盟原有基础上形成的，带有雅尔塔体系下东西对抗、两极对立的历史烙印。不过，在发展过程中，军事同盟关系的重要性开始淡化，跨国性经济联系的重要性逐渐凸显。1949 年成立的北大西洋公约组织，本来是以对抗所谓苏联“铁幕”为名，加强美国、西欧同盟为实的军事同盟组织，后来吸收联邦德国参加，逐渐向欧洲市场、欧洲经济共同体方向发展。在欧洲市场、跨国联系的基础上，欧洲经济的区域性整体化趋势加强了，1958 年 1 月 1 日正式成立了欧洲经济共同体。这表明第二次世界大战后欧洲经济一体化进程开始起步，相对独立于美国的欧洲区域性经济联系正在形成过程之中。与此相应，从 20 世纪 40 年代末 50 年代初开始，苏联、东欧 6 国建立起经济互助委员会。对于经济互助委员会，应当历史地、具体地分析其历史作用：一方面，在西方列强封锁、禁运的国际环境下，它起到了加强区域性经济联系的历史作用；另一方面，苏联大国沙文主义常常使这种正常的经济联系产生扭曲，走向封闭僵化。

这种区域性经济联系，还远非后来严格意义上的经济全球化趋势。西方列强在 20 世纪 50 年代初期强制推行的对东方封锁禁运政策，斯大林一度提出的两个平行的世界市场理论，在一定程度上也阻遏了从区域整体化向全球整体化经济联系的发展趋势。不过，从世界历史长河的整体角度来看，这些区域性经济的建立和发展，并非出于偶然，它反映出经济联系正在超越民族国家市场的局限，跨国性、区域性、全球性经济整体化趋势逐步显现。

第三个标志是跨国公司勃然兴起。跨国公司的大发展，是在 20 世纪 50 年代后期以后，而这种发展潮流的最初萌动，却是在 50 年代中期。第二次世界大战后，亚非拉民族独立成为不可阻遏的时代大潮。老牌殖民主义国家纷纷退出殖民地，而资本的扩张本性，促使它们变换手法，走上资本输出、跨国经营的新路径。在这种背景下，跨国公司迅速发展起来，力图在世界范围内利用资源配置进行国际范围内的劳动分工，以便获取高额跨国垄断利润。跨国公司由此成为现代新型企业制度的典型形态。此外，科技生产力的发展也有全球化趋势，这是促成跨国公司大发展的重要物质技术基础。一批资本雄厚、技术先进的跨国公司率先在以美国为代表的西方资本主义发达国家发展起来。1939年，美国资产在10亿美元以上的跨国公司有29家，1946年发展为40多家，50年代中期快速增长到100家以上。由此开始，跨国公司进入一个更快发展的激增期。跨国公司经过50年代中期以来的发展，其生产的所谓国际性综合商品已逐步占到举足轻重的地位。在有些重要的生产领域，已占到1/3以上，甚至成为国际分工、国际贸易的主体。比如在机电领域，在世界出口贸易中占重要地位的美、英、法三国的跨国公司的国际性综合商品已占40%。西方发达资本主义国家中出现的跨国公司迅速增长的势头也影响到了中国的近邻日本。日本在第二次世界大战前大财团垄断资本的基础上，迅速发展起来一批大型跨国公司。跨国公司的大发展具有二重性：一方面它是科技生产力的全球化发展趋势，另一方面它是资本扩张的全球化发展趋势。

第四个标志是世界市场迅猛扩张。1956年，全世界国际贸易额为566亿美元。这个数额今天看来不算大，但比以往来说已是很大，其后增长迅速。美国、西欧、日本之间的国际贸易，随着西欧、日本第二次世界大战后的恢复进程，到20世纪50年代中期已呈现明显扩大势头。20世纪50年代中后期，随着联邦德国市场经济的迅速复兴，西欧跨国经济联系大大增强，欧洲共同市场初步形成，并成为世界市场的重要组成部分。日本在美国的扶持下，利用了当时的历史时机，从20世纪50年代中期开始进入了现代化经济起飞阶段，国际贸易额迅速增大，使东亚逐步成为世界市场的重要组成部分。在东西方之间，西方列强曾对东方社会主义国家实行封锁禁运政策，而东方社会主义国家在传统苏联模式影响下，也曾提出两个平行的世界市场理论，在不同程度上实行了闭关锁国政策。后来，东西方之间的冷战政策有所松动，气氛有所缓和，因而在50年代初期形成的所谓东西两个平行的世界市场从50年代中期开始出现了合二为一的苗头，东西方之间贸易额以每年20%的速度激增。

第五个标志是科技生产力走向全球化。从20世纪50年代中期开始，科学、技术、资源配置、劳动分工等生产力系统要素的全球化趋势开始了新一轮的起步。在古代农业几乎近万年的发展过程中，科技生产力的全球化联系只是潜在的、微弱的一项新技术、新工艺的广泛传播，走向世界往往需要几百年乃至上千年、数千年时间。比如：西亚两河流域的农产品曾长期以小麦、大麦为主；中国南方以稻米为主，北方以粟谷为主；而南美洲则以玉米、马铃薯为主。

1750 年代英国产业革命以来的近代工业化世界历史进程中，科技全球化、生产力全球化的趋势比古代农业化大大增强了，但与现代全球化趋势相比仍有很大差距。近代工业化技术革新是以一百年为单位在世界历史上传播的：1750 年前后在英国兴起，1850 年前后在联邦德国、法国、美国等欧美国家兴起，1950 年前后在日本及其他东亚诸国兴起，而至今仍有一些发展中国家远未实现近代工业化。

有了信息化科技革命和世界市场的双轮推动，现代科学技术这个第一生产力超越了时差、地区差、国界差，在世界主要地区、主要大国之间的传播速度到 20 世纪 50 年代中期已经缩小到 10 年之内。我们以半导体晶体管、彩色电视、电子计算机、原子弹、氢弹这五项重大现代科技革命中的新技术为例来说明。

半导体晶体管是 1948 年 6 月由美国贝尔实验室巴丁、布拉顿、肖克莱三位科学家发明的。50 年代初迅速扩展到英、法、苏诸多国家，1954 年日本索尼公司的前身东京通信工业公司也开始生产晶体管，以取代电子管。彩色电视技术最初萌发于 1927 年英国的贝尔德和 1929 年美国贝尔实验室，但未达到实用技术水平；1949 年、1950 年美国率先试办彩色电视传播系统，50 年代中期迅速传到西欧、苏联、日本。1946 年美国马利克等人研制成由 18 000 只电子管组成的第一台电子计算机 ENIAC，1954 年美国又首创第一台通用电子计算机 UNIVAC，这标志着第一代现代电子计算机的诞生。50 年代中期电子计算机技术迅速传到英国、法国、联邦德国，而后又传到苏联、日本等国。

原子弹技术是 1945 年由美国首创的，尽管美国千方百计地封锁这项技术，但苏联还是于 1949 年研制出了原子弹，随后十多年间，英国、法国、中国也相继掌握了制造原子弹的技术。氢弹技术同样如此，1952 年美国爆炸了第一颗氢弹，1953 年苏联采用了不同于美国的新原理、新技术，也成功地制造了氢弹，随后十多年间，英国、法国、中国也都掌握了氢弹制造技术。

由此可见，科学技术这个现代第一生产力在世界上的传播速度，从20世纪50年代中期开始，进入了一个加速度时代。可以说，从50年代中期开始，经济全球化趋势在金融体系、跨国组织、跨国公司、全球市场、科学技术五个层面上都出现了新的潮流。

五、20世纪80年代时代主题转换大势已成

20世纪上半期的时代主题是战争与革命。在不到50年的时间里，发生了两次世界大战，还引发了两次革命。1917年俄国十月革命和第二次世界大战后，中国与东欧各国走上人民民主道路。

而到20世纪下半期，时代主题已逐渐从战争与革命转变为和平与发展，这种世界历史性转变在20世纪50年代中期开始显露端倪，而到20世纪80年代，则变得相当明显，甚至是大势已成。

推动时代主题转换有两大枢纽：一是美中苏等大国关系的主题转换，二是“三个世界”相互关系的主题转换。由于这两大枢纽的主题转换，推动了时代主题的重大转变，有关键作用和标志性作用的主要是以下六个新变化：

第一个新变化是美苏争霸、军备竞赛在20世纪70年代已经达到顶峰，形成均势，乃至谁也无法形成绝对优势，发动战争，只能转而寻求和平共处、和平竞争、和平演变。从20世纪50至70年代，苏联投入了巨大人力、物力、财力与美国进行军备竞赛，终于在原子弹、洲际导弹、潜艇发射导弹等重要项目上从不如美国，到追赶美国甚至超过美国。经多国科学家测算，这些核武器的总数相当于140亿吨TNT炸药的总量，相当于地球上每个人头上都有两吨炸药。如果挑起核战争、世界大战，整个人类，首先是美苏两国，都面临灭顶之灾。

第二个新变化是中美关系从长期对峙走向和平共处，合作共赢。20世纪50年代初，在朝鲜战争中，中美两国一度兵戎相见，正面冲突。1954年日内瓦会议之后，中美两国开始大使级谈判，但历经多年多次谈判，未见分晓。到了20世纪七八十年代，峰回路转。1972年，美国总统尼克松访华，毛泽东主席、周恩来总理会见了他。1979年初，邓小平又访问了美国。

第三个新变化是苏中关系出现了缓和趋势。20 世纪 50 年代初期、中期，中苏关系友好。20 世纪六七十年代，中苏关系一度恶化。1969 年发生了珍宝岛事件，甚至兵戎相见。是否会发生苏联使用核武器对付中国核试验场的问题，一度甚嚣尘上。而从 20 世纪 80 年代开始，中苏关系走向正常化。

第四个新变化是“第一世界”的美苏两个超级大国，从两强争霸到转向寻求自身发展。美国并没有放弃追求霸权的垄断资本目标，把主要路径转向方兴未艾的现代科技革命，占据先机，赢得主动，从而为攫取超级垄断利润开辟一条新道路。20 世纪 80 年代，苏联也开始把重心转向自身发展。

第五个新变化是欧洲与日本构成的“第二世界”，从接受美国援助扶持、服从美国战略需要，转变到开始寻求自身发展。其中，英国首相撒切尔夫人打着新自由主义的旗号，寻求自身发展。联邦德国、法国等欧陆国家也提出自己的主张，寻求自身发展道路。日本更创造了持续现代化经济起飞近 20 年的奇迹，还有人提出了“日本人可以说不”的独立发展主张。

第六个新变化是中国与一大批亚非拉发展中国家在取得民族独立之后，要求进一步在经济上、政治上、文化上、科技上寻求大发展的历史机遇，巩固与发展民族独立的革命成果、政治成果。它们呼唤和平，更呼唤发展。南北关系中不平等的经济关系成了束缚它们的重要枷锁，怎样破解这个时代性、世界历史性的大难题，成为不可回避的时代难题。问题是，伴随着现代科技革命的发展之利，再加上美国总统里根、英国首相撒切尔夫人鼓吹的新自由主义思潮，世界范围、全球范围内的两极分化有增无减，甚至还在加剧。

20 世纪 70 年代，全球性生态危机也开始显露出来。正是在这样的形势下，人类世界迎来了 20 世纪 80 年代。第一次世界大战结束是在 1918 年，而第二次世界大战的开始如果从德国在欧洲发动战争算起是 1939 年，如果从日本侵略中国算起则是 1931 年。到 20 世纪 80 年代，距离第二次世界大战结束已经超过了 40 年，以战争与革命为主题的时代已成为历史，以和平与发展为主题的新时代大势已成。马克思主义、当代社会主义必须面对这个重大的时代主题转变，何去何从，将决定其历史命运如何。

六、战后苏东各国主要矛盾与改革三次来潮

正是 20 世纪下半期面临的时代主题的转换，和平与发展取代了战争与革命，成为新时期的时代主题，由此决定了这一时期苏联东欧马克思主义史的发展主线、面临的主要矛盾及战后苏东马克思主义史的时代主题。

以高度集中、国家垄断为典型特征的传统计划经济体制的苏联模式，原本是 20 世纪 30 至 50 年代形成的战时体制，在以战争与革命为主题的历史时代曾起过不可替代的重大历史作用，但其中包含的诸多矛盾则在长期的高压下被掩盖起来。随着和平与发展时代主题的逐渐突出，这些矛盾也日益凸显，并借着 1953 年斯大林逝世和 1956 年苏共二十大召开的历史契机一下子集中暴露出来。

社会主义内部最为深刻的基本矛盾就是死板划一的传统计划经济体制的苏联僵化模式，同新时代、新国情下各国广大人民解放和发展生产力、改善生活、发展民主的需求之间的矛盾。具体地说，较为集中的是以下六个方面的矛盾：苏联内部矛盾与赫鲁晓夫盲动改革、苏南矛盾与南斯拉夫自治社会主义改革、苏德矛盾与民主德国改革萌动、苏波矛盾与波兰改革萌动、苏匈矛盾与匈牙利改革暗流涌动、苏捷矛盾与 1968 年“布拉格之春”改革的激进尝试。

在这样的战后时代变迁背景下，苏东各国试图突破苏联模式的改革，经历了此起彼伏、曲折发展的三次来潮：第一次改革来潮是 20 世纪四五十年代，主要是在 1945 年至 1948 年，东欧人民民主新道路的探索；第二次改革来潮是 20 世纪五六十年代，主要是 1956 年前后，苏、南、匈、波等国先后再度出现的改革来潮；第三次改革来潮是 20 世纪六七十年代，主要以 1968 年“布拉格之春”为典型代表。遗憾的是，苏东各国的改革来潮由于种种复杂历史原因，特别是苏联僵化模式的强力压制，始终未能根本突破苏联僵化模式的强大堡垒。

第二章　以季米特洛夫为代表的人民民主论探索初潮

在战后东欧各国的发展道路上贯穿始终的基本矛盾是，选择接受苏联模式影响，走上苏联模式的道路，还是把马克思列宁主义基本原理与时代特点和本国国情相结合，走出一条社会主义的创新之路？或者是完全摆脱社会主义道路，照搬西方的资本主义和自由主义？这个矛盾实际上在 20 世纪 40 年代中后期就开始萌生，并在五六十年代进一步发展。

在这一阶段，有一个长期被不同程度掩盖与忽略的历史起点和闪光思想，即 20 世纪四五十年代之交，以季米特洛夫为代表的包括马克思主义学界的东欧各国党和人民，努力探索战后符合东欧各国特点、民族传统的人民民主新道路的理论创新、实践创新与制度创新。这一探索在 20 世纪马克思主义史上，写下了时间短暂却独具色彩的光辉一页。我们今天应当拂去历史的灰尘，恢复其应有的历史地位。以季米特洛夫为代表提出的东欧人民民主论新思想、新道路，不是个别改革家、思想家的偶然遐想，而是深深地植根于东欧各国的历史传统与独特国情之中的马克思主义重大理论创新。

一、东欧国家的共同历史地理特征与不同个性

当我们用“东欧国家”这个概念来指称 20 世纪下半期波兰、捷克

斯洛伐克、匈牙利、罗马尼亚、保加利亚、南斯拉夫、阿尔巴尼亚、民主德国这八个国家时，实际上意味着我们承认这八个国家在那个特定时代，是在地缘政治、历史地理特征上有共同的基本特征，同时又是有独特个性的独立主权国家。

一个最基本的共性就是它们多半处于欧洲东部，即联邦德国、法国、英国等传统西欧大国和苏联之间，处在东西方文明与国家体系之间的交错地带、走廊地带、过渡地带、交通枢纽地带。因而，是面向东方，还是面向西方？这个问题自始至终摆在其中的每个国家面前，促使它们或者做出历史抉择，或者保持必要张力，走出自己的道路，表现出独特个性。

或许可以说，就是这种独特的生态地理系统和地缘政治关系，在相当程度上决定了东欧国家的历史命运：在人类文明史上，这里没有产生原创文明，也几乎没有产生过那种独霸一方的强权大国，而是曾经长期处于罗马帝国、东罗马帝国的外围地带。

在近一千年间，在“走出中世纪，走向现代化”的过程中，东欧地区也开始出现较有特色、较有影响的城市国家、中世纪大学；在1648年《威斯特伐利亚和约》签订，近代民族国家、主权国家体系形成之际，这里处于中心区与边缘区之间的过渡地带。因而，大国干预多，民族迁徙多，种族矛盾多，战乱冲突多，这“四多”成了东欧历史的显著特征。

反映这种情况的一面镜子，则是其语言文字系统的复杂性、多样性。民族多样性与语言多样性交织成一个复杂的网络系统。仅就主要民族的语言来说，东欧就分两个语系（印欧、乌拉尔）、四个语族（拉丁、斯拉夫、乌拉尔、阿尔巴尼亚）、五个语支（西斯拉夫、南斯拉夫、阿尔巴尼亚、东拉丁、匈牙利）的十种语言（波兰、捷克、斯洛伐克、塞尔维亚-克罗地亚、斯洛文尼亚、马其顿、保加利亚、阿尔巴尼亚、罗马尼亚、匈牙利）。如果再将各个国家各少数民族的语言考虑在内，东欧的语言种类还要更多①。

历史的定律是，有压迫就有反抗，压迫愈深则反抗愈烈。因而，对于独立自由的强烈追求似乎成了东欧人民族性格的显著特征。我们或许

① 孔寒冰．东欧史．上海：上海人民出版社，2010：9.

可以举出两个波兰人作为东欧人这种性格的典型代表：一位是哥白尼，他从波兰的中世纪大学走出，来到意大利，后来为捍卫“日心说”而献出生命；另一位是著名的科学家居里夫人，她从波兰来到法国，因其独特重大的科学创新，先后两度获得诺贝尔奖，为全力支持民族独立解放而终生呼唤。如果我们要为这种东欧性格和东欧精神举出一个典型代表或是文化符号，应当首推匈牙利诗人裴多菲的著名诗篇：“生命诚可贵，爱情价更高。若为自由故，二者皆可抛。”

当然，具体分析起来，实际上每个东欧国家都各自有其独特历史、独特文化、独特个性。在这里，近代化、工业化最为发达的首推捷克斯洛伐克。公元 9 世纪时，捷克大公就开始在古代名城布拉格建都，成立捷克公国，1918 年 10 月成立捷克斯洛伐克共和国，其机械工业、玻璃水晶制品工艺在世界上领先。

与此相近的，还有统一德国的东部地区，也就是民主德国。虽比联邦德国落后一些，但其近代化和工业化在东欧乃至国际都还是比较先进的。

历史命运最曲折的是波兰。波兰共和国位于中欧东北部，北濒波罗的海，面积 312 683 平方千米，公元 966 年建国。1772 年、1793 年和 1795 年先后三次被俄国、普鲁士和奥地利瓜分；1917 年俄国十月社会主义革命后恢复独立；1939 年 9 月纳粹德国侵占波兰；1942 年 1 月 5 日成立了波兰工人党，5 月组成人民近卫军，在全国范围内开展游击战争；德军败退后，1944 年 7 月 22 日波兰人民共和国宣布成立。

在东欧民族传统历史最悠久的国家是罗马尼亚。罗马尼亚位于巴尔干半岛北部，面积 238 391 平方千米。公元前 6 世纪，罗马尼亚山地居住着达契亚人，这一地区最早称达契亚，公元 106 年，被罗马帝国征服，以后达契亚人与罗马人逐步同化，形成罗马尼亚民族。1944 年 8 月 23 日，罗马尼亚人民在罗马尼亚共产党的领导下，推翻了安东尼斯库反动统治，建立了人民政权，1947 年 12 月 30 日成立了共和国。

保加利亚民族历史传统也比较悠久。保加利亚位于巴尔干半岛东部。面积 110 994 平方千米。古保加利亚人公元 2 世纪从中亚迁到欧洲，公元 681 年，自多瑙河北岸南下的斯拉夫人和自高加索北部西行的古保加利亚人在多瑙河流域建立了斯拉夫保加利亚王国。此外，还有色雷斯人。1878 年，保加利亚摆脱了土耳其近 500 年的统治，获得独立，建立了自己的国家。1944 年 9 月 9 日，在保加利亚共产党领导下，保加利亚建立了祖国阵线全国委员会。纳粹德国败降后，1946 年 9 月 15 日，保加利亚人民共和国宣告成立。

在这里，素来有反抗民族压迫、争取民族独立传统，而内部民族矛盾关系又最为复杂的，可以说是巴尔干半岛上的南斯拉夫。南斯拉夫位于巴尔干半岛的多瑙河流域，面积 25.58 万平方千米。7 世纪，斯拉夫人越过喀尔巴阡山移居巴尔干半岛，9 世纪建立了克罗地亚、斯洛文尼亚、塞尔维亚和马其顿等各民族国家，15 世纪被奥匈帝国统治，1918 年建立第一个统一的国家，1945 年南斯拉夫联邦共和国成立。

国家虽小却独树一帜的则是阿尔巴尼亚。阿尔巴尼亚共和国位于巴尔干半岛西南部亚得里亚海之滨，面积 28 748 平方千米。阿尔巴尼亚祖先是伊利里亚人，是巴尔干半岛上最古老的民族之一。从 1415 年起，被土耳其统治近五个世纪之久；1912 年 11 月 28 日宣告独立；1939 年意大利侵入；1943 年意大利法西斯败降后德国又侵入；1941 年 11 月 8 日阿尔巴尼亚共产党成立，领导阿尔巴尼亚人民展开抗击意、德法西斯的民族解放斗争，1944 年 11 月 29 日全国解放，1946 年 1 月 11 日宣布成立阿尔巴尼亚人民共和国。

二、东欧国家战后走向人民民主道路的历史契机

许多流行的历史论著的说法，多半把东欧国家在第二次世界大战后走上人民民主、社会主义道路，简单归结为苏联军队胁迫、苏联模式强制。这种说法尽管相当流行，却是把复杂问题简单化了的一种历史表象。实际上，之所以做出这种历史抉择，特别是战后初期走上人民民主道路，主要是内外因素结合在一起造成的。

尽管具体情况有所不同，但从总体上看，东欧各国是德国法西斯发动第二次世界大战的最先受害者，而且是重灾区。由于英法等西方大国在慕尼黑会议上对德国的侵略野心采取了绥靖政策，因而捷克斯洛伐克成了德国铁蹄下“不战而亡”的第一个受害者。1939 年 3 月 15 日，德军兵不血刃，占领了捷克斯洛伐克首都布拉格，同时还强制推进德意志化，使捷克斯洛伐克名存实亡。与此相比，波兰的命运则更为惨烈。

1939 年 9 月 1 日凌晨，希特勒动用了 2 000 架飞机、2 800 辆坦克、成千上万门大炮和 160 万大军以“闪电战术”入侵波兰；9 月 28 日攻克华沙，使波兰陷入第四次被瓜分的历史惨祸之中。南斯拉夫和阿尔巴尼亚也先后被德、意法西斯军队占领，备受奴役。匈牙利、保加利亚和罗马尼亚三国，则受到德国法西斯的重兵胁迫，在相当程度上丧失独立，甚至被强拉到对苏战场上去当“炮灰”。因而，在 20 世纪 40 年代，东欧国家面临的最大课题就是推翻德国法西斯统治，走出战争的阴霾，重新争取民族独立和人民自由，从水深火热的战争灾难中解放出来。

德国法西斯的侵略暴行激起了东欧各国人民的激烈反抗。命途多舛、苦难深重、不屈不挠的东欧各国人民运用各种形式发起抵抗运动，建立起反法西斯最为广泛的民族统一战线。“反对法西斯，自由属于人民”成了最广泛的社会共识、流行口号。

具体分析起来，在这个民族统一战线中起主导作用的是上层与下层，背靠西方与东方的两支力量：一支是上层的统治者。他们包括原东欧各国政府和地主资产阶级的政治代表，这些上层组成流亡政府，流亡到法国、英国等西方国家，在西方资本主义国家那里寻求财力、势力、军力、人力支持。比如捷克斯洛伐克总统贝奈斯，先后流亡到法国与英国。波兰总统拉奇凯维奇与西科尔斯基将军，也先后流亡到法国和英国，并建立秘密军事组织，后来发展成人数众多的波兰国家军。另一支是下层的共产党。他们扎根于工人、农民、知识分子广大劳动群众，在国际上获得共产国际和苏联共产党的有力支持，建立地下群众组织，乃至秘密军事组织。战争前几年，东欧各国党的领导人和领导机构多半流亡到苏联，在共产国际中寻求保护。1943 年，共产国际宣告解散后，有的人留在苏联进行活动，有的则潜回国内。其中有三个典型代表：一是保加利亚的季米特洛夫，二是波兰的哥穆尔卡，三是南斯拉夫的铁托。

1942 年底到 1943 年初，斯大林格勒战役的胜利使第二次世界大战的战局开始发生转折，人数多达 1 000 万的苏联红军开始转入战略反攻。1944 年 6 月 23 日至 8 月 29 日的白俄罗斯战役——“巴格拉季昂”战役是规模最大的一次战役，给德国法西斯东线军队以决定性打击，由此决定了德国法西斯在军事上走向颓势。

也正是在这种世界历史背景下，1944 年八九月间，开始了解放东欧国家的历史进程，彻底推翻德国法西斯专制主义统治。这个过程的本质并不是苏联红军的单纯军事行动，而是内因与外因结合在一起的革命变革。内因是东欧各国人民反抗法西斯专制统治、争取民族民主革命的群众运动，外因是苏联红军的军事行动，内因与外因结合到一起，才促使东欧走上人民民主道路的伟大变革。

其中，保加利亚 1944 年 9 月 9 日起义与苏联红军的巧妙配合，是一个典型范例。1944 年 8 月 23 日，苏军最高统帅斯大林要求其副手朱可夫立即飞往乌克兰第三方面军司令部，组织实施在保加利亚的作战准备，同时嘱咐说："飞往前线前一定要去见一下格奥尔基·季米特洛夫，他非常了解情况，无论是总的态势，还是国内的情况，他还可以告诉您保加利亚军队的现状及这个国家游击运动的情况。"

格奥尔基·季米特洛夫向朱可夫讲述了下列情况："我认为，虽然您将前往乌克兰第三方面军的任务是使部队做好与保加利亚作战的准备，但可以肯定任何战争都不会发生。保加利亚人民，正迫不及待地盼望着红军来帮助他们推翻保加利亚国王的政府，建立人民解放阵线的政权。保加利亚人民不会同苏军作战，相反，他们将按照古老的友好传统，按照斯拉夫的习俗用面包和盐来迎接苏军。至于政府的军队，他们也未必敢冒险同强大的红军作战。据我掌握的情况，几乎在保加利亚国王军队的各部队里都有我们的人和我们的地下工作者在进行大量的工作。在山区和森林中有我们大批的游击队，他们也将是你们的有力助手。现在他们也不会袖手旁观，他们会下山来支援你们，支援人民的起义。"①

作为一名职业军人，朱可夫将军已做好各种军事预案。实际上，当时保利亚人民解放军已有 40 多万，还有 20 多万游击队员，在全国各地建立起 670 个祖国阵线全国委员会。1944 年 9 月 5 日，也就是苏联对保加利亚穆拉维耶夫傀儡政府宣战的当天，保工人党中央就制定了人民解放军 9 月 8 日进入首都索非亚的最后起义计划。同时，保工人党中央和祖国阵线全国委员会共同发表宣言。9 月 8 日，就在苏联红军开入保加利亚当天晚上，工人、农民、游击队员，还包括转向人民一边的卫戍部队一起发动了起义。9 月 9 日清晨，以基蒙·格奥尔基耶夫为首的祖国

① 卡尔波夫. 大元帅斯大林. 北京：社会科学文献出版社，2015：595-596.

阵线全国委员会宣布成立，投靠德国法西斯的傀儡政权宣告倒台。结果是苏联红军兵不血刃，不战而胜。实际上，这也是保加利亚工人党与广大人民的胜利，人民民主统一战线的胜利，堪称是人民民主道路的初步奠基。

三、季米特洛夫人民民主论或新民主主义论

季米特洛夫是 20 世纪马克思主义著名的政治家、理论家、思想家，而谈到他的思想业绩，最广为人知的是 1933 年他在“国会纵火案”中，在莱比锡法庭上的大无畏表现；其次是在 1935 年召开的共产国际第七次代表大会上，他当选为共产国际总书记，提出在共产党与工人阶级领导下建立反对法西斯的最广泛统一战线的新战略、新方针，开创了共产国际工作的新局面、新阶段。

实际上，这两种流行说法的问题都忽略了季米特洛夫一生中最为重大、最为独特的理论创新、实践创新和制度创新，是他与毛泽东几乎不约而同地提出了原先经济政治落后国家如何走向社会主义的特殊道路和创新道路——人民民主论，或者叫新民主主义论。这也是战后初期东欧国家试图突破苏联道路、苏联模式的最初探索，改革创新的第一次来潮尽管最终受挫，但有不可磨灭的理论意义、历史意义与现实意义。今天，我们应当从这个新的高度、新的视角，重新看待季米特洛夫，尤其是他晚年的最后探索、最大创新。

下面，我们试着梳理一下季米特洛夫人民民主论——新民主主义论思想形成的来龙去脉，大体上分为三个阶段。

第一阶段是 1935—1936 年，季米特洛夫时任共产国际总书记，主持召开共产国际第七次代表大会。在会上具体分析西班牙、德国等法西斯国家的特殊国情和迫切任务时，他提出了把反对法西斯统治、争取民族独立作为首要任务，因而必须走人民民主道路，建立人民民主新型国家的新概念、新战略。

1935 年 8 月 2 日，在共产国际第七次代表大会上，季米特洛夫做了题为《法西斯的进攻与共产国际为工人阶级的反法西斯团结而斗争的任务》的报告，其中提出要求实事求是，具体分析每个国家法西斯上台的民族特点、历史特点。依照一定国家在历史、社会和经济方面的情况

及其民族特点和国际地位，法西斯的发展和法西斯独裁本身是在各个不同国家内采取各种不同的方式的[①]。不仅如此，他还要求，在具体分析法西斯专制统治民族特点的基础上，探索每个国家反对法西斯统治、争取民族民主革命的特殊方法、特殊道路。

> 在每一个国家里，都必须探求、研究、寻找该国法西斯的特点，它的民族特征，并根据这一点来规定反法西斯斗争的有效方法和形式。在法西斯进攻的情况下，一系列资本主义国家劳动群众所面临的问题，并不是选择“无产阶级专政或资产阶级专政，而是资产阶级民主制或法西斯主义”。[②]

正是在此基础上，1936 年 8 月 18 日在共产国际执委会书记处会议上，在讨论西班牙共产党的革命对象、革命任务以及摧毁法西斯后，需要建立什么样的政权、什么样的共和国的问题时，季米特洛夫提出了人民民主国家制度创新的新思想，作为既不同于一般资产阶级国家，又不同于苏维埃国家的特殊国家类型、制度创新的基本思想。

1936 年，当西班牙共产党也面临着类似的问题，即在摧毁了法西斯之后要建立什么样的政权和什么样的共和国时，他明确地回答说：

> 这个共和国处在这样一种国际关系的过渡阶段，即一方面存在着苏维埃国家、苏维埃民主，但同时又存在着资产阶级民主的国家，像英国、美国，还存在着法西斯专政，在这种情况下，这个共和国将是一个特殊的、具有真正的人民民主的国家。这还不是苏维埃国家，但它是一个反法西斯的、“左”倾的、有资产阶级真正左派力量参加的国家。

在共产国际第七次代表大会的闭幕词中，季米特洛夫明确地提出：我要预先警告，在这个问题上，要反对任何的简单化和公式化。生活比一切呆板公式要复杂得多。例如，把事情说成是，统一战线的政府是通往建立无产阶级专政的必然阶段，这是不正确的。同样在 1936 年，同样在法西斯统治的德国，季米特洛夫也主张先着手建立反法西斯的统一战线、人民阵线，而后着手建立新型人民民主制度，既不是照搬

① 季米特洛夫. 季米特洛夫选集. 北京：人民出版社，1953：42.

② 哈吉尼科洛夫，等. 季米特洛夫传. 北京：人民出版社，1982：134.

西方资产阶级民主国家制度，也不是照搬苏联国家制度、无产阶级专政制度。

民主德国统一社会党中央书记、政治局委员艾伯特·诺登在《卓越的无产阶级国际主义者》（1972 年 6 月 10 日）一文中写道："作为共产国际的总书记的他（指格·季米特洛夫），当我们党在 1936 年采取建立人民阵线的方针时，他帮助过我们党。"同年，德国共产党中央委员会政治局正式提出，让德国的反法西斯主义者研究在摧毁法西斯制度以后随之建立的新的民主共和国的原则。

在季米特洛夫看来，在新的情况下继续探索并确切地回答关于国家和政权性质的问题是合乎客观规律的。当然，应当指出，1936 年最初提出"人民民主国家"概念，主要是针对西班牙、德国等法西斯国家的迫切任务有感而发的，与后来专门针对保加利亚等东欧国家提出的概念之间是既有联系、又有区别的，不能简单地等同起来。

第二阶段是 1943—1944 年，季米特洛夫主动提出解散共产国际后，他开始把更多精力集中到专门研究保加利亚的革命建国道路问题上。也正是在 1944 年 9 月大起义的实践创新基础上，他进一步萌生了人民民主论的革命建国纲领。

1943 年 9 月和 12 月他在《真理报》上发表的《保加利亚向何处去?》和《保加利亚的危机》两篇历史性文章，就指出了这条道路。1944 年 8 月出版了这两篇著作的单行本，题为《拯救保加利亚的道路》。

季米特洛夫在文章中说，保加利亚摆脱危机的真正出路只能是执行真正的保加利亚本民族的政策，这就要求保加利亚不再做德国的附庸。他分析了国际形势，认为实现这一点完全是现实的、可能的。然而，保加利亚的当权者却根本不想改变自己的外交方针，因为他们把个人的利益凌驾于民族利益之上。季米特洛夫认为，只有团结在祖国阵线全国委员会里的保加利亚人民才看到了摆脱危机的正确道路。他们认为，要解决危机，就必须坚决肃清亲德方针及其一切表现。

祖国阵线全国委员会根据保共的倡议成立于 1942 年，参加祖国阵线全国委员会的有工人、劳动农民和革命知识分子。1945 年，祖国阵线政府成立，并于 1948 年成为保加利亚规模最大的群众性社会政治组织，后来发展到拥有成员 370 多万，并出版《祖国阵线报》。

在揭露保加利亚伊凡·巴格梁诺夫政府方面，季米特洛夫起了决定性作用。这届政府是 1944 年 6 月 1 日组成的，它企图借助苟延残喘、随机应变和蛊惑宣传来挽救君主法西斯制度的覆灭。当 1944 年 8 月底乌克兰第三方面军接近保加利亚边境时，该政府在进行最后挣扎，试图把保加利亚继续绑在法西斯德国的战车上，或至少要保存君主制度和资本主义制度。季米特洛夫以保共中央国外局的名义给国内革命力量做了具体指示，要他们向腐朽的、可恶的制度发起最后一次冲锋。

1944 年 9 月 9 日，游击队和国王军队中的爱国分子的联合武装力量在苏军解放者的坚决支持下推翻了保加利亚的君主法西斯，发动了一场社会主义革命，建立了“在工人阶级及其先锋——共产党领导下的、城乡劳动人民绝大多数人的”政权①。这一阶段，在保加利亚，通过 1944 年 9 月 9 日大起义，推翻了法西斯与君主制统治，实现了人民民主革命的实践创新，但在理论上怎样总结、怎样概括，还存在着许多基本问题有待回答。

第三阶段是从 1945 年到 1948 年初战后初期。季米特洛夫结束了在国外 22 年的生涯，重新回到保加利亚的国土上，又经过反复实践、反复推敲，其中包括与斯大林本人的多次探讨，终于在 1948 年 12 月，在保加利亚共产党第五次代表大会上的报告中系统阐明了人民民主论的革命建国纲领，把发展人民民主国家作为保加利亚走向社会主义的特殊形式、特殊道路和独特基础，实现了重大理论飞跃、理论创新。

保加利亚等东欧国家在战后走向社会主义的特殊道路问题，即怎样通过人民民主的道路为走向社会主义奠定基础成为战后初期，尤其是 1944 年大起义，1945 年 11 月季米特洛夫归国之后，反复研讨的一个中心问题。

从季米特洛夫日记中可以看出，在这个命运攸关的重大问题上，他非常注意主动倾听斯大林的意见，力争取得斯大林的理解支持。如 1945 年 1 月，斯大林在同保加利亚、南斯拉夫代表会见时说，如果认为苏维埃形式是走向社会主义的唯一形式，那我们可能会犯错误。实践证明，苏维埃形式是最好的，但完全不是唯一的。也可以有其他形式——民主共和国，甚至一定条件下的君主立宪制②。

---

① 哈吉尼科洛夫，等. 季米特洛夫传. 北京：人民出版社，1982：175-176.

② 季米特洛夫. 季米特洛夫日记选编. 马细谱，等译. 桂林：广西师范大学出版社，2002：332.

1946 年 9 月，斯大林在与季米特洛夫谈话时，再次鼓励他大胆探索，不必拘泥于苏联原有经验：我们革命时期的形势发生了根本变化，有必要采取其他方式和形式，而不要模仿俄罗斯共产党人，他们所处时代的形势完全不同。不要害怕我会指责你们在搞机会主义。这不是什么机会主义，而是在当今形势下对马克思主义的运用①。1946 年 2 月，季米特洛夫在保加利亚工人党索非亚州委扩大会上，明确提出要立足国情、立足实践，探索不同于苏联道路、苏联模式的特殊道路、创新道路：各个国家的人民向社会主义过渡，将不会照搬相同的模式，不会完全按照苏联的道路，而是根据各国的历史、民族、社会、文化等方面的条件寻找自己的道路。

1948 年，保加利亚与世界历史都走在一个新的十字路口。为了准备党的第五次代表大会的主题报告，季米特洛夫精心推敲自己近十年来提出的人民民主论国家制度创新论。千方百计地争取斯大林与苏联方面的理解支持，在季米特洛夫看来，是命运攸关的重要一步。因此，在准备党的五大报告过程中，他极其耐心细致地和斯大林做了交流。

1948 年 11 月 3 日，季米特洛夫给斯大林写了一封信，恳请他就五大报告——人民民主论的重大问题表明态度，给以指正，重点问题是关于人民民主的性质："由于这个缘故（党的第五届代表大会——编者注。）对我们来说重要的是检查我们对某些问题的观点的正确性。所以，我受保加利亚共产党中央委员会的委托，恳求您了解我们这里对上述问题的观点，并以您的高见帮助我们正确地校正党在复杂条件下，这一时期所面临的活动方向。"② 作为信的附件的，是准备之中的五大报告的核心部分——第三部分"人民民主制度的本质"。甘乔夫斯基的《秘书日记——我所见到的季米特洛夫》一书，具体翔实地交代了这个附件的具体内容，其至今仍鲜为人知，因而不厌其详地引证在这里。

首先必须从理论上阐明这样的问题，即在我们国家（不仅仅在我们国家）应该建立什么样的制度，它的性质及前途是什么。回答这些问题，实际上，不仅在理论上，而且在实践上对于一些开始走上非资本主

① 季米特洛夫. 季米特洛夫日记选编. 马细谱，等译. 桂林：广西师范大学出版社，2002：386.

② 甘乔夫斯基. 秘书日记：我所见到的季米特洛夫. 天津：天津人民出版社，1984：309.

义发展道路的国家的政治生活来说，都是非常必要的。

季米特洛夫首先着手准备自己报告中的这一部分并非偶然。他为撰写这一部分花了很多时间也并非偶然。在1948年10月底季米特洛夫关于人民民主的性质、作用和前景的主要特点的研究报告已经拟定出来了。季米特洛夫就这个问题想事先与联共（布）的领导人以及斯大林本人商量一下。出于这种考虑，他起初用保文准备了一份概述。第一稿用了4页打字纸，第二稿差不多6页纸。这是一份严谨的、揭示了人民民主制度的实质及特点的理论提纲。季米特洛夫把提纲寄给政治局，以便取得一致意见。政治局审阅后，赞成这个提纲，同时也提出了一些意见，季米特洛夫同意这些意见，对这个新的、以前未被人们认识的国家政权形式的主要方面，进行了准确而深刻的理论阐述。关于无产阶级专政的表述方法，作为一个还在争论的问题（季米特洛夫本人也要继续弄明白）特意把它保留下来，它必须在斯大林的参与下才能做出最终的表述。

季米特洛夫把全部问题分成四个部分，第一部分指出人民民主的四个最重要的特点：

（1）人民民主国家就是在工人阶级的领导作用下，劳动者、最大多数人民的政权；

（2）人民民主国家与苏联建立友好合作关系；

（3）人民民主国家属于民主的反帝阵营；

（4）人民民主国家是过渡时期的国家，负有确保国家沿着社会主义道路发展的使命。

第二部分阐述关于人民民主和苏维埃制度的问题。

> 对这个问题我们是这样认识的：在军事上摧毁了侵略成性的法西斯国家的情况下，在资本主义总危机急剧尖锐化和苏联力量大大增强的条件下，以及存在着同苏联及其他人民民主国家的紧密合作，这就为我们国家，同样也为其他人民民主国家开创了不必建立苏维埃制度，而借助人民民主制度，就能实现从资本主义向社会主义的过渡……
>
> 人民民主制度在体现出劳动者在工人阶级领导下的统治地位的同时，它能够，也应当在这种历史条件下，像经验已经表明的那样，在消灭资本主义成分和组织社会主义经济的事业中胜利地完成

无产阶级专政的职能。

第三部分“关于现阶段的基本任务问题”谈道：

> 目前……正在为建设社会主义创造必要的条件，为我国未来的社会主义社会建立经济和文化基础而进行工作。
>
> 正因为这已成为现阶段人民民主的基本任务，因而，也就是工人阶级以及领导工人阶级的共产党的主要任务。

第四部分讲的是关于国际主义——这是人民民主不可分割的特点。报告中对这个论题做了较广泛的论述。

季米特洛夫继续进行这方面的阐述工作，当译成俄文后又提出了一系列新的重要修改。例如第二部分用了新的标题，用“人民民主与无产阶级专政”来代替“人民民主与苏维埃制度”。原来写的“不用无产阶级专政，借助人民民主就可以实现从资本主义向共产主义过渡”这句话被删去，而代之以“不必建立苏维埃制度，而借助人民民主制度……”这句话。而人民民主制度能够也应当在这种历史条件下，正像经验已经表明的那样，“胜利地完成无产阶级专政的职能”这句话——被更确切地说成“在消灭资本主义成分和组织社会主义经济的事业中胜利地完成无产阶级专政的职能”。

鉴于 1945 年底 1946 年初，保加利亚试图与南斯拉夫建立联邦受到斯大林、苏联干预的历史教训，这次季米特洛夫慎之又慎，谦虚谨慎地事先听取斯大林的意见。当时季米特洛夫还给斯大林写了一封信，信中顺便谈到请求得到斯大林指正。11 月 3 日，把信连同提纲一起寄给了正在索契休假的斯大林，把副本寄给了莫洛托夫。正如我们所看到的，12 月 6 日，斯大林和莫洛托夫同以季米特洛夫为首的保加利亚代表们举行了会谈。

上述情况表明季米特洛夫是怎样创造性地认识所走过的道路和积累的政治经验。对他来说，人民民主是向社会主义过渡的新形式，这在马克思列宁主义理论上是一种新的见解。他解释说，人民民主要解决的任务同早先只由苏维埃政权所解决的任务是相同的，而这些任务都是属于无产阶级专政所固有的，但是对于人民民主本身就是无产阶级专政的一种形式这一观点还没有形成。

为什么季米特洛夫那么久没有形成这一观点呢？主要应当从季米特

洛夫本人的观点去看，从他在共产国际第七次代表大会上所阐述的观点实质中，从他竭力要在新的条件下寻求对老问题的新答案、竭力要克服保守主义的思想中去看。

季米特洛夫阐述了政治报告中所包含的一些重要问题：他介绍了同斯大林就有关人民民主的性质、发展前途等问题进行商讨的情况。也解释说，最初在寄去的信中已阐明了他的观点，斯大林同志对他的提纲做了“某些重要的修改”。季米特洛夫做了简要的说明，这些内容主要可以归纳为以下几个方面：在过渡时期，创造了一些特殊的条件。在第二次世界大战后形成的新条件下，在强大的苏联及其不可战胜的军队存在的情况下，可以不必采用苏联向社会主义过渡的形式，而是可以通过议会制共和国的途径——经过全民选举获得党的多数票，甚至也可以允许反对派参加。“对于这些看法我们是要向你们承担责任的，我们意识到自己的过错”，斯大林开玩笑地说。但是，没有无产阶级专政将一事无成。

季米特洛夫谈了特·科斯托夫的记录，这是当季米特洛夫与斯大林谈话时记下来的。下面就是记录中比较重要的一些话，“在你们那里……”斯大林说，“可以不采用苏联的方式，你们可以恢复到马克思和恩格斯所说的那种方式，也就是人民民主议会制的形式。我们认为你们不采用苏维埃制度也行。对你们来说，人民民主制度就足以实现从资本主义向社会主义的过渡。但是这个制度必须实行无产阶级专政的职能。”

马克思和恩格斯认为，工人阶级占多数的民主共和国是无产阶级专政最合适的形式。“在我们那里出现的苏维埃，是工人、农民和士兵代表的苏维埃，是不包括所有非劳动者分子的苏维埃。人民民主和苏维埃制度——这是无产阶级专政的两种形式”①。可看出，斯大林的修改意见集中到一点就是，虽说肯定了人民民主不同于苏维埃制度的差异性、特殊性，但重心则转向了强调其都是无产阶级专政不同形式的同一性、一致性，强调无产阶级专政绝对不可忽视。

1948 年 12 月 20 日，季米特洛夫在保加利亚共产党第五次代表大会上代表中央委员会做了政治报告。在这个报告中有个引人注目的新提

---

① 甘乔夫斯基. 秘书日记：我所见到的季米特洛夫. 天津：天津人民出版社，1984：364-365.

法：人民民主制，有时又称为新宪法认定的“人民民主政体”或“新民主主义国家”；其中心任务是为将来的社会主义打下经济与文化基础，而不是急于推行国有化和社会主义。

在过去一年半时间，在保加利亚共产党的领导下，保加利亚实行了一连串重大的、基本的措施，这些措施完全巩固了人民民主，并且准备了在保加利亚奠立社会主义的经济基础的场地。新的共和国宪法通过了，这部宪法在法律上巩固了九九起义和人民民主政体的历史成果，并且开辟了本国进一步发展的道路。新民主主义国家，包括保加利亚在内，在对一切国内敌人，特别是国外敌人的不断斗争中，已在向社会主义迈步前进了。它们正在为建设社会主义创造一些必要的条件，也就是为将来社会主义社会打下经济和文化的基础。这是新民主主义国家当前的中心任务，因此也就是工人阶级及其先锋队——共产党的中心任务[①]。季米特洛夫报告的核心部分是论述“人民民主制度的本质”，称之为“新民主主义国家”，既有与苏维埃制度不同的民族特殊性，又有在无产阶级专政上的本质同一性：人民民主国家属于反帝国主义的民主阵营。

第一，每一个人民民主国家，只有参加以强大的苏联为首的统一的反帝民主阵营，才能保证它的独立、主权和安全，免遭帝国主义势力的侵略。

第二，法西斯侵略国在军事上瓦解了，资本主义的总危机骤然加深了，苏联的威力无限地壮大了，苏联和新民主主义国家之间的合作更加密切了，在这些情况下，保加利亚和其他新民主主义国家，可以不必建立一种苏维埃制度，只要它们能够巩固和发展人民民主政权，并依靠苏联及其他新民主主义国家，它们就可以通过人民民主政权从资本主义过渡到社会主义。

第三，人民民主制度体现出在工人阶级领导下的劳动人民的统治，在目前的历史情况下，正如经验所证明了的，这种制度能够而且必定胜利地执行无产阶级专政的职权，以肃清资本主义成分和建立社会主义经济。它能够击溃那些已经推翻了的资本家和地主的抵抗，粉碎他们恢复资本统治的企图，并能在社会所有制和计划经济的基础上从事工业建

① 季米特洛夫．季米特洛夫选集．北京：人民出版社，1953：263-268.

设。人民民主政权一定能够克服城市小资产阶级和中产阶级农民的动摇性，肃清农村的资本主义分子，并把一切劳动人民团结在工人阶级周围，以便向社会主义的目标前进①。

从 1948 年 12 月 20 日至 12 月 25 日，党的代表大会对于季米特洛夫的政治报告做了深入讨论，充分发扬民主，可以发表各种不同意见，其中老一辈马克思主义哲学家巴甫洛夫对强调人民民主制度与无产阶级专政的同一性表示忧虑，不确定其是否会助长违法乱纪的现象。

12 月 25 日，在大会闭幕式上，季米洛夫又以《对讨论的答复》为题做了大会总结与闭幕词。最后的重点答疑仍然集中在如何更好地把握人民民主制度与苏维埃制度的同一性与差异性的关系方面，在承认差异性的前提下，又重点强调了差异之中的同一性：

> 第二点要谈到我在报告中对人民民主制度所下的定义。谈到这个问题的一些同志，倾向于把重点主要放在人民民主制度和苏维埃制度的区别上，这很可能使人得出不正确的和有害的结论。
>
> 依照马克思列宁主义的理论，苏维埃制度和人民民主制度是同一政权的两种形式，就是工人阶级团结并领导城乡劳动人民的政权的两种形式。它们是无产阶级专政的两种形式。保加利亚由资本主义过渡到社会主义的特殊形式，不是也不能改变由资本主义到社会主义的过渡阶段的基本规律，这些规律是对所有国家都适用的。如果没有无产阶级对资本主义分子的专政和争取社会主义经济的组织，就不可能实行过渡到社会主义。
>
> 人民民主制度和苏维埃制度，在最为重要而具有决定性的方面是一致的，也就是说，它们都是团结及领导城乡劳动人民的工人阶级的政权，根据这个事实，我们可以得到一些非常重要的结论，断定我们必须彻底研究和广泛应用苏联社会主义建设的伟大经验。而适合我们情况的这种经验，就是保加利亚以及其他人民民主国家建设社会主义的唯一而最好的模范。
>
> 在这次代表大会上，我们的托多尔·巴甫洛夫同志表示了一些使人很激动的忧虑，认为把我们的人民民主制度解释为无产阶级专

① 季米特洛夫．季米特洛夫选集．北京：人民出版社，1953：267.

政的一种形式，可能助长违法乱纪的意图。这样的忧虑是完全不应该有的。执行无产阶级专政的职能的人民民主制度，在本质和性质上都不能容忍专横和不法行为，这是个强有力的原则，足以受到每个人——不论他的地位如何——的尊重。①

以上这些论述，至今仍是鲜为人知的，因此我们不厌其详照录在此。

四、东欧各国对人民民主制度的探索

人民民主论的首倡者虽是保加利亚工人党领袖季米特洛夫，但人民民主论不仅仅是他个人的，而是一种在东欧各国有深厚根基的、有广泛影响的强大社会思潮。与他几乎同时或前后倡导人民民主论的，还有波兰的哥穆尔卡，匈牙利、罗马尼亚等国的一些政治活动家、思想家，和南斯拉夫的铁托、捷克斯洛伐克的哥特瓦尔德等。

波兰的哥穆尔卡就是这方面的一个重要代表人物，甚至可以说是仅次于季米特洛夫的第二号代表人物。他在战后初期提出了“人民民主论”与“波兰道路论”，并在当时起了重大作用，当然也为此经历了曲折多磨的历史命运。

哥穆尔卡生于 1905 年，16 岁时就加入青年社会主义运动，21 岁秘密加入波兰共产党，多次被捕，矢志不渝。1934—1935 年曾到莫斯科国际列宁学院学习，1943 年 11 月起接任波兰工人党总书记。从 1944 年开始，他就开始探索波兰带有民族特点的特殊道路问题。1945 年 12 月，他作为总书记为党的一大确定的主题与基调就是通向社会主义的波兰道路，一条不同于苏联道路的特殊道路。他积极主张波兰工人党与社会党联合起来统一行动，并由此带动整个民主阵线的统一与扩大。

哥穆尔卡 1946 年 11 月在波兰工人党和社会党积极分子会议上所做的报告中说：“我们认为，在现存的条件下，社会政治关系的发展，可以通过民主行使国家政权的方式来进行，在波兰通向社会主义的道路，不必通过工人阶级专政。在社会主义制度下劳动群众行使政权的形式不

① 季米特洛夫. 季米特洛夫选集. 北京：人民出版社，1953：314-315.

一定仅仅体现在代表会议制度上。波兰可以而且正在走自己的发展道路，我们的党也希望沿着这条道路前进。在提出波兰的发展道路这一概念的同时，我们想再次强调指出，我们两党（波兰工人党和社会党）行动一致，工人阶级的统一战线，整个民主阵营的统一和行动协调，是这一概念的基础。”①

在人民民主论与波兰道路论的思潮影响下，战后初期的波兰实行了多党合作制，建立的是多党联合政府。波兰和捷克斯洛伐克的共同特点之一，是资产阶级民主派政党、社会民主党和共产党并存，在它们身上体现出来的背后大国关系比较复杂。

在雅尔塔会议上，波兰问题就是主要议题之一。根据雅尔塔会议做出的战后波兰政府必须包括伦敦流亡政府成员的决定，卢布林临时政府与伦敦流亡政府在莫斯科举行谈判，于 1945 年 6 月 28 日建立全国统一的临时政府。在这届政府的 21 名成员中，工人党占 7 名，社会党和农民党各占 6 名，民主党占 2 名，总理是爱・奥苏布卡-莫拉夫斯基，两名副总理分别由共产党人瓦・哥穆尔卡和资产阶级政党代表斯米柯瓦伊契克担任。这种多党制联合政府持续了一年半，在这过程中，与国家军队和流亡政府有关联并且得到西方支持的武装力量，同苏联支持的民主力量之间的斗争十分激烈。另外，曾为德国法西斯服务的反革命力量也到处搞暗杀和破坏。1947 年 1 月，波兰举行议会选举，工人党同社会党和民主党组成了民主阵线一起参选，获得了 80.1％的选票和 444 个议席中的 394 个，农民党获得 10.3％的选票和 28 个议席，劳动党获得 4.7％的选票和 12 个议席，农民党“新解放”获得 3.5％的选票和 7 个议席，其他社会团体获得 1.4％的选票和 3 个议席。2 月初，农民党领袖瓦・柯瓦尔斯基当选为议会议长，工人党领袖鲍・贝鲁特当选为共和国总统，社会党领袖约・西伦凯维兹任政府总理并组建新政府。在新政府的 24 名成员中，工人党和社会党各占 7 名，农民党占 5 名，民主党占 3 名，劳动党占 2 名。显而易见，此时波兰政治生活虽然还是多党制，但亲苏联社会主义的工人党和社会党已经占了优势地位。

1948 年 6 月 3 日，波兰工人党召开中央全会，总书记哥穆尔卡在报告中仍然坚持他的人民民主论与波兰道路论，主张各国走向社会主义

---

① 刘邦义．哥穆尔卡评传．北京：中共中央党校出版社，1995：98.

的道路应有差异，波兰应当从自己本民族特点出发，走出自己的特殊道路；再次坚持工人党与社会党联合的方针，认为波兰社会党也有可资借鉴的光荣传统，两党配合有助于探索波兰道路。

问题是，这时斯大林的思想已经开始向“左”逆转，1947 年 9 月有了日丹诺夫在九国共产党和工人党情报局会议上的报告。因此，哥穆尔卡的报告受到大多数政治局委员的反对，乃至后来经斯大林同意，被撤销了总书记职务。1951 年至 1954 年底，还被逮捕监禁近 5 年。

战后初期这两三年内，不仅保加利亚的季米特洛夫和波兰的哥穆尔卡积极倡导人民民主道路，其他东欧国家政党的领袖人物也纷纷举起人民民主旗帜，形成一种流行一时的东欧社会主流思潮。

在东欧八国中，捷克斯洛伐克工业化、现代化水平最高，受西方传统影响也比较大，不仅高于当年苏维埃俄国，也明显高于其他东欧七国。抵抗法西斯的斗争，明显区分为共产党领导的国内群众与贝奈斯总统领导的流亡政府两个部分，当时在斯大林和苏联的积极促和下，形成了民族统一战线，战后何去何从也成为必须要回答的问题。多年来既担任过捷克领导职务，又担任过共产国际执委会职务的哥特瓦尔德、萨波托斯和斯兰斯基等捷克领导人，都主张捷克必须探寻自己的道路。

1945 年 4 月 5 日，捷克斯洛伐克第一届民族阵线政府宣告正式成立，政府由捷共、社会民主党、民族社会党、人民党和斯洛伐克民主党的代表组成，正副总理人选和各党成员在政府中担任部长的数量，基本上是根据在莫斯科达成的协议确定的。同日，民族阵线政府宣布了莫斯科会谈通过的施政纲领，也就是著名的《科希策纲领》。从性质和作用上看，这是一个民族民主革命的纲领，也是为新的人民民主国家奠定基础的纲领。

早在同年 4 月 29 日，根据捷共的建议，捷克民族委员会成立。参加者有捷共、反法西斯的工人、资产阶级政党和其他群众组织的代表，但占主导地位的是捷共。1945 年 1 月，捷共临时中央在一份决定中提出：我们民族坐待红军解放的这种情况是不容许发生的。那将是捷克民族荣誉上的一个洗刷不掉的污点……捷克民族必须用自己的力量来促成自己的解放。

在巴尔干半岛上，南斯拉夫的国情也有很大的特殊性，铁托领导的游击队抵抗运动也经历了特殊的发展历程。战后初期，铁托在 1946 年提出，由于南斯拉夫的民族特点与独特传统，必须寻求不同于苏联经验、苏联道路的特殊道路，这就是人民民主道路。“每个国家内部发展的特殊条件和性质决定了到达和实现更美好社会制度所走的道路的特殊性。具体地说，在我们这里，就是争取达到真正的人民民主的道路。”①

① 比兰克奇．南斯拉夫社会主义联邦共和国史纲．阿丹，等译．天津：天津人民出版社，1985：177.

第三章　战后斯大林的理论贡献和历史局限

对于战后初期至 20 世纪 50 年代初的斯大林晚年思想，先后出现过截然相反的两种评价：一种是全盘地肯定，另一种则是简单地否定。实际上战后斯大林思想不是一成不变、铁板一块的，而是跟随着国内外形势的变化，有一个起伏变化的过程，经历了前期开放创新，后期收紧逆转的曲折历程。斯大林思想的这种带有二重性的曲折变化，也深刻影响到战后苏东马克思主义、社会主义的曲折发展进程。

1945—1947 年，斯大林曾经尝试着做出战后时代的理论创新。倡导“战后和平发展论”、东欧各国走向社会主义道路的民族特色论，支持季米特洛夫、铁托、哥穆尔卡等人探索东欧人民民主新道路的战后改革初潮；1947 年后，由于种种复杂的历史原因，晚年斯大林思想发生了“左”的逆转，退守战前与战时形成的传统计划经济的苏联模式，对于国内外改革尝试也转而采取严厉打击态势；1950—1952 年，斯大林发表《马克思主义和语言学问题》和《苏联社会主义经济问题》这两部重要晚年著作，既对马克思主义基本理论做出了那个时代的科学阐发，同时又表现出根本性的历史局限与理论局限。这里的历史经验与历史教训，值得我们深入思考，认真借鉴。

一、斯大林战后和平发展论与民族特色论

把斯大林的理论与实践神化或妖魔化，是一个时期内相当流行的两种倾向，其实都是脱离实际的历史表象。把斯大林的主张简单化地一概归结为“斯大林模式”，甚至称之为所谓的“斯大林主义”，也是根本站不住脚的，应当实事求是地评价其历史功过是非。这里要指出的是一个至今在相当程度上被忽视的重要历史事实，即在第二次世界大战后初期，1945—1948年，斯大林本人一度形成了有可能突破苏联模式、战时体制的两个闪光思想：一是战后和平发展论，二是大小国一律平等的民族特色论。

我们先说说斯大林战后和平发展论的来龙去脉。斯大林的战后和平发展论的思想，固然有战后时代的实践基础、马克思列宁主义的理论基础，同时也源于自1943年他与美国总统罗斯福共同倡导战后和平安全的国际新秩序的政治思想主张。然而，可惜的是，1945年4月初，当攻克柏林的战役刚刚打响、世界和平曙光初现的时候，美国总统罗斯福却溘然长逝。比他更右翼、更强硬的副总统杜鲁门继任了总统职务。斯大林发表了宣言，表达了对罗斯福历史功绩的追思之情，对未来苏美关系、世界和平的希望之意：

> 我代表苏联政府和我个人对罗斯福总统的早逝向美国政府表示深切的吊唁。美国人民和联合国失去了富兰克林·罗斯福这样一位极其伟大的世界性的政治家和组织战后和平与安全的倡导者。
>
> 苏联政府对美国人民的这一重大损失表示真诚的同情，并相信，担负了反对共同敌人的战争主要重担的大国，它们之间合作的政策今后仍将加强。①

1945年5月2日，由朱可夫、科涅夫元帅指挥的苏联红军，终于攻克了柏林，德国5月8日签署了无条件的《德国武装力量投降书》。

5月9日，斯大林发表《告人民书》，庄严宣告“和平发展的时期开始了”。

① 斯大林. 斯大林文选（1934—1952）. 北京：人民出版社，1962：412.

战胜德国这一伟大的日子来到了。法西斯德国被迫向红军和我们盟国的军队屈膝，承认自己已被战败并宣布无条件投降了。

…………

……各斯拉夫民族长期以来为了自身的生存和独立而进行的斗争，终于以战胜德国侵略者和德国暴政而告终了。

从此，各国人民的自由和各国人民之间的和平的伟大旗帜，将飘扬在欧洲上空。

…………

同志们！伟大卫国战争的结果是我们完全胜利了。欧洲的战争时期结束了。和平发展的时期开始了。①

5 月 10 日，斯大林也不忘致信给英国首相丘吉尔，既表达祝贺，又表达希望。从 1943 年《德黑兰协议》、1944 年《雅尔塔协定》以来，斯大林、罗斯福、丘吉尔作为“三国首脑”“三大巨头”，建立了紧密合作、伟大同盟关系。

我向你本人，向英勇的英国武装力量和全体英国人民致敬，并衷心祝贺取得对我们共同的敌人——德帝国主义的伟大胜利。这一历史性的胜利结束了苏英美军队为解放欧洲而进行的共同斗争。

我相信，我们两国在战时形成的友好关系，在战后时期将进一步顺利地、有成效地发展。

我已委托我国驻伦敦大使向你们大家转达我对取得的胜利的祝贺和我最良好的愿望。②

1946 年 2 月 9 日，斯大林发表《在莫斯科市斯大林选区选举前的选民大会上的演说》，可惜他没有像列宁当年那样重点讲转向和平时期工作重心的调整，而是用战争实践证明 20 世纪 30 年代战前形成的苏联制度——苏联模式的合理性与生命力；不过，在演说尾声，斯大林也谈到了战后和平时期 15 年的经济发展、民生改善的发展愿景。

我国共产党在战争开始以前和在战时的工作情况就是如此。

现在我来稍微谈谈共产党在最近将来的工作计划。大家知道，

---

① 斯大林. 斯大林文选（1934—1952). 北京：人民出版社，1962：422-423.

② 同①425.

这种计划已在最近期间就要批准的新的五年计划中载明。新五年计划的基本任务，就是要使我国遭受灾难的区域恢复起来，使工农业恢复到战前水平，然后比较多的超过这个水平。关于在最近期间就会废除配给制这一点就不用提了，（热烈鼓掌多时。）将来要特别注意扩大日用品生产，用不断减低所有商品价格的办法来提高劳动者的生活水平，（热烈鼓掌多时。）广泛建设各种科学研究院，（鼓掌。）使科学能够发挥它的力量。（热烈鼓掌。）

我不怀疑，如果我们对我国的科学家们给以应有的帮助，他们在最近期间就不仅会赶上，而且会超过国外科学的成就。（鼓掌多时。）

至于较长时期的计划，党打算造成国民经济的强大的新高涨，使我们能够把我国工业水平提高到，譬如说，战前水平的3倍……①

1946年5月1日，在庆祝战后第一个“五一”国际劳动节的时候，斯大林发表《苏联武装部部长命令》，进一步强调苏联开始了和平的社会主义建设新时期。

今天，我们是自伟大卫国战争胜利结束以来，第一次在对敌艰苦斗争中以重大牺牲和损失的代价赢得的和平生活的条件下，度过“五一”国际劳动节。

…………

整个世界已有可能不仅确信苏维埃国家的威力，而且确信以承认一切民族平等和尊重它们的自由和独立为基础的苏联政策的公正性。毫无疑问，苏联今后也将忠于自己的政策——和平和安全的政策，各民族平等和友好的政策。

在战争结束以后，苏联即开始了和平的社会主义建设。苏联人现在热情奋发地从事为战争所中断了的和平的建设性的劳动。

苏联最高苏维埃所通过的1946—1950年苏联恢复和发展国民经济的五年计划的法令，为我们祖国生产力的进一步增长，为我国

① 斯大林．斯大林文选（1934—1952）．北京：人民出版社，1962：452．

经济威力的增长，为我国物质福利和文化的提高展开了新的前景。①

在和平建设新时期到来之际，却发生了一个不大不小的历史插曲。1946 年 3 月 5 日，在美国总统杜鲁门的陪同下，英国前首相丘吉尔在美国密苏里州富尔顿城发表了几乎等于“冷战宣言”的强硬讲话，誓言打破苏联“铁幕”。

应当实事求是地说，斯大林当时并没有采取迎面冲撞的简单办法。1946 年 3 月 13 日，他以答记者问的形式在《真理报》上发表《关于丘吉尔先生的演说和“真理报”记者的谈话》，开宗明义地批驳了丘吉尔的煽动冷战演说：

问：你怎样估计丘吉尔先生最近在美国发表的演说?

答：我认为这个演说是危险的行动，其目的是要在盟国中间散播纠纷的种子，使它们难于合作。

问：是否可以认为丘吉尔先生的演说会使和平和安全的事业遭受损失?

问：无疑是的。实际上，丘吉尔先生现在是站在战争挑战者的立场上的，而且丘吉尔先生在这里并不是孤独的，他不仅在英国有朋友，而且在美国也有朋友。

应当指出，丘吉尔先生和他的朋友在这方面非常像希特勒及其同伴。希特勒干他的发动战争的勾当，是从散布种族理论开始的，说什么只有讲德语的民族才是最优秀的民族。丘吉尔先生干他的发动战争的勾当，也是从散布种族理论开始的，他硬说只有讲英语的民族才是最优秀的民族，负有决定世界命运的使命……②

从当时——1946 年前后公开发表的文字来看，斯大林对丘吉尔发表的“铁幕”演说，反应还是理性稳健的，并没有针锋相对地做出过激反应。这一点，从斯大林《答“星期日时报”驻莫斯科记者亚历山大·韦尔特先生问（1946 年 9 月 17 日书面提出的问题）》中，可以较为明显地看出来。

① 斯大林. 斯大林文选（1934—1952）. 北京：人民出版社，1962：472-473.

② 同①462.

问：现在全世界都在不负责任地纷纷谈论所谓“新战争”的危险，你是否相信“新战争”的实际危险呢？如果有这样的危险存在，又应当采取什么措施来防止战争呢？

答：我不相信“新战争”的实际危险。

现在发出“新战争”叫嚣的，主要是军事政治间谍及其在文官中的为数不多的拥护者。他们所以需要这种叫嚣，甚至是为了：（一）以战争的怪影来恐吓其缔约国中某些天真的政治家，并且以这种方法帮助自己的政府从缔约国那里获取更多的让步；（二）在某些时期，阻挠本国缩减军事预算；（三）阻止军队复员，并以此来预防本国失业人数的迅速增加。

必须把现时所进行的“新战争”叫嚣，同目前并不存在的“新战争”的实际危险严格区别开来。

问：你是否认为英国和美国有意识地对苏联造成“资本主义包围”？

答：我不认为英国和美国的统治集团能够“对苏联”造成“资本主义包围”，即使他们想这样做的话，但是这一点我不能够断言。①

证实这一点的，还有斯大林 1946 年 12 月 11 日接见已故美国总统罗斯福的亲属坎利奥特·罗斯福时开门见山的谈话：

问：你是否认为，像美国这样的民主制有可能同像苏联现存的那样的共产主义的国家政体在这个世界上和平地并肩相处，而且任何一方也不会企图干涉对方的内部政治事务？

答：当然可能。这不仅是可能的，而且是合理的，完全可以实现的。在战时最紧张的时候，政体的不同并没有阻碍我们两国联合起来并战胜我们的敌人。在和平时期，维持这种关系就更加可能了。

问：你是否认为，联合国能不能成功，取决于苏、英、美之间在根本的政策问题和目的上能否达成协议？

答：是的，我认为是这样。在许多方面，联合国这个组织的命运取决于三大国能否达到协调。

---

① 斯大林. 斯大林文选（1934—1952）. 北京：人民出版社，1962：476.

问：大元帅是否认为，我们两国达成关于互相交换工业品和原料的广泛经济协定会是走向普遍和平的重要步骤？

答：是的，我认为这会是走向建立普遍和平的重要步骤……①

证实斯大林这一阶段思想观点的，还有 1947 年 4 月 9 日《和美国共和党活动家哈罗德 · 史塔生的谈话的记录》中斯大林和史塔生的对话，在这里，苏美之间、不同社会制度的国家之间可以长期和平共处、和平竞争的思想表达得更为明白透彻。

……史塔生了解到苏美两国经济制度是不同的。苏联的经济建筑，在有计划的社会主义基础上，它的发展是由共产党领导的。美国所存在的是私人资本的自由经济。他史塔生很想知道斯大林是否认为这两种经济制度能在战后在同一世界内共同生活和彼此合作。

斯大林回答说，这两种制度当然能够彼此合作。就它们的合作而论，则彼此之间的差别并无重大的意义。德国和美国的经济制度是相同的，然而它们之间却发生了战争。美国和苏联的经济制度是不同的，但它们彼此并未作战，而且在战时还相互合作。两种不同的制度既然在战时能够合作，在和平时期又为什么不能合作呢？这里当然是指：如果有合作的愿望，那末，尽管经济体制度不同，而合作是完全可能的。但是，如果没有合作的愿望，那末，即使是经济制度相同，国与国之间，人与人之间也会打起来的。

…………

史塔生说，曾有很多文章大谈其资本主义制度产生垄断、帝国主义以及压迫工人等祸害。照他史塔生的意见，在美国，防止了资本主义的垄断倾向和帝国主义倾向的发展，而且美国的工人享受到的投票权，比马克思或恩格斯所能想到的还要多得多。美国的经济制度同当时希特勒德国所存在的经济制度的差别就在这里。

斯大林说，不应醉心于批评彼此的制度，每一国的人民都维持着它所愿意维持和可能维持的制度。哪一种制度更好，——历史会证明的。应该尊重人民所选择和赞同的制度。美国的制度究竟是好还是坏——这是美国人民的事。合作并不需要各国人民具有同样的

① 斯大林. 斯大林文选（1934—1952). 北京：人民出版社，1962：484.

制度。应该尊重人民所赞同的制度。只有在这种条件下，才能合作。①

在战后初期，1945—1948 年，斯大林还从世界历史高度，提出了民族特色论的理论观点。这一理论无论在斯大林本人这里，还是在世界各大国的领袖中，都是寥若晨星、非常珍贵的。这一观点表达得最简单明了的，莫过于 1948 年 4 月 7 日，斯大林在欢迎芬兰政府代表团的午宴上的讲话。

许多人不相信大民族和小民族之间的关系能够是平等的。但是我们苏联人认为，这样的关系是能够有的，而且是应当有的。苏联人认为，每一个民族，不论其大小，都有它自己的本质上的特点，都有只属于该民族而为其他民族所没有的特殊性。这些特点便是每个民族对世界文化共同宝库的贡献，补充了它，丰富了它。在这个意义上，一切民族，不论大小，都处于同等的地位，每个民族都是和其他任何民族同样重要的。②

证实这一点的，最生动、最具体的文献证据则首推季米特洛夫日记中披露的斯大林思想。1945 年 1 月，斯大林在同南斯拉夫和保加利亚代表的谈话中说："如果认为苏维埃形式是走向社会主义的唯一形式，那我们可能会犯错误。实践证明，苏维埃形式是最好的，但完全不是唯一形式。也可以有其他形式——民主共和国，甚至在一定条件下的君主立宪制。"再如，1946 年 9 月，斯大林在与季米特洛夫谈话时说："我们革命时期的形势发生了根本变化，有必要采取别的方式和形式，而不要模仿俄罗斯共产党人，他们所处时代的形势完全不同。不要害怕我会指责你们在搞机会主义。这不是什么机会主义，而是在当今形势下对马克思主义的运用。"③

应当说，在战后初期这个历史阶段，斯大林提出了"民族特色论"的基本观点，但发挥得不够充分。而其基本思想确实还是存在的，我们不妨再举出两个例子来说明这个问题。一个实例是，1946 年 3 月 13

---

① 斯大林．斯大林文选（1934—1952）．北京：人民出版社，1962：491-493.

② 同①507.

③ 季米特洛夫．季米特洛夫日记选编．马细谱，等译．桂林：广西师范大学出版社，2002：386.

日，斯大林发表的《关于丘吉尔先生的演说和“真理报”记者的谈话》具体分析了战后初期波兰、南斯拉夫、保加利亚等东欧国家实行的人民民主制度、多党合作制度既不同于西方多党制度，也不同于苏联形成的一党制。

> 其次，丘吉尔先生硬说：“原来在所有这些东欧国家中势力很不大的共产党，已达到了大大超过其党员人数的非常大的力量，现在力图到处建立极权控制，几乎在所有这些国家内，警察政府都占优势，直到现在，除捷克斯洛伐克以外，在这些国家里没有任何真正的民主”。
>
> 大家知道，现今在英国管理国家的是一个政党——工党，而且在野党都没有参加英国政府的权利。这就是丘吉尔先生所谓的真正的民主主义。在波兰、罗马尼亚、南斯拉夫，保加利亚、匈牙利，都是由几个政党——四个到六个政党组成的联盟来管理国家，而且，如果反对派是比较诚实的，就保证有参加政府的权利。这就是丘吉尔先生所谓的极权主义、暴政和警察制度。为什么？有什么根据？不要期待丘吉尔先生能够回答。丘吉尔先生不懂得，他关于极权主义、暴政和警察制度的叫嚣，使他陷于多么可笑的境地。①

另一个实例是，在1952年召开的十九大上，斯大林在讲到中国和一些东欧国家时称它们为人民民主国家，肯定它们的民族特点，不同于俄国、苏联制度的民族特点。

> 当然，只要这支“突击队”还是唯一的一支突击队，只要它还是几乎单枪匹马地执行这个先进的任务，那末，执行这个光荣的任务是很困难的。不过，这是过去的情况。现在完全不同了。现在，从中国和朝鲜到捷克斯洛伐克和匈牙利，已经出现了人民民主国家这些新的“突击队”，——现在，我们党进行斗争是比较容易了，而且工作进行得也比较愉快了。（热烈鼓掌多时。）②

战后初期，斯大林当时提出的和平发展论、民族特色论的基本思

---

① 斯大林. 斯大林文选（1934—1952）. 北京：人民出版社，1962：466.

② 同①652.

想，是把马克思列宁主义与时代特点、民族特点相结合的理论创新，对于季米特洛夫等东欧国家领导人开辟人民民主新道路起了推波助澜的作用。令人感到痛惜的是，这些闪光思想却像流星一样倏忽而逝，多半在1948年以后的向“左”逆转中消失了、泯灭了，这已是后话，下面我们还要再做些专门探讨。写到这里，我们找到了一份新发现的历史文献，即1946年5月24日，斯大林会见波兰总统贝鲁特和总理奥苏布卡-莫拉夫斯基率领的波兰政府代表团的谈话，该谈话既讲到了民族特色论，又阐发了人民民主论，并且把二者有机结合在一起。如果认为斯大林一开始就认定东欧应该成为共产主义国家，只是用民主的游戏掩盖着自己的真实意图，那就错了。事实上，他的主要想法是建立若干“旨在不仅为了工人阶级的利益，也为社会其他阶层的利益而实施必要改革的”联合政府。1946年5月24日，斯大林在会见波兰政府代表团时就提到了这一想法。斯大林的这一想法具有一定的理论意义，甚至至今仍有现实意义。

波兰解放之后建立的制度有什么特点呢？

波兰没有无产阶级专政，那里也不需要这种专政。也许在我们苏联，如果不是因为战争的话，无产阶级专政可能也会是另一种样子……第一次世界大战之后，在我们俄罗斯就出现了无产阶级专政。

这是由什么引起的呢？

我们有着强大的对手，我们需要推翻三座大山——沙皇、地主和强大的、充斥着外国势力的俄罗斯资本家。为了战胜这些势力，就需要以强制为基础的权力，即专政。

而你们的情况则完全不同。你们的资本家和地主因与德国人的勾结已经名誉扫地，以至于不用特别费力就打倒了他们。他们从未表现过爱国主义。他们犯下的这种“罪恶”绝无仅有。毫无疑问，在波兰消灭资本家和地主的这件事上，红军也帮了忙。

这就是为什么你们没有无产阶级专政的基础。

波兰现行的制度是民主制，是民主制的一种新的模式。这种模式是没有先例的。无论是比利时的、英国的，还是法国的民主制都不是你们的榜样和样本。你们的民主制是特别的。你们没有大资产阶级。你们实现工业国有化只用了100天，而英国人则为此斗争了100年。所以不要去复制西方的民主制，就让他们复制你们的吧。

在你们波兰、在南斯拉夫，某种程度上在捷克斯洛伐克建立起来的民主制，是一种无需建立无产阶级专政和苏维埃体制就能带领你们走向社会主义的民主制。

列宁根本就没有说过除了无产阶级专政就没有其他道路可以进行社会主义建设的话。相反，他允许通过利用诸如议会等一些属于资产阶级民主体制的机构来实现社会主义。你们实施改革的结果，无疑会导致出现一批中、小资本家。但中产阶级从来没有主导过社会生活。

你们没有大型的私营银行，也没有大型的私营企业……

你们不需要无产阶级专政，因为在现有条件下，即你们的大型工业企业已收归国有、大资本家和大地主已从政治舞台上消失的情况下，就完全可以在工业企业建成相应的机制，提高生产，降低价格，给居民提供更多的生活必需品，而且国内的局势也会稳定下来。对新型民主制度不满的人数将逐渐减少，你们无需经过血腥斗争就能走近社会主义……

这种制度是值得保留下去的。如波兰社会党和波兰工人党的联盟瓦解了，那华沙的这种新型民主制度也将消亡。那么该拿米科拉伊奇克怎么办呢？——斯大林继续说道——波兰的民主阵营不能没有反对党，但这个阵营需要一个合法的、听话的反对党，一个用合法的方式批评政府，但不企图推翻政府的反对党。这样的反对党对波兰的民主阵营是有益的，其作用就是销蚀那些地下的反对势力。①

二战之后，斯大林曾有通过和平议会的道路走向社会主义的想法，这与1936年苏联宪法草案中的议会制思想是一致的。但也正如1936年那样，最终迫于环境只能放弃这种想法，而他在试图建立一个中立的德国中遭受的失败则启动了欧洲的分裂②。

---

① Пихоя Р. Г. Москва. Кремль. Власть. Две истории одной страны. Россия на изломе тысячелетий. 1985—2005. М.: Русь-Олимп. С. 131-133.

② 雷巴斯. 斯大林传：命运与战略. 吴昊泽，张彬，译. 上海：上海人民出版社，2014：1001-1002.

二、1948年后人民民主道路探索何以受挫

1945—1948年，在战后初期的两三年之间，从苏联的斯大林到东欧保加利亚的季米特洛夫、南斯拉夫的铁托、波兰的哥穆尔卡、捷克斯洛伐克的哥特瓦尔德等，都以思想解放的姿态，积极探索人民民主的东欧道路，出现了一片可喜景象。遗憾的是，这种战后初春景象只维持了两三年，从1948年起，开始出现“左”的逆转，使人民民主东欧道路的探索严重受挫，甚至在一定意义上可以说“胎死腹中”、过早终结。这是一个非常复杂、充满矛盾的历史过程，不能简单化地归结为斯大林的个人反复无常和狭隘民族主义。具体分析起来，“冰冻三尺，非一日之寒”，出现这种“左”的逆转，是内因与外因综合作用的结果，主要包括以下五步：

第一步，1945年4月，美国总统罗斯福逝世、杜鲁门上台，对斯大林的心态与苏美关系产生了重大冲击，战时形成的“建立伟大同盟”的理想严重受挫。罗斯福是一个伟大的世界历史人物，他在某些方面突破了资本垄断与世界霸权的狭隘性，产生了强大的人格魅力，唤起了斯大林与之建立“伟大同盟”的闪光理想。继任美国总统杜鲁门则缺少这种人格魅力，更多地体现出资本垄断、美国霸权的狭隘性。他素来以强硬著称，是强硬派右翼代表人物，认为罗斯福的对苏方针过于理想化、过于软弱，欲去之而后快，一直伺机向右逆转。

第二步，1946年3月5日，在继任美国总统杜鲁门的陪同下，时任英国首相丘吉尔到美国富尔顿城发表了名为《和平砥柱》，实为冷战宣言的著名讲话。美国驻苏使馆代办凯南则提出对苏东的“遏制政策”，引起了斯大林的警觉，而东欧地带恰恰是一个命运攸关的敏感地带、中间地带。

丘吉尔演说是有备而来、精心策划的，他特地来到美国总统杜鲁门的故乡密苏里州富尔顿城，杜鲁门的母校威斯敏斯特学院，也请杜鲁门专门到场陪同、助威。丘吉尔在演说中对美国的民主、经济和军事力量大加赞扬一番之后，话锋一转便忧心忡忡地说：“不久前刚被盟国的胜利所照亮的大地，已经罩上了阴影。没有人知道，苏俄和它的共产主义

国际组织打算在最近的将来干些什么，以及它们扩张和传教倾向的止境在哪里，如果还有止境的话。”接着，丘吉尔就大肆渲染所谓的苏联和共产主义扩张的危险：“从波罗的海的斯德丁（今什切青）到亚得里亚海边的里雅斯特，一幅横贯欧洲大陆的铁幕已经降落下来。在这条线的后面，坐落着中欧和东欧古国的都城华沙、柏林、布拉格、维也纳、布达佩斯、贝尔格莱德、布加勒斯特和索非亚——所有这些名城及其居民无一不处在苏联的势力范围之内，不仅以这种或那种形式屈服于苏联的势力影响，而且还受到莫斯科日益增强的高压控制。”

为了使西方“自由世界”对苏联和共产主义的同仇敌忾，丘吉尔说：“受俄国支配的波兰政府被怂恿对德国领土实行大片的、不义的侵占，正在以可悲的、梦想不到的规模的数以百万计的德国人成群地被驱赶出境。在所有这些东欧国家原来都很弱小的共产党，已经上升到同它们党员人数远不相称的主导的、掌权的地位，到处争取极权主义的控制。几乎在每一处，都是警察政府占了上风。到目前为止，除了捷克斯洛伐克，根本没有真正的民主。”

美国 20 世纪 40 年代著名的“遏制政策”倡导者之一的乔治·凯南，1946 年 2 月在任美驻苏使馆代办时，给美国国务院拍了一份 8 000 字的电报，对战后苏联的“意图、政策和做法”提出了比较全面的分析，渲染了一些苏联向世界“扩张”的迹象，为美国执意恶化同苏联的关系辩护，提供了这种政策改变所必要的精神根据①。1947 年 7 月，凯南在美国《外交季刊》上发表了一篇署名“X”的文章——《苏联行为的根源》，进一步发挥了上述那份 8 000 字电报的内容。凯南反复强调，“美国对苏政策关键要素必须是一种长期的、耐心而坚定的对苏扩张倾向保持警惕的遏制政策”，具体来讲，对其经常变动的政治目标要“灵活运用对抗力量加以遏制”，对其政策施加压力，“驱使克里姆林宫采取比现在远为克制和谨慎的态度，最终促成苏维埃政权瓦解或逐步趋于软化”。这种“遏制政策”后来成了“杜鲁门主义”重要的理论基石。1946 年的丘吉尔演说，1947 年凯南“遏制政策”的提出，引起了斯大林的警觉，他直接做出理论批判，痛斥之为“战争利器”，但当时反应还是比较理智的、克制的、稳健的，并未发生向“左”的大逆转。

① 孔寒冰．东欧史．上海：上海人民出版社，2010：290.

第三步，1947—1948年，美国“杜鲁门主义”的提出和“马歇尔计划”的开始实施在东欧引起分化，“脱苏亲美”倾向有所抬头，这些事件在促使斯大林向“左”逆转的过程中，起了比丘吉尔演说更有力的关键作用。

1947年，“杜鲁门主义”和“马歇尔计划”都开始了形成过程。1947年3月12日，杜鲁门总统在其国情咨文中首次提出了“杜鲁门核心思想”：我相信，这是美国外交政策的转折点，它现在宣布，不论什么地方，不论直接或间接侵略威胁了和平，都与美国的安全有关。这实际上就表明，美国自此承担了国际宪兵的角色。其次，“杜鲁门主义”的提出标志着美国的对苏政策发生了重要转变：美国政府真正放弃了罗斯福的拉拢和整合苏联的政策，改而采用“遏制政策”。它为后来“马歇尔计划”的制订、北约以及许多其他地区性军事政治组织的建立铺平了道路。最后，“杜鲁门主义”的提出是美苏关系的一个分水岭，标志着美苏在第二次世界大战过程中建立和发展的同盟关系正式破裂，美苏冷战全面展开。这是它们的意识形态、社会制度，特别是战略目标相互冲突的结果。

1948年9月，在杜鲁门总统的指导下，马歇尔和艾奇逊等人写成了50页的长篇报告《美国与苏联关系》，该报告明确提出美国全球战略方针，标志着“杜鲁门主义”正式问世：苏联的势力范围是个截然不同的实体，美苏之间发生冲突在所难免。为此，美国必须加强与西方盟国的关系，既然不能同苏联合作解决世界问题，那么美国就应同西方国家强化联盟关系，形成一个有共同目标的联合世界。该报告又从地缘政治学的角度讲道，欧亚大陆的“心脏地带”将被一个庞大的军事强国所控制，海洋强国若想保持全球力量均势，就需抗击该国向大陆边缘地带的进一步扩张。为此美国必须拥有强大的军事力量，强大到足以抑制苏联，使苏联的势力范围限于目前它所控制的地区，对苏联扩张危及美国安全的一切活动做好准备，以便进行有力和有效的抵御。同时，要对那些反抗苏联的国家给予必要的政治支持和经济援助，使“遏制政策”扩展到中间地带及全世界。这些观点的落脚点在于使美国制定称霸全球的计划师出有名，也为“杜鲁门主义”提供了依据。

1947年6月，在1947年3月2日美国总统杜鲁门国情咨文基础上，经过三个多月的精心准备，美国国务卿马歇尔利用在哈佛大学毕业典礼上发表演说的机会，大张旗鼓地推出“马歇尔计划”，即由美国拿出巨额资金，支持战后欧洲各国重建。一开始，苏联外长莫洛托夫等人还想积极参与进去，捷克斯洛伐克、波兰、保加利亚等东欧国家也有意参与进去。这引起了斯大林的高度警惕，对其坚决进行制止。

第四步，从 1946 年初到 1949 年底，季米特洛夫与铁托在未经斯大林批准的情况下，积极自主地推动建立保加利亚与南斯拉夫联邦，并有意将其扩大为巴尔干联邦，乃至中东欧国家联邦。斯大林认为此举将严重挑战苏联的中心地位与控制权力，因而从放松控制、支持自主，转向拉紧缰绳、加紧控制。

保加利亚与南斯拉夫同在巴尔干半岛上，领土毗邻，唇齿相依，再加上在主张人民民主道路与民主自主道路上观点一致，于是提出两国联邦的主张。铁托访问了保加利亚，受到了热烈欢迎。建立两国联邦的意向，成了铁托与季米特洛夫会谈的重要内容。1945 年 8 月 2 日，南斯拉夫和保加利亚发表了两国签订和平友好互助合作条约的消息，季米特洛夫还特别声明：这个条约是没有期限的。斯大林从报刊上得知消息后，立即给铁托发去电报，进行了严厉斥责。1946 年 2 月 10 日，季米特洛夫与铁托的代表卡德尔受邀来到莫斯科斯大林的办公室。斯大林不听季米特洛夫的解释，当面做了严厉批评。卡德尔也做出解释，并表示南斯拉夫和苏联之间并无分歧，而斯大林的批评更加严厉：

> “废话！就是有分歧，而且是重大分歧！关于阿尔巴尼亚您有什么可说的？关于把自己的军队派往阿尔巴尼亚，你们根本就没有和我们商量过。”
>
> 卡德尔辩解说：
>
> “可是阿尔巴尼亚政府同意了。”
>
> 斯大林又一次打断他说：“事实就是事实。把南斯拉夫的几个师派往阿尔巴尼亚一事，你们没有和我们商量过。这种事可能导致国际局势的严重麻烦。”①

作为这次莫斯科会谈的结果，三方签订了《就对外政策问题进行协商的协定》。

第五步，从 1947 年底到 1949 年初，九国共产党和工人党情报局成

---

① 卡尔波夫．大元帅斯大林．北京：社会科学文献出版社，2013：781.

立，又做出了开除南斯拉夫的决定。

1947 年 9 月 22—27 日，秘密会议在波兰召开，九国共产党和工人党情报局成立，旨在加强对各国党的控制与协调。九国共产党和工人党情报局在 1948 年 6 月和 1949 年 11 月两次就南斯拉夫问题做出决议，将之开除出情报局，力图起到杀一儆百的作用。由此，向“左”逆转的大势已定。

1947 年 9 月 22—27 日，苏联、南斯拉夫、波兰、匈牙利、捷克斯洛伐克、罗马尼亚、保加利亚、法国和意大利等 9 个国家共产党和工人党的代表在波兰召开秘密会议，地点是西里西亚。根据日丹诺夫报告通过的《九国共产党代表会议关于国际形势的宣言》特别指出了两大阵营的形成及对抗，强调苏联的地位和作用。同时指出形成了两个阵营：一个是帝国主义反民主阵营，它的基本目的是建立帝国主义的世界霸权和摧毁民主；另一个是反帝国主义民主阵营，它的基本目的是摧毁帝国主义、巩固民主和根除法西斯残余势力。

从 1947 年 9 月成立到 1956 年 4 月 18 日解散，九国共产党和工人党情报局在其存在的八九年时间里做的一件大事就是在苏共领导下批判南斯拉夫共产党。这原本是苏南两党之间的意见分歧，却成了情报局活动的主要内容。

1948 年 6 月，共产党和工人党情报局第三次会议在罗马尼亚布加勒斯特召开，与会者根据苏联共产党提供的资料专门讨论了南斯拉夫共产党的状况，最后按照日丹诺夫的报告通过了《关于南斯拉夫共产党状况的决议》：“情报局认为：鉴于上述情况，南共中央委员会已经将它自己和南斯拉夫共产党置于共产主义阵线之外，从而也将自己置于情报局之外了。”该决议还断言：由于背离了国际主义传统，走上了民族主义的道路，南斯拉夫将很快丧失独立而变成帝国主义的殖民地。所以，南共党内的“健康分子”应当撤换南共的领导人①。南共代表没有参加这次会议，事实上南共已被开除出了九国共产党和工人党情报局。但事情到此并没有结束，1949 年 11 月，在匈牙利布达佩斯召开的第四次会议根据乔治乌-德治的报告做出了《在杀人犯与间谍掌握中的南斯拉夫共产党》的决议，给以铁托为首的南共领导人扣上了“杀人犯”“法西斯和帝国主义的奴仆”“人民公敌”等罪名，再次煽动南斯拉夫人民起来

① 孔寒冰. 东欧史. 上海：上海人民出版社，2010：303-305.

推翻所谓的“铁托集团”。

三、晚年斯大林向“左”逆转

1945—1947 年是斯大林思想走向松动、走向解冻、走向有所创新的 3 年。然而，1948—1953 年，斯大林晚年最后这 5 年，却是其思想发生“左”的逆转，重新走向僵化，企图按照冷战时代、备战体制的需要重新强化苏联模式的 5 年。过去的研究多半只是讲到此间的个别事件、个别案件，未能窥见历史过程全貌。今天，或许应当说，斯大林向“左”逆转，主要经历了“三步走”。

第一步，1947—1948 年，斯大林批判了季米特洛夫、铁托试图开创人民民主新道路、创建巴尔干联邦的主张，并成立了九国共产党和工人党情报局。

1948 年的确是战后世界历史、社会主义历史发展的一个转折点。对战后初期的苏联来说，还存在这样一种情况——从各个视角看，1948 年都是一个“转折”的临界点：从胜利的隆隆礼炮到这时，已经过去 3 年，人们普遍期盼的生活好转没有付诸实现，这是由希望到失望的转折点；从胜利至今，最高领导层一直处于“温和”和“强硬”两种方针的选择和动摇之中，“1948 年是领导层结束动摇”的一年；胜利后这 3 年，东欧一直处在恢复的过程中，1948 年 2 月苏南会谈破裂，成为铁托带头反抗苏联模式的转折点。同时，这一年也是以英美为首的西方阵营为一方和以苏联为首的东方阵营为另一方对抗加剧、国际冷战局势形成的一年。上述苏联国内外局势的这种转折，同 1948 年苏联由意识形态批判运动向政治“清洗”运动的转变正好契合。这不是一个偶然的巧合，而恰是国内外矛盾激化的反映，也是国内外各种势力推动的一个必然结果。

看来，这也是斯大林晚年战后思想发展中的一个转折点。在此之前，1945—1947 年，斯大林曾提出过一些试图突破原有苏联模式的闪光思想，如“和平发展论”“民族特色论”“人民民主论”等。在此之后，从 1948 年至 1953 年，斯大林思想向“左”逆转，退守苏联模式、备战体制。

第二步，1948年，特别是1949年、1950年，斯大林不仅连续开展了意识形态批判运动，而且由于日丹诺夫和沃兹涅辛斯基带头提出“轻重之争”，在日丹诺夫死后，他制造了“列宁格勒案件”，处死了沃兹涅辛斯基和库兹涅佐夫等改革创新派，扼杀了苏联内部的战后改革初潮。长期以来，日丹诺夫之死，还有“列宁格勒案件”等斯大林晚年的一系列案件，都被弄得扑朔迷离，真相难辨。如果我们把握住战后苏联主要矛盾——固守还是改革原有苏联模式，将其作为历史发展主线，就会把这段复杂历史看清楚。

日丹诺夫其人有其特别复杂的二重性：一方面，自1934年基洛夫被害之后，他就逐步成为协助斯大林主管意识形态的主要副手，相当于党内的“第二把手”。在战后意识形态批判过程中，他也就成了意识形态强硬派头号人物，“左”的思潮代表人物。另一方面，在战后经济建设中，日丹诺夫则以讲求实际的温和改革派面目出现，继承发展了斯大林战后初期的思想，主张工作重心要从国防重工业转向民生，因而与当时仍然坚持国防重工业优先的马林科夫和贝利亚等人展开了“轻重之争”。

列宁格勒从彼得大帝时代开始就是俄国对外开放的桥头堡，西欧思潮、国际思潮和世界思潮在此汇聚，使得列宁格勒的思想往往比莫斯科及俄罗斯其他地方更活跃、更开放，也更有现代化、国际化风范。正是以此为根基，在战后初期的1945—1948年形成了以日丹诺夫、部长会议第一副主席沃兹涅辛斯基和苏共中央书记库兹涅佐夫为代表的“列宁格勒改革派”。

在联共（布）和国家核心领导内部，以日丹诺夫为首的这一批干部反映了苏联社会中要求提高生活消费水平、实现政治民主化的愿望，他们开始了隐晦的、谨慎的行动。他们的具体主张和措施有：

（1）在国际局势中希望营造一种有利于苏联和平建设的缓和格局。他们希望和资本主义国家保持相对友好的局面，以防止和避免发生新的战争。他们还认为资本主义制度也有可能实行某种有限度的计划经济，对斯大林关于资本主义总危机理论的正确性小心翼翼地打上问号。

（2）在国内政治生活中突出的措施是废除死刑。1947年5月26日，苏联最高苏维埃主席团发布废除死刑的法令时说：苏联最高苏维埃主席团认为，在和平条件下已没有判处死刑的必要。废除死刑的法令是间接地、曲折地对 20 世纪 30 年代以来“大清洗运动”的预防和纠偏。

1947 年 6 月 10 日，苏联最高苏维埃主席团发布法令，加强保护公民的个人财产。为了满足人民对消费品的需要，1946 年 2 月，日丹诺夫在苏联最高苏维埃选举时说：我们已经进入了和平发展时期，工业正在转移到和平时期产品的生产上来；苏联人民长期以来做出了巨大牺牲，现在理应要求迅速地改善生活条件。日丹诺夫还强调：国家必须用同样的布尔什维克热情，着手扩大日用消费品生产和改善人民生活条件。1946 年 11 月 6 日，日丹诺夫在纪念十月革命 29 周年的讲话中说：降低日用消费品的价格和取消定量配给制，都需要大力发展消费品生产，国家对提高消费品生产将给予特别的关注。

在世界共产主义运动中，他们不主张强制移植斯大林模式，对东欧各国要求根据各自的国情选择走向社会主义道路的愿望表示某种谅解和同情。他们尤其是对南斯拉夫表示出超过斯大林的友好和热情。1948 年 1 月，苏南两党、两国的矛盾已经明朗化了，以南斯拉夫共产党中央书记密洛凡·吉拉斯为首的南斯拉夫代表团访问了苏联。吉拉斯在莫斯科受到冷遇，但随后访问列宁格勒时却受到热情接待，并且双方轻松地谈到一些在莫斯科没有谈过的、官场套话以外的话题，这点成了“案件”被定为“叛国案”的主要依据。可以作为佐证的是：苏联指责南斯拉夫从列宁格勒猎取情报。1948 年 5 月 4 日，联共（布）中央在给南共中央的信中就说道：“吉拉斯同志最近还来过苏联，他在莫斯科住了一阵子之后，又到列宁格勒去了几天。吉拉斯同志不是从联共（布）中央领导机关和苏联政府领导机关索取关于苏联党与政府工作的情报，而是从这些机构在列宁格勒的地方机构得到情报。”①

关于反对以行政命令干预科学研究，日丹诺夫在这方面几乎和斯大林发生正面冲突，他的儿子带头出面批判李森科，要求发展遗传学。1949 年秋，苏联内务部部长贝利亚和苏联国家保安部部长阿巴库莫夫掌握下的保安部门经过密谋策划、诈取伪证，并在征得斯大林的同意之后，突然逮捕了苏共中央政治局委员、苏联部长会议第一副主席、苏联国家计划委员会主席沃兹涅辛斯基，苏共中央负责国家保安机关和军队工作的苏共中央书记库兹涅佐夫，俄罗斯联邦社会主义共和国部长会议

① 陆南泉，黄宗良，郑异凡，等. 苏联真相：对 101 个重要问题的思考. 北京：新华出版社，2010：171.

主席罗吉昂诺夫，列宁格勒州委书记波普科夫，列宁格勒市委书记卡普斯京，克里木州委书记索洛维约夫，苏联武装力量总政治部主任希金等一大批党政军高级干部。随之，在干部队伍中进行了“清洗”，尤其是在列宁格勒地区和高尔基州地区。1950 年 9 月，他们中的主要人物都被苏联最高法院军事法庭以“间谍”“卖国贼”罪判处死刑，执行枪决（希金幸免）。这批干部，大多是日丹诺夫任列宁格勒州委、市委书记时（1934 年 12 月至 1944 年底）提拔起来的，并且长期在日丹诺夫领导下的列宁格勒地区任职。这一事件被称为“列宁格勒案件”，它是自 20 世纪 30 年代“大清洗”以来的一大冤案，是苏联历史上的一严重创伤。

第三步，1952 年十九大前后乃至 1953 年 3 月 5 日斯大林逝世之前，特别是在 1952 年 10 月 16 日十九届一中全会上，斯大林点名严厉批判了莫洛托夫和米高扬亲美英、重农民的右倾机会主义错误路线。继 1937 年之后，一场新的“肃反扩大化运动”正在策划酝酿之中。

1952 年十九大召开前夕，斯大林发表了为之理论奠基、思想定调的《苏联社会主义经济问题》。十九大政治报告是由马林科夫做的，斯大林只在闭幕式上发表了简短讲话，并未涉及党内分歧、人事变动等复杂内部问题。然而，在十九大闭幕第二天的 1952 年 10 月 16 日召开的十九届一中全会上，斯大林进行了长达一个半小时的讲话，讲述苏共中央主席团人事变动问题。在解释为什么莫洛托夫和米高扬等老布尔什维克革命家被排除在外的原因时，他严厉点名批判了莫洛托夫和米高扬。这些讲话当时并没有公开，至今仍鲜为人知，其摘要刊布如下：

> 有人问，为什么我们解除了一些著名党务活动家和国务活动家的重要部长职务。这方面有什么可说的呢？我们解除了莫洛托夫、卡冈诺维奇、伏罗希洛夫和其他一些人的部长职务，用新干部取代了他们。为什么呢？根据什么呢？
>
> 如果我们要谈我们事业的统一，那就不能不涉及某些著名政治活动家的错误行为。我指的莫洛托夫同志和米高扬同志。
>
> 莫洛托夫对我们的事业很忠诚，只要你一号召，我毫不怀疑，他就会坚决地为党而献出自己的生命。可是不能因此对他不光彩的举动视而不见。莫洛托夫同志是我们的外交部长，在外交宴会上受到“沙尔特廖斯甜酒”的作用，同意英国大使在我国出版资产阶级

报纸和杂志。为什么呢？做出这样的同意有什么根据呢？难道不明白，资产阶级是我们的阶级敌人，在苏联人中发行资产阶级报刊是有百弊而无一利的事情吗？如果走出这样错误的一步，它就将对苏联人的思想和世界观发生有害的负面影响，削弱我们的共产主义思想，加强资产阶级的思想。这是莫洛托夫同志的第一个政治错误。

莫洛托夫同志主张把克里米亚交给犹太人的建议付出了多大代价？这是莫洛托夫同志犯的大错误。他这样做是为了什么呢？怎么会出这样的事呢？莫洛托夫同志这样主张的根据是什么呢？我们有犹太人自治共和国，这难道还不够吗？就让这个共和国发展下去好了。莫洛托夫同志不应当替犹太人对我们的苏维埃克里米亚的非法要求辩护。这是莫洛托夫同志的第二个政治错误，莫洛托夫同志作为政治局委员，他的行为是错误的。所以我们坚决拒绝他胡乱想出来的建议。

莫洛托夫同志十分尊重自己的妻子，以致我们还来不及就某个重大政治问题通过决定，而热姆丘任娜同志却很快就知道了。事情成了这样：仿佛有一根看不见的线把政治局和热姆丘任娜同志和她的朋友们联系起来，而她身边的朋友是不能信任的。政治局委员的这种行为显然是不能被容许的。①

十九届一中全会上，斯大林的重点批判对象首先是在国际上向英美妥协的莫洛托夫右倾机会主义，其次是在国内向农民让步的米高扬右倾立场机会主义。

现在说说米高扬同志。请看，他反对提高向农民征收的农业税。我们的阿纳斯塔斯·米高扬，他究竟是什么人？他有什么不明白的呢？农民是欠我们情的人，我们和农民有牢固的联盟。我们把土地永远地交给了集体农庄，他们必须向国家尽应尽的义务。因此不能同意米高扬同志的立场……

（西蒙诺夫：“莫洛托夫和米高扬的脸色苍白，毫无表情。当他们两人先后走下来，站在方才斯大林站过的讲台前，还是那样脸色苍白、毫无表情。”）

---

① 卡尔波夫. 大元帅斯大林. 北京：社会科学文献出版社，2013：815-816.

阿·伊·米高扬在讲台上为自己辩护：说是出于某些经济上的打算。

斯大林（打断米高扬）说："请看，米高扬是新出现的弗鲁姆金。他自己搞糊涂了，还想在这个明明白白的原则问题上把我们也搞得晕头转向。"

维·米·莫洛托夫在讲台上承认自己的错误，为自己辩解并声称自己始终是斯大林忠实的学生。

斯大林（打断莫洛托夫）说："胡说八道！我没有什么学生。我们大家都是伟大导师列宁的学生。"①

由此可见，在1952年10月的十九届一中全会上，斯大林点名严厉批判莫洛托夫和米高扬投降英美、幻想和平向农民让步的右倾机会主义。如果不是1953年3月初斯大林病逝，一场更大的"清洗"风暴必定席卷而来……

至此，战后时期斯大林晚年思想向"左"逆转的趋势已成，战后重建并退守苏联模式的历史大势已成，战后改革初潮严重受挫、中途夭折的大势已成。

四、马克思主义语言观的新奠基

战后时期，斯大林尽管年逾古稀、日理万机，但他还是坚持自己动笔，留下了两部专讲马克思主义基本理论的著作：一部是1950年发表的《马克思主义和语言学问题》，另一部是1952年发表的《苏联社会主义经济问题》。斯大林在世时，在个人崇拜流行一时的历史条件下，这两部著作曾被抬到"九天之上"，被誉为"不可逾越的伟大著作"。然而时过境迁，今天却不再有这样的评价了。尤其是《马克思主义和语言学问题》一书，在国内外流行的几部斯大林传记中，大部分都只字未提。

今天，从20世纪马克思主义发展史的角度来看，我们有必要重新科学准确地评价《马克思主义和语言学问题》这部斯大林晚年之作。过去苏联学者说它是"马克思主义语言学总纲领"固然抬得过高，但实事

① 卡尔波夫．大元帅斯大林．北京：社会科学文献出版社，2013：816.

求是地讲，这是斯大林在马克思主义基本理论建设上的创新之作，对马克思主义创始人和列宁只做了零散表述的语言观，做出了那个历史时代富有新意的新概括、新表述，堪称是马克思主义语言观的新奠基，为当代开创马克思主义语言学、语言哲学奠定了重要的理论基础和哲学基础。

1950 年，斯大林发表《马克思主义和语言学问题》，历史背景是什么？

我们需要由近及远地考察三个层次的历史背景。

第一个层次，斯大林这组论文写作发表的直接动机是回答 1950 年 5—7 月《真理报》展开的语言学讨论中提出的问题。1950 年 5 月 9 日—7 月 4 日，苏联《真理报》组织了关于语言学问题的讨论，每周定期出版两整版的讨论专刊。该报编者说，组织这次讨论的目的是通过批评和自我批评来克服语言学发展中的停滞现象，确定这门学科进一步发展的方向。这次讨论引起了苏联语言学界和知识界的强烈反响。同时，讨论也是回应乌克兰科学院会员布拉科夫斯基所写的《在唯物主义的语言学道路上》、尼基沃洛夫所写的《俄国语言学史和马尔的理论》、库德列夫诺夫所写的《论语言阶段性问题》及其他在《真理报》讨论专栏上发表的论文。随后，斯大林为答复另一些同志的来信，又写了《论语言学的几个问题》和《答同志们》，并于 1950 年 8 月以《马克思主义和语言学问题》为书名由真理报出版社出版了单行本。

第二个层次，斯大林这组论文针对的是 20 世纪 30—50 年代长期以来一直在苏联语言学界占据统治地位的马尔学派。该学派虽号称马克思主义的语言学派，实质上却具有把马克思主义语言观简单化、庸俗化的错误倾向。尼·雅·马尔（1854—1934）于 1906 年起任彼得堡大学教授，1912 年起任彼得堡科学院院士，主要从事亚美尼亚-格鲁吉亚语言学及高加索地区其他语言研究。1917 年俄国革命后，他开始转向马克思主义，力图在马克思主义基础上建立自己的语言学理论，也被看作苏联语言学派的创立者。全面评价马尔语言学的全部成果需要另外的专门研究，但马尔确实对马克思主义语言观做了简单化、庸俗化理解：否认语言是人们共同交际的工具；否认民族语言的存在，认为语言是属于上层建筑的一种意识形态，是有阶级性的；否认语言发展的继承性、连续性，认为语言发展是通过周期性爆发形式实现的；否认思维与语言有难以割裂的联系，认为思维可以离开语言而存在。1950 年 1 月，举行了纪念马尔逝世 15 周年的大会，认为他“创造了唯物主义语言学”，“是苏联语言学的基础”。直至 1950 年 5 月 9 日，《真理报》刊登了批评马尔学派的理论文章，但上面提到的几篇文章仍在为马尔辩护。

第三个层次，斯大林探讨语言问题具有深刻的世界历史背景。从 1500 年前后的文艺复兴开始，美洲的发现、绕过非洲的航行，乃至麦哲伦环球探险、世界市场的开辟，使历史向世界历史转变，全球化成为近代世界历史 500 年来的头号主题。而从 1648 年《威斯特伐利亚和约》开始，近代主权国家、民族国家崛起则成为近代世界历史的又一重要主题。全球化与民族化的正副主题结合到一起，必然使作为交往活动工具的语言问题越来越受到人们的广泛关注。特别是现代科技革命的不断来潮，使得语言符号作为认识工具、交往工具的重要中介作用更加凸显出来。20 世纪，西方哲学、西方思想、西方社会思潮的主流已经直接或间接地反映出这个时代课题。从 20 世纪初期开始，维特根斯坦等人就开始更加重视语言哲学问题，卡西尔更提出“人是符号动物”的新定义；20 世纪中期的海德格尔则强调语言是存在的家；20 世纪解释哲学在欧美的兴起，分析哲学成为主要流行思潮，都反映了语言问题的日益凸显。而斯大林在马克思主义创始人与列宁思想的基础上，试图更明确地阐明马克思主义语言观，正是对这一时代课题的理论思考和哲学回答。斯大林的小型专著《马克思主义和语言学问题》包含三篇论文，都是用一问一答的对话体写成，问题的针对性非常鲜明。其中，1950 年 6 月 20 日发表在《真理报》上的长篇论文《论语言学中的马克思主义》是主体部分，在文章中，斯大林比较系统地阐明了自己的马克思主义语言观。为了进一步回答讨论中提出的各种问题，斯大林又补充写作和发表了两篇较短的论文：《论语言学的几个问题》《答同志们》。

斯大林的这部论著阐明了马克思主义语言观的一些基本原理，科学地说明了语言的本质与特征、语言与社会历史发展的关系、语言与思维的关系、语言发展的规律性与特殊性，第一次比较系统地回答了十个问题，其中不少牵涉一些复杂关系问题，也上升到了马克思主义基本原理高度。

（一）语言是否是上层建筑，语言与上层建筑、经济基础的关系问题

针对马尔把语言归纳为上层建筑、意识形态的错误观点，斯大林分析了经济基础与上层建筑的基本概念，断然否定了马尔的错误观点："就这方面来说，语言和上层建筑是根本不同的。语言不是某一个社会内部这种或那种基础，旧的或新的基础所产生的，而是千百年来社会历史和各种基础历史的全部进程所产生的。语言不是某一个阶级所创造的，而是整个社会、社会各阶级世世代代的努力所创造的。语言创造出来不是为了满足某一个阶级的需要，而是为了满足整个社会的需要，满足社会各阶级的需要。"①

（二）有没有统一的全民语言、民族语言，语言的统一性与阶级性的关系问题

马尔认为，在阶级社会中，只存在阶级语言，不存在各阶级共同的民族语言，把语言当作全体居民群众性的本族语言是不科学的和非现实的，非等级的、非阶级的民族语言现实是一种虚构。这种观点和 1913 年斯大林在《马克思主义和民族问题》中提出的民族定义存在根本冲突。在那里斯大林提出，"**共同的语言**是民族的特征之一"②，甚至是首要特征。也许正是这一点，直接触发了斯大林对马尔学派的理论批判。有关这一问题，斯大林还特别引证了列宁的一段关于语言的著名论述："语言是人类最重要的交际工具；语言的统一和语言的无阻碍的发展，是保证贸易周转能够适应现代资本主义而真正自由广泛发展的最重要条件之一，是使居民自由地广泛地按各个阶级组合的最重要条件之一。"③

（三）语言的特征是什么，质变与量变、渐变与爆发的关系问题

斯大林具体分析了语言这种社会历史现象的特殊性，他认为："由此可见，语言的语法构造及其基本词汇是语言的基础，是语言特点的本

---

① 斯大林．斯大林选集：下卷．北京：人民出版社，1979：503.
② 斯大林．斯大林选集：上卷．北京：人民出版社，1979：62.
③ 同①513.

质。历史表明，语言有巨大的稳固性和对强迫同化的极大的抵抗力。”①斯大林据此批评了马尔的语言发展突变论和爆发式飞跃论，提出了语言发展中长期渐进性的质变论，并认为这种形成在社会主义建设时期的辩证法中也有普遍意义：“有人说，语言发展的阶段论是马克思主义的理论，因为语言发展的阶段论认为突然的爆发是必要的，是语言从旧质过渡到新质的条件，这当然是不正确的，因为在这个理论中，很难找到任何马克思主义的东西。”②“马克思主义认为，语言从旧质过渡到新质不是经过爆发，不是经过消灭现在的语言和创造新的语言，而是经过新质的要素的逐渐积累，也就是经过旧质要素的逐渐死亡来实现的。总之，应当告诉那些醉心于爆发的同志，从旧质过渡到新质经过爆发的规律，不仅不适用于语言发展的历史，而且也不是在任何时候都适用于诸如经济基础或上层建筑之类的其他社会现象。对于分成敌对阶级的社会，爆发是必需的。但是对于没有敌对阶级的社会，爆发就决不是必需的了。我们曾在八至十年的时间中实现了我国农业从资产阶级的个体农民的制度到社会主义的集体农庄制度的过渡，这是一个在乡村中消灭旧的资产阶级经济制度和建立新的社会主义制度的革命。可是这个变革的实现，不是经济爆发，就是说，不是经过推翻现政权和建立新政权来实现的，而是经过从乡村中旧的资产阶级制度到新的制度的逐渐过渡来实现的。这件事所以能够成功，是由于这是自上而下的革命，这种变革是根据现政权的倡导、在基本农民群众的支持下实现的。”③

（四）怎样看待这场哲学自由讨论，理论偏见与制度缺陷的关系问题

马尔学派的错误根源在哪里？斯大林认为，该学派也和列宁当年尖锐批评过的波格丹诺夫“无产阶级文化派”一样，要害问题在于把马克思主义简单化、庸俗化了。而马尔学派的理解缺陷之所以能够长期横行，则是因为受到官僚主义专制制度的保护。这种制度的一个典型是19世纪前25年，由俄国沙皇的陆军大臣阿·安·阿拉克切也夫伯爵强制推行，警察暴虐，军阀专横，用暴力手段压制人民的制度。

① 斯大林．斯大林选集：下卷．北京：人民出版社，1979：517.

② 同①518.

③ 同①519.

（五）语言和社会发展的关系问题

没有全社会都懂得的语言，没有社会一切成员共同的语言，社会就会停止生产，就会崩溃，就会无法作为社会而存在下去。就这个意义来说，语言既是交际的工具，又是社会斗争和发展的工具。

（六）语言和思维的关系问题

语言是手段、工具，人们利用它来彼此交际、交流思想，达到互相了解。语言是同思维直接联系的，它把人思维活动的结果、认识活动的成果用词和由词组成的句子记载下来、巩固起来，这样就使人类社会中的思想交流成为可能了。

（七）语言形式与语义内容的关系问题

有些人说，思想是用言语表达出来之前就在人的头脑中产生的，是没有语言材料、没有语言外壳的，可以说是以赤裸裸的形态产生的。但是这种说法完全不对。不论人的头脑中会产生什么样的思想，以及这些思想什么时候产生，它们只有在语言材料的基础上、在语言的词和句的基础上才能产生和存在。没有语言材料、没有语言的“自然物质”的赤裸裸的思想是不存在的。语言是思想的直接现实。

（八）地方方言与民族语言的关系问题

方言经过经济集中和政治集中而成为一种统一的民族语言。可见，马克思承认，必须是有统一的民族语言作为高级形式，作为低级形式的方言则服从于高级形式。

（九）有声语言与手势语言的关系问题

有声语言或词的语言始终是人类社会统一的能够作为人们完善的交际工具的语言。历史上没有任何一个社会，哪怕是最落后的社会，会没有自己的有声语言。有声语言在人类历史上是帮助人们脱离出动物界、结成社会，发展自己的思维，组织社会生产，同自然力量做胜利的斗争并取得我们今天的进步的力量之一。由于所谓的手势语言极端贫乏和有限，它在这一方面的意义是微不足道的。

（十）在语言学健康发展道路上，科学创新与制度创新的关系问题

就像在《论语言学中的马克思主义》结尾一样，在《论语言学的几个问题》结尾，斯大林重申，问题的症结在于理论缺陷与制度障碍，解决问题的根本出路同样在于科学创新与制度创新的结合："苏联语言学停滞的原因，并不是尼·雅·马尔及其'学生们'所发明的'形式主义'，而是语言学界的阿拉克切也夫制度和理论上的缺陷。阿拉克切也夫制度是尼·雅·马尔的'学生们'建立的。尼·雅·马尔及其最亲近的战友们给语言学带来了理论上的混乱。为了不再有停滞现象，就应该把两者一起铲除。铲除这些溃疡，才会使苏联语言学健康起来，才会使它走上康庄大道，才会使苏联语言学能够在世界语言学中占第一位。"①

斯大林在这场讨论中梳理了马克思主义创始人与列宁的语言观，针对讨论中提出的种种问题，第一次比较系统地回答了马克思主义语言学必须面对的一系列基本理论问题。可以说，这是对马克思主义语言观的新阐发、新奠基，也为马克思主义语言学、语言哲学的创立发展开辟了道路。1913 年，斯大林前期的代表作是《马克思主义和民族问题》；1950 年，晚年斯大林的第一部理论代表作则是《马克思主义和语言学问题》。二者虽相距近 40 年，思想却遥相呼应，代表了斯大林对坚持与发展马克思主义基本理论的两个最为独特的理论贡献——马克思主义民族观和语言观。当然，正如斯大林本人所声明的那样，他并不是一个专门的语言学家，许多专业性、学术性、复杂性很强的语言学问题还需要另外进行专门深入的研究。

五、社会主义政治经济学的新开拓

许多历史学家的研究及相关历史文献表明，斯大林坚持与发展马克思列宁主义政治经济学。他晚年的理论思考成果集中凝聚为 1952 年发表的《苏联社会主义经济问题》一书，这本书在马克思《资本论》、列宁《帝国主义论》基础上，对社会主义政治经济学做出了新开拓。

① 斯大林．斯大林选集：下卷．北京：人民出版社，1979：529.

对于斯大林这部重要论著，其历史背景可以从远景与近景两个方面考察。从较远的历史背景来说，斯大林作为苏联党和国家主要领导人，从 20 世纪三四十年代起，一直关注着苏联社会主义经济问题，并且试图以此为实践基础，努力把马克思主义政治经济学思想重心发展为社会主义政治经济学。在 1939 年党的十八大报告中，他就提出要用“社会主义建设发展规律的科学”武装布尔什维克干部的头脑。1940 年和 1941 年，苏共中央下达指令要求编写一部政治经济学教科书，社会主义政治经济学在其中占据重要地位。斯大林还亲自邀请了一些经济学家参与编写工作，后因战争而中断。战后，从 1949 年起，政治经济学教科书的编写工作重新开始，经过反复修改，终于在 1951 年 4 月完成了《政治经济学》(未定稿)。1951 年 11 月 10 日—12 月 18 日，由斯大林的副手马林科夫代表苏共中央组织了 200 多位专家学者，召开了苏联建国以来最大规模的经济理论问题研讨会。除了对全书的 21 次全体讨论外，本次研讨会还专门用了近 10 天时间，对社会主义政治经济学进行了分组专题讨论。奥斯特洛维季扬诺夫、列昂节夫、谢皮洛夫、加托夫斯基等著名经济学家都发表了意见。斯大林《苏联社会主义经济问题》一书就是在这次会议基础上，针对会议提出和争论的问题而推出的一部理论著作。这部著作在发表时还有一个不太引人注目的副标题——“给经济问题讨论会的参加者”，清晰地表明了这本书写成的最直接、最切近的历史背景。这个书名是后来汇总出版时加上的，说明了这一组文献的主题，其中包括四个文献：两篇论文和两封书信。两篇论文分别是：1952 年 2 月 1 日率先写成的主要论文《对于和一九五一年十一月讨论会有关的经济问题的意见》(简称“意见书”)，回答 1952 年 3 月 20 日雅罗申科来信而在 1952 年 5 月 22 日写成的《关于尔・德・雅罗申科同志的错误》一文。两封书信分别是：1952 年 4 月 21 日写成的《答亚历山大・伊里奇・诺特京同志》，1952 年 9 月 28 日写成的《答阿・弗・萨宁娜和弗・格・文热尔两同志》。

由此可见，《苏联社会主义经济问题》一书，既是斯大林对社会主义政治经济学长期思考的思想成果，又是苏共十九大召开前夕对广大干部群众、专家学者现实关注的焦点问题的理论回答。该书的主要特点是紧密结合苏联社会主义经济建设的实践经验，比较全面地回答了社会主义政治经济学中的一系列基本问题。该书可以说是战后时期那个历史时代对社会主义政治经济学的新开拓。

斯大林所回答的社会主义政治经济学中的一系列基本问题主要有六个。

（一）更加明确了社会主义政治经济学的主要研究对象是生产关系，特别是突出了这种生产关系乃是三大要素组成的复杂系统

明确规定科学研究对象是一门科学成立的首要前提。社会主义政治经济学要想作为一门科学真正确立起来，这也是一个不可回避的首要前提性问题。不过，从当时的文本来看，这个问题倒不是在1952年2月1日斯大林最先写成的主要论文中就提出的，而是在第二篇论文《关于尔·德·雅罗申科同志的错误》中重点讨论的，是对话讨论中后来做出的一个必要补充。雅罗申科的观点不是孤立个例，他实际上是把1917年前波格丹诺夫《普遍组织科学》和1919年布哈林《过渡时期经济学》中提出的老观点在新形势下做了新发挥。他还给苏共中央政治局写信，强烈要求贯彻他的理论主张。斯大林如实描述了他的观点，也表明了自己的态度："这样一来，社会主义政治经济学的主要任务又是什么呢？雅罗申科同志回答说：'所以，社会主义政治经济学的主要问题**不在于**研究社会主义社会中人们的生产关系，**而在于**探讨和发展社会主义生产中生产力组织的科学理论、国民经济发展计划化的理论'。（见雅罗申科同志在全体讨论会上的发言）……他公然宣称，在他的社会主义政治经济学中，'**不是**争论社会主义政治经济学的某些范畴如价值、商品、货币、信贷等等的作用，这种争论在我们这里常常带有烦琐的性质，**而是**健康地讨论社会生产中生产力的合理组织以及对这种组织的科学论证'（见雅罗申科同志在分组讨论会上的发言）。"① 斯大林不仅要求坚持马克思《资本论》、恩格斯《反杜林论》、列宁《卡尔·马克思》中关于政治经济学研究对象的基本思想，而且把生产关系作为三大要素组成的复杂系统："政治经济学的对象是人们的生产关系，即经济关系。这里包括：（一）生产资料的所有制形式；（二）由此产生的各种社会集团在生产中的地位以及他们的相互关系，或如马克思所说的，'互相交换其活动'；（三）完全以它们为转移的产品分配形式。这一切共同构成政治经济学的对象。"② 把这种研究对象的复杂系统科学规定贯彻到社会主义

① 斯大林. 斯大林选集：下卷. 北京：人民出版社，1979：583-584.

② 同①594-595.

政治经济学中，是斯大林的一个重要理论贡献、理论创新。

（二）彻底澄清了社会主义时期经济规律客观性的问题，反对把国家法律、国家意志、国家计划与客观规律混为一谈的流行错误思潮，这是确立社会主义政治经济学的前提

今天看来，这个问题似乎非常简单，不是问题，而在那个时代却成了困扰许多人的一道难题。斯大林在 2 月 1 日最先写成的主要论文中，开宗明义谈到的第一个问题就是“社会主义制度下经济规律的性质问题”①。针对流行一时的错误思潮，斯大林一针见血地提出：“苏维埃政权之所以能够粉碎旧的社会力量，而生产关系一定要适合生产力性质这个经济规律之所以在我国获得了充分发生作用的广阔场所，秘密就在于此。”② “总之，在社会主义制度下，政治经济学的规律是客观规律，它们反映不以我们的意志为转移的经济生活过程的规律性。否认这个原理的人，实质上就是否认科学，而否认科学，也就是否认任何预见的可能性，因而就是否认领导经济生活的可能性。”③

（三）社会主义政治经济学的研究目的与思想主旨是要充分体现“生产关系一定要适合生产力性质这个经济规律”，解决生产关系与生产力从根本上说是“完全适合”又存在一定矛盾的问题

政治经济学的研究目的与研究对象，既相联系又有区别。马克思《资本论》第一版序言中在阐明自己研究对象的同时，也表明自己的研究目的，“本书的最终目的就是揭示现代社会的经济运动规律”④。斯大林没有直接使用“研究目的”这个提法，但他的基本思想与马克思异曲同工：“有人说，我国国民经济有计划（按比例）发展的必然性，使苏维埃政权有可能来消灭现存的经济规律和创造新的经济规律。这是完全不对的。不能把我们的年度计划和五年计划跟国民经济有计划、按比例发展的客观经济规律混为一谈。”⑤ 值得注意的是，斯大林在分析亚・

① 斯大林．斯大林选集：下卷．北京：人民出版社，1979：543.

② 同①543.

③ 同①544-545.

④ 马克思．资本论：第 1 卷．北京：人民出版社，2004：10.

⑤ 同①543-544.

伊·诺特京社会主义生产关系与生产力“完全适合论”时，实质上也对自己1938年曾提出的“完全适合论”做出了一定程度的历史反思与理论修正：“‘完全适合’这种说法是不能在绝对的意义上来理解的。不能把这种说法理解为仿佛在社会主义制度下决没有生产关系落后于生产力的增长的现象。生产力是生产中最活动、最革命的力量。这种力量，就是在社会主义制度下也无可争辩地走在生产关系的前面。生产关系只是经过一些时候，才会被改造得适合于生产力的性质。既然这样，那么‘完全适合’这种说法该怎样来理解呢？应该理解为在社会主义制度下，通常不会弄到生产关系和生产力发生冲突，社会有可能及时使落后了的生产关系去适合生产力的性质。社会主义社会有可能做到这点，是因为在这个社会中没有那些能够组织反抗的衰朽的阶级。当然，就是在社会主义制度下，也会有落后的惰性的力量，它们不了解生产关系有改变的必要，但是这种力量，当然不难克服，不致把事情弄到冲突的地步。”① “雅罗申科同志断定说，在社会主义制度下，社会的生产关系和生产力之间没有任何矛盾。这是错误的。当然，我国现今的生产关系是处在这样一个时期，它完全适合于生产力的增长，推动生产力一日千里地向前发展。但是，如果以此自满，以为在我国生产力和生产关系之间不存在任何矛盾，那就不正确了。矛盾无疑是有的，而且将来也会有的，因为生产关系的发展落后于并且将来也会落后于生产力的发展。只要领导机关执行正确的政策，这些矛盾就不会变成对立，而这样也就不会弄到社会的生产关系和生产力发生冲突。如果我们执行类似雅罗申科同志所推荐的不正确的政策，那就会是另一种情形了。在这种情况下，冲突将是不可避免的，我国的生产关系就可能变成生产力进一步发展的极严重的阻碍者。”②

（四）斯大林鲜明反对企图取消社会主义条件下商品生产的极左主张，区分了“商品生产”与“资本主义”两个不同概念，论证了商品生产在社会主义条件下的长期必要性，并指出了苏联社会主义商品生产的特殊性

斯大林谈的第二个问题就是这个问题：“总之，在社会主义制度下，

① 斯大林．斯大林选集：下卷．北京：人民出版社，1979：577.

② 同①590.

政治经济学的规律是客观规律，它们反映不以我们的意志为转移的经济生活过程的规律性。否认这个原理的人，实质上就是否认科学，而否认科学，也就是否认任何预见的可能性，因而就是否认领导经济生活的可能性。”① “某些同志断定说，党在我国取得了政权并把生产资料收归国有以后，还保存商品生产，是作得不对的。他们认为，党在当时就应当消除商品生产。而且，他们还引证了恩格斯的如下的话：‘一旦社会占有了生产资料，商品生产就将被消除，而产品对生产者的统治也将随之消除’。”② 斯大林用“工业国有制”与“农业集体所有制”两种所有制长期共存论证商品生产发展的必要性、长期性、迫切性。他还揭示了苏联社会主义商品生产的特殊性：“商品生产和商品流转，目前在我国，也像大约三十来年以前当列宁宣布必须以全力扩展商品流转时一样，仍是必要的东西。”③ “可见，**我国的**商品生产并不是通常的商品生产，而是特种的商品生产，是没有资本家参加的商品生产，它所涉及的基本上都是联合起来的社会主义生产者（国家、集体农庄、合作社）所生产的商品。它的活动范围只限于个人消费品。显然，它决不能发展为资本主义生产，而且它注定了要和它的‘货币经济’一起共同为发展和巩固社会主义生产的事业服务。”④

（五）斯大林还明确肯定了价值规律在社会主义制度下的作用，只是要求对其作用范围有所限制

斯大林意见书的第三个问题就开门见山地提出了这个问题：“有时人们问，在我国，在我们的社会主义制度下，价值规律是不是存在，是不是发生作用呢？是的，是存在的，是发生作用的。在有商品和商品生产的地方，是不能没有价值规律的。在我国，价值规律发生作用的范围，首先是包括商品流通，包括通过买卖的商品交换，包括主要是个人消费的商品的交换。在这里，在这个领域中，价值规律保持着调节者的作用，当然，是在一定的范围内保持着调节者的作用。但是，价值规律的作用，并不限于商品流通范围内，同时也扩展到生产方面。诚然，价

① 斯大林．斯大林选集：下卷．北京：人民出版社，1979：544-545.

② 同①545.

③ 同①550.

④ 同①551.

值规律在我国社会主义生产中，并没有调节的意义，可是它总还影响生产，这在领导生产时是不能不考虑到的。”①

（六）斯大林鲜明突出了“社会主义基本经济规律”的新问题、新提法、新概念，对于认识社会主义阶段基本矛盾、统摄社会主义政治经济学创立起到了纲举目张的重要作用

提出“基本经济规律”这个概念就意味着在各种社会经济形态中，不仅存在客观规律，而且存在诸多规律构成的规律体系，其中有一种主要矛盾、主要规律贯穿过程始终，并且制约着其他方面、其他层次的矛盾与规律。20 世纪 20 年代末就开始讨论什么是苏联社会主义基本经济规律的问题，先后出现过几种不同的主张：（1）计划为主论；（2）沃兹涅辛斯基主张的社会主义生产关系的扩大再生产；（3）社会主义公有化；（4）无产阶级专政。这次大讨论几次接触到这个问题，斯大林则在此基础上，试图借鉴马克思《资本论》对资本主义经济基本规律的科学揭示，简明扼要地揭示出社会主义基本经济规律：“最适合于资本主义的基本经济规律这个概念的，是剩余价值规律，即资本主义利润的产生和增值的规律。这个规律确实预先决定了资本主义生产的基本特点。”②“现代资本主义基本经济规律的主要特点和要求，可以大致表述如下：用剥削本国大多数居民并使他们破产和贫困的办法，用奴役和不断掠夺其他国家人民、特别是落后国家人民的办法，以及用旨在保证最高利润的战争和国民经济军事化的办法，来保证最大限度的资本主义利润。”③“社会主义的基本经济规律是不是存在呢？是的，是存在的。这个规律的主要特点和要求何在呢？社会主义基本经济规律的主要特点和要求，可以大致表述如下：用在高度技术基础上使社会主义生产不断增长和不断完善的办法，来保证最大限度地满足整个社会经常增长的物质和文化的需要。”④ 后来，在《关于尔·德·雅罗申科同志的错误》一文中，斯大林又就社会主义经济规律是一个还是几个等问题进行了论战性的阐述，并从“基本目的与基本手段”统一的角度揭示出社会主义基本经济

① 斯大林. 斯大林选集：下卷. 北京：人民出版社，1979：552-553.

② 同①567.

③ 同①568.

④ 同①569.

规律何以成立的内在根据："雅罗申科同志以为这里所说的是消费对生产'占首要地位'。这当然是糊涂想法。其实，我们这里的问题不是消费占首要地位，而是社会主义生产**服从于**它的主要目的——保证最大限度地满足整个社会经常增长的物质和文化的需要。因此，保证最大限度地满足整个社会经常增长的物质和文化的需要，就是社会主义生产的**目的**；在高度技术基础上使社会主义生产不断增长和不断完善，就是达到这一目的的**手段**。"①

在《苏联社会主义经济问题》这部晚年之作中，当时已年过七十的斯大林集中了诸多专家学者的思想智慧，对于上述关系全局的基本理论问题努力做出坚持与发展马克思列宁主义的理论创新，可以说是战后初期那个历史时代对于社会主义政治经济学做出的新开拓。这是斯大林晚年最重要的一部理论著作，谈论的也是最重要、最根本的马克思主义基本理论问题。它不仅为当年召开的苏共十九大定下基调，其思想影响甚至一直延伸了近 40 年，也就是 1991 年苏联解体之前。同时也不应讳言，这部著作在做出上述重要理论创新的同时，也表现出一些根本性的历史局限与理论局限。

六、斯大林晚年时代观与社会主义观的历史局限

1952 年，斯大林去世前一年写成并发表的《苏联社会主义经济问题》的确是其晚年最重要的一部理论著作，这部著作也像一面镜子一样，特别集中地反映出其晚年思想的二重性：一方面，他是一个严肃认真的马克思主义者，直至七十高龄，还在努力坚持与发展马克思列宁主义。另一方面，由于种种复杂历史原因，他身上也存在一种根本性的历史局限与理论局限，这集中反映在他的时代观与社会主义观两大焦点问题上，并且相互联系、相互制约。具体分析起来，《苏联社会主义经济问题》一书的主体部分、核心部分还是排在前面，占据首要地位的，并且主要是在 1952 年 2 月 1 日最早发表的一篇论文《对于和一九五一年十一月讨论会有关的经济问题的意见》。其基本内容大体分为两个部分：前半部分

① 斯大林．斯大林选集：下卷．北京：人民出版社，1979：598.

多半讲的是苏联国内经济建设问题，内容多半还是比较靠近马克思主义基本理论的，除了最后一条讲改进未定稿办法之外；后半部分的重心则转向时代观问题，历史局限、理论局限表现得特别突出。

从理论层面来看，斯大林晚年时代观的历史局限、理论局限主要表现在六个层面。

（一）认为自第二次世界大战后，一个最重要的经济变化就是统一的世界市场不复存在，代之以两个平行的也是长期对立的世界市场

意见书的第五个部分就是专讲这个问题的，题目是《关于统一的世界市场的瓦解与世界资本主义体系危机加深的问题》。其一开头就突出了这个新论断："第二次世界大战及其经济影响在经济方面的最重要的结果，应当认为是统一的无所不包的世界市场的瓦解。这个情况决定了世界资本主义体系总危机的进一步加深。"①

（二）提出世界格局的本质特征、基本趋势是出现社会主义与资本主义两大体系、两大阵营的根本对立

一方面是以苏联为首的社会主义体系、社会主义国家阵营，另一方面是美国等资本主义体系、资本主义国家阵营。"然而战争使这些指望落空了。诚然，作为美、英、法三个主要资本主义国家竞争者的德国和日本是被击溃了。但同时，中国和欧洲各人民民主国家却脱离了资本主义体系，和苏联一起形成了统一的和强大的社会主义阵营，而与资本主义阵营相对立。两个对立阵营的存在所造成的经济结果，就是统一的无所不包的世界市场瓦解了，因而现在就有了两个平行的也是互相对立的世界市场。"②

（三）认为在苏联援助下形成了社会主义阵营内部的"新的世界市场"

意见书提出原先比较落后的国家根本不再需要从资本主义输入商品，可以在与西方阵营、西方世界市场封闭隔离的情况下单独搞社会

①② 斯大林．斯大林选集：下卷．北京：人民出版社，1979：561.

主义。“当然，在这方面主要的问题不在于经济封锁，而是在于战后时期中这些国家在经济上结合起来了，并且建立了经济上的合作和互助。这个合作的经验表明，没有一个资本主义国家能像苏联那样给予各人民民主国家以真正的和技术精湛的帮助……可以满怀信心地说，在这样的工业发展速度之下，很快就会使得这些国家不仅不需要从资本主义国家输入商品，而且它们自己还会感到必须把自己生产的多余商品输往他国。”①

（四）提出当今时代世界局势发展大势是世界资本主义体系总危机进一步加深、具有不可避免的必然性，根本忽视了战后世界资本主义实际上开始出现了一个长达几十年的相对平衡发展期

意见书的第五个部分专门讲了这个问题，认为两个对立阵营、两个平行世界市场的出现，势必加深当代资本主义体系的总危机：“由此应当得出结论说：各主要资本主义国家（美、英、法）夺取世界资源的范围，将不会扩大而会缩小；世界销售市场的条件对于这些国家将会恶化，而这些国家的企业开工不足的现象将会增大。世界市场的瓦解所造成的世界资本主义体系总危机的加深就表现在这里。这是资本家自己也感觉到的，因为失去像苏联和中国这样的市场是很难不感觉到的。他们竭力想用‘马歇尔计划’、侵朝战争、军备竞赛、工业军事化来解脱这些困难情况。但是这很像快要淹死的人抓住一根草一样。”② 在 1952 年 4 月 21 日写成的《答亚历山大·伊里奇·诺特京同志》中，斯大林进而分析了当代世界资本主义体系总危机的新阶段、新特点：“世界资本主义体系的总危机，是在第一次世界大战时期，特别是在苏联脱离资本主义体系之后开始的。这是总危机的第一阶段。在第二次世界大战时期，特别是在欧洲和亚洲的各人民民主国家脱离资本主义体系之后，展开了总危机的第二阶段。第一次世界大战时期的第一次危机和第二次世界大战时期的第二次危机，应该看作不是两次单独的、彼此隔离的危机，而是世界资本主义体系总危机发展的两个阶段。”③

---

① 斯大林．斯大林选集：下卷．北京：人民出版社，1979：561-562.

② 同①562.

③ 同①581-582.

（五）在当代世界局势走向和平还是战争的问题上，做出了“资本主义国家之间战争不可避免”的论断

意见书的第六部分专门谈论了这个问题，驳斥了在第二次世界大战后新的历史条件下，战争不再是不可避免的新观点。斯大林断言：“可见，当时资本主义国家之间争夺市场的斗争以及它们想把自己的竞争者淹死的愿望，在实践上是比资本主义阵营和社会主义阵营之间的矛盾更为剧烈。试问，有什么保证能使德国和日本不重新站立起来，不设法从美国的奴役下挣脱出来，从而过自己的独立生活呢？我认为这样的保证是没有的。由此可见，资本主义国家之间战争的不可避免性是仍然存在的。”①“要消除战争的不可避免性，就必须消灭帝国主义。”②

（六）对于时代走势、时代发展的上述论断，必然导致对时代课题的认识发生“左”的偏差，认为社会主义各国与阵营面临的主要课题不是面对新时代开创新体制，而是固守原有苏联模式，关起门来搞备战体制，以便在未来彻底消灭资本主义的革命与战争中大获全胜

在当代世界大势是分还是合，是战还是和的问题上，晚年斯大林在《苏联社会主义经济问题》中，都做出了“左”的论断，与战后初期斯大林和平发展论相比，是向“左”的逆转。

与此相应的另一个根本性的历史局限与理论局限，表现在斯大林晚年的社会主义观上，在“什么是社会主义、怎样搞社会主义”这两大基本问题上，斯大林退守到20世纪30年代形成的传统计划经济体制的苏联模式，即“社会主义等于清一色的国有化制度”“社会主义等于大一统的计划经济”的僵化观念这一点，这特别集中地体现在《苏联社会主义经济问题》一书最后的《答阿·弗·萨宁娜和弗·格·文热尔两同志》书信中，特别是其第二个问题“关于把集体农庄所有制提高到全民所有制水平的办法问题”中二人提出，为了逐步实现上述社会主义目标，应由国家把机器拖拉机站等主要农业工具、生产资料卖给集体农庄。斯大林依据20世纪30年代形成的苏联模式，坚决反对这一条，主

① 斯大林．斯大林选集：下卷．北京：人民出版社，1979：565.

② 同①566.

张固守生产资料的国家所有制、国家垄断制："后来集体农庄运动进一步的增长和集体农庄建设的发展，使集体农庄庄员以及领导工作人员都最后地确信，把农业的基本生产工具集中在国家手中，集中在机器拖拉机站手中，是保证集体农庄生产高速度增长的唯一方法。"① "结果就会是集体农庄成了基本生产工具的所有者，换句话说，它们就会处于我国无论哪一个企业都没有的特殊地位，因为大家知道，在我国，甚至国有化的企业也不是生产工具的所有者。"② 而斯大林如此固守这一条的主要理论根据还是"社会主义等于大一统的计划经济"的僵化观念："结果就会是扩大商品流通的活动范围，因为巨量的农业生产工具会投进商品流通的范围。萨宁娜和文热尔两同志是怎么想的呢？商品流通范围的扩大能不能使我们向共产主义推进呢？说它只会阻碍我们向共产主义前进，岂不是更正确些吗？"③ "萨宁娜和文热尔两同志的基本错误是在于他们不了解商品流通在社会主义制度下的作用和意义，不了解商品流通是和从社会主义过渡到共产主义的前途不相容的。大概他们认为，就是有商品流通，也可以从社会主义过渡到共产主义去，商品流通是不会妨碍这个事业的。这是由于不了解马克思主义而犯的严重错误。"④

大概是觉得这样讲还不够透彻，后来斯大林又把这一点反复讲得更透彻，"社会主义＝计划经济""资本主义＝市场经济"的僵化观念也表现得更加充分："为了把集体农庄所有制提高到全民所有制的水平，必须将集体农庄生产的剩余品从商品流通系统中排除出去，把它们纳入国家工业和集体农庄之间的产品交换系统。问题的实质就在这里。"⑤ "'换货'这个名词是不妥当的，应该用'产品交换'来代替它。任务是在于，要使农业的一切部门中都培植这些产品交换的萌芽，并把它们发展成为广泛的产品交换系统，使集体农庄用自己的产品换得的不仅是货币，而主要是必要的制成品。这样的制度需要大量地增加城市送交农村的产品，所以，推行这种制度不能过分性急，要随着城市制成品积累的程度而定。但是应该一往直前、毫不犹豫地推行这种制度，一步一步地缩小商品流通的活动范围，而扩大产品交换的活动范围。这样的制度既

① 斯大林. 斯大林选集：下卷. 北京：人民出版社，1979：608.

②③ 同①609.

④ 同①609-610.

⑤ 同①611.

缩小着商品流通的活动范围，就使社会主义易于过渡到共产主义。此外，它使我们有可能把集体农庄的基本财产即集体农庄生产的产品纳入全民计划的总系统中。在我国现今条件下，要把集体农庄所有制提高到全民所有制的水平，这将是实际的和有决定意义的办法。”①

那么，“怎样搞社会主义”呢？在《苏联社会主义经济问题》一书中，斯大林抛弃了战后初期形成的和平发展论、民族特色论的鲜活思想，不但主张苏联退回到20世纪30年代形成的备战体制、苏联模式，而且主张将其原封不动地推广到社会主义阵营各国中去。这一点集中表现在意见书的尾声之处，即第九部分“马克思主义政治经济学教科书的国际意义”：“我认为，同志们没有估计到马克思主义政治经济学教科书的全部意义。这本教科书不仅对于我们苏联的青年是需要的；它对于各国共产党人以及同情共产党人的人们是特别需要的。我们的外国同志们都想知道，我们是怎样挣脱了资本主义的镣铐的，我们是怎样以社会主义精神改造了全国经济的，我们是怎样达到了和农民建立友好关系的，我们是怎样使得我们这个不久以前还是贫弱的国家变成了富强的国家的，什么是集体农庄，为什么我们虽然生产资料已经公有化了，但还没有消灭商品生产、货币、商业等等。他们想知道这一切以及其他许多东西，并不单纯出于好奇，而是要向我们学习，并为了自己的国家来利用我们的经验。因此，一本好的马克思主义政治经济学教科书的出版，不仅具有国内的政治意义，而且具有巨大的国际意义。”②

从斯大林个人来讲，晚年两部著作的确代表了他一生马克思主义哲学研究和理论研究的重要成果。他早期哲学思想的主要代表作是十月革命前所做的《社会主义和无政府主义》，主要是对前人思想做出一般叙述；他中期哲学思想的主要代表作是1938年所著的《辩证唯物主义和历史唯物主义》，主要是以简明通俗的方式对前人思想做出独特综合；他后期哲学思想的主要代表作就是战后时代初期所写的《苏联社会主义经济问题》和《马克思主义和语言学问题》，试图独立地做出新探索，从理论思维高度正面探讨一些重大的时代课题。比较而言，他晚年著作的难度要大得多，意义也大得多。

---

① 斯大林. 斯大林选集：下卷. 北京：人民出版社，1979：611.

② 同①573.

在战后苏东马克思主义史中，斯大林晚年这两部重要著作在总体方向上坚持和发展了马克思列宁主义，堪称是具有重要意义的理论创新之作。同时，我们也不应讳言，斯大林晚年这两部重要著作固然坚持了马克思列宁主义的大方向和一些基本原理，但也表现出一定的历史局限性和理论局限性，特别是在时代观与社会主义观这两个重大问题上，表现出根本性的理论局限性，成为苏联模式在战后时代走向僵化的重要理论根源。

总之，战后初期是一个重大的、根本性的历史转折时期。这一时期的苏联东欧各国出现了一系列勇于探索新观念、新体制的有益尝试和思想萌芽，试图走出 20 世纪 30 年代备战时期形成的苏联模式和“左”的教条主义。但由于美国等西方国家对苏联实行冷战政策，封锁和抑制社会主义国家，加上 1947 年以后“左”的指导思想不断抬头，苏联重新出现了向战争时代、战时体制的回归，压抑了新的探索，使当代社会主义未能走向改革开放，走向观念创新、体制创新的新阶段，同也为后来埋下了危机的种子。

20 世纪的下半叶，在第二次世界大战结束以后的半个世纪中，世界历史逐步走向一个新的发展阶段。苏联与东欧各国的马克思主义，面临着崭新的历史条件，走过了一条跌宕起伏、极其曲折的历史道路，经历了前所未有的大波折。在这一阶段的初期，即 20 世纪 40 年代中后期到 50 年代初，马克思主义思想界开始探索从战争转向和平的一系列新问题，但是由于未能根本摆脱苏联僵化模式和“左”的教条主义束缚，贻误了战后体制转轨与观念转变的改革创新最佳期。

第四章　苏共二十大与斯大林问题

1956 年召开的苏共二十大面临的重大时代课题就是怎样把马克思列宁主义与战后苏联所面临的新时代、新国情相结合，突破以战争与革命为主题的时代，打破在 20 世纪 30—50 年代斯大林时期形成的战时体制和传统计划经济体制的苏联模式。

20 世纪 50 年代中期，以战争与革命为主题的历史时代已经成为过去，以和平与发展为主题的崭新时代初露端倪。苏联共产党全国代表大会作为苏联政治风向标和内外政策最终决策机构，在世界范围内受到广泛关注。

1956 年 2 月 14—25 日，苏共第二十次代表大会在俄罗斯最高苏维埃会议大厅召开，与会正式代表 1 355 人，另有 81 名有发言权的代表，共代表全国 670 多万党员和 41 余万预备党员。参会的还有来自 55 个国家的共产党和工人党的代表。大会听取、讨论了赫鲁晓夫做的中央委员会总结报告、摩斯卡托夫做的中央监察委员会总结报告、布尔加宁做的《关于 1956—1960 年苏联国民经济发展第六个五年计划的报告》，并就这些报告通过了相应的决议。会议选出了新的中央委员，制定了“在较短的历史时期内”赶超发达资本主义国家的任务，在外交政策方面提出了“和平共处、和平竞赛、和平过渡”的“三和”理论。代表大会还对党章做了部分修改并通过了起草新党纲的决定。然而苏共二十大在历史上引起轩然大波的重要原因是赫鲁晓夫在闭幕会议上所做的题为《关于个人崇拜及其后果》的内部报告。

苏共二十大召开于特殊的历史时期，伴随着时代主题的转换和国内外形势的变化，苏共从内政、外交、思想三方面入手，试图对斯大林时期形成的苏联模式有所突破，以适应新的发展潮流。出发点是好的，但赫鲁晓夫的内部报告却将过去的所有问题完全归咎于斯大林的个人品质，对其负面后果估计严重不足，造成了苏联干部群众对党的困惑和怀疑，使苏共和整个共产主义运动都陷入了巨大的混乱与困境之中。

鉴于苏共二十大和斯大林问题的重要意义和影响，国内外学界对此问题一直保持较高的敏感度，争论很大。从整体上来看，苏联方面对苏共二十大造成的问题和恶果没有深刻的认识，而中国学界则将关注重点集中在赫鲁晓夫批判斯大林的内部报告上，对这一复杂问题的认识尚带有一定的片面性。我们将从正反两方面对苏共二十大和斯大林问题的历史二重性做出具体分析，以期得出更为全面客观的结论：一方面，苏共二十大开始破除对斯大林的个人崇拜，开始揭露苏联模式的历史弊端，对于解放思想、打破僵化，突破斯大林时期形成的战时体制、苏联模式，是一个重要新开端。另一方面，苏共二十大与赫鲁晓夫报告又表现出根本性的历史局限与理论局限，就是把问题简单化地归结为斯大林个人问题、品质问题、作风问题，而在真正迫在眉睫的根本问题上，即马克思主义基本理论创新、经济政治体制创新、发展方式创新上却墨守成规、裹足不前，甚至还固守原有苏联模式和教条主义理论体系。

一、1956 年苏共二十大召开的历史背景

（一）国际环境

第二次世界大战结束后初期，1945—1948 年，世界各国人民深刻认识到了战争的残酷性和灾难性，和平安定的生活是全人类共同的愿望，世界主题开始由战争与革命转变为和平与发展。然而世界政治格局纷繁复杂，以美国为首的资本主义阵营和以苏联为首的社会主义阵营尖锐对立，使冷战的阴云再次笼罩世界。

为遏制苏联及世界共产主义运动的发展，美国三管齐下，率先在政治上提出“杜鲁门主义”，经济上推出“马歇尔计划”，军事上建立北大西洋公约组织，完成了对社会主义阵营的立体包围。苏联针锋相对地在欧洲推行“莫洛托夫计划”，并开展对中国等社会主义阵营国家的援助项目，组建华沙条约组织，以此来抵制回击美国的政策。两大阵营相互对峙，分歧严重，但双方深知战争的后果，尽力避免世界范围的大规模战争，尤其是核战争的爆发。对抗主要采用局部代理战争、科技和军备竞赛、外交竞争等“冷”方式进行，世界进入“冷战”时期。

1953—1956年，随着杜鲁门下台，斯大林逝世，朝鲜战争结束，日内瓦和平会议召开，冷战阴云一时消散，时代主题的转换又一次摆到当代世界面前。这就是苏共二十大所处的国际环境和时代背景。

（二）苏联外交

第二次世界大战的胜利结束给苏联的国际地位带来根本性转变。国际地位的改变使苏联所担负的国际政治责任大大增加，这对苏联的外交政策产生了重要的影响。原因是苏联作为对国际政局有着重要影响的超级大国，已不能使自己像过去一样处在一种较为隔绝孤立的状态，而应当同其他国家开展合作，展现对它们的尊重和包容。因此，在外交政策方面转向和平共处成为客观存在的实际需要。至苏共二十大时，苏联在外交方面做出的举措有：重新阐发列宁“与不同社会制度和平共处政策”；改善同大国间的关系；消除在东方存在的战争温床，防止新战争温床在欧洲和亚洲产生；为缓解紧张局势，调整同欧洲多国的关系（与南斯拉夫关系正常化，与奥地利签订国家条约，与联邦德国建立外交关系等）；建立欧洲集体安全体系——华沙条约组织；拓展多方接触联系，包括党政领导同其他国家党政领导间的个人接触，工会组织间的联系，发展商业、旅游和其他经济往来，扩大学生交换；等等①。从总体上看，苏联外交的重点在战后至苏共二十大之间的10年中，尽可能地缓和了冷战阴云笼罩下两大阵营间的冲突和对立。

---

① XX съезд коммунистической партии Советского Союза. 14－25 февраля 1956 года, стенографический отчет I. Государственное издательство политической литературы. М.: 1956. С. 28.

（三）苏联内政

高度集权的政治体制和计划经济体制是这一时期苏联内政的主要特征。首先必须明确的是，斯大林时期形成的中央集权政治体系在苏联历史上曾经起到过毋庸置疑的积极作用，是苏联共产党带领苏联人民迅速实现社会主义工业化、农业集体化，发展科学文化，维护巩固民族关系，战胜法西斯侵略者，最终取得卫国战争胜利等一系列苏维埃辉煌成就的根本政治保障。斯大林作为这一时期党和国家的主要领导人，做出了不可磨灭的重大历史贡献。

在充分肯定其积极意义的同时，也要指出，高度集权的经济政治体制虽有相对高效和执行力强的优点，但存在明显的历史弊端、体制弊端。例如，1939—1952 年的 13 年间未召开党的代表大会，集体领导原则和民主集中制被破坏，不依靠党的集体领导，仅凭个人或少数人做决策，对党和国家的事业造成非常不利的后果和影响。党内政治生活不够健康，并且存在脱离群众的问题。过度集权的政治体制产生的另一个严重后果是个人崇拜问题。斯大林在世时，党内和社会各界将其称为“伟大的领袖”“伟大的导师”“伟大的统帅”“人民之父”等等。斯大林的影响及对他的个人崇拜，并没有因他的逝世而终止，1953—1955 年刊登在《真理报》上的文章，很少有未提到斯大林以及他在各领域中所做出的贡献的①。1954 年 12 月，苏联各地举办了各种纪念斯大林诞辰 75 周年的活动，在此之前，《真理报》还开辟了专栏来刊登相关文章。其中最著名的有《斯大林：伟大的马克思主义理论家》《列宁思想的感召力》《斯大林：列宁事业的伟大接班人》等。赫鲁晓夫在回忆录中谈到当时的情况时说：“国家和党内都出现了一种非常矛盾的情形。斯大林已经去世，而且已被埋葬，但是直到贝利亚被捕的时候，斯大林所奉行的政策却依然如故。”②

在经济方面，苏联以沉重历史代价换取了卫国战争的胜利，因而在战后十年间，苏联经济的主旋律是恢复发展生产、改善人民生活。斯大林时期的苏联模式在经济方面的主要弊端是过分强调重工业的优

---

① 参见：《真理报》1954 年 1 月 18 日、3 月 14 日，1955 年 1 月 12 日、4 月 30 日、11 月 6 日等。

② 赫鲁晓夫回忆录．赵少棣，等译．北京：中国广播电视出版社，1988：332.

先发展而忽略轻工业、食品工业和农业生产的协调发展。苏共认为，“没有强大的重工业，解决恢复及进一步发展国民经济的任务是不能实现的”[①]，这样的思想在当时苏联所处的国际环境和国内经济条件下还是可以理解的。但必须指出的是，依靠高度集中的计划经济模式和行政命令的手段人为拔高重工业发展并没有充分尊重客观经济规律，这种经济增长必然以牺牲轻工业、农业、食品工业的利益为代价。从投入生产的资金中就可以看出当时苏联经济发展的畸形程度：1929—1952 年，用于基础建设和购买设备的国家资金共计 9 970 亿卢布，其中投入重工业中的为 6 380 亿，投入交通运输业的为 1 930 亿，投入轻工业和农业的则分别仅为 720 亿和 940 亿[②]，一共占比仅约 16.6%。更为严重的问题是，苏共党内将优先发展重工业的总路线提升到了是否坚持马克思列宁主义的高度，称这一路线是“遵照伟大的列宁的遗训”。那些反对优先建设重工业，要求将资金由重工业转投轻工业的干部则被扣上“托派分子”“投降派”“叛徒”的帽子。苏共把原本应在党内充分讨论并达成共识的问题上升到政治问题，采取严酷打击的手段统一认识，其危害性是不言而喻的。苏联政治经济体制的僵化程度，由此可见一斑。

1953 年 3 月 5 日斯大林逝世。3 月 6 日，马林科夫在苏共中央、苏联部长会议、最高苏维埃主席团联席会议上接替斯大林被任命为苏联部长会议主席，并被委托主持苏共中央主席团会议。新的国家领导人十分清楚苏联国民经济发展中存在的问题。8 月 8 日，他在最高苏维埃第五次会议的讲话中指出，“我们至今没能以发展重工业那样的速度发展轻工业和食品工业”，“已经达到的消费品产量也不能满足我们的需要”，“应当承认，在日常消费品的质量上，我们落后了，应当严肃纠正这一点”。马林科夫认为，“现在，在已达成的重工业成就的基础上，我们具备了一切急速提升人民消费品生产的条件”，“我们的迫切任务是在 2～3 年间，迅速提升人民的粮食和工业制品保障”，“政府和党中央认为必须采取一系列重大措施以确保农业的快速增长”，“我们应以实际行动答

① 苏联共产党第十九次代表大会文件汇集．重庆：西南人民革命大学出版社，1952：35.

② Маленков Г. М. Речь на пятой сессии Верховного Совета СССР. М：Госполитиздат. 1953. С. 7-8.

复苏维埃人民的要求”[1]。

马林科夫的这次讲话产生了巨大的反响，也使这位新任的部长会议主席大受欢迎，尤其是在轻工业从业者和农民心目中声望大增。然而在党内却是另外一番景象，马林科夫的新政策遭到保守派的广泛质疑，认为他承诺得过多，是蛊惑人心，无法实现的[2]，这也是苏共中央多数人开始转向支持赫鲁晓夫的主要原因之一。1955年1月31日召开的苏共中央全会通过一系列决议，标志着马林科夫政治上的完全失败，会议称马林科夫制造“重工业发展速度和轻工业、食品工业发展速度的对立，在理论上错误，在政治上有害的”[3]。1954年3月12日马林科夫在选民大会上的讲话同样被认为是理论上错误、政治上有害的，因其宣称如果帝国主义国家发动第三次世界大战，“世界文明将会毁灭”。苏共其他领导人认为：“传播这种观点不仅无益于动员社会积极同帝国主义者发动核战争的犯罪企图作斗争，反而会使人民产生粉碎侵略者计划无望的情绪，这只会对企图以核讹诈恐吓人民的帝国主义新战争贩子有利。”[4]

应当说，马林科夫所提出的新政策是最初对斯大林时期苏联模式的初步反思，勇敢地指出了长期以来绝对正确不可撼动制度的弊端，是一次既符合战后世界主题，也有利于国家经济和政治健康发展的变革尝试，应予以肯定。但需要指出的是，新政策的局限性十分明显。从战略层面上看，没有提出全面、审慎、有说服力的政治经济纲领，仅主张对具体政策做有限的改变，非但没能获得党内多数人的支持，反将自己陷于违背党的总路线的不利地位。试图在当时的历史条件下硬从已如铁板一块的苏联政治和经济体系上凿开一个洞，是非常困难的。从战术层面上看，马林科夫新政策提出的时机不对。人的思想转变需要一个过程，尤其是习惯了听命于具有崇高威望领袖的苏共党员。在这一层面下，马林科夫新政策的主要问题不在于内容上，而在于提出得过早过急，自己立足未稳且广大党员干部的思想意识没有协调跟上。

---

① Маленков Г. М. Речь на пятой сессии Верховного Совета СССР. М: Госполитиздат. 1953. С. 8-13.

② Барсенков, Вдовин. История России 1917—2009. М.: Аспект Пресс. 2010. С. 441.

③ РГАСПИ. Ф. 17. Оп. 171. Д. 476. Л. 135.

④ 同③136.

二、苏共二十大提出的基本理论问题

苏共二十大像《共产党宣言》那样，从分析时代特点出发，重心转向工人阶级的历史使命与各国实践任务，也就是说，从分析时代新特点、国情新变化入手，重心转向本国的理论创新、体制创新、发展方式创新。苏共二十大从分析时代新变化入手本没有错，问题是没有把重心转向应有的理论创新、体制创新、发展方式创新上来。

苏共二十大是斯大林逝世后召开的第一次全国代表大会，会议根据时代主题和现实条件的转变提出了一些重要的理论问题，是苏联历史乃至国际共产主义运动史的一个重要转折点。苏共二十大首先分析讨论了新的国际环境及苏联在其中所处的位置，并基于新时期、新形势、新任务提出了“三和”理论。会议认为，“我们时代的主要特征，是社会主义超越一国的界限，转变为世界性体系”①。会议指出，苏联国内既没有热衷于战争、希望发战争财的阶级和集团，也不缺少发展所需的资源，因此没有发动战争的动机。以社会主义阵营国家为代表的世界爱好和平的力量正在不断增长、巩固，它们积极同“战争威胁做斗争，为不同经济社会体系国家间的和平共处而奋斗”。会议提出了“在列宁和平共处原则的基础上，同所有国家改善关系、增强互信和发展合作”的方针，认为“谈判应成为解决国际问题的唯一方式”，宣称要“努力停止军备竞赛和禁用核武器”②，号召所有国家建立统一战线，为反对战争、维护世界和平而不懈努力。会议还高度评价了欧洲亚洲不结盟国家所建立的“和平区”和殖民地、半殖民地国家的民族解放运动。

（一）和平共处论

苏共二十大对国际形势的分析认识有其合理性的一面，集中地表达了苏联人民向往和平的愿望和坚决反对战争的态度，并从苏共中央的高

① XX съезд коммунистической партии Cооветского Союза. 14－25 февраля 1956 года，стенографический отчет II. М.：Государственное издательство политической литературы. 1956. С. 410－411.

② 同①29，31.

度正式提出了不同社会制度国家和平共处的方针①。苏共二十大断言“战争不是不可避免的”，但同时重申了列宁的话，认为“由于帝国主义的存在，故仍存有产生战争的经济基础”。虽然“现在已有强大的社会和政治力量防范帝国主义者发动战争”，但强调“我们要保持最高的警惕”，在帝国主义侵略者悍然发动战争时，要给他们“毁灭性的回击”。这就阐明了苏联期盼和平、维护和平且无惧战争的观点。苏共认为：“和平共处原则不会破坏任何国家的利益，将对所有不是口头上、而是真正向往和平的国家有益。”②

和平共处论产生于对世界形势的新认识，尤其是面对科技和武器转变带来的新变化。赫鲁晓夫的观点颇具代表性，他认为：“现在大国拥有全球性的武器，其威力与数量，足以快速而轻易地毁灭整个世界。”③ 他又辩证地分析道：“这当然不是好事，因为热核战争的威胁继续悬在人类头上，但这威胁又可能起到积极的作用，因为各国清醒的领导者绝不会允许自己的国家卷入毁灭性的战争。”④ 赫鲁晓夫断言：“在热核战争中既不会有战败者，也不会有战胜者。”⑤ 据此，苏共认为，世界将迎来一个相对的和平发展时期。和平共处论不仅为苏联人民，也为世界人民带来了和平的希望，在一定程度上消解了他们对新战争的恐惧。

苏共二十大上提出的和平共处论带有鲜明的时代特色，它一方面强调和平，力避战争，开展同帝国主义国家间的经济政治对话；另一方面致力于向世界展现已成为世界性体系的社会主义制度在经济、社会、生活方式等方面的优越性，继续同帝国主义在意识形态领域进行毫不妥协的斗争。赫鲁晓夫如是说：“在意识形态的斗争中，和平共处是不存在的，并且这一斗争应以共产主义世界观的胜利而告终。”⑥ 苏联也从未放弃阶级斗争，赫鲁晓夫称：“我们过去和现在都一直宣称，我们不希

① 在1952年4月召开的国际经济会议会前，斯大林在答美国几家刊物主编的问题中就已提出资本主义同共产主义和平共处的理念。参见1952年4月2日的《真理报》。

② Хрущёв Н. С. К победе в мирном соревновании с капитализмом. М.: Государственное издательство политической литературы. 1959. С. 364.

③ Хрущёв Н. С. Воспоминания. Избранные фрагменты. М.: ВАГРИУС. 1997. С. 493.

④ 同③494.

⑤ 同③497.

⑥ 同③496.

望战争，但我们并不放弃阶级斗争。只要还存在资本主义，阶级斗争就会一直持续。”① 苏联的和平共处论也因此在西方世界遭到诸多质疑和非议，并在实践中陷入了困境。苏联同资本主义国家事实上无法做到一边在经济和政治领域开展合作，另一边却有意地互相诋毁，进行不同意识形态国家间敌对的揭露和宣传。因此，苏联提出的和平共处论被资本主义国家看作一种特殊的阶级斗争形式，苏联真正希望的是社会主义事业在世界范围的胜利。

苏共二十大上提出的不同社会制度国家间和平共处的理论是苏联外交政策的基本原则，它源自对社会主义国家和资本主义国家将长期和平共存大势的判断，强调在追求两大阵营国家间经济合作的同时，保留意识形态领域的对立，是一种运用和平外交手段同西方对抗的新形式。

（二）和平竞赛论

20 世纪 50 年代，随着各领域生产的显著增长和人民物质福利与文化生活水平的提升，苏联的国家和社会制度得到进一步巩固。与此同时，世界上越来越多的国家走上社会主义道路，社会主义国家在世界工业生产总额中所占的份额持续增加，经济联系与人民友谊逐步加强。世界劳动人民的斗争情绪日渐高涨，殖民体系日趋衰颓。社会主义作为强有力的世界性力量同资本主义的竞争已成为客观现实。

根据马克思列宁主义关于资本主义必然灭亡和共产主义在世界范围内的胜利的论断，苏共认为，资本主义国家由于内部不可调和的矛盾及自身制度的缺陷，其灭亡是历史的必然。而资本主义无论作为一种制度还是国际关系体系都将消亡。苏联的任务，并不是同资本主义制度进行武装斗争，而是在各领域同其进行和平竞争，展现苏维埃在政治制度、经济发展、社会福利、生活方式等方面的优越性。苏共党人认为：“通往胜利的唯一正确的道路，是全力发展生产力。”② 赫鲁晓夫 1958 年 3 月 10 日回答波兰《人民论坛报》编辑部的问题时说：“我们真诚地向资本主义国家提议：让我们不去比赛谁的氢弹和导弹多吧！这样的‘竞赛’不会给人民带来任何好处。要比就比一比谁能建造更多的住房、学

① Хрущёв Н. С. К победе в мирном соревновании с капитализмом. М.：Государственное издательство политической литературы. 1959. С. 222.

② 同①223.

校和医院，比一比谁能生产更多的粮食、牛奶、肉类、服装和其他的消费品。这才是人民感兴趣的竞赛。与‘让我们武装起来！’的口号相反，我们提出‘让我们通商吧！’”① 1958 年 4 月 9 日，赫鲁晓夫在匈牙利同切皮利冶金工厂的工人们见面时，再次重申：“让我们比赛，看谁能够达到更高的生产力发展水平，看谁能够为人民提供更高的物质和文化生活水平，看谁能够为人的全面的发展提供最好的可能。哪个制度能够为人民提供最好的条件，那个制度就会获得胜利！”②

苏共二十大对和平竞赛做了如下阐释：“当我们提到两种制度的竞赛时，胜利的将是社会主义，但这并不意味着胜利将通过社会主义国家武装干涉资本主义国家内政的方式达成，我们对共产主义抱有必胜的信心是因为社会主义的生产方式相较于资本主义的生产方式具有决定性优势。”③ 苏共重申：“我们坚决反对发动战争，我们过去和现在都一直强调的是，无论在哪个国家，确立新的社会制度属该国内政。”据此，苏共二十大指出，“现在已是社会主义和资本主义两种制度间和平的经济竞争”，苏联要“在一个较短历史时期内通过和平的经济竞赛方式来完成苏联的经济任务，即人均产值赶上并超越最发达的资本主义国家”④。1958 年 1 月 22 日，赫鲁晓夫在白俄罗斯苏维埃共和国农业先进工作者会议上，在讲到国际形势问题时说：“苏联在实际上证明了社会主义制度和苏联的体制，是最进步的制度。它使国民经济的各个领域获得发展的自由，为科学、艺术、文化的发展创造了最有利的条件。我国在苏维埃政权执政的四十年中，取得了巨大的发展成就，在一系列重要的科学领域超过了最发达的资本主义国家——美国。”⑤

当时苏共乐观地认定，社会主义作为先进完善的新兴制度，战胜落后腐朽的资本主义制度是不可阻挡的历史潮流，而共产主义必将在全球

① Хрущёв Н. С. К победе в мирном соревновании с капитализмом. М.: Государственное издательство политической литературы. 1959. С. 90.

② 同①236.

③ XX съезд коммунистической партии Сооветского Союза. 14－25 февраля 1956 года, стенографический отчет I. М.: Государственное издательство политической литературы. 1956. С. 36.

④ 同③434.

⑤ 同①22.

范围获得胜利。因此，在二十大上，苏共充满信心地提出了和平竞赛的理论。

（三）和平过渡论

第二次世界大战后，共产主义运动在世界范围内蓬勃发展。国际环境的深刻变化，使苏联认为资本主义国家通过和平过渡的方式成为社会主义国家是可能的、可行的。1958 年 4 月 8 日，在匈牙利的一次集会上，赫鲁晓夫曾充满信心地宣称："苏联现在已不像在第二次世界大战之前那样，是孤零零的社会主义国家。现在十三个国家，近十亿人口走上了马克思列宁主义照耀的社会主义的发展之路。现在，难道我们要因低估了自己的力量而感到沮丧吗！"① 同年 7 月，在莫斯科劳动者的集会上，赫鲁晓夫指出："社会主义国家是正在生长的、迅猛发展的国家，拥有年轻的、健康的、强壮的机体，而未来永远是属于年轻的和生长着的机体的。我们需要和平来建设新的社会。"他还援引中国同志的话来表达对社会主义的信心和展望："社会主义是从东方升起的朝阳，而资本主义则是西下的夕阳。"② 在同英国《泰晤士报》编辑的谈话中，赫鲁晓夫把社会主义制度比作"好种子"，他说："好的种子拥有强大的能量，即便种在贫瘠的土壤中，很难破土而出，但它终将破土发芽。对于推进发展共产主义思想、对于共产主义思想的传播以及其在人们意识中的确立，需要的不是军队，而是和平。"③

上述论断，证明了当时的苏联领导人对社会主义、对国际共产主义运动以及对自身实力充满信心和乐观的态度。基于此，苏共二十大决议指出，世界历史正朝着有利于社会主义的方向发生着深刻的改变，因此"向社会主义过渡的道路将越来越多样化"④。苏共认为，各个走上社会主义道路国家的历史经验完全印证了列宁的论断，即"一切民族都将走向社会主义，这是不可避免的，但是一切民族的走法却不会完全一样，

---

① Хрущёв Н. С. К победе в мирном соревновании с капитализмом. М.: Государственное издательство политической литературы. 1959. С. 222.

② 同①446.

③ 同①64.

④ XX съезд коммунистической партии Сооветского Союза. 14－25 февраля 1956 года, стенографический отчет II. М.: Государственное издательство политической литературы. 1956. С. 415.

在民主的这种或那种形式上，在无产阶级专政的这种或那种形态上，在社会生活各方面的社会主义改造的速度上，每个民族都会有自己的特点”①。决议直言不讳地指出，在一系列资本主义国家中，“工人阶级将劳动的农民阶级、广大的知识分子和一切爱国的力量团结在自己周围，就拥有打败反动反人民势力的可能，取得议会中稳定的多数，并且将议会从资产阶级民主的机构转变成真正代表人民意志的工具”。因此，实现向社会主义的转变不一定非要采取暴力革命的手段，此即为和平过渡理论。

苏共二十大首先分析时代新特点是适宜合理的，但问题在于其谈论抽象理论过多，并没有把重心放在由此引发的理论创新、体制创新、发展方式创新上。讲到国内任务时，苏共二十大忽视了突破原有苏联模式，解决迫切的理论创新、体制创新、发展方式创新问题，脱离实际地提出尽快赶超发达资本主义，向共产主义过渡。内政部分，苏共二十大讨论并通过了关于1956—1960年苏联国民经济发展第六个五年计划的指示，重申继续坚持优先发展重工业的总路线，同时强调大力发展农业，通过增加资金、技术、人才的投入，解决现实存在的农业问题，要求多开垦荒地，大力增加玉米种植面积。苏共中央决定在“六五”计划期间将工人和职工的工作日时间缩短至7小时，从事重体力劳动的工人工作日时间缩短至6小时。新增住宅面积较“五五”计划增加两倍。全国范围内实现7年义务教育，在大城市实现10年义务教育，增强学术机构同生产单位的联系，充分使用科学解决建设中遇到的实际问题。加强社会主义法制建设，要求各级党政机关捍卫宪法赋予人民的权利，坚决杜绝各种违法行为。会议特别提出应恢复列宁制定的党内生活准则和党内民主原则，强调集体领导，批判个人崇拜。会议认为，党中央应像“爱护眼珠一样保护马克思列宁主义理论的纯洁性，在总结新的历史经验和活生生的现实事实的基础上，在为共产主义奋斗的实际过程中，创造性地发展马列理论”，并指出应当毫不松懈地同资产阶级意识形态做斗争。

从总体上看，苏共二十大顺应时代主题和国际局势的发展，提出了社会主义国家同资本主义国家和平共处、和平竞赛、和平过渡的观念，

---

① 列宁．列宁全集．第28卷．2版．北京：人民出版社，1990：163.

超越了以阶级斗争为纲和暴力革命的思想，从维护世界和平发展的角度来看具有进步意义。批判个人崇拜，恢复集体领导和党内民主原则，对苏共的健康发展有重要的积极作用。苏共二十大主题应当是以分析时代新潮流、国情新变化为前提和基础的，重点提出突破传统计划经济体制的苏联模式、“左”的教条主义僵化理论体系，把重心转向推动适应时代潮流与国情变化的重大理论创新、体制创新、发展方式创新。以此为尺度对苏共二十大进行评价，可以发现三点不足：一是没有根据战后国情变化做出相应的变革，说明原先苏联模式、理论体系必须在当代做出重大理论创新；二是没有契合时代与国情新变化，说明苏联发展方式必须有大突破和大创新；三是没有契合战后时代主题变化，说明传统计划经济体制的苏联模式必须有重大体制创新。

三、赫鲁晓夫批判斯大林的“内部报告”

赫鲁晓夫 1956 年 2 月 25 日的报告，通常被称作“大反斯大林”、全盘否定斯大林的“内部报告”。我们这里旨在根据历史事实、历史文献，还原历史真相。

在苏共二十大结束之时，赫鲁晓夫做了批判斯大林的所谓“内部报告”。这个报告的历史作用也有极其明显的二重性：一方面，他“揭了盖子”，以反对斯大林搞个人崇拜为名，揭露了苏联模式的历史弊端，有助于解放思想、打破僵化、发扬民主、推动改革；另一方面，他把如此复杂的经济政治体制问题归结为斯大林的个人问题，用对待敌人的方式对待斯大林，引发了国内外政治风波与思想混乱。

个人崇拜现象并没有随着斯大林的逝世而消除，前任领袖仍对苏联党和国家有着广泛而深刻的影响。斯大林的思想、论断、政策都被官方认作马克思列宁主义经典。正如赫鲁晓夫所言：“斯大林毕竟还是斯大林，即使在他死后，他仍然拥有着不可冒犯的权威。”① 在这样的社会环境和民众普遍心理作用下，不破除党内和政府中长期存在的对斯大林的个人崇拜，任何与之相左的新方针政策和理论都难以推行。这也是马

① 赫鲁晓夫回忆录. 赵少棣，等译. 北京：中国广播电视出版社，1988：334.

林科夫和赫鲁晓夫作为国家领导人先后提出破除个人崇拜问题的根本原因①。但在苏共二十大的总结报告和决议中，并没有将个人崇拜问题同斯大林直接联系起来，其仍属理论探讨范畴。“个人崇拜”被代表大会定义为一种“违背马克思列宁主义精神，将个人神化为英雄圣人，同时降低党和人民群众作用，进而降低他们创造性活动积极性”的行为。大会认为“个人崇拜的散播降低了党内集体领导的作用，有时还导致了我们工作中的严重失误”②。

赫鲁晓夫“内部报告”的主要材料源自苏共中央书记波斯佩洛夫负责的调查委员会报告。该委员会成立于 1955 年 12 月 13 日，负责调查斯大林时期大规模肃反的相关情况，剑指个人崇拜问题。“内部报告”多次引发了苏共中央主席团成员的激烈讨论，布尔加宁、别尔乌辛、波斯佩洛夫、米高扬、萨布罗夫等人要求将调查真相向党内公布。布尔加宁说：“党员们都看到了我们对斯大林的态度有转变，如果我们不向代表大会坦白，他们会说我们胆怯了。”别尔乌辛称：“需要在代表大会上报告，在报告中正面的部分不用说了。对斯大林的崇拜是有害的。要实话实说，他篡夺权力，取消、取缔了中央和政治局，消灭了许多干部。”③萨布罗夫说：“如果这些是事实的话，难道这是共产主义吗？无法原谅。”伏罗希洛夫则认为：“党应当知道真相，但应当说明，是现实使然，是由时期和情况决定的。我们是沿着马克思、恩格斯、列宁、斯大林的道路领导国家的。要深思熟虑，不能把孩子和脏水一起倒掉了。事关重大，缓着来。”莫洛托夫认为斯大林是伟大的领导人，他赞同伏罗希洛夫的发言，并称：“真相要还原，但另一个真相是在斯大林的领导下社会主义获得了胜利，既要衡量过失，丑事也是事实，我们估计来不及在代表大会上说了。”赫鲁晓夫坚决要求批判过去的“错误和歪曲”，宣称：“斯大林是忠于社会主义事业的，但却以一种野蛮的方式，他毁灭了党，他不是个马克思主义者。我们应拟定路线，把斯大林放到他应

① 斯大林逝世当月的首次苏共中央主席团内部会议上，马林科夫首次提出了“个人崇拜”这一政治术语，称必须“终止个人崇拜政策并转向国家的集体领导”。参见：Опенкин Л. А. На историческом перепутье//Вопросы истории КПСС. 1990. № 1. — С. 110.

② XX съезд коммунистической партии Сооветского Союза. 14－25 февраля 1956 года, стенографический отчет I. Государственное издательство политической литературы. М.: 1956. С. 102.

③ РГАНИ. Ф. 3. Оп. 8. Д. 389. Л. 56－62об.

得的位置上。用马克思列宁的方式，加强对个人崇拜的抨击。”① 由此可见，虽然苏共高层对斯大林和个人崇拜问题的意见不统一，甚至还激烈对立，但在向党坦白调查真相的意见上还是基本一致的。最终，在赫鲁晓夫等人的坚持下，直到苏共二十大召开的前一天，中央主席团内部才达成妥协，决定“必须在代表大会的内部会议上做关于个人崇拜的报告，报告人为赫鲁晓夫同志”②。

1956 年 2 月 23 日，谢皮洛夫将根据赫鲁晓夫口述内容，结合波斯佩洛夫调查委员会材料的报告撰写的报告初稿提交中央主席团成员审阅。25 日，即报告当天早上，终稿才被敲定，在代表大会选举了新中央委员之后，赫鲁晓夫做了题为《关于个人崇拜及其后果》的“内部报告”③。

报告的主要内容有：指出个人崇拜同马克思列宁主义的精神相违背；介绍马克思、列宁是如何反对个人崇拜的；阐述对斯大林的个人崇拜是如何逐步形成的；斯大林是如何滥用权力、破坏党内生活准则和集体领导原则的；斯大林是如何利用恐怖手段通过肃反运动来打击迫害干部群众的；斯大林在苏德战争中所应负的责任；斯大林在内政和外交中所犯的错误；斯大林是如何推波助澜，推动对其个人崇拜的发展的。赫鲁晓夫认为，必须根除个人崇拜，恢复并贯彻马克思列宁主义中人民是历史和一切物质精神财富创造者的原则，强调党在改造社会和争取共产主义胜利斗争中起的决定性作用；强调应遵循党的集体领导原则，遵循党章规定的党的生活准则，广泛开展批评与自我批评；强调应纠正各个学科领域或艺术文学等方面因个人崇拜而广泛流行的错误观点，提出重新编写党史、社会史、卫国战争史等著作④。苏联作家爱伦堡这样回忆做“内部报告”时的情况：“赫鲁晓夫做报告时，有几名代表当场就晕倒了……坦率讲，我非常震惊，因为这并不是一个刚被平反的人跟自己的几个朋友说的话，而是中央第一书记在全国代表大会上的讲话！2 月

① РГАНИ. Ф. 3. Оп. 8. Д. 389. Л. 52-54.

② РГАНИ. Ф. 1. Оп. 2. Д. 1. Л. 64.

③ 现有国内外文献中，常用“秘密报告”的表述，这是不正确的，在苏联的官方文件中，从未见此表述。常用表述为“Доклад на закрытом заседании”，即内部（闭门）会议上的报告。“内部报告”所做的时间也并非 24 日晚间至 25 日凌晨，而是 25 日上午。

④ РГАНИ. Ф. 1. Оп. 1. Д. 17. Л. 1—88.

25 日对于我和每一个苏联公民来说，都是一个大日子。”①

赫鲁晓夫“内部报告”提出恢复马克思列宁主义的基本原则和党内正常的政治生活，强调坚持集体领导和党内民主制度，这些主张有益于党的健康发展。报告“揭露因个人崇拜而造成的严重后果，有利于苏联人民打破对斯大林的迷信，也使其他国家的共产党人有可能解脱斯大林提出的某些僵化理论和模式对人们思想的禁锢，这对于各国共产党人破除迷信、解放思想、探索社会主义革命和社会主义建设新路径有着积极的意义”②。但报告认为大规模肃反和个人崇拜的主要原因在于斯大林的个人品质和性格，却没有对斯大林时期所形成的经济政治体制中存在的问题提出疑问和反思，造成一种印象，即所有罪责都在斯大林一人身上，苏共只要批判并根除这种对社会主义的歪曲，通向共产主义的大道就将一路坦途。必须指出的是，将苏共二十大总结报告中对事不对人的正确态度猛然转向全盘批判否定斯大林，这种批判方式本身就是非马克思列宁主义的：没有以党中央的高度进行任何自我批评和反思，却企图通过制造斯大林和党的对立，撇清、掩盖自己和其他苏共领导人应负的责任。报告既未在充分阐明客观条件和形势的前提下，探究党和国家在历史事件中的得失及个人应负的责任，也没有认真总结社会主义革命和建设中的经验教训。这样的批判态度和方式都是不负责任的，对后来严重的政治社会后果没有充分地估计和认识。

四、由赫鲁晓夫批判斯大林引出的政治风波与理论争论

苏共二十大上决定将赫鲁晓夫“内部报告”的内容传达至各级党组织，并未公开出版。然而其内容却很快成为社会上谈论的谈资，进而转化为苏联社会各阶层讨论的对象。1956 年 3 月 5 日斯大林逝世纪念日，全苏没有刊发任何纪念斯大林的文章。3 月 28 日，《真理报》发表题为《为什么个人崇拜违背马克思列宁主义精神?》的文章，首次正式将个人

① Кулешов С. В. , Волобуев О. В. Наше Отечество. Опыт политической истории. М. : ТЕРРА. 1991. Т. 2. С. 452.

② 沈云锁. 马克思主义史：第 4 卷. 北京：人民出版社，1996：42.

崇拜同斯大林的名字联系在一起，普通苏联公民也正是从此时真正确认了中央对斯大林态度的转变。

西方国家媒体自然不会放过利用赫鲁晓夫“内部报告”批判苏联和社会主义制度的机会。1956 年 6 月 4 日，报告内容刊登在《纽约时报》上，随后又以俄文出版，这在世界范围内引起轩然大波的同时，使苏共深深地陷入了被动。报告在苏联国内引发了激烈的辩论，社会上支持或反对斯大林的人迅速划分成两派。更为不利的是，民众愤怒的情绪很快转移到了对苏联党政机关的不满上，想弄清楚它们纵容种种违法行为的原因，并由此对社会主义制度产生怀疑。民众不满于报告不对外公开，而仅有小部分人知晓其内容，认为是党不愿向自己的人民说出真相。公民克雷洛夫在致《真理报》的信中愤怒地说道：“这是怎样一个党？还自称是‘共产主义’的党？这不是共产党人的党，而是一撮伪君子和懦夫的团体！这样的党还有什么资格谈什么与人民的‘血脉联系’？党因害怕说出真相，而让人民不明不白，还有什么‘联系’可讲？虚伪、虚伪，还是虚伪！”① 这样的情绪大范围蔓延，社会上不断出现大量以揭露斯大林时期各种谬误为题材的文艺作品等，用充满感情色彩的“揭露性”言论，制造全盘否定斯大林的历史作用以至苏联历史的舆论，这些现象深刻改变了苏联人民的社会意识，产生了难以估量的负面影响。

有鉴于此，1956 年 6 月 30 日，苏共中央主席团通过了《关于克服个人崇拜及其后果》的决议。该决议对产生个人崇拜现象的主客观原因做了阐述，限定了批判个人崇拜问题的范围。该决议指出，虽然个人崇拜带来了种种谬误，但却不能改变社会主义的本质，所有的负面现象都将因党的领导人坚定的“列宁核心”而被克服。该决议仍将所有错责都归咎于斯大林、贝利亚、叶若夫等个别人，目的是将政治责任从中央主席团成员、地方执行者身上剥离。这样的解释并没有使社会上的情况得到根本好转，也未能起到维护苏共中央权威的作用，因而人民对党的信任和对共产主义的信仰遭受了前所未有的打击。苏联人民无法接受领导国家 30 年的伟大领袖居然一下变成了“暴君”“杀人犯”，是“俄国历史上最大的独裁者”，而自己多年来受的教育、学习的教材居

---

① РГАНИ. Ф. 5. Оп. 30. Д. 140. Л. 101.

然充满谎言。苏共党员则多是带着批判的眼光看待赫鲁晓夫的“内部报告”的，认为以批判个人崇拜为名开展的斗争在很大程度上贬低了苏联人民取得的成就。大量负面情绪以及故意歪曲和诋毁工农业现代化和卫国战争的现象也使苏共丧失了稳健地纠正错误、消除不良影响的可能。

赫鲁晓夫诋毁斯大林的行为，重挫了国际共产主义运动，使许多国家的共产党陷入困境，造成了严重的分歧和思想混乱。1956 年 3 月 9 日，格鲁吉亚首都第比利斯爆发大规模骚乱，示威者打出“平反斯大林和贝利亚”“打倒赫鲁晓夫、米高扬、布尔加宁”“组建莫洛托夫政府”“格鲁吉亚正在孕育新的斯大林”等口号，要求为斯大林正名。6 月 28 日，波兰爆发针对统一工人党政府的“波兹南事件”。10 月 23 日爆发“匈牙利事件”，民众提出反对苏联模式和苏联控制。突然严厉批判斯大林的“急转弯”像一根雷管，引爆了藏有诸多问题的“火药桶”，也造成了兄弟党之间的分裂。

南斯拉夫共产主义者联盟总书记铁托作为已被从社会主义阵营中开除的共产党领袖，就苏共二十大及批判个人崇拜问题发表看法，把矛头直指斯大林时期的苏联社会主义制度：“我们从一开始就说，这里不仅仅是一个个人崇拜问题，而是一种使得个人崇拜得以产生的制度问题，根源就在这里，这就是需要不断坚持根除的东西，而这也是最难以做到的事。这些根源在哪里呢？在于官僚主义组织机构，在于领导方法和所谓一长制，在于忽视劳动群众的作用和愿望，在于各种各样的恩维尔·霍查之流、谢胡之流以及有些西方和东方国家的党的其他领导人，他们抗拒民主化和第二十次代表大会的决议，而且他们对斯大林制度的巩固出了不少的力，他们今天正在努力恢复这个制度，使它继续占上风。根源就在这里。”①

阿尔巴尼亚共产党总书记霍查则坚决反对批判斯大林。1979 年，他在纪念斯大林诞辰 100 周年的回忆录中仍满怀愤怒地写道：“赫鲁晓夫及其同谋在二十大的‘秘密报告’中污蔑斯大林，并试图用最卑劣丑恶的手段诋毁他。”“批判对斯大林的个人崇拜，目的是隐藏自己反苏联、反社会主义的罪行，并把对赫鲁晓夫的崇拜吹到天上去。”霍查还

---

① 南斯拉夫资料汇编. 北京：世界知识出版社，1957：621-622.

满怀鄙夷地说："他们这些苏联党和政府的高官，将本属于自己的残酷、狡诈、卑鄙、背信弃义、杀人罪等统统安到斯大林身上，就是这些人，为隐藏自己丑陋的追逐个人名利的目的和行为，在斯大林在世时为他高唱赞美歌。"霍查提醒人们不要忘记，正是赫鲁晓夫在1949年称斯大林为"天才的领袖和导师"，还说"斯大林同志的名字，是苏维埃人民一切胜利的旗帜，是全世界劳动者斗争的旗帜"。而积极批判斯大林的二号人物米高扬，曾评价斯大林的著作是"新的，更高历史层次的列宁主义"①。阿尔巴尼亚和苏联的关系因赫鲁晓夫对斯大林的批判急剧恶化，其他国家共产党的领导人，虽没有霍查表述得如此激烈，但多半也都表达了对严厉批判斯大林的不解和担忧。

赫鲁晓夫也不得不承认："我们没有想到揭露个人崇拜会给国外共产党带来如此严重的困难情况，因为我们没有要把报告刊发。""我们当然知道，报告内容迟早会在资产阶级报刊上散播开来，但认为这应该是一个缓慢的过程。"② 赫鲁晓夫所言不虚，却也充分说明了三个问题：第一，报告出炉十分仓促；第二，以赫鲁晓夫为首的苏共中央对批判斯大林可能造成的后果估计严重不足；第三，严重低估了国际反共势力希望借此大做文章的意愿及能力。

毛泽东同志后来曾形象地评价赫鲁晓夫批判斯大林的行为，是"揭了盖子，又捅了娄子"。邓小平同志也曾批评赫鲁晓夫的做法，认为："我们不能要求伟大领袖、伟大人物、思想家没有缺点错误，那样要求就不是马克思主义者……党中央、中国人民永远不会干赫鲁晓夫那样的事。"③

五、斯大林问题的复杂性、长期性

斯大林问题的复杂性、长期性，在于从如下两方面的张力怎样把握住对立的统一：一方面，是战后新时代、新国情，要求必须根本突破

① Энвер Ходжа. Со Сталиным. Воспоминания. Издание второе. Тирана:. из-во《8 нентори》, 1984. С. 35-36.

② АПРФ. Ф. 3. Оп. 23. Д. 207. Л. 14-41.

③ 王敏玉. 邓小平生平研究资料. 北京：中央文献出版社，2013：596.

20 世纪 30—50 年代斯大林时期形成的苏联模式、理论体系、发展方式，做出重大的理论创新、体制创新、发展方式创新，这是当下的主要矛盾，问题的重心所在。另一方面，又不能简单否定斯大林作为一个重要革命家、政治家、军事家的历史贡献、历史地位。

斯大林问题的研究，循序经过了三个阶段，具有三类不同的视角和方法。第一类是把斯大林作为神怪来褒贬。20 世纪 30—50 年代的苏联历史著作大都把斯大林作为神来歌颂。西方的作家学者却往往把他写成十恶不赦的恶魔。第二类是把斯大林作为个人来研究。赫鲁晓夫的个人崇拜论就是这类研究的典型代表。其“内部报告”采用抽象肯定、实际否定的方式，以批判个人崇拜这一社会现象为名，将重点放在揭露斯大林在各个历史时期的错误或罪行上，对其做全面的否定评价。我国长期以来占主导地位的传统见解也有“个人功过论”色彩，主要着眼于评价斯大林作为历史人物的个人功过，认为斯大林七分功、三分过，功劳是主流、是本质，过错是不应当过分强调的非主流、非本质。这两种看法虽形式上对立，理论视域却都聚焦于个人。第三类是把斯大林个人作为社会存在来研究。例如，法国学者让·艾伦斯坦的《斯大林现象史》把斯大林的出现及其社会效应作为一种历史现象，放在一定的历史条件下加以描述和解释。问题在于，“斯大林现象”这个概念似乎过于宽泛，没有点出这种现象的实质问题，把研究的主旨放在“描述和解释这一现象”① 上，其分析的科学性也有一定局限。

从把斯大林作为神怪到把斯大林作为历史活动中的个人，从把他作为个人到更广阔地展现其社会存在——这是前人研究斯大林问题的思想轨迹②，也由此足见斯大林问题的复杂性和长期性。

历史是复杂的，历史人物是多面的，以不同的标准评价历史人物，所得到的结果往往千差万别，观点之间甚至有天壤之别。斯大林作为对苏联与世界历史进程起到过重要影响的历史人物，长期以来对他的评价问题不仅在俄罗斯，更在世界范围内争论激烈，且至今没有止息。

斯大林是 1924—1953 年苏联的最高领导人和世界社会主义阵营的领袖，这是他的历史身份。斯大林 1879 年生于俄罗斯帝国第比利斯省

① 艾伦斯坦. 斯大林现象史. 北京：时事出版社，1986.

② 王东. 系统改革论：列宁遗嘱，苏联模式，中国道路. 长春：吉林人民出版社，2014：280.

的哥里。1895 年，年仅 16 岁的斯大林即开始参加革命活动，在工人和宗教学校的学生中宣传马克思主义。斯大林 1898 年加入俄国社会民主工党，参与组织工人的示威罢工活动。自 1901 年起，帝俄当局开始缉捕斯大林，他也自此过上了职业革命家的生活。1903 年，俄国社会民主工党分裂，斯大林加入以列宁为首的布尔什维克党，他是 1904 年 12 月巴库工人大罢工的主要组织者之一。1902—1913 年，斯大林在巴库、圣彼得堡等地从事革命活动，先后被逮捕 7 次，被流放 6 次，从流放地出逃 5 次。1912 年据列宁提议，斯大林被布拉格代表会议产生的中央委员会缺席增补为中央委员。1913—1917 年被流放期间，斯大林仍关心政治，阅读书籍并常给列宁等人写信。二月革命后，斯大林返回彼得格勒（今圣彼得堡），为十月革命做了大量宣传、鼓动、组织、筹备、领导工作，并在全俄工兵代表苏维埃第二次代表大会上当选为全俄中央执行委员会委员，任民族事务人民委员。苏俄内战期间，斯大林入选由列宁组建的五人主席团，为布尔什维克党领导的红军战胜列强支持的白军做了许多工作。斯大林的革命生涯无愧于“伟大的无产阶级革命家”称号。

斯大林执政期间，苏联共产党在没有任何经验可以借鉴的条件下，结合本国实际探索和建设社会主义，确立了以行政命令和计划手段为特征的高度集中的政治经济体制。这一具有动员性和战时性本质的体制虽然存在种种缺陷，远不是一种科学完善的发展模式，但在当时的特定历史时期发挥了毋庸置疑的积极作用，在实践中继承和发展了马克思主义。斯大林时期形成和巩固的苏联模式，是以斯大林为首的苏联共产党人，按照自己对马克思列宁主义的理解，对战争与革命时代背景和问题的回应和解答。这种发展模式既是那个时代的产物，又顺应了那个时代的要求，曾经取得了辉煌的建设成就，对苏联和世界共产主义运动影响深远，是苏联党和人民在探索建设社会主义过程中做出的理论发展和实践创造。从总体上看，斯大林是一位严肃认真的马克思主义者。

斯大林作为世界社会主义阵营的领袖和一国元首，面对资本主义国家的长期敌视、围困、打压，坚持高举马克思列宁主义理论旗帜，坚持社会主义政治方向，为苏联乃至世界的社会主义发展提供了强大稳固的政治保障，这样的政治定力和品格，在今天看来，仍是非常不易、弥足珍贵的。当然，也不应讳言，斯大林作为党和国家领导人，也犯过重大的政治错误，诸如肃反问题扩大化，推行公有化、集体化过程中方法过于粗暴，为发展工业对农民盘剥过于严重，违反党的民主集中制和集体领导原则，在国际共产主义运动中做出过错误决断，后期陷入个人崇拜，等等。尽管这些错误背后有着深刻的政治、经济、社会、历史原因，但其本人也应承担相应的历史责任。从整个历史的宏观角度来看，斯大林依然不失为一位伟大的政治家。

毋庸置疑，斯大林是卫国战争中苏联的最高统帅，他以钢铁般的意志率领苏联人民浴血奋战，抗击法西斯侵略者，从根本上扭转了第二次世界大战的局势，最终取得了反法西斯战争的伟大胜利。在苏德战场上，斯大林展现出卓越的军事谋略，凭借苏联辽阔的疆土和战略消耗德军的实力，更在兵临城下的危急关头寸步不让，举行阅兵鼓舞士气，坚守了苏联人民的精神圣地莫斯科，表现出了其智勇双全的军事才能。1969 年，朱可夫元帅在其回忆录中从战略战术、纳言决策、组织保障三方面对斯大林进行评价，称其“通晓组织方面军和方面军群战役的基本原则，并且熟练地指挥了这类战役，他精通重大的战略问题。斯大林善于从战略情况中找出主要环节，并抓住这个环节，采取对策，组织相应的进攻战役”。“斯大林的功绩就在于他迅速而正确地采纳军事专家的意见，加以充实和提高，然后以概括的形式——守则、指令、教令——立即推广到部队中去，指导实践。”“在战役保障方面、在建立战略预备队方面、在组织技术兵器生产方面，总之在为前线提供一切必需品方面，最高统帅表现出是一位杰出的组织家。”朱可夫的结论是：“毫无疑问，他是当之无愧的最高统帅。”① 1973 年，华西列夫斯基元帅在回忆录中称：“斯大林具有内战时期的战争经验，通晓苏联军事建设及军事发展，更重要的是，他拥有巨大的政治威望，人民和武装力量都信任他。”“我深信，斯大林尤其是在伟大卫国战争后半段，是战略指挥家中最令人瞩目的人物。他以党的路线为基础，成功地指挥了前线和全国所有的武装力量，并能够在战争中对盟国的政治军事领导人施加重要的影响。斯大林严肃刚毅又独具个人魅力的军事领导人形象印刻在我的记忆

① 朱可夫．朱可夫元帅回忆录．中国人民解放军军事科学院外国军事研究部，译．北京：中国对外翻译出版公司，1984：344-345.

中。”华西列夫斯基的结论是：“斯大林无疑可被列入杰出统帅之列。”①历史事实以及这些曾长期与斯大林共事又历经过破除个人崇拜和去斯大林化时期的苏联最高将领们对斯大林的追忆和评价，足以证明斯大林是一位伟大的军事家。

评价一个领导人，较为直观的办法是看他给自己的国家和人民留下了什么。斯大林逝世后，留下的是几双织补过的短袜，几双鞋跟都已磨破的皮靴，两套军服，一个烟斗，还有一个综合国力稳居世界第二的超级大国。与此同时也应看到，在第二次世界大战结束后的 7 年时间里，斯大林未能充分认识到苏联现行体制的战时性和不可持续性，没有灵活迅速地顺应时代主题的转变，凭借其崇高的政治声望及人民的信任，及时对已完成历史使命的政治经济模式进行改革，将苏联带入新时代的稳步发展之路。虽然在当时的国际环境和国内条件制约下，这是崇高的期许，但这或许是斯大林最主要的历史局限与思想局限。

东欧剧变、苏联解体的惨痛教训告诫我们，在意识形态领域，绝不能容许历史虚无主义恣意蔓延，绝不能走改旗易帜的邪路。斯大林作为伟大的革命家、政治家、军事家，其历史功绩不容否定。在新的形势下，为了防止马克思列宁主义、社会主义“原罪论”的罪恶企图得逞，我们今天在反思苏联模式问题之时，必须毫不动摇地坚守思想政治底线，以马克思列宁主义为指导思想，以唯物辩证法为工具，把握正确的政治方向，并实事求是、深入具体地分析历史问题，以期得出经得起时间检验的历史结论。

斯大林时期形成的传统计划经济体制的苏联模式，是战争与革命时代背景下的产物，其历史功过是非必须实事求是地具体分析，在当今时代必须根本扬弃，这是当时问题的主要方面、重心所在；斯大林作为历史人物，特别是作为一位伟大的革命家、政治家、军事家，决不能对其简单否定，必须做出一分为二的科学评价。这就是正确把握斯大林问题复杂性、二重性的关键所在。

---

① Василевский А. М. Дело всей жизни. М.: Госполит из-во. 1973. С. 127-128.

第五章　赫鲁晓夫的改革得失

20 世纪 50 年代中期，和平与发展的时代新主题已经初见端倪，正是在此背景下，出现了当代苏东社会主义改革的第二次来潮。

1953 年斯大林逝世之后，苏联模式的问题逐渐暴露出来。到了 20 世纪 50 年代中期，以战争与革命为主题的历史时代渐成过去，以和平与发展为主题的崭新时代初露征兆。以国家垄断、排斥市场为典型特征的传统计划经济体制的苏联模式，本质上是一种战时体制：国家以行政指令、强制措施，把一切资源最大限度地集中起来，用于加强国家军事实力，以应付战争威胁。这种体制在战争与革命时期是完全必要的，而在和平与发展时期却已成为发展经济、创新科技、改善民生的障碍机制。后来苏联把这种体制作为社会主义唯一模式，强制推行到东欧其他国家，成为在新时期阻碍各国经济发展、生产力发展的体制障碍。因而，20 世纪 50 年代中期出现了当代社会主义在第二次世界大战后的第二次改革来潮。苏联与南斯拉夫、匈牙利、波兰等东欧国家，普遍酝酿着改革势头。1956 年 2 月召开的苏共二十大，提出了对这种国家垄断、排斥市场的战时体制的苏联模式进行反思的历史课题，却未能从理论上真正弄清问题症结、改革方向。

赫鲁晓夫把深刻性的体制问题肤浅、表面地归结为个人崇拜问题，并对斯大林采取了缺少分析的简单批判、个人攻击方法，使改革流于表面，处于混乱、失控状态，无法解决十分深刻复杂的社会主义体制转变与理论创新的根本问题。

一、赫鲁晓夫改革的理论基础

从1953年斯大林逝世开始到1964年赫鲁晓夫下台，总计大约12年时间，赫鲁晓夫作为党和国家第一把手的时间应当说不算短了。这一时期应当把马克思列宁主义基本原理同战后新时代、新国情相结合，提出一套新的改革理论、改革纲领，并且重点应当是从时代主题新变化出发，实事求是地具体分析基本国情，提出改革过时的体制模式的理论纲领。可惜的是，我们在考察这段历史时，却找不到这样的改革纲领、理论纲领。仔细梳理起来，我们也能够依稀可辨地从苏共二十大、二十一大、二十二大三次党的代表大会上找出赫鲁晓夫改革的三块重要理论基石：一是1956年苏共二十大提出的“三和”纲领——和平共处、和平竞赛、和平过渡，二是1959年苏共二十一大提出的全面展开共产主义建设的“高目标”，三是1962年苏共二十二大上提出的“两全”纲领——全民国家、全民党。简单概括地讲，就是“三和”“两全”及一个“高目标”，即以“三和”——和平共处、和平竞赛、和平过渡为特点的时代观，以“两全”——全民国家、全民党为代表的国家观，以“农畜产品超过美国”“全面建设共产主义”为旗号的“高目标”发展观、社会主义观。然而，这些抽象理论恰恰忽视了一个最迫切的时代课题和当务之急——改革已经过时的传统计划经济体制的苏联模式、战时体制。由于缺少科学系统的马克思列宁主义理论指导，赫鲁晓夫改革出现虎头蛇尾的现象：1953—1958年，改革初期农业改革曾经初见成效，民生有所改善；1958—1964年，正当改革需要深化到整个体制制度时，却发生“左”的逆转，改革最终失败。

二、从农业改革开始的最初有益尝试

赫鲁晓夫本人出生于普通农民群众家庭，对于工农民众的生活疾苦有些亲身感受，又曾专门主管过农业工作，深知苏联农村、农业、农民的落后贫困状态是苏联现代化发展的“软肋”所在。因此，1953—1958 年，赫鲁晓夫主政最初 5 年间，曾经着手从农业开始，尝试推动改革，改善民生，并取得了初步成效。

概括起来讲，赫鲁晓夫着手的农业改革，主要采取了六个举措：

第一，转变观念，提高农业的重要地位。从 1930 年开始，工业尤其是重工业被摆到压倒一切的重要地位上，实行超高速度的工业化，这几乎一直是苏联发展的战略重心，战后几年也没改变。超高速度的工业化是苏联农村、农业、农民贫穷落后的根本原因。赫鲁晓夫看到这个问题，开始着手扭转。赫鲁晓夫当政以后，在经济上首先把农业作为政策调整和改革的突破口，狠抓农业，大力提高农业的战略地位。1953 年 9 月的苏共中央全会着重研究了农业问题。赫鲁晓夫在《关于进一步发展苏联农业的措施》的报告中，全面分析了农业落后的原因，强调“现在最迫切和最重要的国民经济任务是：在继续大力发展重工业的同时，求得农业所有部门的迅速高涨，并在今后两三年内大大增加……食品供应”，同时“把全体集体农民的物质福利提到更高的水平”①。这次会议显著地改变了农业在国家工作中的地位，成为战后苏联农业发展的转折点。

接着，苏共中央又于 1954 年召开了二三月全会、六月全会，于 1955 年召开了一月全会，专门讨论农业问题。还在全国分区召开有共和国、边区和州的领导干部以及农业先进工作者参加的会议，制定了各地区急速发展农业的具体措施。农业成了苏共新领导最为关心和重视的工作之一。从 1953 年 3 月至 1964 年 10 月，除了 3 次代表大会之外，苏共中央召开了 35 次全会，其中有 11 次专门（或主要）研究农业问题（还不包括将农业作为国民经济问题之一而加以讨论的会议），通过了一系列关于农业问题的决议。苏共中央再三强调：“农业发展问题应当始终是我们党注意的中心。”②

第二，增加财力、人力投入，解决苏联农业长期投入不足的问题。作为经济战略调整的重要一环，农业方面投资开始大幅增加。战后的

---

① 赫鲁晓夫．赫鲁晓夫言论：第 2 集（1942—1953）．北京：世界知识出版社，1964：315.

② 赫鲁晓夫时期苏共中央全会文件汇编．北京：商务印书馆，1976：502.

1946—1950 年，农业投资每年平均只有 11 亿多卢布，占全部投资的 15.2%，其中国家投资只占 7.7%。但从 1954 年后逐年增长，1958 年达到 55.3 亿卢布，占总投资的 20.2%。随着投资的增加，农业的物质技术基础也有了一定的增强。1964 年拖拉机达到 153.9 万台，谷物联合收割机达到 51.3 万台，卡车达到 95.4 万辆。1964 年的化肥供应量为 1953 年的 3.3 倍①。1965 年农业用电量达到 210 亿度。

第三，改革农业计划管理体制，扩大农民自主权。在斯大林逝世前，由于国家对农业生产计划安排得过死，极大地束缚了农庄、农场的主动性。对此，1953 年 9 月 3 日赫鲁晓夫在苏共中央九月全会上所做的题为《关于进一步发展苏联农业的措施》的报告指出：农业部门工作中的缺点特别显著地反映在制定农业计划的工作上。计划中有许多不必要的项目限制住地方机关、农业机器拖拉机站和集体农庄的主动性：分配给集体农庄的耕作业和畜牧业方面的项目总共有 200～250 个，中央计划了由杂交得来的猪的育肥工作应于什么时候结束……

赫鲁晓夫主政后，首先着手对农业体制进行改革，而在改革农业体制方面首先改革的是农业计划制度。1955 年的改革是最为重要的一次。这一年的 3 月 9 日，苏共中央和苏联部长会议通过了《关于修改农业计划工作的办法的决议》②。明确指出：苏联国家计划委员会、苏联农业部和农产品采购部在农业计划工作的实践中犯有严重的缺点和错误。现行的农业计划制度过于集中，而且对集体农庄、机器拖拉机站和国营农场规定过多的指标，这种做法并非出于国家需要。

第四，改革提高农产品收购价格，缩小剪刀差。斯大林逝世时，在农产品采购制度方面的问题已异常突出，这些问题已是发展农业的一个严重障碍。从农产品收购价格来说，20 世纪 50 年代初，苏联每公斤谷物仅 4～8 戈比，这一收购价格还是在 1927—1931 年规定的，在以后的整个时期实际上没有变动过。许多农庄生产 1 公担马铃薯的成本是 40 卢布，收购价格仅为 3 卢布。1952—1953 年，生产谷物、牛肉、猪肉和牛奶都是赔本的。另外，农产品收购价格的不合理还反映在与工业品、食品零售价格之间的不协调上。如工业品与食品零售价

① 李忠杰，徐耀新，魏力．社会主义改革史．北京：春秋出版社，1988：203.

② 陆南泉，黄宗良，郑异凡，等．苏联真相：对 101 个重要问题的思考．北京：新华出版社，2010：780-781.

格，1950 年与 1940 年相比，提高了 86%，而农产品收购价格在这期间大致停留在原来水平上。这自然使工农业产品价格剪刀差日益扩大，严重损害了农庄、农场的物质利益，从而束缚了农业生产的发展。

赫鲁晓夫主政后，为了调动农庄、农场的生产积极性，贯彻物质利益原则，在农产品采购制度方面采取一系列措施，提高了农畜产品价格。1953—1963 年，农畜产品共提价 6 次。1964 年与 1952 年相比，全部农畜产品的收购价格提高了 2.54 倍，其中，粮食提高了 7.4 倍，畜产品提高了 15 倍，牛奶提高了 3.55 倍。

第五，取消国营拖拉机站，低价转卖给集体农庄。改变农业生产组织形式，撤销机器拖拉机站，合并集体农庄，发展国营农场。20 世纪 50 年代中期以前，机器拖拉机站是苏联农业管理体制中的支柱之一。它在历史上曾起过积极的作用，但也有不少弊病。国有制的机器拖拉机站的领导人和工作计划都是农业部派遣和制定的。机器拖拉机站的工作并不单纯是提供机械作业，而是国家计划部门要用行政手段领导和监督农庄，干预它们的生产、管理和分配。在这种体制下，农庄的生产经营活动受到许多不必要的限制，而且农庄还要向机器拖拉机站交付实物报酬。1957 年，在斯塔克罗波尔地区，12 个拖拉机站分别与集体农庄合并，大大简化了经营管理，可以更有效地使用机械设备。赫鲁晓夫大受鼓舞，于 1958 年 2 月由最高苏维埃通过法令，解散和改组机器拖拉机站，由国家把所有设备卖给集体农庄。

第六，取消过严规定，鼓励农民家庭经营农副业经济，对个人副业采取有限制的鼓励政策。按照苏联的规定，集体农庄庄员、国营农场职工可以拥有一定面积的宅旁园地、一定数量的自养牲畜，可以经营家庭副业，中小城市的居民也可养牲畜。但是，在 1953 年前，对个人副业的限制是比较严格的。特别是第二次世界大战刚结束后的前几年，自留地的农业税迅速增长，税额计算也不合理。农民经营个人副业无利可图，便销毁产品、砍伐果树、宰杀猪牛。赫鲁晓夫当政后，放宽了对个人副业的政策。1953 年，苏共中央九月全会要求完全终止在私有牲畜方面侵犯农民利益的做法，并做了有关规定。1954 年的六月全会决定免除宅旁园地交售谷物的义务，并取消以往的积欠。1957 年 7 月，苏共中央和苏联部长会议又通过决议，从 1958 年起取消私人农产品义务交售制。此外，还降低了个人副业经济的农业税，放宽自留地和私养牲畜的限额。这些措施取得了较大的经济效果：1958 年，个人副业产品占全部农产品的 31.8%；1960 年，平均每户庄员生活费用的 43%来自个人副业收入。

三、全面建成共产主义空想目标

赫鲁晓夫的改革为什么会在 1958 年后发生向“左”逆转，最终落得个身败名裂的结果呢？过去国内外学术界对这个问题众说纷纭，莫衷一是。现在分析起来，问题症结不在别处，正在于他虽然诋毁攻击斯大林个人，但实际上依然固守苏联模式不变，其中一个典型的表现就是他提出脱离实际的空想目标。

从 1958 年开始，赫鲁晓夫不但延续了斯大林时期已经形成的空想目标——苏联已经建成社会主义并开始向共产主义过渡，而且进一步提出了更为急躁冒进、脱离实际的时间表与路线图，要求在人均产值上，首先是农畜牧产品上，尽快超过美国，全面建成共产主义社会。

斯大林在 20 世纪 30 年代苏联社会主义建设取得巨大成就和胜利的形势下，于 1936 年宣布，苏联已经建成社会主义社会，并正在向共产主义逐步过渡。1939 年苏共十八大确认，苏联进入了完成社会主义建设和从社会主义向共产主义逐步过渡的新的发展时期。1957 年 11 月 6 日，赫鲁晓夫在最高苏维埃庆祝伟大的十月社会主义革命 40 周年的报告会上说，苏联人民满怀信心地展望着未来，清楚地看到共产主义建设的前景：当苏联经过 40 年的发展，在国民经济、科学、技术和文化方面取得了卓越的成就，并且已经建成了社会主义的时候，当 1959—1965 年苏联国民经济发展七年计划胜利完成后，可以有一切根据宣布，苏联将在最短的历史时期内在按人口计算的产品生产方面赶上并超过最发达的资本主义国家，共产主义已经不是遥远的未来的事情了。

1959 年 1 月，赫鲁晓夫在苏共二十一大报告中竟公然宣布，苏联的社会主义“不仅取得了完全的胜利，而且取得了彻底的胜利”，苏联现在进入了一个“全面展开共产主义社会建设的时期”，“这个时期的主要任务，是建立共产主义的物质技术基础”，“实际上就是要解决这样一个历史任务：在按人口平均计算的产品生产方面赶上并超过最发达的资本主义国家”，“赶上并超过美国，大概在完成七年计划以后，还需要五年。因此，到那个时候，也可能更早一些时候，苏联就会在绝对产量方面和按人口平均计算的产量方面跃居世界第一位”①。由于赫鲁晓夫改革后期把这个空想目标作为衡量一切的最高标准，于是整个思想发生“左”的逆转。改革不是向前走，而是向后退了，他提出了一系列盲动改革举措。

四、1958 年后一系列盲动改革举措

如果要马克思列宁主义理论指导，那么改革应当借鉴列宁后期新经济政策道路的内在逻辑，从农业局部改革上升到工业交通，乃至整个经济体制、管理体制改革，最终上升到文化观念的深刻变革、党和国家制度的政治改革。然而，赫鲁晓夫的改革却缺少这种理论指导，走上了一条歧路：形式上虽大反斯大林个人主义，实质上却退守斯大林时期形成的僵化观念与僵化体制。

因而，1958 年以后，正当改革需要深化，从农业上升到整个经济体制、政治体制时，赫鲁晓夫领导的党和国家却由于一切服从于超高发展速度、超过美国的空想目标，发生了“左”的逆转，同时还伴随着一系列进一步退两步的盲动改革举措。总体而言，这种“左”的逆转与盲动改革主要表现在五个方面。

第一，农民家庭副业的经营权从开放到收紧。由于 1958 年农业丰收，在这一年召开的苏共中央十二月全会上，赫鲁晓夫指出党解决了发展社会主义农业最重要的经济问题。苏联在短期内克服了农业生产的落后状态，最强大的集体农庄已经能够满足集体农庄庄员个人对马铃薯、蔬菜甚至牛奶的需要，个人副业将逐渐失去它的意义。赫鲁晓夫在报告中还建议推广卡里诺夫卡村集体农庄把奶牛卖给农庄的经验，要求庄员放弃菜园，取消农场职工自留地、自养畜。俄罗斯联邦最高苏维埃主席

① 赫鲁晓夫．关于 1959—1965 年苏联发展国民经济的控制数字//苏联共产党第 21 次代表大会主要文件．北京：人民出版社，1959：141，40，91.

团发布命令，从1959年10月1日起，禁止城市公民个人饲养牲畜。由于赫鲁晓夫对个人副业在管理上采取限制的措施，使个人副业生产出现了明显下降。1959年与1958年相比，私养牛减少377万头，即减少12%，其中奶牛减少135万头，即减少7%；私养猪、绵羊和山羊各减少3%。1960年，私养牛比1958年减少22%，其中奶牛减少12%，个人副业的明显下降导致市场供应紧张。由于赫鲁晓夫在个人副业管理上采取时松时紧、缺乏一贯的政策，特别是从1958年起采取限制措施，致使个人副业呈现锐减趋势。1964年与1958年相比，个人副业经济的播种面积、私养牲畜头数、产肉量和产奶量，一般都减少了13%～15%①。

第二，农民与集体农庄自主权从放开到收紧。苏共没有提出经济体制改革要以市场经济为方向，强调的还是指令性计划。在所有制问题上，赫鲁晓夫同样是片面追求"一大二公三纯"。在他执政时期，急于消灭手工业合作社，向单一的全民所有制过渡。在赫鲁晓夫的倡导下，人们搞起扩大集体农庄规模的事来，有的地方把30多个甚至更多的农村合并成一个大集体农庄。也就是说，成立了根本无法管理的大集体农庄。"合并集体农庄，而且常常是胡来的令人不快的合并，这也是集体化的继续，确切地说是集体化的大功告成"；1958年砍掉农村个人副业，认为它影响了公有农业经济发展。当时有人议论说，这是赫鲁晓夫对农民，也是对全体人民犯下了滔天大罪。在"左"的思想支配下，赫鲁晓夫超越社会发展阶段，急于向共产主义过渡。

这种收紧与集中不是个别现象，而是1958年后改革逆转的一种普遍趋势。

为了迅速提高农产品产量和国家收购量，以改善对城市居民的供应，从1954年起，苏联还将大量集体农庄改组为国营农场。到1961年，共改组了1 841个农庄。与此同时，还扩大国营农场和集体农庄的规模。全苏农场平均农户从1953年的352户增加到1965年的663户，每个农场农业用地则相应地从13 100公顷增加到24 600公顷。每个农庄的农户由1953年的220户增加到1965年的420户，农庄农业用地由4 211公顷扩大到6 100公顷。赫鲁晓夫认为，农场和农庄的规模大，才

① 陆南泉，黄宗良，郑异凡，等．苏联真相：对101个重要问题的思考．北京：新华出版社，2010：780-781.

能保证充分利用生产资源，发展生产专业化和协作，提高劳动生产率，但实际上他低估了集体所有制在社会主义生产关系中的地位，经济效益并不理想。

第三，赫鲁晓夫带头推行指令性计划，强制推行玉米种植。他主观自信，往往凭个人直觉行事，对一些重大的农业布局和技术措施问题缺乏严密的科学论证，有时还搞瞎指挥、一刀切，因而受到自然规律的惩罚。例如，赫鲁晓夫时期的一个农业“奇迹”是种植玉米运动。为了发展畜牧业生产，需要增加一些玉米种植面积。但是根据苏联的土壤和气候条件，要在大部分地区种植玉米是不适宜的。然而，赫鲁晓夫被美国种植玉米的成就所鼓舞，于是不顾气候、土壤条件的差别，不问技术、肥料等是否充分，也未进行广泛讨论，便开展了玉米种植运动，大规模扩大玉米种植面积，1962 年达到 9 177 万英亩，挤掉了其他许多作物。结果与愿望相反，玉米产量并不高。许多地区由于干旱，玉米几乎死光了。赫鲁晓夫不得不承认，玉米并不是一种在任何地区都适宜生长的作物。随后，玉米种植面积很快下降。赫鲁晓夫下台后，强制推广的“玉米种植运动”也就销声匿迹了。

第四，地方分权与中央集权的来回反复。1957 年初，苏共领导终于决定，在前几年局部改革的基础上，对工业和建筑业的管理体制进行一次全面改组。1957 年 2 月，苏共中央举行全会，听取并讨论了赫鲁晓夫做的题为《关于进一步改善工业和建筑业的管理组织》的报告。赫鲁晓夫在报告中分析了旧体制所造成的本位主义弊端，指出必须在工业和建筑业的各个环节上改进管理组织的形式，以便适应当时共产主义建设阶段的国民经济任务和要求。报告指出，改组后的工业和建筑业垂直管理形式，必须把对它们日常领导的重心移到地方上。因此，应当改变过去那种通过各专业部和主管机关进行管理的组织形式，而采取新的分区管理形式。所谓分区管理，是将工业和建筑业管理改组为以地方为中心的改革，这显著扩大了加盟共和国和地方的权力，使经济领导的重心由中央转移到了地方。1959 年，地区国民经济委员会管辖的工业占全苏工业总产值的 72%，地方工业占 22%，而中央工业则下降到 6%。

由于上述缺陷，改组后，工业和建筑业管理出现了一些混乱的局面，影响了经济的稳定和增长。1951—1955 年，工业总产值年平均增长 13.1%；改组后的工业总产值平均增速在 1956—1960 年下降到 10.4%，1961—1965 年又下降到 8.6%。为了扭转这种状况，苏联政府不得不采取应急和补救措施，恢复和加强中央的集中管理，以便控制局面，将物资分配权部分收回中央。1959 年 1 月 22 日通过了《关于苏联国民经济物资技术供应办法的决议》，将物资分配权限改为国家计委和各加盟共和国分配相结合，而以国家计委分配为主，并严格禁止各地各单位不按用途、未经批准使用为完成生产计划和基本建设计划而使用的物资。到 1960 年，中央统一分配的产品占全部产品的 95%，由苏联部长会议和国家计委分配的产品达 12 800 种，各加盟共和国和国民经济委员会分配的产品降至不到 5%，物资的具体供应工作仍由地方上的供销机构负责。

第五，部门管理与地方管理的来回反复。1957 年，苏联国营农场部和农业部合并为苏联农业部，借以加强农业的统一领导。合并后，农业部的管理范围大大扩大，但是，机构臃肿庞大，以及官僚主义严重等，影响了对农业生产的组织领导。于是，1961 年 2 月，苏共中央和苏联部长会议通过决议改组农业部，缩小农业部的权力，规定农业部的工作主要是解决农业技术问题，基点是试验站。农业部本身也被迁到了农村，将对集体农庄和国营农场的领导职责完全交给了地方机关。1962 年 11 月，苏共中央又通过决议，按照生产原则，自上而下改组党的领导机构，分设领导工业和领导农业的党委，取消农村区党委，建立农业管理局党委。1964 年，赫鲁晓夫又提出个新方案，准备在莫斯科建立 12 个全国委员会，分别指导粮食生产、畜牧业、农业机械、土壤改良等 12 项专门的农业类别，每个委员会要有不少于 500～600 名专业技术人员。赫鲁晓夫是想通过这种改革，加强领导机关的专业化，依靠专家进行管理，改变由党包办一切的状况。但这种改组意味着彻底肢解整个管理体制，所以遭到了许多干部的强烈反对。

五、盲动改革终归失败

由于缺少马克思列宁主义与实际相结合的正确理论指导，赫鲁晓夫改革虽然前 5 年在农业改革上颇有起色，然而 1958 年后却发生了向

“左”的逆转，同时还伴随着一系列党和国家制度上的盲动改革，最终造成了经济社会发展严重放缓，甚至发生了某些危机现象。于是，1964 年 10 月赫鲁晓夫被迫下台，宣告苏联 20 世纪五六十年代的这一轮改革失败。

如果说从 1958 年起，改革开始发生“左”的逆转，那么到了 20 世纪 60 年代中期，特别是 1964 年前后，则出现了一系列经济社会发展放缓的现象，甚至还有一系列危机现象，主要表现在以下五个方面：

第一，国民经济发展速度不升反降。赫鲁晓夫满心追求发展的高速度、高指标，然而由于缺少应有的理论创新、体制创新、发展方式创新，国民经济发展速度不但没有提高，反而在 20 世纪 60 年代降低了一半。

第二，重工业与轻工业、农业的比例失调，日趋明显。国民经济中的“第一部类”与“第二部类”之间的比例更加失调。到 1963 年，这种比例失调已经达到创纪录的水平。当年，“第一部类”重工业的增长速度为 10%，比“第二部类”轻工业、农业的 5%高出 1 倍。

第三，农民收入增长缓慢，生活水平停滞不前。通过农业改革提高农业工作人员对物质利益的关心问题，也未能得到很好的解决。1958 年，农庄一个人每日的劳动报酬所得的货币与实物报酬合计为 1.56 卢布，而到 5 年后的 1963 年，仅增加到 1.89 卢布，5 年期间一共增加 33 戈比，即一个人每日的劳动报酬每年才增加不到 7 戈比。

第四，农业生产形势严峻，重新出现粮食危机和面包供应危机。农业生产形势严峻。按“七年计划”规定，1959—1963 年农产品的年均增长速度应为 8%，而实际上，前 4 年的年均增长速度仅为 1.7%，1963 年则呈现负增长，并且按价值计算的总产量低于 1958 年的水平。5 年中，国营农场的农产品成本理应降低 2.1%，实际上却提高了 24%。严重缺粮和缺饲料，导致牲畜被大量屠宰，结果是使肉、油、蛋及其他产品严重缺乏。到 1964 年，肉类产品在各地几乎普遍出现长时间脱销的现象。1963 年，苏联国内甚至连面包供应都发生了严重的困难。为此，赫鲁晓夫甚至建议重新恢复战时实行的凭卡供应粮食制度。后来则动用了 860 吨黄金，从加拿大和美国进口粮食，另外还动用了国家的国防储备粮，才勉强未实行凭卡供应粮食制度。1953—1963 年社会总产值平均年增长率见表 5-1。

表 5－1　1953—1963 年社会总产值平均年增长率

阶段	社会总产值平均年增长率
1953—1956 年	11.1%
1956—1959 年	8.9%
1959—1962 年	6.9%
1962 年	6.0%
1963 年	5%

第五，缺少真正的政治制度、政治体制的改革创新。赫鲁晓夫以反对斯大林个人崇拜起家，而其后期却大搞个人专权，破坏党中央的民主集中制，最终被迫辞职下台。

第六章　1956 年前后东欧各国改革再次来潮

1956 年前后是时代主题转换的重要时期，同时也呼唤着东欧各国改革的再次来潮。20 世纪 50 年代前期，东欧各国在苏联模式强制推行中不同程度地遭遇挫折。由于各国生产力发展水平和经济基础不同，整齐划一的“社会主义基础”建设在实践上导致了违背国情国力的蛮干，使东欧各国的国民经济发展遭受了打击。在苏共二十大的影响下，东欧各国改革来潮再次出现。

一、南斯拉夫自治社会主义的初期实践与理论探索

在东欧社会主义国家中，南斯拉夫是最早试图突破苏联模式、探索本国发展道路的国家。它的自治社会主义实践曾一度使南斯拉夫取得了长足的进步，对东欧其他社会主义国家的改革起到了先锋作用。但其自治社会主义理论没有完全摆脱教条主义的倾向，在具体操作中脱离了南斯拉夫的国情，最终使南斯拉夫在苏东剧变的风波中走向分裂。

（一）20 世纪 50 年代南斯拉夫自治社会主义的最初形成期

南斯拉夫在历史上是一个多灾多难的民族。二战时，这一民族

也未能逃过法西斯的蹂躏。在民族危亡的关键时刻，以铁托为首的南斯拉夫共产党带领具有光荣革命传统的南斯拉夫人民，开展了反法西斯的民族解放战争，并主要依靠自己的力量走上了社会主义发展道路。

1945—1950 年，南斯拉夫也曾一度全面照搬苏联模式，当时这种高度集中的计划经济体制在一定程度上促进了国民经济的恢复发展，为大规模工业化建设打下了最初基础。但是，“以苏为师”、照搬苏联模式的弊端也日益凸显。20 世纪 50 年代初，南斯拉夫下定决心挣脱苏联模式的束缚。以铁托、卡德尔等为首的南共领导人，在重新学习和领会马克思主义的基础上，把马克思主义普遍原理与南斯拉夫具体实际情况相结合，试图在实践中探索出一条适合南斯拉夫国情的社会主义建设道路，成为东欧社会主义国家改革的先驱。

在马克思列宁主义的指导下，从 1950 年开始，南斯拉夫在铁托的领导下开始了以“非国家化、非集中化、非官僚化、权力分散化”为主要内容的自治社会主义模式的实践。南斯拉夫自治社会主义模式的实践经历了一个长期的、复杂的发展过程，南斯拉夫的经济学家通常把这一实践分为三个发展阶段：1950—1963 年是第一阶段，1963—1971 年是第二阶段，1971—1991 年是第三阶段。在这里，我们重点考察 20 世纪五六十年代的第一阶段，即从 1950 年起至 1963 年止的“工人自治”时期，这一时期也是自治制度艰难起步、基本成形的时期。

1949 年 12 月，南斯拉夫政府颁布了成立工人委员会的第一个正式文件——《关于在国营经济企业建立工人委员会及其活动的指示》。随后，在企业中开展了“工人自治”的试点工作。“到 1950 年中，南斯拉夫各地有 529 个企业成立了工人委员会，占全国工业企业总数的 12%。”① 在实行“工人自治”试点的基础上，1950 年 6 月，南联邦议会通过了《关于劳动集体管理国营经济企业和高级经济联合组织的基本法》，即《工人自治法》。《工人自治法》规定：“工厂、矿山、交通、运输、商业、农业、林业、公用事业和其他国营经济企业，成为全民的财产，将由劳动集体代表社会，在国家经济计划的范围内，按照法律和其

① 马细谱．东欧各国社会主义道路的曲折历程．中国延安干部学院学报，2016（1）．

他法规确定的权利和义务进行管理。”① 这标志着南斯拉夫自治社会主义制度的开始，由此，南斯拉夫的所有制形式开始由国家所有制转向社会所有制，“任何人都不得对社会生产资料享有所有权，不论是社会政治共同体，还是劳动组织，或者劳动者个人，任何人都不得在所有权基础上占有社会劳动产品，管理和支配社会生产资料，而只有劳动，即使用这些生产资料的劳动者才能按社会主义自治的原则直接管理生产资料”②。在 1953 年之前，工人委员会的权力比较小，国家机关和企业经理作为国家的代表和法律的执行者与保护者，在企业中仍起决定性的作用。1952 年 11 月，南共六大把党的名称改为“南斯拉夫共产主义者联盟”（简称南共联盟），铁托任总书记，会议还决定把南共联盟的工作重心从通过国家机关直接领导改为在工人阶级中实行思想政治领导。随后，南斯拉夫工人自治制度继续发展，1953 年 1 月，南联邦议会通过新宪法（建国后第二部宪法）把自治原则确定为社会经济和政治制度的基础原则，并将工人自治扩大到国民经济的所有部门及教育、科学、文化、卫生等部门。到 1955 年，工人自治制度已扩展到铁路运输、邮电、广播电视和银行等部门。这一时期企业工人自治的实践在经济上主要表现在两方面：一是在农村，1953 年 3 月，联邦议会颁布法令，允许解散农业生产合作社，允许农民自由退社。到年底，全国大多数农业生产合作社解体，农村开始形成以个体农民为主的私有经济。二是实行利润分红制，扩大企业自主权。联邦规定企业收支不纳入国家预算，企业向国家缴纳税金；在国家计划规定的基本比例范围内，企业自由经营、自负盈亏；工人的个人收入取决于企业经营的好坏。特别是 1961 年的经济改革，使企业拥有了交税之后自行确定企业积累和个人收入分配总额之间比例的权力，收入分配自主权大大提升。据统计，1952—1961 年，南斯拉夫农业产值年均增长率为 6.1%，工业产值年均增长率为 13.4%，这一增长幅度在欧洲各国名列前茅，但也滋生了一些混乱现象，如个人收入增长超过劳动生产率增长、积累率下降等。

---

① 中国南斯拉夫经济研究会. 南斯拉夫经济与政治. 北京：中国财政经济出版社，1983：50-51.

② 同①46.

（二）南斯拉夫自治社会主义的特征

南斯拉夫自治社会主义的特征主要概括为以下几个方面：

第一，适应多民族国家发展需要。南斯拉夫是个民族问题复杂的多民族国家，各民族在历史上长期分离。反法西斯战争胜利后，以铁托为首的共产党领导人根据国内 30 多个民族的分布情况，把国家划分为 6 个共和国和两个自治省，建立了统一的南斯拉夫联邦共和国。但历史上遗留下来的民族矛盾仍然是尖锐的。为了解决这一问题，自治制度应时而生。这一制度给予各民族（各共和国）最大限度的自主权，对于解决民族矛盾、协调民族利益、加强民族合作，以及促进联邦国家的统一和民族的团结、保证共同发展都具有重要的推动作用，是适应南斯拉夫多民族国家历史传统和发展需要的历史选择。正如铁托指出的，在一个多民族的共同体中，非自治不能完全实现民族平等，只有社会主义自治才是实现各民族平等的前提。

第二，社会总体自治。在自治社会主义的实践中，南斯拉夫以宪法为根本依据，在政治、经济、文化等社会各个领域里推行权力下放，追求社会总体自治。虽然在自治建设初期，政府的干预较为明显，直到 1971 年，政府才将资本投资、收入分配、工资、收购政策等权力授权给直接经营单位，工人们才得以真正管理企业，制定关键性的决策和政策。但南斯拉夫政府一直在积极减弱政治对自治建构的影响。1984 年，南斯拉夫新宪法规定，南斯拉夫政治由所有共和国即塞尔维亚、斯洛文尼亚、黑山、马其顿、克罗地亚、波斯尼亚-黑塞哥维那以及两个省——塞尔维亚境内的伏伊伏丁那和科索沃共同管理。20 世纪 80 年代末，南斯拉夫通过国家集体元首制，当时号称自己和议会代表团制成功创建了“无党派”政治体制，企图让社会生活基本摆脱垄断和官僚机构的制约，把自治延伸到各个领域，成为联邦的主要标志。

第三，宪法的保障和支持。从 1950 年初探索自治社会主义的实践开始，南斯拉夫的改革就得到了宪法的保障和支持。建国后，南斯拉夫宪法主要有：1946 年宪法、1953 年宪法、1963 年宪法、1974 年宪法、1981 年宪法修正案、1984 年宪法。但 1946 年宪法基本上与苏联 1936 年宪法趋同，这是南斯拉夫的高度集权阶段；1953 年的宪法不仅确认了“工人自治”原则，把社会所有制和生产者自治作为社会制度的基础，而且对国家体制和政治制度做出了新的规定。这是南斯拉夫自治社会主义的开端，以后的宪法都是朝着这一方向发展的。在宪法的大力保障和高度支持下，“从 1945 年到 1988 年的 40 多年间，南联邦政府共进行了 60 次改革，其中，经济体制改革 13 次、经济政策改革 12 次、教育改革 5 次，等等”①。这些改革为南斯拉夫转变经济体制和政府职能、巩固自治社会主义制度做出了历史性的贡献。

总之，南斯拉夫实行自治社会主义制度，是摆脱苏联模式或苏联化的尝试，开辟了自己独特的发展道路，这一制度是南共联盟力图把马克思列宁主义的基本原理同本国特殊条件相结合的产物，在那个时代曾基本符合南斯拉夫的国情。20 世纪五六十年代，这曾使南联邦的经济和政治体制发生了令人瞩目的变化，并取得了长足的进步，为东欧其他国家，如波兰、匈牙利等国探索适合本国国情的“民族道路”起了带头作用。但这一改革的过度分权也带来了许多始料未及的问题，为南斯拉夫日后的分裂埋下了隐患。

(三) 铁托、卡德尔的自治社会主义理论

自 1950 年开始，南斯拉夫在自治社会主义的改革实践中，力图寻找一条适合本国国情的社会主义建设道路，并形成了一套自治社会主义理论体系。这一理论体系试图体现未来社会主义制度的基本精神与原则，在一定程度上丰富了科学社会主义的理论宝库。在这方面，铁托固然是南斯拉夫自治社会主义道路的首倡者，而铁托的亲密战友、著名的马克思主义理论家爱德华 · 卡德尔也做出了重大的贡献。南斯拉夫学者称之为“自治制度最杰出的缔造者”，认为他的著作“设计了社会自治的思想蓝图”②。具体而言，南斯拉夫自治社会主义基本理论主要包括以下四个方面：

1. 具体国情决定本国发展道路

苏南冲突爆发后，苏联模式的弊端日益显现，国内社会主义改造和建设困难重重，以铁托为首的南共领导人在反思和批判苏联模式的过程中，开始意识到走本国道路的必要性。铁托指出，过去过于生搬硬套地

---

① 马细谱. 东欧各国社会主义道路的曲折历程. 中国延安干部学院学报，2016 (1).

② 比兰契奇. 南斯拉夫社会发展的思想和实践 (1945—1973). 北京：商务印书馆，1986：201.

把苏联所做的一切事情拿过来移植到南斯拉夫，这种做法后果严重。今天，我们要走自己的路。社会主义基本原则“在个别国家的确定和应用，只能由那些在该国人民中成长的，熟悉本国问题的，熟悉本国历史、风俗习惯、它的弱点和长处，能够警觉地注视在国内发生的一切现象，同时又懂得马克思主义科学，即懂得这一科学的精神，并善于以这一科学为指针和将它付诸实现的人们去做”[①]。正是这种民族国家的特殊性，决定了苏联模式并不是其他社会主义国家或者即将要走上社会主义道路的国家所必须采取的模式。在指责苏联大国沙文主义时，铁托指出：“共产党人批评另一个社会主义国家的弱点和缺点时，必须首先从存在于该国家的特殊条件出发来提出批评，而不是从他们自己国家的条件出发来进行批评。”[②] 在1952年11月南共六大政治报告中，铁托进一步指出，苏联“出卖了社会主义原则，走上了老的沙皇俄国的道路、大俄罗斯国家利益的道路、实现这些利益的帝国主义方法的道路”[③]。因此，在铁托看来，社会主义不是千篇一律的，南斯拉夫社会主义的发展是可以不同于苏联模式，但又可以符合社会主义基本原则和南斯拉夫国情的。对此，铁托指出，南斯拉夫“走向社会主义的道路，在于我们把马克思主义科学应用于现阶段的实践，把它同我国特殊条件尽可能紧密地结合起来”[④]。正是在这一思想的指导下，南斯拉夫走上了不同于苏联模式的自治社会主义道路，成为东欧国家突破苏联模式的先锋。

2. “自治”是自治社会主义的核心

在继承马克思主义关于无产阶级自我解放思想的基础上，南共领导人对苏联的国家集权主义展开了激烈的批判。南共认为，高度集中的计划制度在建国初期是必要的，它最大限度地促进了国民经济的恢复和发展。但是，随着社会主义制度的确立，这种制度逐渐成为“使社会劳动的管理职能同工人相异化的工具，这就越来越限制了劳动者在劳动岗位上和劳动组织中，在创造和管理方面发挥原有的主动精神”[⑤]。这种通

① 霍夫曼，尼尔．南斯拉夫和新共产主义：上．北京：商务印书馆，1963：98.

② 铁托．铁托选集（1926—1951）．北京：人民出版社，1984：485.

③ 克利索德．南苏关系（1939—1973）：文件与评注．北京：人民出版社，1980：385.

④ 同②491.

⑤ 卡德尔．公有制在当代社会主义实践中的矛盾．王森，译．北京：中国社会科学出版社，1980：81.

过国家政权对社会生活和生产进行管理的方式，使得政党代替工人阶级和劳动人民掌握政权，党和国家的垄断变成了全面的垄断，必然导致国家官僚主义体制的出现。因此，要促进社会主义的健康发展，从真正意义上改变工人阶级被剥削和异化的现状。

南共认为："自治是人永恒地向往自由和自由地创造，向往掌握自然和社会的客观规律，向往更美好的生活的结果，是社会主义革命的因素和形式，也是社会主义原则的根本体现。"① 因此，只有把权力交还给劳动群众，实现劳动群众的自我管理，才能充分调动劳动群众的积极性，有效防止国家官僚主义的出现，从而最大限度地体现社会主义的本质。正如卡德尔指出的，"只要劳动群众拥有自己的基层的自治机构、地方苏维埃或者像我们这里的地方人民委员会，劳动群众可以通过他们来表达自己的意志和自己对上级国家机构的决定性影响，那么这个制度就可以保证劳动群众享有比任何多党制都更多的民主"②。对此，铁托曾经用"工厂属于工人、土地属于农民"这个简明口号，形象地概括了南斯拉夫的自治社会主义制度。卡德尔在回忆录中也曾经谈道："我们决定实行社会自治，是因为我们希望为一种新的社会发展的逻辑开辟道路，这种逻辑不同于用行政方法和专家治国论方法管理经济的逻辑。我们希望这种逻辑开辟道路，这种逻辑将在生产资料公有制的基础上，即在一个更高级的历史发展阶段上，使劳动者与他的劳动条件、劳动手段和劳动成果重新结合起来，从而使人的这种社会经济关系和地位本身变成社会进步的主要动力。这样自治不仅成为我国社会经济关系的主要形式和体现者，成为按照现代社会的性质只能集中地实现的一系列经济职能民主集中化的出发点，而且自治也成为决定整个民主政治制度形式的因素。"③

3. 社会所有制是自治社会主义的物质基础

南共领导人卡德尔指出，生产资料由私有制转向公有制是一次质的飞跃，它应该建立一种劳动者自己能够消除一切"劳动异化"形式的生产关系。但东欧这些社会主义国家中生产资料的国有化并没有在真正意

① 卡德尔．卡德尔回忆录．李代军，等译．北京：新华出版社，1981：307-308.

② 卡德尔．公有制在当代社会主义实践中的矛盾．王森，译．北京：中国社会科学出版社，1980：40.

③ 同②311.

义上改变工人阶级被剥削和异化的状态。因此，在国家所有制的生产关系下，国家通过强制手段占有生产资料，成为工人阶级和公有制生产资料之间新式异化的一种手段，这必然导致高度的中央集权和官僚主义。对此，铁托指出："国家所有制是社会主义所有制的最低级形式，而不是像苏联领导人所认为的那样是最高级形式。"① 要保证劳动者平等支配公有制生产资料的权利，克服官僚主义和劳动异化现象，所有制结构就必须由国家所有制转变为社会所有制。

社会所有制与国家所有制不同，它以扬弃劳动者同劳动的一切异化形式为目标。在这一思想的指导下，南斯拉夫从 1950 年《工人自治法》颁布起，就宣布将生产资料国家所有制改为社会所有制，即生产资料不再属于国家，也不属于集体和个人，而是为整个社会所有，为所有参加劳动的人所有，任何人和集体都无法把生产资料占为己有。这样，劳动者就与生产资料直接结合，劳动者的积极性就得到了极大的提高。简言之，社会所有制的实质就是劳动者直接创造并管理社会生活。正如卡德尔指出的："自治的社会历史含义在于生产这样一种以生产资料社会所有制为基础的生产关系形式，在这种生产关系形式中，存在着作为唯一占有方式的、以劳动为基础的占有，并且这种占有应当越来越占统治地位。在这样的生产关系中，工人在自己劳动的基础上直接地占有，摆脱了对资本所有者或者对作为资本集体所有者的'职务行使者'的国家的各种形式的雇佣关系……这就使社会所有制不再是工人与国家这个社会资本垄断管理者之间的关系，而成为劳动人民本身之间的关系。"②

4. 实现国家的消亡和人道的社会主义是自治社会主义的目标

南共领导人认为，建立在自治和社会所有制基础上的自治社会主义民主制是无产阶级专政的一种特殊形式，也是一个国家逐渐走向消亡的途径。在这一时期，国家权力日益缩小，直接民主日益扩大。因此，无产阶级专政是在自治社会主义范围内为民主化开辟道路的政体。卡德尔指出："在南斯拉夫的条件下，社会主义的长远目标不是去建立一种由国家主办的民主，而是使国家的职能社会化，并促进自治和自治民主。这种努力同时也就创造着国家消亡的条件，不但是一般意义上的国家，

① 铁托. 铁托选集（1926—1951）. 北京：人民出版社，1984：504.

② 卡德尔. 公有制在当代社会主义实践中的矛盾. 王森，译. 北京：中国社会科学出版社，1980：6-7.

而且是一切形式的无产阶级专政的国家，包括目前的自治民主形式的国家。"① 南共领导人认识到，社会主义应该是人道主义的社会主义，最终它将扬弃一切异化现象，使人获得全面、自由和独立的发展。也就是说，人道主义要贯穿于自治社会主义的各个领域，它的出发点不是抽象的人，而是现实生活中具体的人和他们的需要。革命绝非简单的政治革命和社会革命，它被赋予了一种更为深刻的含义——人的解放。这样一来，人及其发展就成为社会主义发展进程中的核心主题，人不再只是社会主义发展的动力和手段，而是成了社会主义发展的最终目的，人最终成为历史和生活的主人。总体来看，南共领导人在全面反思和批判斯大林社会主义建设思想的基础上，以人的自由和全面发展为目标建构的一种社会主义理论体系，为社会主义建设提供了一种全新模式与路径选择。但从实践效果来看不尽理想，其自身存在着许多难以克服的局限性，最终还是以失败而告终。

他们的问题是脱离国情实际，过早、过快、过急地提出与推行国家消亡，这实际上削弱了党的领导与国家的作用，导致了严重的消极后果。

二、1956 年"波兹南事件"与波兰改革

波兰地处欧洲文化、宗教、地理的十字路口，自古以来就是欧洲列强的必争之地。二战后，波兰在资本主义已有相当发展的前提下，选择了社会主义的发展道路。这一选择使得波兰作为新兴的社会主义国家迅速找到了发展的支撑。不过，随着苏联模式逐渐东欧化，波兰又一次丧失了独立发展的空间。20 世纪五六十年代，在哥穆尔卡的领导下，波兰开始了人民民主道路的改革，但由于苏联的高压政策、国内亲苏派的阻挠以及哥穆尔卡本身的局限性等历史原因，这一改革始终没能完全突破苏联模式的束缚，改革最终受挫，波兰在内忧外患中重返苏联模式，为 20 世纪 80 年代末的剧变埋下了隐患。

（一）哥穆尔卡等人探索人民民主道路的最初尝试

在战后初期斯大林国际合作主张的宽松氛围下，波兰从 1945 年底

---

① 卡德尔．民主与社会主义．魏永刚，张小争，译．北京：人民出版社，1981：74.

开始了人民民主道路的最初尝试，这一道路符合波兰历史和社会发展的内在要求，得到了广大人民的支持和拥护。下面就人民民主道路的时代背景、理论基础以及主要内容做一概述。

1. 哥穆尔卡等人探索人民民主道路的时代背景和理论基础

哥穆尔卡等人探索人民民主道路的时代背景主要有两个方面：一是战后初期斯大林国际合作的主张为波兰探索人民民主道路营造了宽松的国际氛围，二是工人党内“国内派”对“莫斯科派”的胜利为波兰探索人民民主道路创造了良好的国内环境。

苏联作为第二次世界大战的主战场，经历战争的洗礼后，国民经济损失惨重，百业待兴。基于此，1945 年后，斯大林在其外交政策中竭力维护和西方的盟友关系，尽可能避免与盟国之间的冲突，以保障和巩固持久的和平，为苏联的发展争取一个良好的国际环境。斯大林认为，苏美之间社会制度的差异不应成为两国合作的障碍。1945 年，斯大林在同南斯拉夫和保加利亚代表的对话中强调：“如果认为苏维埃形式是走向社会主义的唯一形式，那我们可能会犯错误。实践证明，苏维埃形式是最好的，但完全不是唯一形式。也可以有其他形式——民主共和国，甚至在一定条件下的君主立宪制。”[①] 他指出，在南斯拉夫、保加利亚、波兰、捷克斯洛伐克等国家，可以有通向社会主义的特殊道路，而不需要经过苏维埃制度和无产阶级专政[②]。这种宽松的国际合作氛围使得波兰独立自主地探索人民民主道路成为可能。

工人党内“国内派”对“莫斯科派”的胜利，为波兰探索人民民主道路创造了良好的国内环境。在全国即将面临彻底解放的形势下，1943 年底，以波兰工人党为首的全国人民代表会议成立，波·贝鲁特当选为会议主席。会议指出，全国人民代表会议是波兰民族的唯一民主代表，它以“打败占领者，建立自由、独立和主权的波兰”为目标。全国解放后，随着大批旅苏波兰共产党人陆续回国，它分成了几乎势均力敌的两派——“国内派”和“莫斯科派”。“国内派”以哥穆尔卡为主要代表，主张对左翼社会党人和农民党左翼妥协，以最大限度地团结一切可以团结的力量，建设适合波兰国情的社会主义；而以波·贝鲁特、明兹为主

① 季米特洛夫. 季米特洛夫日记选编. 马细谱，等译. 桂林：广西师范大学出版社，2002：332.

② 刘祖熙，刘邦义. 波兰战后的三次危机. 北京：世界知识出版社，1992：31.

要代表的“莫斯科派”则反对任何形式的妥协和退让，主张按照苏联模式建设社会主义。两派之间的斗争围绕战后波兰的发展道路问题展开，“国内派”曾一度占上风。哥穆尔卡在 1945 年 12 月召开的波兰工人党第一次代表大会上做了题为《通向新波兰之路》的政治报告，阐明了波兰从自己的实际出发，通过和平的方式循序渐进地从人民民主过渡到社会主义民主的主张。“一大”批准了哥穆尔卡的政治报告，波兰道路成为全党的行动纲领。这是把马克思列宁主义的普遍原理与波兰实际相结合的波兰道路对教条主义发展道路的伟大胜利。虽然党内围绕这一问题的斗争并未结束，但其却为波兰探索人民民主道路奠定了一个重要的政治基础。

波兰道路的设想并非战后才被提出来，它具有一定的理论基础。早在 1943 年，原波兰共产党政治局委员阿尔弗莱德 · 兰普就在自己的《政治遗嘱》中提出了通向社会主义的波兰道路的思想。兰普认为，“一旦获得独立，波兰立即面临重建国家的道路问题”。应坚持的立场是：“（1）资本主义经济会使我们国家重新沦为外国资本剥削的场所，并会使我们的独立成为一种虚构的东西……这就是波兰的落后和不强大。（2）社会主义革命的道路不应是一条超越波兰现状的道路。由于德国人在经济和人口方面给波兰造成巨大损失，波兰需要的不是内战，而是共同奋斗，重建国家。1917 年俄国所走的道路不能成为波兰战后应走的道路。（3）波兰需要走自己的发展道路，不是照抄西方，也不是照抄东方。”① 在他看来，应当“为波兰的发展闯出一条新的道路，既不同于自由资本主义的发展道路，也不同于 1917 年以后苏联所走的道路”②。他还特别强调，波兰将不通过国内战争，而是通过和平渐进的道路走向社会主义。因此，兰普设想的波兰道路，不是“苏维埃的”波兰，而是适合波兰历史与国情的独特发展道路，这一设想为后来哥穆尔卡等人探索人民民主道路奠定了重要的理论基础。

2. 人民民主道路的主要内容

“一大”后，以哥穆尔卡为首的“国内派”对人民民主道路进行了积极有益的探索，其内容主要体现在由哥穆尔卡负责起草和制定的党的

---

① 沙夫. 论共产主义运动的若干问题. 北京：人民出版社，1983：166-167.

② 沙夫. 波兰“现实社会主义”安魂曲：《困惑者纪事》（四）. 当代世界社会主义问题，1997（4）.

纲领、宣言、会议报告以及有关党的政治思想建设的文章等相关文献中。具体而言包括以下几个方面：

一是政治上成立联合政府，实行多党议会民主制。在 1946 年 11 月 30 日召开的波兰工人党和波兰社会党积极分子全体大会上，哥穆尔卡对波兰人民民主道路问题做了更为明确、具体的阐述。他认为波兰和苏联的发展道路在本质上是根本不同的：“第一，社会政治制度的改变，在俄国是通过流血的革命道路实现的，而在我国是和平实现的；第二，苏联必须经过无产阶级专政的阶段，在我国则没有这个阶段，并且可以避免这个阶段；第三，苏联的政权是由代表会议即苏维埃来行使，它把立法和执行职能联结起来，苏维埃是社会主义政府的一种形式，而我国的立法和执行职能是分开的，国家政权建立在议会民主基础上。”① 在这种条件下，“我们认为，我国的政权应该由彼此一致、密切合作的所有民主政党来行使”②。因此，波兰的人民民主政权是波兰工人党领导下各民主党派组成的联合政权。其中，波兰工人党居于领导地位，波兰工人党与波兰社会党、农民党和民主党的合作则是联合政权的重要基础。

二是经济上实行以社会主义经济为主体的多元的混合经济，通过和平的议会道路逐步实现国家工业化。哥穆尔卡认为，波兰的社会主义经济建设要充分考虑波兰的经济结构和现实生产力的发展状况。基于此，1946 年 1 月，全国人民代表会议对主要经济部门（大中型工业、交通运输业、银行）实行国有化的同时，也允许中小工商业和手工业者继续存在和发展。哥穆尔卡强调，这种人民民主制度并非战后初期的一种临时性制度，而是波兰走向社会主义的长期发展道路。到 1949 年，波兰已建立了包括国有制、合作制和私人经济等多种所有制并存的混合型经济体制。其中，国民经济的国有化部门是基础和中坚力量。多种所有制经济长期并存、相互竞争为战后初期波兰经济的恢复和发展增添了巨大的活力。

三是在农业发展中，哥穆尔卡反对在波兰搞苏联式的农业全盘集体化。他指出，“只有大土地所有制（不管其社会形式如何）才能产生商

① 刘邦义. 哥穆尔卡评传. 北京：中共中央党校出版社，1995：97.

② 同①98.

品经济”[①]。集体化只有在已经出现有助于实行土地公有制发展形势下才能成为可能，任何强迫集体化的形式对真正的集体化思想来说都是有害的。而在目前农业发展水平下，波兰应积极探索农民联合的其他形式，实行土地改革，在相当时期内不实行农业合作化，以便迅速恢复和发展农业生产。因此，波兰的农业改造将是一个缓慢的过程，“毫无必要追随苏联的农业经济”[②]。

人民民主道路是波兰工人党把马克思主义基本原理与波兰具体国情相结合、独立自主探索社会主义民族发展道路的伟大尝试，它反映了战后波兰社会发展的内在要求，赢得了广大波兰人民的支持和拥护。它的贯彻实施使波兰社会主义建设走上了正确的发展道路，预示了未来广阔的发展前景。然而遗憾的是，正当波兰人民沿着人民民主道路乘胜前进时，1948 年，波兰内外形势发生了历史性的转折，人民民主道路的探索被中断，波兰进入了全面移植苏联模式的“错误和歪曲时期”。

（二）1956 年“波兹南事件”的进程与实质

从 1948 年底开始，波兰在贝鲁特的领导下进入了“全盘照搬苏联模式”的时期，强制实行农业集体化、工业化和高度集中的计划经济体制。这一模式与波兰国情格格不入，引起波兰社会的强烈不满。1956 年，苏共二十大的召开打破了许多原来的禁锢，成为“波兹南事件”的催化剂。可以说“波兹南事件”是波兰人民公开反对苏联模式的第一次大爆发，是波兰民主化征程上的破冰之举，为波兰冲破苏联模式的束缚、独立自主地探索本国发展道路打下了基础，成为波兰历史上的重要转折点。

1. “波兹南事件”的进程

1948 年夏，随着苏联模式逐渐东欧化，工人党内“国内派”和“莫斯科派”之争再起。在斯大林的干预下，以贝鲁特、明兹为首的“莫斯科派”空前活跃，并迅速在党内强行占了上风。在波兰工人党 1948 年 8 月 31 日至 9 月 3 日召开的中央全会上，贝鲁特做了题为《关于党的领导右倾民族主义倾向及其克服办法》的报告，哥穆尔卡被扣上“右倾民族主义”的帽子，受到批判。在贝鲁特的带动下，全会纷纷指

① 普塔辛斯基. 哥穆尔卡沉浮记. 北京：世界知识出版社，1988：152.

② 刘邦义. 哥穆尔卡评传. 北京：中共中央党校出版社，1995：98.

责哥穆尔卡“强调波兰的社会主义道路不同于俄国道路”是忽视“联共（布）的领导作用”，是“民族主义异端分子”的表现；同时，还指责他在经济建设上“企图破坏波兰的农业集体化”，渴望获得“党内的绝对权力”。根据贝鲁特的报告，全会通过了《关于党的领导的右倾民族主义倾向及其克服办法的决议》，解除了哥穆尔卡的总书记职务，选举贝鲁特为总书记。贝鲁特上台执政标志着“莫斯科派”对“国内派”斗争的完全胜利，也意味着波兰人民民主道路的探索就此中断，转而向苏联模式演变。

1956 年 6 月上旬，波兹南斯大林机车车辆制造厂的工人要求政府提高工资、降低物价、减少税收等。遭到拒绝之后，工人们推举了一个由 30 人组成的代表团前往华沙请愿，但谈判未能达成协议，还被机械工业部部长威胁道：如果上街示威游行的话，将会出动坦克镇压。得知谈判失败的消息之后，情绪激动的工人决定于 28 日举行罢工和请愿。28 日早上 6 点 30 分，1 万多名工人聚集在一起，向斯大林广场进发。沿途，其他工厂的工人，部分学生、群众，还有一些正在参加波兹南国际博览会的外国人也参与进来，人数多达 20 万，请愿变成示威游行。他们高呼的口号除“提高工资、减少税收”之外，还有“面包、民主、自由”“我们要哥穆尔卡”“打倒秘密警察”等带有强烈政治情感和民族感情的口号。再后来，由于传出前往华沙的代表团已被警察当局逮捕的谣言，和平示威顿时演变为冲击市政府、司法机关和广播电台的暴力骚乱。有人打开监狱释放了犯人，烧毁了秘密档案，甚至还有人占领了检察院和法院，抢走了枪支，袭击公安人员。最终，波兰中央政府派出了保安部队和两个装甲师于当晚平息了骚乱。在“波兹南事件”中，有 74 人死亡，575 人受伤，658 人被捕，物资损失合计 350 万兹罗提①。

2.“波兹南事件”的实质

“波兹南事件”由最初的经济要求拉开帷幕，随着运动的发展，政治、民族的要求逐渐成为群众呼声的主流。广大群众在这场事件中提出的要求，就其实质而言，可以归纳为两个方面：“其一，进行深刻的政治和经济改革，改变传统的苏联模式，探索适合波兰国情的社会主义道

---

① 刘邦义. 哥穆尔卡评传. 北京：中共中央党校出版社，1995：162-163.

路；其二，使波兰党和国家摆脱苏联的控制，维护波兰的民族独立。”① 这是冷战期间波兰抗争之路的开端和起点，也是苏联模式与波兰独立自主、民主自由的国家发展要求之间矛盾的总爆发，反映了人民群众要求冲破苏联模式和苏联控制的决心。正如后来哥穆尔卡在八中全会上指出的：当波兹南工人跑到这个城市的大街上去的时候，他们抗议的并不是波兰，并不是社会主义，他们抗议的是对社会主义的基本原则的歪曲。

“波兹南事件”平息后，波兰党在奥哈布和国内改革派的努力下赢得了反对赫鲁晓夫粗暴干涉波兰“十月事件”的胜利，哥穆尔卡再次被推到政治舞台的中心，从此，波兰社会开始了通向社会主义的波兰道路的第二次尝试。

（三）“波兹南事件”之后的改革重启

为了集中讨论“波兹南事件”后国内的“政治、经济局势和党的主要任务”以及 1956—1960 年五年计划的指导原则，波兰统一工人党第七次中央全会于 1956 年 7 月 18 日开幕，全会历时 10 天，时间之长在波兰党的历史上是罕见的。七中全会成为波兰历史的重要转折点，而哥穆尔卡重返政坛成为改革重启的历史背景。

1. 改革重启的历史背景——哥穆尔卡重返政坛

哥穆尔卡重返政坛后，提出了一条以民主化为主要内容的社会主义改革路线，拉开了波兰第二次改革的序幕，这其中有几个关键因素或事件。

一是作为转折点的七中全会。在七中全会上，奥哈布做了关于“波兹南事件”的报告。与以罗科索夫斯基为首的保守派认为“波兹南事件”是由阶级敌人策划和挑拨的观点不同，奥哈布指出：“波兹南事件”是一个警告，它证明在党同人民各阶层之间的关系方面存在着重大的错误，因此，大部分的责任要归咎于中央和地方领导者的官僚主义和愚昧无知。为此，他要求党和政府以“波兹南事件”为契机，实行政治生活民主化以分散行政权力，合理管理经济以提升人民生活水平，从而努力克服过去工作中的缺点。这一观点得到西伦凯维兹等多数人的支持。经过激烈的争论，全会最终根据奥哈布报告的精神，通过了《关于政治、

① 王志连. 波兰道路及其历史命运. 东欧中亚研究，1997（3）.

经济局势和党的主要任务的决议》，做出了改善人民生活、实行经济合理化和政治民主化的决定，被称为波兰历史的转折点。同时，为了顺利推动改革进程，把波苏关系建立在平等和主权的原则上，全会还决定派一个代表团同众望所归的哥穆尔卡进行会谈。

七中全会以后，奥哈布、萨瓦茨基和西伦凯维兹组成的代表团去同正在西丘纳克矿泉休假的哥穆尔卡进行谈判。哥穆尔卡提出了重返政坛的几个条件：第一，承认他在1948—1951年的立场是完全正确的；第二，取消损害农民情绪的农业合作化运动；第三，维护波兰民族利益，必要时不顾苏联的反对；第四，选举他信得过的中央政治局，从政治局中排除波裔苏联元帅康・罗科索夫斯基。奥哈布一行同意了哥穆尔卡的要求。1956年8月5日，《人民论坛报》正式宣布哥穆尔卡已恢复职位。

二是赫鲁晓夫华沙之行和哥穆尔卡正式复出。1956年10月19日，为改革开辟新前景的二届八中全会在紧张热烈的气氛中开幕，哥穆尔卡及其政治同僚克利什科、洛加-索文斯基和斯彼哈尔斯基应邀出席。波兰政治局势的改变，引起了苏联的严重不安。赫鲁晓夫唯恐哥穆尔卡重返政坛后，会像纳吉在匈牙利那样脱离华沙条约组织①。因而，赫鲁晓夫认为在波党中央二届八中全会召开之机，同波兰领导人会晤已经势在必行。为此，赫鲁晓夫事先与华沙通了电话，要求允许苏共派代表团立即前往。结果被波方拒绝，这使赫鲁晓夫“更加恼火，并且更加坚定了他立即赶去的决心”②。10月19日早晨7点，以赫鲁晓夫为首的苏共代表团（成员包括：卡冈诺维奇、莫洛托夫、米高扬、国防部长朱可夫元帅、总参谋长安东诺夫、华约国武装部队司令科涅夫元帅以及10名陆军上将）飞抵华沙，“力图阻止纳托林派（保守派）被赶出政治局，不让哥穆尔卡当选为第一书记”③。在之后举行的苏波两党代表团的会谈中，苏联先是指责波党中央“盲目地仿效南斯拉夫”，接着，又干涉波兰新政治局组成人选，并要求不要把罗科索夫斯基排除在政治局之外。波兰方面则努力向苏共代表团解释了波兰出现的民主化进程的复杂性，并向苏共保证，即便波兰政治和经济发生变化，也不会影响与苏联的关

① 赫鲁晓夫．最后的遗言：赫鲁晓夫回忆录续集．北京：东方出版社，1988：318.

② 同①319.

③ 刘祖熙．东欧剧变的根源与教训．北京：东方出版社，1995：122.

系。但同时，波兰也明确表示不希望苏联干预自己的内政。

“为了给波党代表团施加压力，会谈中驻波苏军三个纵队的坦克部队奉命开到了华沙市郊。这引起了波党中央委员们‘不可抑制’的激愤。”① 哥穆尔卡拒绝在炮口下谈判，准备浴血抵抗。在波兰人民的坚决抗议下，赫鲁晓夫开始妥协，他要求发表一个重申波苏友谊的公报。哥穆尔卡表示民主化不是破坏华沙条约，并明确指出，同苏联相比，华沙条约更符合波兰的切身利益。最后赫鲁晓夫表态：同意哥穆尔卡升任第一书记。同时决定，由科涅夫元帅下令苏军返回原来的驻地。

值得一提的是，会谈期间，华沙市广大工人和学生一直在会谈地点——贝尔凡德尔宫外举行集会和示威游行，并做好了自卫和抵抗苏军入城的准备，以支持和声援哥穆尔卡及波兰代表团。与此同时，“波兰公安部队根据科马尔将军的命令，保卫着八中全会的会址，把守着通往华沙的各条要道”②。一方面，监视苏军坦克的动向；另一方面，随时准备进行武装抵抗。此外，不再听命于罗科索夫斯基指挥的波兰政府军也做好了保卫中央委员会的准备。

最终，波苏之间这一场剑拔弩张的会谈在波兰共产党和波兰人民的坚持下，以波兰成功抵制苏联的干预而告一段落。双方于19日深夜发表了一个简短的公报：波兰统一工人党代表团将于近期内前往莫斯科，与苏共中央继续会谈。20日凌晨，赫鲁晓夫率代表团离开华沙回国。21日，八中全会闭幕，会议根据哥穆尔卡的报告通过了《关于党在目前的政治和经济任务的决议》。哥穆尔卡被推选为中央委员会第一书记，同时会议选举产生了改革派占优势的新的中央政治局和书记处，罗科索夫斯基、明茨等人被排除在中央政治局之外。

2. 改革的具体内容

哥穆尔卡重返政坛后，更加坚信只有改革传统体制、积极探索符合波兰国情的社会主义道路，才能使波兰摆脱危机，使社会主义健康发展。因此，哥穆尔卡以其20世纪40年代中期的思想为基础，并根据波兰已经变化了的实际情况，重新系统地阐述了通向社会主义的波兰道路的思想。

1957年5月15日，波兰统一工人党二届九中全会召开，哥穆尔卡

① 李华. 赫鲁晓夫与1956年“十月的波兰春天”. 南京社会科学，1997（10）.

② 刘祖熙. 东欧剧变的根源与教训. 北京：东方出版社，1995：122.

在题为《党的政策的关键问题》的报告中，对波兰道路做了更为详细的阐述。他指出："苏联在特定条件下所形成的通向社会主义的发展道路，对其他民族来说，既不是完全必要的，也不是完全适宜的。我们强调波兰道路，就是强调社会主义建设中的历史不同点和民族特殊性，不是意味着否定社会主义建设中得出的一般规律和普遍原则。"① 因此，波兰道路是创造性的社会主义思想的产物，也是实现社会主义的唯一道路。这条道路有三个方针："第一，建立工人委员会；第二，扩大人民会议的权力；第三，发展各种不同的农民自治经济形式。这三个方针构成了波兰走向社会主义道路的重要因素。"② 可见，波兰道路其实是一种民主化道路。在这种民主化道路思想的指引下，哥穆尔卡开始领导波兰人民在政治、经济、文化等领域进行改革。

（1）在政治领域的改革。首先，拨乱反正，恢复法制。一方面，清理冤假错案，为那些无辜被镇压和受迫害的人恢复名誉。另一方面，改革干部任用制度，撤换坚持教条主义、宗派主义和不称职的领导干部。其次，扩大议会的权力，充分发挥议会的作用。哥穆尔卡强调，议会是国家最高权力机关，首先实行最高立法权，其次要对政府和国家机关的工作实行广泛的监督，这种权力应由一个直接隶属于议会而不是像现在一样隶属于政府的一个机关来执行。此外，充分重视其他党派和社会力量的作用。哥穆尔卡指出：波兰道路同其他国家社会主义建设方法的重大区别之一就是波兰国家的政治领导权不是由波兰统一工人党单独执行，"它把同其他非社会主义的，非马克思主义的，然而是支持社会主义的政党在社会主义建设中的合作作为基础"。因此，八中全会后，波兰统一工人党加强了同统一农民党和其他民主党派的联系与合作，并成立了各政治党派中央协商委员会和各省、县级协商委员会。最后，改善同教会的关系。宗教在波兰人民政治和生活中都占有重要的地位，在波兰，有 90%以上的居民都信奉天主教，因此，哥穆尔卡提出教会与社会主义长期共存的主张。

（2）在经济领域的改革。首先，在工业管理体制上，改变传统的中央集权管理体制，下放中央权力，实行中央计划与企业自治相结合，扩大企业自主权。1956 年 11 月，取消了权限极大的国家经济计划委员

① 郭增麟．波兰独立之路．北京：北京图书馆出版社，1998：185-187.

② 刘邦义．哥穆尔卡评传．北京：中共中央党校出版社，1995：197.

会，代之以计划委员会负责制定国家经济政策及长远和年度经济计划并评价计划执行情况。同时，改组国家行政机构，取消介于部与企业之间的行政机构“管理局”，大力提倡工人自治，支持企业建立工人委员会。哥穆尔卡认为工人委员会是无产阶级专政制度下工人阶级民主的一种形式。九中全会后，议会颁布了《工人委员会法》，规定工人委员会以集体名义管理属于全民所有制的企业，这为工人直接参与企业管理提供了重要的保障。其次，在农业体制上，坚决反对农业全盘集体化。在八中全会上，哥穆尔卡在详细分析三种农业生产组织的实际效果的基础上指出，目前波兰还没有能力组织大规模的集体化生产，农业生产应以个体农业为主。因此，在哥穆尔卡的支持下，波兰以经营不善为由在三个月内解散了 85%的农业生产合作社，一年以后解散了几乎全部农业生产合作社。这在东欧各国，除了提倡“自治”的南斯拉夫之外，是绝无仅有的①。与此同时，国家还通过允许农民自行买卖土地、减少或取消个体农业户义务交售粮食、提高农产品收购价格等措施，调动农民的生产积极性。此外，在经济发展战略上，放弃优先发展重工业的方针，限制基础设施建设投资，增加农业投资，促进国民经济协调发展。据统计，“1956—1958 年，波兰工业生产年增长率达 9%，市场商品和居民日用品的生产速度大大加快，国民收入中用于消费部门的比例也有所增加，1956—1958 年居民实际工资增长了 25%”②。

（3）改革还体现在波兰的外交政策上。在民主化道路的指引下，哥穆尔卡重新调整了波苏关系。1956 年 11 月 14—18 日，哥穆尔卡访苏，双方在共同声明中宣告两国将在平等、不干涉内政、相互协商的基础上发展两国关系。驻波苏军不得以任何方式侵害波兰的主权完整，这些军队的驻扎、调动、演习，应由双方政府通过协商做出决定。

波兰道路的再次提出和实践，是以哥穆尔卡为首的波兰统一工人党独立自主地探索社会主义发展道路的又一次重大尝试，它反映了波兰历史发展的内在要求，也重新唤起了人民的希望。在这条路线的指引下，波兰的一系列改革取得了较为丰硕的成果，国内政治稳定，经济平稳发展。人们把哥穆尔卡复出后的最初几年称为“十月的波兰春天”，是“认识了希望和唤起民族自尊心的春天”，是“波兰决定走自己通向社会

① 郭增麟．波兰党的理论创新及其教训．当代世界社会主义问题，2003（3）．

② 王志连．波兰道路及其历史命运．东欧中亚研究，1997（3）．

主义道路的春天”。然而，这个“春天”却是十分短暂的。由于国内改革派的压力、保守派的阻力、国际上“匈牙利事件”、纳吉的悲剧结果，以及波兰西部边界问题的出现，从 1959 年 3 月波党三大开始，哥穆尔卡屈于内外压力，逐渐停止了波兰的民主化进程，在内外政策上唯苏联马首是瞻，走向了人民的对立面。通向社会主义的波兰道路也随着 1970 年哥穆尔卡在“十二月事件”中下台而彻底宣告破产。

（四）20 世纪五六十年代波兰改革的根本局限

20 世纪 50 年代的波兰道路即通向社会主义的波兰道路再次提出并付诸实践，是以哥穆尔卡为代表的波兰共产党人独立自主地探索波兰社会主义道路的又一次尝试，从根本上反映了波兰社会发展的内在要求。然而，这种可贵的探索仍未摆脱不幸的历史命运。波兰道路的再度夭折，中断了波兰共产党对适合本国国情的社会主义发展道路的探索，成为战后波兰历次社会危机以至 80 年代末剧变的深刻历史根源①。因此，深入分析这一时期波兰改革初潮的根本局限，对于全面总结战后波兰社会主义实践的经验教训具有重要的意义。

1. 战后美苏两大阵营的对峙以及苏联大国沙文主义的立场使得波兰改革步履维艰

战后的国际局势以及波苏关系是分析波兰改革初潮根本局限性的首要因素，也是决定性因素。如前所述，战后初期，苏联的保障国家安全战略曾为波兰独立自主地探索适合本国国情的人民民主道路创造了较为宽松的国际环境，但随着这一战略与美国全球扩张战略的冲突和摩擦日益加剧，冷战全面爆发，在此之后，斯大林迅速改变了对波兰的态度，强迫波兰按照苏联模式向社会主义过渡。在苏联的重压下，波兰不得不接受苏联的社会主义模式，没有任何独立选择社会发展道路的空间。否则，就会被指控为民族主义、跟帝国主义抱团和仇视苏联。因此，1956 年“十月事件”后，苏联虽然在名义上承认了波兰的自主权，并在共同签署的苏波联合声明中正式确认了两国的平等原则，赫鲁晓夫也公开表示过任何一个社会主义国家都不能把自己的方法、自己的经验强加给别国。但事实上，由于波兰是苏联的势力范围，苏联始终从大国沙文主义

① 郭增麟．波兰党的理论创新及其教训．当代世界社会主义问题，2003（3）．

和民族利己主义的立场出发，严加控制波兰。因此，波兰的改革从一开始就遭到了苏联的反对。苏联不仅在经济上对波兰施加压力，在报纸上连篇累牍地攻击波兰道路，而且还通过多边会谈和签订双边条约等各种方式，在共产主义世界中突出自己的领袖地位，最大限度地孤立波兰。尤其是"匈牙利事件"、纳吉的悲剧结果和波兰西部边界问题的出现，使哥穆尔卡清醒地认识到，多走一步就会引起俄国人的干涉。正是在对民族生存的深切忧虑下，哥穆尔卡开始屈服于苏联的压力，逐渐降下了波兰道路的大旗。因此可以说，美苏两大阵营的对峙局面以及苏联大国沙文主义的立场，实际上已经注定了波兰改革之路失败的历史命运，波兰道路的再度夭折，正是这一恶劣的国际形势的产物。

2. 国内旧体制的巨大惯性和保守势力的阻挠严重阻碍了改革的历史进程

波兰从 1948 底开始全面照搬苏联模式，建立了庞大的官僚机器，同时也造就了维持这一机器的巨大保守势力。因此，1956 年哥穆尔卡重返政坛后，面临着巨大的改革阻力。尽管这批人拥护最初的非斯大林化措施，尤其是那些限制安全机构权力的措施①，然而，"他们强烈反对可能危害已经建立起来的组织控制社会和经济方式的任何变革。他们通过党的机构努力限制社会和经济变革进程的方向和步伐"②。与此同时，他们还组织各种小组在工厂和企业煽动群众，宣称哥穆尔卡的改革政策"系统地缩小了党的作用，削弱了无产阶级专政，反对阶级斗争理论，取消了无产阶级国际主义，具有右倾主义和民族主义的偏见倾向"③。对此，波兰著名经济学家布鲁斯教授一针见血地指出，"害怕改革有可能对专制政治和最高当局的专横施加某些限制"④，实际上是许多党和政府官员的一种普遍心态。可以说，旧的管理体制所具有的巨大惯性以及党内外保守势力对改革的阻挠和反对，严重阻碍了波兰改革的历史进程。

3. 哥穆尔卡思想认识上的局限性影响了改革的历史进程

哥穆尔卡复出后，在其 20 世纪 40 年代中期思想的基础上对波兰道

①② 王志连．波兰道路及其历史命运．东欧中亚研究，1997 (3).

③ RAINA P. Political opposition in Poland 1954—1977. Harlow：Longman Group Limited，1972：69.

④ 布鲁斯．社会主义的政治与经济．北京：中国社会科学出版社，1981：129.

路进行了更为详细的阐释，尤其是更加充分地论证了波兰道路的历史必然性，这为其 1956 年后的改革奠定了重要的理论基础。然而，社会主义观的许多重大的理论和实践问题仍未得到明确的解答。例如，传统体制是如何产生的？它的弊端是什么？如何才能彻底冲破传统体制的束缚、推动改革的历史进程？不难发现，哥穆尔卡的思想认识还远未达到这种水平，他对波兰道路理论的发展是极为有限的，他所倡导的改革也没有从根本上脱离旧体制的窠臼，而只是在原有体制的框架中进行了极为有限的改革①。因此，1956 年后，哥穆尔卡的改革措施只纠正了表面的问题。其在社会主义重大理论问题认识上的局限性，也从根本上制约了改革的历史进程。

20 世纪五六十年代，波兰社会主义改革的艰苦历程表明以哥穆尔卡为首的波兰领导人在试图突破苏联模式，将马克思主义原理与本国实际的结合上付出了很大的努力。但是，在西方世界和苏联模式的夹击下，在国内保守派势力的阻挠下，加之哥穆尔卡自身思想认识的局限性，波兰改革之路曲折坎坷，终究在 1989 年终止、崩溃。但不可否认的是，波兰对社会主义道路的探索与实践，既为本国社会主义建设做出了重要的贡献，也为国际社会主义运动积累了宝贵的经验教训，值得进一步探索和研究。

三、1956 年“匈牙利事件”与匈牙利改革

匈牙利位于欧洲中部，是一个国土面积 9.3 万平方千米、人口仅 1 000 万的内陆国家。从公元 1000 年第一位国王圣·伊斯特万正式加冕算起，到 20 世纪 40 年代，匈牙利已有了 940 多年的历史②。这期间，稳定与内乱、对外扩张和外族入侵、反抗外族统治与争取民族独立一直伴随着匈牙利。二战后，作为战败国之一的匈牙利被纳入苏联的势力范围。随着冷战“铁幕”的拉开，匈牙利在经历了短暂的人民民主道路的尝试后，快速走上了“全盘苏化”的社会主义建设道路，最终导致了

① 王志连. 波兰道路及其历史命运. 东欧中亚研究，1997（3）.

② 郭洁. 试论战后匈牙利的“苏联模式化”. 俄罗斯研究，2010（2）.

“匈牙利事件”的爆发。事件平息后，匈牙利开始了具有本国特色的社会主义改革之路，即匈牙利道路。但这一道路本身所具有的历史局限性，没能使匈牙利从根本上突破苏联模式的束缚，反而引发了匈牙利日后的危机。

（一）照搬苏联模式引发了 1956 年“匈牙利事件”

如前所述，随着冷战“铁幕”的拉开，匈牙利人民民主道路的探索被迫中断，转而向苏联模式的社会主义建设道路急速迈进。伴随着以高度集权、高度集中为特征的苏联模式在匈牙利的全面植入，匈牙利原有的政治、经济、社会、文化结构发生了重大改变，这一切为之后匈牙利社会主义道路的曲折发展埋下了严重的隐患①。

1. 以苏联为样板的社会主义建设模式

冷战的爆发加速了苏联控制东欧的步伐，苏联高度集中的政治经济模式被奉为建设社会主义的唯一模式，迅速被移植到包括匈牙利在内的东欧国家。匈牙利领导人拉科西无视本国具体条件和劳动人民的利益，“丢掉了民族的旗帜，亦步亦趋地紧跟苏联的指挥棒转”②。他甚至认为，“苏联战胜之后，没有必要证明布尔什维主义原则不仅在以前的俄国的疆界内，而且在全世界都是可以完全运用的”③。在这一思想的指导下，匈牙利从思想路线到经济、政治、文化建设，从内外政策到重大人事安排，均听命于苏共。1949 年起，以苏联为样板的社会主义建设模式在匈牙利全面确立。

第一，在党和国家政治生活中实行教条主义和宗派主义的政策，个人专权和个人迷信之风盛行。权力高度集中于由党的总书记拉科西与另外三位政治局委员格罗·埃诺、法卡什·米哈伊、雷瓦伊·约瑟夫组成的“四驾马车”权力集团，拉科西拥有最后的发言权。1952 年 8 月，拉科西又兼任总理，集党政大权于一身，党的政治局、书记处形同虚设。在匈牙利，人们对劳动人民党总书记拉科西的个人崇拜达到了登峰造极的地步，拉科西被奉为“当然领袖”“匈牙利人民英明的父亲”，这是苏联模式僵化的必然产物。

---

① 郭洁．试论战后匈牙利的“苏联模式化”．俄罗斯研究，2010（2）．

② 阚思静．卡达尔与匈牙利．北京：世界知识出版社，1993：40．

③ 王逸舟．匈牙利道路．北京：人民出版社，1987：74．

第二，经济上，在单一的公有制基础上形成了高度集中的计划经济体制。首先，在经济建设方面，消灭个体经济，进一步加快国有化的步伐。一方面，在工商业领域，政府下令将所有从事批发贸易的公司全部国有化。在具体操作过程中，许多小手工业者和小商贩也被纳入国有化的范围，手工业工人的从业人数由 1948 年的 18.7 万减少到 1950 年的 2.9 万①。另一方面，在农村，土地国有化迅速铺开。拉科西违背自愿原则，在“苏联式集体农庄”思想的指导下，提出用 3～4 年的时间实现农业集体化的目标。但由于缺乏物质、社会和思想准备，匈牙利只能依靠行政命令和暴力手段强迫农民入社，合作社农民的收入下降了 2/3，农业生产遭到极大的破坏。其次，在经济发展战略上，重工轻农，实行以重工业为基础、机器制造和军事工业为核心的快速工业化政策。自称为“斯大林最优秀的学生”的拉科西，完全无视匈牙利能源稀缺、资源薄弱的现实，盲目地以斯大林“没有重工业就没有社会主义”的思想为指导，提出在 5 年内改变匈牙利的农业-工业结构，把匈牙利建成“钢铁国家”的设想。结果不仅导致国民经济畸形发展，而且以牺牲人民的物质生活水平为代价，引发了各种社会矛盾。最后，在经济管理方面，形成高度集中的计划经济体制。1949 年 8 月，《匈牙利人民共和国宪法》明确规定：“匈牙利人民共和国的经济生活受国家的国民经济计划决定。”②根据宪法，党和国家在中央一级设立了主管全国经济和生产的计划办公室，负责根据中央的经济目标制定五年计划，并按年度、季度分解细化后，下达给分管国民经济的各部门，最后再由它们落实到各自分管的企业中去。企业生产所必需的资金、原材料等均由国家统一调拨，最终产品必须上交国家统分统销。企业没有任何自主权，生产什么、生产多少、怎样生产都必须服从于中央的指令。这样，一整套取消商品和市场、指令性地计划经济、用行政手段管理经济的做法被原封不动地从苏联搬到了匈牙利。极端封闭、高度集权的计划经济体制扼杀了人民的积极性、创造性和经济活力，阻碍了经济的发展和人民生活水平的提高。

第三，在思想文化领域，一方面，为了加强匈苏友谊，当局不仅对文化传播和文艺创作加以各种限制，不允许有任何不同的声音，而且还

① 侯凤菁. 1956 年匈牙利事件与东欧剧变. 俄罗斯中亚东欧研究，2006（5）.

② 中共中央党校科学社会主义教研室国外社会主义问题教研组. 匈牙利社会主义资料选编. 北京：求实出版社，1987：1.

进行虚假宣传，愚弄大众，甚至在自然科学方面都有许多不实之词。例如，小学生们被告知蒸汽机、灯泡、电话都是俄罗斯人发明的。这样的思想禁锢和虚假现象使有着浓厚民族意识的匈牙利人难以忍受①。另一方面，宣扬斯大林的阶级斗争尖锐化理论，并在实践中将其推向极端。在苏联“社会主义越发展、阶级斗争越尖锐”的理论指导下，拉科西从宗派主义出发，提出了“谁不和我们在一起，就是反对我们”“在错误后面找代理人”等口号，并通过大规模的清党运动打击党内不同意见者，限制公民权利，破坏民主法制。前社会党人和大批老党员受到怀疑，被当作“帝国主义的代理人”“铁托分子”或处死或被捕入狱。整个社会笼罩着十分恐怖的气氛，极大地损害了执政党在人民心目中的形象。同时，无数起冤假错案的出现，严重损害了党的威信，动摇了党的执政基础。

匈牙利劳动人民党总书记拉科西背离了马克思列宁主义的基本原则，不顾本国具体国情，生吞活剥地全盘接受并强制推行苏联模式，引发了人民群众的强烈不满，社会矛盾日益尖锐。到 1953 年，匈牙利已形成全国性的“民族对抗”② 局面，这种“对抗”是匈牙利广大人民群众与以拉科西为代表的机械推行苏联政策的匈牙利领导集团之间的较量，这一切为后来匈牙利发生的社会政治危机埋下了隐患，成为 1956 年“匈牙利事件”爆发的根本原因。

2. 举步维艰的纳吉“新方针”改革

1953 年对于以苏联为首的社会主义阵营来说是具有划时代意义的一年。斯大林逝世后，苏联的内外政策开始发生变化。在 1953 年 3 月 6 日举行的苏共中央、苏联部长会议、苏联最高苏维埃主席团联席会议上，马林科夫被任命为苏联部长会议主席，并被委托主持苏共中央主席团会议，苏联的党政大权落到马林科夫手中。马林科夫上台执政后，呼吁缓和国际紧张局势，积极改善与周边及西方国家的关系。在苏联的授意和推动下，东欧国家先后开始了程度不同且范围有限的“被动”改革③。

---

① 侯凤菁. 1956 年匈牙利事件与东欧剧变. 俄罗斯中亚东欧研究，2006 (5).

② 赫格居斯. 赫格居斯回忆录：一个思想阴影下的生活. 陈之骝，柴鹏飞，译. 北京：世界知识出版社，1992：267.

③ 胡舶. 苏共党内权力斗争与匈牙利的“新方针”改革 (1953—1955). 当代世界与社会主义，2007 (4).

(1) 纳吉“新方针”的实施与以拉科西为首的反对派的阻挠。

1953 年 7 月，纳吉正式出任部长会议主席。他在深刻分析和批评过去党和政府错误的基础上，试图大刀阔斧地进行改革。这一次改革是匈牙利为摆脱苏联模式所进行的第一次官方尝试。它是以纳吉为首的改革派在匈牙利实施的一系列以经济体制调整为主、兼顾政治体制改革的新举措，被称作“新方针”。

“新方针”改革的纲领体现在纳吉于 1953 年 7 月 4 日在国民议会上发表的讲话中。一方面，在经济发展战略上，降低重工业发展速度，加速发展轻工业，扩大农业生产比例，改变农产品义务交售制度。另一方面，在经济建设上，允许私有企业合法化，解散劳动营，取消流放；允许农民退社，鼓励个体农民与合作社平行发展，相应调整个体农民的土地租金，减轻个体农民的压力，解除自由贸易限制；鼓励个体手工业者重操旧业，颁布一系列有利于零售商和个体手工业发展的政策。同时，为了稳定匈牙利的政治局势，纳吉在政治上也采取了一系列措施。例如，取缔非法的惩处制度，关闭拘留营，纠正“大清洗”的错误，为一些冤假错案平反昭雪等。纳吉的锐意改革符合当时人民的意愿，赢得了广大群众的拥护和支持，“新方针”改革深入人心，并初见成效。“1953 年秋天，市场商品供应比 1949 年以来任何时候都要好。职工和农民的实际收入分别增长了 20％和 10％。解散了拘留营，停止了移民，取消了即决审判。国家得到喘息的机会。人们不仅减少了恐惧，而且出现了劳动的积极性，因为他们看到了工作的意义，将其视之为未来的保证。”① 到 1954 年秋天，国家经济状况和人民生活均有明显的改善，民主、自由的气氛日益增强，人们的心情逐渐好转。

但纳吉“新方针”改革的实施并不是一帆风顺的，由于“新方针”改革的矛头直指原匈党所推行的苏联模式，损害了以拉科西为首的亲苏派的利益，遭到了亲苏派多方面的阻挠。由此，在匈牙利形成了以纳吉为代表的改革派和以拉科西为首的反对派，两派之间的斗争围绕是否遵循苏联模式展开。拉科西利用自己匈牙利工人党第一书记的职务，在各方面拖延“新方针”改革的实行。例如，在纳吉发表施政演说的一星期

① 拉斯洛. 卡达尔：历史背景下的肖像素描. 马玉琪，等译. 北京：世界知识出版社，1983：115.

后，拉科西就在布达佩斯党的积极分子大会上公开发表不同意见，煽动党员抵制“新方针”改革，引起群众思想混乱；为了阻止合作社解散的趋势和避免小手工业者重新抬头，拉科西伙同赫格居斯、格罗等采取了一些同政府新纲领背道而驰的手段，暗中在经济上限制小工业者的发展，并给农民退社和解散合作社制造困难①。纳吉的改革遇到了重重阻力，匈牙利的社会生活重新陷入混乱之中。

（2）马林科夫的垮台与纳吉“新方针”改革的失败。

斯大林去世后，在苏共中央主席团新的领导班子中，马林科夫出任部长会议主席，贝利亚任部长会议第一副主席，而赫鲁晓夫被指定“集中精力于中央委员会的工作”，获得了掌握党组织大权的机会，苏联领导集团中激烈的夺权斗争由此拉开序幕。需要指出的是，贝利亚的许多改革理念，特别是发展经济、调整重工业与轻工业在国民经济中的发展比例的思想与马林科夫优先发展农业和轻工业的改革思路不谋而合，因而，在苏联和东欧国家的早期改革中，马林科夫和贝利亚相互配合，共同推动改革的顺利进行，曾一度被称为苏联的“两驾马车”。1953 年 6 月 26 日，在赫鲁晓夫的授意下，贝利亚被秘密逮捕，并于 1953 年 12 月 23 日被判处死刑。1955 年 1 月，赫鲁晓夫以马林科夫在对待重工业与轻工业的关系上错误地理解了社会主义的基本经济规律，犯了右倾机会主义的错误为由，批判了马林科夫的路线，解除了他的部长会议主席职务。马林科夫的改革最终走到尽头，举步维艰的这一轮东欧国家的改革也戛然而止。

随着苏共党内权力斗争的日益激化以及苏联对“新方针”态度的转变，以拉科西和格罗为首的反对派和以纳吉为首的改革派之间的斗争日益尖锐化、公开化。1954 年秋，拉科西以休养的名义来到莫斯科，成功地说服苏联领导人并使他们相信，纳吉集团的改革企图改变党的政治路线，危及共产主义政权的基础，从而取得了赫鲁晓夫的支持。1955 年 1 月，纳吉等人被再次召至莫斯科，围绕“新方针”进行会谈。此时，赫鲁晓夫已经在苏共中央占据了绝对优势。赫鲁晓夫温和地批评了纳吉发展轻工业的方针。苏联领导人担心纳吉的温和制度会导致社会主义制度崩溃，但他并没有想撤换纳吉，而是想“迫使纳吉改变政策，变

① 胡舶. 苏共党内权力斗争与匈牙利的“新方针”改革（1953—1955). 当代世界与社会主义，2007（4）.

得更强硬些”[1]。从莫斯科回国以后，纳吉还想挽救“新方针”，拉科西等人则迫不及待地对纳吉展开批判。2 月，部长会议通告全国，纳吉因患心肌梗死不能行使部长会议主席职务；3 月 2—4 日，在匈党中央全会上，拉科西做出决议谴责“新方针”，并指责纳吉犯了“右倾修正主义”的错误；4 月 14 日，在匈党中央全会上，纳吉被开除出政治局和中央委员会，并被撤销总理职务和一切学术头衔，其总理职务由赫格居斯担任，纳吉的支持者也大多被排挤出原来的工作岗位。这样，纳吉的“新方针”改革最终失败，拉科西在同改革派的斗争中取得了胜利，再次掌握了绝对的权力。拉科西掌权后表示，党的任务还是要优先发展重工业，再度掀起集体化运动，继续用行政手段压制反对意见，1953 年以前的许多做法又得以恢复，匈牙利又回到了苏联模式的老路子上。匈牙利人民普遍不明白为什么党的领导人要不顾本国人民的利益，重犯那些“已被认识到的、被指出了的、众所周知的”[2] 错误，人民群众不满情绪与日俱增，纷纷怀念“新方针”，怀念纳吉，社会更加动荡不安。

3. “匈牙利事件”的始末

1956 年，苏共二十大召开。赫鲁晓夫所做的“内部报告”犹如“一块引发山崩地裂的大石头”[3]，在东欧各国造成了巨大的冲击，引发了轩然大波，各国要求独立自主和反对苏联模式的呼声再次高涨。在匈牙利，苏共二十大也产生了强烈的反响，广大党员和人民群众潜在的、巨大的怨恨情绪不断增长和扩散，他们纷纷掀起“非斯大林化”运动，要求清算拉科西的罪行。

(1) “匈牙利事件”爆发的导火线——苏共二十大引发的“非斯大林化”运动与“波兹南事件”。

匈牙利的“非斯大林化”运动以裴多菲俱乐部的活动最为典型。裴多菲俱乐部由一批知识分子和党员干部于 1956 年 3 月 17 日成立，是人民群众反对拉科西政权的重要载体，它频繁组织各种大型学术研讨会，讨论民主、新闻自由、哲学现状以及工农业等重大问题，提出进行政

---

① 赫格居斯. 赫格居斯回忆录：一个思想阴影下的生活. 陈之骝，柴鹏飞，译. 北京：世界知识出版社，1992：243.

② 阚思静. 卡达尔与匈牙利. 北京：世界知识出版社，1993：83.

③ 福凯斯. 东欧共产主义的兴衰. 北京：中央编译出版社，1998：139.

治经济改革、摆脱苏联控制与干涉的“十点要求”，还提出要为拉伊克平反和恢复纳吉的党籍和职务，在群众中产生了极大的影响。与此同时，布达佩斯学生联合会向政府提出了进行改革的“十六条要求”。一系列“非斯大林化”运动的开展，使得匈牙利国内局势更加动荡和混乱，拉科西当时曾对人说，“我感到自己像是坐在一个随时可能爆炸的火药桶上”①。

1956 年 6 月，“波兹南事件”爆发，拉科西认为裴多菲俱乐部的活动存在引发动乱的危险因素，因此，在 6 月 30 日匈党中央召开的紧急全会上，拉科西下令停止裴多菲俱乐部的活动。这引起了党内知识分子的强烈不满，党内外反对拉科西的声音越来越大。在这种形势下，为了平息民愤、稳定局势，苏联领导人再一次干预了匈牙利的人事安排。1956 年 7 月 13 日，米高扬飞抵匈牙利，促使匈牙利劳动人民党中央全会于 7 月 18 日通过拉科西下台的决定，拉科西的忠实助手——格罗·埃诺接替他的职务，成为党的第一书记。但由于“格罗上台后执行的仍然是没有拉科西的拉科西主义”②，匈牙利的紧张局势非但没有得到缓和，反而更加恶化了。匈牙利社会各种矛盾不断积累并长期得不到解决，成为“匈牙利事件”爆发的导火线。

1956 年 10 月 21 日，波兰哥穆尔卡复出的消息传到了匈牙利。这对于正在寻求独立自主和改革的匈牙利人来说是一种激励，青年学生、知识分子、人民群众的政治积极性迅速高涨，有组织的或群众自发的辩论会和集会到处可见，许多新的组织相继成立。与此同时，前社会党、小农党、民族农民党以及一些秘密组织也积极进行活动，匈牙利国内局势更加动荡不安。

(2)“匈牙利事件”的进程——震惊世界的 13 天。

1956 年 10 月 23 日，“布达佩斯经历了它的历史上最大的群众示威运动”③。近 20 万大学生和群众走上街头，举行声援波兰人民的示威游行，“匈牙利事件”的序幕就此拉开。示威群众打着“工人学生团结紧，

---

① 赫格居斯．赫格居斯回忆录：一个思想阴影下的生活．陈之骝，柴鹏飞，译．北京：世界知识出版社，1992：268.

② 胡舶．冷战阴影下的匈牙利事件：大国的应策与互动．北京：中国社会科学出版社，2004：58.

③ 费希尔-盖拉蒂．东欧各国共产党．张月明，译．北京：东方出版社，1986：194.

匈牙利人一条心!”“把拉科西投入多瑙河”“党要民主化!”“伊姆雷·纳吉要执政!”“苏匈友谊——平等、自由!”“俄国人，滚回俄国去!”①等旗号，要求民主，反对苏联干涉。到晚上，示威游行的群众增至数十万人。但是，匈牙利当时的领导人——格罗不仅没有想办法安抚游行群众，反而还通过广播讲话指责示威人群，这无疑是火上浇油。格罗讲话后，群情激愤，布达佩斯电台大厦前响起了枪声，示威游行不但没有被平息，反而转为了骚动。一些人乘机挑起暴动，占领了电台、国际电信局、党中央机关报编辑部和印刷厂，抢劫和袭击兵工厂、军火库和警察哨所②。当天深夜，为了稳定局势，匈牙利党中央和政府举行紧急会议，决定解除赫格居斯·安德拉什的总理职务，由纳吉接替（在此之前，纳吉已在苏联的干预下恢复了党籍），格罗留任党的第一书记。同时，通过戒严令，请求驻匈苏军进入首都协助恢复秩序。

10 月 24 日早晨，在没有获得匈牙利政府正式邀请书的情况下，苏军一百多辆坦克出现在布达佩斯街头。进入布达佩斯的苏军本意是要起到震慑、平息事端的作用，但“强烈的民族义愤使得匈牙利的局势陷入一片混乱之中”③。当天，纳吉发表《告全国人民书》，呼吁停止流血冲突，并向人民承诺进行民主化改革。但苏联的出兵干预，使本来就带有反苏情绪的事件更为复杂，“维持秩序，保持冷静，遵守纪律”的呼吁被更激烈的、更大规模的流血冲突所代替，许多工人甚至选择罢工来参加抵抗苏军的活动。在这种情况下，纳吉的复出也没起到任何缓解危机的作用，布达佩斯的斗争进一步激化，局势开始失去控制。25 日，5 万人举行游行，要求解散国家保安局和撤退苏军，监狱被闹事者强行打开，9 962 名刑事犯和 3 324 名政治犯被释放，部分刑事犯和政治犯加入暴乱。在这种情况下，为了稳定人民群众的情绪，在苏联的干预下，匈党中央政治局解除了格罗的第一书记职务，由卡达尔接任。

10 月 27 日，纳吉宣布改组政府，取消一党执政，组成了由共产党、小农党、社会民主党和农民党参加的联合政府，原小农党领袖蒂尔

---

① 科帕奇．匈牙利悲剧．龚新康，译．北京：群众出版社，1982：131.

② 李同成．历史为匈牙利事件画上了句号．党史纵横，2005（10）.

③ 胡舶．冷战阴影下的匈牙利事件：大国的应策与互动．北京：中国社会科学出版社，2004：76.

迪・佐尔坦为国务部长。之后，形形色色的党派相继成立，估计在 50 个以上[①]。28 日，党的领导由一个 6 人主席团接替，卡达尔担任主席团主席。鉴于劳动人民党已经崩溃的事实，党的领导经过激烈的讨论，由卡达尔于 11 月 1 日宣布解散劳动人民党并另行组建匈牙利社会主义工人党。30 日，群众游行已经演化为社会动乱。闹事者围攻布达佩斯市委大楼，市委书记麦泽・伊姆雷和他的两位战士举着白旗走出大门，被暴徒用冲锋枪打死。之后，匈牙利的局势更加混乱和恶化，国内外反动势力趁机相互勾结，活动更加猖獗，全国各地都出现了屠杀共产党员、保安局官兵和进步人士的“白色恐怖”。为了尽快控制匈牙利局势，避免纳吉的多党联合政府回到议会民主的道路上，10 月 31 日，苏共中央主席团做出了第二次出兵匈牙利的决定。这一决定引起了纳吉的强烈反对。为了抵制苏联出兵，纳吉于 11 月 1 日宣布匈牙利中立，退出华沙条约并向联合国求援。此时，卡达尔等人与纳吉政府决裂，并在苏联的支持下于 11 月 4 日在索尔诺克成立了工农革命政府，与纳吉政府相抗衡，配合苏军进入匈牙利。

1956 年 11 月 4 日，苏联向布达佩斯发动了代号为“旋风”的军事行动，赫鲁晓夫派出 20 万军队、4 000 辆坦克进入布达佩斯及其他地区，暴力地镇压了叛乱。纳吉下令匈军放弃抵抗，自己带领一部分党政要员及其家属进入南斯拉夫大使馆避难，历时 13 天的“匈牙利事件”被苏军残酷镇压。这场动乱给匈牙利人民造成了巨大的损失，“上万人死亡，暴乱造成的经济损失达 220 亿福林，占匈牙利全年国民收入的四分之一”[②]。

纳吉进入南斯拉夫使馆避难，后被送往罗马尼亚，1957 年 4 月被押回审判。经过一年多的监禁，1958 年 6 月 17 日，新成立的工农革命政府将纳吉以“组织推翻匈牙利人民民主国家制度罪”“叛国罪”的罪名送上了断头台。在此后相当长的时间里，苏联支持的卡达尔政府遭到全国工人、知识分子的各种抵制，新政权的巩固相当艰难。

(3)“匈牙利事件”的实质。

与“波兹南事件”相同，1956 年的“匈牙利事件”也是东欧的一场大规模的反苏起义。“波匈事件从起因上看没有多大差异，总的原因

① 金作善. 谈谈“匈牙利事件”：悲剧与思考. 当代世界社会主义问题，1986 (2).

② 姜琪，张月明. 东欧三十五年. 上海：华东师范大学出版社，1986：261.

是政治上要求民主，经济上要求改革，要求摆脱苏联的控制，走适合本国情况的社会主义建设道路。”[①] 10 月爆发的“匈牙利事件”，实际是匈牙利人民对内废除苏联模式、对外摆脱苏联控制与干涉的尝试。正如卡达尔在匈牙利社会主义工人党临时中央全会上指出的，“匈牙利事件”的首要原因是“居领导地位的拉科西-格罗集团犯了宗派主义和教条主义的错误，从 1948 年起背离了马克思列宁主义的原则基础”[②]。但由于国内外反共反社会主义势力的利用，“匈牙利事件”最终演变为一场反革命暴乱。

事实上，“匈牙利事件”由多种因素交织在一起，具有非常复杂的双重性质。开始的时候，它是广大群众反对拉科西等领导人的极左错误，要求维护民族独立和自由的群众运动。但随着事态的扩大，混进群众队伍的反革命分子借助国际帝国主义反动势力的支持，越来越成为运动的支配力量。他们利用群众正当的不满情绪，挑拨煽动群众用暴力行为来对抗党和人民政府，运动转变为反共分子妄图在匈牙利恢复资本主义制度的反革命暴乱。在这一转变过程中，国外敌对势力起了推波助澜的作用。例如，西方“自由欧洲电台”充当了急先锋的角色，它 24 小时不间断播音，不仅恶毒地进行煽动，呼吁匈牙利人民拒绝任何妥协，而且还在政治上出谋划策，在选择斗争方式和形式方面给予具体的军事建议。

“匈牙利事件”使社会主义建设和人民生命财产蒙受巨大损失，惨痛的教训使匈牙利领导人意识到不顾本国国情、盲目照搬苏联模式建设社会主义的道路是行不通的。因此，“匈牙利事件”后，卡达尔开始根据本民族的特点，以马克思主义为指导，探索适合匈牙利的社会主义建设新道路。

（二）“匈牙利事件”后卡达尔倡导改革新路

“匈牙利事件”作为一场民族和个人的悲剧最终被镇压，匈牙利改革第一人纳吉也被处死。但无论是“匈牙利事件”，还是纳吉“新方针”改革的艰辛探索，都为匈牙利的改革积累了宝贵的财富，为卡达尔改革奠定了重要的理论和实践基础。

---

① 姜琪，张月明. 东欧三十五年. 上海：华东师范大学出版社，1986：7.

② 阚思静. 卡达尔与匈牙利. 北京：世界知识出版社，1993：118-122.

1. 改革的基本内容

事件平息后，匈牙利社会主义工人党临时中央第一书记卡达尔（1957 年 5 月当选为党的第一书记）在 1956 年 12 月 5 日临时中央委员会上通过的决议指出，匈牙利社会主义工人党将创造性地运用马克思列宁主义，按照匈牙利本国的特点和当前的历史要求来建设社会主义。

（1）政治领域的改革。

首先，通过联盟政策建立社会主义民主制度。与拉科西时期鼓吹个人崇拜、进行肃反扩大化、强调阶级斗争等教条主义和宗派主义的做法不同，卡达尔于 1961 年 12 月在匈牙利爱国人民阵线全国理事会扩大会议上提出了“谁不反对我们，谁就和我们在一起”的口号。这一口号否定了拉科西“谁不和我们在一起，就是反对我们”的极左口号，强调不同党派、不同阶级、不同阶层之间的团结与合作，奠定了联盟政策的核心和基础。在这一口号的指引下，1962 年，匈牙利社会主义工人党八大揭开了以联盟政策为主旨的政治民主化改革的序幕。这次大会指出，匈牙利的剥削阶级已经随着生产资料所有制改造的完成最终被消灭，大规模的阶级斗争已经结束。因此，大会要求通过“爱国人民阵线”这一组织形式协调各种社会力量，把民主革命时期的小资产阶级和知识分子争取到社会主义建设中来，把所有劳动阶层和阶级都统一到社会主义建设这个大家庭中，加强党和党外人士、信教者和不信教者以及其他一切以建设社会主义匈牙利为奋斗目标的人士的合作。

在八大决议的指引下，匈牙利妥善地改善了党群关系，正确地处理了政教关系，从而大大调动了全体人民建设社会主义祖国的积极性。一方面，在党群关系上，广泛团结知识分子，建立知识分子的政治联盟。改变曾经轻视知识分子的做法，取消对知识分子“新”与“旧”的划分，将知识分子列为劳动阶级，并给予相应的社会地位和职务，让知识分子可以发挥他们的聪明才智，为国家经济和社会重建出谋划策。卡达尔把“成功地争取匈牙利知识分子”的合作看作“党的重大收获”。同时，改变工会原来附属品的性质，充分发挥工会组织和工人群众的积极作用。匈牙利政府规定，部长会议在制定经济计划时，必须听取工会的意见和建议；各级政府在做出一切有关工资收入和生活待遇的规定之前，必须征询工会理事会以及各产业工会的意见。除工会外，共青团、全国农业合作社联盟等群众组织在国会中都有自己的代表，对政府工作实行监督。另一方面，在政教关系上，妥善处理国家和教会的关系，调动广大教徒参与社会主义建设的积极性。匈牙利自古以来是一个多教派、教会势力影响很大的国家，信教人数占全国人数的 90%以上。人民共和国建立以后，国家政权和社会制度发生了根本变化，匈牙利社会主义工人党也在积极地宣传唯物主义和无神论，但卡达尔同时认可宗教的发展是社会的现实，不限制宗教信仰者信教的自由。因此，卡达尔改变拉科西时期极左强硬的办法，通过谈判于 1963 年 5 月与教皇明曾蒂达成妥协。至此，主教的任命需经政府同意，教会宣誓对政府忠诚，教会代表可以在人民阵线中担任一些重要职务，政府保障教会正常的宗教生活。

其次，加强执政党自身建设，改革领导体制。一是建立各种民主会议制度、民主选举制度，限制各种特权。1957 年 6 月，匈牙利社会主义工人党的全国代表大会通过的党章明确规定："党内不允许有任何特殊的集团或派别，党的各级干部由党员秘密投票选举产生。"① 二是改变过去"强迫命令"的领导方式，强调党在政治和思想方面的领导作用。从 1956 年起，匈牙利社会主义工人党第一书记卡达尔不再兼任部长会议主席，各级党组织不再兼任行政第一把手。三是改变之前权力过分集中在中央的做法，下放中央权力。实行中央与地方分权、部门与企业分权，中央从直接管理变为间接管理，从行政指令改为政策指导和经济调节，扩大地方政府和企业的自主权。

最后，发展社会主义民主，健全社会主义法制。为了充分发扬民主，激发广大人民建设社会主义的积极性，匈牙利重视同群众联系的各种渠道，于 1957 年通过了《人民监督法》，并公开保证任何人只要对现政权不采取暴力行动就不会受到镇压。1968 年，《人民监督法》进一步修订，并在全国设立了 4 万名不脱产的人民监督员。1977 年通过了《关于进一步发展人民监督活动》的决议，具体规定了人民监督委员会的任务。"匈牙利事件"后，《选举法》《国民经济计划法》《人民监督法》《投资法》《价格法》等各种法令和条例相继出台。

（2）经济领域的改革。

经济领域的改革主要体现在吸收专家学者参与国家经济政策的制

① 匈牙利社会主义工人党全国代表会议文件. 北京：世界知识出版社，1958：20.

订。1957年2月，卡达尔成立了由200多名负责经济事务的政府官员和著名经济学家组成的专家委员会，并在此基础上成立了由30名经济专家组成的经济专家委员会，为计划与市场相结合的社会主义经济体制改革绘制蓝图。1964年，匈牙利成立中央经济政策委员会和中央经济理论工作小组，集全国250多名经济学家、法律学家和其他专家进行调研，为全面改革奠定了理论基础。可以说，这场改革是在生产资料社会主义所有制的基础上，把国民经济按计划发展的中央管理同商品关系和市场的积极作用有机地联系起来的一次伟大尝试。它在1957年提出后，经过局部的小范围的改革，于1962年匈牙利社会主义工人党八大拉开序幕，经历了繁荣（1963—1973）、停滞（1974—1979）和危机（1980—1988）三个阶段的曲折过程。

经济领域的改革还体现在从解决农业问题入手，以使人民得到实惠为理念。匈牙利全面的经济改革是从农业开始的，在农业改革成功后向全国扩展。1956年以后，匈牙利政府总结了失败的教训，改变了过去控制、剥夺、压榨农民的做法，取消了农产品义务收购制，并制定出合理的农产品收购价格，允许农民自由贸易。1957年7月颁布的《农业政策纲要》指出，农业社会主义改造的主要途径是在自愿的基础上继续引导农民走集体化道路。这一时期，匈牙利合作社和国营农场与自留地的小规模生产相结合，允许农民经营家庭副业，为规模化、机械化生产打下了基础，也充分调动了农民的生产积极性，有力推动了农业的发展，匈牙利进入了农业发展的黄金阶段。此外，纠正拉科西时期片面强调重工业、积累和盲目扩大投资的做法，正确处理农、轻、重之间，积累与消费之间的关系，实行了一系列经济改革措施，使人民的生活水平能够随着生产的发展逐步提高。经过几年的努力，匈牙利渡过了危机，恢复了生机，出现了政治团结、社会安定和经济发展的良好局面。卡达尔赢得了国内人民的信任和好评，并得到国际舆论的好评。

经济领域的改革还有一个很重要的方面就是，促进计划和市场的有机联系，增强企业自主权。一方面，严格区分国家计划和企业计划，国家不再直接对企业下达任何指标，在管理上，国家也不再依靠行政手段，而是用经济调节手段来保证计划的实行。生产资料的统一调配和分配采用贸易制度，国家投资由原来的财政拨款改为银行贷款；将国家统一制定价格改为实行固定价格、有限制的价格以及自由价格；工人的工资由国家统一划定改为在国家规定行业工资表的基础上，具体工资额由企业的盈利情况和工人的绩效来决定。另一方面，1957 年 2 月，匈牙利社会主义工人党指出，在实现社会主义计划原则的同时，必须实行经济的分散领导，发挥企业、国营农场和合作社独立经营管理经济的作用，即增加企业具体经营的自主权、决定权、主动性和责任感，把企业经营的效果同企业和每个劳动者的实际利益结合起来，极大地调动了劳动者的生产积极性。但匈牙利经济改革的理论分析才刚刚开始，对如何改革管理体制缺乏系统的、科学的设想和方案，因此，1956—1967 年的改革只是试探性地小步前进。

（3）思想文化领域的改革。

思想文化领域的改革一方面表现在对马克思主义的态度上，即改变过去教条式地对待马克思主义的态度，强调马克思主义要与实际情况相结合，在具体的实践中灵活应用。1962 年 3 月，匈牙利历史学会主席埃里克·莫纳在爱国人民阵线的政治日报《匈牙利民族》上发文批判教条主义，指出不能只接受现成的马克思主义，因为它只反映过去的现实，只是对未来发展提供了一些大致的设想，那种认为重要问题全都已经解决，不需要经常关注具体的新情况的态度是一种知识分子的懒惰，可能“扼杀马克思主义的灵魂”①，马克思主义要随着现实的变化推陈出新。另一方面还表现在对待科学和艺术的态度上，即鼓励与西方交流对话，为艺术和科学研究提供自由宽松的氛围。

（4）对外关系上的改革。

卡达尔在处理与苏联的关系时，本着“莫斯科下雨，匈牙利不必打伞”② 的原则，既坚持国内改革的基本方向，又在外交上尽可能地与苏联保持一致，提出“既要忠于红白绿旗帜（匈牙利），又要忠于国际主义”的口号。这使得匈牙利能够在不激怒苏联的前提下稳妥、谨慎地把改革推向前进。据此，一些外媒曾把卡达尔描绘成“在改革道路上走钢丝的艺人”。

---

① 盖宁．20 世纪 50—80 年代匈牙利经济改革理论的探索．北京：中国人民大学出版社，2002：7．

② 拉斯洛．卡达尔：历史背景下的肖像素描．马玉琪，等译．北京：世界知识出版社，1983：201．

2. 20 世纪五六十年代匈牙利改革的基本特征

(1) 采取先局部后整体、循序渐进的方针政策。

匈牙利的全面体制改革虽然开始于 1968 年，但自从 1956 年卡达尔上台执政后，一些局部性的改革工作就已经展开，改革的一些基本方针也已经明确，经过 1956 年 12 月匈党中央对现行经济体制的全面审查和改革，到 1968 年，经历了近 12 年的时间。因此，匈牙利的体制改革是经过长期酝酿、全面规划和充分准备的。这一稳妥的、渐进的改革政策，把改革重点首先放在农村，在农村也经历了从 1956 年 6 月开始的自留地政策、自愿联合政策、合同收购制政策等“迈小步”的局部改革，到 1961 年取消指令性计划、实行经济调节制度的农业体制改革的发展过程，为全面改革做好了准备。与此同时，匈牙利中央经济政策委员会和中央经济理论工作小组积极开展工作，首先在思想上对旧体制的弊病进行批判，统一党内外思想并在此基础上提出改革的总体设想，规定改革的目标和方向。从 1965 年 12 月开始，用了约半年的时间，拟订出较为详细的经济体制改革方案，于 1966 年 5 月通过了《关于经济体制改革的指导原则》，并在此基础上发布了《关于经济体制改革的决议》。之后，又拟订细致的经济调节制度和具体实施细则，广泛开展舆论宣传。另外，为了使 1968 年的改革顺利进行，匈牙利有关部门还在 1967 年举办了有 1 500 个企业、5 000 多人参加的中、高级领导人员训练班，详细介绍了经济改革的内容。在此之后，又在地方上举办了类似的训练班①。

(2) 经济改革与政治改革同时进行、紧密配合。

经历了 1956 年 10 月的“匈牙利事件”以后，面对百废待兴的匈牙利，卡达尔指出，振兴国家的关键是进行经济建设，而经济建设的前提则是一个稳定的政治局面。因此，卡达尔领导匈牙利在进行经济体制改革的同时，进行了政治体制改革。他指出，政治体制改革和发展社会主义民主是保证经济改革、促进社会进步的重要因素，经济民主必须有政治民主做保证，否则经济改革难以实现。在这一思想的指导下，匈牙利的改革首先从稳定政局、理顺各种关系、消除不稳定因素着手。如改善党群关系，调整各阶层人士，尽可能地团结一切可能团结的力量，广开

① 徐葵，张文武．东欧国家政治经济体制研究．北京：中国社会科学院东欧中亚研究所，1988：16.

言路，保护批评自由等。其次，在经济改革中，通过政治生活民主化的一系列措施来稳定人心，充分调动广大职工的生产积极性。例如，规定企业党组织的领导作用应体现在政治领导、协调和监督上，而不能取代经济行政机构的直接领导；扩大企业自主权，把企业计划的制订和供、产、销等权利交还给企业；中小国营企业的厂长和经理由职工直接选举产生，企业领导对选举他的集体负责；在国营大企业中建立企业委员会，由职工代表和企业领导组成，企业的经理和厂长可以由企业委员会选举产生，也可以通过聘任上岗，任期 5 年。可以看出，这既是经济改革，同时也是政治改革。这一措施在一定程度上确保了匈牙利改革的顺利进行。

综上所述，“匈牙利事件”后开始的改革是卡达尔在与拉科西等人推行的“左”的路线彻底决裂的基础上，把马克思主义的普遍原理与匈牙利的具体实践相结合的一次尝试，它顺应了历史的潮流，代表了人民的意愿，在一定程度上推动了匈牙利政治、经济的发展，为匈牙利全面改革开辟了道路。

（三）20 世纪五六十年代匈牙利改革的根本局限

在东欧社会主义国家中，除南斯拉夫外，匈牙利是较早开始尝试改革苏联模式的国家。从 1956 年起，以卡达尔为首的匈牙利社会主义工人党带领人民经过不断的探索，初步走出了一条既不同于苏联，又不同于南斯拉夫的社会主义建设道路。这一道路是匈牙利人民根据民族特色和具体国情运用马克思主义的结果，人们称之为匈牙利道路，与波兰道路和南斯拉夫试验一起被看作战后东欧改革的第一个高潮。当然，那个时代，匈牙利道路的历史命运与波兰道路、南斯拉夫试验有点相似，它在为世界社会主义建设提供新鲜样式、积累宝贵经验的同时，也有自身无法克服的历史局限性。

（1）在计划与市场相结合的认识上存在误区。

匈牙利改革始终没能突破社会主义等于计划经济的传统认识，国家行政干预依然是调节生产的决定性因素，价值规律只在有限的范围内起作用。匈牙利经济体制改革的核心要义是在促进计划与市场有机联系的同时，把企业转变为自主经营、自负盈亏的经济实体，即把国家计划管理同市场的积极作用有机结合起来，把中央的集中领导同企业的分权经营结合起来，通过活跃市场搞活经济。这一战略是一种“计划＋市场”的混合体制改革战略①，它要求把商品关系、货币关系、市场关系引入计划体制，变直接的指令性计划体制为通过经济手段（如市场货币、价格、利润、信贷税收等）间接控制的计划体制，是对传统的计划经济体制的有限突破。但在具体运行中，卡达尔始终处于一种矛盾状态，这一矛盾状态突出体现在对社会主义经济究竟是计划经济还是商品经济的认识之中。事实上，卡达尔从未肯定过社会主义是商品经济，他既想引入商品货币关系活跃市场，又努力在社会主义是计划经济的范围内活动。因此，市场关系虽然被引入，但在资源配置中，它只起辅助作用，起决定性作用的因素依然是国家行政权力，只不过行政干预的方式由原来的指令性计划变为规定利率、税收等各种经济调节手段。这种在计划经济框架内寻求计划与市场相结合的做法，强化了行政干预，限制了市场关系的作用，为匈牙利日后产品竞争力下降、通货膨胀、外债增多等经济问题埋下了隐患。

（2）集约化经济体制改革目标与社会公平之间存在矛盾。

在经济体制改革中，卡达尔始终强调经济改革要以实现经济集约化为目标，这一目标主要体现在两个方面。一方面，经济管理体制力求通过经济调节手段来促进企业优胜劣汰，以适应经济集约化的要求；另一方面，经济政策要促进集约化经营，即建立现代化的生产结构和产品结构，以提高产品的国际竞争力。但在具体操作中，这一思想也没有完全达到预期目标。卡达尔既想通过集约化、市场机制的运用达到提高效率的目的，但又想避免由于结构调整、利益关系的调整而对社会造成影响、震动②。由于集约化的实现要靠竞争促成企业优胜劣汰，一些优质资源要进行整合，一些不合理、不经济的生产要被削减或叫停，失业现象、物价上涨等社会不稳定因素就会增加，这与社会主义社会所倡导的公平原则相悖。为了避免这些不稳定因素，卡达尔在后期更多地强调集约化要靠加强国家的行政管理来实现。因此，匈牙利在压缩不经济的生产方面收效一直不大，一些企业要靠国家的保护、补贴政策来维持发展，甚至出现了“鞭打快牛”的现象，即效益好的企业要支持效益差的或没有效益的“亏损企业”，这不仅挫伤了改革的积极性，也使企业失

①② 宋萌荣，康瑞华．卡达尔经济改革战略思想探析．苏联东欧问题，1990（2）．

去了提高竞争力和抵御风险能力的机会。由于不能很好地解决集约化经济体制改革目标与社会公平之间的矛盾，匈牙利整个国民经济在转入集约化经营、生产和生产结构的现代化方面的速度较为落后，企业竞争力低下。

（3）匈牙利政治体制改革没有完全适应经济体制改革的需要。

匈牙利改革的一大特色是经济体制与政治体制改革同时进行、紧密配合。但在实际操作中，政治体制改革虽然花费了很大的力气，但还远远落后于经济体制改革，不能完全适应经济体制改革的需要。国家行政干预依然起决定性作用，社会主义民主和法制没有得到有效的贯彻，地方与企业的自主性也没有得到应有的发挥。

由于种种原因，卡达尔的改革理论与实践存在着巨大的矛盾，没有从根本上解决苏联模式所产生的问题。但在改革初期，卡达尔的确在不同程度上使匈牙利的社会主义充满了生机。他的改革思想，尤其是计划与市场相结合的经济体制改革模式，包含着许多积极的、科学的内容，无论是从理论上，还是从实践上，都为社会主义改革事业提供了宝贵的经验。总的来看，匈牙利道路的改革经验与历史教训，是战后苏东马克思主义史上的重要部分，至今仍具有启迪意义，值得我们深入研究，认真借鉴。

第七章　勃列日涅夫时期与柯西金经济改革

从 1964 年 10 月起，取代赫鲁晓夫担任苏联主要领导的是勃列日涅夫。他主政 18 年，改革不但没有前进，反而发生严重倒退，因而这 18 年多被后人称为“停滞期 18 年”。不过，在这个通常被认为黯淡无光的“停滞期 18 年”中，却有一个较短的起色时期，这就是 1965—1970 年苏联部长会议主席柯西金倡导的经济改革时期。然而，这次改革仅限于经济改革，不牵涉党和国家制度的政治改革，并且在单纯的经济改革中，又仅限于完善传统计划经济体制，不牵涉到体制转换的重大改革，即使是这样的改革也遇到了重重阻力。改革起初有些成效，但在 1968 年苏联出兵捷克斯洛伐克镇压“布拉格之春”后，这场改良式的温和改革也就无果而终、销声匿迹了。

下面，我们将分析一下这场温和改革的来龙去脉，看看固守传统计划经济体制的改良之路为什么会必然走上一条死胡同。追溯这段时间的历史轨迹有助于我们彻底澄清这个时代的一个影响全局的重大问题，即苏联模式究竟是怎样蜕化为僵化模式的。

一、勃列日涅夫时期 18 年

从 1964 年 10 月勃列日涅夫取代赫鲁晓夫上台执政，到 1982 年 11

月 76 岁的勃列日涅夫因病逝世，这长达 18 年的时间通常被称为苏联史上的“勃列日涅夫时期”。如何评价“勃列日涅夫时期”，有两种截然不同的观点：一种观点认为这是苏联历史上经济政治最平稳发展的黄金时期，另一种观点则认为这是发展停滞的 18 年。

如果我们今天实事求是、历史具体地分析这 18 年，应当说，这是虎头蛇尾的 18 年。20 世纪 60 年代中后期，柯西金推行经济改革，加上勃列日涅夫推动农村改革，最初几年还是有些起色的。但是，后期却发生了“左”的大逆转，其转折契机就是 1968 年 8 月苏联重兵镇压“布拉格之春”，1979 年底大举入侵阿富汗。而究其理论根源，则是勃列日涅夫提出的“发达社会主义论”从根本上扼杀了思想解放、改革开放的生机活力。更为具体地分析起来，我们可以分为三个阶段：初期 5 年较好阶段、中期 5 年停滞阶段和最后 8 年僵化阶段。

第一阶段，1964—1969 年，这是勃列日涅夫执政初期发展趋势较好的前 5 年。柯西金经济改革，加上勃列日涅夫本人亲自推动的农村改革，曾一度使苏联经济发展呈现较好的势头。这一时期，勃列日涅夫虽在苏联党和国家领导集团内部是第一把手、党的总书记，但并没有形成个人专权、独揽大权的权力垄断现象。当时，勃列日涅夫担任党的总书记，主管党和政治大权；柯西金担任苏联部长会议主席，掌管经济大权；波德戈尔内担任最高苏维埃主席团主席，掌管国家事务大权。这个共同执政的领导集团也被称为“三驾马车”。这一时期的基本特点是，一方面纠正了赫鲁晓夫后期的一系列盲动措施，比如，把党组织分成工业党和农业党两类；另一方面又不得不在客观上延续了苏共二十大以来兴起的改革势头，试图在一定程度上对传统计划经济体制的苏联模式有所突破，从而在一定程度上解放生产力、发展生产力。当然，这一时期的最大亮点还是首推苏联部长会议主席柯西金带头倡导的经济改革，这值得我们在下文做一番重点探讨。勃列日涅夫本人有抓农业工作的亲身经历，因而他在执政初期曾试图遏止赫鲁晓夫后期向“左”逆转的倾向，在农村推动经济改革。大体相当于这一时期的第八个五年计划，堪称是战后时代发展最好的一个历史时期，甚至被有些人誉为“黄金 5 年”。尽管这种说法实在是有些过誉，但一度因改革而发展势头较好确是不争的事实。

第二阶段，1969—1974 年，勃列日涅夫执政的第二个 5 年。这一时期，因对外重兵镇压“布拉格之春”，对内中断柯西金经济改革，苏联陷入了改革与发展双双停滞的历史局面，国家重心转向了苏美争霸、军备竞赛，和美国取得了战略上的均势地位。勃列日涅夫本身是一个负责任的忠实的执行型干部，在那种体制下和那个特殊时期被强推上一把手的位置。上台伊始，他一方面纠正了赫鲁晓夫后期的“左”倾盲动倾向，另一方面又对改革大势（包括柯西金经济改革）抱有根本保留态度，只是碍于改革大势正当时，一时难以完全遏止。1968 年 8 月，打着“华沙条约”的旗号，勃列日涅夫派遣几十万大军重兵压境，占领布拉格乃至整个捷克斯洛伐克，彻底扼杀了“布拉格之春”的改革来潮，也造就了勃列日涅夫向“左”逆转的历史契机。重兵镇压“布拉格之春”是一把双刃剑，由此必然向“左”逆转，而借此批判市场社会主义之后，实际上也叫停了柯西金经济改革，使其无果而终。甚至连柯西金本人也因支持出兵镇压“布拉格之春”而丧失改革锋芒和改革锐气。如果说这一历史时期有一项所谓历史成就，那就是勃列日涅夫重新把工作重心转向苏美争霸、军备竞赛，把高度集权的传统优势发挥到了极致，因而，在军事力量对比上，相当程度地扭转了“美强苏弱”的基本态势，并在核武器、洲际导弹、潜艇发射导弹、常规武器等一系列重要参数上，达到苏美相当的战略均势，甚至在某些重要方面超过美国。也正是这一点，必然导致工作重心向“左”逆转，体制改革停滞不前。

第三阶段，1974—1982 年，勃列日涅夫执政后期的 8 年。这一时期的一个重要转机是 1974 年底勃列日涅夫两次中风，成了老年病夫，但苏联模式政治体制却使他的权力更加集中，还兼任了最高苏维埃主席，最后甚至取消了退休制度，重新恢复了干部终身制，这标志着官僚特权阶层的固化形成，党的性质扭曲，苏联模式彻底僵化。从个人工作来看，勃列日涅夫当时还是相当敬业的。1974 年 10 月，勃列日涅夫到苏联东部符拉迪沃斯托克会见美国总统福特，其间，患上了脑动脉粥样硬化症，发生了第一次中风。经医生紧急处置后勉强应付过来，接着又带病访问蒙古，发表讲话，从蒙古返回莫斯科时又在专车上发生第二次中风，从此失去了正常的工作能力，变成了一个老年病夫。在这种情况下，他本应减轻工作负担甚至干脆退休，然而，在苏联模式的僵化体制下，他手中的权力却更加集中了。1979 年，他还解除了波德戈尔内最高苏维埃主席团主席职务，宣布其退休，这一职务也由勃列日涅夫本人兼任。也是在这一时期，赫鲁晓夫时期提出的干部任期制、轮换制、退休制等改革规定彻底地遭到否定，重新恢复了领导干部终身制。与此同时，大搞个人崇拜之风再次兴起。在传统计划经济体制的苏联模式下，维护既得利益的官僚特权阶层雏形在 20 世纪 30 年代就已潜在，在 20 世纪五六十年代已存在，但没有制度化、扩大化和定型化，而这种情况真正发生的时期就是在勃列日涅夫当政的后期 10 年，也就是 20 世纪七八十年代。

二、柯西金开始改革的历史背景

20 世纪 50—60 年代初起作用的苏联管理与计划经济系统形成于 20 世纪 30 年代，当时工业发展粗放，带有指令、行政命令特点。这一系统的存在与作用在当时是有一定历史渊源的，它是苏联经济在工业化初期成功的重要原因（虽然在农业中由于强制推行全盘集体化也产生了悲剧）。但是，到了 20 世纪 60 年代初，情况发生了根本变化。虽然 20 世纪 50—60 年代初苏联维持了相对高的经济增长速度，但越发明显的是在粗放发展的道路上国家不能成功解决根本问题。在苏联已经拥有所有基本生产部门时，首要任务应该是以科技创新引领集约型工业发展，并对计划体制做出改变。而在此时，世界范围内现代科技高速发展，变革已有的经济系统的迫切性和必要性愈发凸显。因此，客观上苏联经济改革的必要性已经成熟，之后则应是整个国民经济管理集合体以及整个国家管理系统改革，因为在生产基础上的改革必须反映在政治、法律等上层建筑的革新中。

1964 年 10 月赫鲁晓夫下台，随后米高扬、什维尔尼克也相继离开苏共中央领导集体，这标志着参与苏联革命建国时代的老一辈布尔什维克退出了历史舞台。苏联建国后，甚至是苏联模式形成后成长起来的新一代担任了党和国家领导职务。赫鲁晓夫下台后，一个人独揽大权的局面也随之结束，勃列日涅夫担任党的总书记，柯西金担任部长会议主席，波德戈尔内担任最高苏维埃主席团主席，形成了以勃列日涅夫为主的“三驾马车”政治格局，由柯西金主管经济工作。柯西金并不是老一辈布尔什维克，而是多年从事经济工作的领导专家，代表着经济技术官僚阶层，有系统的专业知识与管理技能，但他对马克思主义基本理论和社会主义国家意识形态却并不在行，也没有多大兴趣，这就预先决定了柯西金改革的单纯经济性质、技术性质、局部性质和改良性质。

苏联模式固有的传统方法，如强制集体化、加速工业化、数以百万的古拉格囚犯的劳作、群众的热情、斯达汉诺夫式的运动等，在没有明显的战争威胁的新历史条件下已经无法使用，因此，摆在苏联经济学家面前的是在社会主义制度下刺激劳动的问题，以及需要达成企业领导者和工作者对物质刺激的理解。为经济改革提供理论基础的是在利别尔曼领导下大批经济学家的工作。事实上，利别尔曼早在 1962 年的《计划、利润、奖金》一书中就概括了这一工作的实质，即在国家层级上改革的内容被总结为两个决定："关于优化生产与经济的计划及刺激"以及"关于社会主义制度下的国家生产企业"①。在利别尔曼领导下设计的改革建议由 1964 年成为苏联部长会议主席的柯西金的政府在现实中实现，因此，在苏联及俄罗斯的史料研究中，改革建议获得了"柯西金"的称号，在西方它被以自己的制定者冠名——"柯西金改革"。

三、柯西金经济改革的基本内容

柯西金经济改革的基本目标在于为促进经济转为集约型增长创造长远发展的基础，让企业更加独立，提高其经济自主的水平，并推出新的经济刺激措施，替代死板划一的指令性计划旧体制。柯西金改革提出了以下具有一般特点的措施：

第一，减少国家下达的必须计划指数的数量，以减少生产过程的官僚主义，并且不允许在没有企业同意的情况下改变计划。这意味着与先前已经存在的系统相比，企业获得了很大的经济自主性。整个新的指数系统的目标给予了企业找到实行更加经济的生产活动、有效使用基金、用最小的花费增长生产的机会。其实质是逐步清除苏联经济的指令性、完全中央化的管理-命令式管理。

第二，效率的关键指标是利润、成本与盈利（标志着商品-货物生产与资本主义的范畴）。

① 利别尔曼．计划、利润、奖金．真理报，1962-09-09.

第三，在企业管理中留下了一定比例的盈利，在其基础上创立了激励基金，用于发展基金、物质激励基金、社会-文化措施及住宅建设基金。而创立第一个基金的目的是扩大内部生产发展投资来源，第二个和第三个基金则成为企业集体新的物质激励系统。这些基金的创立极大地扩展了企业的经济自主性。

第四，实行经济核算，即在社会企业的计划经济环境中实行经济行为，当所有花费用于补偿产品生产时，企业及其工作者就有经济刺激，这可以促进生产规模的扩大，提升产品质量以及提升工资。在实践中，经济核算是推行与管理经济的方法，其实质在于每一个企业都以货币形式衡量生产以及其经济行为的结果，用销售产品的货币收入偿付其花费，保障生产可盈利。因此，可营利性与自负盈亏成为这一方法最重要的特点，这一方法以社会所有的生产资料为基础，原则上区别于商业经济核算，而后者服务的是私人利益。

第五，清除地域性经济管理机关，重新建立领域管理系统（代替赫鲁晓夫 1957 年建立的人民经济会议，1965 年重新恢复了部门）。

第六，价格管理新政策要求销售的批发价格应该保证企业提出的生产可营利性。引入了长期行为的定额——在产品计划成本规范的特定阶段不需要重新审查。农业产品采购价格提高 1.5～2 倍，实行超计划收成优惠价格，降低零件和技术产品的价格，减少农民的所得税。

改革所需资金大部分通过出口至国外的石油及天然气资源获得，为此设立了有关的基础设施。

四、柯西金经济改革一度见到成效

1965—1970 年，苏联部长会议主席柯西金倡导的经济改革一度取得了较好效果。这种成效主要表现在两个方面：

一方面，改革制止了赫鲁晓夫在执政后期（1958—1964 年）为实现“尽快超过美国，1970 年前后即实现共产主义”的空想目标而采取的一系列倒行逆施、向“左”逆转的做法，缓解了由此带来的经济恶化、经济危机趋势。另一方面，柯西金改革虽没有从根本上解决传统计划经济体制的苏联模式的要害问题，但在打着“完善计划经济体制”的旗号下，有限地利用商品货币关系作为润滑剂，在一定限度上使僵化体制有所缓解，使国家、企业、个人三者的利益关系得到一定的调节，缓解了国家垄断制极端化发展带来的僵化倾向，一度使苏联经济出现一个战后发展的良好时期。但有些苏联学者称 1965—1970 年为“金色五年”，实在有点言过其实。柯西金经济改革的这五年，苏联经济曾有一定起色是事实，但这已是苏联模式走向僵化后的“回光返照”，瞬息即逝。

1966—1970 年苏联第八个五年计划恰好大体与柯西金改革重合，这确实是战后时期最好的一个五年计划。根据官方资料，社会生产总值增长了 43%，国民收入增长了 45%，工业产品总量增长了 50%，之前发生的生产增长速度下降暂时被制止住。对该五年计划造成影响的是 1973—1975 年世界经济及能源危机。在这一时期，苏联通过外交局面造成的世界石油及石油产品价格上涨（10～12 倍）获得巨大收入。这是用资本加固已摇摇欲坠的社会主义经济体系的历史良机。20 世纪 60 年代末到 70 年代初，经济改革的良好趋势开始耗竭，国民经济又回到了传统的依靠燃料-能源及战争-工业集合体增长（在战争-工业集合体的框架中有国内超过 80%的机械制造工厂）。在批量生产中引入高科技技术（无线电、信息学、计算技术、生物技术等）的尝试没有带来预期的结果。苏联经济结构发展越来越不合理，严重向军事重工业倾斜，导致对人的直接需求的投入趋于最小化。到 1970 年底，49 000 家企业中 41 000 家被转入经济第一系统，它们占据了 95%的利润和工业产品总产量的 93%。同时，这一时期苏联还进行了仪表制造业部门设备、机器化设备以及管理系统转入经济核算原则的尝试。

五、1968 年苏联出兵捷克斯洛伐克使柯西金经济改革无果而终

1968 年苏联出兵捷克斯洛伐克，好比一把双刃剑。一方面，是用暴力扼杀了“布拉格之春”，使杜布切克领导的捷克斯洛伐克的改革派受到无情摧残；另一方面，则指向了苏联自身，使苏联内部孕育的柯西金经济改革不再向前走、向上发展，无果而终。可以说，1968 年出兵捷克斯洛伐克也是一道分水岭，使掌握党政军大权的苏联第一把手勃列日涅夫对柯西金经济改革从有限支持转变为根本保留和刻意遏止。

苏共中央第一书记勃列日涅夫、苏联部长会议主席柯西金、苏联最高苏维埃主席团主席波德戈尔内，是苏联的“三驾马车”。尽管勃列日涅夫对柯西金、波德戈尔内都心存疑虑，但他也认为他们不足以威胁自身的地位，因而，对柯西金经济改革虽持一定保留态度，但前期仍给予一定的支持。从实质上看，新经济体制改革仍然是以行政命令的方式来改革领导经济工作的行政方式，在已经建立了传统计划经济体制的苏联，这几乎是早期局部改革的必由之路。经济体制改革已经走到了这种模式的僵化边缘，即到了改革的最困难阶段。种种矛盾都表明，必须冲出传统计划经济模式的局限，走向市场，而在苏联这种制度下，新经济体制改革的命运在关键时刻却取决于苏共中央总书记勃列日涅夫的决断。

那么，是什么促使勃列日涅夫转变了对新经济体制改革的态度呢？是 1968 年“布拉格之春”的捷克斯洛伐克改革。这一事件对勃列日涅夫的刺激很大，是勃列日涅夫对新经济体制改革从赞同转为阻挠的重要因素。20 世纪 60 年代末，在苏共中央机关内开始盛传勃列日涅夫对柯西金新经济体制改革的评价：“看他想出什么来了？改革、改革，谁需要这个改革？谁又懂得这个改革？更好地工作，这就是问题的一切！”对市场社会主义的批判就是在勃列日涅夫的支持下开展的，是对包括柯西金在内的新经济体制改革思潮的理论讨伐。1971 年 3 月 30 日，勃列日涅夫在苏共二十四大上做总结报告时，已经不再谈论新经济体制改革了，转而强调“完善国民经济的计划管理”，把“计划管理”提到经济工作的首要位置。他说：“计划工作是社会主义条件下国民经济领导的中心环节和核心。”“我国社会主义经济的所有成就都是同经济的计划经营紧密联系的。未来的经济成就也将在很大程度上取决于计划工作的质量。”①

原本柯西金的改革观就有很大的、根本性的历史局限性与理论局限性，加之 1968 年他又积极支持苏联出兵镇压“布拉格之春”，反过来也促使自己给方兴未艾的苏联第三次改革来潮踩下了刹车。捷克斯洛伐克的主要经济学家奥格·希克既肯定了计划的合理性，也肯定了市场的必要性，认为社会主义也应当是市场经济。苏联少数有政治敏锐性的经济

---

① 叶书宗. 勃列日涅夫的十八年. 北京：人民出版社，2013：85-86.

学家也感觉到不能拒绝市场经济。柯西金的新经济体制改革虽然距市场社会主义还十分遥远，但他已意识到要引进某些市场机制。1968 年 8 月，勃列日涅夫出兵占领捷克斯洛伐克镇压“布拉格之春”后，在勃列日涅夫的授意与支持下，苏联也开始了对市场社会主义的集中批判。柯西金本人也退缩了。1971 年 4 月 6 日，柯西金在苏共二十四大上做苏联发展国民经济第九个五年计划指示报告时，强调“重工业过去是、现在仍然是国家经济力量和进一步提高人民福利的基础”。他同时又批判市场调节，并说：“党中央委员会和苏联政府的出发点是：指示计划是主要的和有决定意义的，商品货币关系能够，而且应当用来加强对国民经济的计划领导并按照经济核算的原则发挥企业和联合公司的首创精神。商品货币关系在我国具有新的、社会主义所特有的内容。当然，我们要批驳主张用市场调节作用来取代国家集中计划的主要作用的各种错误观点。”①

1965—1980 年，柯西金一直担任苏联部长会议主席，与勃列日涅夫、波德戈尔内形成“三驾马车”，并在其中扮演了主管经济工作的重要角色。从形式上看，柯西金的政治生命似乎持续了 15 年之久，但实际上只有前 5 年才有些生机活力，后来就虎头蛇尾了。当然，转折点正是 1968 年苏联出兵镇压“布拉格之春”。1978 年 11 月 7 日，积极支持、协助柯西金开展经济体制改革的马祖罗夫被逐出政治局，这已经预示着柯西金的个人结局了。1980 年 10 月 21 日，勃列日涅夫在苏共中央全会上谈到苏联国民经济的困难时，又批评“除了客观原因外，阻碍发展速度的还有工作中的缺点。应当公开承认：管理和计划机制、经营管理方法和行政纪律还都没有提高到当前要求的水平”。这是在苏共中央全会上不指名地公开指责柯西金。10 月 24 日，苏联最高苏维埃会议通过关于柯西金由于身体状况辞去苏联部长会议主席职务的决议，任命第聂伯罗彼得罗夫斯克帮的重要成员、被勃列日涅夫长期安排在柯西金身边的吉洪诺夫为苏联部长会议主席。勃列日涅夫在会上说：柯西金同志身体恶化，需要休养和摆脱频繁的活动，他自己提出解除苏共中央政治局委员和苏联部长会议主席的职务。

由于柯西金改革构想的措施提高了与市场经济有关的范畴的作用，

① 叶书宗. 勃列日涅夫的十八年. 北京：人民出版社，2013：82.

减少了指令性计划指标的数量，因此，苏联国内外的许多经济学家认为，苏联经济学向以市场为起点的改革方向走出了重要一步，正如当时西方所说的：发生了苏联经济的“利别尔曼化”。但是，对所制定的政策的深入研究以及其在地方具体的实践表明，这些措施是纯粹外部的、表面的，在很多方面起到的都是面子上的作用，从根本上缺少与市场经济共同的地方。指令性计划指数范围的某种缩小，以及与一些指标，如盈利、可营利性相连的物质激励部分，在某种意义上强化了之前已存在的绕过国家及社会利益，为集体尤其是其领导牟利的可能性。并且，提升经济效率、产品质量以及更好地满足消费者需求的改革目标没有得到实现，因为没有已实行的措施来保证。可以说，柯西金改革后来萎缩的基本原因是改革的重新审视，退守苏联模式；直接原因是 1968 年发生在捷克斯洛伐克的事件。

20 世纪 70—80 年代，大部分苏联经济学家的研究集中于计划、会计、数据、经济数学方法问题，而不是马克思列宁主义政治经济学创造性研究。而当时在苏联，也正是意识形态动机使得经济改革屈服。柯西金改革试图把意识形态放在次要地位，集中解决完全单纯的经济问题，但是，勃列日涅夫这一代苏联的党的领导经过了苏联模式的培养，不能非意识形态或超出意识形态思考经济问题，无法超越意识形态与政治化的资本主义与社会主义的对抗（尤其是在冷战环境中）。因此，20 世纪 60 年代局部缩减改革时，苏联领导层直觉上正确地理解了改革的发展会带来什么。“提倡市场经济者”（利别尔曼、利西奇金、比尔曼）认为自己的任务“不在于为价值规律提供无限空间以及把它变成社会生产调节器，而在于将价值规律作为计划指导我们的国民经济的最重要的经济杠杆之一使用”。他们没有提出为市场提供调节功能，只是赞成将市场机制作为计划经济体制的辅助品使用，他们确认，价值规律“作为调节器不是独立地完成辅助作用”。他们试图结合计划与市场，“经济核算”一词成为关键词。由此可见，柯西金改革的“思想解放”没有走得太远，甚至与他改革早期（1986—1988 年）相比，它也完全是温和的。

尽管柯西金改革如此温和也无法得到顺利推进，但 1968 年的“布拉格之春”对它来说才是真正的打击。1968 年的“布拉格之春”以后，已经不能谈论任何有关深入改革的事物了。20 世纪 70 年代，经济管理中心化加强。虽然当时围绕改革开展了非常有趣的辩论，在辩论期间一批经济学家，首先是数学家，提议沿建设市场社会主义路线更进一步，这让苏联的政治领导人感觉受到了需要镇压的捷克斯洛伐克版本的威胁。由此，与“资本主义意识形态渗透”、争取社会主义价值观的斗争开始了。当然，这已经不是像 20 世纪 40 年代末“与世界主义者的斗争”那样的大规模的运动了，但 70 年代的趋势没有为苏联经济学带来任何好的东西。

如果说 20 世纪 50—60 年代中期（就像 20 年代的新经济政策一样）苏联政治经济学得到了创造性的发展，那么，70 年代它却重新变成了固守传统计划经济体制的教条主义僵化观念。大部分苏联经济历史学家认为，从 20 世纪 70 年代开始，苏联马克思主义政治经济学进入了理论衰退时期。苏联经济理论家大部分有关苏联宏观经济问题（社会主义政治经济学）的研究带有辩护性、伪科学性质，其内容和目的是固守苏共政策路线的僵化意识形态内容，加固已有的制度。实质上，根据马克思“庸俗资产阶级政治经济学”的类比，这种类型的研究可以被称为“庸俗社会主义政治经济学”。从整体上看，苏联社会主义政治经济学由于苏联模式的彻底僵化，进一步丧失了自己的意义，没有经受住时间的考验，走向了消亡。

1965—1970 年的柯西金经济改革，曾有两种可能性：如果这一改革能得到一把手勃列日涅夫的带头支持，就可能从局部改良走向经济体制的全面改革，乃至经济、政治、文化“三位一体”的系统改革，可惜这种可能性由于 1968 年苏联出兵捷克斯洛伐克而完全丧失。另一种可能性则占了上风，就是固守传统计划经济体制的局部改良，这只能是死路一条。

六、勃列日涅夫时期的停滞与苏联模式僵化

在战时和苏联国内经济恢复与发展中曾起到积极历史作用的高度集中的行政命令计划经济体制，随着国内政治经济形势的发展，其弊端日益凸显。到了 20 世纪 70 年代中后期，经济发展速度开始出现了明显的下滑趋势，社会主义建设观念也愈加僵化，各种矛盾日积月累，危机日益深重，具体表现为以下几个方面：

一是经济管理方式僵化落后。苏联高度集中和过度僵化的经济体制是苏联经济问题产生的重要原因。“自上而下、高度集权、只要求劳动力唯命是从的体制，越来越与苏联人民的现实要求相冲突”[①]，这不仅催生了官僚主义、生产积极性降低等问题，而且导致企业亏损和居民消费品匮乏的恶性循环。这就使得苏联国民经济增长速度从 20 世纪 70 年代起就明显下降，到 80 年代初期形势已经十分严峻，一连几个五年计划都未完成，各方面问题累积越来越多。

二是经济结构高度畸形，国家建设发展投入力不从心。为加快工业化步伐和参与军备竞赛，苏联国民经济比例严重失调，重工业和军事工业畸形发展，而与人民生活息息相关的轻工业、农业长期处于落后状态。长期以来，苏联依赖于油气出口，但从 20 世纪 80 年代起，国际油价持续大幅下跌，这就导致了苏联经济发展资金供应不足。而日益疯狂的美苏军备竞赛使得苏联的经济困境雪上加霜，戈尔巴乔夫曾经感叹：“原来，军费开支所占国家预算的比例并非 16%，而是 40%！”[②] 大量的军事投入导致苏联在其他领域投入不足，进入 20 世纪 80 年代，苏联的科学和教育、卫生保健和居民文化生活服务的物质基础都开始落后，企业活力不足，苏联经济发展已经进入一种难以摆脱的恶性循环。

三是苏联的农业状况堪忧。虽然苏联具有较高的农业机械化水平，但却存在农业研发、农业人才培养和农业政策方面的严重不足，劳动生产率低。加之工业发展一直以牺牲农业为代价，农民积极性严重不足。进入 20 世纪 80 年代，苏联的农业已面临全面崩溃，农业收获量不增反降。与粮食减产形成鲜明对比的是苏联人口的大量增加，尤其是工业人口的增加，使苏联农业雪上加霜。虽然 20 世纪八九十年代不断增加粮食进口的份额，但 80 年代后半期，部分大城市还是出现了粮食供应危机，粮食问题再度成为制约苏联改革成败的重要问题。

实际上，比经济状况问题更深层的是改革发展停滞与苏联模式的体制僵化问题。在勃列日涅夫主政的 18 年中，除了初期 5 年还有些改革气象和改革余波之外，其他大部分时间的显著特点就是停滞与僵化。传

① 科兹，威尔. 来自上层的革命：苏联体制的终结. 曹荣湘，等译. 北京：中国人民大学出版社，2002：64-65.

② 戈尔巴乔夫. 戈尔巴乔夫回忆录. 述弢，等译. 北京：社会科学文献出版社，2003：394.

统计划经济体制的苏联模式彻底变成了僵化模式。集中反映这一过程的历史标志主要有以下六个方面：

第一，以 1968 年 8 月镇压“布拉格之春”为契机，彻底中断了柯西金经济改革。勃列日涅夫对柯西金经济改革的态度有某种特殊的二重性：一方面，他上台伊始权力未稳，需要对柯西金的经济改革表示一定程度的支持，以便争取人心；另一方面，在他的内心深处，对柯西金经济改革还是持有根本性的保留态度，认为这是“瞎折腾”，但苦于无由发难。1968 年 8 月重兵镇压“布拉格之春”为勃列日涅夫提供了契机，在苏联国内掀起批判市场社会主义之风。实际上从 1969 年开始，柯西金经济改革已如强弩之末，1972 年又通过苏共中央全会对柯西金“新经济体制”正式做出了否定性的评价，这等于将其掌握的经济大权集中到勃列日涅夫手中。

第二，把主要财力、物力集中于苏美争霸、军备竞赛上，虽在军事上争得了苏美均势地位，但使工作重心发生“左”的逆转，体制改革必然中断，甚至大踏步地倒退，向战时体制、备战体制倒退。1970 年前后，从国民经济总量来看，美国大约是苏联的 1.8 倍。也就是说，苏联当时的整个国民经济总量大约只相当于美国的一半稍多一点。为了在军备竞赛上赶超美国，勃列日涅夫集中了主要的人力、物力、财力资源，走上了战时体制、备战体制。1962 年加勒比危机时，美国拥有的核武器是苏联的 9 倍之多，而到了 1970 年，美国陆基洲际导弹仍然保持 1 054 枚的故有水平，苏联拥有的陆基洲际导弹却骤然增加到 1 300 枚，反超美国。美国拥有的战略核武器运载工具这时是 1 921 件，而苏联拥有的数量已多达 2 498 件，超过了美国 577 件。20 世纪 80 年代初，苏联年产核动力潜艇吨位是美国的 3 倍，年产坦克数量是美国的 4.5 倍，装甲运输车是美国的 5 倍，大炮是美国的 5 倍。大约同期军队人员数量，美军从 305 万降至 206 万，苏军却从 368 万增至 419 万，苏军人数等于美军人数的两倍多。勃列日涅夫时期，苏联军费以每年 4.5％以上的速度递增，1965 年达到 500 亿卢布，1973 年超过美国，1976 年达到 800 亿卢布，占到本年度国家财政预算支出的 30％。这导致了苏联国民经济的军事化，1/3 的工业生产、1/2 的机器制造业都为军事服务，军事工业综合体的产值占到整个工业生产的 80％左右。反观许多轻工业部门的技术和组织水平，还停留在 20 世纪 30 年代的水平，农业则相当于20世纪20年代中期的水平。

第三，对于现代科技革命则反应严重迟缓，甚至起草一个中央文件、召开一次中央全会都拖延近十年，可谓严重滞后。关于现代科技革命问题，早就有党内外人士提出过，但是却遭到领导层的压制。直到在1971年三四月间召开的苏共二十四大上勃列日涅夫所做的报告中才提到了这个问题，并将其提升到“发达社会主义阶段”三大经济特点之一的新高度。于是政治局决定召开一次中央全会，讨论现代科技革命与社会主义发展问题，并由基里连科、多尔基赫、索洛缅采夫三位中央书记处书记组成一个党内领导和文件起草小组。这个班子奋战了几个月，写出了一份130页的报告。1973年5月，这份报告提交苏共中央书记处。据说由于这个文件触及了经济体制改革问题，政治局中有人反对，之后便石沉大海。直到1982年勃列日涅夫逝世后，人们在清理他的历史档案时才在他的保险柜中发现了这个报告，但已过去近十年。

第四，在时代呼唤改革、迫切要求反思苏联模式时，勃列日涅夫却提出“发达社会主义论”。在1976年二十五大、1981年二十六大上，晚年勃列日涅夫更是强调发达社会主义已经建成，开始向共产主义过渡，这就进一步从理论上美化了僵化模式，阻塞了改革道路。1967年前后，勃列日涅夫最初提出“发达社会主义论”时有一个重要思想动机，就是纠正赫鲁晓夫“尽快向共产主义过渡”“1980年建成共产主义”等冒进盲动思想，多少有点历史合理性。“发达社会主义论”如果能随着实践发展，更加贴近真正国情，也许会成为一个较好的过渡说法。但问题是，晚年勃列日涅夫离苏联真正国情越来越远，乃至1976年在苏共二十五大上，他宣称苏联已经建成发达社会主义社会，并在逐渐发展成为共产主义社会。1977年，他又为此发表文章，题目是《通往共产主义道路上的历史里程碑》。这从理论上阻塞了反思苏联模式历史弊端、打开改革开放之门的道路。这种脱离实际的僵化理论，也成了僵化模式的一面镜子。

第五，勃列日涅夫时期不仅没有进行政治体制改革，而且还大大深化了官僚主义国家机构，使维护既得利益的官僚特权阶层最终巩固了地位。官僚特权阶层享有普通劳动群众没有的一系列特权，比如名目繁多的特殊津贴、豪华别墅、特殊的供给和供养、免费疗养、特殊医疗服务、专用汽车、配备司机、各种称号带来的特殊权利等等。勃列日涅夫时期使这个官僚特权阶层更加扩大，也更加稳定了。当时，仅苏共中央部级机构就扩充到 200 个，特权阶层人数发展到 25 万左右，其家属约 100 万，占苏联人口的 0.5%左右。在苏联模式初步形成的 20 世纪 30 年代至 50 年代以及 20 世纪五六十年代的赫鲁晓夫时期，官僚特权阶层也有其雏形，开始形成，但是远未定型，而且经常处于激烈变动之中，很不稳定。只有到了勃列日涅夫时期 18 年，这个维护既得利益者的官僚特权阶层才第一次更扩大、更稳定，其特权地位也更稳固。

第六，勃列日涅夫时期名正言顺地恢复了领导干部任职终身制，从而使维护既得利益的官僚特权阶层最终定型化、凝固化、稳定化，也使党的性质发生了根本扭曲，从而使苏联模式彻底僵化，根本定局。在 1966 年三四月间召开的苏共二十三大上，勃列日涅夫以维护稳定为由取消了赫鲁晓夫时期苏共二十二大通过的党章第二十五条关于定时定期更新和更换党的领导成员、限定党组书记连任比例的条款。从此以后，连选连任乃至终身制制度化和普遍化。在 1976 年苏共二十五大上，党中央委员连选连任的比例上升到 83.4%。在 1981 年苏共二十六大上，这个比例上升到 90%以上。勃列日涅夫连续担任总书记 18 年，仅次于斯大林的 30 年，直到最后在总书记的岗位上逝世。1982 年 11 月，接替他的安德罗波夫，接班的时候已经 69 岁高龄，任职一年后，也在岗位上逝世。1984 年，安德罗波夫逝世后，接替他的是 73 岁的契尔年科，一年之后也在岗位上逝世。据多位当事人回忆，经过两次中风之后的勃列日涅夫实际上已经丧失了工作能力，还不时处于神志不清的状态，但最后 8 年的政治局会议、书记处会议，通常形式上还是按规矩、按程序照开不误的。为适应其需要，这种会议通常只开 15～20 分钟，由勃列日涅夫念一念秘书班子事先起草好的文件，然后各位与会者（多半也是年迈多病的老人）表示同意并一致通过，实际上这只是走个过场，并不展开实质性的深入讨论和不同意见的思想争论。最典型的是 1979 年底出兵阿富汗。1979 年 12 月 26 日，勃列日涅夫、安德罗波夫、葛罗米柯、乌斯季诺夫、契尔年科这 5 个人在勃列日涅夫私人别墅草草决定，然后形式上再由 10 人政治局全票通过，就出动 10 万大军全面入侵阿富汗，把苏联拖入泥潭之中。

最要害的问题是，这种领导干部终身制的制度体系，使党和国家的领导层根本脱离了群众，无法紧密联系群众，倾听群众呼声，带领广大劳动群众推动改革开放，有效治理国家。

最致命的社会后果是，在 20 世纪 80 年代，要求时代主题转换的呼声更加高涨，科技革命的浪潮也更加汹涌，改革开放的创新要求也更加迫切，这一套体制机制却只能使苏联模式最终僵化定型，丧失了不断自我更新的能力。

第八章　20 世纪中后期苏联哲学社会科学

20 世纪中后期，苏联哲学社会科学一度出现了一个相对活跃的时期，苏联哲学界的代表人物有凯德洛夫、柯普宁、列克托尔斯基、伊里因科夫、弗罗洛夫等，他们取得了颇为丰硕的研究成果，在政治经济学领域形成了一些学派，成一家之言，在战后苏东马克思主义史上占有一席之地。在关于苏联社会主义发展阶段问题上，也有不同的论断，并就相关问题展开了讨论，集中反映了苏联科学社会主义理论研究的曲折发展和历史命运。

一、20 世纪六七十年代苏联哲学成果

20 世纪六七十年代，以和平与发展为主题的战后时代发展大势已经愈益明显。在这个时期，苏联哲学界一度出现了比较活跃的局面，比较富有成果的六大领域是：拉宾、奥伊泽尔曼等人的马克思主义哲学史研究；凯德洛夫等人对列宁《哲学笔记》的研究；凯德洛夫等人对辩证法的研究，形成了几个不同学派争鸣的格局；柯普宁、列克托尔斯基等人的现代科学认识论研究；伊里因科夫对《资本论》的独特研究；弗罗洛夫等人的人学研究等。

(一) 对马克思哲学革命深入开掘的七部代表作

由于有列宁当年的亲自倡导以及梁赞诺夫、阿多拉茨基的奠基之作，苏联哲学界非常注重马克思首倡的哲学革命，20 世纪六七十年代活跃期，这一重要领域取得了一系列研究成果。这方面的文献浩如烟海，其中较有代表性的是以下七部论著，它们是这方面研究的主要成果，标志着研究的逐步深化。

第一部代表作是 1962 年奥伊泽尔曼发表的大部头学术专著《马克思主义哲学的形成》。

苏联学术界第一次试图把马克思主义哲学形成过程说得较完整的是奥伊泽尔曼的上述著作。奥伊泽尔曼揭示了马克思主义形成过程的复杂性与矛盾性。马克思和恩格斯同各种反动的浪漫主义的斗争第一次在文献中得到阐述。书中对马克思和恩格斯与青年黑格尔派的关系讲得基本上是正确的，不仅分析了政治上的分歧，而且分析了哲学观点上的分歧，同时还根据哲学观点来研究马克思的博士论文及其在《莱茵报》上发表的许多文章。其对《1844 年经济学哲学手稿》主要是从肯定角度讲的，指出把马克思的青年时期与成熟时期对立起来是站不住脚的。这本书的可贵之处在于能够与经济上的探讨相联系来阐明马克思哲学观点的发展。哲学中革命变革的内容和实质在书中也得到了较为充分而又全面的阐述。不过，这还只是一个初步尝试，一系列重大问题还远未得到真正解决。

第二部代表作是 1968 年巴加图利亚发表的长篇论文（或叫小型学术专著）《马克思的第一个伟大发现——唯物史观的形成和发展》。

该论文的基础是作者本人 1968 年完成的博士论文《马克思恩格斯著作中唯物主义历史观形成与发展的基本阶段》。该论文提出了三个基本观点：第一，作者根据恩格斯的提法，强调唯物史观是马克思第一个伟大发现；第二，该论文立足于大量历史文献，比较系统地梳理了马克思思想的来龙去脉，区分了唯物史观形成与发展的各个不同历史阶段和历史形态；第三，作者提出马克思唯物史观形成发展的思想制高点、发达机体和经典表述集中体现在 1859 年《〈政治经济学批判〉序言》中。巴加图利亚在《马克思的第一个伟大发现——唯物史观的形成和发展》中提出，要深刻地理解唯物史观的理论内容和思想实质，就必须懂得唯物史观的形成过程和发展历史，以便清楚地确定什么是最充分地发展了的唯物史观，并通过这个发达机体的解剖提供理解其思想萌芽的钥匙。问题在于，为了把握马克思唯物史观最一般最本质的特征，必须抓住历史发展中的哪一点？作者断言：对于唯物主义历史观来说，这一“点”在马克思主义史上就是马克思的《〈政治经济学批判〉序言》。这一事实实际上如此明显，是不证自明的原理。这个观点有一定科学依据，但不足之处是从根本上忽视了马克思唯物史观与哲学创新在《资本论》及其三大手稿、晚年续篇中的理论飞跃和体系创新。

第三部代表作是 1965 年维·索·维戈茨基的小型学术专著《卡尔·马克思的一个伟大发现的历史——论〈资本论〉的创作》。

作者把研究重心从 19 世纪三四十年代的唯物史观转移到五六十年代的《资本论》创作，并且集中于他所谓的《资本论》创作活动高潮期，即 1850—1863 年。作者特别关注马克思《资本论》的头两大手稿——《1857—1858 年经济学手稿》和《1861—1863 年经济学手稿》，认为前者具有原创性突破，而后者篇幅最大、内容最丰富、体系结构最完整。美中不足的是，作者误把《资本论》手稿中的黑格尔《逻辑学》用语当成是黑格尔哲学唯心主义思想的遗迹，而没有注意到这是对黑格尔哲学的“二次改造”，是马克思哲学革命的“二次飞跃”。

第四部代表作是 1976 年尼·拉宾的学术专著《马克思的青年时代》。

拉宾的这一专著重点研究了马克思的两大手稿——1843 年《黑格尔法哲学批判》手稿和《1844 年经济学哲学手稿》。这部著作借鉴了国际学术界研究马克思《1844 年经济学哲学手稿》的新成果，同时也试图更好地回答“青年马克思与成熟马克思”的关系问题，反对制造二者的对立。

第五部代表作是 20 世纪六七十年代，敦尼克、奥伊泽尔曼、凯德洛夫等苏联哲学家集体合著的《哲学史》多卷本。

在《哲学史》的三、四、五卷中，包含着马克思主义哲学史的雏形，以世界哲学史为历史背景，简要勾画出了马克思主义哲学的历史过程、几个不同阶段，理论形态的历史演变、历史过程与历史规律、历史经验与历史教训。

第六部代表作是 1980 年在《哲学问题》第 7 期上凯列与科瓦尔宗

合作发表的重要论文《哲学社会科学研究方法论的几个重要方面》。

哲学家 В. Ж. 凯列和 М. Я. 科瓦尔宗于 1980 年在《哲学问题》杂志上撰文，强调社会历史的人和人道主义的意义，提出历史研究的三个方法论问题，或者说衡量历史的三个尺度：第一，揭示历史规律，即把历史作为自然历史过程来看，这是历史唯物主义和历史唯心主义的区别所在，但不完全是；第二，把历史当作人们活动的过程和结果来分析，这样才能揭示出主体在历史中的重要作用；第三，把历史作为人自身发展的历史来观察。他们把这称作自然历史方面、活动方面和人道主义方面。文章发表之后引起很大反响，其观点被绝大多数学者所接受。

第七部代表作是从 1981 年开始出版的《马克思列宁主义的历史过程理论》三卷本著作（莫斯科：第一卷，1981；第二卷，1983；第三卷，1987），主编是尤·克·普列特尼科夫。这部著作主要由苏联科学院哲学研究院编写，充分展现了苏联哲学家改革以前在历史过程领域中达到的理论研究水平，尤其基本展现了当时历史唯物主义的全部范畴机理。该著作虽然在解释这样或那样的范畴时出现了经院哲学的印记，但整体上达到了无可置疑的重要作用，得到了当时媒体的正面评价。它在很多方面促进了对马克思主义哲学主要范畴更加深入的理解，包括社会历史实践、马克思主义社会哲学的世界观及方法论。

上述七部代表作表明，在 20 世纪六七十年代，苏联存在着一支马克思列宁主义理论研究队伍，他们对马克思主义哲学革命理论源头、马克思两大发现中的哲学底蕴做出了比较系统深入的理论开掘。但是，由于苏联模式的体制束缚，加上苏联哲学教科书体系的思想桎梏，他们的学术思想还不够解放，理论创新的幅度还不够大，更难以直接面对苏联模式的根本弊端，以及特别迫切需要回答的重大时代课题、现实问题。

（二）凯德洛夫等人对列宁《哲学笔记》的研究

20 世纪 50 年代中期到 80 年代，无论是在苏联还是在世界各国，列宁《哲学笔记》研究都有了新的起色，并且出现了形形色色的理论色彩和理论倾向。在苏联哲学界中，这一阶段是重提列宁哲学遗产、恢复和加深对列宁《哲学笔记》研究的阶段。从研究的逻辑进程来看，这一阶段又可以分为三个时期，与此相应的有三类作品：一是笼统地谈论《哲学笔记》的作品，二是开始深入挖掘蕴含其中的辩证法思想的作品，三是试图把《哲学笔记》中蕴含的辩证法体系的思想系统化、具体化的作品。

20 世纪 50 年代中后期重提列宁哲学遗产后，开始出现了一批研究《哲学笔记》的论文和专著。较有影响的有：罗森塔尔的论文《列宁〈哲学笔记〉的意义》(1957)、吉谢廖夫在中国出版的著作《关于列宁的〈哲学笔记〉》(1956)、格奥尔吉也夫在中国出版的著作《论列宁的〈哲学笔记〉》(1956)、西多罗夫的小册子《论列宁的〈哲学笔记〉》、白俄罗斯哲学研究所和列宁大学集体写作的大部头著作《列宁〈哲学笔记〉研究》(1959)。这一时期属于列宁《哲学笔记》研究的恢复时期，这类作品属于如上所述的第一类作品。作为这一阶段的一批最初之作，这些作品自有其历史作用。但是一般说来，许多论著并没有紧紧抓住《哲学笔记》的基本思想和精髓问题，而是笼统地谈论《哲学笔记》的意义，简单地罗列其中的辩证法、认识论、逻辑、哲学史、自然科学中的哲学问题及唯物史观的有关思想，把它当成一个无所不包的、零散札记的总和。长达 400 多页的《列宁〈哲学笔记〉研究》大概可以算这类作品的一个典型。至今在俄罗斯流传的苏联哲学家关于《哲学笔记》的著作大都属于这一时期的作品，而在使用时往往没有注意到这种作品的历史局限性。在 20 世纪 50 年代和 60 年代之交的时候，对列宁《哲学笔记》的研究开始显露出转机，走向明确地以辩证法为中心的探讨。代表这一趋势的是米丁的论文《列宁〈哲学笔记〉——对发展马克思主义辩证法的杰出贡献》(1960) 和苏沃洛夫的专著《列宁〈哲学笔记〉中的辩证法问题》(1960)。这些作品也还是一些大而化之的概述，还谈不上深入的专题研究。

20 世纪 70 年代中期到 80 年代是这一阶段的第三时期，此时对《哲学笔记》的研究出现了一些新的特点、新的动向，又出现了一类新的理论概括性作品。这些作品试图立足于现代科学与社会实践的高度，把列宁《哲学笔记》中的思想加以系统化、具体化，并形成了一批尝试建立辩证法体系的专著。在把辩证法理论系统化的过程中，前一时期各家的分歧并没有根本解决，实际上又进一步从三者一致问题扩展到整个辩证法体系、内容、结构、功能等各个方面的问题。同时也应当指出，这一时期的一种新的情况就是各家开始注意吸收对方的某些合理因素来充实自己，寻找共同点、一致点，进而逐步走向相互融合。从 20 世纪

70 年代末开始，迄今已经出版的试图建立辩证法体系的专著有：苏沃洛夫的《唯物辩证法》、费多谢耶夫主编的《唯物辩证法（理论概论）》、伊利切夫主编的四卷本《作为发展的一般理论的唯物辩证法》、康斯坦丁诺夫主编的五卷本《唯物辩证法》第一卷、米丁主编的八卷本《唯物辩证法》最初几卷。

值得一提的是，凯德洛夫也计划写一本完整叙述辩证法体系的专著，以便把前一时期的研究成果加以系统化，其计划中的专著分两大部分：辩证法历史和辩证法理论体系。他认为，要把《哲学笔记》尚未完成的工作继续下去，问题不在于出版八卷本、十卷本的大部头著作，简单地罗列辩证法的各个原理，再加上大量实例。问题在于对人类的科学史、认识史、技术史以及现代科学和实践的发展，从理论思维上做出新的辩证总结、逻辑概括，真正提取出精华。这可谓一项真正艰巨、真正对科学认识有普遍意义的巨大工程，可惜他计划撰写的这些著作后来未能问世。1983 年，凯德洛夫又发表了两部新著，表明他在这方面的研究又有所进展。第一部著作是《关于辩证法的对话》，以父子之间对话的形式，通俗地阐明了唯物辩证法的对象和内容、规律和范畴、研究方法和叙述方法。这是他力图发挥《哲学笔记》中的基本思想、系统叙述唯物辩证法体系的一个初步尝试。第二部著作是《论辩证法的叙述方法——三个伟大的设想》，这是一部更富于概括性、更有学术价值的重要专著，也是他生前完成的最后一部著作。这部著作总结了作者对《哲学笔记》和整个马克思主义辩证法史的多年研究，分别探讨了马克思、恩格斯、列宁关于辩证法体系的三个伟大设想。在这里，凯德洛夫接续了阿多拉茨基的基本思想，认为列宁的设想主要体现在《哲学笔记》的四个总结性纲要中。这四个纲要分别是“作为认识论的辩证法源泉”“黑格尔辩证法（逻辑学）的纲要”“辩证法的要素”“谈谈辩证法问题”①。四个纲要可以分为两组：头两个是围绕“发展的原则”展开的，揭示了辩证法的历史起源；后两个则是围绕“统一的原则”展开的，揭示了辩证法的理论结构。在每一组的两个纲要之间有初级和高级之分，前者是导言性质的初步设想，着重于列举出各种辩证法源泉或要素的目录；后者是高级性质的成熟设想，着重于使它们构成从抽象上升到具体

① 列宁．哲学笔记．北京：人民出版社，1960：399.

的体系。因而，把四个纲要联系到一起，就构成了列宁关于辩证法的统一的设想。这是一个富于新意的大胆尝试，当然其中还有许多理论上的空白，也有许多值得商榷的重大问题。

（三）凯德洛夫等辩证法研究六大家

从 20 世纪 60 年代到 70 年代中期，是恢复和加深对列宁《哲学笔记》研究的第二时期，出现了第二类作品。这类作品的特点是，开始力求深入列宁思想实验室的内部，从各个方面去挖掘其中包含的深刻的辩证法思想。在这一过程中，研究者以对列宁的辩证法、认识论、逻辑三者一致原则的不同理解为中心，形成了辩证法体系“几家争鸣”的局面。仅在莫斯科就有四大家：第一个以凯德洛夫、柯普宁为代表，他们特别强调列宁所讲的“辩证法即马克思主义认识论”；第二个以米丁、奥伊泽尔曼为代表，他们强调辩证法既不是单纯的本体论，也不是单纯的认识论；第三个以康斯坦丁诺夫为代表，他们强调作为历史发展学说的辩证法；第四个以伊利切夫为代表，他们特别强调列宁讲的辩证法是深刻全面的发展观这一观点。而在莫斯科之外还有以罗任、斯维捷尔斯基为代表的列宁格勒派，他们特别强调辩证法功能的多方面性，坚持辩证法也是本体论、世界观。另外，还有以阿勃吉尔金为代表的阿拉木图派，他们的观点近似于凯德洛夫的。

这几家相比较而言，从马克思主义哲学史角度对《哲学笔记》做出比较深入研究的当数凯德洛夫这一派。他们以辩证法、认识论、逻辑统一的原则为中心，展开了对列宁《哲学笔记》中辩证法思想的研究，写出了一系列著作，形成了几套丛书。在凯德洛夫主持下写成的这类著作大概有十几部，基本上可以分成三组，或者叫三套丛书。第一套丛书是以“辩证法和逻辑”为主题的，由此展开并进一步深入论证辩证法、认识论、逻辑的三者一致。这套书有三本：《辩证法和逻辑（思维的规律）》（1962）、《辩证法和逻辑（思维的形式）》（1962）、《辩证法、逻辑和认识论的统一》（1963）。前两本书从分析思维规律和思维形式的客观性、辩证性入手，说明辩证法也就是马克思主义的辩证逻辑。第三本书是凯德洛夫本人撰写的一本专著，在这组著作中具有总结性的意义。它概述了列宁三者一致原则的形成过程，以及后来苏联哲学界探讨这一原则的历史过程；它分析了苏联哲学界对列宁这一原则的几种不同理解，即三个部分的机械统一、否认差别的绝对统一、承认差异的具体统一；它从两个方面来开展对这种“具体统一论”的论证，通过思维规律与存在规律的内在一致性来论证三者统一，通过思维规律与存在规律在表现形式上的特殊性来论证三者统一中的差异。第二套丛书是以“辩证法-认识论”为主题的，主要探讨“辩证法即马克思主义认识论”这个实质问题。这套书有四本：论文集《辩证法-认识论，科学方法问题》(1964)、《辩证法-认识论，科学史概论》(1964)、《辩证法-认识论，列宁论辩证法诸要素》(1965)、《辩证法-认识论对发展着的概念的分析》(1965)。第三套丛书是以“列宁《哲学笔记》的意义”为主题的，旨在说明列宁这一著作的历史地位及其对于现时代的意义。20 世纪 70 年代后，凯德洛夫晚年出版的围绕这一主题的著作主要有三部：《列宁思想实验室（列宁〈哲学笔记〉概论）》《看穿时代的目光》《把列宁思想具体化的尝试》。在上述著作中，对《哲学笔记》本身内容研究比较具体的是《辩证法-认识论，列宁论辩证法诸要素》和《列宁思想实验室（列宁〈哲学笔记〉概论）》。前者的特点是比较集中地考察了列宁的“辩证法要素”这个纲要，坚持把理论分析与手稿考证相结合，力图生动地再现这个纲要的写作过程；把辩证法要素 16 条分为三大组，自在之物的客观辩证法、辩证法的核心、认识的辩证法，并分别考察了每一组、每一个要素的理论内容；把“辩证法要素”这个片断与《哲学笔记》全书结合起来，深入地挖掘其中的思想内涵。后者的特点是比较全面地从整体上考察了《哲学笔记》，比较完整地考察了 1895—1916 年列宁写作各种哲学笔记的全过程，也比较深入地考察了列宁改造黑格尔辩证法的复杂进程，还比较全面地分析了列宁研究辩证法的纲要的各个方面。

此外，这一派观点的学者研究列宁《哲学笔记》的其他著作中比较重要的还有：阿拉木图的哲学家卡塞姆让诺夫的专著《辩证法、逻辑和认识论一致的问题——关于列宁〈哲学笔记〉》(1962)，罗森塔尔（他不属于凯德洛夫这一学派，但观点相近）死后第二年才得以发表的、生前完成的最后一部著作《列宁研究帝国主义和革命的辩证法》(1975)。《列宁研究帝国主义和革命的辩证法》专门探讨了列宁《哲学笔记》在《帝国主义论》中的实际运用，开始涉及《哲学笔记》同列宁此后其他著作的内在联系。当然，关于这个重大课题，其他各家也有不少论著，可是从马克思主义哲学史和《哲学笔记》研究的角度来看，数量上和深度上都不如凯德洛夫这一派，因篇幅有限，这里不做逐一罗列。

（四）柯普宁、列克托尔斯基等人的现代科学认识论研究

阿诺辛院士的超前反映论在这方面起了重要先驱作用。

如果说 20 世纪 50—60 年代苏联哲学的特点是对马克思早期手稿出版物及相关的人类学专著进行研究，那么，60 年代、70—80 年代的特点则首先与认识论、哲学以及科学方法论相关。我们注意到，苏联哲学的研究在这些领域达到世界水平，其中柯普宁是一位先行者。柯普宁力图把对列宁思想的挖掘同现代科学认识论结合起来，撰写了系列性的六本主要著作：《作为逻辑的辩证法》（1961）、《马克思主义认识论导论》（1966）、《科学的逻辑基础》（1966）、《列宁和唯物辩证法》（1969）、《辩证法、逻辑、科学》（1973）、《作为逻辑和认识论的辩证法》（1973）。在某些方面，列克托尔斯基、谢德洛维茨基、萨多夫斯基、斯焦宾、奥古尔措夫等人的某些成果，甚至超过了西方同行（卡尔·波普尔、伯特兰·罗素、托马斯·库恩、拉卡托什·伊姆雷）。

正如米特洛什洛夫所说的，20 世纪 50—70 年代，哲学科学在两个基本“潮流”中发展：一是自然科学的历史重建，二是科学研究的逻辑学及方法论①。下面将对这两个研究方向加以介绍。

一是关于自然科学的历史重建。在苏联哲学的这一方向中形成了非常有趣的情况，许多自然科学学者走向了哲学，而许多哲学家走向了自然科学。这样相互转化的结果，形成了几个由专业科学哲学大家代表的方向。物理学哲学（奥米里扬诺夫斯基、库兹涅佐夫、萨驰科夫、斯焦宾、托米里奇克等）、化学哲学（凯德洛夫、索洛维约夫、库兹涅佐夫、毕巧金）、生物学哲学（弗罗洛夫、卡普林斯卡娅、帕斯图施宁等）、天文学哲学（阿姆布尔佐明、卡秋金斯基）、数学哲学（亚诺夫斯卡娅、马尔科夫、格里奥兹诺夫）、人文科学哲学（格鲁什、孔等）。

二是关于科学研究的逻辑学及方法论。20 世纪 60 年代初期，苏联

---

① 奥古尔措夫与尤金提出了稍有不同的分类方法，分为（1）在逻辑科学范围中的研究；（2）科学研究的逻辑学问题；（3）科学方法论问题（奥古尔措夫，尤金．科学创造的基本方向．莫斯科，2010：219-220.）。

开始了逻辑学领域的研究，开展了不同的研究计划①。科学研究逻辑学本身从两个基本方向开展。形式-逻辑学和形式-语义维度（兹诺维约夫、谢德洛维茨基、斯米尔诺夫、果尔斯基、萨多夫斯基、什维廖夫、加斯杰夫等），认识论维度（比伯勒尔、伊里因科夫、格鲁什、玛玛尔达弗施维利、柯普宁、拉基科夫、列克托尔斯基、格里奥兹诺夫等）。

在当时的科学逻辑学研究中，应该注意到兹诺维约夫的文章《论科学逻辑学的基本概念及原则》②，其中，兹诺维约夫划分了三种科学逻辑学的特点。在研究科学逻辑学这些特点的基础上，兹诺维约夫在自己的后续工作③中研究了科学语言分析的程序，并深入研究了理论的符号及术语，其外形、逻辑符号、基本论断、相符的规则，构建术语的逻辑及逻辑之外的步骤等。斯米尔诺夫提出了另一个解决逻辑学问题的方法。他将主要注意力放在构建科学理论问题上（首先是基因方法及其与公理演绎法的区别），在自己的理论中引入术语的方法、理论与不同范畴的结构的比较等④。还有一个由以卡平宁⑤为代表的乌克兰逻辑学家集体提出的科学研究逻辑学分析方法。他们将自己的注意力集中于下列现象：科学问题、科学事实、科学抽象、理论知识系统、科学搜索、理论体系，以及由一个理论向另一个理论转化的逻辑原则。但是最主要的是，所有这些问题都是从“作为行为的科学”解释的角度进行研究的。另外，乌克兰哲学家指出了“科学研究的逻辑学”与“科学逻辑”的区别：“现在存在自主的科学——科学研究逻辑学，它在根本上与科学逻辑不同，科学逻辑与科学知识的组织、系统化、使用现代形式逻辑方法有关。”⑥ 最终，科学研究逻辑学的另一个程序是由谢德洛维茨基提出的、他和他的学生研究的基因内容逻辑程序。关于这一程序的特点应该

---

① 《逻辑学在科学与技术中的应用》（1961）、《现在形式逻辑学的哲学问题》（1962）、《形式逻辑学与科学方法论》（1964）、《科学认识逻辑学的问题》（1964）、《科学认识的逻辑学结构》（1965）、《逻辑学与科学方法论》（1967）等。

② 兹诺维约夫．论科学逻辑学的基本概念及原则：科学知识逻辑结构．莫斯科，1965：150-218.

③ 兹诺维约夫．科学知识逻辑理论基础．莫斯科，1967.

④ 斯米尔诺夫．科学知识分析的逻辑方法．莫斯科，1987.

⑤ 卡平宁．科学研究逻辑学．莫斯科，1965.

⑥ 同⑤12-13.

首先指出的是科学知识步骤的分析，不同的并且是复杂的科学客体认识方法及模型的构建，对科学行为系统组织的重视等。这一方法稍后展开为行为方法论的方法以及公共行为理论，形成了系统行为方法，这一方法应用于集体思考及行为的组织新形式——组织行为游戏中①。

行为概念及形式的研究成为以 B. C. 斯焦宾为代表的一批哲学家的关注对象②。斯焦宾提出了科学的六个特点：

第一，科学是“认识活动特殊的类型，目的是客观、系统化研究世界的基础知识”。因为科学是认识的特殊类型，所以它必定与艺术的、宗教-神话的以及哲学的类型相互影响。

第二，科学是保障科学认识行为功能稳定以及长期再生产的社会制度。问题在于，科学产生于社会存在的实践需求并且以特殊的方式规范社会实践，社会学的社会制度之下是关系及社会规范的组织系统，这一系统保障大量的社会价值及保证社会基本需求的步骤。科学作为认识行为的历史形成及发展伴随着与其制度化相符的形式出现，其制度化与组织研究及科学行为客体再生产的方法有关。

第三，科学的目的——解决说明最为重要、迫切并且经常在某种条件下重复出现的关系（规律），与之相符的客体可以在人的行为中形成。因此，在行为中可以形成任何客体——自然的片段、社会现象、整个社会、单独个体以及社会团体的行为、人类心理学状态等，它们都可以成为科学研究的对象。也就是说，科学将一切可能的现象作为起作用、根据自己的自然、内在的规律发展的客体进行研究。“科学的终极目标是预见实践行为对象（最初状态的客体）重新构成相符的产物（最终状态的客体）的过程。这一重新构成总是由客体改变及发展的实质联系、规律确定的，行为本身只有在它与规律相符时才是成功的。因此科学的基本任务是发现规律，根据这一规律预见客体变化及发展。”③

第四，科学是对象化、客体化地将世界作为逻辑概念及理论的方法，这是区别科学与其他方法的标志，因为科学概念是理性的，在客体的世界中分隔出一般和重要的东西，例如，与感性生动的艺术形象或者日常生活中缺乏逻辑的判读相区别。“在客体中体现世界，科学提供的

---

① 奥库尔佐夫. 20 世纪俄罗斯哲学的应用. 哲学科学，2001 (3).

② 科学理论的形成. 明斯克，1976；科学研究的概念及规范. 明斯克，1981.

③ 斯焦宾. 理论知识. 莫斯科，2003：39.

只是一个多样的世界的一个横断面。因为科学并不穷尽所有的文化，而只是组成与其他文化创造环境相互影响的环境之一——道德、宗教、哲学、艺术等等。知识的对象性及客体性的标志是科学最重要的特点，但是它对于确定科学的特点是不够的，因为日常认识也可以提供单独的客体的和对象的知识。”①

第五，如果日常生活知识的真理性在个人直接的生活实践中得到检验，那么超出已有经验的科学知识为了自身的检验需要独特的实践，这就是科学实验。但是只有一部分科学知识可以在实验中被检验，其余的暂时无法检验的（例如，由于缺少适合其性质的技术及仪器）通过逻辑联系相互关联，结果是出现了科学固有的知识特点——其系统组织固有相互联系根据性以及逻辑证明性。

斯焦宾认为，科学的下一个区别特征是使用特殊的认识行为方法。科学不能仅仅局限于使用日常语言及在生产与日常实践中使用的工具。“除了它们之外必须有特殊的行为方法——特殊的语言（经验主义的及理论的）以及特别的仪器组合。正是这些方法保证了不断更新的客体的研究，包括那些突破生产与社会实践可能性的客体，科学对保障掌握新客体特殊方法的长期研究的需求正与之相关，无论其如今实践掌握的可能性，科学方法经常作为研究客体固定及再生产的条件；关于方法的知识与关于科学客体的知识一道系统化发展。”② 之后，斯焦宾将自己的注意力特别聚集在了科学行为客体存在特殊特点的事实上（与日常、艺术的行为不同）。如果日常认识的客体形成于社会主义化的过程中，那么对于简单的科学，个人发展的社会主义化自然已经不够了，因为这里需要认识客体特别的研究，这一研究能够保障其在解决问题及任务时使用科学手段的能力以及其他方面的能力。

第六，科学的最后一个特点是——科学的民族。问题在于系统化的科学活动必须使年轻学者投身于特殊的价值系统，其基础是寻找真理的目的以及真理知识的长期增加与发展。这些目的符合科学的两个基本特点：科学知识的对象化和客观化，以及科学不论是否存在大量实践掌握的可能性，都致力于研究全新的客体的趋向。在这些目标的基础上，科学研究理想与规范系统历史地发展。斯焦宾认为，“科学民族的特点是

① 斯焦宾. 科学. 新哲学百科全书：第3卷. 莫斯科，2010：23.

② 斯焦宾. 科学. 哲学史百科全书：第3卷. 明斯克，2002：660.

两个主要原则。第一个原则禁止为了这样或那样的社会目的故意扭曲真理，第二个原则需要经常的创新行为、真理知识的增长以及引入对剽窃的禁止。学者可以犯错，但是没有权利歪曲结果，他可以重复已经做过的发现，但是他没有权利剽窃。呼吁引用制度作为形成科学专题论文及文章的必须条件，而不仅仅是为了记录这样或那样的概念以及科学文本的著作权”①。

此外，这一时期的新特点也在伊里因科夫、奥卢德热瓦、纳尔斯基、瓦久林、罗森塔尔、果尔斯基、谢普图林的辩证法及辩证法逻辑学研究中体现出来。

列克托尔斯基是苏联现代科学认识论研究的重要代表人物，他的著作代表了这一领域研究的新成果、新水平，在国内外产生了广泛影响。列克托尔斯基在这一时期的主要代表作是 1980 年发表的学术专著《主体，客体，认识》，这是一部有分量、有新意的哲学创新之作，主要特点表现在以下四个方面：

第一，列克托尔斯基试图把马克思列宁主义辩证唯物主义认识论原理同现代科学认识论相结合，回答现代科技革命中提出的一些认识论新问题。

第二，列克托尔斯基用《主体，客体，认识》作为著作名称与总体框架，不失为一种认识论理论框架的新探索，比起“思维与存在”的二元结构，更为复杂了一些，有助于我们回答 20 世纪现代科学认识论中提出的一系列新的复杂问题。

第三，列克托尔斯基把“主体”放在认识论理论的首要地位，更加注重主体活动范畴，包括劳动实践活动、社会实践活动、语言符号活动，对认识的能动影响，更加突出了认识活动的主体性。

第四，列克托尔斯基以《主体，客体，认识》为主题，先后到美国等西方国家、中国等东方国家进行学术交流，推动了国际范围内的现代科学认识论研究，成为当代哲学发展的一种国际化学术思潮。

（五）伊里因科夫的独特思想及重大影响

在苏联哲学史中，伊里因科夫是一个值得特别关注的重要代表人

① 斯焦宾．科学．新哲学百科全书：第 3 卷．莫斯科，2010：24.

物，也是一个具有独特思想和重大影响的悲剧人物。他在《资本论》逻辑、哲学、观念论、文化、人学等重大领域提出了一系列有独特个性的重要思想。1979年，在伊里因科夫55岁时，因受到不公正待遇而精神抑郁，自杀身亡，令人十分痛惜。伊里因科夫在马克思主义史上，有三个独特的理论创新和突破。

第一，对马克思《资本论》哲学、《资本论》逻辑做了独特开掘。

20世纪50年代末，伊里因科夫以副博士论文为基础创作的《马克思〈资本论〉中抽象与具体的辩证法》一书问世，引发了对马克思著作逻辑的深刻思考。与此同时，对作为马克思哲学思想来源的黑格尔思想的态度也有所改变。伊里因科夫认为，哲学是关于思维的科学，哲学等同于逻辑学、辩证法和认识论。这种思路可以称为“回到真正的马克思”。伊里因科夫基于古典哲学及其传统首先是基于黑格尔对马克思的方法进行了分析，并在该领域做出了突出的贡献。列克托尔斯基写道：“通过对《资本论》逻辑结构的分析，伊氏阐述了从抽象到具体的方法的总体特征，以及马克思是怎么运用这种方法的；他的研究远远早于西方哲学中，尤其是阿尔都塞著作中的类似研究。”①

第二，对列宁哲学真谛和辩证法精髓做出了全新理解。

在生命的最后几年里，伊里因科夫出版了一系列列宁辩证法的著作，如《辩证法逻辑》《列宁辩证法与实证主义形而上学》等。加拿大学者贝克赫斯特教授指出：“伊里因科夫在这些著作中赋予列宁的贡献以核心地位，维护其在《唯物主义和经验批判主义》中的立场及其对俄国经验批判主义的批判，并高度评价了列宁在《哲学笔记》中具有深刻洞察力的意见，特别赞赏他对黑格尔的理解。重要的是，列宁的观点对伊里因科夫而言是一个连贯的、统一的整体……伊里因科夫所持立场的实质在于，他认为列宁始终都是正确的。”② 为了证明自己的观点，贝克赫斯特援引了伊里因科夫本人的话：“与被他摧毁的马赫主义的认识观念不同，列宁论述了作为马克思恩格斯真正的认识理论和逻辑学说的辩证法思想。在这一点上，列宁对马赫主义的批判

---

① 列克托尔斯基. 20世纪下半期俄罗斯哲学争论的问题：现代观点. 苏联政治百科全书出版社，2014：32.

② В. А. ЛЕКТОРСКИЙ. Прорблемы и дисскуссии в философии России второй половины XX：современный взгляд. Политическая энциклопедия，2014：232.

要胜过普列汉诺夫的批判。《哲学笔记》也延续了同一条思路……”同时，伊里因科夫还曾阐述道：“因此，《唯物主义和经验批判主义》至今仍是一部极为重要的马克思主义哲学著作，在这个领域，马克思列宁主义直到今天都在进行捍卫唯物辩证法，捍卫科学的、明智的、辩证的、战斗的唯物主义的逻辑学和认识论的前沿战斗；没有了这种唯物主义，我们就算是在今天也不会有马克思列宁主义的世界观，而且也不可能有。”[①] 特别是，伊里因科夫对苏联以及当代俄罗斯的许多青年一代哲学家产生了重大影响，因而有人这样说：“我们全都出自伊里因科夫的衣钵。”

第三，提出了马克思主义的观念观或叫理念论，对于“观念的东西”与“现实的东西”的关系辩证法做出了唯物辩证法的新理解。

马克思在《资本论》“第二版跋”中留下一句名言：“观念的东西不外是移入人的头脑并在人的头脑中改造过的物质的东西而已。”伊里因科夫试图创造性地发挥马克思的基本思想，提出富有新意的观念东西的辩证法，认为这是主体能动活动的重要形式，也是马克思主义哲学在当代最重要的生长点之一。伊里因科夫 1962 年在《哲学百科全书》第二卷发表的文章《观念的东西》催生了大量的争论文章。他在这里用的俄文词是“идеальное”，可译作“观念的东西”，或“理念的东西”，与“现实的东西”“现象的东西”“物质的东西”相对应，由此展开了一场伊里因科夫与杜布洛夫斯基广为人知的关于“观念的东西”的争论。伊里因科夫认为，“观念的东西”存在于人的意识之外。这之后，在观念发展过程中，伊里因科夫称观念的东西为“特殊的客观现实”；杜布洛夫斯基是伊里因科夫的主要反对者，他将观念问题的解决首先与所谓心理-哲学问题的解决，即大脑与意识的相互关系及相互影响相连[②]，这样，观念的东西就归入了不同于客观现实的范围，即个人意识。著名美学理论家 М. Л. 里夫希茨也参加了这场讨论，他支持伊里因科夫的基本观点，同时又做出自己独特的发挥。后来这个问题成了当代俄罗斯哲学关注的焦点问题之一。

---

① Э. В. ИЛЬЕНКОВ. Ленинская диалектика и метафизика позитивизма，Материализм и эмпириокритицизм. Политиздат，1980：170.

② 杜布洛夫斯基. 意识与大脑. 莫斯科，1971.

（六）弗罗洛夫等人的人学研究

20世纪六七十年代，苏联学界发展的一个重要突破口和生长点是对人的研究，尤其是对现实个人及其发展的全面研究。其中，一些心理学家起到了带头作用。弗罗洛夫积极倡导人学，是这一学术领域的重要代表人物。

С. Л. 鲁宾斯坦（1889—1960）基于对青年马克思的概念分析，提出了认识与行为统一的原则，成为所有苏联行为及行为方法理论的基础。С. Л. 鲁宾斯坦在行为理论的基础上，将行为理解为"由主体向客体的转化"，即客观化、客体外部化。"在客观化向客体转化的过程中形成了主体本身。"[①] 在 С. Л. 鲁宾斯坦的理论中占据中心地位的是，在行为过程中人不仅展现自己的个性特点，而且人的心理形成也由客体确定。行为的意义首先在于它可以确定人与世界的实际关系，因此作为现实统一的存在是相互渗透的主体与客体。

А. Н. 里昂季耶夫（1903—1979）的行为理论也将行为作为分析对象进行了研究。因为心理学本身不能脱离产生它并以它为中介的行为部分，所以认识的内部方面形成于最初展开实践行为的过程（内部化过程）的观点就能够被理解。在这样的解释下，认识与行为的区别就像形式与其形成的过程，这里形式是"被积累的动作"，由行动统一。在 А. Н. 里昂季耶夫的著作中强调的是在基因方面内部智能行为由行动从外部发生，是后者内部化的结果。内部化——人的心理内部结构通过掌握外部社会行为而形成。同时需要指出的是内部化不是由简单的内部行为在其之前的认识的内部方面的转移，而是这一方面的形成。П. Я. 加里佩林更为详细地研究了 А. Н. 里昂季耶夫学说的这一方面。А. Н. 里昂季耶夫建议把行为（与动机有关）看作是由动作（有自己的目标的）以及行动组成的（与条件一致的）。

此外，苏联科学中研究的不只是心理的还有行为的哲学理论。行为的哲学理论中最为著名的是——Э. В. 伊里因科夫、В. А. 列克托尔斯基、В. С. 什维廖夫、Г. П. 谢德洛维茨基、Г. С. 巴基舍夫、Э. Г. 尤金、М. А. 罗佐夫的概念。在 В. А. 亚多夫的作品中，社会学中行为的

① 鲁宾斯坦. 卡尔·马克思著作中的心理学问题. 苏联心理技术，1934：3-21.

方法获得了创造性的发展。这些行为的哲学理论互相有一些共同点，但同时又有严格的差异，并且相互争辩。

Э. Г. 尤金（1930—1976）的工作正是从物质及精神行为多样性形式的固定开始的。他是在具体科学材料中发现理论与实践相互关系的新形式不局限于类似“实践是检验真理的唯一标准”之类的公式。Э. Г. 尤金追随马克思将实践理解为人的存在方式，还与 И. В. 布拉乌贝尔格、В. Н. 萨多夫斯基一道在系统观点的框架中研究行为，这不仅在苏联哲学中，在世界哲学中都是新的、充满远见的[①]。系统观点领域的研究成果，发表在 1969 年开始出版的《系统研究》年报上。

Э. В. 伊里因科夫（1924—1979）将注意力放在了物质行为分析之上，因为他认为（同样追随马克思）行为实质上是有形的，它取决于物体的客观特点，而正是通过物质实现了共同-分散的行动者的相互关系。Э. В. 伊里因科夫认为，勺子、刀、叉、靴子或者桌椅，不仅是被“使用”的物体，这是人际交流的方法与中介，因为正是在通过与具体物体有关的行为过程中客观化地实现了（物质化的）意识由一个人向另一个人的转化。

另一个杰出的苏联哲学家——Г. С. 巴基舍夫（1932—1990）恰好细致地证明了行为是对象化和客观化过程的统一。这证明了 А. Н. 里昂季耶夫以及 Э. В. 伊里因科夫关于人的任何行为的物质特点的想法[②]。Г. С. 巴基舍夫也证明了对象化、征用与物体化固有的出现于（对象的）主客体关系、（人际的）主客体关系社会转化以及倒错中的相互关系，展示了行为的创造性的、展现自身开放性、走出固有认识局限的特点。

人、历史与文化的问题在苏联哲学中较晚才提出。主要原因是，一方面，斯大林版本的马克思列宁主义完全排除了哲学问题中人的问题；另一方面，很显然，马克思列宁主义哲学经演绎是人文的，因此不需要任何特别的哲学人类学。但是，创造性马克思主义的内部发展最终显示了关于人的问题研究的迫切性，在苏联哲学中发生了向人类学的转折。在 20 世纪下半期，苏联哲学发展的第二阶段，人、人文价值、文化哲学的问题成为焦点。一系列文学理论家、语言学家、历

① 尤金，布拉乌贝尔格．系统观点的形成与实质．莫斯科，1973.

② 值得指出的是，甚至是列宁的物质定义（是构建整个辩证唯物主义系统的“锚”）在某些方面也是人类学的，因为列宁没有将物质归于物质，而是将其与人理解的世界相连接。

史学家（С. С. 阿维林采夫、В. В. 伊万诺夫、Ю. М. 洛特曼、А. Я. 古列维奇）形成了紧密的联系。不过，人，及其实质、生活意义等方面的研究有自身的局限性，即强迫接受意识形态上的官方决定。例如，不允许讨论实证主义问题。尽管如此，在苏联哲学中人与人文主义的研究开始了。

第一个展示古典马克思主义结构中含有原创的人类学的是 К. Н. 柳布金[1]。1964 年出版的 М. 彼得罗相的《人文主义》[2]，推动了苏联哲学家的人文主义探索。之后又出现了 Б. Т. 格力高良[3]、Ю. Н. 达维多夫、А. Г. 梅斯里弗琴科等人的著作。这些研究讨论了人的实质的主题，人的自由、历史、生活的辩证法成为人的哲学认识及人类统一的问题。总的来看，苏联哲学家的人的研究中占有很大位置的是人的行为、异化、物化、转化的认识形式，人的本质力量、认识问题、心理生理问题，关于人的生物社会及对象特点、个性形成等问题。

В. А. 列克托尔斯基对 20 世纪 60—80 年代哲学人类学及文化研究的特点进行了总结，他认为：

> 当时 Э. В. 伊里因科夫特别研究了个性、想象、理想、自由意志、社会异化的问题。如果最初对于大部分属于新哲学运动的哲学家而言，理解人的关键是行为原则，那么之后一批哲学家就开始深入研究人在交流中存在的特点，强调人的行为的不可总结性（Г. С 巴基舍夫）。一些存在主义的状态，如信念、希望、爱，引起了关注（В. И. 申卡卢克[4]）。弗罗洛夫在哲学与自然科学知识相互融通的语境中分析生死意义的问题。М. К. 玛玛尔达什维利研究了人类学概念，其中心是个体意识现象，同时他采用了一系列现象学以及存在主义概念，试图结合关于客观化的意识形式以及马克思的意识与存在相互转化的概念。В. С. 比伯勒尔研究了独特的文化哲学，他试图在其框架中理解和认识人，在对人的问题的关注的语境中开始

① 柳布金. 德国古典及马克思列宁主义哲学中的主体与客体问题. 斯维尔德洛夫斯克，1978；莫斯科，1998；叶卡捷琳堡，2015.

② 彼得罗相. 人文主义. 莫斯科：思想出版社，1964：336.

③ 格力高良. 人的实质与哲学. 莫斯科：政治出版社，1973；格力高良. 哲学人类学. 莫斯科：科学思想出版社，1982.

④ 申卡卢克. 人与人的世界：科学世界观系统中“人”与“世界”的范畴. 莫斯科：科学思想出版社，1977：344.

了伦理学的深入研究（О. Г. 德拉布尼茨基，А. А. 古谢伊诺夫）。①

在文化分析中，苏联传统形成了两个相互矛盾的方向：Э. С. 马尔卡梁、В. Е. 达维多维奇以及 Ю. А. 日丹诺夫坚持“行动”及技术态度，而 В. М. 梅茹耶夫、Л. Н. 加刚以及 Н. С. 兹洛宾宁则坚持另一种态度-规范-价值。这两派在哲学出版物和各种学术会议上展开了广泛的辩论。

正是在 20 世纪 60 年代和 70 年代，苏联哲学中出现了伦理学、美学、价值论、文化理论（文化学）等哲学科学，集中讨论了之前禁止的价值主题。Л. Н. 加刚的《马克思列宁主义美学讲义》（1966）为价值论定下了主基调。Б. Т. 格里高利扬、Т. А. 库兹明娜、Ю. Н. 达维多夫、В. Г. 费托多瓦、В. И. 申卡卢克、Н. З. 察夫察瓦泽曾写过关于价值创造形式的文章。А. П. 奥古尔措夫、Б. А. 瓦罗诺维奇、М. С. 加刚、К. Н. 特鲁布尼科夫、А. И. 亚采克研究过“行为-文化-人”这一整体问题。

这里，需要特别关注的是苏联人学研究的主要代表人物弗罗洛夫，他的学术创新和理论贡献主要表现在以下四个方面：

第一，开创了苏联人学研究的新局面。弗罗洛夫出版了学术专著《人的前景》，主持编写了一部词典《人》，这部词典不仅反映出苏联人学研究的历程和现状，而且也对世界人学研究成果进行了全面介绍。1990 年，他创办了《人》杂志并亲任主编。1991 年 3 月，他成立人学研究所，一直带领这个研究所开展对人的问题的综合研究。

第二，对马克思人的本质学说做出新发掘，为开创人学理论提供基础。弗罗洛夫通过对马克思主义原著的解读，具体分析了马克思关于人的本质的论述，认为它主要包括三个基本观点，一是关于人的类本质的观点，二是关于人的社会关系本质即社会本质的观点，三是关于人的个人本质的观点。换句话说，在弗罗洛夫看来，马克思把人的本质分为三类或三个侧面，即类本质、社会关系本质和个人本质，它们共同构成人的统一本质。类本质规定了人所共同具有的普遍性和抽象性，社会本质使人成为活生生的、现实的人。

---

① 列克托尔斯基. 作为社会-文化现象的 20 世纪下半期俄罗斯哲学. 莫斯科：政治百科全书出版社，1978：3.

第三，在马克思主义思想史上别开生面地提出要创立一门统一的、综合的、系统的人学，并提出一整套科学方法论。

第四，1988 年，弗罗洛夫与斯焦宾、列克托尔斯基、凯列等合作主编了《哲学导论》两卷本，作为一部哲学教科书，《哲学导论》有待另外做出专门评述。他后来又把自己多年的成果编著为《论人和人道主义》，堪称是苏联人学研究成果的集大成者。

作为学者，弗罗洛夫人学自成一派，有重大的学术创新；但他在 20 世纪 80 年代作为戈尔巴乔夫的学术顾问，把如此抽象的人道主义、人学理论直接生硬地移植到党和国家的指导思想和意识形态中，也产生了严重的负面影响，教训深刻，值得反思。

（七）从教科书体系看苏联哲学的四大历史局限

今天，我们应当解放思想、实事求是地说，苏联哲学教科书体系及其解读模式既有历史贡献，又有历史局限。它在开始形成时就有历史条件造成的理论缺陷，而后来随着僵化模式、僵化观念的形成发展，这种历史局限性越来越严重，也越来越突出。研究发展到今天，对于苏联哲学教科书体系及其解读模式必须有根本突破与重大创新。为此，我们必须认真清理一下，究竟苏联哲学教科书体系及其解读模式的历史局限性何在？在这里暂且列出四个主要的历史局限性。

一是简单化——用简单化的方式对待体大思精的马克思主义哲学。马克思一生最重要的哲学著作《1844 年经济学哲学手稿》《德意志意识形态》（与恩格斯合著）是 1932 年才真正发表出来的，马克思最富于哲学色彩的《资本论》第一手稿《1857—1858 年经济学手稿》是迟至 1939 年、1941 年才发表的，晚年马克思最重要的笔记——《摩尔根〈古代社会〉一书摘要》也是迟至 1941 年才发表的，还有一系列马克思重要著作、手稿、笔记尚未发表。20 世纪 30 年代，米丁、尤金、康斯坦丁诺夫等人都是刚满 30 岁的青年，也是刚刚从红色教授学院毕业的大学生，既没有长期从事哲学研究的学术造诣、学术成果、学术专著，更没有看到过、研究过马克思的这些主要哲学著作。为适应当时的政治需要，在斯大林支持下，苏联强行构建了马克思主义哲学体系，当时尚情有可原，问题是此后 50 年一直保持不变，这决定了其必然存在局限性。

他们用简单化的方式处理辩证唯物主义和历史唯物主义关系问题。他们的观点简要地说就是“二元论”“推广论”“先在论”。他们实质上是用平行独立的“二元论”来看待辩证唯物主义和历史唯物主义，认为辩证唯物主义主要是自然观，研究自然存在，研究社会存在的社会历史观是不在其中的；历史唯物主义主要是社会观，研究社会存在，研究自然存在的自然观是不在其中的。讲到二者关系时，斯大林在《论辩证唯物主义和历史唯物主义》中提出了“推广论”的著名观点：“历史唯物主义就是把辩证唯物主义的原理推广去研究社会生活，把辩证唯物主义的原理应用于社会生活现象，应用于研究社会，应用于研究社会历史。”① 其实，自然规律自有不同于社会规律的特殊性，社会规律更有不同于自然规律的特殊复杂性，马克思既没有简单地把社会规律推广到自然领域，更没有简单地把自然规律推广到社会领域，一切立足于具体事物进行具体分析，这才是唯物辩证法的活的灵魂。“历史唯物主义是辩证唯物主义在社会历史领域的推广”，这个命题隐含着对马克思主义哲学形成历史的一种理解，即先有辩证唯物主义，后有历史唯物主义，后者是前者的推广。然而，这种理解却是一种十分简单化的解释，并且难以找到历史文献支持，没有充分的文本根据。

他们也用简单化方式看待马克思主义哲学同其理论来源的关系。这方面的一个典型是他们多年来对德国古典哲学，尤其是黑格尔哲学的简单化态度。20世纪40年代初，为了配合反对德国法西斯战争的需要，斯大林提出：黑格尔哲学是德国贵族对法国革命的反动。1947年，苏联再版列宁《哲学笔记》时，依然在编者前言中提出：“列宁的《哲学笔记》表明黑格尔哲学的反动性，它是对法国资产阶级革命和法国唯物主义的贵族式的反对。”② 同年，在针对亚历山大洛夫主编的《西方哲学史》召开的全苏哲学讨论会上，日丹诺夫断然否定深入发掘黑格尔哲学的必要性：“这里还在争论黑格尔，那就怪了，这一论争的参加者想冲进一扇敞开着的大门。重新提出这个问题是毫无理由的。”③ 这种简单化提法阻碍人们多方面揭示马克思主义哲学与黑格尔哲学的渊源关系。因而，他们也始终无法弄清马克思的新唯物主义与费尔巴哈的旧唯

① 斯大林．斯大林选集：下卷．北京：人民出版社，1979：424.

② 列宁．哲学笔记．莫斯科：国家政治文化出版社，1947：5.

③ 日丹诺夫．论文学、艺术和哲学诸问题．上海：上海时代书报出版社，1949：96.

物主义究竟是什么关系，密切联系在哪里，根本区别又在哪里。他们多半也仅限于笼而统之地讲，马克思主义哲学是黑格尔辩证法“合理内核”与费尔巴哈唯物主义“基本内核”的综合。黑格尔、费尔巴哈对马克思主义哲学影响的多面性到哪里去了呢？康德、费希特、谢林对马克思主义哲学的影响又到哪里去了呢？古希腊时期、文艺复兴时期以来西方诸多学派对马克思主义哲学的影响又体现在哪里呢？对这些问题，他们往往都做了简单化的回答。

他们更用简单化方式对待理论与实践、哲学与政治、马克思主义哲学与苏联政治的关系问题。在这方面，他们首先是把列宁提出的哲学党性原则加以简单化理解，然后进一步把这种简单化倾向推广到各个方面。20 世纪 20 年代末 30 年代初，德波林学派与米丁等少壮派的争论，本来还属于学术范围内的正常争论。而 1930 年 12 月 9 日，斯大林亲临红色教授学院，与米丁等人谈话，把德波林学派定性为“孟什维克唯心主义”，开了政治错误地干预哲学的先河。1938 年，斯大林发表《论辩证唯物主义和历史唯物主义》之后，又强令苏联哲学界千篇一律地照此框架改写哲学教科书，直到 1953 年斯大林去世。1956 年苏共二十大前后，赫鲁晓夫强使哲学界跟着他大反斯大林的“个人崇拜”；1961 年苏共二十二大以后，赫鲁晓夫又强使苏联哲学教科书跟着他大讲“全面建设共产主义社会”。20 世纪七八十年代，勃列日涅夫又强使苏联哲学教科书跟着他大讲“发达社会主义论”。他们起初是用马克思主义哲学论证十月革命道路的历史合理性、客观必然性；后来则把马克思主义哲学变成论证传统计划经济的苏联模式的合法性、合理性的工具，甚至把马克思主义哲学变为论证他们顺风转向的合理性工具。

二是贫乏化——采用的简单化方法使马克思主义哲学原本丰富的内容变得贫乏。首先是使马克思主义哲学贫乏化。他们能够部分利用的主要是恩格斯的一些通俗性、论战性著作，实际上主要是三本书：第一本是《反杜林论》，第二本是《费尔巴哈论》，第三本是《自然辩证法》。即使是这几本书，也只是在一定程度上部分利用，谈不上深入发掘、充分利用，更谈不上创造性发展。而对马克思本人的哲学文本，他们基本上采取了“掐头去尾，不要中间”的办法，使之大大贫乏化了。所谓“掐头”，就是将马克思青年时代的著作简单化地驳斥为“不成熟著作”，采取了基本否定的态度，其中不仅包括表达青年马克思人生理想的中学作文、表达马克思学术理想的《给父亲的信》，还包括有着实践观、自由观萌芽的博士论文，甚至包括应当基本给予肯定的 1843 年《黑格尔法哲学批判》及《1844 年经济学哲学手稿》。所谓“去尾”，就是认为晚年马克思表现出“不可饶恕的学究气”，晚年马克思的笔记没有什么重大的理论意义，因而他们在讲 1871 年以后马克思主义哲学系统化时多半只讲恩格斯，很少讲到马克思晚年笔记中的新探索。所谓“不要中间”，就是忽视 19 世纪五六十年代中年马克思创作的《资本论》及其三大手稿的哲学意义，他们对此很不重视、不理解，直至 1955 年才开始出版了这方面的第一本学术专著——罗森塔尔的《马克思〈资本论〉中的辩证法问题》，但多半还是把马克思主义哲学套到苏联哲学教科书体系中去，而不是具体分析马克思主义哲学思想的丰富内容。他们能部分利用的马克思主义哲学文本只有寥寥数篇而已，如《关于费尔巴哈的提纲》、《德意志意识形态》第一章、《政治经济学批判》序言和导言等，他们把马克思主义哲学文本大大贫乏化了，进而把马克思主义哲学理论内容贫乏化了。

用苏联哲学教科书体系的狭窄眼界来打量马克思主义哲学的理论内容，使得许许多多当年就很重要、今天也依然十分重要的理论内容都被排斥在外，或者只是一带而过，远没有放到应有的重要地位上来。几乎用不着仔细发掘，我们就可以举出诸多被忽视的理论内容：实践观，仅仅被当作认识论范畴，而没有放到原有的与应有的重要地位上来；存在观，几乎完全忽视了马克思主义存在论，忽视了马克思主义存在论引起的重大哲学变革、哲学创新；交往观，被当作对“生产关系”的不确切表述而被完全忽略；其他还有世界史观、异化观、自由观、人的发展观、价值观、文化观、文明观；等等。他们更把无限丰富的唯物辩证法贫乏化了，蕴含在《资本论》逻辑中的马克思唯物辩证法具有无限丰富的内容。正如列宁《哲学笔记》在对比研究马克思《资本论》逻辑与黑格尔大小逻辑之后，在《谈谈辩证法问题》这个总结性的纲要中，深刻阐明了辩证法的系统性、开放性和无限丰富性：“辩证法是活生生的、多方面的（方面的数目永远增加着的）认识，其中包含着无数的各式各样观察现实、接近现实的成分（包含着从每个成分发展成整体的哲学体系），——这就是它比起‘形而上学的’唯物主义来所具有的无比丰富的内容。"[①] 马克思开创的唯物辩证法遭受了两次简单化、贫乏化的危机：一次是第二国际时期，另一次就是苏联哲学教科书体系及其解读模式。1934年，米丁的教科书体系第一次提出了他的辩证法观，大体上是按照"三个规律、五对范畴"的双层模式来讲唯物辩证法的。1938年，斯大林《论辩证唯物主义和历史唯物主义》进一步贫乏化了：只讲辩证法的四个特征，辩证法规律、辩证法范畴全不讲了；只讲本体论化的辩证法，作为逻辑与认识论的辩证法也全不讲了；甚至只讲作为方法的辩证法，而作为理论、作为完整的哲学科学体系的辩证法更不讲了。这就使贫乏化发展到了极点。斯大林去世后，1958年版的康斯坦丁诺夫主编的《马克思主义哲学原理》以及1971年修订再版的《马克思列宁主义哲学原理》，抛弃了斯大林这种极端贫乏化，大体上又回到了30年代米丁教科书体系的讲法，先讲辩证法的三个规律，再讲辩证法的五对范畴——稍有变化的是最后补充了一章"认识过程的辩证法"，但这也只是对辩证法贫乏化的问题稍做改良，远没有根本解决贫乏化的问题。

他们历来最为重视的历史唯物主义这一理论也明显地打上了贫乏化的印记。从马克思"青年—中年—晚年"三个历史阶段的思想发展中不难看出，马克思历史唯物主义思想是一个三维结构的有机整体，包含相互联系的三个方面、三大范畴序列：在自然存在的前提和基础上人的劳动实践活动的自我创造过程—社会发展合乎规律的自然历史过程—合规律性又合目的性的现实的人的发展过程。在自然存在的前提和基础上，应当把"主体活动—社会规律—人的发展"这三个方面统一起来，构成历史唯物主义的范畴体系。在这里，苏联哲学教科书体系及其解读模式则采取了"掐头去尾，只要中间"的做法：他们只讲中间这一块——"历史唯物主义是关于社会发展规律的科学"，按照三个层次依次讲"经济基础论—阶级斗争论—意识形态论"；前面作为社会发展规律形成的机制和基础、在自然存在的前提和基础上人的劳动实践活动的自我创造过程都不讲了；后面有人的问题、人的发展过程，这些既是社会活动、社会发展规律过程的前提，又是这一切的归宿，也不讲了。这就把历史唯物主义的丰富内容大大贫乏化了。

---

① 列宁．列宁全集：第55卷．2版．北京：人民出版社，1990：308-311.

此外，作为逻辑与认识论的辩证法问题不仅是内容贫乏的问题，而且是基本被忽略的问题。20 世纪 30 年代由米丁主编的哲学教科书，从形式上看是借助列宁提出了这个问题，但并没有解决这个问题。而 1938 年斯大林的《论辩证唯物主义和历史唯物主义》则只是提出了辩证法本体论化的四个特征，完全脱离活生生的认识活动、认识规律、认识范畴、认识过程，孤零零地谈论辩证法特征必然把辩证法极端贫乏化。后来，康斯坦丁诺夫主编的《马克思主义哲学原理》《马克思列宁主义哲学原理》，抛弃了斯大林的极端做法，大体上又回到米丁的路子上来，再补充一二章讲“认识性质”和“认识过程的辩证法”，但也没有从根本上解决问题。

三是教条化——苏联哲学教科书体系及其解读模式在提出问题、叙述问题、解决问题的方式上教条化问题突出，与哲学科学固有的探索性、启发性、大智慧很难相容。他们不是像通常的哲学科学论著那样，从一定历史条件下提出问题、解决问题，也留下一些未能解决的问题，而是试图一劳永逸地回答所有哲学问题，提供一种包罗万象、完备无缺的科学世界观，提供一种近乎绝对真理总和的哲学原理体系。这种提出问题的方式本身就有教条化的弊端，很难真正实现。

他们采用的叙述方式就是从个别引语中提出哲学原理，然后采用“原则+实例”的方式来叙述这些哲学原理。这是一种教条化的叙述方式，和真正哲学科学的、辩证法应有的科学叙述方式——立足于整个人类实践史、科学史、认识史，提炼出反映客观规律与认识规律的一般范畴，构成从抽象上升到具体的范畴体系——相去甚远。他们的这种教科书号称“马克思主义哲学原理教科书”，基本做法可以概括为“四步曲”：第一步是汇集马、恩、列、斯大量原话，第二步是从原话中归纳出哲学原理，第三步是挑选出若干实例证实这些原理，第四步是利用这些原理证实苏联模式与苏联政策的合理性与正确性。这种情形不由得使人们联想起马克思对拉萨尔《既得权力的体系》一书叙述方式的批评：“……辩证方法则用得不对。黑格尔从来没有把归纳大量‘事例’为一个普遍原则的做法称为辩证法。”① 列宁在写作《〈马克思和恩格斯通信集（1844—1883 年）〉提要》时曾非常重视马克思这一思想：“拉萨尔

① 马克思，恩格斯. 马克思恩格斯全集：第 30 卷. 北京：人民出版社，1975：209.

是‘空想家’，辩证法也用得不对：‘把大量事例归纳成一个普遍原则，并不是辩证法。’”① 后来又以此为思想契机，列宁在《谈谈辩证法问题》一文开头比较研究了普列汉诺夫和恩格斯的辩证法叙述方式：“辩证法内容的这一方面的正确性必须由科学史来检验。对于辩证法的这一方面，通常（例如在普列汉诺夫那里）没有予以足够的注意：对立面的同一被当作实例的总和‘例如种子’；‘例如原始共产主义’……，而不是当作**认识的规律**（**以及**客观世界的规律）。”② 比较研究一下就会看出，苏联哲学教科书体系及其解读模式对问题的叙述方式远未超出拉萨尔、普列汉诺夫，达到马克思和恩格斯的哲学科学水平。辩证法在他们这里，仍停留于原则与实例的总和水平，“原则＋实例”的叙述方式屡见不鲜。同时，辩证法也不是具体分析苏联现状，找出问题、解决问题的工具，而成了论证现行政策的简单工具。

他们对问题的解决也带有一定的教条主义色彩，把思想重心放在一般唯物主义的世界观上，甚至形成某种世界模式、简单公式：世界是物质的—物质是运动的—运动是在时间、空间中进行的这种一般唯物主义的世界模式论，不仅在费尔巴哈那里已存在，在斯宾诺莎那里已存在，在18世纪法国唯物主义中存在，甚至在古希腊亚里士多德《物理学》中早已存在其理论雏形。重复这种一般公式，很难真正揭示马克思新唯物主义的精神实质与独特创新；相反，倒使马克思新唯物主义同费尔巴哈的旧唯物主义的界限更加模糊不清。

四是僵化——苏联哲学教科书体系及其解读模式走向封闭、走向僵化。辩证法、发展观是马克思主义活的灵魂，然而苏联哲学教科书体系及其解读模式却反其道而行之。这种僵化倾向主要表现在以下六个方面：

第一，他们以僵化的态度对待当代世界科技革命的最新潮头，很少注意到现代科技革命最新潮头、最新成果的哲学意义，甚至曾长期把维纳控制论、摩尔根遗传学等最新科学革命成果作为敌对意识形态来抵制。后来这一态度虽有所改变，但仍改不了被动态势与僵化心态。

第二，他们以僵化的态度对待国家间不同学派思潮的思想对话。在20世纪30—40年代曾以封闭态度对待国际范围内的学术交流，第二次

① 列宁．《马克思和恩格斯通信集（1844—1883年）》提要．北京：人民出版社，1982：307.

② 列宁．列宁全集：第55卷．2版．北京：人民出版社，1990：305.

世界大战结束后，又伴随冷战树起反对“世界主义”的旗帜，实际上也是在反对正常的国际学术交流。他们多半对西方新马克思主义与西方马克思学长期采取简单化的大批判方针，未能及时开展积极的学术对话与思想交流。他们对黑格尔、费尔巴哈及以后的现代西方哲学流派和各种思潮走向曾长期持一律简单否定的态度。也正是这种封闭态势加剧了苏联自身的思想僵化。

第三，最关键的问题是，他们以僵化的态度对待 20 世纪 30 年代形成的传统计划经济体制的苏联模式，导致在 50 年代、70 年代、80 年代苏联改革三次错失良机。不管怎么说，苏联哲学教科书体系及其解读模式有一个大目标——为马克思主义、社会主义、俄国十月革命的历史合理性做出哲学论证，这是正义的、进步的、有价值的；同时，具体分析起来，每个时期的苏联哲学教科书体系及其解读模式还有一个具体目标，就是往往为当时的政治经济体制做出具体哲学论证，在半个多世纪中与传统计划经济体制结下不解之缘。20 世纪 30 年代初，米丁首次构建的《辩证唯物主义和历史唯物主义》苏联哲学教科书体系及其解读模式，在相当程度上是为了配合斯大林反对布哈林、德波林的党内政治斗争，从哲学理论上支持“加速工业化”和“全盘集体化”，为传统计划经济体制的苏联模式取代列宁的新经济政策道路做出哲学先导，鸣锣开道。该书第五章“哲学中两条阵线的斗争”和第六章“辩证唯物主义发展中的列宁阶段”就专门阐述这一点。1938 年，《苏联共产党（布）历史简明教程》及其第四章第二节——斯大林执笔写成的《论辩证唯物主义和历史唯物主义》，从理论上、哲学上总结了先后反对托洛茨基、季诺维也夫和加米涅夫、布哈林的三次重大党的斗争，形成支撑传统计划经济体制的三大运动：“加速工业化—全盘集体化—肃反扩大化”，因而它既是传统计划经济体制的形成标志，也是“辩证唯物主义和历史唯物主义”的苏联哲学教科书体系及其解读模式最终确立、定于一尊的标志。如果是作为斯大林的一种个人理解、一家之言，是无可厚非的，然而，这却成为马克思主义哲学唯一合理、唯一科学、唯一可能的存在形态，由此必然产生僵化倾向。斯大林逝世后，尤其是 20 世纪 50 年代中期以后，苏联国际国内形势第一次出现了战后改革契机，而康斯坦丁诺夫主编的 1958 年版《马克思主义哲学原理》却跟着赫鲁晓夫和苏共二十大，大反斯大林的个人崇拜，1962 年版又跟着苏共二十二大讲“全面建设共产主义社会”。20 世纪 70 年代，进入勃列日涅夫领导下的停滞时期，实际上是战后改革的第二个历史机遇，康斯坦丁诺夫主编的《马克思列宁主义哲学原理》又顺风转向、粉饰太平地大讲“发达社会主义论”。20 世纪 80 年代，苏联改革时机业已成熟，可是苏联哲学教科书体系及其解读模式却并未做出应有的反应、创新，由于思想僵化，第三次痛失改革机遇。

第四，他们把马克思主义理论框架僵化了，半个多世纪以来一直固守“辩证唯物主义和历史唯物主义”“两大板块，六个层次”的框架结构，具体分析起来，他们对马克思主义哲学体系的称谓可谓“三易其名”，然而理论框架却几十年一以贯之。20 世纪 30 年代，从米丁主编的教科书到斯大林的小册子，都称马克思主义哲学为“辩证唯物主义和历史唯物主义”，框架结构也名副其实地分为两大板块“辩证唯物主义和历史唯物主义”，共分六个层次展开：唯物论（物质观）、辩证法、列宁哲学，经济基础论、阶级斗争论、意识形态论。1958 年、1962 年版由康斯坦丁诺夫主编的苏联哲学教科书可能是感觉到上述两个主义相提并论不利于强调马克思主义哲学是有机联系的“一块整钢”，始更名为《马克思主义哲学原理》，不过，“两大板块，六个层次”的理论框架却丝毫未变。1971 年，康斯坦丁诺夫主编的《苏联哲学百科全书》，又更名为《马克思列宁主义哲学原理》，意在强调 20 世纪是“马克思主义哲学史上的列宁阶段”，列宁哲学具有特别重大的时代意义，可是总体结构却依然如故，两大板块丝毫未动，只是最后加上了一个层次，专讲“个人与社会”。

第五，他们把马克思主义哲学的理论形态和理论内容也搞僵化了。恩格斯在《费尔巴哈论》中有一句至理名言：“像唯心主义一样，唯物主义也经历了一系列的发展阶段。甚至随着自然科学领域中每一个划时代的发现，唯物主义也必然要改变自己的形式”①。从 19 世纪到 20 世纪，自然科学是不是出现了“划时代的发现”呢？这个问题的答案是显而易见的。与现代科技革命相应，当代世界历史发展、当代社会主义改革与发展，都出现了一系列引人注目的新特点、新走向、新问题、新规律。然而，几十年一以贯之的苏联哲学教科书体系及其解读模式却固守

① 马克思，恩格斯. 马克思恩格斯选集：第 4 卷. 3 版. 北京：人民出版社，2012：234.

20世纪30年代形成的老框架，很少用新问题、新范畴、新观念、新内容来反映新的时代潮流、时代精神，不敢越雷池一步。

第六，最根本的是，他们把马克思主义哲学的核心理念僵化了。20世纪30年代，在苏联哲学教科书体系及其解读模式形成之初，为了论证俄国十月革命的历史必然性，再加上走向传统计划经济体制的历史必然性，他们在“两大板块，六个层次”的理论框架中，突出地贯穿了两大核心理念：辩证唯物主义的物质运动论——突出客观必然性，历史唯物主义的阶级斗争论——突出矛盾斗争性。其中，更突出的还是阶级斗争论。两大核心理念服务于一个体制目标、政治目标——确立高度集中的传统计划经济体制的苏联模式。他们根据自己当时的需要，突出了马克思主义哲学的某些方面，但实际上，上述两个方面并没有准确地把握马克思主义哲学的精神实质。马克思新唯物主义的理论起点是实践观，理论归宿是自由观——每个人自由而全面发展的观点，马克思新唯物主义两大核心理念应当是实践观和自由观。正是马克思本人在1852年致约瑟夫·魏德迈的著名书信中点明了阶级斗争学说在他的新哲学中应有的地位，反对过分夸大这一点，“……至于讲到我，无论是发现现代社会中有阶级存在或发现各阶级间的斗争，都不是我的功劳。在我以前很久，资产阶级历史编纂学家就已经叙述过阶级斗争的历史发展，资产阶级经济学家也已经对各个阶级作过经济上的分析。我所加上的新内容就是证明了下列几点：(1) **阶级的存在**仅仅同**生产发展的一定历史阶段**相联系；(2) 阶级斗争必然导致**无产阶级专政**；(3) 这个专政不过是达到**消灭一切阶级**和进入**无阶级社会**的过渡”①。20世纪30年代，他们把强调客观必然性的物质运动论和强调矛盾斗争性的阶级斗争论当作马克思主义哲学最主要的两大核心理念，并以此为传统计划经济体制的苏联模式做出哲学论证，或许还是情有可原、未可厚非的。而过了半个世纪，他们仍然固守这种哲学观念，并仍然以此为已蜕变为僵化模式的传统计划经济体制进行哲学辩护，这种思想观念显然更僵化了。

总之，苏联哲学教科书体系及其解读模式是功过参半的，需要具体情况具体分析。其中，20世纪50年代中期是一个历史分界线：在此之前，有功有过，功大于过；在此之后，有功有过，过大于功。

---

① 马克思，恩格斯. 马克思恩格斯选集：第4卷. 3版. 北京：人民出版社，2012：425-426.

二、苏联社会主义政治经济学

在苏联社会主义政治经济学史上，除了列宁、布哈林、斯大林这三位先行者、奠基者之外，还有几个学派自成一家之言，各自在战后苏东马克思主义史上占有一席之地。主要包括：试图开创社会主义政治经济学的沃兹涅辛斯基学派，努力揭示当代帝国主义经济发展新特点的瓦尔加学派，为 1964 年柯西金经济改革做出理论铺垫的利别尔曼学派，阐述社会主义中的商品货币关系的奥斯特洛维季扬诺夫学派，构建社会主义资源优化配置数学模型的数学学派，寻找信息网络化替代方案的格鲁什科夫院士构想，试图大胆改革、突破僵化模式的阿甘别吉扬等的西伯利亚改革学派。

（一）走出战时经济体制的最初理论创新——苏联社会主义经济学的开创者沃兹涅辛斯基

沃兹涅辛斯基（1903—1950）是苏联历史上的经济奇才，也可以说是苏联社会主义政治经济学的首要开创者。他有传奇般的人生，最后却遭受了死于非命的悲剧命运。沃兹涅辛斯基 1903 年 12 月 1 日出生在图拉省的一个职工家庭，年轻时当过木工学徒、印刷工人。1919 年，他加入俄国共产党（布）。1921 年春，年仅 17 岁的沃兹涅辛斯基被送到斯维尔德洛夫共产主义大学学习，政治经济学成了他所喜爱的学科。沃兹涅辛斯基既有独到的经济理论观点，又有丰富的领导苏维埃经济建设的实践经验，经济管理是他的学术专长。1935 年，他获经济学博士学位。这一年，他被派往列宁格勒（彼得格勒）工作，先后任列宁格勒市计划委员会主席、市苏维埃副主席。1937 年担任苏联国家计划委员会副主席，1938 年起任苏联国家计划委员会主席达 11 年之久。在此期间，他直接领导着全国的经济计划机关。沃兹涅辛斯基 1939 年任苏联人民委员会副主席，1941 年任苏联部长会议第一副主席。在 1941—1945 年苏联卫国战争时期，他还担任国防委员会委员，领导了制订战时经济计划的工作。1947 年，44 岁的沃兹涅辛斯基就已成为最年轻、最富有阅历的联共（布）中央政治局委员。到 20 世纪 40 年代末，沃兹涅辛斯基在党和政府内的职务仅次于斯大林。他曾两次荣获列宁勋章，第一次是在 1941 年 2 月，表彰他在国民经济计划方面取得的成就；第二次是在 1944 年 5 月，表彰他在苏联卫国战争时期的卓越工作。1943 年，因是许多一流学术著作的作者，且在这些著作中阐明了社会主义政治经济学的基本问题，沃兹涅辛斯基被提名并当选为苏联科学院院士。然而，1949 年 3 月，沃兹涅辛斯基遭遇不幸，他因所谓“列宁格勒案件”的牵连，被撤销党内外一切职务。尽管如此，他依然坚持不懈地从事经济理论工作，在 10 个月的禁闭时光中，写完了一部《共产主义政治经济学》。但在当时所处的政治逆境下，他的这部著作自然不可能问世。1950 年 9 月 30 日，这位正当盛年、才华横溢的经济理论和实践家，以所谓“叛国”罪名被处决，年仅 47 岁。到 1956 年，苏联政府才为沃兹涅辛斯基在政治上恢复了名誉。

在开创苏联社会主义政治经济学的 20 年中，沃兹涅辛斯基有五个颇为独特的理论创新。

第一，从 1931 年起，他第一个明确提出了“社会主义政治经济学”这个概念，并带头开始创立苏联社会主义政治经济学。

第二，他提出了一个研究社会主义政治经济学的基本问题大纲，其中包括九大问题。根据实践经验，并借鉴苏联传统经济思想史，他进而提出“社会主义政治经济学”所研究的问题必须反映现实本身的发展顺序，即反映社会主义社会的发展顺序。由此指出首先应当研究下列社会主义经济问题：社会主义经济的内部矛盾，社会主义计划，苏维埃商品流转和货币流通，社会主义社会劳动组织，劳动社会化和劳动生产率，生产费用和社会主义积累，发展速度和国民经济比例，社会主义生产力布局和合作制，消灭阶级和分工、为实现世界共产主义而奋斗。沃兹涅辛斯基的苏联社会主义政治经济学“编书纲要”的出现，表明苏联经济学家正在努力使社会主义政治经济学逐步走向体系化，并力图使社会主义政治经济学成为一门独立的科学。

第三，在 1947 年出版的专著《苏联卫国战争时期的战时经济》和领导制定 1946—1950 年第四个“五年计划”的过程中，沃兹涅辛斯基率先明确提出，战后苏联面临的重要时代课题是从战时经济转向和平经济，从以工业国防为重心转向以满足民生为重心。他首次提出战后国民经济的恢复是“从战时经济向和平经济过渡”。沃兹涅辛斯基在《苏联卫国战争时期的战时经济》之“战后的社会主义经济”部分首次使用“向和平经济过渡”的新提法，连续使用 4 次，并且与“战时经济”对照使用。这就表明，在沃兹涅辛斯基看来，“战时经济”具有特殊性，其生产与管理的方法不能直接用于发展“和平经济”，犹如当年的“战时共产主义政策”不能在战后继续推行一样。所以，苏联共产党和苏联政府需要对“战时经济”进行“战后改组”，使之过渡到“和平经济”，这个过渡期相当于国民经济恢复期。沃兹涅辛斯基在制定国民经济恢复计划时，把改善人民物质文化生活水平的任务提高到重要位置，其“和平经济”思想是战后国民经济恢复时期苏联社会主义经济理论的一个创新性发展。

第四，他以远大的战略眼光提出，为了适应社会主义扩大再生产的需要，建设一个现代化伟大强国，不仅需要制订“五年计划”，而且需要精心制订十年、二十年以上的远景规划，更富于总体性、前瞻性的战略规划。制定国家中长期发展总体战略规划是沃兹涅辛斯基的一个重要思想。他认为，建立强大的国民经济发展总体战略规划是必要的，这可以向广大人民展现建设共产主义大厦的宏伟蓝图，可以鼓舞人民去建功立业。他多次从苏联工业的合理布局以及经济效益的观点出发，强调建立国民经济发展总体战略规划的意义。1947 年下半年，已经成为中央政治局候补委员的沃兹涅辛斯基在中央全会上再次提出了制订国民经济发展远景规划的问题，这次中央全会决定制订一个为期 20 年的远景规划。

第五，他还率先提出在苏联社会主义经济发展中，应当特别重视先进的现代科学技术的引领作用，要把广泛采用先进的科学技术作为经济规划的重中之重。

沃兹涅辛斯基在自己将近 20 年的理论研究和实际工作中，十分重视科学技术进步对发展社会主义社会生产力的作用。他曾指出：“社会主义意味着发展新技术。”他在探索尽快实现工农业现代化的道路时，分析了当年苏联的经济情况，指出必须制定现代化技术计划，即采用新技术的计划。他把技术计划看作整个国民经济计划的极其重要的部分，认为国民经济计划应当成为发展生产技术的计划，倡导在工农业生产中广泛采用现代化的先进技术，并在技术改造的基础上广泛开展生产专业化和合作化，以达到大幅提高劳动生产率和生产力水平的目的。在制定战后国民经济恢复计划时，沃兹涅辛斯基一再强调科学技术的重要性，并且把它列入“五年计划”的规定任务之一。他指出，保证在苏联国民经济各部门中进一步取得技术的进步，这是生产高涨和提高劳动生产率的条件。为此，必须在最短期内不仅赶上，而且要超过国外的科学成就。加快国民经济各部门社会主义再生产的速度，将日益取决于技术的进步及其是否有利于人民的使用。

美中不足的是，沃兹涅辛斯基也有两个重大的历史局限、理论局限：一是囿于长期做计划经济的工作环境，他有时夸大经济计划、国家规划的性质和范围，甚至把国家规划等同于经济法律、经济规律；二是他虽然肯定商品货币关系在现时苏联经济中的重要作用，但认为这是因为苏联尚未完全走出过渡时期，这意味着，在理论上，他认为未来真正的社会主义只能是计划经济的，与商品货币是水火不容的关系。不过，使他遭受厄运的并不是这些历史和理论局限，而是他力主战后苏联工作重心要从战时经济转入和平经济，战略重心要从发展国防工业、重工业转向发展轻工业、农业，满足和改善民生需求。

1945—1950 年，苏共党内一度形成了“三驾马车”：斯大林是第一把手，他的“左膀右臂”即第二、第三把手则是来自列宁格勒的沃兹涅辛斯基和日丹诺夫。日丹诺夫虽然名气大，作为中央书记处书记主管意识形态工作，掌握思想战线大权，实际上却是第三把手；沃兹涅辛斯基从 1941 年起担任部长会议第一副主席，还兼任国家计划委员会主席，1947 年成为最年富力强的中央政治局委员，在党中央领导核心中，他实际上成为仅次于斯大林的第二号人物。1945—1947 年，斯大林一度主张思想解放，明确主张“和平发展论”和“民族特色论”，在接见波兰总统贝鲁特时，甚至主张波兰等东欧国家不必搞严苛的无产阶级专政。可以看出，这一思想倾向是斯大林与沃兹涅辛斯基等人相互影响、相互作用的结果，而沃兹涅辛斯基起了重要作用。也正是在此期间，沃兹涅辛斯基写成《苏联卫国战争时期的战时经济》一书，并在“战后的社会主义经济”部分提出了“从战时经济向和平经济过渡”的历史任务、时代课题和重心转变。斯大林相当仔细地看了这部著作，并提出了具体的修改意见，沃兹涅辛斯基也做了相应修改。在这一意义上，甚至可以说，1945—1947 年的“和平发展论”与“从战时经济转向和平经济的战略重心转变论”是斯大林和沃兹涅辛斯基共同提出的思想。

问题很快就出现了。从1947年开始，沃兹涅辛斯基仍坚持这一鲜活思想，而斯大林本人（加上他身边的马林科夫、贝利亚等人）却发生了“左”的逆转，认为新的战争在所难免，集中主要力量迅速把原子弹、氢弹等国防工业、重工业搞上去，与美英西方国家一决高下，才是决定苏联命运的战略重心。于是苏联发生了格局变化，斯大林向“左”逆转了，当时支持他的是主管国防工业、重工业的马林科夫和主管安全部门与原子弹军工的贝利亚等人。而此时，中央领导核心中的第二、第三把手，斯大林的“左膀右臂”，主管经济大权的沃兹涅辛斯基和主管思想理论、意识形态大权的日丹诺夫却还依然坚持从战时经济向和平经济过渡、从国防军工业为先转向民生经济为先。沃兹涅辛斯基不仅在主持制订的“四五计划”和长远规划中坚持了这一思想，他还利用自己主管的苏联国家计划委员会，从1949年第一季度起压低工业生产计划与工业发展速度，以使发展重心向发展农业、轻工业，改善人民生活方面倾斜。对于向“左”逆转之后的斯大林来说，沃兹涅辛斯基和日丹诺夫已从昔日的“左膀右臂”变成了政治上的主要障碍，他们二人结合起来足以架空斯大林，他开始担心大权旁落。

正因如此，1948年5月31日，在中央政治局会议上讨论“斯大林奖金”的评选问题时，谢皮洛夫说，沃兹涅辛斯基的《苏联卫国战争时期的战时经济》一书发展了由斯大林创造的苏联战时经济学，斯大林却打断他，冷冷地说道：“我没有创立过这门学科。”1949年3月5日，苏联部长会议出台了《关于苏联国家计划委员会的决议》，严厉指责沃兹涅辛斯基“擅自处理”经济事务并指出“犯罪事实”，撤销了他的国家计划委员会主席职务。因受到“列宁格勒案件”的牵连，1949年10月27日，沃兹涅辛斯基被捕入狱并被判处死刑。直至1956年，沃兹涅辛斯基才被恢复名誉，他的学术地位逐渐获得苏联学界的普遍认可，而他也成为继布哈林之后第二位因主张改革而被处死的苏联杰出的马克思主义政治经济学家。

（二）瓦尔加当代帝国主义经济发展新论

叶甫根尼·萨姆伊洛维奇·瓦尔加（1879—1964），苏联马克思主义政治经济学家，国际共产主义运动和工人运动活动家。1879年11月6日，瓦尔加出生在匈牙利一个乡村教师家庭。他在第一次世界大战前，曾参加过奥匈帝国和德国的革命。1906 年加入匈牙利社会民主党，属该党左翼。1909 年瓦尔加获布达佩斯大学哲学博士学位。1918 年 11 月匈牙利资产阶级革命胜利后，他在布达佩斯大学任政治经济学教授，1927—1947 年任苏联科学院世界经济和世界政治研究所所长，并任《世界经济和世界政治》杂志主编，1929 年成为苏联科学院院士。瓦尔加一生发表论文、专著多达 749 种。主要专著有：《世界经济危机中的新现象》（1934）、《第二次世界大战后资本主义经济的变化》（1946）、《帝国主义经济和政治的基本问题》（1953）、《20 世纪的资本主义》（1961）、《资本主义政治经济学问题概论》（1964）等。

瓦尔加的理论贡献在于揭示了 20 世纪资本主义，特别是第二次世界大战后当代帝国主义经济发展的新趋势、新特点、新规律，主要体现为以下五个新观点：

第一，国家垄断资本主义经济实质的新特点。当时苏联理论界根据斯大林的观点，认为在垄断资本主义条件下国家为垄断组织所掌握，并根据垄断组织的利益进行活动，因此国家是垄断组织的国家，不论在战时还是在平时，它只为垄断组织服务。由于工厂、企业、铁路、银行都归私人资本家所有，真正的经济很少与国家有关，因此国家在经济中不可能有什么作用，起决定作用的是垄断组织，国家只不过是一个组织国防、维持秩序和征收捐税的机构。瓦尔加反对国家服从垄断组织的提法，认为国家垄断资本主义的基础是国家和垄断组织这两种力量的结合，其目的一是在反对国内革命运动和社会主义阵营的斗争中保护资本主义制度，二是通过国家对国民收入做出有利于资本垄断的再分配。垄断组织和国家力量的结合，首先，是以垄断组织同国家机关相结合的形式进行的，垄断组织派遣自己的代表在国家机关中担任领导职位，将军、部长也经常由国家机关领导转任垄断组织薪金优厚的职位。其次，也以共同解决重要经济问题的形式来进行。国家垄断资本主义的充分发展基本上是通过国家调节经济、控制国营企业、征用和再分配大部分国民收入等形式来表现的。国家和垄断组织二者是独立的力量而不是单方面的从属关系，不是指国家机构从属于某些垄断组织，所以他认为，说每个垄断资本主义国家都有一个代表垄断资产阶级利益并向国家机器发号施令的中心，这种理论是不对的。

第二，关于战后资本主义经济危机周期的新变化以及资本主义经济周期的变化趋势问题，瓦尔加认为经济危机周期长度的缩短是资本主义经济发展总的趋势，如 1825—1851 年平均为 11 年，1857—1900 年平均为 8.5 年，1900—1929 年平均为 7 年，这是资本主义再生产一般规律所引起的结果，也是同马克思主义经典作家的科学论断相一致的。第二次世界大战后，资本主义的经济周期出现了许多新情况和新特点，其原因就在于资本主义世界经济的格局和影响再生产周期的因素发生了很大变化。国家垄断资本主义在各主要资本主义国家得到高度发展，国家对经济的干预空前增强。尽管各国都无一例外地推行凯恩斯主义的政策措施，但在宏观调控的目标和政策体系上却各不相同。由于各国的基础不一，经济起点又各异，所以，实行这些政策的结果是不同的。这就扩大了各国经济发展上的差异，加剧了资本主义政治经济发展不平衡规律对各国的影响。瓦尔加从对这一形势的分析出发，得出结论：第二次世界大战后，资本主义世界没有一个共同的经济周期。大体说来，美国和英国以及加拿大比较类似，而德、法、意又略有不同。在前一类国家，交替发生着不显著的好转和不深刻的危机，而在后一类国家，到现在（1964 年）没有发生过生产过剩的危机，这种现象是资本主义再生产历史上前所未有的。不过他认为，不可能设想资本主义世界这两大部分的再生产周期的进程会永远不相同，经济危机的发生迟早会在整个资本主义世界形成统一的周期，而这种统一的周期将与战后在美国和英国所看到的那种周期相类似，即“不深刻的危机之间的间隔将更短，在此期间真正的高涨阶段将愈来愈短”。

第三，国民经济军事化是帝国主义腐朽的新表现。帝国主义国家推行国民经济军事化，从经济上看，是对社会财富的浪费和生产力的破坏，从而加剧了资本主义制度所固有的各种矛盾。从军事政治上看，国民经济军事化还将刺激各军事大国的军备竞赛，进一步激化帝国主义国家之间的矛盾和斗争，加剧了世界许多地区乃至整个世界局势的紧张不安，增加了战争的危险性。军事生产是资本主义腐朽性的表现，大量军事生产的存在，是资本主义生产的一种变态。国民经济军事化的推行激化了垄断资产阶级和无产阶级之间的矛盾。资产阶级往往以筹措军费为名，通过增税、通货膨胀、大举发行公债等办法，肆意搜刮民财，再以军事采购和军事订货的方式将其送到垄断资本家的腰包里，对国民收入进行有利于资本家的再分配。瓦尔加从两方面揭示了国民经济军事化的实质：对个别企业家来说，军事生产是垄断资本发财致富的手段；从总的社会再生产来说，由于很大一部分生产以军火的实物形态脱离再生产，军事生产只能导致社会积累速度的减慢和国民财富的减少。这种国民财富的减少只能促使劳动者状况更加恶化。

第四，无产阶级贫困化在当代发达资本主义呈现出新特点。瓦尔加认为，与战后固定资本的更新和扩大相伴而来的是资本有机构成的大幅提高，是生产的广泛自动化，是消耗在单位商品上的劳动时间的减少，是工人阶级在国民收入当中所占比重的下降，也就是工人阶级相对贫困化的加剧。按照库兹明诺夫的说法，美国工人和英国工人的实际工资在整个 20 世纪都在降低，发生了工人阶级的绝对贫困化。瓦尔加认为这样的论断是不对的，“在资本主义具体历史的发展具有多样性的条件下，在不同国家和不同时期资本主义的规律不可能总是以同一样式发生作用的”①。瓦尔加还引用统计数字做出判断，提出第二次世界大战后，在高度发达的资本主义国家所发生的是实际工资的显著增长，而不是绝对贫困化。他进一步指出，虽然从理论上讲，如果劳动强度比实际工资增长更快，那么在实际工资增长的情况下绝对贫困化也是可能的，但在发达资本主义国家没有出现这种情况。

第五，战后当代资本主义发展的新趋势。第二次世界大战结束后到 1957 年秋天为止，没有发生资本主义周期性生产过剩危机。在这期间，资本主义生产增长的速度超过 20 世纪的任何一个时期。瓦尔加认为，这是战后资本主义经济生活中的一个新现象，众所周知，正是这个现象曾经催生幻想。瓦尔加指出，这完全是暂时现象。在他看来，经济高涨绝非因为资本主义已经巩固，而是第二次世界大战期间资本主义再生产特点的反映。这些特点是以实物形态表现的，国民财富由于战时的巨大消耗而大大减少，资本家的利润和居民的收入却由于战时的实物形态无法回到再生产而以货币形态迅速增加。战争一结束，这些以货币形态积累起来的国民收入便成为市场的巨大刺激力量，主要表现为资本家对固定资本的更新和扩大投资，同时表现为居民对耐用消费品的购置。“这二者合在一起，加上 1950 年后重新成为资本主义经济一个最重要因素的军事需求，就使得战后 11 年间没有产生世

① 瓦尔加. 帝国主义经济和政治的基本问题. 北京：人民出版社，1958：122.

界性经济危机。”[①] 他接着指出，现在，这些特殊因素的效力已经发挥完了，取而代之的是一些固定的长期的因素，这些因素将在10年后完全表现出来。在瓦尔加写下上述话的16年后，1973年再次爆发了全球性的资本主义经济危机，这在相当程度上证实了他论断的科学性。1963年，为了奖励其在政治经济学理论上的创新贡献，84岁高龄的瓦尔加荣获了苏联部长会议颁布的“列宁奖金”。

（三）利别尔曼学派的理论创新

叶夫赛·格里高里耶维奇·利别尔曼（1897—1982）是苏联著名经济学家和苏联1965年经济改革的主要倡导者，生于1897年10月，乌克兰人。1920年从基辅大学毕业，1924—1925年留学德国，研究资本主义企业管理制度。利别尔曼教授一生著述颇丰，卷帙浩繁。主要作品有：《论工业利润的计划化》（1950）、《机器制造厂的经济核算》（1950）、《工业中的经济核算对工人的物质刺激》（1955）、《在苏联工业完成计划方面的经济推动力》（1959）、《计划、利润、奖金》（1962）、《再论计划、利润和奖金》（1964）、《信任是一种刺激》（1966）、《提高社会生产效果的经济方法》（1970）等。

利别尔曼很早就觉察到苏联经济体制的弊端。1956年，他在《共产党人》杂志上发表的《论工业生产计划和工业生产发展的物质刺激》一文中，提出了改革计划体制的初步设想，即中央各部委对许多生产部门只能规定笼统的品种任务，至于品种的详细情况和准确的供货期限，应当通过供货者和用户的直接合同关系来规定，但这个设想当时并未引起经济学界的注意。1962年9月9日，利别尔曼在《真理报》上发表了《计划、利润、奖金》一文，向传统的经济理论提出了挑战，对如何改变现行计划制度、如何考核企业的工作成果，以及如何加强物质刺激等问题，进一步提出了系统的建议。《真理报》“编者按”认为，该文“提出了重要的原则性的问题”，“这些问题具有巨大意义”，建议经济学家、经济领域的工作人员对该文章发表意见，展开讨论。

利别尔曼的建议之所以能引起广泛关注，主要依托三重历史背景：第一，传统计划经济体制的苏联模式在20世纪30年代形成，第二次世

---

① 瓦尔加．资本主义政治经济学概论．莫斯科：政治书籍出版社，1964：4.

界大战掩盖了其历史局限，20 世纪 50 年代又错过了体制改革的最佳历史时机，在和平与发展成为时代主题之后，其体制弊端越来越明显地暴露出来。第二，1956 年苏共二十大后，从 1957 年开始的赫鲁晓夫改革，把主要重心放到地方分权上，从中央集权的条条专政、部门管理体制，转轨到地方分权、块块专政、地方管理体制，先后建立 105 个经济行政区，甚至把党分立为“农业党”和“工业党”，造成混乱。第三，1961 年苏共二十二大之后，提出要另谋出路，更多运用信贷、价格、利润等调节商品货币关系的经济杠杆，以经济手段来推动经济改革、经济发展。正是在这样的三重历史背景之下，利别尔曼建议应运而生，并且迅速引起广泛关注。他主张建立一种新的计划和评价企业的工作制度，即以利润刺激为核心，把国家与企业之间的关系建立在利润分配的基础上。利别尔曼建议的实质是鼓励企业接受高计划任务，挖掘生产潜力，克服国家与企业之间在利益上的矛盾，把国家与企业之间的关系建立在利润分配的基础上。企业向国家缴纳与其所占的生产基金相适应的利润，国家按企业上缴利润的多寡来评价企业工作的优劣，盈利越高，奖金就越多，上缴的利润就多，自留的利润当然也多，用于集体奖励和个人的奖金也多，进而将国家和企业利益结合起来。

苏联对利别尔曼建议的争论，其激烈程度是自列宁逝世以后未曾有过的，这也是 20 世纪 20 年代工业化争论以来，苏联经济学界的第一次思想解放运动，这场讨论撞击了苏联模式关于价值规律、利润、物质刺激等问题的基本理论。利别尔曼主张对苏联现行的计划管理体制进行彻底改革，为了驳斥反对派的观点，继《计划、利润、奖金》一文之后，他又发表了《生产计划和长期定额》（1962）、《再论计划、利润和奖金》（1964）、《刺激、主权、主动性》（1965）、《计划、直接联系和赢利》（1965）、《信任是一种刺激》（1966）、《领导经济的经济方法和行政方法》（1968）等论文。在这场大讨论的基础上，1970 年，利别尔曼又出版了《提高社会生产效益的经济方法》一书，进一步系统地阐述了他的经济思想和改革主张，他的这些经济思想对推动苏联经济体制改革理论的发展起了很大作用，他也成为当时苏联东欧经济学界一位很有影响力的经济改革理论家。

大体属于这一学派的经济学家，还有更为激进的利西奇金、列昂诺夫、毕尔曼等。利别尔曼学派的经济理论，在社会主义经济学领域主要有三点理论创新：

第一，提出了社会主义计划体制必须进行重大改革的理论主张。苏联在斯大林时期长期坚持高度集中的指令性的计划经济管理方式，这种计划经济管理方式日益暴露出它的许多弊端，使得苏联经济运转不灵，生产效率下降。因此，利别尔曼建议的第一条内容就是要改革这种高度集中的计划体制，用新的计划体制去代替它。他说："应当建立一种计划和评价企业工作的制度，使得企业迫切关心接受最高的计划任务，采用新技术和改进产品质量，总之，关心最大的生产效果。"利别尔曼所提倡的新的计划体制包括两个方面的内容，一是计划管理的内容，二是计划制定的方法①。

第二，把企业利润作为社会主义经济发展的主要动力。社会主义经济发展的动力是什么？用什么去刺激企业完成国家的计划和推动企业编制积极的生产计划呢？这是利别尔曼建议中想解决的另一个重要问题，也是当时那场大讨论所争论的焦点之一。苏联传统理论认为在实现了生产资料的全民所有制后，劳动者都成为生产资料的主人，都会自觉地积极地从事生产劳动，因此，社会主义发展的动力问题基本已经解决了。但是，苏联经济建设的实践却表明，这一问题远没有解决。劳动者的生产积极性、企业完成国家计划的主动性远不像理论上想象的那样高。因此，利别尔曼认为必须采用新的经济体制来解决动力不足的问题，他提出新体制最主要的任务是激发企业更有效地进行工作的愿望。根据这一原则，利别尔曼提出应该把利润指标作为计划指标的核心，以利润率为核心建立新的计划体系。因为利润是企业劳动的综合成果，集中了劳动者个人和集体的利益，所以利别尔曼建议，要根据利润率完成的情况决定给企业集体的奖励基金。

第三，企业与国家不是行政隶属关系，而是商品交换关系。苏联理论界过去一直认为，在社会主义公有制基础上，国家和全民企业之间以及全民所有制企业之间的经济关系不是商品交换关系，企业不是相对独立的商品生产者，它们和国家之间的物资和资金往来本是调拨的关系，而不是商品交换的关系。理论界总是"强调全民占有的性质和由此产生的全民财富的统一支配"。在这种理论指导下，企业实际上是国家机关

① 洪银兴. 当代东欧经济学流派. 北京：中国经济出版社，1988：244.

的附属品。而利别尔曼则主张承认国家与企业的关系是商品交换的关系，给予企业以一定的独立地位。

今天看来，“利别尔曼建议”及其学派的经济理论，其实并没有什么惊天动地的重大突破和理论创新。然而，这却是从 20 世纪 30 年代形成传统计划经济体制 30 年后，第一次从政治经济学理论高度正面探讨其体制弊端、制度弊端，因而如一石激起千层浪，迅速引起了上上下下的广泛关注和热烈回应。1962 年 11 月，赫鲁晓夫在苏共中央全会上对“利别尔曼建议”予以肯定。1964 年，柯西金开始推行全面经济改革，也把利别尔曼经济思想作为其重要的理论基础。当然，利别尔曼建议也引起广泛争论，有人批判它是“现代修正主义”。1965 年后，苏联官方也对利别尔曼进行严厉批判，指责他宣扬资本主义的“最大利润原则”①。他的学术主张也被封锁和屏蔽。1982 年，85 岁高龄的利别尔曼郁郁而终②。

比利别尔曼更为激进的是利西奇金、列昂诺夫等人。他们的主张遭到了苏联官方还有奥斯特洛维季扬诺夫的严厉点名批判，后者尖锐地批判他们：“现在考察这种观点的个别代表人物走得更远。他们把商品关系归结为市场关系，宣称价值规律是社会主义生产的调节者，实质上是社会主义经济的唯一的客观规律。例如，利西奇金写道：‘离开价值规律和以它为基础的价格、利润、经济核算等这样一些范畴，所有其他规律在我们的条件下都不能自行表现出来，因为它们本身没有回答生产耗费同生产成果之间的关系问题……’不让价值规律起节制的作用，实质上就是不打算本着节约精神领导经济，不打算变价值范畴为计算范畴。”③“利西奇金形式上并不否认计划的作用，但他把经济计划领导的实质归结为研究和预见市场关系的客观发展趋势。他说：‘生产资料公有制和由此产生的、在研究和预见市场过程的基础上进行广泛而包罗万象的计划的可能性，使社会主义条件下的价值规律的作用带有根本性的特点。’照利西奇金的意见，计划不应是指令性的，而应是建议性的，必须给企业以‘选择目标和达到目标的途径’的充分自由。而国家对于

① 洪银兴. 当代东欧经济学流派. 北京：中国经济出版社，1988：253.

② 奥斯特洛维季扬诺夫. 社会主义社会的商品生产. 北京：知识出版社，1981：54-56.

③ 同②54.

企业的影响应当仅仅限于‘税收、信贷、银行利息等’。”[①] “对经济的社会主义领导不是一套登记市场过程的制度，而是对经济有目的、有计划的管理。赋予个别企业决定经营途径和方法的充分自由，而把计划机关的活动仅限于通过价格税收和信贷施加影响，客观上就是放弃计划领导。”

（四）奥斯特洛维季扬诺夫社会主义商品货币关系论

奥斯特洛维季扬诺夫·康斯坦丁·瓦西里耶维奇（1892—1969）是苏联资历深厚的经济学权威。1892 年出生于俄国唐波夫省的一个农村宗教家庭。1914 年加入俄国社会民主工党（布），1922 年起开始从事教学和研究工作。1922—1929 年在普列汉诺夫国民经济学院讲授政治经济学，1939 年被选为苏联科学院通讯院士，1953 年当选为院士，1953—1962 年任苏联科学院副院长，1961—1969 年任苏联经济学术团体联合会主席团主席，曾任莫斯科大学、苏共中央高级党校教授和政治经济学教研室主任。1954 年曾访问中国，1969 年逝世于莫斯科。

奥斯特洛维季扬诺夫一直是苏联官方正统经济理论的奠基者、阐述者和维护者，在苏联经济学界曾占据绝对的权威地位。他的主要著述有：《政治经济学和苏维埃建设》（20 世纪 30 年代与人合著）、《前资本主义社会形态经济概论》（1945）、《政治经济学教科书》（编写小组领导者，1954）、《共产主义建设和商品货币关系》（1962）、《论社会主义制度下的商品生产问题》（1971）。他的主要著作被汇编成两卷本的选集：第 1 卷《前社会主义社会形态的政治经济学》（1972）及第 2 卷《社会主义政治经济学问题》（1973）。

奥斯特洛维季扬诺夫可谓是苏联政治经济学，特别是社会主义政治经济学的一面镜子。从总体上看，他是传统计划经济体制的苏联模式教科书的主要编撰者、代表者。20 世纪 50—60 年代，他又是一位温和改良派，在维护传统体制的前提下，主张渐进的、有限的、温和的改革。他较有个性特征的经济理论是社会主义商品货币关系论，其核心思想是反对社会主义与商品货币关系根本对立、水火难容的僵化观念，主张社会主义国家与计划经济体制可以积极地、有目的地利用商品货币关系及

---

① 奥斯特洛维季扬诺夫. 社会主义社会的商品生产. 北京：知识出版社，1981：56.

其价值规律。社会主义制度下的商品生产和价值规律问题，在奥斯特洛维季扬诺夫的社会主义政治经济学的研究中占有最重要的地位。在这个问题上，奥斯特洛维季扬诺夫的观点几经变化。他在20世纪20年代后期基本上持非商品经济论。1944年、1946年、1949年奥斯特洛维季扬诺夫连续发表3篇文章，系统阐述了社会主义制度下商品生产存在的原因。苏联政治书籍出版社1962年出版了奥斯特洛维季扬诺夫的新著《共产主义建设和商品货币关系》，在前言中他指出，商品货币关系问题是政治经济学最困难和最复杂的问题之一。该书的任务是对以马雷舍夫和索波里为代表的“社会主义同商品货币关系不相容的观点”加以具体的、批判性的分析，同时，研究也对建设共产主义社会时期同利用商品货币有关的一系列迫切问题进行了探讨。所有这些决定了《共产主义建设和商品货币关系》一书的结构和它的论战性。苏联莫斯科科学出版社1971年出版了奥斯特洛维季扬诺夫晚年的一部重要著作《论社会主义制度下的商品生产问题》，该书不仅反映了奥斯特洛维季扬诺夫关于苏联经济改革过程中理论观点的新变化，而且为人们研究社会主义社会的商品货币关系问题提供了比较系统的资料。

在这里，我们主要依据奥斯特洛维季扬诺夫在1962年、1971年出版的最后两部论著尝试概括出他的社会主义商品货币关系论的基本思想——改革实质和六点建议。从改革实质来看，在于把集中计划与利用商品货币关系有效结合起来。对此，他有一段集中表述：“社会主义生产规模的广泛扩大，现代科技革命和大力采用科技成就来加速共产主义物质技术基础的建设，都迫切要求把集中计划与利用商品关系最有效地结合起来。苏联和其他社会主义国家目前实行的经济改革，其实质就在于此。改革的任务是完善和加强对国民经济的集中计划领导，同时减少上面下达给企业及其联合公司的指标数量，给企业及其联合公司以解决生产和销售产品、加强经济领导方法的更大权力和经营主动性。为此，商品货币杠杆与价值规律对于提高整个社会主义社会生产效率所起的作用大大加强了。同时，应当指出，社会主义制度下商品关系的内容和表现形式也都发生了根本性的变化，它们所表现的是社会主义生产关系。”① 奥斯特洛维季扬诺夫认为，改革的实质思想、理论基础是马克

① 奥斯特洛维季扬诺夫．社会主义社会的商品生产．北京：知识出版社，1981：28.

思列宁主义。在他看来，列宁不仅把利用商品货币关系同建设社会主义联系起来，而且把它同引导千百万人们走向共产主义联系起来。列宁写的《论合作社》一文对于弄清他在社会主义制度下商品货币关系问题上的立场有很大作用。我们的报刊往往低估了这篇著作的意义，只是说它包含着对农民经济进行社会主义改造的合作化计划。其实，这篇文章的意义绝不止于此，它还规定了完全社会主义的某些最重要的特征，其中包括合作制与商品货币关系。列宁制定的把对国民经济的集中计划领导同给予企业必要自主权和主动性、同广泛利用商品货币范畴辩证地结合起来的社会主义经营方法，在共产党和苏维埃国家的决议中得到了进一步反映和发展。

在这里，进一步将奥斯特洛维季扬诺夫的改革理论思考概括为六个要点，或叫“六点建议”。

第一，把国家与企业、企业与企业的关系建立在商品货币关系基础上。社会主义国家在对国民经济实行计划领导的时候要考虑价值规律的作用。其中企业内的经济核算既是计划管理的形式，又是用货币来计量经济活动的消耗和成果。这就是说，国家把社会主义企业之间的商品货币的相互联系建立在等价交换原则的基础上。

第二，在社会主义经济关系体系中要广泛利用等价交换的价值规律。在社会主义经济中，社会主义国家为了刺激生产增长和提高人民生活水平，在计划领导国民经济的过程中，在规定计划价格的时候，广泛利用价值规律，并且这种利用的形式是多种多样的。社会主义国家通过经济核算制来降低成本和提高生产赢利，通过信贷财政系统实现对生产和分配的卢布监督、调节货币流通，以及通过苏维埃商业系统在国营农场和集体农庄中实现按劳分配规律等等，这些都利用了价值规律。

第三，企业与国家的关系建立在商品货币关系基础上，因而要扩大企业经营自主权。苏联经济改革的实质是把集中计划同利用商品货币关系有效结合起来。在集中计划领导的同时，给企业以解决生产、产品销售的权利。在加强利润刺激作用的同时，扩大企业经营自主权，在企业中建立发展生产基金和物质鼓励基金。用价值规律促进技术进步，提高劳动生产率，降低产品成本。在价格政策上除国家规定的价格外，在一定情况下，给有关单位根据市场行情、季节、当地条件以及其他情况自主规定价格的权利。

第四，为了利用价值规律，推动进步，对企业要把财政拨款制改为银行贷款制，对那些生产搞得好的单位在贷款条件上给予优待。

第五，要给地方、企业以一定的商品定价权。

第六，要利用现代科学技术和数学工具，自觉地反映与调节社会主义条件下的商品货币关系。他指出，“现代数学和电子技术水平的发展，使我们既能用价值（货币）形式，也能直接用劳动时间更准确地计算劳动消耗。当前，经济学家、数学家和统计学家们都在致力于解决这项任务”①。

奥斯特洛维季扬诺夫理论存在的根本局限性是，他批判了利别尔曼学派，特别是利西奇金、列昂诺夫的改革主张，固守传统计划经济体制的苏联模式，只做有限的、局部的、表层的温和改革。他的基本观点是不能把整个社会主义经济说成社会主义商品生产；商品关系和价值规律在社会主义经济中不起决定作用；社会主义经济的主要特点不是市场机制起主导作用，而是全面的计划性起主导作用②。

（五）社会主义资源优化配置的苏联经济数学学派

尽管“左”倾教条主义竭力排斥经济数学方法，但以涅姆钦诺夫、康托罗维奇、诺沃日洛夫为核心的苏联经济数学学派仍然坚持科学研究，并在20世纪30年代末取得了重大突破。1939年，当时年仅27岁的康托罗维奇完成了现代经济数学方法——线性规划的开创性研究，其成果《生产组织与计划的数学方法》一书在列宁格勒出版。这个研究成果比美国学者丹捷格的研究成果（1947）要早8年时间。

1959年，康托罗维奇的名著《资源最优利用的经济计算》在被埋没了17年之后，终于在涅姆钦诺夫的主持下出版，这标志着苏联经济数学学派在苏联国内的地位得到了巩固。1960年，康托罗维奇的列宁格勒研究小组迁往诺沃西比尔斯克，并入苏联科学院西伯利亚分院数学研究所。同时，在莫斯科研究小组的基础上，成立了在经济研究和计划工作中运用数学方法实验室。康托罗维奇在数学研究所设立了经济数学部，除研究最优计划理论外，还侧重研究经济动态和平衡模型、凸分析和极值问题理论及电子计算机应用于经济实际等问题。1960年4月，

① 奥斯特洛维季扬诺夫．社会主义社会的商品生产．北京：知识出版社，1981：57.

② 同①53.

苏联科学院召开了“全苏数学方法在经济研究和计划工作中运用学术大会”，涅姆钦诺夫任会议主席，这是苏联经济数学学派发展道路上的重要一步，它标志着该学派已得到苏联社会的认可。会后成立了由涅姆钦诺夫领导的“在经济研究和计划工作中运用数学和计算函数科学委员会”，1962 年出版了这次会议的七卷论文集。这一时期，苏联经济数学学派取得了一系列引人注目的成果，其中包括康托罗维奇的数学程序研究、诺沃日洛夫对耗费与成果计量的研究、卢里耶关于最优化的解决运输问题的研究、瓦恩斯坦关于计算国民收入的研究等等。1963 年，在上述经济数学实验室的基础上，正式成立了苏联科学院中央经济数学研究所，涅姆钦诺夫是该所的创始人，他提名费多连科出任所长。此后，苏联经济数学学派便有了一个理想的活动场所。此时，经济数学方法的研究已在苏联各地展开。

20 世纪 60 年代初期是苏联经济数学学派开展活动的一个高潮阶段，涅姆钦诺夫、康托罗维奇、诺沃日洛夫等数理经济学家接连发表和出版论文与专著。涅姆钦诺夫于 1962 年出版了专著《经济数学方法和模型》，此书研究了计划工作和计划计量学、经济控制论、经济中数量分析的数学方法、魁奈的《经济表》、马克思的扩大生产图谱及经济数学模型，并对社会主义条件下如何运用经济数学方法提出了系统的见解。1963 年，涅姆钦诺夫开始修订和补充这本著作，但尚未完成就于 1964 年去世了，此书经过他的同事与学生整理后于 1965 年出了第二版。同年，涅姆钦诺夫的这本著作连同康托罗维奇的《资源最优利用的经济计算》和诺沃日洛夫的《社会主义经济中耗费与成果的计算》一起，荣获苏联科学家成果最高奖赏——“列宁奖金”。苏联经济数学学派的几位杰出创始人为之奋斗数十年的事业硕果累累。这一年，中央经济数学研究所的专刊《经济学与数学方法》也问世了。此后，该刊便成为苏联经济数学学派的一个重要学术园地。

康托罗维奇是苏联经济数学学派的创始人之一，他一生在这一领域的贡献主要有：创立了“解乘数法”，为线性规划在生产和管理活动中的广泛应用奠定了基础；提出了“客观制约估价”学说，创立了社会主义条件下资源最优利用理论；在上述方法与理论基础上，建立了短期和长期计划的静态和动态模型，研究出崭新的经济指标体系的制订方法。此外，他还在利用最优模型研究价格形成、基本投资效果、租金理论、折旧理论等社会主义经济问题方面取得了许多成果。1975 年，他因“创建和发展了线性规划方法，革新、推广和发展了资源最优利用理论”，与美国经济学家库普曼同获诺贝尔经济学奖①。

20 世纪 60 年代初期，涅姆钦诺夫通过自己的积极宣传和鼓动以及实际工作，把苏联经济数学学派的活动推向了高潮，他自己在这一学术领域的造诣也达到了辉煌时期。1962 年他出版了专著《经济数学方法和模型》。

该书不是单纯研究某一经济问题或某一数学模型的著作，而是系统地总结了苏联 20 世纪 50 年代末 60 年代初经济数学方法在其初创时期所遇到的一些基本的重大问题、所取得的重要研究成果。该书试图从生产工艺方面研究社会主义经济，从计算和规划角度来研究国民经济计划，以控制论来研究社会生产管理，具有概论的性质。涅姆钦诺夫还对苏联经济学家和统计学家斯特鲁米林借助数字模型对最重要的理论原理和先进的实际建议所做的研究给予了详细的介绍和高度评价，认为数字模型与一般的分析统计表不同，它包括基于从数据出发的前提和假设的计算，这些前提和假设构成模型的实质，并用某种函数关系的形式将它们固定下来。数字模型分为综合模型和分析模型，前者通常是静态的，而后者按其实质来说是动态的，它们能够反映被模拟过程或现象在时间上和空间上的动态系统。

诺沃日洛夫的主要论著有：《商品的短缺》（1926）、《社会主义经济投资最大效果的求法》（1947）、《社会主义经济中耗费与成果的计算》（1959，获“列宁奖金”）、《苏联劳动生产率计算的发展趋势》（1963）、《价值规律与计划价格形成》（1965）、《社会必要劳动模型》（1966）、《在制订最优计划条件下耗费与成果的计算问题》（1967）、《数学在经济学中的应用及现代最优计划问题》（1970）等等。诺沃日洛夫是康托罗维奇事业的主要合作者和支持者，公正地说，资源最优利用理论是他们二人共同研究的成果。有人指出，他是苏联第一个理解康托罗维奇 1939 年成果《生产组织与计划的数学方法》科学意义的人。他提出的“级差耗费”与康托罗维奇的客观制约估价是苏联资源最优利用理论园地中的两朵并蒂奇葩②。

---

① 向祖文．苏联经济思想史．北京：社会科学文献出版社，2013：278，282.

② 同①340-342.

尽管苏联经济数学学派取得了如上所述的丰硕的理论成果，但其历史命运却是曲折的，20世纪30—50年代它就曾受到压制，而后潜伏地下。1983年，它受到苏共中央的严厉批评①。

（六）格鲁什科夫院士信息网络化替代方案

如今，在俄罗斯的史料研究中，在研究柯西金-利别尔曼的改革时，几乎很少提到1963—1965年在苏联经济学界曾存在过一个替换方案，它是由数学家、控制论专家、院士B.M.格鲁什科夫设计的。

格鲁什科夫在20世纪60年代初提出了建立全国机器化经济管理系统的方案。1962年，这一方案得到了苏联部长会议副主席柯西金的赞同，于1964年设计并向国家提交了统一国家计算中心网络的新的草拟计划。格鲁什科夫提出了一个系统，通过这一系统，国家能够使用计算中心网络实时地全方面地管理全国经济，从国家政府到企业及其分支，直到车间的分部和具体工作的直接领导。同时，还提出了完善整个经济管理、计划预报系统。

根据设立者的想法，这一计算机系统的设立能够最为优化地计划苏联经济。不过问题在于，20世纪60年代初，苏联国家计划给所有物质资源的资金分配了2 030个报账额度（总共500名工作人员）。显然，在苏联大规模的经济中通过“手工”加工数据及相应的“手工”计划是完全不可能制定其发展的“精确”计划的。除此以外，在一年期间这一计划多次发生变动以适应现实。因此，当时已很明显，没有电脑的帮助，根据计划协调庞大国家的经济管理的行为是完全不可能的。

但是在委员会的计划被审核之后，几乎什么也没有剩下。虽然也实现了计划的一部分，然而它没能带来任何进步。依旧设立了管理技术系统及企业的机器化系统，却已不再提到整体系统。这样，统一国家计算中心网络的实现缩小为建立一系列项目，如企业管理自动化系统以及技术过程管理自动化系统等。它们的功能更多与收集和传递计算信息的自动化过程、独立企业的技术过程以及文档挑选有关，代替计划加工过程自动化的还有做出管理决定。因此，格鲁什科夫的计划不是必须实现的。

① 向祖文. 苏联经济思想史. 北京：社会科学文献出版社，2013：311.

格鲁什科夫计划萎缩的根本原因不是缺少资金，而是国家计划委员会的官僚主义，地方、大生产领域以及企业领导人对于获取现实指标信息不感兴趣。反观当时的日本、美国以及西欧国家都逐渐开始设计和采用类似的系统，使这些国家在经济、工艺和技术方面取得了巨大进步，也包括管理领域的进步。因此，可以说没有设立全国机器化经济管理系统是苏联领导人的一项战略失误。

（七）西伯利亚改革学派的激进改革论

西伯利亚改革学派大多是苏联科学院西伯利亚分院工业生产经济与组织研究所的成员，以及该所主办的《工业生产经济和组织》的经常撰稿人。他们是阿甘别吉扬、阿巴尔金、布尼奇、波波夫等人。他们对于改革的主张虽不完全相同，但实际上形成了一个学派，有一套比较系统完整的理论。这一改革学派具有三个显著特点：第一，尖锐地批判现行体制，同时提出革新现行体制的建设性意见；第二，主张中央集权制的民主管理原则，探讨在苏联现阶段实现这一原则的最好形式和步骤；第三，了解与积极呼应其他社会主义国家改革的国际思潮。

为了摆脱经济困境，20 世纪 80 年代初，苏联在安德罗波夫任期内又一次酝酿着新的经济体制改革运动。以阿甘别吉扬为首的西伯利亚改革学派正是在这样的情况下应运而生的。在阿甘别吉扬的主持下，他们向苏共中央提出一份要求根本改革经济体制的内部报告。这份报告猛烈抨击了旧体制的缺点，提出了经济体制改革的全面设想。这份报告对苏联产生了很大的影响，在苏联国内外引起不小震动。自全苏发行量最大、思想最为激进的《工业生产经济和组织》杂志创刊以来，阿甘别吉扬一直是该杂志的主编。1985 年秋，阿甘别吉扬调回莫斯科，主持苏联学院经济学分部的工作，担任苏联科学院主席团委员、经济学分部副主席。1986 年 3 月苏共二十七大召开之后，他成为苏共中央总书记戈尔巴乔夫的首席经济顾问。苏共二十七大后，为了组织和领导经济体制改革，苏联部长会议新设立了完善管理计划和经济机制委员会，阿甘别吉扬是该委员会科学组的组长。阿甘别吉扬是苏联经济改革的积极倡导者，也是经济体制改革方案的主要设计者之一。主要著作有：《数学和电子技术在计划工作中的应用》（1961）、《国民经济计划的模型体系》（合著，1972）、《社会主义企业管理：理论与实践问题》（1979）、（社会主义生产纲要目标管理：理论与实践问题》（合著，1980）、《管理与效率》（1981）、《区域性生产综合体：计划工作与管理》（1984）、《国民经济效率的提高》（1984）、《企业科技进步的管理》（1986）、《部门远景计划工作：经济学方法和模型》（1986）、《改革，苏联的双重挑战》（1987）、《经济管理改革（探索与问题）》（1987）等①。

经济改革的三大方向—三次来潮—三大阻力，这一系列比较激进的理论主张，构成了阿甘别吉扬及其西伯利亚学派的主要学术观点：

（1）改革的“三大方向”说。

阿甘别吉扬对苏联以往的经济改革持否定态度。他认为，由于各种阻力，以往的改革方案并没有得到真正的贯彻，国家经济发展的重大矛盾并没有得到解决。因此，改革苏联旧体制，必须从三个方面着手：第一，改革——为了人；第二，要由粗放方法为主的经济转向高度集约化的经济；第三，进行管理体制的根本改革，这在经济改革中是最重要的，因为不论是社会领域还是国民经济集约化方面，最终取决于管理体制。这三个方面是相互紧密联系的。

第一，把发展国民经济的主要目标转到提高人民生活水平的任务上来。阿甘别吉扬非常重视研究生活因素和人的行为对经济发展的影响作用，不赞成把劳动者这一新社会的主人仅仅当作资源来支配。改革成功的最高标准就是充分地满足苏联人民的物质和精神需求。他指出，伴随科学技术的发展，人作为社会的主要推动力的重要作用正在急剧提高，而发展生产力也正是为了人。在科技革命条件下，人们的创造潜力已开始起着关键性作用。

第二，将国民经济转到以加速科技进步为基础的集约化发展的轨道上来。这里提高效率和质量是经济发展的主要因素。因此，在对资源使用的态度上要有一个大转变，由浪费型经济转向资源节约型经济，而集约化的主要途径是科技进步。阿甘别吉扬反复指出，自20世纪70年代开始，苏联没有适当考虑经济形势中的根本变化，在改进社会生产结构、改变管理系统、经营方法和经济管理的心理等方面，没有表现出应有的坚定性，经济继续在粗放的基础上发展。20世纪80年代以来，苏联经济增长速度不断下降的一个重要原因，就是没有有效地加速科技进

① 向祖文．苏联经济思想史．北京：社会科学文献出版社，2013：259，416.

步，充分利用多种集约化因素。阿甘别吉扬通过计算得出结论，直到20世纪70年代末，苏联社会生产增长额中仍有3/4是靠粗放因素获得的。这种粗放因素占优势的趋势，不仅会引起和加剧苏联经济中的某些比例失调，而且日益严重地束缚了经济的发展。因此，阿甘别吉扬极力主张，苏联必须在经济、科学技术和社会发展方面，实行重大的转变，其中也包括向集约化方向的转变。

第三，改革管理体制。阿甘别吉扬指出，长期以来，苏联总是力求把企业办大，而实践证明，这种贪大求全的做法导致了不良后果。因此，他认为，在办好大企业的同时，还有必要建立用现代技术装备起来的中小企业。

这种行政干预一直延续下来，严重阻碍了国民经济的发展速度，很明显，不改革行政管理体制，经济很难改观。新的经济改革的实质，首先在于把行政管理的方法转变为经济管理的方法，也就是说用更民主的方法来解决经济问题。通过经济利益，通过广泛利用消费品和生产资料市场进行管理。而经济民主化是整个经济改革的发动机，应鼓励合作经济和个体经济的发展。在社会主义条件下管理还有一个重要方面——自治。可见，在经济管理改革过程中加强民主化和自治具有决定性意义。

(2) 改革的“三次来潮”说。

改革的第一次来潮是推广大规模的经济试验，即1984年苏联开始的大规模改革试验的目的是扩大企业自主权，增加企业的内在活力。第二次来潮是自筹资金。戈尔巴乔夫上任后，在以前改革的基础上，推出了一项新试验——自筹资金。在阿甘别吉扬看来，自筹资金并不能解决所有问题。他认为，要根本改革经济体制，还必须从根本上扩大企业自主权，把经济体制改革推向一次新的来潮。第三次来潮是完全经济核算制。阿甘别吉扬认为，为了从根本上改革经济体制，还必须有第三次来潮。第三次来潮应该是苏联经济改革的整体方案。整体方案的核心内容是实行完全经济核算制。完全经济核算制是一个综合概念，它是全民所有制企业改革的最终目标。“三次来潮”说，基本上反映了阿甘别吉扬对苏联经济体制改革目标的总体设想，同时也大体上反映了苏联领导对于经济体制改革的总体规划。阿甘别吉扬一贯强调国家统一计划与市场的有机结合，他认为在制定经济改革方案时，应该有一个明确的指导思想，就是对经济的计划领导。这过去是，现在仍然是社会主义经济管理的基本原则。改革只能是完善计划工作，而不能完全放弃计划。

(3) 改革的“三大阻力”说。

西伯利亚学派认为，生产关系如何适应生产力的过程远比人们通常认为的要复杂和困难得多。苏联《政治经济学教科书》告诉人们，在社会主义条件下，不存在乐于维护过时生产关系的社会集团。因此，完善生产关系将在没有社会冲突的条件下进行。实际上，完善生产关系的经济改革将会遇到三种阻力。一是利益阻力。利益阻力主要有两个：1) 改革现行的生产关系体制是由那些现存体制中占有很高地位的、由于个人利益而依然留恋这个体制的社会集团来进行的。2) 经济管理的具体改革必须要触及许多社会集团的利益，它将使某些集团的状况改善，而使另一些集团的状况恶化。他们认为，自赫鲁晓夫以来苏联的历次改革之所以失败，原因之一就是没有考虑到这一点。二是管理方法的阻力。任何重大的经济管理改革都伴随着管理权限在各类管理人员之间某种程度的重新分配，并且引起责任的重新调整。三是社会科学的阻力。社会科学发展水平不够，不能提出一个经过充分研究的新的经济机制“模式”。

在西伯利亚学派中，阿巴尔金是仅次于阿甘别吉扬的重要学术代表人物，他的8部主要学术代表作品是：《集约型再生产和计划平衡》(1978)、《社会主义经济规律的体系、作用和特点、利用的形式和方法》(合编，1981)、《发达社会主义的经济规律体系》(1982)、《经济机制的理论问题》(1983)、《发达社会主义和现代经济思维的形成》(1984)、《生产力和生产关系的辩证法》(1985)、《加速战略》(1986)、《经济新思维》(1987)。

阿巴尔金的思想和理论，确实具有独创的性质。他曾尖锐而中肯地批判过苏联的经济体制。他认为，苏联的经济改革是苏联社会主义建设的一次深刻的实质性的变革。对原有的经济体制不只是完善问题，而且要采取革命性的措施，要触及整个管理体制最深层次的变革。他的许多重要的改革思想和理论曾经为苏联经济学界所接受，并付之于改革实践。阿巴尔金最独特的理论创新就是认为经济改革的实质与关键是解决所有制问题。为了使劳动者真正成为社会的主人，防止生产资料和劳动成果相脱离，阿巴尔金主张建立一个能够有效地实现社会主义所有制关系的社会经济体系。这个体系要求不拘泥于定型的所有制结构，能够充分发挥人的积极性，有助于培养劳动者的主人翁态度，并能吸收和继承人类文明所创造的一切优秀成果。阿巴尔金还主张采取多种所有制形式。他说："我们要抛弃简单化的概念，因为这种观念把国家所有制说成是国民经济一切领域和全国各地区唯一的单一概念。我们这里可以有国家的、合作社的、个体的和混合的所有制形式——这些都是能为生产的高效率创造条件的。"在当前条件下，这种机制就是以劳动者集体承包为基础的合作关系，就是完全经济核算制。在现代经济中，大、中、小企业，各种类型的联合公司的出现是合乎规律的。合作制形式正在变得更加丰富多彩、更加复杂。除传统领域外，合作制形式正在手工业、生活服务业、公共餐饮业中不断发展。所有这一切反映了所有制本身的形式和它的经济实现形式的丰富性和复杂性。阿巴尔金还特别强调，经济改革在具有社会主义特色的标准方面需要继续前进，这同解决全面就业、建立社会保障体系、坚定对未来的信念等问题相联系。这就是说，如果职工与财产疏远，如果劳动集体在现实关系中不是生产资料的真正主人，不是生产资料的责无旁贷的支配者，如果职工把自己当成短工、临时工，那么这种所有制未必能称得上是社会主义的。在阿巴尔金看来，承认社会主义所有制形式多样化的必要性和合理性是个重大的进步，但这仍然不是所有制理论中主要的和最难解决的问题。最复杂的是关于社会主义国家所有制的问题，是关于如何克服这种所有制的无个性等的问题，是关于克服国营企业科技进步和社会需求变化不敏感的问题。要解决这些问题，需要揭示全民所有制机制的内在逻辑和符合规律的复杂性①。

三、苏联社会主义发展阶段问题的理论演化

对苏联社会主义发展阶段问题的讨论是一面镜子，集中反映了苏联科学社会主义理论研究的曲折发展和历史命运。与此紧密相关的，还有对苏联社会主义社会的矛盾问题、所有制关系问题、社会主义与现代科技革命的关系问题等重大问题的几场理论讨论。斯大林关于苏联社会发

① 向祖文．苏联经济思想史．北京：社会科学文献出版社，2013：410-411.

展阶段的观点是这些讨论的基础，因而在这里首先对此进行阐述。

（一）斯大林的“社会主义建成论”

在列宁刚刚去世的几年，在20世纪20年代末30年代初的几次论战中，斯大林基本上还是坚持了马克思列宁主义的一些基本观点，并没有在苏联社会发展阶段完全推出自己的一套理论。然而，这种情况在20世纪30年代尤其是从1936年起发生了大变化，斯大林开始急于求成、好大喜功，过高估计苏联社会发展阶段，盲目提出向共产主义过渡的观点。1936年11月25日，在全苏苏维埃第八次（非常）代表大会上的报告《关于苏联宪法草案》是这种转变的重要标志。这个报告的第二部分题为“1924—1936年在苏联生活中发生的变化”，其中提道：“我们在1924年的情形怎样呢？这是新经济政策第一个时期，当时，苏维埃政权在尽一切力量发展社会主义的条件下，容许资本主义在某种程度上活跃，打算在资本主义和社会主义两个经济体系的竞赛过程中，造成社会主义体系对资本主义体系的优势。当时的任务是要在这一竞赛过程中巩固社会主义的阵地，消灭资本主义分子，完成作为国民经济基本体系的社会主义体系的胜利。”①

斯大林把过早结束新经济政策，强制推行高度工业化、农业全面集体化称为“社会主义的完全胜利”：“至于国内商品流转，商人和投机者已经被我们从这方面完全驱逐出去了。现在全部商品流动都已掌握在国家、合作社和集体农庄手中。新的苏维埃的商业，没有投机者参加的商业，没有资本家参加的商业，已经产生而且发展了。因此，社会主义体系在国民经济一切部门中的完全胜利，现在已经是事实了。而这说明什么呢？这就是说，人剥削人的现象已被铲除和消灭，生产工具和生产资料的社会主义所有制已经确立而成为我们苏联社会不可动摇的基础。”②

不仅如此，他还进一步断定社会主义制度在苏联已经胜利，苏联已经基本上实现了共产主义第一阶段——社会主义。和资本主义各国的宪法不同，《苏联宪法草案》的出发点是资本主义制度在苏联已被消灭、社会主义制度在苏联已经胜利这一事实。《苏联宪法草案》的主要基础是社会主义的原则，是已经争取到和已经实现的社会主义的基本准则。

① 斯大林．斯大林文集（1934—1952年）．北京：人民出版社，1985：100.

② 同①102.

“我们苏联社会已经做到在基本上实现了社会主义，建立了社会主义制度，即实现了马克思主义者又称为共产主义第一阶段或低级阶段的制度。这就是说，我们已经基本上实现了共产主义第一阶段，即社会主义。”①

1938 年，斯大林主持编撰的《联共（布）党史简明教程》在尾声之处画龙点睛，把苏联“已经建成社会主义，开始向共产主义过渡”的思想主旨，说得更加明确透底：“这样，在宪法上就明文规定了一件有全世界历史意义的事实，即苏联已进入新的发展时期，已在完成社会主义社会建设和逐渐过渡到共产主义社会，过渡到应以‘各尽所能，各取所需’的共产主义原则为社会生活原则的社会。”②

1938 年 3 月召开的联共（布）第十八次代表大会提出了一个脱离实际、盲目冒进的空想目标：“代表大会上研究过的关于苏联的基本经济任务的问题，即在按人口平均计算的产量方面赶上并超过主要资本主义国家的问题，具有特殊的意义。这项任务列宁早在十月革命前夕就把它作为社会主义国家的远景提出来了。随着社会主义在苏联的胜利和国民经济技术改造的基本完成，这项任务就成了党和全体苏联人民最迫切的实际任务。联共（布）第十八次代表大会指导党去解决苏联进入新的发展时期即完成社会主义建设和逐步向共产主义过渡的时期所面临的任务。”③

1952 年 11 月召开了苏共十九大，这是斯大林生前主持召开的最后一次党代表大会，其实质特点不仅是布尔什维克党正式更名为“苏联共产党”，而且在苏联一国建成社会主义的基础上，更为主观冒进地把“建设共产主义”当作眼下就要实行的现实任务。苏共十九大通过了关于更改党的名称的决议。代表大会决定把“苏联共产党（布尔什维克党）”——“联共（布）”——改名为“苏联共产党”（苏共）。“共产党”和“布尔什维克党”“是在历史上同孟什维克进行的斗争中形成的，目的是要同孟什维主义划清界限。既然孟什维克党在苏联早已退出舞台，党的双重名称也就失去了意义，况且‘共产党’这个概念是最确切地反

---

① 斯大林．斯大林文集（1934—1952 年）．北京：人民出版社，1985：107-108.

② 联共（布）中央特设委员会．联共（布）党史简明教程．北京：人民出版社，1954：459-460.

③ 波诺马辽夫．苏联共产党历史．北京：人民出版社，1960：537，540.

映了党的基本任务的内容——建立共产主义社会”。

苏共十九大讨论了尼·谢·赫鲁晓夫所做的关于修改党章的报告，并对党章做了修改。新的党章概括了从第十八次代表大会以来党的建设所积累的丰富经验。党章里有对“苏联共产党”的简明定义：“苏联共产党是工人阶级、劳动农民和劳动知识分子中思想一致的共产主义者所组成的自愿的战斗联盟。”党章中记载了苏共十九大提出的苏联共产党的主要任务：“通过从社会主义逐步过渡到共产主义的途径建立共产主义社会；不断地提高社会的物质和文化水平；以国际主义、同各国劳动人民建立兄弟联系的精神来教育社会成员；竭力加强苏维埃祖国的积极防御，防止敌人的侵略。”① “党章极其完备而具体地说明了党在共产主义建设现阶段的主要任务以及各级党组织和全体党员的义务。”②

斯大林在苏共十九大上提出，“共产主义建设现阶段”的基本判断、基本定位、基本任务，不是一时冲动的个别提法。他在1952年出版、旨在为苏共十九大奠定理论基础和思想基调的《苏联社会主义经济问题》中，就提出了自己的时代观，认为第二次世界大战后，时代特点就是世界资本主义体系面临总危机和最后的死亡，共产主义很快会到来：“第二次世界大战及其经济影响在经济方面的最重要的结果，应当认为是统一的无所不包的世界市场的瓦解。这个情况决定了世界资本主义体系总危机的进一步加深。”“世界市场的瓦解所造成的世界资本主义体系总危机的加深就表现在这里”，“这是资本家自己也感觉到的，因为失去像苏联和中国这样的市场是很难不感觉到的。他们竭力想用‘马歇尔计划’、侵朝战争、军备竞赛、工业军事化来解脱这些困难情况。但是这很像快要淹死的人抓住一根草一样”③。基于此，斯大林在苏共十九大闭幕式上发表讲话，要求在全世界范围内更高举起共产主义旗帜④。

（二）赫鲁晓夫提出“苏联在1980年建成共产主义”

赫鲁晓夫的个性特征与历史作用具有二重性，他一方面举起旗帜，

① 苏联共产党代表大会、代表会议和中央全会决议汇编：第五分册．北京：人民出版社，1958：298.

② 波诺马辽夫．苏联共产党历史．北京：人民出版社，1960：650，660.

③ 斯大林．斯大林文集（1934—1952年）．北京：人民出版社，1985：620-621.

④ 斯大林．斯大林文选（1934—1952）．北京：人民出版社，1962：652.

反对斯大林的个人崇拜；另一方面，他在基本理论与体制机制上固守斯大林时期的苏联模式，甚至把“超越阶段”的冒进思想发挥到了极致，直至提出“苏联在 1980 年建成共产主义”。具体分析起来，赫鲁晓夫“超越阶段”的冒进思想先后迈出了七步。

第一步，1952 年苏共十九大上，赫鲁晓夫就提出“苏联已经建成了社会主义”，主要任务是向共产主义过渡。早在 1952 年 10 月，赫鲁晓夫在向苏共十九大所做的修改党章的报告中就提出，苏联已经“建成了社会主义社会”，现在，苏联共产党的主要任务是：通过由社会主义逐渐过渡到共产主义的途径来建立共产主义社会，“建成共产主义社会已经成为苏联各族人民的实际任务了”①。

第二步，1955 年苏共二十大前，在苏联社会的先后任务发展阶段问题上，莫洛托夫与赫鲁晓夫发生理论争论。在 1956 年苏共二十大召开前夕，也就是 1955—1956 年，莫洛托夫与赫鲁晓夫曾就苏联社会的发展阶段问题进行过一场半公开的理论争论。莫洛托夫和米高扬属于受过列宁直接影响的老布尔什维克，在总体上维护斯大林的领导地位，但在 20 世纪 40 年代末 50 年代初，他们试图纠正斯大林固守苏联模式、战时体制的某些极左倾向。结果在 1952 年 10 月苏共十九大后随即召开的苏共十九届一中全会上，斯大林点名严厉批判了莫洛托夫（和米高扬）的一系列政治错误，并将二者排除出苏共中央领导核心层②。

1955 年 2 月 8 日，莫洛托夫曾在苏联最高苏维埃会议上做对外政策报告时指出：“早在战前时期，社会主义就已在我国获得胜利”，战后，苏联“已经建立起社会主义社会的基础”。遗憾的是，他没有对自己的结论进行系统论证和发挥。在赫鲁晓夫的支持下，波斯佩洛夫、萨丘科夫二人给政治局写信。信寄到了政治局，并被分送给每个政治局委员，要求在下次政治局会议上讨论澄清莫洛托夫的错误看法。赫鲁晓夫还曾在斯大林的远郊别墅召开作家会议，公开宣称与莫洛托夫在这个重大问题上有分歧。在随后召开的政治局会议上，赫鲁晓夫批判了莫洛托夫的观点，并认为这个严重错误不仅在于低估了苏联社会主义的伟大历史成就，而且在于导致在前进道路上迷失了方向。赫鲁晓夫引证苏共十

---

① 赫鲁晓夫．关于修改联共（布）章程的报告//苏联共产党章程汇编．北京：求实出版社，1982：179.

② 斯大林．苏联社会主义经济问题．北京：人民出版社，1961：178-179.

九大的提法，对莫洛托夫的提法做出批评，获得了多数政治局委员赞同，要求莫洛托夫公开认错，澄清观点。赫鲁晓夫从传统的向共产主义过渡的理论出发，严厉批判莫洛托夫的结论。莫洛托夫在1955年9月16日写给《共产党人》杂志编辑部的一封检讨书里，被迫承认他关于当时苏联社会发展阶段处于“奠定了社会主义基础”的提法“在理论上是错误的，在政治上是有害的”[①]。事件到此还没有完，赫鲁晓夫利用职权，把自己和莫洛托夫这场理论争论写进了1956年2月14日苏共二十大的政治报告中，不点名地进行了再批判：“有些工作人员在某些明白的、党早已经解决了的问题上造成分歧和混乱。中央委员会认为有必要纠正这些人的观点。例如关于苏联已建成社会主义和正在逐步向共产主义过渡的问题。个别工作人员在争论中竟错误地认为，似乎我们直到现在仅仅奠定了社会主义的基础。谁都知道，早在要通过新的苏联宪法（1936年）的时候，社会主义制度在国民经济一切部门中就已经胜利了、巩固了。这就是说，在那个时候，社会主义社会就已经在我国基本建成了，从此以后，它就在社会主义生产关系的坚固基础上发展着。因此，断定说我们只奠定了社会主义基础，就会使党员和苏联全体人民，在关于我国的发展前景这样紧要的问题上迷失了方向。当然，党对这种想贬低社会主义建设中的成就的企图给予了应有的打击。”[②]

第三步，在1956年召开的苏共二十大上，赫鲁晓夫不仅提出了在人均产量方面尽快超过美英等最发达的资本主义国家的冒进指标，而且推出了“逐步从社会主义向共产主义过渡”的历史定位。在苏共二十大上，赫鲁晓夫所做的政治报告提出了在人均产量方面尽快超过英美等发达资本主义国家的高指标，并作为第六个五年计划的重要目标：“社会主义经济制度的巨大优越性和社会生产高速度的发展，使苏维埃国家有可能在历史上极短的时期内，完成苏联的主要经济任务——在按人口计算的产量方面赶上并超过最发达的资本主义国家。完成这项任务将是使我们祖国和整个社会主义国家大家庭避免任何偶然和意外事件的最有力和最可靠的保证，这将使我们有可能把人民的福利提高到同社会主义社会的伟大目标相适应的水平。第六个五年计划是完成这项任务的一个

① 莫洛托夫．我的检讨（1955年9月16日）．共产党人，1955（14）．

② 苏联共产党第二十次代表大会文件汇编．北京：人民出版社，1956：130．

重要阶段。我们有一切可能不仅完成而且超额完成新的五年计划。”①

部长会议主席布尔加宁向代表大会所做的关于第六个五年计划的报告则进一步具体地把这个目标与向共产主义过渡的战略目标、历史定位直接联系起来：

> 我国现在拥有头等的重工业，也就有了一切条件不但迅速发展生产资料的生产，而且迅速发展人民消费品的生产，大大增加社会的财富，从而在建设共产主义社会中取得新的成就。
>
> 由于坚决地和一贯地执行了列宁的优先发展重工业的总路线，我们取得了具有世界历史意义的胜利。这个胜利就是，我们已经把我们这个过去落后的农业国变成了拥有高度机械化的大产业的头等工业强国，建成了社会主义社会，并且正在满怀信心地逐步向共产主义迈进。
>
> 一切生产部门中技术的空前迅速的发展是我们这个时代的特点。如果说 19 世纪主要是蒸汽时代，那末 20 世纪就是电气时代，这个时代眼看着就在开始变为蕴藏有发展生产力的无穷潜力的原子能时代。我们共产党人应当把 20 世纪最伟大的发现——原子能充分用来为我们党最终纲领性的目标即建成共产主义的事业服务。在和平利用原子能方面，我国走在其他国家的前头。我们在将来仍然必须保持这一领先的作用。②

不仅如此，赫鲁晓夫的政治报告还提出了“从社会主义向共产主义过渡”的历史任务，并明确提出要在“最短期间”内尽量迅速建立共产主义强大的物质生产基础：

> 现在当我国逐步从社会主义向共产主义过渡的时候，特别重要的是，不仅要研究马克思主义经典著作家的著作，解释马克思列宁主义的理论，而且还要把理论变成实践，以求创造大量的物质和文化财富，提高公民的共产主义觉悟。谁要是认为建成共产主义只靠宣传就行了，不必提高生产和增加劳动人民的福利而进行经常的实际的斗争，谁就是滚到学究气和书呆子习气的泥潭里了。
>
> 某些书呆子可能认为，这样的批评是对马克思列宁主义理论宣

① 苏联共产党第二十次代表大会文件汇编．北京：人民出版社，1956：107.

② 同①185-186.

传的估计不足。没有必要同这些书呆子加以争辩。在马克思列宁主义学说的指导之下，苏联人民已经建成了社会主义。这是一个具有全世界历史意义的胜利。根据社会客观发展规律的认识，再加上不断研究马克思列宁主义的历史和理论，我们一定能充分利用社会主义制度的优越性，尽量迅速建立共产主义的强大的物质生产基础，大大增加劳动人民的物质和文化财富。苏联人民向我们期望这点，我们无论如何也要在最短期间做到这点。①

在苏共二十大上，赫鲁晓夫的冒进思想有所抬头，但还没有完全忘乎所以，在这个问题上，他有针对性地批评莫洛托夫的右倾保守观点，同时也对某种极左倾向做出了批评：

也有这样的工作人员，把从社会主义向共产主义逐步过渡的论点，了解为在现阶段马上实行共产主义社会的原则。有些性急的人认定社会主义建设已经全部完成，便开始制定向共产主义过渡的详尽时间表了。在这种乌托邦式的见解的基础上，就开始对从物质利益上关心自己劳动结果的社会主义原则采取忽视的态度。竟有人提出了赶快用直接产品交换代替苏维埃贸易的毫无根据的建议。

同时还对那些脱离实际、在社会主义经济发展的根本问题上造成有害的混乱的空想家和幻想家的错误也做了纠正："只有不可救药的吹牛家才看不见我们在经济上还没有超过最发达的资本主义国家，我们的生产水平还不足以保证让全体成员富裕生活，我国在经济和文化建设方面还有许多缺点和组织得不好的现象。"②

第四步，1957年，在庆祝十月革命40周年大会上，赫鲁晓夫公开宣布，要在最短期间使人均产量超越英美发达资本主义国家，共产主义不再遥远。1957年11月6日，赫鲁晓夫在庆祝十月革命40周年的报告会上说："苏联人民满怀信心地展望着未来，清楚地看到共产主义建设的前景。现在，当苏联经过40年的发展，在国民经济、科学、技术和文化的提高方面取得了卓越的成就并且已经建成了社会主义的时候，当1959—1965年苏联国民经济发展七年计划胜利完成后，可以有

① 苏联共产党第二十次代表大会文件汇编. 北京：人民出版社，1956：128-129.

② 同①130-131.

一切根据宣布，苏联将在最短的历史时期内在按人口计算的产品生产方面赶上并超过最发达的资本主义国家，共产主义已经不是遥远的未来的事情了。”

第五步，1959 年苏共二十一大，赫鲁晓夫的冒进思想进一步抬头，宣布苏联进入“全面建设共产主义新阶段”。赫鲁晓夫报告一开头，就提出这是一次“非常代表大会”，主题是讨论苏联“全面进行共产主义建设”的伟大纲领。“苏联共产党第二十一次代表大会的召开是为了审查 1959—1965 年苏联发展国民经济的控制数字。在我们这次代表大会上要讨论在苏联进一步进行共产主义建设，使经济、文化和劳动人民物质福利获得新的高涨的纲领。这是一个伟大的纲领。它的规模是史无前例的。考虑到苏联发展国民经济七年计划的巨大意义，1958 年 9 月举行的中央委员会全体会议认为有必要召开我们党的非常代表大会来讨论这个计划。自从党的第二十次代表大会以来，已经过去了三年。三年来，我们苏维埃国满怀信心地沿着列宁的道路走向共产主义。”①

赫鲁晓夫报告的题目是《关于 1959—1965 年苏联发展国民经济的控制数字》②，除了历史的五年计划之外，又提出一个新的“七年计划”，标志着苏联历史新阶段——“全面展开共产主义社会建设时期”，主要历史任务是建立共产主义的物质技术基础。

> 同志们！苏联人民在党的领导下已经达到了这样的高峰，在经济生活和社会政治生活的各方面实现了这样宏伟的改造，以致使我国现在能够进入一个新的、极重要的发展时期——全面展开共产主义社会建设时期。
>
> 这个时期的主要任务，是建立共产主义的物质技术基础，进一步加强苏联的经济力量和国防力量，同时充分地满足人民不断增长的物质需要和精神需要。实际上就是要解决这样一个历史任务：在按人口平均计算的产品产量方面赶上并超过最发达的资本主义国家。完成这些任务需要比七年计划更长的期限。③

赫鲁晓夫报告的第四部分，题为“共产主义建设的新阶段和马克思

① 苏联共产党第二十一次（非常）代表大会文献．北京：人民出版社，1960：13.

② 苏联共产党第二十一次代表大会．国际问题研究，1959（2）.

③ 苏联共产党第二十次代表大会文件汇编．北京：人民出版社，1956：22.

列宁主义理论的若干问题”，专门上升到基本理论高度，试图对其冒进思想做出理论论证。

> 同志们！目前，当我们国家进入自己发展的新的历史时期的时候，马克思列宁主义理论上有关从社会主义向共产主义过渡的问题就具有特殊的意义。
>
> 我们必须一步一步地前进，为有计划地向共产主义过渡创造物质的和精神的前提。
>
> 不能把逐渐向共产主义过渡看作是一种缓慢的运动。相反地，这是在千百万共产主义社会建设者的积极和自觉的参加下，使现代工业、大规模的机械化农业、整个经济和文化得到迅速发展的时期。只有在社会主义时期就已经达到的物质生产高度发展的基础上，才可能加速社会主义发展为共产主义的合乎规律的过程。
>
> 我国在目前的主要实际任务是：建立共产主义社会的物质技术基础，使社会主义生产力进一步蓬勃发展。
>
> 如果认为我们在经济方面赶上美国就是完成共产主义建设那就太简单化了。不，这还不是我们前进的终点，而仅仅是同资本主义竞争的一个决定性阶段。①

赫鲁晓夫的报告还提出要修改1936年宪法，制订新宪法，旨在使建立共产主义社会成为党和人民直接的实际任务。

> 同志们！在目前我国正进入新的重要的发展时期的条件下，必须对苏联宪法作某些修改和补充的时机已经成熟了。苏联宪法通过以来已经过了二十多年，这二十多年充满了具有世界历史意义的事件。社会主义已经越出了一国的范围，变成了一个强大的世界体系。苏联的政治和经济生活发生了重大的变化。建立共产主义社会成了党和人民的直接的实际任务。国内生活和国际局势中这一切重大的变化，都应该在苏联宪法——我国的根本法中得到反映，并且通过立法手续固定下来。②

---

① 苏联共产党第二十一次（非常）代表大会文献．北京：人民出版社，1960：103-107.

② 苏联共产党第二十次代表大会文件汇编．北京：人民出版社，1956：102.

第六步，在 1960 年 11 月在莫斯科召开的世界各国共产党和工人党代表会议上，赫鲁晓夫宣称，苏联已进入“建设共产主义时期”，其他社会主义国家分别进入“建设社会主义基础时期”，或者是“建设发达社会主义时期”。赫鲁晓夫宣称，“至于说到苏联，大家都知道，它的作用不在于它领导其他国家，而在于我国首先为人类打开了通向社会主义的道路，在于苏联是世界社会主义体系中最强大的国家，是首先进入全面展开共产主义建设时期的国家”①。

第七步，在 1961 年 10 月召开的苏共二十二大上，赫鲁晓夫在主持制定新党纲的过程中，把急躁冒进的“左”倾思想发挥到了极致，提出了在 20 年内，到 1980 年建成共产主义的极端冒进纲领。

赫鲁晓夫提出，社会主义要经历三大历史阶段，苏联已经走过了头两大阶段，苏共二十二大开始了第三个阶段。1960 年莫斯科世界各国共产党和工人党代表会议，认为苏联已进入“建设共产主义时期”，其他社会主义国家已进入“建设社会主义基础时期”或“建设发达社会主义时期”。集这种观点之大成者，是 1961 年通过的《苏联共产党纲领》。这个《纲领》认为，社会主义已在苏联取得“完全的、最后的胜利”，已经过渡到“建设共产主义时期”。这个《纲领》还具体提出：“党庄严宣告，这一代苏联人将在共产主义制度下生活。”赫鲁晓夫在这次代表大会上所做的《纲领》的报告，把这层意思表达得更明确：“苏共的三个纲领好比一支三级火箭。第一级使我国脱离资本主义世界，第二级使它上升到社会主义，第三级的任务则是将它引入‘共产主义的轨道’。”报告拟定了建设共产主义的 20 年规划：第一个 10 年（1961—1970 年），要在苏联建立起共产主义的物质技术基础；第二个 10 年（1971—1980 年），将在苏联基础上建成共产主义社会。这些都说明赫鲁晓夫不仅未能纠正斯大林的“超越阶段”的思想，反而进一步把它发展到了登峰造极的地步。

赫鲁晓夫的超越社会主义发展阶段的思想并未到此停止。在 1961 年 10 月召开的苏共二十二大上，他又把急于向共产主义过渡的错误倾向推向极端。苏共二十二大通过的《纲领》，是宣布“建立共产主义社会的纲领”，并提出“建立共产主义社会成了苏联人民直接的实践任

① 苏联共产党第二十次代表大会文件汇编. 北京：人民出版社，1956：134-135.

务”。赫鲁晓夫在苏共二十二大上关于《纲领》的报告中说：苏共二十二大“将作为共产主义建设者的代表大会，作为审查和通过建设人类历史上第一个共产主义社会的伟大纲领的代表大会，载入史册”，“现在我国正在向新的高峰——共产主义的高峰前进”。

赫鲁晓夫在苏共二十二大上还提出了 20 年基本建成共产主义社会的设想，并且具体地制定了建成共产主义社会的时间表：在前 10 年（1961—1970 年），苏联在建立共产主义的物质技术基础时，在按人口平均计算的产量方面将超过最强大最富裕的资本主义国家——美国；劳动者的物质福利和文化技术水平将大大提高，人人都将在物质上得到充足的保证；所有的集体农庄和国营农场都将变成生产效率高、收入高的经济单位；苏联人对设备完善的住宅的需求将基本上得到满足；繁重的体力劳动将消失；苏联将成为工作日最短的国家。在后 10 年（1971—1980 年）结束时，将建立起共产主义的物质技术基础，以保证全体居民得到丰裕的物质的和文化的财富；苏维埃社会将紧紧地接近于实现按需分配的原则。

为了论证 1980 年建成共产主义的纲领，赫鲁晓夫还提出了支撑 1980 年建成共产主义社会的三块理论基石——无阶级社会、全民的国家、全民的党。

第一，“无阶级社会在苏联的建立为了消灭阶级和阶级差别，必须克服工人和农民之间的阶级差别、城乡之间的本质差别；为体力劳动和脑力劳动的有机结合创造条件，这项任务已由农民越来越接近工厂的工人，全民所有制形式同合作社所有制形式不断接近，体力劳动和脑力劳动之间的本质差别将要消灭而在解决之中，已经展开的阶级界限消失的过程，正在使社会日益趋于单一”①。

第二，由无产阶级专政的国家到全民的国家。赫鲁晓夫在报告中说：“党纲草案中提出并解决了共产主义理论与实践中一个新的极其重要的问题，即工人阶级专政的国家转变为全民的国家、这种国家的性质和任务以及它在共产主义下的命运的问题。全民的国家——这是社会主义国家发展中的新阶段，是社会主义国家组织转变为共产主义社会自治的道路上的极重要的里程碑。”“当社会主义在我国完全地和最终地获得

① 苏联共产党第二十二次代表大会主要文件．北京：人民出版社，1961：165，214.

了胜利之后，当我们进入了全面展开共产主义建设时期的时候，使无产阶级专政成为必要的那种条件消失了，无产阶级专政的国内任务完成了。”①

第三，由马克思列宁主义的党到全民的党。赫鲁晓夫在报告中说：“作为工人阶级政党而产生的我们的马克思列宁主义的党，成了全体人民的党。这一点表现着由利益和世界观的一致而连结在一起的苏维埃社会的坚如磐石的团结和威力。无论在艳阳普照或阴霾密布的日子，在获得胜利或是经受严重考验的日子，总是党与人民在一起，人民与党在一起。共产党就是这样一种力量，它集中了我国人民的意志、努力和精力来解决在历史发展的新阶段上所出现的任务。”②

（三）勃列日涅夫的“发达社会主义论”

1964 年 10 月，主政 10 年的赫鲁晓夫下台，勃列日涅夫上台，由此开始连续主政 18 年，使苏联经济社会发展陷入停滞，传统计划经济体制的苏联模式彻底走向僵化。勃列日涅夫主政时期的一个主要理论支柱就是“发达社会主义论”，下面梳理一下其来龙去脉。

在 1964 年苏共十月全会上，勃列日涅夫取代赫鲁晓夫担任苏共中央第一书记。上台伊始，他就批评赫鲁晓夫在领导社会主义建设中的主观主义和唯意志论的错误，提出要实事求是地、科学地估价社会主义建设的问题与前景。自此，苏联不再使用“全面展开共产主义社会建设”的提法。然而，如何重新估计苏联社会主义的发展阶段，已成为勃列日涅夫等苏共领导人面临的迫切需要解决的问题。20 世纪 60 年代中后期，苏联理论界有人开始撰文论述“建设发达社会主义”问题。勃列日涅夫和苏斯洛夫等苏共领导人也似乎从列宁关于“发达社会主义”的个别提法中，找到了重新估计苏联社会主义发展阶段的新提法。

勃列日涅夫在担任苏共中央总书记之后，提出“发达社会主义论”，作为苏联国家工作的出发点和基础。勃列日涅夫说：“完善社会主义的国家体制，进一步发扬社会主义民主，加强国家与社会生活的法律基础，活跃社会团体的活动。我党及其中央委员会进行这项工作的出发点过去是、现在仍然是：我国已经建成发达的社会主义社会，并在逐渐发

① 苏联共产党第二十二次代表大会主要文件. 北京：人民出版社，1961：352-353.

② 同①399.

展为共产主义社会。”勃列日涅夫在他当政的18年里，在各种重要场合的讲话中，都反反复复地说：“苏联已经建成发达的社会主义社会，正在建设共产主义的物质技术基础。”

具体分析起来，勃列日涅夫的“发达社会主义论”主要经历了以下四个发展阶段：

第一阶段，是1967—1970年，借助纪念十月革命50周年、列宁诞辰100周年的历史契机，苏联初步形成了“发达社会主义”概念，借以维系苏联模式，克服赫鲁晓夫“尽量迅速向共产主义过渡”的极端冒进思想①。1967年11月3日，在克里姆林宫庆祝十月革命50周年大会上，勃列日涅夫首次正式宣称苏联已经建成“发达社会主义”，并提出要“更充分地利用发达的社会主义社会所创造的条件”②。他说：“在我国建成的发达的社会主义社会，是‘各尽所能，按劳付酬’的原则占统治地位的社会。”1970年4月21日，勃列日涅夫在纪念列宁诞辰100周年大会上，对“发达社会主义”做了进一步的阐述。他说：发达社会主义社会就是“社会主义取得了完全和彻底的胜利，并且为顺利地建设共产主义创造了条件”。在发达社会主义社会里，“共产主义成了全民的目标”，“马克思列宁主义成了占统治地位的思想体系”，“共产党成了全体人民的政党”③。

勃列日涅夫“发达社会主义论”虽然打着列宁主义的旗号以增加其理论合法性，但实际上和列宁思想精髓相去甚远，对赫鲁晓夫那一套理论只做了小修小补。列宁首次使用“发达社会主义”这个概念，是在1918年3月的《苏维埃政权的当前任务》一文的初稿中。当时，列宁提出：“从已经是发达的社会主义社会的角度来看，让资产阶级知识分子获得比工人阶级的优秀阶层高得多的劳动报酬，是根本不公平和不正确的。”列宁在1920年2月的《关于全俄中央执行委员会和人民委员会的工作》及在1920年3月的《俄共（布）第九次全国代表大会上关于中央委员会报告的结论》中，又各提到一次“发达社会主义”这个概念。不过，列宁在世时未对“发达社会主义”阶段做详细的研究。从上述三篇文章中看，列宁只是在阐述过渡时期与将来更加成熟的社会主义

---

① 勃列日涅夫．勃列日涅夫言论：第12集．上海：上海人民出版社，1974：118.

② 勃列日涅夫言论：第3集．上海：上海人民出版社，1974：190，198.

③ 勃列日涅夫．勃列日涅夫言论：第6集．上海：上海人民出版社，1974：15-17.

阶段有所区别的意义上使用了“发达社会主义”这一概念①。列宁当年使用“发达社会主义”概念的思想主旨在于揭示在落后的小农国家中，苏联的落后性、不成熟性、不完全性、不发达性。在这一阶段，“发达社会主义”概念虽然已经初步提出，但尚未构成系统化的理论，也未引起足够重视，未能开展大规模研究宣传。

第二阶段，是1971年苏共二十四大，勃列日涅夫把“发达社会主义论”作为指导思想的理论基石，苏斯洛夫试图做出较为系统的理论论证。1971年3月30日，勃列日涅夫在苏共二十四大的总结报告中，又对“发达社会主义社会”做了较为全面的说明：“苏联人民以忘我的劳动建成了发达的社会主义社会，列宁在1918年曾把这种社会作为我国的未来而论述过。这就使我们有可能着手切实完成党的纲领和最近几次党代表大会所提出的伟大任务——建立共产主义的物质技术基础。”1972年12月21日，勃列日涅夫在庆祝苏联成立50周年的报告中提出要为苏联制定一部将发达的社会主义社会固定下来的新宪法。1971年3月30日，勃列日涅夫在苏共二十四大的总结报告中，不仅肯定苏联已经建成了“发达社会主义社会”，而且把“发达社会主义论”同列宁的“发达社会主义”概念联系起来，并说明了他所认为的苏联“发达社会主义”阶段经济发展的一些重要特点。苏共二十四大后，苏联理论界花了很大功夫来探讨“发达社会主义论”。1977年10月通过的苏联新宪法用根本法的形式，把“苏联已经建成发达的社会主义社会”这一结论确定下来②。苏斯洛夫在《共产党人》杂志1971年第14期上发表《苏联共产党是创造性的马克思主义政党》一文，以苏共中央理论权威的口吻论断，勃列日涅夫在苏共二十四大总结报告中“阐述了完善发达的社会主义社会和在苏联建立共产主义物质技术基础的根本问题”，“清楚地、令人信服地表明，我们党在自己全部活动中依据列宁的思想遗产，坚定地遵循列宁主义方针，创造性地解决着社会进步中业已成熟的问题”。苏斯洛夫完全根据勃列日涅夫的意思，把“发达社会主义社会”的特点归纳为：成熟的社会关系、体现最深刻的民主的全民国家、国民

① 中国人民大学马克思列宁主义发展史研究所. 马克思主义史：第4卷. 北京：人民出版社，1996：57，75-77.

② 勃列日涅夫. 勃列日涅夫言论：第7集. 上海：上海人民出版社，1974：48.

教育的广泛发展、马克思列宁主义世界观的全面普及和树立①。

第三阶段，是1976年苏共二十五大，勃列日涅夫报告宣称“苏联已经建成发达社会主义社会，并在逐渐发展为共产主义社会”，1977年又在《通往共产主义道路上的历史里程碑》一文中，对发达社会主义做出系统论证。1976年2月24日，勃列日涅夫在苏共二十五大的总结报告中，关于苏共的工作专门列出标题——“发达社会主义条件下的党”，说“我国已经建成了发达的社会主义社会，并在逐渐发展为共产主义社会，是苏共及其中央委员会完善国家体制的基础”②。1977年11月，《和平和社会主义问题》杂志发表由勃列日涅夫署名的《通往共产主义道路上的历史里程碑》一文，这可以看作勃列日涅夫对“发达社会主义社会”较为系统的阐述。勃列日涅夫说：“发达社会主义社会是新制度在共产主义社会形态第一阶段范围内社会经济成熟的一个合乎规律的时期。”按勃列日涅夫的解释，在“发达社会主义社会”阶段，社会意识中已牢牢地树立了科学的唯物主义世界观，经济社会化水平大大提高，社会主义的国家所有制形式和集体所有制形式不断接近；工人阶级已经知识化，新型生产者正在成长，体力劳动与脑力劳动越来越和谐地结合在一起；形成了历史上崭新的社会和国际共同体苏联人民。“由于多种形式的社会主义所有制接近了，城乡之间、脑力劳动和体力劳动之间的质的差别逐渐消失了，全体劳动者都转到了工人阶级的思想、政治立场上，各阶层居民的实际利益和目标、理想和心理，比以往任何时候都更为接近了。在这样的基础上，社会政治制度也发生了质的变化，即无产阶级专政国家成为了全民的社会主义国家。”③

第四阶段，是1981年苏共二十六大，这是勃列日涅夫参加的最后一次党代会，他做了关于“发达社会主义”的最后一次公开讲话，提出了社会主义的出发点和主要途径问题。1981年，勃列日涅夫在苏共二十六大上总结说：二十五大以来，“在理论领域的一切成就中，首先要指出的，是制定了发达社会主义的概念。依据这一概念，党更加明确和具体地指出了实现我们的纲领性目标的途径和期限，制定了

① 苏斯洛夫. 苏斯洛夫言论选. 上海：上海人民出版社，1976：934，939.

② 勃列日涅夫. 勃列日涅夫言论：第12集. 上海：上海人民出版社，1974：934，939.

③ 勃列日涅夫. 通往共产主义道路上的历史里程碑. 真理报，1977-11-23.

在很长的一个历史时期中的战略和策略”[①]。勃列日涅夫在苏共二十六大总结报告中关于“发达社会主义社会”的阐述，是他有关“发达社会主义社会”的最后一次正式讲话。他指出，苏共在整个“发达社会主义社会”时期的经济政策，都是在为苏联社会顺利地向共产主义迈进创造必要的前提；解决发达社会主义社会的社会经济问题的主要途径是“经济增长的集约化；党的政策的出发点是‘一切为了人，一切为了人的福利’”[②]。

综上所述，不难看出勃列日涅夫“发达社会主义论”的二重性：一方面，它是针对赫鲁晓夫“加速向共产主义过渡”的极端冒进思想提出的，为这种极端冒进理论踩了刹车，让这种根本脱离实际的革命空谈降低了速度，肯定了苏联社会还处在社会主义建设阶段，不再脱离实际地侈谈建成共产主义；另一方面，勃列日涅夫有关苏联社会处于“发达社会主义”阶段，并且已经完成“发达社会主义”建设的基本论断，仍是严重脱离实际的革命空谈，远远没有从根本上纠正脱离实际的学风，更根本地回避了苏联社会主义现实中的基本矛盾、众多矛盾、尖锐矛盾，掩盖了苏联模式的重大弊端，使勃列日涅夫主政 18 年成为苏联历史上的停滞时期，苏联模式痛失改革机遇，彻底走向僵化。

(四) 安德罗波夫的“发达社会主义起点论”

在苏联历史上，第一个站出来纠正勃列日涅夫“发达社会主义论”的就是安德罗波夫，他于 1983 年提出“发达社会主义起点论”。当然，他的理论还有很大的不彻底性，并且仅仅在晚年主政一年就病重而逝。

安德罗波夫“发达社会主义起点论”主要包括以下四个基本观点：

第一，反对过高估计苏联社会发展阶段。1982 年 11 月，勃列日涅夫去世，安德罗波夫当选为苏共中央总书记。安德罗波夫对苏联当时所处的社会发展阶段的估计比勃列日涅夫更为现实和审慎。他对勃列日涅夫提出的“发达社会主义论”中不符合实际的估计进行了重大修改。契尔年科在安德罗波夫时期以及他执政时期也坚持安德罗波夫的观点。安德罗波夫早在勃列日涅夫在世时就认为，苏联正处在发达社会主义的起

---

① 苏联共产党第二十六次代表大会主要文件汇编. 北京：人民出版社，1981：103-104.

② 勃列日涅夫. 勃列日涅夫言论：第 17 集. 上海：上海人民出版社，1974：84.

点或开端。1982年4月，他在纪念列宁诞辰112周年大会上就已指出："沿着谁也没有走过的道路前进是不轻松的，在这方面有许多事情是不可能预料到和筹划好的。为了更有把握地前进，重要的是，在解决客观上已经成熟的问题时，要把独创性和灵活性同对已取得成就的准确而十分科学的评价结合起来，既不缩小也不夸大自己的力量和能力。正是这种态度才使我们党和我国人民能够解决苏联社会在20世纪最后几十年面临的任务。总的说来，这些任务可以概括地称为完善发达的社会主义。我国正处在这一漫长的历史阶段的开端。"①

1983年初，安德罗波夫在为纪念马克思逝世100周年而撰写的著名文章《卡尔·马克思的学说与苏联社会主义建设的若干问题》中，进一步阐述了他的上述思想。他写道：

> 现今苏联社会的一些极其重要的特征反映在发达社会主义的概念中。在这一概念中令人信服地表明社会主义建设及实现共产主义第一阶段的许多经济、社会和文化方面的现实成就，共产主义未来的日益茁壮的幼芽，昨天留给我们的尚未解决的问题的统一。而这就是说，需要一定的时间才能使落后的后方赶上去和继续前进。我们应当清醒地认识到我们的处境。盲目冒进，意味着提出实现不了的任务，只停留在自己已取得的成绩上，意味着没有利用我们所拥有的一切。根据实际变化，从社会的各种条件和需要来看待我们的社会，这就是现在所要求的。

安德罗波夫接着写道：

> 苏共二十六大把探讨发达社会主义的概念提到首位。党依靠这一概念，确定今后若干年的和更加遥远的未来的战略和策略，谨防在理解我国接近共产主义最高阶段的程度方面可能出现的夸张。所有这一切能够更加明确地确定实现我们纲领性目标的途径和期限，并使之具体化。在20世纪的最后几十年中，党和人民面临着重大的和大规模的任务。总体来说，这些任务归结起来可以称为完善发达社会主义。随着发达社会主义的完善将会逐渐地过渡到共产主义。我国正处于这一长期历史阶段的起点。

① 安德罗波夫. 卡尔·马克思的学说与苏联社会主义建设的若干问题. 共产党人，1983 (3).

第二，反对空谈共产主义和急于向共产主义过渡，要求人们面对苏联社会现实，承认“发达社会主义”是一个很长的历史时期，它本身划分为若干发展阶段。安德罗波夫在 1982 年纪念列宁诞辰 112 周年大会上说：“苏联正处在发达社会主义这一漫长的历史阶段的开端，这一阶段又将分为各个发展时期和发展阶段。”他在发表于《共产党人》1983 年第 3 期的著名文章中补充道：“当然，这个阶段中的各个时期和阶段将持续多久和采取哪些具体形式，只有经验和活生生的实践才能表明。”

第三，反对像勃列日涅夫时期那样掩盖矛盾、粉饰太平。安德罗波夫在《卡尔 · 马克思的学说与苏联社会主义建设的若干问题》这篇长文中强调指出，在发达社会主义中既有矛盾，也有困难。不应当轻视非对抗性矛盾。他说：“实际生活教导我们，在这样不重视的情况下，就其实质来说，并非对抗性的矛盾可能演变成严重的冲突。问题的另一方面，也是极其重要的方面，就在于正确地利用社会主义矛盾，把矛盾看作是社会主义向前发展的源泉和动力。”① 1983 年 2 月，在《卡尔 · 马克思的学说与苏联社会主义建设的若干问题》一文中，他批评道：“我们旨在完善和改革经济体制、管理方式方法而进行的工作，已落后于苏联的社会物质技术以及社会、精神发展业已达到的水平提出的要求。”②同时，他还就经济工作各方面的问题提出了改进的方向和措施。安德罗波夫强调，完善和改革经济机制、管理方法的任务不仅已迫在眉睫，而且已势在必行。他认为，经济领域的关键任务是根本提高劳动生产率，使生产力发生质变的主要途径就是过渡到集约化发展。

安德罗波夫去世后，契尔年科主政。他赞成安德罗波夫提出的“发达社会主义起点论”。他强调，明确苏联正处于发达社会主义的开端，根本目的是制定苏联现阶段的发展战略。“这种战略既同行动迟缓毫无共同之处，也同超越必要的历史发展阶段的做法毫无共同之处。”由于苏联正处于发达社会主义的开端，这就决定了苏联共产党和苏联人民的注意力必须主要集中在完善苏联现在的社会上，在解决与共产主义建设直接相关的任务之前，必须首先完善已经在苏联建成的社会主义，充分揭示社会主义的巨大优越性，使苏联社会生活各个

①② 安德罗波夫. 卡尔 · 马克思的学说与苏联社会主义建设的若干问题. 共产党人，1983 (3).

方面都达到科学社会主义的最高最严格的要求。契尔年科认为，在苏联社会生活中，并不是社会主义的所有原则都得到了完全的遵守，并不是所有任务和问题都是按照发达社会主义的要求加以解决的。他说，这些不良情况都必须加以消除，这正是完善发达社会主义方针的实质所在。苏共“应该引导人们为完善社会主义而进行高度紧张的大量工作，也就是说，去寻找具体途径来解决我们生活本身产生的多种多样的复杂问题”①。

第四，新修订的党纲要克服原来那些脱离实际的冒进思想。安德罗波夫指出，即将修订的党纲，应当是有计划地全面完善发达社会主义的纲领。他在苏共中央六月全会（1983 年）上指出：

> 写入党纲的许多东西已经实现。然而，其中某些论点——应当直言不讳地说明这一点——没有完全经受住时间的检验，因为里面有些内容脱离现实，超越了时间的发展，写得过分琐碎而缺乏根据。在制定新的党纲时，要正确理解前景——无论是经济方面、政治方面，还是意识形态方面——首先需要明确我们目前所处的社会发展阶段的性质。党已确定这一阶段是发达社会主义阶段。这个社会已全面建立起了符合社会主义原则的经济基础、社会结构和政治制度。然而，所有这些当然并不意味着，我们建立的社会可以认为是一个完善的社会了。我们的社会中还有许多受客观制约的，从当前的发展水平来看是很自然的困难，还有不少是由于主观原因，由于人们不是总能妥善地、有组织地进行工作所造成的缺点。

在谈到新党纲的性质时，安德罗波夫明确指出，在当前条件下的党纲应当首先是一个有计划地全面完善“发达社会主义”的纲领，也就是继续向共产主义前进的纲领，并且纲领中应当详尽说明“发达社会主义”时期的性质。

总体来看，安德罗波夫“发达社会主义起点论”在试图扭转脱离实际的冒进思潮方面功不可没。然而，由于种种历史局限，他的理论带有根本的不彻底性，且他刚刚主政一年，就溘然而逝。

---

① 契尔年科．契尔年科言论选集．上海：上海三联书店，1985：500.

四、社会主义社会的矛盾、社会主义所有制、现代科技革命与社会主义

在苏联历史上，科学社会主义的学术讨论比哲学、经济学更多地受到国家意识形态的干预，独立发展的学术空间相对较小。20 世纪六七十年代，伴随着改革的潮起潮落，先后进行过科学社会主义的三场理论讨论：社会主义社会的矛盾问题的讨论、社会主义所有制问题的讨论、现代科技革命与社会主义关系问题的讨论。下面分别做历史和理论的考察。

（一）社会主义社会的矛盾

社会主义社会的矛盾既是一个重要的哲学问题，也是科学社会主义的一个基本问题。对这个问题的讨论由来已久，并且伴随 20 世纪六七十年代改革思潮，讨论进一步广泛和深入。讨论的基本问题主要有以下五个：社会主义社会还有没有矛盾？社会主义社会还有哪些矛盾？社会主义社会的基本矛盾是什么？社会主义社会的主要矛盾是什么？矛盾是不是社会主义社会发展的动力？

（1）社会主义社会还有没有矛盾？

十月革命胜利后，列宁在评布哈林《过渡时期的经济》一书时明确指出："对抗和矛盾不是一个东西。在社会主义制度下，对抗将消灭，矛盾还会存在。"① 然而 20 世纪 30 年代末，即在苏联的生产资料所有制社会主义改造基本完成以后，斯大林在 1938 年 9 月提出了在社会主义制度下"生产关系完全适应生产力发展水平"的论点。在这种理论的影响下，当时的苏联理论界片面强调社会主义社会的统一性而忽视其矛盾性。

到了赫鲁晓夫执政时期，赫鲁晓夫本人认为，在社会主义条件下有矛盾，但这里基本上是发展中的矛盾和困难，它们是由社会主义社会成员的要求日益增长而物质技术基础还不能满足他们的要求而产生的矛

① 列宁．对布哈林《过渡时期的经济》一书的评论．北京：人民出版社，1976：13.

盾。苏联学术界也逐渐趋向于承认社会主义社会中仍然存在矛盾，这样一种观点在苏联理论界占主导地位。20世纪80年代初以后，苏联领导人多次强调苏联社会科学界当前的任务是研究社会主义社会的现实矛盾。

（2）社会主义社会还有哪些矛盾？

科学社会主义学者布坚科提出，社会主义社会矛盾区分为两大类：1）社会主义社会本身具有的、属于社会主义本性的内在矛盾，这一类矛盾是社会主义社会发展客观的源泉、动因和动力；2）不是由社会主义本性所产生的，而是由于主观主义错误、错误的政策造成的矛盾。在此基础上，个别学者又加上了一类矛盾：两个世界体系——资本主义和社会主义存在所决定的矛盾。而格列则尔曼则将矛盾分成四类：1）各个社会所固有的矛盾；2）包括阶级社会所固有的矛盾；3）社会主义社会同过去资本主义社会制度残余之间的矛盾；4）社会主义社会所固有的各种矛盾。

（3）社会主义社会的基本矛盾是什么？

20世纪30年代初，沃兹涅辛斯基最先提出社会主义社会有基本矛盾的论点。他认为，社会主义社会生产力和生产关系之间的矛盾更具体地表现为物质生产水平和社会主义社会有组织的生产者的需求之间的矛盾。“这个矛盾将成为社会主义经济的基本的内部矛盾。”① 由于当时斯大林的“生产关系完全适应生产力发展水平”的论点占据统治地位，40—50年代在苏联理论界占主导地位的观点是否认社会主义社会有基本矛盾的。20世纪50年代中期以后，多数学者才趋向于肯定社会主义社会有基本矛盾的观点。

到了20世纪六七十年代，承认社会主义社会有基本矛盾的观点已为苏联哲学社会科学界多数学者所接受，但仍有少数学者否认社会主义社会有基本矛盾，他们认为，基本矛盾范畴不具有普遍性。例如，格列则尔曼就认为，基本矛盾的范畴是用来表述整个社会经济形态的。在马克思主义中，这个范畴是在研究对抗性矛盾基础上制定的。直至70年代初，格列则尔曼仍然坚持“社会主义矛盾完整体系”论，认为倘若把其中任何一种矛盾提高到基本矛盾的地位，并从这一基本矛盾中派生出其余矛盾，那么就会不可避免地导致片面的、不正确的结论。

---

① 格列则尔曼. 历史唯物主义和社会主义社会的发展. 北京：生活·读书·新知三联书店，1978：362-363.

20 世纪 80 年代初，布坚科著文批评了认为基本矛盾只为对抗社会所固有的观点。他指出，在确定社会主义的基本矛盾时，必须明确基本矛盾的性质和特点：1）基本矛盾是本质矛盾，它同所探讨的事物、现象和过程的内部结构相联系；2）基本矛盾的解决使现象发生质变；3）基本矛盾存在于该事物的始终；4）基本矛盾随现象的变化而发生变化，基本矛盾的发展，它的尖锐化，对现象本身及其所具有的其他矛盾发生最大的影响。布坚科认为，这样的基本矛盾，社会主义社会中也是有的，而且这种基本矛盾不是存在于社会主义生产范围之外的，而是存在于社会主义生产力和生产关系的相互作用中的。

关于什么矛盾是社会主义社会的基本矛盾的问题，多数学者的观点是，社会主义社会只存在一种贯穿始终的基本矛盾。只有少数学者认为，在社会主义社会各个不同时期有不同的基本矛盾，而且在大多数情况下，不只是一种，而是好几种基本矛盾在一起发挥作用。至于什么矛盾是基本矛盾，苏联理论界有几种说法。例如：1）不断增长的社会生产力和社会现存的社会主义生产关系的现实体系之间的矛盾；2）现有的（不足的）生产发展水平和人们及整个社会不断增长的（而且速度快得多的）需求之间的矛盾；3）人们在生产资料方面的平等关系与分配领域、物质地位的不平等之间的矛盾；4）按能力进行劳动和按劳动进行分配之间的矛盾；5）生产的社会化程度和社会主义所有制各种形式之间的矛盾；6）个人的社会地位（作为所有者）与他参加的生产管理（作为共同的主人）之间的矛盾；等等。

20 世纪 70 年代后期以来，越来越多的苏联学者趋向于把不断发展的生产力与社会主义的现实生产关系体系（或叫作生产关系的表现形式）之间的矛盾看成社会主义社会的基本矛盾。有些学者认为，这种矛盾具体表现为生产与消费之间的矛盾，在人和人的关系上表观为人民内部社会、集体、个人三者利益根本一致而又有差异的矛盾。

（4）社会主义社会的主要矛盾是什么？

过去苏联学者一直没有区分主要矛盾和非主要矛盾，到 20 世纪 80 年代初，在苏联才出现比较系统地阐述主要矛盾的文章。例如，苏联科学院哲学研究所所长谢苗诺夫认为：1）主要矛盾是非基本矛盾当中的矛盾，在许多非基本矛盾当中，通常可以划分出一个或一些主要矛盾。基本矛盾只有一个，主要矛盾往往有几个。2）主要矛盾由基本矛盾所决定，是建立在社会经济基础矛盾之上的，但解决主要矛盾是解决基本矛盾的强有力的促进因素和动力。3）它和基本矛盾一样，在整个历史时期始终存在。4）基本矛盾是经济基础领域的矛盾，而主要矛盾不仅存在于经济基础领域，还存在于较高层次的社会关系中。5）主要矛盾是多面的矛盾，它联系着基础和上层建筑，直接维系着广大群众的利益，直接联结着群众的阶级的、社会的立场和意愿，它是联结基本矛盾和其他矛盾的环节。6）社会主义社会的一个主要矛盾就是劳动者已取得并得到保证的对生产资料、对社会主义所有制的平等关系和由于生产力发展还不够高，还继续保持“不平等”的分配方式和原则的矛盾。这一主要矛盾是直接从生产力和生产关系的基本矛盾中产生出来的，关乎大多数人的利益，并具有巨大的动力，它是解决社会主义基本矛盾的强大的推动力量。

然而，也有学者的观点与谢苗诺夫的观点有所不同，认为主要矛盾不是贯穿整个社会形态发展过程的始终，而是在整个过程的不同发展阶段出现不同的主要矛盾。与基本矛盾不同，某一主要矛盾仅在社会主义社会的一定发展阶段处于第一位，具有重要的、决定性的意义。例如，布坚科举例说：“就某一国家的发展而言，在一定的阶段它的国内矛盾是主要矛盾，而在另一些阶段（如外强入侵引起战争），外部矛盾就成为主要矛盾。”① 还有些学者指出，主要矛盾与非主要矛盾经常互相转化。例如，格列则尔曼等认为，非主要矛盾可能变为主要矛盾。究竟哪一种非主要矛盾，而又在什么时候变为主要矛盾，这既取决于基本矛盾的状况和发展程度，也取决于具体条件。在建设和完善社会主义的每一阶段，都有自己的主要矛盾出现。

（5）矛盾是不是社会主义社会发展的动力？

20 世纪 30 年代中期，在苏联基本上完成社会主义改造后，苏联社会中的阶级对抗被消灭了，阶级斗争不再是社会的发展动力。1938 年，斯大林提出社会主义社会中生产力与生产关系“完全适合”的理论。1939 年，他又在联共（布）第十八次代表大会上提出：“苏联人民在道义上和政治上的一致是苏联社会发展的动力的论点。”②

在社会主义社会，矛盾仍然是推动社会进步的动力。格列则尔曼指

① 布坚科．再论社会主义的矛盾．哲学问题，1984（2）．

② 斯大林．斯大林文集（1934—1952 年）．北京：人民出版社，1985：246．

出，社会主义的进步，是通过克服矛盾而辩证地实现的。斯捷潘年认为，不仅仅矛盾的克服是发展源泉，而且矛盾本身、矛盾的存在也是社会发展的源泉。克列伏鲁奇柯认为，整个社会的社会主义生产和需要之间的相互作用或矛盾，是我们社会生产的经常性的刺激物和动力。费多谢耶夫和米丁等多次著文指出，即使是在共产主义制度下，辩证矛盾也仍然是前进运动的内部动因和发展源泉，而且永远是前进的、运动的。这个时期在苏联理论界占主导地位的看法是二元论：既认为社会团结与和谐一致是动力，又认为矛盾是社会主义社会发展的动力和源泉。

20 世纪 80 年代初以后，苏联理论界总结了社会主义建设的历史经验与教训，对社会主义社会矛盾的作用问题进行了比以前更加深入的探讨，逐渐趋向于一元论看法，即认为在社会主义社会中，矛盾仍然是社会发展的主要动力。1982 年勃列日涅夫逝世前后，苏联哲学家谢苗诺夫和布坚科在《新时代》《哲学问题》杂志上撰文指出，矛盾是发展的源泉，忽视矛盾、轻视矛盾，就等于轻视发展的源泉，就不会及时地发现社会主义条件下产生的矛盾，这样，就不可避免地会给新的社会制度带来损害，会导致出现社会主义变形和危机局势。社会主义应该在不断发现、不断解决矛盾的过程中前进，波兰危机所得出的一个重要教训就是：党和国家最高领导人没能及时地采取强有力的措施来克服这些矛盾。1983 年，安德罗波夫要求全党正确利用社会主义矛盾，把矛盾看作社会主义社会向前发展的源泉和动力。

关于矛盾怎样才能成为发展动力的问题，苏联科学院副院长费多谢耶夫指出，只有把揭露矛盾和解决矛盾统一起来，矛盾才成为进步发展的源泉。这些矛盾本身不仅能引起社会生活的进步，而且能引起退步，甚至引起破坏。他认为，矛盾是为前进开辟可能的发展源泉，但这种可能性只有在为进步因素提供广阔天地并克服这一过程中已经过时、起阻碍作用的方面和形式的条件下才能实现。这也涉及社会发展的主要源泉即生产力和生产关系的辩证法。

（二）社会主义所有制

社会主义所有制，既是政治经济学，也是科学社会主义的基本问题与重要范畴，关系到社会主义本质特征与历史命运，在苏联历史上经历了曲折发展历程。20 世纪六七十年代，随着战后改革的第三次来潮，讨论中重新出现了一些鲜活的思想倾向。

其实，在这个问题上，列宁开了一个很好的头。1921年新经济政策时期，列宁提出了"过渡时期"与新经济政策。五层次经济结构，即五种所有制成分共同存在、相互作用的复杂系统结构。1922年、1923年列宁最后之作《论合作社》又提出了合作制在社会主义所有制复杂系统中的特殊重要作用，实际上相当于提出了"合作社会主义的列宁模式"。诸多苏联学者断言列宁只讲到过渡时期的商品货币关系与合作制，其实正是列宁本人明确做出的断言："在生产资料公有制的条件下，在无产阶级对资产阶级取得了阶级胜利的条件下，文明的合作社工作者的制度就是社会主义的制度。"①

问题是，在20世纪30—50年代，斯大林在思想上出现了"左"的大逆转。斯大林提出了单一的社会主义所有制结构理论，成了传统计划经济体制苏联模式所有制的基础。30年代初，斯大林宣布苏联"已进入社会主义时期"，在新经济政策时期的五种经济成分中，有几种已经衰老，快要灭亡了。1934年他又正式宣布：第一种（宗法或经济）、第三种（私人资本主义）、第四种（国家资本主义）经济成分"已经不存在"了，第二种（小商品生产）经济成分"已经被排挤到次要的地位"。1936年苏联通过新宪法，宣布人剥削人的现象已经被铲除和消灭。生产工具和生产资料的社会主义所有制已经作为苏联不可动摇的基础而奠定了。在斯大林主持下制定的新《宪法》明确规定了苏联社会主义社会的所有制结构：1）社会主义所有制采取两种形式：国家所有制（全民所有制）和合作社-集体农庄所有制（集体农庄所有制、合作社所有制）。2）其他非社会主义所有制和混合型所有制在法律上都没有地位。3）仅允许公民拥有一定数量的"个人财产"。"个人财产"的内容包括："公民劳动所得的收入和储蓄、住宅、家庭副业、家庭日常用品、个人使用与享受的物品，以及公民个人财产的继承权。"并且在斯大林时期，苏联的理论著作还把两种所有制形式分为高、低级形式，把国家所有制称为社会主义所有制的"高级形式"，把合作社-集体农庄所有制称为社会主义所有制的"低级形式"②。单一社会主义所有制结构理论对苏联

---

① 列宁．列宁选集：第4卷．3版．北京：人民出版社，1995：771.

② 刘克明，吴仕本．从列宁到戈尔巴乔夫：苏联社会主义理论的演变．北京：东方出版社，1992：101.

的影响是深远的，甚至到了赫鲁晓夫时期和勃列日涅夫时期，乃至 80 年代初，苏联理论界几乎一直固守这种单一社会主义所有制结构理论。

思想观念上的历史转机发生在安德罗波夫时期，此时，理论界在社会主义所有制问题上，先后提出了三个闪光思想：

（1）什梅廖夫：个体经济合理合法论或大小生产结合论。

20 世纪 80 年代初以后，苏联理论界逐步修改单一社会主义所有制结构理论，转向多样化社会主义所有制结构理论。自 1982 年安德罗波夫执政以来，随着改革的开展，苏联理论界逐步修改单一社会主义所有制结构理论。这一变化首先在一些学者的著作中出现。1983 年，经济学家什梅廖夫连续发表文章，提出在社会主义所有制结构中要给个体经济以应有地位。他指出，苏联的经验和其他社会主义国家的经验说明，大规模的生产还要在很长一个时期内由个体经济来补充，个体经济还远远没有耗尽自己的潜力。他认为，没有认识到大生产与小生产结合的必要性，“我们的不幸就是由此产生的”。在这一点上阿・叶廖明也提出：“只要私有制的主动性可以‘补偿’社会组织在满足需要方面的不足，就不要摒弃发挥私有制的主动性的可能性。”① 然而，这些观点当时还没有出现在苏联官方的言论中。

（2）叶廖明：社会主义所有制关系综合体。

叶廖明认为社会主义所有制关系是由多种所有制形式组合的综合体。1982 年 10 月，他在哈尔科夫召开的“社会主义所有制关系综合体发展的基本方向”学术讨论会上指出，“全民所有制是社会主义所有制关系综合体的基础，是综合体的所有其他形式社会主义性质的基础”。他在 1984 年 10 月召开的“发达社会主义所有制关系综合体的发展”研讨会上进一步指出，全民所有制是基本的经济关系，其实质在于直接的社会方式和生产的物质因素与个人因素相结合的集体主义性质。只有全民所有制才能决定整个主义生产的动因（客观目的）。叶廖明的“社会主义所有制关系综合体”是一个“著名的新提法”。他说，这里不仅指通常研究的各种所有制形式，而且还指包括消费合作社、社会所有制、个人所有制在内的更为复杂的综合体。

（3）梅德维杰夫：在劳动社会化基础上重建个人所有制是改革的

① 刘克明，吴仕本．从列宁到戈尔巴乔夫：苏联社会主义理论的演变．北京：东方出版社，1992：103.

核心。

瓦季姆·安德烈耶维奇·梅德维杰夫既是一位经济学家，又在1968—1983年担任党和国家领导职务。他提出一个闪光思想，即认为重建个人所有制是改革的核心。

梅德维杰夫指出，所有制问题是目前改革的中心问题。所有制关系的变革无疑对整个经济改革和国家经济发展具有转折意义。生活逻辑本身使我们能够得出这样的结论：没有公有制关系的深刻改革就不可能有经济的根本变革。梅德维杰夫认为，苏联所有制关系变革的实质是克服已经确立的人同生产资料的分离。而马克思主义理论从一开始就把生产资料公有制理解为人同生产资料的结合。马克思在《资本论》第一卷中论述资本主义积累的历史趋势时就涉及了这个问题。他说："资本主义的私有制，是对个人的、以自己劳动为基础的私有制的第一个否定。但资本主义生产由于自然过程的必然性，造成了对自身的否定。这是否定的否定。这种否定不是重新建立私有制，而是在资本主义时代的成就的基础上，也就是说，在协作和对土地及靠劳动本身生产的生产资料的共同占有的基础上，重新建立个人所有制。"① 这里所讲的是每一个社会成员同生产资料所有权及生产品所有权直接产生关系，同管理生产直接产生关系。

但是，后来的发展却走上了另一条道路，即生产资料国有化程度不断提高的道路。在此基础上形成了对合作组织和其他所有制形式的否定态度，而国家则失去了民主的基础，脱离了人，脱离了人民群众的迫切需要和利益，变成了独立的、居于社会之上的力量。这一切导致一种奇特的历史现象：担负克服人同生产资料脱离这一使命的社会主义在新的历史条件下使这种脱离重现。怎样克服这种对社会主义的扭曲现象，恢复其本来的历史使命呢？如何消除同经济生活相脱离的现象呢？有人认为，出路只有一条：回到私有制。对此有人兴高采烈。但是，只要从事实出发，而不是根据想象，就不难看到，即使在资本主义国家，社会生产主要领域正统的私有制也早已成为历史的过去。可以说，资本主义在某种意义上正在从各个方面克服私有制。比如说，在主要领域已经正在向资本的股份形式过渡。正如马克思所指出的，股份形式似乎使私有制

① 马克思，恩格斯．马克思恩格斯文集：第5卷．北京：人民出版社，2009：874.

受到自我抑制。按严格的社会经济含义讲，这已经不是私有制，而是集体所有制，尽管它还保留资本主义的痕迹。梅德维杰夫提议，我们不应该走回头路，而应当向前走：发挥公有制的优越性，使其具有现代化形式，就同马克思所说，在劳动社会化基础上，重建劳动者个人所有制①。

（三）现代科技革命与社会主义

在战后初期，由于对西方的某些科学成就带有偏见，持批判态度，同时，当时新科技革命还刚开始，因此苏联没有提出现代科技革命的概念。赫鲁晓夫时期，1955年苏共中央七月全会正式提出了“科技革命”的概念，认为“科技革命是指与科学技术急剧进步的结果有关的新现象与新过程的总和”。这里所说的科技革命是同工业革命联系在一起讲的。布尔加宁在这次全会上还指出，“我们处在新的科学技术和工业革命的前夕”。后来他又在苏共二十大关于第六个五年计划报告中说，“如果说19世纪主要是蒸汽时代，那末20世纪就是电气时代，这个时代眼看就在开始变为蕴藏有发展生产力的无穷潜力的原子能时代”。苏共二十二大通过的党纲中提出科学技术变革和科学技术革命的概念，但其范围还只限于核能、征服宇宙、化学和生产自动化等方面，党纲指出这个变革是同掌握核能、征服宇宙、发展化学和生产自动化以及科学技术的其他最巨大的成就相联系的，其内容实际上与1955年7月中央全会所提的科技革命的内容大致相同。这可能同赫鲁晓夫时期继续支持李森科学派、批判魏斯曼-摩尔根学派这一方针有关②。

20世纪60年代中期，伴随战后改革第三次来潮，又开始了对现代科技革命与社会主义关系的理论讨论。1966年底，凯尔迪什院士在《共产党人》杂志第17期发表长文，论述人类正经历着一场科技革命，现代科技革命不仅包括社会主义国家，也包括发达的资本主义国家。文章认为，对整个社会发展将产生巨大影响的并将有重大突破的自然科学领域有：基本粒子物理学、宇宙学、控制论、生物学。这样，对科技革命领域认识有所扩大，把生物学包括进去，同时承认现代科技革命也包

① 向祖文．苏联经济思想史．北京：社会科学文献出版社，2013：401-402．

② 刘克明，吴仕本．从列宁到戈尔巴乔夫：苏联社会主义理论的演变．北京：东方出版社，1992：336-337．

括发达资本主义国家。这代表着苏联理论界在当时对科技革命认识的新水平。此后，对科技革命问题的探讨更为系统和深入了。1973年，苏联出版的《人、科学、技术》一书认为，现代科技革命是现代社会生产力中因科学迅速发展而发生的根本转折。科技革命是对科学和技术及其联系和社会职能的根本改造，它将推动社会生产力在结构上发生巨大转变，而转变的基础是综合利用科学作为直接生产力，科学渗透到了生产的所有组成部分，并改造着人们生活的物质条件。

1982年，什·列伊曼在《社会发展与科技革命》一书中提出，科技革命的实质在于，它是“科学-技术-生产”的有机整体。现代科技革命可以划分为三个阶段：

第一阶段是准备阶段，这一阶段从20世纪初开始直到50年代。在这一阶段中，科学、技术和物质生产诸因素都发生了变化。20世纪上半期，自然科学发生了革命，这种革命首先开始于物理学，物理学研究的突破导致科学与技术分家，新的生产部门纷纷兴起。到20世纪中期，基础科学研究使技术的发展出现了更大的变化。科学同生产的关系也发生了新的变化。19世纪末至20世纪初，工业也出现了许多变化。

第二阶段从20世纪50年代开始，这一阶段是科学潜力和工业潜力急剧增长时期，是生产力变革和非生产领域技术变革的开端，并且科学、技术和生产开始有机地、有组织地融为一体。在这一时期，决定科学在社会中地位的新因素有：(1) 科学在技术发展和生产发展中的作用大大提高，起革命性的作用。(2)“科学-生产”周期大大缩短。(3) 生产的集中化程度和技术装备水平已达到这样一种阶段：不仅在创造新机器方面，而且在制订科学管理方法、预测生产周期方面，对基础研究和应用研究都提出了新的要求。“从现在起，未来十年中，科技发展的进程将出现根本变化。在科技革命的第二阶段将导致新的生产力占统治地位，并使非生产领域发生重大变化。”

第三阶段是科技革命的成熟阶段，这一阶段只有在发达社会主义和共产主义条件下才能出现。资本主义不能将科技革命进行到这一阶段。这一阶段的特点是，完成了向崭新的生产力的过渡，新的生产力在生产中占统治地位，整个社会将实现用技术设备管理，生产将全部自动化，工人和工程技术人员的劳动差别将消失。第二和第三阶段的主要区别在于人在生产操作上的自由程度、科学与生产相互渗透的程度、人类全部活动“科学化”的程度、生产领域与非生产领域技术装备程度的不同①。

1980 年，阿巴尔金出版了《苏联共产党的经济政策》一书，提出现代科技革命的本质特征与主要功能在于使科学转变为直接生产力，主要是通过三条途径：

第一，在现代条件下，所有新兴国民经济管理部门的发展都是科学知识在生产中的直接继续和实际应用。在科学领域，不仅产生了大型的技术工艺发明，而且产生了完整的工业部门，如电子、原子能、合成材料生产等。它们的产生是科研活动的直接继续。电子、原子能、航天技术等新兴工业部门的发展，完全建立在科学发现的基础上。现在，经济增长速度日益取决于科学的发展速度。科学也在很大程度上影响了国民经济结构变化的特点，对生产组织和管理形式的完善产生了深刻影响。

第二，科学成为所有生产部门包括传统生产部门不可分割的组成部分。20 世纪之前，任何生产过程都直接依赖于经验和习惯。一系列伟大发展，都是在浅显的长期经验总结的过程中获得的，生产过程基本上不依赖于科学结论。而现在，在思想—经验—科学—生产进步各环节中，科学成为必不可少的组成部分。科技革命的特点不仅体现在科学中广泛的革命发现上，而且体现在科学直接参加生产过程本身。研究已成为工艺过程的有机组成部分。因此，企业中科研部门迅速发展，成为使科学变成直接生产力的显著特征之一。由此可见，科学已成为生产进步的源泉和主导。目前在生产力中发生的转变是建立在系统地利用和扩大科学知识的基础上的。

第三，科学本身日益成为工业生产原则的基础。这首先反映在必须为科学发展创造强大的物质技术基础和工业基础，必须首先要有技术上完善的和昂贵的设备、仪表和材料的生产部门。在这些部门和生产中，就业人数的增加快于整个工业。而且，科学劳动的特点，在相当大程度上发生了改变，获得了使它变为科学知识生产的特点。对其说来，生产所特有的标志逐渐形成：技术装备率高、分工深化、专业化加强。结果是按统一规划、为统一目标而工作的研究人员的联合，取代了单干的研究人员，这是一个质的进展②。

---

① 列伊曼．社会发展与科技革命．莫斯科：政治书籍出版社，1987：28-33.

② 阿巴尔金．苏联共产党的经济政策．莫斯科：政治书籍出版社，1980：196-197.

1957—1965 年，加托夫斯基任《经济问题》杂志主编，1960 年任苏联科学院通讯院士，1965—1971 年任苏联科学院经济研究所所长，1967 年起任苏联国家科学技术委员会委员，1971 年起任苏联科学院经济研究所科学技术进步的经济问题研究室主任①。20 世纪 60 年代中期以后，加托夫斯基主要从事社会主义经济与科学技术的关系问题的研究，并倡议建立一门新的学科——科学技术经济学。他提出了科学技术与经济相统一的观点，指出："科学技术和经济有计划的统一，是现阶段社会主义政治经济学综合性的根本问题之一。这个问题直接关系到社会主义政治经济学范畴的整个体系。"根据加托夫斯基的观点，苏联经济的所有指标都是为了加速科技发展，而提高劳动生产率、降低成本、增加利润以及其他指标的改善，都是建立在科技进步的基础之上的。马克思主义关于生产力和生产关系相互作用的基本原理，是科学、技术和经济统一问题最初的方法论基础。现代生产力的发展表现为科学技术进步及其最高形式——科学技术革命。此时，科学日益变成直接的生产力，科学、技术和经济的统一，同时也具备了新的特点——它反映了科学与生产相结合的深刻过程。

加托夫斯基分析了科学技术革命的伟大意义，提出："科学技术革命标志着生产力发生根本变革的时代。这种变革使生产力的规模无比增大，使生产关系空前扩大和复杂化，使生产及生产质量和结构的变动极为频繁。"科技革命"在很大程度上加强了生产社会性，大大增强了由社会主义占有方式取代私人资本主义占有方式向生产资料公有制过渡的必要性，也就是使所有制形式适合于现代生产力水平"。科学技术革命的世界历史作用在于：第一，它加剧了资本主义生产方式不适应现代生产力的状况，强化了用社会主义生产方式代替资本主义生产方式的必要性。第二，它为社会主义基础的革命建设、为建立"发达社会主义社会"创造了更为良好的物质前提。第三，在"发达社会主义"条件下，有计划地实现科学技术革命是建立共产主义物质技术基础的具体途径。这样，客观决定的科学技术革命的社会使命是为共产主义社会形态取代资本主义社会形态创造物质条件。

此外，加托夫斯基在论述科学技术的进步和革命及其意义的过程

---

① 向祖文. 苏联经济思想史. 北京：社会科学文献出版社，2013：366-389.

中，还专门分析了科学的作用。他认为，科学的两种职能：新的科学知识的创立和运用，在社会主义制度下具有目标明确的性质。它表示科学的目标同整个社会主义国民经济相统一；科学是国际经济的分支系统，它确保社会全体成员福利的增长和全面发展。科学分为基础科学和应用科学，与之相适应有基础研究和应用研究。应用研究是在生产中实现的，所以是直接的生产力。同生产没有直接联系的基础研究不可能是直接的生产力。科学同生产力的关系随着科学技术的进步越来越密切。18 世纪末开始的产业革命使生产日益成为在工艺上对科学成就的应用，正是在这个意义上，马克思才把科学看作直接的生产力。但诚如马克思所强调的，当时科学实际上还是独立于生产而发生作用的。20 世纪开始的科学技术革命将科学变为直接生产力的过程提到更高的水平，同时也由于科学在生产中的应用大大加强和扩展，科学在发挥它作为直接生产力的作用时，便产生了崭新的特点。过去科学和生产相对隔绝的状态正在消失，它们正在进行有机结合。社会主义制度为科学的发展提供了广阔的前景，同时，科学的发展也对社会主义制度的完善和经济的发展起着巨大的推动作用。

总体来看，对于现代科技革命的这些理论分析在理论研究上是有所创新的。问题在于，由于苏联模式从根本上缺少对于体制创新、制度创新的理论探讨，因而无法解决现代科技革命与现实社会主义有机结合的问题，这也是苏联模式最终走向失败的根本原因之一。

第九章　20 世纪 60 年代东欧各国改革的第三次来潮与受挫

20 世纪 60 年代，勃列日涅夫执政前期，苏联国内有柯西金经济改革，同时苏联暂时放松了对东欧的控制，东欧主要国家纷纷抓住这一有利时机，开启了具有本国特色的改革大门。其中，匈牙利的改革成效较大，被西方国家称为“令人羡慕的东欧之窗”；南斯拉夫自治社会主义发展到了新阶段，同时也遇到了特别复杂的新问题；波兰的改革由于脱离了国情，引发了战后波兰最为严重的社会危机并最终宣告失败；捷克斯洛伐克的改革走向经济、政治、文化的系统性改革，试图根本突破苏联模式，并在 1968 年走向高潮，史称“布拉格之春”。

一、20 世纪六七十年代世界历史与东欧发展的新特点

20 世纪六七十年代，世界仍处于雅尔塔体系构建的两极格局框架下，但由于西欧的联合、日本的崛起、中国的振兴、“第三世界”国家不结盟运动的兴起，两极格局受到的冲击越来越大，国际政治格局开始由两极向多极化演变。但是，由于多极化是一个逐步演进的历史过程，两极格局并没有立即瓦解，而是在对抗的内容和形式上发生了变化，美苏关系作为东西方冷战的主轴进一步凸显。这一时期，世界历史与东欧发展的新特点主要体现在以下几个方面：

（一）在美苏两极争霸军备竞赛中，苏联处于攻势，美国转攻为守

20 世纪 60 年代中后期，国际形势一度发生了有利于苏联的变化，美苏两国的军事力量对比开始发生明显的变化。在军事上，美国身陷越南战争的泥潭无法自拔，军事力量受到牵制，不得不调整其军事部署，收缩兵力。而苏联则借此机会大力发展军事装备，“1965—1969 年，美国陆基洲际导弹由 854 枚增至 1 054 枚，苏联则从 270 枚迅速增至 1 050 枚，1970 年，在美国的数量基本不变的情况下，苏联又增至 1 300 枚，取得了数量上的优势，只是在某几项技术方面还稍逊于美国”①。此外，苏联常规军事力量不断增强，1978 年，美军 210 万人，苏军 440 万人；美军拥有坦克 10 500 辆，苏军拥有 50 000 辆。在经济上，美国由于受到经济危机的冲击，国内经济增速放缓，美元的地位开始衰落，美国的霸主地位受到了来自各个方面的挑战。而苏联由于在勃列日涅夫上任之初推行了经济体制改革，在一定程度上促进了经济的发展，“1960 年苏联国民收入只及美国的 60%，1970 年增长到 66%；工业总产值由 60% 增加到 75%；农业总产值由 75%～80%上升到 85%～90%”②。1975 年，苏联的工业总产值相当于美国的 80%。在这样的背景下，苏联的霸权主义发展到顶峰，同美国开展了全球性的激烈争夺，而美国则从战略进攻转为战略防御。

（二）世界上反对霸权主义、维护和平的力量不断增强

1961 年 9 月，首次不结盟国家首脑会议在南斯拉夫首都贝尔格莱德举行，来自世界上 25 个国家的代表出席了会议，不结盟运动正式形成。不结盟运动是发展中国家走向联合自强的新开端，在支持和巩固成员国民族独立和经济发展、维护成员国权益等方面发挥了重要作用，成为国际社会的重要力量。1960 年是“非洲独立年”，喀麦隆、多哥、马达加斯加等 17 个非洲国家相继独立。“非洲独立运动”的不断高涨，改变了非洲的面貌，加速了世界殖民体系瓦解的进程，非洲的新兴独立国家逐渐成为一支重要的反殖民主义反帝国主义力量，在国际舞台上发挥着日益重要的作用。1964 年，七十七国集团成立。七十七国集团是发

---

① 资中筠. 战后美国外交史：从杜鲁门到里根. 北京：世界知识出版社，1994：598.

② 刘金质. 冷战史：中. 北京：世界知识出版社，2003：589.

展中国家在反对超级大国的控制、剥削、掠夺的斗争中，逐渐形成和发展起来的一个国际组织，在加强发展中国家团结与合作、推动建立新的国际经济秩序、加速发展中国家经济社会发展等方面起到了重要作用。

（三）东欧各国独立自主潮流兴起

勃列日涅夫上台执政前期，由于其在欧洲的“缓和”战略以及国内经济体制改革，苏联对东欧的控制有所放松，东欧国家纷纷表现出独立自主的倾向。罗马尼亚于 1964 年 4 月发表了《马克思主义独立宣言》，拒绝参与经互会多边经济一体化的计划，接着，公开反对华约军事一体化，并不顾苏联的反对于 1967 年 1 月与联邦德国建交；匈牙利率先引入市场机制，并与联邦德国签订贸易和代表协定，积极改善与美国的关系；捷克斯洛伐克在其改革中，增加了独立自主的新内容，极大地挑战了苏联的权威，引起了苏联领导人的强烈不满。总之，东欧各国纷纷抓住这一有利时机开启了具有本国特色的改革大门。“东欧国家虽然不再完全屈服于苏联的权力，可是，苏联所能施加的控制和影响以及东欧国家之间的相互作用，还是使各个国家的独立自主的行动受到一定的限制。”① 1968 年，苏联出兵捷克斯洛伐克，标志着苏联对东欧短暂的放松政策宣告结束。之后，“勃列日涅夫主义”出台，到 70 年代中期，苏联对东欧一直实行高压政策。虽然后来东欧看似与苏联保持了较高的一致性，成为苏联的掌控区，但是这种表象背后已是暗流涌动。

二、卡达尔领导的匈牙利改革稳健推进

在东欧社会主义国家中，匈牙利是经济体制改革持续时间最长、在当时也是人们公认改革较为成功的国家。在改革中，卡达尔领导匈牙利把马克思列宁主义与本国国情相结合，并在吸取当时南斯拉夫、波兰、捷克斯洛伐克等国改革经验教训的基础上，逐步摸索出了一套较为有效的方法，形成了“匈牙利模式”。这一改革，使匈牙利在东欧国家中率先走上了富裕之路。其中，1963—1973 年是匈牙利社会主义工人党最

① 沃尔夫．苏联霸权与欧洲（1945—1970）．上海：上海人民出版社，1976：400.

辉煌的年代，是卡达尔执政的鼎盛时期，也是匈牙利经济改革的黄金时代。

（一）改革的具体内容

20 世纪 60 年代，卡达尔利用苏联内外政策调整的机会，逐步尝试经济体制的全面改革，即新经济体制改革。新经济体制改革沿用了先局部后整体、循序渐进的方针政策，在改革中不急于求成，取得经验后再全面推广，改革的步子较稳。1964 年 9 月，匈牙利成立了以匈牙利中央书记、改革之父涅尔什·雷热为首的经济体制改革委员会，委员会下设十几个专门小组，具体负责审查、分析、论证改革的必要性，制订改革方案并进行改革的试点工作。1966 年 5 月，匈牙利社会主义工人党中央举行扩大会议，通过了《关于经济体制改革的指导原则》和《关于经济体制改革的决议》，决定从 1968 年 1 月 1 日起实行新经济体制，这也是以后 20 年改革的重要指导性文献。

（1）对农业体制的改革。

对农业体制的改革，主要从以下几个方面来进行：

首先，放松对合作社的控制，停止对农业企业下达指令性指标，扩大农业企业生产自主权。从 1962 年起，国家放松了对合作社的控制，合作社的自治权利不断扩大，并真正转向商业运作。合作社可以自己制定生产计划，并在市场条件下自由出售产品。与此同时，“国家对农产品采购品种也大幅下降，从原来的 66 种下降到 21 种”①。1968 年后，农业企业的自主权进一步扩大，企业作为产、供、销的主体，除自行确定生产计划外，还拥有了定价的自由、与其他单位签订合同的自由、分配和使用利润的自由、招收和解雇职工的自由，部分企业还拥有了外贸自主权。国家也不再通过指令性的指标满足需求，而是通过与农业企业签订合同，并依靠价格、信贷、税收及国家补贴等经济手段来确保国家计划的完成和促进农业的发展。

其次，集体化、专业化的大企业生产与自留地经济和辅助经济相结合。匈牙利在农业合作社和国营农场为主要生产组织形式的基础上，发展集体化、专业化的大规模生产，在自愿参加和民主管理的条件下，实

① 纪军．匈牙利市场社会主义道路．北京：中国社会科学出版社，2000：136.

现农业联合企业、农工联合体和工业化生产体系[①]。与此同时，扶植与大企业有联系的自留地经济和辅助经济，使之成为农业经济改革的一个巨大推动力。1966年，匈牙利《人民自由报》报道："3 300个合作社里出现了14 000项副业活动。机器维修店和铁匠、锁匠、车轮修造工或拖拉机修理店通过基本的农业活动紧密地联系在一起。"[②] 1968年后，越来越多的人在合作社从事第二经济的生产。这一经济形式极大地调动了农民生产的积极性，增加了农业收入，改善了农民的生活水平，自留地上的产出相当于当时匈牙利农业总产出的一半，"蔬菜水果占总产量的50%以上，猪肉占56%，家禽占74%"[③]。匈牙利农副产品的生产和加工能力很快达到了世界先进水平，居民农副产品的消费量也随之达到世界最高水平。

再次，重视科学技术和教育事业。匈牙利重视通过科学技术推动农业向机械化、现代化发展，同时还通过发展农业教育事业，培养农业技术人才，加快推动科研成果向现实农业生产力转化。在匈牙利的国营农场和合作社中，"农业技术人员占职工的32%，每一个合作社平均就有10名以上高等院校毕业生，在合作社直接参加农业生产第一线的领导人共3万，大学毕业生占30%，有专业技术的占60%，在农业企业的高级领导人中，大学毕业的农业专家占45%，中层领导占50%，高层领导占15%"[④]。

最后，匈牙利还允许合作社的农民在淡季从事非农企业，如装配修理、小规模制造业中通过劳动取得收益。这一政策使得持"双重收入"的农民与工厂工人的收入持平，甚至高于城市职工的收入[⑤]。1968年后，一部分城市职工向农村流动，一批靠勤劳致富的百万富翁开始在农村出现。

（2）对所有制结构的改革。

匈牙利所有制结构的改革，是在坚持社会主义公有制主导地位的基

① 王文玺．卡达尔时期匈牙利的农业发展战略．俄罗斯中亚东欧研究，1990（3）．

② BEREND I. The Hungary economic reforms：1953－1988. London：Cambridge University Press，1990：184.

③ 纪军．匈牙利市场社会主义道路．北京：中国社会科学出版社，2000：136.

④ 阚思静．卡达尔与匈牙利．北京：世界知识出版社，1993：182.

⑤ TOKES R. Hungary's negotiated revolution：economic reform：social change and political succession（1957－1990）. London：Cambridge University Press，1996：97.

础上，鼓励私营经济、个体经济和外资经济等非公有制经济的发展，即公有制为主体，多种所有制经济共同发展。1966 年 5 月，《关于经济体制改革的决议》中指出，匈牙利的计划经济要建立在同时发展公有制的两种形式，即国营和集体所有制的基础上，并明确指出，在社会主义成分占绝对优势的同时，小手工业、零售商业、自产自销和非农业人口经营的辅助经济作为合理存在的私有成分，仍有存在的必要。在这一思想的指导下，匈牙利在经济改革过程中，国营经济始终保持着主导地位，在工业经济总产值中，国营经济产值占 90%以上。同时采取多种措施鼓励、支持私营经济、个体经济和辅助经济的发展。如：国家对个体经营者提供贷款支持和设备租赁服务；对小手工业者在经营场所上提供帮助，以优惠的价格给小手工业者提供兴建的作坊；完善社会保障制度，国家从 1969 年开始向小手工业者和小商人提供退休金和公费医疗。此外，匈牙利是社会主义国家中率先引进外资的国家。20 世纪 70 年代，匈牙利开始建立合资企业，1977 年匈牙利规定，外资股份在合资企业中的股份可以超过 49%①。这些措施，既保持了社会主义的基本经济基础，又活跃了市场，增强了经济发展的活力，促进了生产力的发展和人民生活水平的提高。

（3）对计划经济体制的改革。

从 1968 年开始，匈牙利计划经济体制改革的中心任务是取消指令性计划，实行计划与市场结合的指导性计划体制。在这个体制中，计划和市场调节不是分别作用于不同的领域，而是共同作用于所有经济领域，即经济领域都由中央计划管理，但这种管理必须充分利用市场的作用。匈牙利是东欧国家中最先引入市场机制的国家。

第一，改进国民经济计划体系，取消指令性指标。《关于经济体制改革的指导原则》规定，国民经济的计划体制应建立以中期计划（五年计划）为主，包括长期计划和短期计划在内的新体系。其中，中期计划是主要形式，长期计划是五年计划的基础，短期计划大部分靠市场机制来解决发展的进程②。作为国民计划的主要形式，中期计划是经济计划中的重点，“但以一种根本不同的方式运行，计划不包含企业的生产任务和销售的指标，也不再制定关于企业所依靠的工具（投资、劳动力、

① 王伟光，王怀超．社会主义通史：第 6 卷．北京：人民出版社，2011：75.

② 纪军．匈牙利市场社会主义道路．北京：中国社会科学出版社，2000：19.

物资、产品和对外交换金）的条款”[①]。

第二，扩大企业自主权，使企业成为独立的商品生产者。在坚持计划体制的条件下，企业可以根据国民计划的要求和市场的需求，自行制定计划，企业计划无须报送上级机关批准，只须备案即可。除国防工业外，其他企业有权决定生产什么、生产多少甚至按什么样的价格出售产品，商业和服务业也有类似的权力[②]。一些企业还可以进行较小的投资并使用资金更新设备。在管理手段上，国家不再通过行政手段，而是运用利润、价格、税收、信贷等经济杠杆来保证国家计划的贯彻和实施。

第三，增加计划的灵活性和社会性。国民经济计划只规定国家经济发展的大方向和总的比例结构。对微观经济则完全放开，由企业自主制定计划和自主经营[③]。生产资料、原料的统一调配和产品的分配改为贸易制度，即通过市场、价格等经济杠杆来调节供、产、销关系。在国家投资方面，原来的预算拨款也改为银行贷款，只有重大项目的投资才由国家有关部门决定[④]。

但是，匈牙利所引入的市场并不是完全不受限制的。《关于经济体制改革的决议》指出：“在新经济体制中，应该依据国民经济计划所规定的市场活动条件和规章来建立计划和市场之间的有机统一体。市场不能成为一种放任自流的、自由竞争的市场，而是应该成为本身也是由中央规定和管理的市场。”[⑤]

（4）对价格、税收和工资体制的改革。

一是对价格体制的改革。实行新的混合价格制度。取消官定价格，引进市场价格，即使用自由价格，并逐渐增加市场（自由）价格的比例。从1968年起，匈牙利用混合价格代替了单一的固定官价形式。改革后的价格形式有固定价格、有限制的价格和自由价格，前两种又统称为官定价格。在这种价格体制中，与居民供应和生活水平直接相关的消费品实行官定价格，包括燃料、电和化肥，基本的农业产品，基本的消

---

① BEREBD I. The Hungary economic reforms：1953－1988. London：Cambridge University Press，1990：169.

② 孔寒冰. 东欧史. 上海：上海人民出版社，2010：356.

③ 王伟光，王怀超. 社会主义通史：第6卷. 北京：人民出版社，2011：174－175.

④ 同②356.

⑤ 中共中央党校科学社会主义问题研究室国外社会主义教研组. 匈牙利社会主义资料选编. 北京：求实出版社，1987：134.

费品和服务。自由价格包括机械、半成品零部件和某些消费品。随着改革的不断深入，自由价格的范围逐渐扩大，官定价格的范围不断缩小，匈牙利的价格体制越来越具有市场经济的特点。“1968 年后实行自由价格商品占 22%，但几年后，官定价格下降到 36%，相应的有 64%的产品成为自由价格。”①

值得一提的是，新经济体制虽然扩大了匈牙利企业的自由定价权，但国家仍有详尽的法令控制这种自主权。比如，自由价格的产品由于原材料涨价而提价时，工厂必须提前半年上报物价局，经物价局同意后方可涨价，否则就要等研究后再决定。此外，政府还规定各种批零差价，零售商不能超过此规定。如果违反了就会依程度不同受到五级处分②。因此，自由价格并不真正自由。

二是对税收体制的改革。税收体制改革是工资体制改革的重要补充，匈牙利税收改革的基本原则是：确保国家的财政收入；调节整个社会积累和消费的比例关系；影响各企业间的经济利益关系，引导和控制各种个体经济及小私有企业的发展，使国民经济各部门按轻重缓急次序发展；鼓励企业降低物耗，节约劳动力，增加出口；用于扩大再生产、发展地方公用事业和社会福利事业；防止个人收入以过高的幅度增长，逐渐减少国有补贴数额；使税收同其他调节手段相配合，起到经济杠杆的作用，保证整个经济政策按预定目标顺利进行，加快社会主义建设进程③。

三是对工资体制的改革。从 1957 年开始，匈牙利实行利润分红制和平均工资调节制相结合的工资体制。国家只控制平均工资，企业有权在国家控制的最高与最低限度内决定工人工资。这样，工人的工资就与企业的利润联系在一起。在利润分红时，企业根据基本工资确定比例。在企业中把劳动者从高到低分为三类：第一类是企业高层负责人和管理者，第二类是企业中层领导人，第三类是一般职工。他们分红的比例也不相同。这次改革调动了企业和职工的生产积极性，但也扩大了管理者

① BEREND I. The Hungary economic reforms：1953－1988. London：Cambridge University Press，1990：173.

② 张家炽. 匈牙利经济体制改革见闻. 北京：新华出版社，1986：19.

③ 徐葵，张文武. 东欧国家政治经济体制研究. 北京：中国社会科学院东欧中亚研究所，1988：52.

和职工间的收入差距。同时，完全以利润作为工资收入的唯一依据，很难照顾到不同地区不同企业生产结构和特点，这使得贫富差距扩大，一系列社会问题凸显，工资改革一度陷入一种尴尬的境地。但是改革的效果还是被经济增长的事实所证实了。这种做法一直持续到 1968 年。1968 年后，企业管理者在工资制定方面拥有了更大的决策权，企业可以根据经营状况、盈利多少和工作绩效使职工的收入有一定差额，差额最高可达 60%～70%①。

（5）对外关系的改革。

首先，设想建立多瑙河联盟，注重与东欧国家的联系。卡达尔指出：住在多瑙河流域的人们命运相通。在这一设想的指导下，卡达尔加强与东欧几国在意识形态和经济等领域的交流与合作。1960—1970 年，匈牙利先后同苏联及其他社会主义国家重新签订了友好互助同盟条约。其次，加强贸易往来，积极改善与西方的关系。1963 年 11 月，匈牙利与联邦德国签订贸易和代表协定，并建立了正式的外交关系。从 1967 年开始，改善与美国的关系，第一位美国大使于 1967 年 10 月访问匈牙利，并把卡达尔称为匈牙利“毫无疑义的国家领导人”。

（二）改革的结果

20 世纪六七十年代卡达尔领导的匈牙利新经济体制改革，实际上也是匈牙利市场机制改革的黄金时期，这一时期，匈牙利经济涨幅比较大，人民生活水平提高较快，匈牙利进入了经济高速发展阶段。与东欧各国相比，匈牙利的商品市场较为活跃，消费市场货源充足，供销两旺，曾被西方记者称为“东方乐园”和“消费者的天堂”②。

第一，国民收入平均每年增长 5.5%～6%，比 20 世纪 50 年代翻了四番。工业年均增速为 6.5%～7%，总产值比 50 年代增长了 7 倍，达到世界发达工业国家中等偏上水平；农业跻身世界发达国家行列，人均粮食达 1.3～1.4 吨，名列世界第 4 位，居经互会成员国之首③。

第二，人民生活水平显著提高。首先，到 1967 年，平均每个工人的实际工资比 50 年代增长了 130%，平均每年增长 2.6%。因为工资的

① 孔寒冰．东欧史．上海：上海人民出版社，2010：356.

② 阚思静．论卡达尔的经济改革与外部环境．世界历史，1993（3）.

③ 费格莱伊．我国 40 年．布达佩斯：科苏特出版社，1985：178-182.

增长，工人的实际收入从 1950 年到 1967 年翻了两番。其次，人民消费水平提升，直到 1981 年，匈牙利的人均消费水平都以 5%～6%的速度递增。商品短缺现象消失，耐用消费品的购买量迅速增长，电冰箱、电视机、洗衣机迅速普及，1/3 的家庭有小汽车。再次，住房问题不断改善，1/3 的居民乔迁新居，人均住房面积 22 平方米，很多人拥有小别墅。最后，人民的精神生活日益丰富，出国旅游人数增多。

第三，就业和社会保障制度日益完善。20 世纪 60 年代后半期，匈牙利就业率达到了 100%，一些部门还出现了劳动力短缺的现象。同时，与匈牙利从农业国向工业国转变的模式相适应，就业结构也发生了巨大的变化，农业工人不断下降，工业工人增加了近 2 倍。此外，城乡全体居民一律享有劳动保险、免费医疗和 8 年义务教育等多方面的福利。

新经济体制改革给匈牙利人民带来了真正的实惠，正如匈牙利社会主义工人党中央给卡达尔的信中曾指出的：人们不会忘记 60—70 年代的匈牙利，当时国内外舆论界曾把我们的祖国看成是一盏象征振兴的信号灯。但是，由于新经济体制改革是一种全新的尝试，许多新理论、新问题还有待在改革中去探索、解决，匈牙利的改革并不是一帆风顺的。财政赤字、债务危机、计划与市场的矛盾，以及完整市场体系的建设等一系列“老大难”问题，一直纠缠着匈牙利，为匈牙利改革日后的结局埋下了隐患。

三、南斯拉夫自治社会主义新阶段与新问题

20 世纪六七十年代，更准确地说，1963—1971 年，南斯拉夫自治社会主义的改革实践走向第二阶段，即从初级阶段的“企业自治”“农民自治”，走向中级阶段的“社会自治”，但也随之出现了一系列的新问题，直接影响到 1971—1991 年的危机解体阶段。

（一）“社会自治”时期（1963—1971 年），过度分权，党的领导弱化

1963 年，南斯拉夫联邦议会通过第三部宪法，规定除党和军队外，

所有国家机构和社会事业单位均应实行自治原则。这样，自治成为南斯拉夫社会的一项基本原则，工人自治扩展到了社会自治。在政治上，这部宪法将国名改为南斯拉夫社会主义联邦共和国，铁托为终身总统，联邦议会既是国家最高权力机关，又是社会自治机关。此后，为了改进联邦制，调动地方积极性，南斯拉夫又多次修改宪法，缩小联邦权限，扩大共和国和自治省权限。在经济上，1964年，南斯拉夫政府取消了联邦投资基金，把这笔钱全部转交给银行，取消企业的投资基金税和收入上缴款，企业的积累全部归己①。1965年，南斯拉夫进行了全面经济改革：国家中央政权逐步减少对经济的干预，经济管理权从联邦下放到各自治共和国和自治省，扩大企业的经营管理自主权，经济体制由国家集中管理的计划经济向市场经济转轨。这一时期的改革取得了显著成效，广大劳动群众通过自治，参与生产管理、政权与社会事务管理，对于发扬社会主义民主、调动群众的积极性和创造性、克服官僚主义的弊病，促进社会主义事业的发展都具有重要的推动作用。在自治理念的指导下，价值规律开始发挥重要作用，对外贸易实现了自由化。但同时，改革也产生了许多始料未及的问题，如国家宏观调控能力下降、国民经济比例失调、生产增速放缓、地方主义和民族主义抬头等。

（二）“联合劳动自治”时期（1971—1991年），出现危机，走向解体

在经济上，南斯拉夫以实行联合劳动为原则，以加强契约协调为特征。1971年联邦议会通过宪法修正案，要求经济部门在工人自治的基础上按联合劳动原则进行改组。1974年2月，联邦议会颁布了第四部宪法，将联合劳动确定为新的社会经济体制。同年5月召开的南共联盟十大也确定了联合劳动的基本方针。1976年11月，联邦议会通过《联合劳动法》，把联合劳动的组织分为三级：联合劳动基层组织（规模相当于工厂的车间）、联合劳动组织（规模相当于大厂或总厂）、联合劳动复合组织（规模相当于联合企业或公司），并指出，实行联合劳动组织的目的是使工人更直接参与全部社会再生产的管理，使生产资料与劳动

① 中国南斯拉夫经济研究会．南斯拉夫经济与政治．北京：中国财政经济出版社，1983：48.

者直接紧密结合，用社会主义社会所有制取代国家所有制。总之，1974 年的南斯拉夫联邦新宪法和 1976 年的《联合劳动法》，对经济部门的组织形式、生产中的相互关系、生产部门与社会事业单位的关系都做了新的规定，这表明，南斯拉夫的社会主义自治制度进入了一个新的阶段。1976 年，联邦议会又颁布了《社会计划法》，规定各自治单位要自下而上制定发展计划，最后在国家指导下制定中长期发展计划，从而达到宏观控制的目的。

与经济上的自治经济民主制度相适应，南斯拉夫在政治上实行“以代表团制为轴心的自治政治体制”①，即国家集体元首制和议会代表团制。1970 年 9 月，铁托开始改革联邦体制。1971 年 6 月，南斯拉夫修改宪法，正式设立联邦主席团为国家集体元首。主席团由 23 人组成，除总统铁托外，6 个共和国各选派 3 人，2 个自治省各选派 2 人。铁托兼任主席团主席，副主席由各共和国和自治省的代表轮流担任，一切重大问题实行协商一致的原则。1974 年新宪法把联邦主席团成员减为 9 人，除铁托外，6 个共和国和 2 个自治省各选派 1 人参加。1980 年，铁托去世后，不再设总统一职，主席团成员为 8 人，任期 4 年。主席、副主席各 1 人，任期 1 年，由主席团成员轮流担任。1981 年后，国家及社会政治团体的一切领导机构都实行主要负责人轮换制。

1974 年起联邦实行议会代表团制。该体制将议会分为区议会、共和国（自治省）议会和联邦议会三级，每个基层自治单位的公民选出自己的代表团，再从代表团成员中选出代表参加各级议会和其他社会管理机构的工作。代表团成员不脱产，但不能同时兼任政府职务，也不能同时兼任两级议会代表，每届任期 4 年，可连选连任一次。这一体制加强了社会主义国家政权与普通劳动者的联系，推进了社会主义自治民主制度化的进程。

南斯拉夫逐渐将自治原则贯穿到社会生活的各个方面，形成了比较完整系统的自治社会主义制度。但它过分强调自治，忽视了党的领导，完全排斥国家权力适当集中的必要性与合理性，导致过度分权、各自为政局面的出现和地方主义、民族主义势力的抬头，为南斯拉夫日后的危机及最终解体的命运埋下了制度隐患。

---

① 聂运麟. 历史的丰碑与艰难的探索：20 世纪社会主义发展的历史进程. 福州：福建人民出版社，2006：280.

四、波兰改革新走向与理论新问题

20世纪60年代末70年代初，在东欧国家进行的改革中，波兰盖莱克的经济改革与1968年匈牙利卡达尔的经济改革同样引人注目，两国改革的目标和手段都极为相似，但结果却截然不同，波兰的改革基本失败，整个社会陷入了剧烈的动荡和不安之中。

（一）改革新走向

哥穆尔卡在“波兹南事件”后重返政坛，开启了波兰民主化道路的第二次尝试，并取得了较好的成绩，国内形势有所好转，人民满意度增加。但在内外压力下，哥穆尔卡于1959年被迫放弃改革，蜕变为苏联模式的捍卫者和支持者。在政治上，哥穆尔卡开展了长达2年的“反修正主义运动”，大搞个人崇拜；在经济上追随苏联的经济体制，重新按照“重工业-轻工业-农业”以及“高积累，低消费”的模式进行社会主义工业化，从而引发了国民经济新的不平衡：重工业过重，轻工业过轻，农业则被忽略。1960—1970年，波兰是经互会国家中消费水平提高最慢的国家，每年实际工资增长仅为1.5%。1969—1970年，由于农业歉收，市场供应紧张，政府不得不在1970年12月大幅提高45种生活消费品的零售价格，结果引起了格但斯克等沿海城市的罢工和流血悲剧①，这被看作战后波兰的第二次危机，哥穆尔卡也在这次危机中被赶下台。“十二月沿海事件”之后，盖莱克接替哥穆尔卡出任波兰统一工人党的第一书记。他上台之后，采取一系列措施稳定国内局势，同时着手进行了经济体制改革。

（1）盖莱克改革的具体内容。

改革的具体内容主要包括：第一，在政治上，成立特别委员会，对“十二月沿海事件”做出客观公正的评价，平息众怒。在1971年2月召开的波兰统一工人党五届八中全会上，盖莱克公开反对哥穆尔卡政府关于“十二月沿海事件”的根源、定性及其处理办法的论述，指出当时领

① 刘祖熙．波兰经济的三起三落和社会的三次危机．世界知识，1990（5）．

导人“把沿海地区所发生的事件的根源……归结为反社会主义分子的活动，甚至对当时存在的局势作出了这样的评价，即这一事件具有反革命性质，所持的这种立场不仅是错误的，而且其后果是灾难性的”①。因此，波兰统一工人党认为“十二月沿海事件”“从其实质来说，具有工人的特征，工人是事件的主要参与者。这些行动的基础是对物质状况和社会福利条件的不满，因此，其矛头是针对党和政府的经济政策和社会福利政策中的某些问题。在传单和各种口号中，占主导地位的是福利和经济要求，以及人事和政治要求。其次是对行政机关，尤其是对工会工作的尖锐的批评”②。

第二，在经济上，首先，成立直属党中央的经济体制改革委员会，负责制定经济体制改革方案。经济委员会提出放弃行政命令的计划体制，把计划管理与商品货币关系的积极作用有机地结合起来；进一步扩大企业自主权；注重经济调节手段的运用，改革投资体制；实行企业参与出口利润分配制度等。但在具体实践中，这些改革措施进展较为缓慢。其次，提出“高速发展战略”。1971 年 12 月，波兰统一工人党第六次代表大会提出了“高速发展战略”，即高速度、高工资、高福利的“三高”政策。盖莱克“深知波兰在经济发展和人民生活水平方面同西欧国家的差距，力图在最短的时间内赶上西欧发达国家的水平”③。因此，他声称要改变贝鲁特、哥穆尔卡“只要重工业，不要人民”的做法，而是要在高速发展重工业的同时，大幅提高人民生活水平。在这一思想指导下，“高速发展战略”的主要内容是：向西方开放，广泛利用外国资金来扩大国内投资，快速实现经济现代化。在具体实践中，波兰以“高速发展战略”为基础，编制了国民经济发展的第四个五年计划（“四五计划”，1971—1975 年）。波兰掀起了一场“投资热”，甚至连企业厂长经理和局长部长工作的基本衡量标准都是看他们在加速新投资项目上的能力和“冲劲”。

（2）改革的结果。

首先，政治体制改革在一定程度上平息了众怒，稳定了人心，为经

---

① 中共中央党校科学社会主义教研室国外社会主义问题教研组．人民波兰资料选辑（1944—1984）．北京：中共中央党校科研办公室，1986：403．

② 同①402．

③ 刘祖熙，刘邦义．波兰战后的三次危机．北京：世界知识出版社，1992：136．

济体制改革创造了较为有利的国内环境。其次，经济体制改革在前期（“四五计划”期间）取得了较为可喜的成就，但后期却引发了波兰战后最严重的社会危机。“四五计划”期间，即20世纪70年代初期，西方国家经济不景气，向西方国家借贷的条件比较优惠，同时国际市场石油和其他原料价格低廉，这对于波兰利用外国资金、进口原料材料，实行“高速发展战略”① 是比较有利的。再加上国内冻结物价和提高工资的政策，工人和农民的生产积极性空前提高，1971年和1972年风调雨顺，农业丰收，“四五计划”得以超额完成。5年里，工业生产增加了73%，每年递增11%；农业生产增加了33%，每年递增5%；国民收入增加了62%，每年递增10%；职工实际工资增加了40.9%，每年递增9%②。这种高速增长是波兰历史上罕见的，这一增长也使得波兰人民20世纪70年代上半期在消费水平、文化教育程度和医疗保健等方面一度比较接近世界发达国家的水平。但是，盖莱克的“高速发展战略”盲目追求高速，过分依赖西方的资金、技术和国际市场，超出了波兰国力，势必在实践中带来严重的后果。1975年12月，波兰统一工人党第七次代表大会在“四五计划”取得成效的基础上，又提出了“进一步高速发展”“建设第二个波兰”等“左”的口号，并上调第五个五年计划（“五五计划”，1976—1980年）的国民经济指标。而这一时期，国际石油和其他原材料的价格大涨，贷款利率激增，加上国内气候干旱、农业歉收，国民收入锐减，财政赤字增加③，“五五计划”远远地超出波兰的承受能力，波兰国内的经济危机日益加深，并在1980年后把波兰经济带入了崩溃的边缘。1980年7月1日，政府在无法承受的经济压力下，不顾群众的反对，宣布肉类和肉制品价格提高40%～60%，从而触发了战后波兰规模最大、持续最久的罢工浪潮，酿成了波兰解放后最严重危机④。波兰经济倒退了10年，社会长期动荡不安，波兰在“团结工会”名义下形成了公开的政治反对派，波兰统一工人党和政府面临的挑战更加严峻。

---

①② 刘祖熙. 波兰经济的三起三落和社会的三次危机. 世界知识，1990（5）.

③ 孔寒冰. 东欧史. 上海：上海人民出版社，2010：372.

④ 同①.

（二）改革引发的理论新问题

这一时期波兰的改革也引发了一系列理论新问题。一是试图引进市场机制，但在“什么是社会主义”的问题上缺乏理论创新。波兰统一工人党固守苏联模式的社会主义经济理论，在理论上把市场和计划对立起来，片面强调公有化的程度，认为公有制成分越高就越接近社会主义。因此，尽管盖莱克在实践上试图引进市场机制，但由于恪守计划经济的理论，在所有制问题上依然墨守成规，把公有制成分的多寡看成是社会主义是否成熟的标志。

二是有一套改革方案，但在理论上缺乏系统的论述，导致改革条块分割，没有建立起相互配合、相互促进的完整体系。在波兰的改革方案中，计划、价格和工资等作为经济调节手段的重要组成部分，本应进行配套的综合改革，但在具体操作过程中，完全变了样。首先，虽然中央减少了指令性的计划指标，但主管部门层层加码，企业并未得到真正的产供销自主权，计划制度的改革流于形式；由于价格改革可能导致价格总水平的提高，引发社会危机，价格改革方案则一直不敢出台，波兰消费品价格基本上没有触动，而国家财政负担则越来越沉重；在“高速发展战略”的指导下，利润分配和工资的改革则迈出了很大的步伐，出现了“价格走一步，工资走十步”的现象。因此，波兰经济调节手段的改革，实际上把综合改革变成侧重分配领域的单项改革。因此，在企业还没有真正成为自负盈亏主体的情况下，给企业以更多的分配权，只能使企业负赢不负亏，靠国家财政补贴维持。这是造成波兰 70 年代后期消费基金失控、通货膨胀的重要原因之一①。

三是缺乏系统的宏观控制理论。“高速发展战略”使得波兰在具体的改革实践中，一方面，不断扩大积累率，以追求经济发展的高速度。据统计，1966—1970 年积累在国民收入中的比例为 27%，到 1974 年，已提高为 38%。另一方面，盲目地扩大消费，以期在短时间内提高人民的生活水平。1971—1975 年，波兰职工工资增长 7.1%，远远超过劳动生产率的增长（4.5%～6%），5 年间消费量总共增长 50%以上。这种缺乏宏观控制理论的做法，使得波兰国民经济严重失衡，改革出现紊乱。

① 李俊. 波兰、匈牙利改革的启示. 经济体制改革，1985（2）.

五、捷克斯洛伐克的改革探索与“布拉格之春”凋零

20 世纪六七十年代，在战后苏东各国改革的第三次来潮中，最高潮的一幕出现在 1968 年杜布切克领导的捷克斯洛伐克改革中，通常人们称为“布拉格之春”。这次改革也可视为战后苏东改革最有突破性的一个高潮，因为它突破了“计划经济为主，市场调节为辅”的苏东经济改革的固有樊篱，甚至也突破了单纯经济改革的狭隘思路，试图走列宁晚年倡导的经济、政治、文化三位一体的系统改革之路。从此，战后苏东改革真正进入了“一鼓作气，再而衰，三而竭”的衰微格局。

（一）苏联模式在捷克引发的突出矛盾

捷克斯洛伐克强制推行苏联模式所引发的各种矛盾远比其他中东欧国家更为深刻、更为尖锐、更为突出，暴露的时间更早，势头更持久。苏联模式在捷克引发的突出矛盾与其特殊国情有着内在关联。

（1）捷克斯洛伐克的特殊国情。

在西斯拉夫人中，捷克人和斯洛伐克人关系最密切。其缘由一是民族接近，二是比邻而居，三是在社会发展的过程中许多时候都是作为一个整体。

虽然都是西斯拉夫人，但是，捷克人和斯洛伐克人从民族形成之初就有所区别。捷克人受来自西北部地区的民族影响较大，而斯洛伐克人受来自东南部地区的民族影响较大。在以后的历史发展过程中，它们所依附的大国势力也不一样。就这两个民族而言，捷克民族更为强势一些，而斯洛伐克民族则显得弱小一些。当它们同处一国的时候，这种大小、强弱的反差对其各自社会发展也产生了不可低估的影响。

捷克人与斯洛伐克人属于西斯拉夫人的不同支系，捷克人分布在波希米亚和摩拉维亚，而斯洛伐克人聚居在斯洛伐克。根据捷克斯洛伐克学者弗朗蒂舍克·卡夫卡的说法，在远古时期，在捷克和斯洛伐克地区主要有三个不同的人种集团，即乌涅蒂采人（Unetician）、圆墓人

(Tumulus) 和卢齐支人 (Lusatian)。因卢齐支人把死者火化并将骨灰藏于瓮中，所以，卢齐支人也称为瓮葬人。他们大约在青铜时代中期从第聂伯河与维斯瓦河之间的宽广地带大量迁徙过来，主要以农业为生。在公元前最后的 1 000 年里，卢齐支人逐渐发展成为最初的斯拉夫居民。他们就是捷克人的先祖①。但是，在这三个人种集团中，发展势头最强的不是卢齐支人，而是因喜欢为首领筑造巨大的圆墓而得名的圆墓人。圆墓人以畜牧业为主，从南德意志迁到波希米亚和摩拉维亚，后来演变成凯尔特人 (Celts)。公元前 1000 年前后，凯尔特人居住在莱茵河、塞纳河 (the Seine River)、卢瓦尔河 (the Loire River) 流域和多瑙河上游，语言属于印欧语系的凯尔特语族。有学者说："凯尔特人是捷克史前时期定居的最早一批人种。"

公元 1000 年前后，捷克王国称雄中欧。捷克王国存在了大约 725 年。在这 7 个多世纪中，捷克王国的发展时起时伏，几番成为中欧的强国，又多次陷入内乱和外族干预之中，最后以失去独立而告终。捷克王国第一次在中欧称强是在 10 世纪。捷克王国的缔造者是普什米塞 (Premysl) 家族的瓦茨拉夫 (Vaclav，921—929 年在位)，他建立了捷克历史上的第一个王朝——普什米塞王朝 (Premysl Dynasty)。到了 13 纪，由于经济发展与国际环境两方面的原因，捷克王国再一次成为中欧大国并且又持续了 200 多年。普什米塞二世 (Premysl Otakar Ⅱ，1253—1278 年在位) 当政时，捷克王国又成为中欧地区强大的国家。需要指出的是，历史上的捷克在斯拉夫民族中文化发展得较早，与中欧各族联系也比较密切。为了融入中世纪的欧洲，捷克王国选择了接近德意志文化，在 13—14 世纪时期还成为神圣罗马帝国中的重要一员。1348 年，捷克出现了中欧第一所高等学府——理查大学，捷克文成为被广泛使用的书面文字，捷克语成了国语。另外，捷克与周边其他国家的文化接触更加频繁，许多国家派留学生到捷克学习，所有这些无疑都大大地促进了捷克的文化发展。

15 世纪欧洲文艺复兴开启，在宗教改革浪潮中，捷克经历了近 15 年的胡斯战争 (the Hussite Wars)，曾为民族独立长期抗争。对捷克影响和威胁最大的是神圣罗马帝国，捷克反抗德意志人的干涉、侵略和压

① 孔寒冰. 东欧史. 上海：上海人民出版社，2010：40.

迫是从14世纪捷克王国后期开始的。捷克人的反抗集中反映在胡斯战争中。扬·胡斯（Jan Hus，1372—1415）是捷克著名的宗教改革家和爱国者。胡斯1394年在布拉格大学毕业之后留校讲授哲学，1402年在布拉格担任教区长并在伯利恒教堂（the Bethlehem Chapel）当宣教主，1409年担任布拉格大学校长。胡斯具有强烈的爱国情结和宗教改革主张。胡斯之死在整个捷克引起了轰动，人们把这看成对整个捷克民族的挑战。捷克人在反对德意志人控制的教会旗帜下聚集起来，爆发了声势浩大的农民反封建起义，史称“胡斯战争”。从1419年7月到1434年3月，胡斯战争持续了近15年。

1918年，在美国支持下，马萨里克创立了捷克斯洛伐克共和国。虽然都受奥匈帝国统治并且在战争期间都与奥匈军队一起同协约国作战，但是，捷克人和斯洛伐克人对东西方大国的态度并不相同。认为奥匈帝国会取胜的人支持政府，而反对奥匈帝国统治的人有的站在俄国一边，有的又投靠英法美等国。捷克和斯洛伐克的独立和统一就是在这样的背景下，由一些亲英美的政治家领导实现的，其中最重要的人物就是马萨里克。1916年2月，马萨里克同米兰·斯特凡尼克（Milan Stefånik，1880—1919）、爱德华·贝内（Edvard Bene，1884—1948）等在巴黎建立了境外抵抗运动的最高领导机构——“捷克斯洛伐克民族委员会”。马萨里克于1918年4月底到了美国并一直逗留到战争结束。战后之初，1918年11月14日，马萨里克当选为捷克斯洛伐克总统，以后又分别于1920年、1927年和1934年连任三届。贝奈斯任外交部长，1935年后出任总统。

在3个世纪之后，捷克和斯洛伐克这两个民族不仅重新获得独立，而且首次建立起统一的国家。从捷克斯洛伐克共和国的建立过程看，捷克和斯洛伐克两个民族的命运都不同程度地掌握在西方大国（如德国、奥匈帝国、法国、英国和美国等）手中，这些大国之间关系的演变往往决定着捷克斯洛伐克的政治发展。比起波兰，捷克斯洛伐克在独立建国过程中受俄国的影响较小。另外，捷克和斯洛伐克两个民族虽然走到了一起，但外界的影响因素不可低估，它们之间的矛盾与冲突虽然不像南斯拉夫那样多，但也并没有认同到谁也离不开谁的程度，这也为后来的分离埋下了伏笔。

综上所述，与其他中东欧国家相比，捷克斯洛伐克的国情表现出相当明显的三大特点：一是现代化、工业化生产力要比其他东欧国家更为发达，二是与欧美国家的历史传统有着更为紧密的血脉联系，三是民主传统也更为接近一些西方国家。在这种国情背景下推行苏联模式，其产生的矛盾也就尤为突出。

（2）捷克社会矛盾的升级。

捷克发展道路与强制推行苏联模式之间的矛盾，早在 1953 年 6 月 1 日的“比尔森事件”中就暴露无遗。

1953 年 3 月 14 日，捷克斯洛伐克共产党主席、共和国总统哥特瓦尔德参加完斯大林葬礼后在莫斯科去世，其职位由萨波托斯基接任，捷共中央第一书记是安托宁 · 诺沃提尼（Antonin Novotny，1904—1975），威廉 · 西罗基（Viliam Siroky，1902—1971）任政府总理。这样的人事安排和党政分权是同苏联的情况一致的。在亲苏、仿苏方面，诺沃提尼、萨波托斯基等比起哥特瓦尔德有过之而无不及。他们上台后，非但不纠正前任的错误，反而在强化苏联模式方面层层加码，继续大搞个人崇拜，继续制造冤假错案。与此同时，捷克斯洛伐克的经济继续畸形发展，人民的生活水平更是难以得到改善和提高。1953 年 6 月 1 日，捷西部的比尔森（Plzén）爆发了工人的示威游行。当时，捷政府正在进行货币改革，50 旧克朗兑换 1 新克朗。由于缺乏相应的补偿措施，社会各阶层利益受到了比较大的伤害，普遍不满。著名的斯柯达汽车厂的 4 500 名工人冲出工厂大门，走上街头，来到市政厅广场。开始时，他们高唱国歌，高呼“自由欧洲万岁”“我们期待一个新政府，我们要求自由选举”等口号。后来，他们冲进市政厅，把斯大林、马林科夫、哥特瓦尔德、萨波托斯基的画像，苏联的国旗和文件一起扔到广场，接着放火焚烧。示威者试图冲击市政厅和监狱，但未能如愿，被民兵和警察驱散了，大约 3 000 人被捕。事后，捷共中央讨论通过《关于 1956 年 6 月 1 日比尔森事件的决议》。

由于强制推行的苏联模式与捷克和斯洛伐克的特殊国情矛盾特别深刻，因而一再引发了经济社会发展中的尖锐矛盾，时而表现为经济社会危机。

1962 年，捷共十二大中止了第一次经济改革，整个国民经济的管理重新回到了老路上，其主要标志是：在管理上，重新实行集中化，把改革时期划小了的工业部和企业重新合并成大的专业部和大的企业，并把下放给企业的权力，如一定的投资权收回。在计划指标上，重新把总产值和劳动生产率规定为中心指标。结果，捷在 1962 年至 1963 年很快又出现了类似经济危机的局面，经济的年增长率下降到解放后的最低点：生产性国民收入从 1961 年的 7%下降到 1962 年的 1%，1963 年下降到−2%；工业生产净产值从 1961 年的 10%下降到 1962 年的 6%，1963 年下降到−3%；工业生产总产值从 1961 年的 9%下降到 1962 年的 6%，1963 年下降到−1%；农业生产总产值从 1961 年的 0 下降到 1962 年的−7.5%；建筑业生产总产值从 1961 年的 7%下降到 1962 年的 0.5%，1963 年下降到−9%；1963 年，整个国民经济总产值的增长率只有 0.54%，几乎等于 0。工业未完成计划，农业发展水平大大低于战前，外贸出现了庞大的赤字，工人工资下降，人民普遍不满，工厂出现了骚动。

战后几十年间，东欧多数国家仅限于单纯经济改革，经济改革受阻往往半途而废，偃旗息鼓，以待来日。唯独 1968 年这次捷克斯洛伐克的“布拉格之春”，在经济改革受阻的情况下，他们要求追根溯源到政治体制、国家制度，呼吁进行更深层次的政治改革、国家制度变革。

1966 年 5 月 31 日至 6 月 4 日，捷共召开十三大。诺沃提尼的政策引起了广大人民和党的许多基层干部的不满，参加大会的多数代表，尤其是来自基层的代表要求奥塔·希克发言，陈述对经济改革的意见，诺沃提尼竭力阻止。直到最后一天，希克才在大会上发了言，对诺沃提尼阻止改革的政策提出了尖锐的批评。他的发言赢得了代表们长达 10 多分钟的热烈掌声，形成了对诺沃提尼的政治示威。但诺沃提尼和参加会议的勃列日涅夫冷冰冰地坐在主席台上，结果下面掌声雷动，上面鸦雀无声。以诺沃提尼为首的中央领导对改革要求的压制政策，使第二次改革方案虽然进行了试点，并在 1967 年 1 月 1 日正式宣布实施，但步履维艰，进展甚微。

经济改革所遇到的重重政治阻力，使不少人认识到，如果旧的政治领导和政治体制不变，只进行经济改革，“新的经济制度注定要失败”。于是，争取改革的斗争的主要方向从经济转向了政治，向旧的政治领导和政治体制发起了攻击。具有政治敏锐性的知识界、理论界首先发出了要求政治改革的呼声。报刊上出现了要求取消书报检查制度、指责政府工作中错误的文章。1966 年，捷科学院 28 名经济学家、社会学家、统计学家、历史学家共同发表了一份综合性的研究报告——《在十字路口的文明》，批评捷“政治和经济领导不理解现代技术发展的意义，要把国家拉回到粗放式工业化的斯大林方法中去”。

（二）奥塔·希克和杜布切克

捷克斯洛伐克改革，从马克思主义史的角度来看，有两位思想家的理论特别值得注意：一是奥塔·希克的经济理论，前期作用突出；二是杜布切克的激进改革纲领，在改革后期更加重要。

奥塔·希克是著名的经济学家和政治活动家，捷 20 世纪 60 年代改革的主要理论设计师。他于 1919 年 9 月 1 日出生，在第二次世界大战中被德国法西斯关进奥地利的毛特豪森集中营。在长达 5 年的集中营生活中，他一面坚持地下活动，参加秘密工会；一面从事理论研究。

第二次世界大战结束后，希克获释回到自己的祖国，在高等政治学院和社会科学院任教授，继续从事理论研究。在第一次经济改革时期，他作为经济学家的代表被吸收进 1956 年的改革委员会中，1958 年被选为捷共中央候补委员，1962 年被选为正式委员。他在 20 世纪 50 年代就认为，要对苏联模式影响下的政治经济体制进行全面改革。1961 年，他被任命为捷科学院经济研究所所长，写了一系列文章，揭露旧体制。1963 年又成立了全国经济改革委员会。这个改革委员会与前一个改革委员会不同，它的权力比较大，直接受党中央领导，同中央各部平行。它不仅吸收了主张改革的经济学家，还吸收了基层干部参加，由对改革有系统设想的经济学家希克负责。改革委员会经过一段时间的调查和研究，提出了改革方案，主要内容是：用方向性的计划代替指令性的计划，扩大企业在生产和投资方面的决定权；逐步向市场机制过渡；企业收入，包括职工的收入必须同市场上实现的经济成果联系起来；利改税，企业利润总额中用于投资的比例由国家统一规定，但在比例限度内如何具体使用则由企业自己掌握。这次改革同第一次改革的方案不同，除了在经济改革方面较为全面和彻底外，更为重要的是提出了一些政治改革的建议。它主张改变过去单纯从政治可靠性的角度选拔干部的做法，在调整企业领导时，应当考虑到其必须具备一定的专业知识；它还提出了企业由工人自治的思想；规定在扩大企业领导权力的同时，相应的扩大工会的权力。这个改革方案经过反复讨论和修改，除有关政治改革的建议外，其他基本上为捷共主席团所采纳，经中央全会通过，被提交给国民会议，并于 1964 年 1 月以《关于国民经济计划管理新体制的原则草案》为题公布。

1964 年 10 月，全国经济改革委员会提出了改革建议，经捷共中央讨论后，成为党的改革文件，即《关于完善国民经济计划管理新体制的原则草案》。该草案试图在不触动计划经济体制的前提下，扩大企业生产经营的自主权，更多地利用市场机制。1964 年 1 月，它经国民议会讨论后向全国公布，可是，这个草案推行起来却困难重重……

亚历山大·杜布切克（Alexander Dubcek，1921—1992）于 1921 年 11 月 27 日出生在斯洛伐克小镇乌赫罗维克。他的父亲是美国“伊利诺伊社会主义党”的创始人之一，是一个从社会党转变而来的老共产党员。在杜布切克出生前不久，他的父母从美国回到斯洛伐克。1925 年，全家移居俄国。在青年时期，杜布切克当了一名制模工学徒，接受了共产主义思想的教育。第二次世界大战前不久，杜布切克一家又回到了斯洛伐克。1939 年，他加入共产党。1955—1958 年，他到莫斯科党校学习，以优秀成绩毕业。回到布拉迪斯拉发后，他任区党委第一书记，当选为布拉迪斯拉发和布拉格两个中央委员会的委员，开始在政治舞台上崭露头角。1960 年，他当选为捷克斯洛伐克党中央委员会的书记，1962 年当选为主席团成员。从 1963 年到 1968 年 1 月，他一直是斯洛伐克党的第一书记。他是个朴实清白的人，同诺沃提尼的家长作风不同，是一个新型的共产党领导人。杜布切克给公众的印象是轻松随和。他坚决反对诺沃提尼的民族政策。同时，他也赞成政治经济改革，反对文化专制政策。作为中央委员会内各派妥协的结果，他被推上了捷共最高领导岗位。

杜布切克是“布拉格之春”的主要领导者。杜布切克当选捷共中央第一书记仅 4 个星期，就来到莫斯科，拜会了苏共总书记勃列日涅夫和苏联最高苏维埃主席波德戈尔内。捷苏双方发表的公报说：这次会谈是热烈和诚挚友好的，对于所涉及的问题取得了完全一致的意见。这至少表明，诺沃提尼的卸任和杜布切克的继任当时得到了苏联的认可。

（三）1968 年“布拉格之春”改革运动

随着改革的兴起，杜布切克提出了全面系统的改革理论与改革纲领，这使得 1968 年“布拉格之春”改革运动远远超出了本国的前两次改革。这次改革运动不仅要求经济体制上的彻底改革，而且是一场政治体制上的大刀阔斧的改革，涉及党内关系、党政关系、政企关系、企业内部关系、文化和外交等社会生活各个方面，是一次综合性的、全方位的改革。在所涉及的各个方面，它至少从理论上达到了以往其他国家历次社会主义改革所未达到的最深刻的程度。

（1）杜布切克的激进改革纲领。

1968 年捷共中央指导“布拉格之春”的理论集中体现在 4 月通过的《捷克斯洛伐克共产党行动纲领》（简称《行动纲领》）中。《行动纲领》简要回顾了从 20 世纪初起捷人民的民族解放运动和社会主义运动的历史与成就，分析、批判了 1968 年 1 月以前的政治经济体制。主要有以下七个方面的重要内容：

第一，改革党的领导体制，实现党内生活民主化。捷共新领导认为，捷原有体制的根本弊端，是在党的地位和作用问题上歪曲了马克思列宁主义，把一个自觉自愿地忠诚为工人阶级和全体人民服务的政治组织变成凌驾于社会之上、对人民实行统治的特殊集团。《行动纲领》指出：“过去常常把党的领导作用理解为把权力垄断性地集中到党的机关手中。它符合了党是无产阶级专政工具这种错误论断。这一有害概念削弱了国家、经济和社会组织的主动性和责任心，损害了党的威信，使它无法履行自己最本质的职能。”①

捷共的领导作用是毋庸置疑的，但必须对党的领导体制做两项重大改革：1）党的领导实现的方式是改革。党领导作用不能理解为某种先验地、一劳永逸地确定了的东西，不能靠统治和强迫命令来领导，“共产党依靠的是人民的自愿支持；它不是靠统治社会来实现自己的领导作用，而是靠最忠诚地服务于社会的自由、进步的社会主义发展而赢得它。党的威信不是逼出来的，而必须靠自己的行动不断来赢得。它的路线不能靠命令来贯彻。”2）党不能垄断一切社会权力，“党的目标不是当社会的‘总管家’，用一己的指令捆住社会组织手脚，对生活的每一步都加以限制”。“今后再也不允许用党的机构代替国家机构、经济领导机构和社会组织。”

① 捷克斯洛伐克共产党行动纲领（1968 年 4 月 5 日通过）//捷克斯洛伐克关于政治与经济体制的重要文献选编．北京：中国社会科学院苏联东欧研究所，1986：193.

第二，改革政治体制，反对国家权力垄断化和集中化，倡导政治协商原则，实行政治生活民主化。实现政治体制多元化，首先要反对国家权力垄断化和集中化。捷共中央认为，“政治制度的基本结构必须为反对回到主观主义和滥用权力提供可靠保证”。但是，“直到今天在我们整个政治制度中仍保存着集中主义的命令式的决策和管理的有害特征”，这是须坚决加以清除的。《行动纲领》明确指出：“一个政党或政党联盟，不能垄断社会主义国家政权，人民的所有政治组织必须直接参加其事。捷共将通过一切手段来发展这种形式的政治生活，它将保证工人和所有劳动人民在我国政治决策中能够直接表达他们的意见和意愿。”

为了实现国家政治生活的民主化，捷共中央主张对政治体制做下述根本性变革：首先，要建立符合捷政治生活变化的民主选举制。“需要通过选举法准确和明确地规定选举准备工作、候选人的提名和选举方式的民主原则。”其次，要真正确立国民议会的最高国家权力机关和唯一的立法机关的地位，“国民议会要真正审批法律和决定重大的政治问题，而不仅是通过提交的议案”。

第三，改革国家体制，建立联邦制，使捷克人和斯洛伐克人处于平等地位。在诺沃提尼当政时期，捷克和斯洛伐克地区长期以来同布拉格中央存在着矛盾和斗争，斯洛伐克人要求建立捷克社会主义共和国和斯洛伐克社会主义共和国平等联合的联盟。

第四，确保公民的权利和自由。捷认为：一是社会主义社会应实现马克思、恩格斯在《共产党宣言》中提出的原则，即“每个人的自由发展是一切人的自由发展的条件”，而不是相反，尤其是在社会主义社会现阶段，这样做不仅极为必要，而且也完全可能。过去的体制正是因为把马克思、恩格斯提出的这一重要原则弄颠倒了，所以不仅妨碍了发展，也阻挠了整个社会的发展。二是社会主义为人民提供的权利和自由应当比资本主义更多，而不是更少，捷资产阶级共和国时期公民的权利和自由固然大多是形式上的，但社会主义社会应当赋予它们实际内容，而不是否定它们。三是任何权利和自由都是有限度的，但是，这种限度不能随意解释、随意确定，只能根据宪法和法律以不违背公民义务和社会纪律为限度。从以上三个基本理论观点出发，捷共提出要充分保障宪法规定的各项公民权利和自由，使人民能够运用这些权利与自由监督党和政府，参与管理国家。

第五，改革经济体制，使之充满活力。捷共认为，捷实行苏联模式后，之所以经济发展较西方缓慢，是排斥市场作用，排斥商品、货币关系，单纯依靠指令性计划和行政手段管理经济，造成经济比例失调和效率低的结果。国民经济的各种内在联系和客观比例，数量多、变化快，而且是掩盖在各种自相矛盾的表面现象之下，作为一种自发力量在起作用。无论计划机关多么庞大、计算设备多么先进，都不可能完全认识和掌握他们。同时，企业为完成计划指标而生产，不受市场的检验，则必然缺乏合理经营、通盘核算的内在动力，而计划指标本身就经常同全面的、长远的经济效果发生矛盾，改革经济管理体制主要要解决市场与计划、企业和国家的关系，改革的重点要放在企业上。同前两次经济改革相比，“布拉格之春”的经济改革方案和实践增添了一些新鲜内容，首先是要求进一步扩大企业的权限，保证企业作为相对独立的商品生产者的地位。

第六，改革科学、教育和文化政策，实现文化的人道主义使命。在科学政策方面，捷共认为，“社会主义同科学共存亡”，社会主义的诞生、生存和胜利是靠工人运动和科学的结合。社会主义社会必须保证科学的自由和不断向前发展，使科学研究成为永不满足于现有认识的新的解决办法、新的思想的倡导者。要做到这一点，就需要废除使科学屈从于外部干涉和指令的政策，保证科学具有独特的自治地位。科学讨论、科学著作和杂志等不能接受任何检查。

第七，执行独立的对外政策。捷共新领导批评捷过去的“外交政策没有利用一切可能性积极开展活动，对一系列重大国际问题没有主动表明我们的立场”。《行动纲领》宣布：“捷共中央、国民议会、政府和有关部门要迅速克服这些缺点，要多方面关注，使我国外交政策充分反映出社会主义捷克斯洛伐克的民族利益和国际主义利益。”捷共新领导虽然反复重申“同苏联和其他社会主义国家的联盟和合作”是捷克斯洛伐克外交政策的基本方针，但他们强调相互的关系要“在互相尊重和国际主义团结的基础上进一步得到加强”。对于发达资本主义国家，捷共也采取了较为独立的姿态，开始积极发展同西方的友好关系和经济文化、科学和技术方面的合作。

1968 年 8 月，他们在为捷共十四大准备的报告提纲中，对他们所主张的社会主义的新的捷克斯洛伐克模式做了这样的解释：“民主的社会主义”“社会和民族问题上公正的社会主义”“具有充满活力的经济体制的社会主义”“拥有现代化文明基础的社会主义”“具有发达文化的社会主义”，而共产党则是建设这一模式的领导者。为此，首先必须实现党自身的改革与复兴。

（2）“布拉格之春”的四个阶段。

具体分析起来，1968 年前后捷克斯洛伐克的改革经历了四个不同阶段。

第一阶段：1967 年至 1968 年初为“布拉格之春”的酝酿准备阶段，也是改革发动阶段。捷共中央 1967 年十月、十二月，1968 年一月的三次全会，最终以改革力量获胜，拉开了捷克斯洛伐克人民盼望已久的政治经济全面改革的序幕，奠定了“布拉格之春”改革运动的政治基础。1968 年 1 月 3 日至 5 日，捷共中央委员会经过前后两个多月的斗争，终于做出了两项重大决定：把捷共中央第一书记和共和国总统两项职务分开，诺沃提尼辞去第一书记职务，保留总统职务，选举杜布切克为捷共中央第一书记；向全党传达 1967 年十月、十二月，1968 年一月三次会议讨论的内容，并根据这三次全会的精神拟定捷共《行动纲领》，指导党的领导体制和国家政治经济体制的改革方向。如果说 1967 年捷共中央十月全会是“布拉格之春”的发端，那么 1968 年捷共中央一月全会的闭幕则结束了第一阶段，即酝酿和兴起阶段，运动向前发展了，进入了高潮。不仅讨论和制订了改革纲领，而且建立了改革运动的全国领导核心，使改革理论获得党内外的普遍认可。

第二阶段：1968 年春天，捷克斯洛伐克改革进入人民群众广泛发动的高潮阶段。改革运动一开始就遇到了以诺沃提尼为首的守旧势力的抵制。诺沃提尼在 1968 年二三月间，频繁地以总统身份接见干部、访问工厂，并不断发表公开讲话，向改革运动发动反击。他指示保安部门的负责人马缪拉准备逮捕改革的主要领导人，还企图利用军队中与他的儿子有密切交往的谢伊纳少将和国防部第一副部长杨科上将合谋发动军事政变，但因得不到各军区的支持未遂。1968 年 2 月下旬，谢伊纳突然叛逃美国，杨科自杀，激起了党内外群众新的愤怒浪潮，迫使诺沃提尼于 3 月 21 日辞去总统职务。接着，党政领导层中的其他一些守旧人员也纷纷辞职，主张改革者在中央领导机构中占了优势。原来思想上受到压抑的知识分子空前活跃起来，成为改革运动最积极和激进的部分；

原来对政治冷漠的工人农民也积极提出改革建议，参加改革，成为支持改革运动的主要力量；成千上万的青年纷纷要求加入共产党，站到改革的第一线上；还有许多人自发捐献首饰珠宝，充实政府财力，支持改革。

第三阶段：1968 年，捷克斯洛伐克改革走向深化阶段。从 5 月起，改革运动向纵深发展，改革纲领开始付诸实践、制度化和法律化。6 月 24 日至 27 日，捷国民议会通过了一系列法律，肯定了《行动纲领》的一些主要原则。正如当时布拉格的气温一样，改革运动势头与日俱增，国内各种势力都非常活跃。一批知名人士在《文学报》上签名发表由作家卢·瓦丘利克执笔的《致工人、农民、职员、科学家、艺术家和所有人两千字》的声明，表示支持捷共中央的《行动纲领》，这是当时轰动一时的重要文件。而到 8 月苏军进入前，把改革方案付诸实施的工作还在紧锣密鼓地进行，改革纲领的首批原则法律化了。

第四阶段：1968 年 8 月 20 日后，苏联出动 20 万大军，镇压“布拉格之春”，捷克人民坚韧抵抗，且战且退，最终通过所谓“正常化”使这次改革浪潮彻底平息。

（四）苏联出兵捷克，“布拉格之春”凋落

苏联勃列日涅夫领导集团对捷克斯洛伐克的强制干预经历了一个发展过程，大体上也可以分为四个阶段。

第一阶段是从 1967 年 12 月到 1968 年 3 月，这是苏联领导人对捷改革由观察、试探到内部指责干预的阶段。在 1967 年捷共中央十二月全会召开前，苏联领导人得知诺沃提尼遇到了麻烦，勃列日涅夫便匆匆来访，由于种种原因勃列日涅夫做出了不干预的许诺，而这种许诺不是真诚的，实际上苏联领导人想进一步观察事态的发展。

第二阶段是从 1968 年 4 月到 5 月，苏联领导人对“布拉格之春”由内部指责干预到公开攻击，施加压力。1968 年 4 月，捷共中央全会正式通过了《行动纲领》，改革进入高潮。苏联领导人对捷采取了公开干涉的态度。4 月 12 日，苏联《真理报》在报道捷共中央全会的情况时宣称：在一系列的发展中可以看出，反社会主义分子以“民主化”和“自由化”的口号为掩护，正在竭尽全力地削弱共产党的领导作用和攻击党组织。苏联对捷共“右派的过火行为”和共产主义事业将遭到危害

表示了担忧。4 月 21 日，苏联《真理报》宣称，捷共中央四月全会出现了“非马克思主义和非社会主义观点的影响”。4 月 23 日，苏军一位领导人还宣称，不排除动用苏军“保卫”捷社会主义的可能性。

第三阶段是从 1968 年 6 月到 7 月，苏捷两国国家领导人再次谈判。双方唇枪舌剑，当面争论，相持不下。

第四阶段是从 1968 年 8 月 20 日到 10 月 16 日，苏联终于露出了霸权主义的真实面目，悍然出兵，劫持绑架捷领导人，迫使他们签订了“城下之盟”。

1968 年 8 月 20 日晚，捷共中央主席团正在开会，讨论原计划在 9 月 9 日召开捷共十四大的具体事项。将近午夜时，总理切尔尼克接到已被苏军绑架的国防部长楚尔打来的电话，向他报告苏军已经进来了。杜布切克气愤地说：“我以共产党员的名誉起誓，做梦也没料到有胆敢对我们采取这么卑鄙手段的家伙。”到 21 日拂晓以前，苏军已经控制了布拉格。捷主要党政领导人杜布切克、斯姆尔科夫斯基、切尔尼克和克里格尔等先后被苏军扣押，带往莫斯科。

由于捷人民的抵制，苏联在捷共中央和政府领导人中制造分裂欲成立所谓“工农革命政府”与苏军合作的计划破产了。8 月 23—26 日，苏只好邀请捷总统斯沃博达率领代表团赴苏谈判。在斯沃博达的坚持下，苏联被迫把原拟交付“革命法庭”审判的杜布切克、斯姆尔科夫斯基、切尔尼克和克里格尔于 8 月 24 凌晨释放，并允许他们参加谈判。

在苏联的进一步施压下，1969 年 4 月 1 日，捷共中央主席团举行会议，讨论内务部和国防部对所谓“骚乱事件”的报告，批评了党报《红色权利报》，命令党刊《政治》停刊，指责斯姆尔科夫斯基发表了不符合中央十一月全会精神的讲话。4 月 17 日，捷共召开中央全会，讨论政治形势、组织和干部问题，并选出由 11 人组成的捷共中央主席团，解除了杜布切克第一书记的职务，其他改革领导人也落选了，胡萨克当选为捷共中央第一书记。胡萨克当政和杜布切克被解职，标志着捷进入了一个新的历史阶段。“布拉格之春”最终凋落了。胡萨克掌权后，在外交上称苏联出兵是对捷的“国际主义援助”。

胡萨克否定了“布拉格之春”的一些重要的政治改革，重新实行集中化。联邦议会主席团于 1969 年 8 月 22 日通过了政府在 1969 年 12 月

31 日以前的过渡时期提出的反对反社会主义分子的活动及其煽动者和支持者活动的法案。在政治体制上，重新实行党政合一、大权集中在少数人手中的体制。1971 年 1 月 27 日，胡萨克继任捷共中央第一书记（1971 年改为总书记）后，同时兼任民族阵线中央委员会主席，1974 年 5 月 29 日又担任捷共和国总统。

捷共消除了“布拉格之春”的改革成果，重新回到僵化模式上来，这也为后来的危机与剧变埋下了历史伏笔。

六、20 世纪 70—80 年代东欧各国改革余波与体制性危机

20 世纪 70 年代，僵化的苏联模式与东欧各国发展生产力、改善人民生活的矛盾日益加剧。然而，不触动经济制度的小修小补收效甚微。1968 年，“布拉格之春”的历史教训如同一把利剑，高悬在东欧各国人民头上，使 20 世纪 70—80 年代东欧各国只有改革余波，如强弩之末。一系列体制性危机相继出现，东欧各国的社会主义国家政权与国家体制受到严重威胁。

（一）1968 年苏联出兵捷克带来的严重后遗症

苏联针对捷克斯洛伐克草草结束的“布拉格之春”，动摇了捷克斯洛伐克与东欧国家许多人对共产党和社会主义的信念，也给这个国家带来了严重的后遗症，为 20 年后捷克斯洛伐克的强烈震荡和急剧变化埋下了伏笔。

“布拉格之春”后，捷克斯洛伐克开始了“正常化”进程，经济、政治、社会生活的各个方面都重返苏联模式，在此后的 10 年中，尽管国内经济发展长期停滞，但捷共心有余悸，不敢再言改革，捷克斯洛伐克在各方面至少后退了 10 年。直到 20 世纪 80 年代初期，捷克斯洛伐克在匈牙利、波兰和南斯拉夫等国社会主义改革浪潮的冲击下，才开始进行一些局部调整①。

---

① 曹宏. 严寒扼杀“布拉格之春”：苏联出兵捷克斯洛伐克始末. 北京：世界知识出版社，1997：225-226.

第一，在政治上，改革派被亲苏的温和派代替。1969 年 4 月，胡萨克在苏联的支持下取代杜布切克，出任捷共中央第一书记，1971 年兼任民族阵线中央委员会主席，1975 年任共和国总统兼武装部队总司令，掌握了捷克斯洛伐克的党政军大权。同时，捷共开始党内“清洗”，包括杜布切克等领导人在内的约占党员人数 1/3 的 50 万捷共党员遭到“清洗”，约占全国人口 1/7 的 200 余万人受到不同程度的迫害和歧视，约 20 万人被迫逃亡西方。在这次浩劫中，凡拥护改革、反对苏军入侵者均被撤职，并开除党籍。

第二，在经济上，胡萨克强调计划经济体制，加强中央集权。比如，扩大中央规定的指令性指标，逐步将部门的决定权、投资权重新集中在中央，改变销售制和税收制[①]。这种过分集中的经济体制严重阻碍了国内社会生产力的发展。1976—1980 年第六个五年计划的主要指标均未完成；1981—1985 年第七个五年计划，平均年增长率仅为 2%，而早在第二次世界大战以前，捷克斯洛伐克就已进入世界工业强国之列，排名为各工业国第 10 位，但 20 世纪 70 年代后期，工业实力竟已降至第 40 位，从而引起了国内人民的强烈不满[②]。

第三，在思想上，采取高压统治。胡萨克全面否定“布拉格之春”，认为“布拉格之春”是反社会主义的，苏联出兵捷克斯洛伐克是“国际主义援助”，并非对捷克斯洛伐克的改革进行暴力镇压。这一时期，人们讲话必须称颂苏联的“国际主义援助”，著书必须谴责 1968 年的“反革命事件”，教授看大门、博士扫大街一度成为这个文明国家的“特色”。

第四，复杂国际关系下的解体隐患。1968 年的“布拉格之春”还对东欧乃至国际关系产生了重大影响。一方面，东欧各国共产党在国内的名誉和威信发生了动摇，各国独立自主探索社会主义的道路受到了阻碍。另一方面，国际共产主义运动遭到了严重破坏，导致在后来 20 年的时间里发展受挫。在捷克斯洛伐克国内，由于政府与反对派之间的矛盾激化，不断地出现示威游行。东欧国家相继支持捷克斯洛伐克反对派行动，其中，波兰与匈牙利一些政客不但参加布拉格的抗议活动，还发

---

① 孔寒冰. 东欧史. 上海：上海人民出版社，2010：390.

② 曹宏. 严寒扼杀“布拉格之春”：苏联出兵捷克斯洛伐克始末. 北京：世界知识出版社，1997：226.

表声明谴责苏联当年入侵捷克斯洛伐克的行为，国内外形势使捷共领导处于被动尴尬的局面，对捷共分裂的结局产生直接影响。

总之，“布拉格之春”被镇压之后，“捷克斯洛伐克后退了不只十年，实行了中东欧最保守的一种政体。更为遗憾的是，国家失去了最优秀的知识分子，在苏联入侵后，数万人逃到了西方，数十万人被从党内和原来的工作岗位上肃清下来。在胡萨克‘正常化’的时代，大学教授、记者、编辑、律师、艺术家被迫从事蓝领工人的工作，随后的 20 年时间的口号是没有宽容、没有平反。国家变得像完全密封一样孤立”①。

（二）南斯拉夫的潜在危机与自治社会主义的历史局限

南斯拉夫自治社会主义的实践使南斯拉夫用了 30 年的时间就变成了一个中等发达的工业化国家，南斯拉夫也一度成为欧洲乃至世界上经济发展速度最快的国家之一。然而，由于南共对马克思主义和自治理论的教条式理解，1975 年以后，南斯拉夫潜在的社会危机日益显现，经济状况不断恶化，民族矛盾日趋尖锐，社会愈加动荡不安。

1. 南斯拉夫的潜在危机

（1）经济状况不断恶化。

苏南冲突后，铁托的外交政策使南斯拉夫摆脱了苏联霸权体系的钳制，并得到了西方财团的支持。南斯拉夫经历了一个经济快速增长期，但随着国内、国际形势的变化，其经济状况也不断恶化。

第一，生产停滞，经济增速缓慢。南斯拉夫自实行自治社会主义以来，经济发展速度一直比较快，特别是 1953—1956 年，社会总产值年均增长 8.1%，工业增长高达 12.1%，经济增长尤为迅速；1965—1979 年，社会总产值年均增长 6%，但是 1981—1985 年，发展速度急剧下降，1986 年后，在 0～1%之间徘徊；从 1980 年起，农业连年歉收，每年下降 0.6%～0.8%；加工工业生产能力的利用率只有 60%②。到 1989 年，在欧洲 25 个国家中，低于南斯拉夫水平的只有波兰、土耳其和阿尔巴尼亚等国。

第二，债务负担沉重，外汇储备枯竭。1970 年，南斯拉夫的外债

① 孔寒冰. 东欧史. 上海：上海人民出版社，2010：390.

② 邱志华. 对南斯拉夫全面危机的原因分析. 今日苏联东欧，1988（6）.

仅有 23 亿美元，1979 年猛增到 140 亿，9 年间增长了 5 倍多，进入 80 年代后，这些债务陆续到了还款期，而 1979—1984 年美国等西方发达国家实行的高利率政策又加重了南斯拉夫的债务负担[①]。1986 年，南斯拉夫欠外债共突破 200 亿美元。在还债的高峰期，南斯拉夫每年须还本付息 50 亿～60 亿美元，约占外汇收入的 40%～45%、社会总产值的 8%左右。南斯拉夫不得不靠借新还旧的办法偿还债务，1981—1986 年，南斯拉夫偿还外债本息 235.5 亿美元，使用新贷款 143.9 亿美元。沉重的债务负担大大超出了南斯拉夫的承受力。由于外债负担沉重，外汇储备枯竭，南斯拉夫只能减少进口，但由于南斯拉夫主要靠进口原材料维持生产，减少进口又迫使全国一半多的企业在不同程度上停工待料，导致生产的停滞和下降，出口创汇难以增加。

第三，通货膨胀严重，货币贬值。南斯拉夫的通货膨胀率在 20 世纪 50 年代不到 3%，60 年代为 11%，70 年代为 19%，而从 80 年代起增长迅猛：1980 年达到 30.4%，1985 年上升到 75.4%[②]，1988 年已高达 199%。与此同时，国内货币第纳尔急剧贬值。兑换 1 美元：1976 年只需 18.31 第纳尔；1983—1987 年，第纳尔不断贬值，分别为 126∶1、212∶1、313∶1、450∶1、615∶1；1988 年则高达 1 470 第纳尔。

第四，劳动生产率下降，失业人数增加。在发达国家，失业人数增加往往是劳动生产率提高的结果，而南斯拉夫却相反，1980—1985 年，劳动生产率每年下滑 1%，而失业人数在 1985 年则达到 104 万，失业率为 16%。其中，一半以上的失业者都是青年人和有高级技术职称的专业人才，失业结构令人担忧。

第五，人民生活水平下降，社会动荡不安。生产发展停滞不前，通货膨胀的恶性发展以及失业问题长期得不到解决，南斯拉夫人民生活水平连年下降，人民的不满情绪日益加深，社会更加动荡不安。据统计，1980—1984 年，南斯拉夫的实际人均收入下降了 31.7%，到 1988 年，人民生活水平已下降到 60 年代中期的水平。人们的工资收入远远低于生活费用支出，靠正常的工资难以维持生计，必须动用储蓄或找别的门路。由此引发的工人罢工活动日益频繁，1986 年全国发生罢工事件 831

① 文兵．南斯拉夫的政治和经济危机浅析．国外社会科学，1988（7）．

② 邱志华．对南斯拉夫全面危机的原因分析．今日苏联东欧，1988（6）．

起，参加者达 8.6 万，1987 年全国发生罢工事件 1 700 起[1]。

（2）民族矛盾日趋尖锐。

一个民族的团结稳定往往要经历长期的历史沉淀才能得以实现。南斯拉夫建国不到百年，又是一个多民族国家，狭隘的民族主义始终存在，统一观念相对薄弱。1971 年，克罗地亚事件爆发，铁托认为这是阶级斗争在民族问题上的反映，是“阶级敌人有组织的反革命活动，目的是破坏社会主义自治和搞垮民族平等的和不结盟的南斯拉夫社会主义联邦共和国”[2]。因此，除了对克罗地亚民族进行“清洗”，还对塞尔维亚、马其顿、斯洛文尼亚进行了不同程度的“清洗”，这对于稳定政治和发展经济确实起到了一定的成效，但是事实证明，南斯拉夫在民族问题上的政策失误，为国家瓦解留下了隐患。

第一，联邦放权加剧了民族冲突与矛盾。南共为了解决民族平等问题，通过实行联邦权力下放来确保每个民族都得到平等的权力。20 世纪 70 年代，联邦权力已经弱化，与此相应，各共和国、自治省的权力不断提升，“而属于中央的权力，如金融制度、货币发行、外汇制度、外贸和同外国的贷款关系、关税保护、价格监督、对不发达地区的援助和联邦财政等，在没有得到所有共和国和自治省同意的情况下，联邦不能做出决定”[3]。1974 年新《宪法》规定：“在议会中坚持民主协商原则，在讨论涉及各共和国自治省利益的重大问题时，既不是某个共和国自治省说了算，也不采用少数服从多数的表决办法，而是采用协商的办法和使用否决权的原则。”[4] 由此可见，新《宪法》的规定进一步助长了各共和国、自治省的权力，各地方民族意识加强，进而要求中央赋予更多的权力。这种现状导致中央权力日渐弱化，并使民族间的冲突与矛盾进一步恶化。

第二，民族矛盾公开化。南斯拉夫各地区经济发展水平不均衡，南北贫富差距明显。以科索沃和斯洛文尼亚为例，科索沃的人均社会总产值逐年下降，失业率逐年增加，与其形成鲜明对比的是斯洛文尼亚，社

---

① 邱志华. 对南斯拉夫全面危机的原因分析. 今日苏联东欧，1988 (6).

② 比兰契奇. 南斯拉夫社会发展的思想和事件（1945—1979）. 北京：商务印书馆，1986：307.

③ 比兰契奇. 南斯拉夫社会主义联邦共和国史纲. 天津：天津人民出版社，1985：618.

④ 冯绍君，詹真荣. 论南共联盟在处理民族问题上的教训. 当代世界社会主义问题，1992 (2).

会总产值不但逐年提高，就业率亦高居不下。可见，南北贫富差距不可避免地引起了各民族之间的利益之争以及各民族之间的矛盾。南共政府为了缓解这些问题，于1963年实行发达地区资助贫困地区政策，然而这一政策并没有取得实质性作用。相反，各地区先后出现不满情绪：发达地区认为，对贫困地区的投资是一种对自身的剥削行为，甚至提出了"我们不再受剥削了"的口号；而贫困地区认为发达地区的富有是建立在剥削他们的基础之上的，各地区矛盾进一步公开化。

第三，塞尔维亚民族与南共产生新的民族问题。在第一次世界大战和第二次世界大战中，塞尔维亚民族为了国家解放做出了巨大贡献，可以说，塞尔维亚民族在众多民族之中具有特殊的地位。此外，塞尔维亚民族人口规模庞大、土地面积广阔，由于曾经盛行大塞尔维亚沙文主义，这些因素使得南共政府对塞尔维亚民族产生担心，所以南共政府采取了许多措施遏制塞尔维亚共和国和塞尔维亚民族的发展，从而引发了新的民族问题。从20世纪60年代末开始，南斯拉夫各共和国以"轮流坐庄"的形式管理国家，采取各共和国无论大小一律平等的原则，这对塞尔维亚民族来说是一种削弱，引发了该民族的强烈不满。南共政府还在塞尔维亚内建立了两个自治省，意图将塞尔维亚分成三个独立体，进一步激化了塞尔维亚民族的不满情绪。

2. 南斯拉夫自治社会主义的历史局限与历史命运

在自治社会主义理论的指导下，南斯拉夫社会主义联邦共和国走过了40多年的历程。这一大胆的、独特的自治社会主义模式的实践不仅使南斯拉夫这个二战前欧洲最落后的国家在20世纪80年代跻身世界中等发达国家行列，而且为社会主义实践提供了丰富新鲜的经验。然而，20世纪90年代，南斯拉夫自治社会主义制度却随着南斯拉夫的解体而告终。一个曾经迅猛发展的国家，在短时间内迅速消失，它的经验教训给后人以深刻的启迪。因此，在自治社会主义道路暂告终结的今天，对它的局限性进行审视，总结其终结的历史教训，对推动世界社会主义运动的发展具有重要的理论价值和现实意义。

（1）自治社会主义理论急于求成，违背了生产关系一定要适应生产力发展的客观规律。

南斯拉夫的自治社会主义理论高喊"向共产主义社会迈进"的口号，对实现人类解放这一目标操之过急。南共领导人不顾南斯拉夫经济文化相对落后的实际情况，简单教条地把共产主义社会的一些基本原则当作现实社会的发展目标，脱离了南斯拉夫的国情和实际，超越了其历史发展阶段。二战前，南斯拉夫是欧洲最落后的国家，农业经济和自然经济在社会经济中占很大比重，各民族历史上长期分隔自治，受到不同宗主国的统治，经济文化发展很不平衡。建国后，南共领导人对经济文化相对落后的国家建设社会主义的长期性和艰巨性缺乏足够的认识，对社会主义自身发展阶段的认识也存在一定的片面性，没有认识到南斯拉夫现实社会同马克思所设想的建立在高度发达生产力基础上的社会主义社会之间的巨大差距。苏南决裂后，他们片面强调克服苏联体制的一切弊端，试图以另一种所谓先进的生产关系和上层建筑，即各种自治关系和形式去促进生产力的发展。这种忽略生产力的决定性因素、片面强调生产关系和上层建筑变革的做法，违背了生产关系一定要适应生产力发展的客观规律，在实践中必然造成极为消极的后果。

（2）南共联盟的“联邦化”趋向，削弱了党的领导。

苏南冲突后，为了避免走所谓“斯大林主义”的老路，南共极力批判党对国家和社会的垄断特权，在党的执政活动中过分地引入“超越阶段”的“自治”“集体原则”理念，只注重发挥党的思想引导作用，而不注重发挥党的政治领导与核心作用。在这一点上，南共认为弱化党的领导作用是同国家经济职能的消亡和工人自治、社会自治的发展同步进行的。因此，从 1952 年 11 月六大把党的名称变更为“南斯拉夫共产主义者联盟”，即“南共联盟”开始，党的领导力量就随着联邦政府权力的下放一再被削弱，党的领导方式也由原来的政治领导转变为思想引导。

需要指出的是，在社会主义自治制度建立前期，铁托对党和军队的改革还是持慎重态度的。1963 年，当工人自治向社会自治扩展的时候，党和军队是被排除在外的。直到 1970 年后，南斯拉夫才开始在国家机构中实行集体领导体制、轮换制、共和国和自治省权力均等原则，“集体工作，集体负责”也成为其工作的基本方针，南共联盟联邦化，成为 8 个民族共产党的联合体。1980 年 5 月，铁托逝世，总统职能终止，联邦主席团由各共和国和自治省各派一名代表组成，履行国家集体元首的职能。1981 年以后，南斯拉夫党政最高领导职务由共和国和自治省代表轮流担任，一年一轮换，党的领导人“轮流坐庄”，无法形成一个强有力的领导核心。到 20 世纪 80 年代末，联邦变得松散，并在东欧剧变的冲击下，最终走向了解体。

（3）过早提出国家消亡，导致无政府主义和极端民主化现象的出现。

无论是南斯拉夫社会主义理论家还是领导人，都缺乏对南斯拉夫社会发展阶段的客观考察和科学研究，他们在批判苏联国家集权主义的基础上，过早地提出了国家消亡的理论。但在社会生产力还远未达到马克思、恩格斯所说的共产主义社会第一阶段水平的南斯拉夫，国家立刻消亡的条件和社会基础都不具备，国家还需要在相当长的一个历史时期发挥重要历史作用。在这样的社会条件下，过分地强调劳动者和企业自治，大力削弱国家的权威和作用，只能使国家丧失凝聚力和向心力，为日后的分裂埋下隐患。

需要指出的是，南共认为社会主义自治民主的实现过程就是国家逐渐走向消亡的过程。症结在于他们把民主和国家割裂开来，在处理民主与国家的关系问题上犯了一个致命的错误。简单地把自治理解为工人阶级和劳动者直接管理生产和社会，即实现劳动者与生产资料的直接结合，并把国家和国家干部阶层视为民主发展的障碍。卡德尔曾提出："官僚不能成为社会的霸主，正如官僚化的国家或官僚化的党不能成为社会的霸主一样，任何国家机器都不能够建成社会主义。"这种把官僚和国家混为一谈，完全否认国家、政府、管理系统的作用，用自治削弱国家、取代国家，否认间接民主和政府管理作用的做法，看不到现实社会历史条件下工人自治本身的局限性，造成了极端民主和无政府主义现象的出现，给南斯拉夫的经济社会发展带来了巨大的混乱。

（4）过度的分权，使得地方主义和民族分裂主义有机可乘。

南斯拉夫的国家结构是联邦制，铁托执政时，南斯拉夫根据多民族的特点，实行民族平等政策，这对于减缓民族矛盾、加强政治稳定起到积极的推动作用。但随着南共对苏联模式的批判以及自治社会主义制度的推行，南斯拉夫政治制度开始走向非集中化，决策向民主和协商化方向发展。可以说，整个自治制度建立的过程，就是国家不断向企业、地方、共和国和自治省放权的过程。结果，联邦政府在下放权力的过程中，同时也削弱了联邦政府对经济的宏观调控能力和对政治的强有力的领导和控制，滋生了地方主义和民族分裂主义的错误倾向。下放的权力大多被共和国和自治省截留，出现了“国家主义多元化”“一个国家主义被八个国家主义所取代”的现象。这样，六个共和国和两个自治省的权力急剧膨胀，它们把局部利益凌驾于全国利益之上，各自为政，并逐渐成为发展水平、经济结构、经济利益和政策主张各不相同的“民族经济”[①]，各共和国争贷款、争投资，彼此之间的协作日益减少，摩擦日益增大，政治离心作用日渐明显。统一的南斯拉夫市场也被分割成了八个相互封闭的市场，共和国之间的商品劳务流通（只占全国总量的20%～30%）日趋下降，共和国之间的共同投资项目（只占全国总投资的0.8%）极少，就连全国统一的铁路、电力等大经济体系也被分割，这使得联邦整体经济效益下降，与北部邻国意大利和奥地利发展水平的差异一度缩小又重新拉大。南斯拉夫与意大利、奥地利人均社会产值比，1975 年分别为 100∶180 和 100∶160，1985 年分别扩大到 100∶225 和 100∶223[②]。

此外，根据《宪法》规定，南斯拉夫政体贯彻自治、分权和制衡原则，各共和国和自治省享有充分的自主权，联邦机关与共和国及自治省的机关之间不是上下级从属关系，前者不能对后者发号施令，国家和社会的任何重大问题都必须在各共和国和自治省“协商一致”的基础上才能做出决策。在具体操作中，这就导致了各共和国和自治省代表或因意见分歧难以及时做出有效决策，或者决而不行，各行其是。因此，自治社会主义制度在具体实践中运转不灵，收效甚微。

（5）部分基本理论与苏联模式异曲同工，并没有从根本上真正突破苏联模式的束缚。

首先，南斯拉夫在经济制度上的改革被认为最重要的是所有制的变更。但社会所有制无论从理论还是从实践意义上讲，实质上仍雷同于苏联的国家所有制。卡德尔曾提出：“任何人对这些生产资料都不能拥有任何私有权。从这种意义上来说，社会所有制既是所有人的，又不是任何人的。”这里指的拥有和支配生产资料的“社会”，仍然是代表整个社会利益的“国家”，也就是说，生产资料在名义上是社会所有制，但实

① 陈新明. 南斯拉夫自治社会主义的失败：关于集权与分权关系的思考. 当代世界与社会主义（双月刊），2008（6）.

② 刘悌和. 东欧市场经济走向. 北京：时事出版社，1993：243.

质上就是无人所有制。因此，南斯拉夫社会所有制的最大缺陷就是产权不明晰，任何劳动组织、劳动集体及社会共同体都不掌握对生产资料和社会劳动资料的所有权，社会所有制企业不能成为真正的自负盈亏、自主经营的法人。这种极不明晰的所有制形式难以确认商品交换关系，严重地扭曲了经济活动，导致既无计划也无市场的失控局面。

其次，虽然南斯拉夫将自治原则贯穿到社会生活的各个方面，明确规定党的思想引导作用和协商一致原则，但在 1974 年的《宪法》和党章中却明文规定了铁托的"终身总统"和"终身主席"地位，这突出了铁托个人的地位与作用，却从根本上削弱了党的领导与建设。因此，自治社会主义理论和实践之间存在着巨大的脱节与矛盾，没能从根本上突破苏联模式的束缚。

总之，自治社会主义模式，从理论上讲，它要求克服苏联模式弊端、建成人道社会主义的目标是符合科学社会主义原则的。但在具体实践上，它脱离了国情和时代，机械教条地把马克思对未来社会的设想当作现实社会发展目标，这使得其理论充满了空想成分和乌托邦色彩。在东欧剧变的冲击下，自治社会主义模式随着南斯拉夫的解体而终结。

综上所述，南斯拉夫自治社会主义模式虽然最终失败了，但在自治社会主义理论和实践上的探索为社会主义建设留下了一份宝贵的历史财富，对东欧其他国家推进社会主义建设提供了一定的历史经验和理论启示，值得我们深入探索和研究。

（三）波兰团结工会造成的政治危机

1980 年 7 月 1 日，波兰政府在不可抗拒的经济压力下，将肉类和肉制品价格提高了 40％～60％，从而触发了战后波兰规模最大、持续最久、后果最为严重的罢工浪潮。在罢工浪潮中，波兰以"团结工会"的名义形成了公开的政治反对派，它的一系列活动，不仅直接导致了波兰 20 世纪 80 年代经济政治危机的不断加剧、社会长期的动荡不安，还深刻地影响了波兰的历史进程，使波兰成为东欧剧变中第一块倒下的"多米诺骨牌"。

（1）团结工会的成立及蜕变。

1980 年的罢工浪潮首先从米耶莱茨、华沙郊区、卢布林等地的工厂开始，接着蔓延到格但斯克列宁造船厂、格丁尼亚和什切青等地，并迅速扩大到全国各大工业城市。在这一过程中，格但斯克列宁造船厂最先成立了以瓦文萨为主席的罢工委员会，接着在此基础上成立了格但斯克-格丁尼亚-索波特“三联城”21 个大型企业厂际联合罢工委员会，并推选瓦文萨为主席。联合罢工委员会成立不久后，便向政府提出成立独立自治团结工会的要求，其他各地的新工会也相继出现。在这样的前提下，当局允许成立新的工会。“根据政府委员会同罢工委员会签署的议定书，新工会在承认波兰统一工人党对国家所起的领导作用和遵守《波兰人民共和国宪法》所确定的各项原则的前提下被允许建立。新工会的全名是波兰独立自治团结工会，简称团结工会。”① 9 月初，各地工人相继复工，罢工告一段落。11 月 10 日，波兰最高法院批准团结工会注册登记，全波统一的团结工会正式成立，成为合法的工人组织，瓦文萨当选主席。

团结工会成立初期，以“改善工人生活待遇和社会地位，争取民主自由权力”为目标，很快获得了社会各阶层的同情和支持。在 1 300 万波兰工人中，宣布退出原来的中央工会、加入团结工会的达 1 000 万，其中有 100 万是波兰统一工人党党员，占党员总数的 1/3，群众基础十分深厚。但受保卫工人委员会和独立波兰联合会的挑唆，团结工会的一些领导向政府提出了更多更高的要求，动辄用“发动全国总罢工”向政府施加压力。1981 年 9 月至 10 月，团结工会召开第一次全国代表大会，大会通过了《工会活动纲领决议》，公开宣称波兰政府已“无法获得社会的信任”，团结工会是“波兰正在进行革命的主要力量”，团结工会的任务就是“抗议现行执政制度”②，表示要把波兰建成“自治共和国”，并提出了一系列排除波党领导、与当局政策法令针锋相对的要求③。这意味着团结工会开始与波兰统一工人党和波兰政府公开对抗，变为“反对社会主义的反对派政党”。苏联塔斯社谴责其为“反社会主义和反苏的闹剧”。

（2）团结工会蜕变引发的危机。

团结工会蜕变引发的危机主要体现在以下三个方面：

一是罢工浪潮再次高涨，社会更加动荡不安。团结工会成立后，不

① 刘祖熙，刘邦义．波兰战后的三次危机．北京：世界知识出版社，1992：162.

② 拜南．波兰团结工会的兴衰．瞭望，1983（2）.

③ 陈学燕．波兰团结工会的兴衰．国际政治研究，1997（3）.

惜破坏和政府已达成的协议，就5天工作周、成立团结农会、释放持不同政见者等问题与政府展开了激烈的较量，致使罢工、绝食、游行示威等抗议行动此起彼伏。在团结工会第一次代表大会之后，各种形式的罢工、集会等抗议活动再次高涨，在其影响下，大学生罢课、团结农会抗交捐税等现象屡见不鲜。与此同时，团结工会公开拒绝参加雅鲁泽尔斯基一再倡议的民族协商阵线，并于1981年12月3日在华沙以南100公里处的拉多姆召开秘密会议，决定通过总罢工和建立工人卫队夺取全国政权[①]。波兰局势更加动荡不安。

二是国民经济迅速恶化，波兰经济接近崩溃的边缘。长期的社会动乱，使波兰经济秩序遭到严重破坏，劳动纪律松弛，停工停产，本已困难重重的国民经济迅速恶化，接近崩溃的边缘。1981年，国民收入比1980年又下降了13%，工业总产值也下降了19%。外贸进出口额也大幅下降，欠西方外债达255亿美元[②]。甚至有人指出，波兰当时经济恶化程度是150年所没有过的。人民怨声载道，渴望安定。

三是波兰统一工人党的执政地位受到威胁，并最终失去政权。需要指出的是，面对团结工会咄咄逼人的态势，波兰当局于1981年12月13日凌晨宣布全国进入战时状态，实行军管。时任波兰统一工人党中央第一书记的雅鲁泽尔斯基发表电视讲话指出："我们的祖国已处于深渊的边缘……在冒险分子把祖国推向兄弟残杀的深渊之际，必须捆住他们的手脚。"[③] 在战时状态期间，波兰当局逮捕了大约5 000人，其中包括团结工会主席瓦文萨，反对派组织的领导人、对国家危机负有责任的前党中央第一书记盖莱尔和前部长会议主席雅罗谢维奇。团结工会遭到暂时取缔。但它并没有停止对抗活动，而是将活动转入地下。部分未被拘捕的领导人通过国外报刊、秘密集会、秘密电台、地下刊物等多种渠道，多次组织工人示威和罢工。这些不得人心的做法越来越遭到群众的抵制，许多成员纷纷退出。但随着国内局势的好转、战时状态的结束以及波兰当局实行的大赦，团结工会又趁机发起反攻，并在西方国家的支持下，为恢复合法地位、重建组织积极活动。

---

① 刘邦义. 波兰政局的剧变与团结工会. 世界历史，1995 (5).

② 拜南. 波兰团结工会的兴衰. 瞭望，1983 (2).

③ 雅鲁泽尔斯基. 雅鲁泽尔斯基选集（1981—1987). 北京：人民出版社，1988：55-57.

军管之后，波兰局势虽然得到缓解，但国内形势依然严峻，党组织涣散，社会生产力水平不高，通货膨胀率激增，外债在1988年高达395亿美元，农业产量连续下滑，人民生活困难，群众不满情绪高涨。在这种情况下，团结工会领导人瓦文萨为了恢复自己的合法地位，在西方的支持下，于1988年发动了大规模的八月罢工浪潮。面对一再扩大的罢工浪潮，波兰当局同意通过谈判的方式解决波兰面临的问题。第一书记雅鲁泽尔斯基指出："我们的问题既不能通过罢工的武器，也不能通过高压的手段去解决。"① 在波兰统一工人党第十届七中全会上做报告时，雅鲁泽尔斯基提出了建立"最广泛的联合阵线"、举行"圆桌会议"的主张。

1988年9月3日，7年来最严重的罢工在会谈后以和平的方式宣告结束。1988年12月波兰统一工人党中央十届十中全会通过了《关于政治多元化和工会多元化的立场的决议》，为瓦文萨参加"圆桌会议"扫清了道路。1989年2月6日，"圆桌会议"在波兰部长会议大厦召开，会议持续了两个月，通过了实行经济市场化、政治多元化和工会多元化，修改宪法，设两院，实行三权分立等主张，团结工会的合法地位得到承认。然而，"圆桌会议"后的大选，"反对派不仅获得了自由竞选161席中的160席，而且囊括了参议院100席位中的99席。波兰统一工人党全部落选……雅鲁泽尔斯基总统两次所提总理候选人均未通过，最终无奈同意马佐维耶茨基组建政府"②。9月7日，在马佐维耶茨基正式提出的新政府成员名单中，团结工会有12人，波兰统一工人党和统一农民党各有4人，民主党有3人。这是东欧社会主义国家中产生的第一个由非共产党人领导、共产党人占少数的政府。1989年12月29日，波兰议会通过宪法修正案，取消了关于波兰统一工人党在国家中起领导作用的条款，将国名改为波兰共和国③。波兰统一工人党失掉了政权，波兰成为东欧剧变中第一块倒下的"多米诺骨牌"。

（四）东欧各国的体制性危机与思想多元化

20世纪70年代，东欧各国的改革已经到了必须突破苏联模式的地

---

① 刘祖熙，刘邦义．波兰战后的三次危机．北京：世界知识出版社，1992：179.

② 裴远颖．关于波兰剧变的回忆．南风窗，2005（13）.

③ 孔寒冰．东欧史．上海：上海人民出版社，2010：455.

步，但在教条主义的束缚下，各国推行的改革还局限在固守计划经济体制僵化模式的范围内，未能触碰到问题的实质，经济政治等体制性危机日益严峻。戈尔巴乔夫上台执政后，思想多元化问题不断涌现，更进一步为东欧剧变埋下了隐患。

（1）经济危机。

东欧各国早期实行的计划经济，在短时间内曾取得了积极的效果，但从长远来看，计划经济的弊端日益暴露，经济增长停滞、生产资料匮乏、外贸条件恶化、债务危机沉重等问题不断出现。这也是为什么东欧大多数国家在 20 世纪 70 年代经济短暂复苏后逐渐走下坡路的原因。

第一，经济增长停滞，甚至出现了负增长。在计划经济模式下，企业领导者只关心按计划完成当年的任务，而不考虑经济效益，企业的生产积极性得不到有效的发挥，即便有能力超额完成计划，企业领导也不愿意做。因为下一年的计划要按照上一年的任务来制定，长此以往，企业计划出现偏差，整个社会的经济发展受到影响。与此同时，公有制经济实际上是一种官僚所有制经济，当权者享有分配资源的权力，而普通劳动者享受不到应得的利益，从而逐渐失去了对工作的热情。在这种情况下，东欧各国的经济增长在 20 世纪 70 年代中期达到极限后，开始大幅下滑，1973—1987 年的经济增长率从 3.9%下滑到了 1.9%，到 1988 年几乎停滞不前甚至负增长。以 1988 年官方公布的 GDP 增长率为例，波兰是 4.1%，匈牙利是－0.1%，捷克斯洛伐克是 2.2%，保加利亚是 2.6%，罗马尼亚是－0.5%①。

第二，生产资料匮乏，“短缺经济”特征明显。伴随着经济增长的停滞，东欧各国人民群众的福利待遇遭到重创，生产资料也出现了匮乏的现象。由此各国政府开始进行改革，然而片面的改革并没有解决经济危机，反而加剧了通货膨胀，而通货膨胀又使得人民生活水平下降，进一步导致了人民对体制的怀疑，至此形成了恶性循环。

第三，外贸条件恶化。受全球石油危机影响，1973 年后，苏联提高出口的能源、原材料等商品的价格，这对经济状况不断恶化但又严重依赖苏联进口的东欧国家来说，无疑是雪上加霜。东欧国家要求加强相

① 科尔奈. 社会主义体制：共产主义政治经济学. 北京：中央编译出版社，2007：184-185.

互之间的横向联合，加强与西方国家经济合作的呼声越来越强烈①。但由于经互会相对封闭，东欧各国的产品质量和工艺同国际先进水平的差距很大，缺乏市场竞争力。东欧国家想要通过加强与西方国家贸易往来、摆脱苏联控制的目标没有实现。

第四，债务危机沉重。东欧各国政府为了缓解日益严重的经济困难，开始向西方国家举借外债。到了 20 世纪 80 年代中期，东欧各主要国家背负的债务都在 100 亿～300 亿美元之间，超出国际公认的警戒线，形成了债务危机②，负债远远大于其偿还能力，又形成了严重的债务危机，不得不靠借新债偿还旧债。例如，“匈牙利在 1988 年大概有 200 亿美元的贷款，其中 3/4 用于偿还旧的债务，只有 1/4 用于投资”③。

(2) 政治危机。

政治危机主要表现在三个方面。第一，共产党内部出现严重分歧。面对日益严峻的经济危机，东欧各国共产党内部在改革方法、改革方式以及目标上产生了严重分歧，埋下了分裂的隐患④。例如，匈牙利社会主义工人党内部出现了渐进改革派和激进改革派，前者主张扩大社会主义民主，建立以社会主义工人党为主、多党联合执政的政治体制；后者主张进行彻底的政治体制改革，建立新型的民主社会主义体制。值得一提的是，苏共中央政治局总书记卡达尔正是因为两党派之争才卸任总书记一职，取而代之的是改革派成员格罗斯・卡罗伊。而匈牙利和南斯拉夫的剧变也是由于党内改革派的作用影响了社会主义制度的运行。久而久之，党内矛盾危害了党内的团结与政治稳定，东欧各国共产党群众基础不断遭到削弱。

第二，民族危机日渐严重。在保加利亚和罗马尼亚，由于民族同化政策的推行，主体民族和少数民族之间的矛盾日渐加剧；在南斯拉夫，各民族间在是否允许各共和国独立、给予各共和国及自治省多大范围的自治权力方面争吵不休⑤。其中，最为典型的是科索沃问题，阿尔巴尼

---

①② 孔寒冰. 东欧史. 上海：上海人民出版社，2010：437.

③ BEREND I. Central and Eastern Europe：1944－1993，London：Cambridge University Press，1995：177.

④ 同③444.

⑤ 同③445.

亚民族想要建立自己的共和国，拥有独立的主权，但是遭到南共政府的镇压，结果虽然以南斯拉夫政府的胜利而告终，但是却激化了民族之间的矛盾。直到20世纪80年代，两大民族的矛盾和冲突从未停止过，民族危机日渐严重。

第三，国内反对派势力严重威胁着政权的稳定。在东欧各国中，影响最大的当属波兰团结工会。团结工会的出现，对社会主义阵营的冲击是非常严重的，它的活动直接引发了波兰国家体制的彻底更替；1977年在捷克斯洛伐克出现的"七七宪章"，本是"被剥夺权利的知识分子和被清洗的捷克斯洛伐克共产党员进行协商的产物"。它没有构建领导组织和管理体系，其内容本身也不涵盖政治规定。但从1987年开始，"七七宪章"运动逐渐成为反对捷克斯洛伐克当局的力量。此外，匈牙利也出现了不同的反对派组织，有的党派还具有政治性质，其中当属匈牙利民主论坛影响力比较大，它的成员大多是社会地位比较高的群体，如文学家和经济学家等。这些反对派虽然遭到各国共产党的抵制，但仍然不断集结成势，加速了剧变的发生。波兰、民主德国、捷克斯洛伐克、保加利亚、阿尔巴尼亚，这些国家的剧变均受反对派势力的影响。

（3）东欧各国改革过程中的思想多元化。

1985年，戈尔巴乔夫上台后，尤其是1987年改旗易帜实行的"民主化""公开化""多元化"的改革"新思维"，不仅给苏联而且给整个东欧都带来了严重的思想混乱。自由主义、历史虚无主义、民主社会主义等各种反苏、反共、反马克思主义的思潮在东欧各国不断登场。比如，在匈牙利，党报和理论刊物出现了大量反映不同思想观点的文章。有人认为，"匈现在进行的社会和经济改革就是要彻底打破苏联的斯大林模式，与过去一切错误的做法决裂。还有主张要由'法治国家'取代'党治国家'，要建立多党政治、三权分立的社会民主制度，或者建立以匈社工党为主体的、多党联合执政的'社会主义多元化的社会模式'"①。

需要指出的是，这一时期，以美国为首的西方国家利用各种手段向东欧国家传播资本主义的意识形态和价值观念，为东欧各国的思想多元化倾向推波助澜。他们不仅利用各种报刊、《美国之音》、自由欧洲电

---

① 阚思静. 卡达尔与匈牙利. 北京：世界知识出版社，1983：253-254.

台、英国广播公司等媒体向苏东国家宣传反对派的主张，而且利用东欧国家的民族、宗教矛盾大做文章，以期激化社会矛盾，加速东欧“和平演变”的历史进程。

20 世纪 80 年代末，东欧各国危机不断，最终走向执政党垮台与制度崩溃，东欧剧变是国际共产主义运动史上的重大挫折。然而，这不意味着国际共产主义运动的终结，也不意味着社会主义命运的结束。因此，我们要认真地总结东欧各国的改革经验，深刻地吸取其失败的历史教训，从而为世界社会主义国家建设以及社会主义思想发展提供有益的借鉴。

第十章　南斯拉夫实践派与匈牙利布达佩斯学派

在 20 世纪下半期的东欧各国，在马克思主义哲学、政治经济学、科学社会主义学术研究中，曾先后涌现出一些具有不同风格的学术流派。其中有两个学派特点特别鲜明，并且产生了跨越国界的世界性影响，在马克思主义史上特别值得一提，这就是南斯拉夫实践派和以卢卡奇为代表的匈牙利布达佩斯学派。在战后苏东马克思主义史中，南斯拉夫实践派成一家之言，占有一席之地，并在国内外产生了广泛而深远的影响，值得给予特殊关注。20 世纪 60 年代，在卢卡奇影响下，匈牙利布达佩斯学派开始形成。该学派在哲学、社会学、伦理学、美学等诸多学术领域，都做出了重要的理论贡献。

在这里，我们简要评析两者的理论贡献与历史局限。

一、南斯拉夫实践派的形成过程与理论观点

就传统来讲，南斯拉夫在欧洲哲学的历史发展当中，几乎一直没有占据重要的地位。但是，在第二次世界大战之后，特别是在 20 世纪 50 年代至 80 年代，在对马克思主义哲学的阐释和理解方面，南斯拉夫实践派思想的形成和发展独树一帜，在相当程度上改变了这一历史。以马尔科维奇、彼得洛维奇、弗兰尼茨基、埃格尔加等为代表的实践派思想

家，结合东欧的社会主义实践理论和问题，对苏联正统哲学体系进行了大胆的挑战，从而形成了社会主义实践阵营内部的批判和反思学派，或称南斯拉夫实践派。

（一）南斯拉夫实践派的形成发展过程

在由马尔科维奇和彼得洛维奇共同主编的《实践：南斯拉夫哲学和社会科学方法论文集》一书中，特别是在该部著作的导论中，两人共同回顾了南斯拉夫实践派的兴起、发展和衰落过程，对该学派的产生背景、发展过程和理论关注进行了探讨。具体来讲，南斯拉夫实践派的发展历程主要表现为以下三个阶段：

第一阶段，20 世纪 50 年代，南斯拉夫实践派初步形成。

1948 年苏南冲突的发生，作为一个重要的历史转折，为南斯拉夫走出苏联哲学体系的桎梏、自由和创造性地开展哲学讨论提供了新的社会环境。人们可以在更为宽松的条件下研究马克思主义哲学，阐释马克思主义哲学的基本概念，研究它的理论实质，从而重新构造和整合这一哲学体系。

此外，南斯拉夫实践派生成的另一重要前提条件，是它的学术环境和历史条件。1953 年，由弗兰尼茨基编译的《马克思恩格斯早期著作》获得出版，其中包括了马克思著名的《1844 年经济学哲学手稿》。这批著作的出版，极大地激发了南斯拉夫青年研究者的学术热情。在短短的几年时间里，人们对马克思早期著作的研究，以及对卢卡奇、布洛赫等人著作的翻译和出版，就取得了非常丰硕的成果。对马克思《1844 年经济学哲学手稿》的研究，使人们在原有的辩证唯物主义和历史唯物主义体系之外，看到了另外一个马克思，从而导致了一种深刻的人本主义哲学的重新发现。自此，马克思在其早期著作中所探讨的一些问题，如人的存在、人的本质、人的需要、人的异化以及生产、劳动、实践等等一系列问题，开始成为马克思主义哲学的研究对象，马克思思想的人本主义方面开始成为人们关注的重心。1950 年，南斯拉夫的青年一代建立了第一个哲学学术团体——塞尔维亚哲学学会。此后，其他共和国也相继成立了类似的学术团体。1958 年以后，还成立了南斯拉夫哲学联合会。在这些学术团体所召开的学术会议上，大家就哲学的性质、科学与哲学的关系、意识形态、人的存在与异化、马克思主义与人道主义、青年马克思与老年马克思的关系等不同问题展开深入的讨论。在讨论的过程中，马尔科维奇指出逐渐形成了两个派别：

其一，是具有维护苏联正统倾向的辩证唯物主义派，或称唯物辩证法学派。这一派主要重视研究的是自然科学当中的哲学，强调运用这一领域的最新研究成果证明恩格斯《自然辩证法》当中的思想观点。按照他们的观点，哲学的基本问题仍然是物质和意识的关系问题，哲学研究的目的就在于证实自然、社会和人类思维的一般规律，揭示世界的物质统一性问题。因此，在这一派的哲学视野当中，并不包含对马克思早期手稿问题的探讨。

其二，是具有反苏联正统倾向的人道主义派。这一派主要强调基于自身的政治立场对马克思早期著作文献进行挖掘研究，注重实践的力量，强调哲学应当将自身的功能与对社会的变革、实现人的自由解放结合起来，反对在现有基础上对哲学进行一般的知识化和系统化，反对将马克思主义意识形态化为束缚人的思想教条。

涅迭尔·科维奇、安德列耶·斯托伊利维奇、米洛耶·彼得洛维奇等主张唯物辩证法学派的学者，也贡献了较多有价值的学术成果，但僵化体制与观念束缚了他们。

第二阶段，20 世纪 60 年代，是南斯拉夫实践派得到快速发展的黄金时代。

维护苏联正统倾向与反苏联正统倾向的南斯拉夫实践派的真正较量，发生在 1960 年。这年的 11 月，南斯拉夫哲学联合会在贝尔格莱德召开讨论会，主题为“关于主体和客体、实践和反映论的问题”。

唯物辩证法学派试图拯救“反映论”这一由苏联马克思主义学者和保加利亚巴甫洛夫学派发展起来的辩证唯物主义认识论学说；而持人道主义观点的新马克思主义者则突出强调实践的基础地位，并取消了原有体系中物质概念的逻辑中心地位。这场辩论会的举行，当时以人道主义派的胜利而告终，唯物辩证法学派随之退出了各个学会和各种杂志，他们在后来的影响日益减弱和微不足道。1964 年，在弗兰尼茨基等人的努力下，《实践》杂志得以创刊并出版；1967 年，由南斯拉夫哲学联合会主办的《哲学》杂志成立新的编委会，杂志风格也随之发生改变。这一时期，发表在这两本杂志上的一些文章开始被译成各种文字，产生国际影响。

第三阶段，1968—1974 年，乃至以后几年时间，南斯拉夫实践派受到官方压制，活动空间显著减小，但仍在继续坚持。

在南斯拉夫实践派的发展过程中，一开始，它对苏联正统马克思主义哲学的抵制和批判，曾得到了官方的一度默许，究其主要原因，在于这一批判是与当时南斯拉夫国家的总政策相吻合的；同时，也因为苏联正统派的马克思主义在面对这场批判时表现得过于平庸，令官方无法抱有较大希望。但是，在南斯拉夫实践派的思想主张和官方的意识形态之间，也还存在相当的差距。一开始，这一学派的思想被视为一种具有较强“唯心主义”色彩的理论，被看作一种精英人道主义学说，或者一种完全独立自主的学说。

南斯拉夫实践派与官方的冲突在 1968 年集中爆发。当时参加游行示威的学生们占领了贝尔格莱德大学，萨格勒布和萨拉热窝也发生了同样的事件。这使南斯拉夫当局意识到，在特定的条件之下，即使是哲学的批判理论也完全有可能引发群众的实践运动，必须取缔这些哲学家的活动。由此，南斯拉夫实践派思想家们的活动受到了很大程度的影响。南斯拉夫实践派系 20 世纪东欧新马克思主义的一支重要流派和组成部分，并曾对东欧新马克思主义乃至世界哲学界产生深远的影响。可以说，这是一支在世界哲学史上特点十分鲜明的学术流派。他们主要分布在贝尔格莱德和萨格勒布两个中心。在贝尔格莱德，有马尔科维奇、斯托扬诺维奇、考拉奇等，而彼得洛维奇、弗兰尼茨基、埃格尔加等则来自萨格勒布，这一流派的主要代表人物就超过了 20 余位。

为什么称之为“南斯拉夫实践派”呢?

南斯拉夫实践派对于马克思主义哲学的重新诠释，与东欧国家的命运与文化特质紧密相关，即在人道主义的语境下将马克思主义理解为一种批判的社会理论。该流派的成员们尽管各自的理论不尽相同，甚至相异，但是，在对于马克思的实践概念的理解上，却惊人的一致，理论探讨的主题也多围绕实践、异化、辩证法等马克思主义哲学的核心概念展开。质言之，南斯拉夫实践派的成员们始终站在东欧国家历史形成的独特的人道主义立场上，阐发马克思主义哲学中最具人道主义意蕴的实践观等相关理论，并以此为基础来理解和诠释整个马克思主义哲学。

（二）实践观

南斯拉夫实践派试图通过马克思关于人的本质、异化、实践等哲学思想，“回到马克思”，从而恢复马克思主义哲学的人道主义特质，并最终实现其理论诉求，即探索符合南斯拉夫现实的社会主义道路，寻求更加人道的社会主义社会。南斯拉夫实践派成员众多，其成员的理论观点亦不尽相同，然而，正是对于实践概念的一致理解，将他们紧密地团结在一起，共同进行理论的探索，共同面对来自现实的挑战与压力。可以说，对于实践概念的理解是南斯拉夫实践派成员们的共识基础，亦是《实践》杂志得以问世的根本性因素。

1960 年 11 月 10—11 日，南斯拉夫哲学联合会在贝尔格莱德举办了题为“关于主体和客体、实践和反映论的问题”的学术讨论会。马尔科维奇第一个在会上做了报告《实践是认识论的基本范畴》，强调马克思主义认识论与非马克思主义认识论的根本区别在于实践，实践是马克思主义认识论的基本范畴；论述了实践、主体、客体、反映这四个范畴的关系。在他看来，实践作为人类自由创造活动的范畴，是马克思主义哲学的中心范畴，物质与精神、主体与客体这两个范畴可以从实践这一基本范畴中引申出来。对于我们来说，有某种意义的客体，不是与人的生活实践无关的客体本身，而是在实践中经人改造过的人的历史世界的客体，只有这样的客体才能成为认识的客体。列宁在谈到辩证逻辑时提到要把实践纳入完满的物质定义中去的见解是很深刻的，主体不是反映外部世界的抽象概念和逻辑范畴，而是活生生地从事创造历史改造世界的活动的实践的存在物——人本身。虽然马尔科维奇在这里尖锐批判和彻底否定了消极直观的反映论，但是他依然认为“反映”范畴在马克思主义认识论中还有其存在的价值，有其一定的意义和占有一定地位。后来，马尔科维奇反复从人本学的高度来阐释人道主义的实践观，突破了认识论的狭隘范畴。

1975 年，马尔科维奇在《南斯拉夫的马克思主义哲学——“实践派”》一文中对实践观做了进一步的解释。他的出发点是，人在本质上是实践的存在物，人能够从事改造世界、发挥人潜在的特殊才能并满足其他人的需要这类自由的创造性活动，人类的根本潜能就是实践。但在某种不利的历史条件下，人类潜能的发挥会受到阻碍。个人的实际存在和他的潜在本质之间的差距，即人的本质和他可能的存在之间的差距，是由异化造成的。建立在实践基础上的哲学的主要任务，就是对异化现象进行批判，指明人在实践中能够完善自己的实际步骤。马尔科维奇强调，必须把实践同关于实践的纯认识论范畴区别开来。实践的纯认识论范畴只是指主体变革客体的全部活动，这种活动是可能被异化的。实践作为规范概念，指的是人类特有的理想活动，这种理想活动的目的在其本身，它具有根本的价值，同时也是对其他一切活动形式进行评价的标准，不应该把实践同劳动和物质生产等同起来。只有当劳动可以让人自由选择并让每个人表现自己和完善自己时，它才成为实践。马尔科维奇的实践观是实践派具有代表性的观点。

彼得洛维奇在为《实践》杂志撰写发刊词《〈实践〉的宗旨何在?》时，强调革命实践在马克思主义哲学中的核心地位。他指出《实践》杂志的哲学应该是革命的思想，应该是对现存的一切的毫不留情的批判，应该是对真正的人的世界的人道主义展望，应该是鼓舞革命行动的力量。选择"实践"做这个杂志的名称，是因为马克思的核心概念"实践"，最充分地表达了马克思实践观的本来面目，同实用主义的实践观、庸俗马克思主义的实践观原则上划清了界限，并且同法兰克福学派的社会批判理论区别开来。

在马尔科维奇这里，实践不仅是认识论的中心范畴，而且是辩证人类学本体论范畴，甚至是最基本的范畴。

马尔科维奇指出，对人类存在的实际结构和潜在结构的分类，直接引出了对辩证人类学来讲最重要的范畴——实践概念。他强调作为人的一种活动，实践是一种能够为人创造最佳可能性的活动，因而这一活动具有理想化的性质，是一个规范性的概念，它就是目的本身，而不仅仅是一种达到某种其他目的的手段，它就是人类自我实现的过程，具有自足性。一方面，这一概念与作为否定性的异化劳动概念相对立，异化劳动在本性上贬低了人，它同实现人的潜能和满足人的基本需要的环节相脱离。另一方面，这一概念与劳动概念也不同，劳动作为一种描述性的、价值中立的概念，它所意指的是在一种有组织的、标准化的生产意义上的活动，是一切类型的社会之人生活和发展的必要条件。劳动强加给人的是一种高度的组织、纪律、秩序，狭窄的专业化和常规化。劳动按其本性而言不是目的本身，而是达到目的的一种手段。与人的活动的这前两种形态不同，实践作为人类自我实现的过程，是一种自由的普遍活动，这种活动就是目的本身而不是达到其他目的的手段。实践包括特殊的个体能力的客观性，它的本质之一就是自我确证。与此同时，实践也满足了其他人的真正需要。马尔科维奇强调，实践作为一种自足的活动，它在人类的历史上一直存在，大多数人的活动都具有实践的特性。人类个体实践活动的不断拓展，也就意味着人类自我实现进程的不断加快。可以看到，这里，马尔科维奇对实践概念内涵的积极界定，构成了自身的辩证人类学的根本理论支撑。

正是以人与人之间、人与自然之间辩证的实践关系、需要关系，以及人类不断动态成长的现实能力为基础，马尔科维奇建构了自身的辩证人类学。马尔科维奇强调，正是以实践、需要等为中介，辩证人类学才有可能将普遍与特殊、连续与间断、描述与价值结合起来，从而为人的存在和发展提供一种结构性的图景。

而相当多的实践派，后来却沿着真理方向多迈出了一步，走向了实践本体论，甚至是实践本体论哲学，这就完全走向了真理的反面。

（三）异化观

在南斯拉夫实践派看来，无论是马克思主义哲学人道主义核心的遮蔽，还是现代性所带来的种种问题，其根源均在于人的异化。马克思在《1844 年经济学哲学手稿》中，提出并系统地论述了关于异化劳动的思想，从而对黑格尔的异化概念进行了实践人道主义的改造。

因此，马克思的异化理论备受南斯拉夫实践派的推崇，并被置于马克思主义哲学的核心地位。同其他东欧新马克思主义的主要流派和学术团体的观点相一致，南斯拉夫实践派认为，异化理论并非是青年马克思不成熟的理论观点，相反，作为马克思思想发展历程中最核心的因素，异化理论始终贯穿于这一历程，甚至是《德意志意识形态》《资本论》等后期成熟著作的重要理论背景；如果我们仔细阅读马克思的成熟的著作，我们就会发现被否定的异化理论不仅含蓄地而且明白地、不仅其内容而且其语汇都出现在这些著作里。

与大多数东欧新马克思主义流派或哲学家的观点相一致，南斯拉夫实践派同样认为，社会主义实践的成功并没有从根本上消除异化，在社会主义中有异化吗？光是提出这个问题似乎还不够，一些东欧的马克思主义者甚至已经大胆地给出一个答案：是的，有异化。而且，异化呈现出了扩大的趋势："当代文明的特征表明，大多数人迄今所过的是一种异化了的，不光彩的生活。"异化已经渗透现代人的生活，通过制造人的虚假的需要从而使人与其自我实现产生悖论；虚假的人、人的需要则是那些与这些能力的发展完全无关的需要，因而这种需要直接或间接地阻碍和窒息了人的基本能力的发展。因此，异化渗透了现代人生活，并以不同的形式表现出来：其在经济上表现为资本逻辑的控制，在文化上表现为普遍的焦虑与压抑，甚至社会主义国家在政治上也没有摆脱异化的束缚。

南斯拉夫实践派认为，尽管无产阶级掌握了社会主义国家的政权，在一定程度上缓解了经济领域的异化状态，但是，却使政治异化成为社会主义中异化的主要形式。质言之，政治异化是苏联模式高度集权的根本原因。国家对经济的干预过于宽泛，使得市场失去了在经济发展过程中的导向作用，南斯拉夫工人自治制度最后也沦为了少数人专权的工具，思想文化领域出现个人崇拜和阶级崇拜，教条僵化的体制成为探索社会主义道路多样性的主要障碍。一些南斯拉夫实践派成员甚至走得更远，认为异化状态和范围在当代的扩大，是由于其本身就是人类的本真状态。

彼得洛维奇援引恩格斯《家庭、私有制和国家的起源》中的相关论述说明，马克思本人认为，人迄今为止始终是自我异化的，不存在原初的非异化状态。弗兰尼茨基也认为异化是必然的现象，只能靠竭力地克服，而不能彻底消除。因此，人应该认识到自己只是历史进程中的创造者，在追求全面发展的过程中不断扬弃异化。不论怎样，南斯拉夫实践派并没有因此而陷入悲观，而是充分发挥批判的力量，以积极的态度面对南斯拉夫的社会生活本身，并为解决当代的异化问题努力寻找“药方”。

（四）从唯物辩证法回到早期卢卡奇总体性辩证法

南斯拉夫实践派奠定了一个具有历史总体性的广阔理论底色。正是这个“底色”将马克思青年时期著作中异化理论以及卢卡奇总体性辩证法思想在南斯拉夫实践派思想中的重要地位突显出来。南斯拉夫实践派认为，早期卢卡奇这种总体性辩证法观点是对马克思主义哲学的正确理解和解读，并且认为，将历史作为一个整体还是作为一个局部去认识，不是一个技术问题，而是一种方法论问题或方法自觉问题。总体性辩证法始终将自身作为超越的前提和基础，并不断自我完善和超越。相比之下，实证主义思维方式却以自然科学的方法为基础，忽视了自身方法论的历史局限性。总体性是制定革命原则的最重要的依据。换言之，在总体性的视域之下才能制定和理解无产阶级的历史使命与历史任务。

因此，如若彻底地贯彻实践的总体性，从而将其从认识论的框架中拯救出来，就必须克服主客体二元对立的思维方式的局限。哲学不是纯粹的经验事实的显现，而是内蕴了总体性的历史过程。在主客体二元对立的思维方式下，认识成为一种主体的思考模式。但是这种思考模式只是单一地和直观地考察现实对象，却不能完整阐述对象的起源、性质等，所以，认识不过就是对异化的人的生存状态的认识。直观的反映不过是人的实践过程中的一种现象，因此，是实践决定了反映，而不是反映指导着实践。外在的客观世界是先天给定的，但什么才是我们认识中应该存在的，却是主体自身的选择。因而感知并非简单的沉思或对各种现象的被动反映，而是人根据各种实践做出的选择和解释。

南斯拉夫实践派认为，马克思主义哲学辩证法与人类实践活动息息相关，并作为根本方法，构成了实践哲学得以实现的主要路径。在南斯拉夫实践派中对于辩证法给予更多关注的马尔科维奇指出，可以从三种方式上来理解辩证法：第一，与人无关的、自在的自然过程；第二，对这种自然过程的理论表达；第三，人在实践中对自然的认识和改造。显然，第一种理解方式因为缺少了人这一核心，不过是客体的运动形式或规律。第二种理解方式基于自然科学的思维方式，无涉人类的社会历史。因此，只有第三种理解方式才是真正意义上的辩证法，是人类历史实践活动的产物，是实践的辩证法。

人是辩证法的核心，辩证法只能是人的活动的辩证法；换言之，辩证法是人的历史实践活动的理论形式。

因此，南斯拉夫实践派认为，苏联哲学中的唯物辩证法是对马克思辩证法思想的颠覆。因此，南斯拉夫实践派对于辩证法的理解，大致可以从三个层面进行把握：其一，辩证法具有总体性。与实证方式下的自然科学方法不同，辩证法自身具有一种自觉性，即是说，其之所以能够以总体的方式对事物的运动和变化进行考量，乃是因为其始终将自身作为有待超越的理论预设或前提，而非形而上学确定性的某种基础。其二，辩证法具有历史性。其始终强调在历史的视域中理解自身。其三，辩证法具有批判性。其是一种否定和扬弃现实的革命理论和方法。从本质上来看，辩证法是人在历史中的自我实现，基于对批判思维的考察，使得人道主义的辩证法超越了唯物主义的辩证法，批判所追寻的就是总体性原则。与其说南斯拉夫实践派所理解的辩证法的上述三种特质来源于人的自我实现和自我超越的本性，不如说，在其看来，人、实践与辩证法三者是有机统一在一起的。因此，南斯拉夫实践派认为，辩证法作为人的自我实现的过程亦即人类历史的理论形式，克服了机械论与宿命论，并能够以其内在的批判性和超越性，不断改变人不合理和不人道的生存方式。

马尔科维奇认为，马克思主义的理论包含着两个本质上新颖的哲学要素，第一是哲学人本学，第二是辩证法思维的新方法。而唯物主义辩证法则过多地强调物质和存在，缺失了最基本的人本学维度，因此，人在其社会历史发展中的地位就被彻底地消解了，辩证法的总体性也为物质决定意识的单纯反映论所取代。

（五）人道社会主义

从上述南斯拉夫实践派的理论特点，即以对于实践概念的独到理解为基础，将马克思主义哲学诠释为一种具有历史总体性的实践哲学，并恢复辩证法的人道主义和总体性等特质，不难窥见，南斯拉夫实践派的理论指向与目的是实现人道主义的社会主义，使人类的生存境遇不断向着更加人道的方向前进。

在南斯拉夫实践派看来，实践的目的与价值都包含在人道主义的主旨之中。尽管西方马克思主义者也曾尝试沿着人道主义的路径对苏联模式体系进行批判，通过主张人自身的核心作用来重新阐释实践的价值，但是在马克思的人道主义与西方近代以来的人道主义之间的差异方面，却未有清晰和深入的论述。显然，南斯拉夫实践派在这一点上给予了更多的关注。

彼得洛维奇认为人道主义是革命的推动力量，革命也会推动人道主义。革命的人道主义是唯一完美无缺的人道主义，而人道主义的革命也是唯一真正的革命。因此革命的人道主义和人道主义的革命在本质上是一致的，是不可分割的。在此意义上，南斯拉夫实践派鲜明地提出了马克思的人道主义与西方近代人道主义之间的区别，即马克思的人道主义是实践哲学、人道主义与辩证法的有机统一。

南斯拉夫实践派致力于恢复马克思主义的实践权威与马克思主义哲学的人本（人道）主义。他们认为，马克思主义哲学被表述成了苏联模式下的单纯的辩证唯物主义和历史唯物主义的叠加。因此，南斯拉夫实践派的哲学家们，一方面从西方马克思主义者那里继承了人道主义的思想传统，直指被解释为纯粹客观规律的反映论辩证法；另一方面又将实践理解为一种具有历史性的创造性活动，并将其视为重要中介，逐步形成了自身独特的人道主义的马克思主义理论特质。

南斯拉夫实践派在 20 世纪 60 年代形成了一定的规模，同时对马克思主义哲学的理解也更为深刻。纵观整个南斯拉夫实践派的形成和发展历程，科尔丘拉夏令学园持续活动期间，无疑是其理论影响最为巨大的时期。凭借着科尔丘拉夏令学园的影响力与号召力，南斯拉夫实践派的思想得以通过来自各国的著名学者传播到世界各地，并获得了广泛的关注。

在南斯拉夫实践派发展的黄金十年中，其成员也发表了诸多足以代表当时世界范围内哲学研究，尤其是马克思主义哲学研究高水平的作品。长期坚持深耕在人道主义马克思主义立场的著名西方马克思主义学者弗洛姆，收集了马尔科维奇、彼得洛维奇、弗兰尼茨基等南斯拉夫实践派主要代表人物的优秀作品，同沙夫、布洛赫、马尔库塞等知名学者的文章，一同编撰成集，命名为《社会主义的人道主义》，并于 1965 年出版发行。不仅如此，弗洛姆还专门为马尔科维奇的著作《从富裕到实践：哲学与社会批判》一书作序，盛赞马尔科维奇的学术工作。

南斯拉夫实践派对于苏联模式下的马克思主义哲学体系的批判主要有两个焦点：其一，苏联模式的马克思主义哲学体系是一种典型的知识化和经院式的哲学，缺乏对马克思主义哲学的真正理解，更多地强调哲学在意识形态领域的作用，而贬低了人在其中的地位和作用，丧失了人在社会历史中的真正本体意义，以至于完全失去了历史的总体性视域，将马克思主义哲学简单理解为线性的历史发展规律，落入了经济决定论或宿命论的窠臼。其二，苏联模式的马克思主义哲学体系过于教条化，将自身描述为亘古不变的唯一真理，以绝对的普遍性代替了人类社会历史发展的特殊性和多样性，强制将其思想内容复制到不同的社会历史和文化背景下，从而丧失了马克思辩证法实践性和批判性的本质精神。因此，南斯拉夫实践派主张，通过深入挖掘青年马克思所提出的异化理论和实践的人道主义等思想，回到马克思主义的人道主义道路上，以马克思早期哲学思想为蓝本，建构一种涵盖社会多领域的实践哲学或批判理论。

南斯拉夫实践派的理论建树，大致可以归纳为三条重要的逻辑线索：第一，以马克思早期哲学思想为基础，对马克思主义哲学的重新解读与阐释；第二，在对马克思主义哲学进行重新理解的基础上，充分发挥其批判作用，指认现代性的种种问题；第三，深入文化层面，揭示深层次的人的异化的境遇，并尝试通过批判的社会理论扬弃异化，促使历史进程向更加人道的方向发展。需要指出的是，上述三条逻辑线索并非是各自独立、毫无交叉的，可以说，上述三者不过是南斯拉夫实践派的实践人道主义这一核心思想在不同层面的具体表现而已。

二、弗兰尼茨基《马克思主义史》三卷本

1961 年弗兰尼茨基出版了大部头的《马克思主义史》三卷本。此书在 1963 年获得南斯拉夫联邦民主共和国学术奖。弗兰尼茨基在该书中既强调了人和人的实践在马克思主义中的首要地位，又坚持了唯物辩证一元论。1959—1961 年，弗兰尼茨基任克罗地亚哲学协会主席。弗兰尼茨基没有出席 1960 年 11 月 10—11 日在贝尔格莱德湖畔托普里查旅社举行的题为“关于主体和客体、实践和反映论的问题”的哲学讨论会。但是，1961 年萨格勒布前进出版社出版的弗兰尼茨基的《马克思主义史》一书，被人们看作实践派的代表作之一。该书引起哲学界广泛注意和高度评价，被誉为世界上第一部系统地研究马克思主义发展史的专著。1962 年 3 月 4 日，马尔科维奇在《战斗报》上发表题为《马克思主义理论的发展》的书评，称：“它不仅是整个马克思主义历史上第一部理论通史，而且就其质的许多方面来说，也是一部具有重大科学价值和极大实践意义的、富有明显创造性的著作。”《马克思主义史》被译成英、德、法、意、日、中、希腊等多种语言文字出版。

弗兰尼茨基是世界上第一部《马克思主义史》的作者，从 1961 年的第一版直至 1978 年的第四版，弗兰尼茨基坚持的一个基本结论就是：

马克思主义实质上是一种创造性的思想。它既是唯物主义，又是辩证法，但也是人道主义①。在他看来，马克思之所以高明，并不在于他以唯物主义的观点来解释世界，也不在于他以辩证法的观点来看待现实。马克思的高明之处在于他把这些最伟大的思想成果统一起来，在于他对历史和人，对人本身的历史这一领域做出了崭新的、独创性的解释和阐述。弗兰尼茨基认为，人的解放问题是马克思在理论上和实践上力求解决的中心问题。共产主义作为获得解放的人的社会，它的目的应当是使人从他的各种各样的异化，即经济的、政治的、思想的异化中解放出来。新的社会主义人道主义的现实基础就在于此。

弗兰尼茨基长期致力于马克思主义理论和马克思主义史的研究，对马克思主义哲学的本体论、人本学、认识论、方法论、哲学史诸领域理论问题素有研究。他坚持开放的批判的马克思主义立场，认为人和历史问题，即历史辩证法，乃是当代最重要的哲学问题，马克思主义的意义和作用就在于此。他是实践派中的温和派，看问题比较周到全面。他的哲学思想的中心是：人作为实践的存在物是历史的主体，而实践作为人的创造历史的自觉活动是人类历史的基础。他着重对辩证法做历史的解释，以马克思的异化理论来观察现代历史的进程；着重研究当今社会主义的人道主义问题。同时，他坚持唯物主义一元论，既强调社会实践是唯物辩证法的出发点，又肯定自然辩证法。他在批判直观唯物主义的反映论的同时，肯定反映是人的认识活动的一个因素，肯定反映范畴在马克思主义哲学中占有一定的地位。在哲学基本问题上，弗兰尼茨基批判那种把主体和客体以及它们的关系看成一成不变的形而上学的观点，强调主体和客体关系的历史性，强调基于实践的人的认识活动是一个辩证过程。他力图避免本体论主义或人本主义的片面性。自然，他特别强调实践马克思主义哲学的人道性和能动性。

弗兰尼茨基在尖锐批判斯大林对马克思主义哲学所做的本体论主义的解释的同时，对毛泽东的《实践论》及其物质变精神、精神变物质的观点做了很高的评价。他甚至认为，当今世界上没有谁可以超过毛泽东思想的水平。这显示出弗兰尼茨基作为马克思主义理论家的胆识和他对中国人民的深厚感情。

---

① 黄楠森. 马克思主义哲学史：第8卷. 北京：北京出版社，1996.

1961 年，弗兰尼茨基发表了《人道主义问题解说》《文化和社会主义》等论文。1962 年，弗兰尼茨基升为教授，先后当过哲学理论教研室主任和马克思主义哲学教研室主任，他发表《哲学和革命》一文，1963 年发表了《论历史的决定的自由》《关于辩证法》等有影响力的文章。1963 年“实践派”哲学家在科尔丘拉岛上创办了有许多外国哲学家参加的国际哲学年会——科尔丘拉夏令学园，弗兰尼茨基任理事会理事。1964 年，克罗地亚哲学协会创办了机关刊物《实践》杂志，弗兰尼茨基成为该杂志的编委会成员；同年，他选编出版了《恩格斯早期著作选集》，发表了《社会主义和异化问题》《关于实践问题》《关于现代史的若干问题》等论著。1964—1966 年，弗兰尼茨基出任萨格勒布大学哲学系主任。1965 年，他发表了《马克思主义和异化》《关于理论和历史实践中的人性的一些看法》等文章。1965 年 12 月 21—24 日，在克罗地亚的奥帕蒂亚举行的题为“马克思和当代”的学术讨论会上，弗兰尼茨基发言，力主把马克思主义人道主义和唯物辩证法统一起来。

1970 年，弗兰尼茨基写了《民族问题在马克思主义理论中的地位》，进一步探讨了民族问题，并且发表了论文《论自治思想的理论基础》。1971 年，弗兰尼茨基在《实践》杂志第 34 期合刊上发表了《社会主义和危机》一文，阐发了马克思、恩格斯关于社会主义人的异化的各种形式的基本思想。他认为，危机的原因在于官僚主义国家体制；同年，他着手编辑《托洛茨基著作选》第 1—5 卷（1971—1973 年）。1972 年，弗兰尼茨基当选为南斯拉夫科学艺术院通讯院士。1972—1976 年，他任萨格勒布大学校长。

如果单从实践派的建构来说，马尔科维奇的作用是第一位的；但如果从整个马克思主义史来说，在实践派中，弗兰尼茨基的理论贡献、理论创新是第一位的，比起马尔科维奇有过之而无不及。

三、南斯拉夫实践派的理论贡献与历史局限

怎样科学评价南斯拉夫实践派？过去长期存在的两种倾向都是站不住脚的。

在苏联模式占统治地位的很长时期，人们曾经把南斯拉夫实践派踩

到脚底下，斥之为完全背离马克思主义正统的异端邪说，简单地否定一切。在改革时期，又有人把南斯拉夫实践派捧到天上，肯定一切，甚至以为，只有他们才是战后苏东马克思主义史上的唯一正确代表。

这两种倾向归根到底都是站不住脚的。应当说，南斯拉夫实践派是战后苏东马克思主义史上的一个重要流派，在一系列重大理论问题上做出了独特贡献；同时又带有一些根本性的历史局限。这种二重性突出表现在以下四个层面：

一是他们通过挖掘马克思主义哲学的底蕴，要求克服苏联哲学教科书体系的根本缺陷，重新恢复实践观在马克思主义哲学中的基础地位甚至中心地位。问题是，其中有少数人根本否定列宁物质观、唯物主义反映论，甚至根本否定辩证唯物主义、唯物辩证法，乃至走上实践本体论的道路，他们打着“实践”的旗号，倒向了唯心主义。

二是他们主要通过马克思的《1844 年经济学哲学手稿》，并联系《资本论》及其手稿，要求恢复异化范畴在马克思主义中的重要地位，做出了重要理论贡献。问题是，他们主观片面地把异化范畴抬高到压倒一切的中心地位，而且用抽象的异化理论，把锋芒转向批判现实社会主义社会与制度，但又不能提供积极的建设路径。

三是他们注意到早期卢卡奇总体性辩证法有其深刻性的一面，并且反对苏联哲学体系把马克思主义哲学辩证法主要局限于自然观、自然辩证法，有其合理性的深刻思想。但有些人不顾卢卡奇的晚年反思，要求退回带有一定唯心主义色彩的早期卢卡奇的总体性辩证法，甚至干脆反对唯物辩证法、辩证唯物主义，这就走到错误的方向上去了。

四是他们批判苏联模式及其哲学体系对现实个人的根本忽视，对人的自由全面发展重视不够，因而提出人道主义的社会主义观，自有其一定的理论合理性、必要性、创新性。问题的症结在于，他们虽然在理论上高举人道主义旗帜，实际上却缺少对南斯拉夫改革实践中的人的关怀，离普通工人农民日常生活甚远。

他们标榜实践，却根本缺少与南斯拉夫党和国家领导的自治社会主义实践的具体历史联系，甚至与后者根本对立起来，不能积极地、建设性地回答解决社会主义实践中的重大现实问题与理论问题。20 世纪 70 年代，南斯拉夫实践派遭到禁止和打压。20 世纪 80 年代铁托逝世后，南斯拉夫分裂了，自治社会主义实践的探索也已成为历史，几乎被淹没了。这是南斯拉夫实践派的历史悲剧，也是南斯拉夫的历史悲剧，20 世纪下半期苏东马克思主义历史长河中的一段历史悲剧。

四、以卢卡奇为代表的匈牙利布达佩斯学派

20 世纪下半期，苏联僵化的计划经济模式已经成为苏联和东欧各国生产力进一步发展的桎梏，改革的任务提上日程，但“左”的教条主义观念还严重束缚着人们的头脑。在这一历史条件下，卢卡奇写下了《民主化的进程》《关于社会存在的本体论》《审美特性》三部巨著，在马克思主义革新、政治民主化改革、社会存在本体论和马克思主义美学理论体系等四个方面进行了重大的思想理论创新。这些思想理论体系是他一生理论和实践经验的总结，也是他毕生求索的大成之作。不论就建设和完善马克思主义哲学、科学社会主义和美学来说，还是就马克思主义的革新和社会主义的民主来说，都蕴含着丰富的理论遗产，值得我们研究和借鉴。在他的影响下，20 世纪 60 年代，匈牙利布达佩斯学派形成。

（一）卢卡奇与布达佩斯学派的渊源

如前所述，在卢卡奇的影响下，形成了一支具有重要影响力的东欧新马克思主义学术流派——布达佩斯学派。其成员主体都是卢卡奇的学生。直到 20 世纪 70 年代初，布达佩斯学派主要成员的全部理论研究主要都是在卢卡奇的直接指导和影响下进行的。20 世纪下半期，匈牙利的马克思主义呈现为两大流派的对峙：一派为匈牙利的正统马克思主义，主张按照苏联模式发展社会主义。另一派是与正统马克思主义相对立的所谓异端的新马克思主义，主张把马克思主义与本国实际相结合，探索社会主义人道化的路径，为社会主义建设和改革寻求出路。这一流派也被官方批评为修正主义。

早在 1923 年《历史与阶级意识》中，卢卡奇就开了人道主义马克思主义和以异化理论为基础对当代社会进行批判的先河。也就是说，匈牙利新马克思主义对正统马克思主义的批判在 20 世纪上半期就已经开

始，但其规模的扩大和理论高潮则发生在20世纪下半期。卢卡奇晚年的两部著作《审美特性》和《关于社会存在的本体论》是其马克思主义理论在20世纪下半期的余声和赓续。作为最有影响力的匈牙利马克思主义者，卢卡奇以其“复兴马克思主义”计划引导他的学生在20世纪下半期的马克思主义发展中发挥了主力军的作用，形成了匈牙利20世纪下半期最具影响力的新马克思主义流派——布达佩斯学派。其主要代表人物有乔治·卢卡奇、阿格妮丝·赫勒、费伦茨·费赫尔、乔治·马尔库什、米哈伊·瓦伊达、马丽亚·马尔库什、安德拉斯·赫格居斯等，共同组成了“布达佩斯小组”。

（二）布达佩斯学派的形成和发展过程

布达佩斯学派继承了卢卡奇的思想遗产，走了一条艺术救赎—类哲学—社会改良的社会批判道路，其发展历程可以分为三个阶段。

第一阶段，1956年“匈牙利事件”之前，尚未形成一个派别。1956年“匈牙利事件”之前，学派成员在卢卡奇的指导下潜心学习研究，尚未形成一个派别。卢卡奇于1945年在匈牙利共和国宣告成立前夕从苏联回国，当选为匈牙利科学院院士，在布达佩斯大学任哲学和美学教授。20世纪50年代初，与改革派领导人纳吉号召摆脱苏联社会主义模式相呼应，卢卡奇在哲学上批判了苏联正统的马克思主义，提出“马克思主义的文艺复兴”口号。在卢卡奇的引导下，他的一些学生积极参与了匈牙利的非斯大林化运动。起初他们还只是卢卡奇思想的追随者，几乎没有形成自己的理论体系，只是在卢卡奇的影响下，以一种人道主义的马克思主义突显了卢卡奇对“类”和“日常生活”的强调，同时也“对‘传统’马克思主义的理论框架产生了更多、更深的怀疑、问题和疑问”①。

第二阶段，从1956年“匈牙利事件”到20世纪60年代末70年代初，布达佩斯学派形成。1956年匈牙利爆发了“十月革命”。在卢卡奇的影响下，他的学生积极参加裴多菲俱乐部的讨论，参加南斯拉夫实践派创办的科尔丘拉夏令学园，对苏联模式进行深刻的反思和批判。在此期间，卢卡奇在裴多菲俱乐部的哲学讨论会上批判“斯大林时代的歪

① 赫勒. 卢卡奇再评价. 哈尔滨：黑龙江大学出版社，2011：169.

曲”及党的意识形态专家的“引证学”和教条主义。赫勒发表了《黑格尔的历史哲学和俄国的革命民主主义者》，这被认为是二战后匈牙利马克思主义阵营中人道主义流派的最初哲学阐述。然而由于苏联的干预，匈牙利事件很快被镇压下去了。卢卡奇和赫勒等人也在匈牙利 1957 年的反修正主义运动中受到严厉的批判，布达佩斯学派的学术生涯一时中断。直到 20 世纪 60 年代初，卡达尔政府为知识分子营造了一个较为宽松的学术环境后，情况才得到缓解。

这一时期，卢卡奇集中精力写作《关于社会存在的本体论》，他每写完一章，就要求他的学生——布达佩斯学派的成员进行批判，正是在这种背景下，赫勒、费赫尔、马尔库什、瓦伊达等人组成了布达佩斯小组，一方面讨论卢卡奇的“社会存在本体论”，另一方面开始独立地对国家社会主义进行非体制性的、道德伦理意义上的批判。这个时期卢卡奇的《审美特性》和《关于社会存在的本体论》对布达佩斯学派产生了重大影响。这一阶段也是布达佩斯学派繁荣发展的时期。

1971 年卢卡奇的逝世使布达佩斯学派遭受重创，此后，布达佩斯学派在匈牙利作为一个学派已不复存在，其主要成员陆续将活动中心转移到国外。

第三阶段，20 世纪 70 年代至今，理论影响逐渐增大。1968 年“匈牙利事件”后，布达佩斯学派的研究中心和主题开始转变：从追求现存的社会主义制度内部的民主化，转向从更高的立足点对现存社会主义和当代资本主义进行超越性的分析批判；从寄希望于“马克思主义的文艺复兴”的改良手段，转向从微观层面探索社会主义民主化和人道化的途径；从立足于国内的研究转向置身于国际学术大背景的探索。1977 年，政治形势开始缓和，布达佩斯学派主要成员离开匈牙利，在悉尼和纽约继续开展理论研究。20 世纪 80 年代以纪念乔治 · 卢卡奇 100 周年为契机，他们再次集结，合著了《卢卡奇再评价》(赫勒主编)。可以说，20 世纪 70—80 年代，布达佩斯学派思想再度比较活跃，出版了大量的著作。学派成员根据自己的兴趣从事理论研究，融入了西方左派激进理论视野，尝试在方法上解构传统马克思主义，在后现代的理论视域中探讨问题。虽然存在着地理距离和理论分歧，但依然保持着理论的联系和对话。国内形势好转后，国外的成员也频繁回到国内从事学术交流。如今布达佩斯学派的费赫尔、马尔库什、赫勒已去世，但这个具有国际影响力的学术团体的思想，依然在马克思主义文化批判领域发挥着重要的作用。

五、晚年卢卡奇的四大理论创新

迄今为止，人们讲到卢卡奇时，多半津津乐道的还是其早期的不成熟著作《历史与阶级意识》，岂不知晚年卢卡奇做出的四大理论创新才是其一生的真正思想重心所在。

卢卡奇晚年的四大理论创新是：马克思主义革新论、政治民主化改革论、社会存在本体论、马克思主义美学理论体系。

（一）马克思主义革新论

在卢卡奇看来，马克思主义是一种活跃的理论和方法，需要创造性地加以运用。在《民主化的进程》《关于社会存在的本体论》及晚年的谈话中，卢卡奇反复强调和突出了这个问题。

（1）马克思主义革新的必要性。

“我曾把在我熟悉的领域正确地运用马列主义世界观并且按照新情况的要求予以相应的发展看作我一生的中心任务。”① 不仅仅在晚年，早在《历史与阶级意识》中，卢卡奇就已经认识到马克思主义革新的必要性。可以说，自从成为马克思主义者以后，直至生命终结，卢卡奇始终不渝地在捍卫和继续发展马克思列宁主义的经典遗产。他之所以多次谈到马克思主义的革新问题，是与当时的社会历史背景息息相关的。

第一，批判第二国际修正主义。

卢卡奇在批判第二国际修正主义对马克思主义的歪曲时指出：“我们姑且假定新的研究完全驳倒了马克思的每一个个别的论点。即使这点得到证明，每个严肃的‘正统’马克思主义者仍然可以毫无保留地接受所有这种新结论，放弃马克思的所有全部论点，而无须片刻放弃他的马克思主义正统。”② 在这里，卢卡奇意在反对教条式地对待马克思主义，死守固定的结论和僵化的注解，强调在具体的实践中运用、发展马克思

① 卢卡奇．卢卡奇自传．北京：社会科学文献出版社，1986：226.

② 卢卡奇．历史与阶级意识．北京：商务印书馆，1992：47.

主义的重要性。卢卡奇说："在马克思出现以后的时代，认真研究马克思应当是每个抱严肃态度的思想家的中心问题；掌握马克思的方法和成果的方式和程度决定着他在人类发展中的地位。"① 如果有人想靠辩证唯物主义来一劳永逸地掌握自然和社会现象，这是一种幻想，必然会陷入机械、僵化的状态，即使这种认识是广泛而又深刻的。对马克思主义者来说，最重要的是掌握马克思主义的方法，而不是拘泥于个别的结论。

第二，打破斯大林"官方马克思主义"僵化停滞的局面。

卢卡奇经历了列宁时期和斯大林时期，他对列宁时期怀有深厚的感情。他认为，列宁对马克思主义进行了天才的、双重的革新。"一方面，列宁清除了在几十年中形成的对马克思主义经典作家的一切偏见。这种清除工作表明，马克思和恩格斯的著作中包含有许多直到那时还没有被发现的认识。另一方面，他也以他无情的现实感指出，对生活所提出的新问题，不能靠经典作家的'无可置疑'的引文。"② 但随着斯大林思想取得支配地位，在个人迷信和教条主义的氛围下，"马克思主义的研究在很大程度上变成了'终极真理'的注解、运用和传播。对生活和科学中一切问题的答案，都是按照经典作家的著作，首先是斯大林的著作中的学说写出的"③。从而使活生生的马克思主义陷入僵化、停滞的状态。因此，卢卡奇多次谈到要改正斯大林对马克思主义的歪曲。1957年，卢卡奇在他的《卢卡奇自传》的后记"我走向马克思的道路"中，正式提出了马克思主义的革新问题，强调必须找到一种"第三条道路"，这种道路就是铲除教条主义，把斯大林"官方马克思主义"和马克思主义严格区分开来，恢复马克思主义的生机与活力。

第三，实践的复兴要求理论的复兴。

第二次世界大战之后，无论是资本主义还是社会主义，都发生了巨大的变化。就资本主义而言，虽然基本矛盾仍然存在，但不断兴起的科技革命，使它仍有较大的发展空间；就社会主义而言，社会主义国家普遍存在着革命先是获得成功，但在后来的发展过程中又纷纷遇到困难和挫折的情况，为摆脱困境，这些国家开始了改革的步伐。改革的突出任

---

① 卢卡奇．卢卡奇自传．北京：社会科学文献出版社，1986：215.

② 同① 231-232.

③ 同①232.

务，就是结合各国的具体实践，打破苏联高度集中的政治经济体制，探索富有活力的社会主义发展道路。卢卡奇指出，在新时期，资本主义和社会主义有可能以现在的形式，通过妥协的方式或者继续按惯例以控制性的协定的方式共处下去，摆在马克思主义者面前的新任务就是要探索与之斗争的新方式，进行社会主义的内在更新。而要完成这样的使命，就必须首先革新马克思主义方法，在新的实践基础上，研究新情况、探索新问题，从而为无产阶级制定新的斗争策略，提供正确的指导。

（2）马克思主义革新的目标。

卢卡奇是在批判修正主义和教条主义束缚的过程中谈论马克思主义革新目标的。根据他晚年的谈话，马克思主义的“革新”有双重的含义：一是消除过去对马克思主义经典作家的一切偏见，即批判修正主义；二是对社会所提出的新问题，不能单纯靠经典作家的“无可置疑”的引文来解决和回应，即反对教条主义①。教条主义者把领袖（斯大林）的个人言论与马克思主义的本质混为一谈，必然导致修正主义思潮的泛滥。因此，不铲除教条主义，就不能有效地批判修正主义。

一是回到马克思主义的方法。卢卡奇指出，马克思主义的正统在于它的方法，即唯物主义辩证法。它的本质是总体性，“总体对各个环节在方法论上的优越性”②。“只有在这种把社会生活中的孤立事实作为历史发展的环节并把它们归结为一个总体的情况下，对事实的认识才能成为对现实的认识。”③ 这里所说的总体观与辩证法所讲的整体观类似，即在整体中把握事物和现象的本质和意义。当然，这并不否定各个环节的差异性。总体性的方法是一种在思维中再现现实的方法，它离不开现实，但也不是现实本身，而是对现实进行加工、处理的结果。卢卡奇认为，马克思主义的正统，不在于对某个论点的信仰，而在于其方法。要真正复兴马克思主义，就必须对长期流行的某些思想、观点进行认真的清理，回到马克思主义的方法，恢复马克思本来意义的辩证法。

二是在实践中运用并发展马克思主义。“马克思主义是一种活跃的理论和方法，需要创造性地加以应用。只有这样，它才能够提供回答现

---

① 袁一达．卢卡奇晚年三大理论创新．北京：北京大学，2002．

② 卢卡奇．历史与阶级意识．北京：商务印书馆，1992：57．

③ 同②56．

实问题的钥匙。”① 实践的观点是马克思主义的基本观点，根据实践的需要发展马克思主义是马克思主义辩证法的题中应有之义。卢卡奇认为，马克思主义的运用，应在批判性地吸收当代哲学和科学最新成果的基础上，在具体的实践中得到扩展和深化。卢卡奇视列宁为这方面的榜样，认为列宁的实践使辩证法比他从马克思、恩格斯那里继承的，具有一种更广阔、更完全和理论上更发展的形式②。因此，卢卡奇晚年《关于社会存在的本体论》，除了强调要回到马克思主义的方法之外，还提出要向列宁学习。即研究资本主义和社会主义社会的新问题，在实践中创造性地发展马克思主义，把马克思主义推向前进。

(3) 马克思主义革新的具体途径。

在系统地探讨了马克思主义革新的必要性及目标的基础上，卢卡奇又为革新马克思主义提供了两条具体的解决办法。这成为继列宁之后马克思主义者对如何坚持和发展马克思主义的又一次哲学上的高度概括。

一是进行自我批评和自我清理。卢卡奇认为，要促进马克思主义的革新，回到马克思主义的方法，首先要求马克思主义者内部进行自我批评和自我清理。卢卡奇本人在他的理论活动生涯中，也是这样不断进行自我批评、自我清理的。这也是他的理论虽历经失误和曲折，但没有衰退和萎缩，始终保持向上、向前发展的重要原因③。

二是允许不同流派存在和争论。卢卡奇认为，在复兴马克思主义的过程中，不同流派的存在和争论可以互相补充、互相促进，殊途同归地通向真理。因此，他对马克思主义研究中出现的多元现象表示欢迎，认为这是一种积极的现象。卢卡奇反对用行政的方法来解决意识形态的问题，指出行政干预只会把事情弄得更糟。“友爱不在于意见完全一致，而在于感觉到我们都在服务于共同的伟大事业。”④ 但他同时认为，每个问题只能有一个真理，不同流派的存在和争论只是达到真理之前的过渡现象，因此，他并不主张真理的多元论。

卢卡奇强调革新马克思主义，实际上是坚持与发展的统一。他以列

---

① 匈牙利社会主义工人党中央委员会文化政策工作部．匈牙利纪念乔治·卢卡奇诞辰一百周年提纲．外国文学动态，1984 (4)．

② 卢卡奇．列宁．台北：远流出版事业股份有限公司，1991：104．

③ 张翼星．卢卡奇晚年论马克思主义的革新和社会主义的民主化．马克思主义与现实，1998 (2)．

④ 卢卡奇．卢卡奇自传．北京：社会科学文献出版社，1986：290．

宁为榜样，既坚持了马克思主义的基本原则，强调回到马克思主义的辩证方法，又强调根据历史的变化和时代的需要创造性地发展马克思主义。虽然卢卡奇的探索也有偏颇之处，但对纠正教条主义和在理论上正本清源起到了积极的先导作用。

（二）政治民主化改革论

卢卡奇于 1968 年 9—11 月写下的《民主化的进程》是论述社会主义民主政治的重要著作，也是对东欧各国社会主义改革中政治改革的理论概括。

（1）卢卡奇的民主观。

马克思、恩格斯和列宁对社会主义民主都曾有过论述，但马克思、恩格斯并没有为我们留下关于社会主义发展的精确蓝图，列宁根据俄国建设社会主义的特殊性，极大地发展了马克思、恩格斯的民主理论。在列宁之后，无论是资本主义还是社会主义都发生了很大变化。据此，卢卡奇认为，社会主义的民主仍然是一个新的未开发的领域，应根据时代的变化来探索社会主义民主建设的内容和途径。

第一，民主与国家理论。

卢卡奇认为，民主是做出社会决定的一种程序，与阶级没有关联。共产主义社会只能消灭阶级，不能消灭社会集团和社会阶层。不同个人、集团和阶层之间仍然会存在利益冲突，需要社会来调节，民主正是调节这一冲突的手段。因此，到了共产主义社会，阶级虽然消灭了，但民主照样存在，它是一个和社会同在的范畴，不会终结。而国家与民主密切相关，如果说民主是为了调节冲突，那么国家就是保证民主，即保证人们做出一致性决定的社会机构。这样的社会机构也是所有社会正常运转的必要条件之一。因此，国家在履行公共管理职能方面也不会消亡。

第二，“经济发展-政治民主”双重复兴论。

卢卡奇批评了斯大林把策略和理论混淆起来的错误，认为斯大林在为苏联建立了一定的工业基础之后，没有从思想上把民主建设提到日程上来，从而使高度集权的苏联模式日益僵化，走上了歧途。因此，在匈牙利三次改革的浪潮中，他不止一次提出了“经济发展-政治民主”的双重改革任务。他指出新的经济发展和从苏联僵化模式向社会主义民主过渡的问题是一揽子的问题：一个不解决，另一个也不可能解决。

（2）社会主义民主化的特征。

民主是长期的，不是一蹴而就的；它要融合在日常生活中，以日常生活中人民自治的程度来衡量；社会主义为民主的实现提供了制度保障，但社会主义民主也不会自动实现，其民主意识需要无产阶级从外部予以灌输。

第一，民主化是一个长期的历史过程。

卢卡奇认为民主作为一种社会制度，必须要依据社会基本结构不断加以重新限定，民主存在于永恒的形式中。他指出，一方面，由于马克思主义经典作家没有给我们留下关于社会主义民主本质的纲要，我们今天似乎是在未知的海域航行，建成社会主义的道路是漫长的；另一方面，要达到主观与客观的和谐、政治与经济的整合，必须不断地调整才能实现。因此，社会主义民主是一项艰巨的任务。在《民主化的进程》中，卢卡奇较多地使用“民主化”（democratization）一词，也是意在强调民主的过程性。

第二，民主化应当融合在日常生活中。

卢卡奇把日常生活中的人民自治看作社会主义的本质特征。“社会主义发展（由巴黎公社开始，由两次俄国革命延续下来）的本质叫作工人委员会。用理论来表达，我们可以说，这是日常生活的民主。民主自治向日常生活最基本的层次发展，直到全体人民对所有重大的公共问题作出决定。”[①] 因此，日常生活是衡量民主状况的一个重要领域。卢卡奇认为，人们的意见隐蔽在日常生活领域，为克服和防止官僚主义的危害，就必须通过民主建设对隐蔽的公共意见进行动员，解放人们的思想。只有这样，才能使民主深入社会的各个层面，充分调动群众参与的积极性，切实使群众在日常生活中感受到他们自身的效力。

第三，社会主义社会为真正民主的实现提供了制度保障。

在《民主化的进程》中，卢卡奇把社会主义的民主化设想为希腊城邦制理想和西欧人道主义传统的某种新的结合和延续。他指出，社会主义社会因为实行了生产资料的社会化，人的工作方式和活动方式得以重塑，人是劳动的尺度，经济的发展必须服从和适应作为主体的人的需

① 卢卡奇．卢卡奇自传．北京：社会科学文献出版社，1986：278-280.

要。因此，社会主义社会为真正民主的实现、为向共产主义社会过渡、为人的全面自由发展提供了制度保障①。

第四，民主意识须从外部灌输。

社会主义民主不会自动实现，而要依靠群众，但群众需要由共产党来引导。无产阶级的阶级意识需要从外部灌输，民主意识作为阶级意识的一个重要组成部分，也需要从外部灌输。

卢卡奇关注民主问题，并不是从晚年才开始的。早在《历史与阶级意识》《勃鲁姆提纲》《理性的毁灭》中，卢卡奇就表达了他的人道主义思想和对践踏民主行为的谴责态度。二战后，他更是以人民民主问题为中心，探索如何汲取苏联模式的正反两方面历史经验，为匈牙利社会主义改革寻求出路。

（三）社会存在本体论

卢卡奇在生命的最后十年（1961—1971 年）开拓了关于社会存在本体论的研究，写下了未竟巨作《关于社会存在的本体论》。这是一部逻辑完整、概念严谨的哲学专著。在这部著作中，卢卡奇纠正了他早年在《历史与阶级意识》中的错误，对马克思主义哲学的本质、内容和概念进行了富有创造性的阐述，恢复了马克思主义本体论的权威性，丰富了马克思主义的哲学宝库。

（1）存在范畴——社会存在本体论的前提。

在《历史与阶级意识》中，卢卡奇曾把马克思主义哲学归结为一种认识论、方法论，指出马克思主义哲学的正统性“仅仅指方法”。在《关于社会存在的本体论》一书中，卢卡奇针对这一失误，并结合本体论哲学在当代被蔑视、被排斥的现状，提出了“回到存在中去”的口号。他指出：“当代，对世界的思考重新实际地返回到存在基础上的尝试，只有在复苏马克思主义本体论的道路上才能够实现。”②

第一，存在的内涵。

“存在”即“物质概念的延伸和发展”，既包括自然界的物质（自然存在），也包括社会领域的物质（社会存在）。但卢卡奇研究的重点是关于“社会存在”的本体论体系，他强调，“社会存在本体论”以“自然

---

① 袁一达．卢卡奇晚年三大理论创新．北京：北京大学，2002.

② 卢卡奇．社会存在本体论导论．北京：华夏出版社，1989：30.

本体论”为基础，但不能被“自然本体论”所取代。在马克思那里，“社会存在”主要指社会物质关系，尤其指作为前提发生作用的经济关系。在卢卡奇那里，“社会存在”成了一个囊括一切社会物质关系和精神关系的概念①，这与马克思主义的历史唯物主义理论一致，因为历史唯物主义以“人们的社会存在决定人们的意识”为出发点，是对社会存在的产生和发展规律的正确揭示。

第二，存在的形式。

卢卡奇在早年否定了恩格斯的“自然辩证法”，否定了自然界的优先地位，只承认社会中的存在才是真正的存在。在《关于社会存在的本体论》中，他系统地清算了这一错误，提出了“三大存在”的形式，确立了社会存在本体论的基础与前提。因此，卢卡奇的社会存在本体论思想可以称为“以自然存在为前提基础的社会存在本体论”②。

卢卡奇从肯定自然界的优先地位出发，认为从发生学的角度来看，世界上先有无机物，后有有机物，然后经过无数过渡产生人类社会，这是一个不可逆的过程。与此相适应，存在也先后出现了无机存在、有机存在和社会存在三种基本形式。卢卡奇把前两种存在形式称为“自然存在”，后一种称为“社会存在”，并指出，自然存在是社会存在的基础与前提，社会存在是自然存在的重大飞跃与必然结果，历史的发展就是从自然存在向社会存在过渡的过程。而自从出现了社会存在，这三大存在就同时共存，相互交织。“三大存在类型的这种共生（包括它们之间的相互作用和基本差别），乃是各种社会存在的基础。”③ 随着生产的发展，自然限制的不断退缩、社会化进程的日益提高，决定了存在不可逆转的总趋势。

第三，存在的属性。

存在具有历史性和总体性，是二者的有机统一。一方面，“全部存在、自然及社会，应当被理解为一个历史过程，如此建立起来的历史性构成了任何存在的本质”④。因此，“历史性是一切社会存在的根本范

① 陈学明．卢卡奇的社会存在本体论．湖北社会科学，1989（7）．

② 王东．马克思主义哲学综合创新论：王东哲学创新论集．武汉：武汉大学出版社，2010：143．

③ 卢卡奇．关于社会存在的本体论：上卷．重庆：重庆出版社，1993：3．

④ 卢卡奇．社会存在本体论导论．北京：华夏出版社，1989：248．

畴”[1]。卢卡奇认为，人们应该从发生学的角度，即以历史性作为存在的基本原则，探究存在的起源、本质、方式及发展趋势，以便更好地把握存在的过去、现在与未来。另一方面，存在具有总体性，即整体性。“一方面，一切被给予的（包括物质的）东西，按其真正的存在来说是一种总体的不可逆过程；另一方面，这种过程并不是一种孤立的、与其他过程‘明显’分开的存在，它们之间有着集中或松散、强或弱的相互影响。因此，只有在与它们得以综合的全部过程的联系中，只有在作为运动着的总体的全部社会中才能理解它们的真正存在特性。”[2]

（2）社会存在的基本特征。

在卢卡奇看来，社会存在具有历史性、总体性，它是因果性和目的性的统一，而人的“劳动把目的论和因果性之间的以二元论为基础的、统一的相互关系引入存在之中”[3]，因此，劳动是社会存在本体论的基础和核心。

第一，社会存在具有历史性。

卢卡奇指出，历史性是社会存在的首要特征，是社会存在本身固有的、像规律一样内在的环节，是正确理解社会存在所有问题的本体论的出发点。因此，“社会存在”不是一个僵死的总体，而是一个动态的过程，既有它的历史起源和根据，也有它的发展趋势和结局，只有从历史性的角度来探究“社会存在”的形成史和发展史，才能在错综复杂的事实中，把握其本质和规律。

第二，社会存在是一个有机的总体。

总体性即整体性。社会存在是一个有机整体，它由构成这个有机整体的诸多局部整体组成，每一个局部整体都与其余的局部整体发生着相互依赖、相互作用的关系，并在这种相互依赖、相互作用中同整个社会存在的整体产生关系，执行着自己的特殊职能，同时也进行着自己的再生产[4]。可见，在“社会存在”复合体中，每一要素既是具有独特功能的实存，又都从属于“社会存在”复合体。它们的本质，只有从“社会存在”这一复合体的总体性中去求解，才能真正把握。在此基

---

① 卢卡奇．卢卡奇自传．北京：社会科学文献出版社，1986：204.

② 卢卡奇．关于社会存在的本体论：上卷．重庆：重庆出版社，1993：280-281.

③ 同①11.

④ 李俊文．卢卡奇的社会存在本体论思想及其当代意义．马克思主义与现实，2007（2）.

础上，卢卡奇把“社会存在”的总体性理解为个人和社会的矛盾的统一体，主张从个人和社会的矛盾关系中把握整个“社会存在”①。

第三，社会存在是因果性和目的性的统一。

社会存在由自然存在发展而来，但与自然存在有着本质区别。在自然存在领域，没有任何意识的成分，有机物的视觉、听觉和嗅觉等，至多也只能被看作意识的萌芽。因此，动物只能消极地适应自然环境，它们的活动没有目的。也就是说，在自然界的客观状况中，只有纯粹的因果过程在起作用。因果性是客观世界的一种合规律现象。与自然存在不同，社会存在作为人对象化的客观存在，是与人的实践活动密切相关的。人的实践活动是有目的、有意识的，目的性是人的实践活动的本质属性之一，也是人的实践活动和动物的纯粹适应性活动的区别之一②。但是，介入社会存在的意识只有建立在对“因果序列的恰当认识”的基础上，即尽可能地认识借以实现目标的客观现实环境的基础上，才能实现改造世界的目的。正如卢卡奇指出的：从“劳动的完善是以认识的具体发展为基础的，即目的性规定应在何种程度上推动哪种因果序列，并根据可能性排除或抑制哪些因果序列。因此，对因果序列的正确认识成为并始终是人的实践的基础，也是作为实践基础的，并成为有效的社会力量的那种现实认识的根据”③。因此，如果说自然界是因果性单独发生作用的领域，那么社会就是因果性和目的性共同发挥作用的领域，也可以说社会存在是人的实践活动的合目的性和合规律性的有机统一。

第四，劳动是社会存在本体论的基础与核心。

“最蹩脚的建筑师从一开始就比最灵巧的蜜蜂高明的地方，是他在用蜂蜡建筑蜂房以前，已经在自己的头脑中把它建成了。”④ 卢卡奇高度赞扬马克思把目的论限定在劳动范畴中，并进一步指出，劳动是社会存在本体论的基础与核心。在他看来，劳动的这一特性是与社会存在的因果性和目的性相统一的规律密切相关的。

卢卡奇认为，劳动是具有目的性设定特征的活动，正是这样的活动，才使得人类突破了自然界的限制，进入了人类社会。“社会存在的

① 陈学明. 卢卡奇的社会存在本体论. 湖北社会科学，1989 (7).

② 袁一达. 卢卡奇晚年三大理论创新. 北京：北京大学，2002.

③ 卢卡奇. 关于社会存在的本体论：上卷. 重庆：重庆出版社，1993：328.

④ 马克思，恩格斯. 马克思恩格斯文集：第 5 卷. 北京：人民出版社，2009：208.

出现是（可以从容地说，首先是）人类的一个根本转变，在这个转变中，存在形式的过程性改变第一次出现了主体和客体。"① 在人类出现以前，存在物没有主体与客体的差别，整个自然界按照因果关系变化发展着，而在人类出现以后，人的劳动实践使主体与客体区别开来，自然存在成为人有目的的实践活动的对象，社会存在的变化发展就要受到因果性和目的性的双重制约。因此，是"劳动把目的论和因果性之间的以二元论为基础的、统一的相互关系引入存在之中"②，人类社会的本质就是"人的有目的的行动，也就是劳动"③，正是在劳动中，社会存在形成了自己特定的规定性。

（3）人类发展的双重内涵——合类性和个性。

卢卡奇不仅从社会存在的角度探究社会的发展规律，而且从人类学的角度研究了人的发展问题。他的人类学集中体现在对人类发展双重内涵的论述中，认为人类的进步体现在同时进行的两个方面，即走向个体与人类整体发展的和谐统一和个性的形成，从而丰富和扩展了马克思主义的人性理论。

第一，合类性和个性的内涵。

如前所述，自然界和社会的发展是一个从无机存在过渡到有机存在再发展到社会存在的过程。与此相适应，"类"也经历了从客观确认的合类性到无声的合类性再到人的合类性的发展过程。与无声的合类性直接以生物学为基础不同，人的合类性以劳动和语言为中介，从一开始就扬弃了这种直接性。也就是说，卢卡奇是从劳动和语言的角度把握"类"的。人的合类性问题就是人在劳动过程中不断社会化的问题。他指出，随着生产力的发展，自然限制不断退缩，人逐步摆脱自己的生物性向社会性转变的趋势是不可逆转的。也正是在这一过程中，人蜕去了他的自然外壳，从自然存在上升到社会存在，成为历史过程的名副其实的社会存在物。

个性是个体对生活（日常生活）所提出的选择做出反应的一种独特综合④。"一个社会愈是发达，它就愈是要求每个社会成员作出较为多

① 卢卡奇．社会存在本体论导论．北京：华夏出版社，1989：267.

② 卢卡奇．关于社会存在的本体论：上卷．重庆：重庆出版社，1993：11.

③ 卢卡奇．卢卡奇自传．北京：社会科学文献出版社，1986：203.

④ 袁一达．卢卡奇晚年三大理论创新．北京：北京大学，2002.

样的个人选择。”[①] 卢卡奇指出，社会的发展使人们日益面临着多样的选择，每个人只有形成作为个性存在所特有的、内在的、充满活力的统一，才有可能把握这些选择。因此，统一的合类性并不排斥个人抉择的自由，反而会为个性的形成和发展提供基础和保障。但人的个性的形成与人的合类性一样，是一个漫长的经济、社会历史发展的过程，是社会化的产物。“个性是个人与社会的愈益纯粹的社会关系的结果。”[②]

第二，合类性和个性的关系。

合类性和个性相互作用、相辅相成，共同统一于社会历史发展的进程之中，即“类在个体中实现自身，后者在其生命过程中又实现着类”[③]。卢卡奇认为，社会历史由必然王国向自由王国迈进，要以必然王国为人的个性发展创造条件为前提，否则它就势必成为空想。同时，一个人只有有意识地在实践中不断形成、发展自己的个性，把类与个体的统一当作自己实现个性的需要的基准，才能彻底地克服无声的合类性的最后残余，成为真正的、具有完美个性的人类历史的积极主体。

在此基础上，卢卡奇进一步指出：合类性和个性的统一“只有在具体的和现实的日常的经济和政治斗争的基础上才能实现”[④]。人的合类性要最终彻底克服无声的合类性不是简单的一次性的行为，而是一个漫长而充满矛盾的过程，“是一个逐渐地、充满矛盾地发挥影响的过程”[⑤]。资本主义社会由于物化现象的普遍存在，个体和类之间陷入了一种无法扬弃的矛盾状态，只有到了共产主义社会，人的合类性和个性才能达到真正的统一。从这个意义上讲，卢卡奇指出，由于“每一种存在形式都是从世界历史的、作为历史的世界的伟大的不可逆转的过程中产生出来的”[⑥]，人的合类性和个性的真正统一也只能在世界历史的大背景下才能最终实现。

卢卡奇晚年才开始的社会存在本体论研究，对如何从整体上把握马克思主义哲学、系统地恢复马克思主义本体论的权威做了初步的尝试，尽管有诸多不完善之处，但仍不失为一份极有价值的马克思主义理论

---

① 卢卡奇．社会存在本体论导论．北京：华夏出版社，1989：60.

② 卢卡奇．卢卡奇自传．北京：社会科学文献出版社，1986：49.

③ 卢卡奇．关于社会存在的本体论：上卷．重庆：重庆出版社，1993：757.

④ 同①129.

⑤ 袁一达．卢卡奇晚年三大理论创新．北京：北京大学，2002.

⑥ 同①127.

遗产。

(四) 马克思主义美学理论体系

1963年，卢卡奇完成了《审美特性》一书，作为他计划写作的《美学》三卷本的第一卷。原定作为第二卷和第三卷的《艺术作品与审美态度》和《艺术是一种社会历史现象》，因他后期转入《关于社会存在的本体论》的研究而未能完成。因此，《审美特性》可以看作卢卡奇50年来从事美学研究的一个总结。在这部著作中，卢卡奇从日常生活的反映活动出发，在马克思主义哲学史上第一次形成了比较完整的美学体系。

(1) 审美观。

卢卡奇的审美观是一种地地道道的历史人道主义美学，他从日常生活的反映活动出发，强调主体在审美活动中的能动的反映作用，他把包含着普遍性的特殊性看作审美的结构本质，指出艺术形式把人提升到人的高度，总体美学的基本内核是对社会历史境遇中的人的完整性的关切。

第一，日常生活是卢卡奇美学思想的本体论基础。

在《审美特性》中，卢卡奇赋予日常生活本体论的意义。他指出："如果把日常生活比作一条长河，那么由这条长河中分流出了科学和艺术这样两种比现实更高的感受形式和再现形式。"① 在此基础上，他进一步指出，人与自然之间的物质交换——劳动，是日常生活的基础和本质。由此可以说，美的根源是劳动，美和一切艺术形式都是劳动的结果。人的审美感官和审美意识在劳动中深化和发展，而劳动本身包含的某些艺术性因素，则成为艺术生产的客观基础。

第二，反映论是卢卡奇美学思想的哲学基础。

卢卡奇指出艺术不是某种神秘的东西，而是现实的人对其日常生活(客观现实)的一种反映。审美反映的对象是与自然界进行物质交换的社会。在这里，人既作为审美对象存在，又作为审美反映的主体存在。审美反映绝不可能是直接存在的现实的简单再现。审美反映不是机械直观的，而是能动的，是反映现实与超越现实的辩证统一。卢卡奇坚持能

---

① 卢卡奇. 审美特性：第1卷. 北京：中国社会科学出版社，1986：1.

动的反映论的一个突出特点就是把审美反映的主观性提高到了一个相当的地位，在审美创造中提出了“没有主观就没有客观”的命题。一方面，在审美活动中，主观因素发挥着主导作用。主体通过对象激发自己的情感，引起情感的愉悦和满足，这是审美存在的前提。另一方面，审美活动是主体对客观外界的反映，但客观外界存在现象和本质两个层面。现象是表层的、偶然的和暂时的，而本质是深层的、必然的和内在的，需要人的主体性才能加以把握。“真正的艺术总是向深度和广度追求，它竭力从整体的各方面去掌握生活。”① 这就对艺术反映的整体性提出了要求，即发挥人的主体性，实现总体美学。可以说，正是人的主体性的存在，才使得审美活动中反映与被反映之间的互动、认识与历史之间的互动成为可能。

第三，蕴含着普遍性的特殊性是审美的结构本质。

在审美中，特殊性范畴是本质的普遍性和现象的个别性之间的媒介。“特殊性达到了个别性，不仅带有意义，而且充满意义；普遍性不再是个别性的一种先验希冀的目标，而是贯穿于它的各端，寓居于它的所有原子中，即由普遍的东西和个别的东西的单纯直接统一中形成实际的、有机的新范畴统一体——特殊性。只有它这个过程完成之后，审美才形成人类发展的实际的独立原理。”② 这种内在和外在的统一、本质和现象的统一正是特殊性范畴的要义。在此基础上，卢卡奇提出了“典型”的概念：典型就是现象和本质相统一的艺术载体，典型化过程就是个体把握时代的普遍性内容，并为这种新的内容提供一种新的形式的过程，也就是现象和本质相统一的艺术的具体化过程③。真正的艺术就是要“真实地再现典型环境中的典型人物”。从这个意义上讲，典型与否就成为衡量艺术品优劣的重要尺度。

第四，人道主义是卢卡奇美学思想的核心。

人的问题，特别是在资本主义世界普遍异化的条件下，恢复人性和人的尊严问题，一直是卢卡奇关注的中心问题。在卢卡奇看来，“形成

---

① 中国社会科学院外国文学研究所外国文学研究资料丛刊编辑委员会. 卢卡奇文学论文集（1）. 北京：中国社会科学出版社，1980：289-290.

② 卢卡奇. 审美特性：第1卷. 北京：中国社会科学出版社，1986：343-344.

③ 戴阿宝. 卢卡奇美学思想初探. 马克思主义美学研究，2000（4）.

真正的美和艺术的中心与内容的是有关人类的东西”①。人的审美活动是人性复归的重要标志，是扬弃异化的重要途径。“艺术的核心之点是人，是在同世界和环境打交道时塑造着自我的人。”② 因此，美学中的人道主义的魅力就在于它是对社会历史境遇中人的完整性的具体关切。它在社会历史中探究人的本质，并热衷于维护人的完整性，它以历史中人的完整与否来评价美，以美学中人的完整与否来评价历史。

（2）艺术观。

艺术是卢卡奇美学原则和审美理想的具体化领域，是总体美学建构的不可或缺的历史基础。

第一，艺术与意识形态的关系。

首先，卢卡奇指出意识形态对艺术具有持久的影响和先导作用，艺术的产生既是一定社会历史现实的反映，同时也是特定意识形态框架下的产物。“意识形态的东西最终规定着哲学和艺术的形成过程以及它们的持久影响。”③ 其次，艺术不是纯粹的意识形态形式。意识形态就其本质讲，是克服社会冲突的工具。艺术品的产生虽然受制于意识形态，但“在现实地解决经济和社会生活所提出的问题方面……哲学和艺术绝对无意而且也不能对经济本身以及与之相联系的、对其社会再生产必不可少的社会构造物产生直接的现实影响”④。因此，文学和艺术在历史发展过程中仅仅是起着比较次要作用的上层建筑。

第二，艺术与社会的关系。

从反映论的哲学基础可以看出，特定的社会历史是艺术产生的现实土壤，艺术是人对客观社会现实的能动反映。因此，艺术家的活动不是随心所欲的，必然要受到他所生存的时代、社会以及各种思潮的影响和制约，打上特定时代的精神烙印。美学的核心要义就是要发掘社会历史结构与艺术结构的对应关系，并指出这种对应关系的潜在历史性质。

在此基础上，卢卡奇指出，资本主义社会存在两种对立的艺术形态——现实主义和现代主义。前者以巴尔扎克式的现实主义和高尔基式的现实主义为代表，是在对分裂的社会进行审视和批判的基础上，展望

---

① 黑格尔．美学：第2卷．北京：商务印书馆，1979：163.

② 卢卡奇．关于社会存在的本体论：下卷．重庆：重庆出版社，1993：576.

③ 同①593.

④ 卢卡奇．历史与阶级意识．北京：商务印书馆，1992：570.

未来新社会，探求社会历史发展客观趋势的艺术形态。后者主要以自然主义、形式主义、表现主义和超现实主义等为代表。它从孤立的、静止的、抽象的人出发，试图用病态的描绘去拆除资本主义社会中异化条件下所产生的畸变，使人们在灵魂的曝光中得到一种暂时的解脱和逃避。但它把病态本身绝对化，把资本主义社会看成是人类唯一的生存状态，失掉了远景透视感，即深入的历史总体感。因此，卢卡奇大力赞扬现实主义，对现代主义则持完全否定的态度。

第三，艺术的功能。

首先，艺术具有认识论功能。卢卡奇指出，在资本主义社会两大阶级对立和普遍异化的条件下，艺术的一个基本的功能就在于充分地揭示资本主义社会的总体性，进而揭示社会历史发展的必然趋势。“伟大的现实主义所描写的不是一种直接可见的事物，而是在客观上更加重要的持续的现实倾向……它还认识和刻画一种在刻画时仍处于萌芽状态、其所有主观和客观特点在社会和人物方面还未能展开的发展倾向。”① 也就是说，文学艺术不仅要反映已经在历史发展过程中成熟的或体现完整的历史的总体性，同时还要反映那些正处于“萌芽状态”的新生事物和发展趋势。

其次，艺术具有伦理学功能。这一功能主要体现在艺术家的使命与责任中。艺术家要自觉地把批判精神变为其主导精神，在文学艺术作品中，要敢于揭露各种物化现象的实质，使人在错综复杂的现象中不断逼近世界的真相，确证自己的本质，追求历史的总体性，实现总体美学。

卢卡奇以马克思主义唯物史观为立足点，从日常生活的审美反映出发，以人道主义为核心构建了他的现实主义的总体美学理论体系，为发展马克思主义美学和文艺理论做出了巨大的贡献。但他的美学思想也存在一定局限性，如对总体性的过分依赖，以及把历史绝对客观化的倾向导致了他在一些理论问题上的困境；他全盘否定、批判现代主义，也在一定程度上背离了艺术的本质。尽管如此，卢卡奇的美学理论对现代欧洲还是产生了重大的影响，它开创了西方马克思主义文艺、美学理论的先河，成为 20 世纪马克思主义文艺、美学理论的最重要代表之一。

---

① 中国社会科学院外国文学研究所外国文学研究资料丛刊编辑委员会．卢卡奇文学论文集（2）．北京：中国社会科学出版社，1981：22.

六、布达佩斯学派的主要思想

当年卢卡奇的弟子们曾组成“布达佩斯小组”，其主要成员为赫勒、费赫尔、马尔库什、瓦伊达等。赫勒等人继承发展了卢卡奇早期的思想，但对卢卡奇晚年的创新则持保留态度。

布达佩斯学派的研究涉及哲学、社会学、伦理学、美学等十分宽泛的领域，他们的主要理论口号是：“回到马克思”“回到卢卡奇早期著作”“社会主义的理论反思”“社会主义的人道化”。其中，最能反映他们理论建树的是其人道主义的社会批判理论，也正是由于这方面的探讨，才使布达佩斯学派在当代新马克思主义思潮中占据重要地位，并获得了一定的国际声誉。其主要思想包括以下几个方面：

（一）人本主义思想

布达佩斯学派主要探讨人的本质、人的主体性、人的存在等问题。他们指出，人的本质在任何时代都离不开“劳动”“社会性”“意识”等特点；他们把劳动（对象化）、社会性、自由、意识、普遍性等方面置于人不断生成、发展的历史中，具体而不是抽象地探讨人的本质；他们从个体存在与类本质之间的分裂和矛盾来理解异化现象。其中，最具代表性和影响力的是马尔库什的《马克思主义与人类学》，马尔库什把马克思的人类学理解为一种专门思考“人的本质”问题的哲学人类学，提出当人或机构把另一些人视作或用作手段时，异化就必然存在。

（二）激进哲学与激进民主制

布达佩斯学派是在探讨人类需要的结构的基础上，提出激进哲学与激进民主制的。因此，要阐明激进哲学与激进民主制的内涵及其必要性，首先应该探讨其“基本需要革命构想”。

第一，基本需要革命构想。

关于“基本需要革命构想”，最具代表性的观点是赫勒的“人类需要论”。她以“需要、价值和生活方式的多元性”为逻辑起点，提出“基本需要革命构想”。在赫勒看来，“除了那些剥削、压迫他人的畸形社会需要，人的纯粹的工具的需要外”[①]，所有人的所有需要均应得到承认与满足。但现存历史条件下的人身依附关系，存在“对需要的专政”，社会并不具备满足人类的多元需要的条件。“基本需要革命”就是对现存社会中的需要结构进行改造，进而建立一种新的需要结构，为不同的需要和需要系统创造平等的机会，这种新的需要结构将脱胎于未来的联合生产者共同体。

第二，激进需要与激进哲学。

要实现“基本需要革命”，就必须满足“激进需要”。“激进需要”是指那些产生于现存的以依附和统治为基础的社会之中，又无法在这一社会之中得到满足的需要，它以超越现存的以统治关系为基础的社会、消除把他人作为纯粹手段的需要为特征。在这种情况下，左派激进运动产生。为使左派激进运动切实满足激进需要，完成超越现存社会的目标，激进哲学应运而生。它是对现存以依附和统治为基础的社会进行的“总体批判”，旨在通过对人类需要结构的改造而达到人的个性的丰富及其与合类性的统一，使“世界成为人类的家园”。

第三，“第三条道路”——激进民主制。

在研究“激进需要”与激进哲学的基础上，布达佩斯学派对当代资本主义和社会主义进行了总体分析批判，并在此基础上提出了超越现存资本主义和社会主义的“第三条道路”——激进民主制。它是资产阶级形式民主的完成，其核心是个体自由和平等参与社会（包括经济领域）决策的权力。它使财产的占有权和使用权相分离，实现了“对私有财产的积极扬弃”，因此，以非资本主义的市民社会为核心的混合经济和民主国家成为它的基础和前提。接着，他们通过进一步分析指出，工人的自治、集体所有与合作生产可以有效地促进经济领域民主决策的实现，因此，实现激进民主的社会就必然是一个“自治的社会”，它使人类各种需要得以平等地广泛地表达，从而为人类新的需要结构的确立奠定基础。当然，布达佩斯学派也承认，激进民主只是把人从政治经济的不平等中解放出来，是人类解放的一种有限形式，其宗旨不在于消除一切社会冲突，而在于提供社会稳定，防止个人在行使自己权利时妨碍他人的平等权利。因此，自由、公正和终止磨难是其伦理规范的核心。

① 勒德雷尔．人的需要．沈阳：辽宁大学出版社，1988：236.

（三）日常生活的人道化

在布达佩斯学派看来，要实现现存社会民主化和人道化，不仅需要在宏观层面推进激进民主制，而且需要在微观层面进行变革，即实现日常生活的人道化。

第一，日常生活的内涵。

赫勒把日常生活定义为由语言、对象和习惯等规则系统所维系的、重复性思维和重复性实践在其中占主导地位的自在对象化的领域。其中，语言、对象和习惯是人类存在不可或缺的基础，即“人类条件”；重复性思维和重复性实践是日常生活内在的一般模式，是个体和社会存在的前提，但它抑制创造性思维和创造性实践的产生，导致个体创造力的萎缩和社会进步的缓慢。因此，它也使得整个日常生活的结构和图式具有抵御改变的惰性或保守性。

第二，日常生活革命与日常生活人道化。

由于日常生活结构和图式双重性特征的存在，即它一方面是人类存在必不可少的前提，另一方面又有保守、怠惰、阻碍个体的发展等弊端，赫勒在明确日常生活的结构和图式的基础上，进一步提出了日常生活革命的问题，以扬弃日常生活的双重性特征。她指出，日常生活革命或批判的任务不在于一般地抛弃迄今为止的日常生活结构和一般图式，而在于使之人道化，即扬弃日常生活的异化特征。具体而言，赫勒关于日常生活人道化的论述主要包括以下几个方面的内容：

首先，日常生活人道化的实质在于个性的生成，在于主体同类本质之间建立起自觉的关系，由自在存在转变为自为存在。在这里，赫勒用“特性”和“个性”两个范畴探讨日常生活主体的存在状态。前者反映类本质的发展和类的价值建立起自觉关系的个人存在状态，而后者代表了类本质的发展和价值，反映了个人同类本质建立起自觉关系的存在状态。她强调，在任何时候人都不可能完全摆脱特性而存在。因此，日常生活的人道化不在于摆脱自在的类本质对象化，而在于同类本质之间建立起自觉的关系，使日常生活成为一个相对开放的、自为的领域，从而超越其基本图式的自在性和惰性，最终扬弃异化。这时，个体就从自在的个体发展成为自由自觉的个体。

其次，在精神活动或思维活动层面，日常生活的人道化表现为日常知识的“自然态度”的改变。所谓日常知识，是日常活动主体所必备的支撑日常生活运行的知识，是一种缺少反思维度的“是什么”的知识，它抑制了主体的创造性思维，比较鲜明地体现了日常思维的重复性特征和日常生活图式的自在性特征，赫勒把它称为第一性或给定的“自在的”态度，而把科学和艺术这种反思性的、能够体现人创造性思维的态度称为第二性的或“自为的”态度。并指出日常生活主体由“自在的”自然态度转向“自为的”态度是日常生活人道化的基本要求。

最后，在个体活动层面，日常生活人道化体现为日常交往的人道化。在赫勒看来，日常交往关系可以反映一般社会关系的程度。由于日常生活世界是一个相对狭窄的、直接给定的环境，因此，这一相对封闭的、狭窄的领域反映出的日常交往就具有自在性和自然性，抑制了自由个体的生成。基于此，赫勒认为日常生活人道化，要以建立平等、自由和人道的交往模式为目标。总之，日常生活人道化的宗旨是自由个体的生成，是日常生活变成“为我们的存在”。赫勒指出，“自为的”个性体现着在个人的一生中对人的能力的发展所能达到的可能性，它不可能在一般的社会生活中生成，而要依赖于日常生活的人道化途径。当日常生活转变为人道化个性生成的积极场所的时候，自在的日常生活也就必然地转变为“为我们的存在”，人类才是在过有意义的生活。

布达佩斯学派从马克思主义的人本主义思想出发，从激进民主制和日常生活革命两个层面建构起了自己的人道主义社会批判理论，为人类的未来勾勒了人道主义的和民主的美好前景。虽然在他们的理论与现实之间缺少实际可操作的层次，但仍然为我们反思现存社会问题提供了一个独特的视角和思路。

在这里，需要特别强调的是：真正能代表匈牙利布达佩斯学派主流方向、学术成就的，主要是卢卡奇，尤其是其晚年四大理论创新；赫勒等卢卡奇的弟子们，学术上也成一家之言，有所建树，但远未达到卢卡奇晚年四大理论创新的水平，甚至还公开表明了对此持根本保留态度，要求“回到早期卢卡奇”，这就偏离了 20 世纪马克思列宁主义发展的正确方向。

第十一章　波兰等国的马克思主义理论研究

波兰不仅是东欧最大的国家，也是中世纪大学传统、哲学传统最早、最深厚的国家。战后波兰马克思主义发展、波兰新马克思主义思潮在整个苏东马克思主义史上，可谓别开生面、独具特色，具有不可忽视的重要历史地位。民主德国、保加利亚、捷克斯洛伐克、罗马尼亚等东欧国家的马克思主义研究也各具特色，在 20 世纪下半期苏东马克思主义发展史上，同样书写了各自不可磨灭的历史篇章。

一、战后波兰马克思主义发展过程

战后波兰马克思主义发展史，分为波澜起伏的三个阶段：一是 20 世纪五六十年代波兰的辩证逻辑研究，二是 20 世纪六七十年代雅罗舍夫斯基与沙夫、科拉科夫斯基等人的人学之争，三是 20 世纪七八十年代沙夫人学理论曲折的历史命运。下面我们先分别对其做出历史考察，然后再进行专题研究。

（一）20 世纪五六十年代波兰的辩证逻辑研究

在 20 世纪上半期，波兰的利沃夫－华沙学派（Lwow-Warsaw School）在研究形式逻辑方面取得了相当的成果。20 世纪下半期，这一研究方向得到进一步发展。波兰学者们的研究涉及广泛的领域：归纳逻辑、数理逻辑、问题逻辑、法律逻辑、逻辑史以及逻辑真理问题、语义学问题等等。在吸取利沃夫-华沙学派研究成果的同时，波兰的马克思主义哲学家还批判了这个学派所奉行的逻辑实证主义。1945—1955 年，他们就辩证逻辑和形式逻辑的关系、辩证逻辑矛盾和形式逻辑矛盾的关系等问题与旧学派的代表展开了争论。在争论中，他们批判了建立所谓"形式的辩证逻辑"的意图，阐明了辩证矛盾概念与形式矛盾概念的本质区别。经过争论，多数学者认为，无论从形式逻辑的观点还是从辩证逻辑的观点看，对立统一规律都不会导致两种对立的融合。

在这方面，波兰马克思主义学者发表了一系列颇具特色的学术著作，如爱裘凯维奇的《实用逻辑》、齐姆宾斯基的《应用逻辑》、鲁布尼基的《正确思维的科学》、格泽哥尔楚克的《数理逻辑概论》、斯卢帕基等的《数理逻辑与集合论原理》、格列哥罗维奇的《法学家的逻辑概念》、科达尔宾斯基的《逻辑史讲义》等。

这一问题的争论引出了阐明辩证逻辑的必要性。哲学家 Я. 拉多什区分了辩证逻辑与辩证方法，把辩证逻辑看作辩证法的形式，认为它是"研究概念思维规律的理论"。对辩证逻辑的研究深化了对辩证唯物主义认识论及辩证法的理解。波兰学者通过由抽象到具体的方法，分析了认识中的相对稳定的因素，讨论了语言与现实、反映与实践以及相对真理与绝对真理的相互关系问题。

（二）20 世纪六七十年代雅罗舍夫斯基与沙夫、科拉科夫斯基等人的人学之争

人的问题是波兰马克思主义哲学的研究焦点，在这个重大哲学问题上，形成了两大哲学流派：一派是先后以科拉科夫斯基（五六十年代）、沙夫（七八十年代）为代表的，带有西方新马克思主义色彩的波兰哲学人文学派；另一派则是以雅罗舍夫斯基为代表的马克思主义人论学派。

人文学派的主要代表沙夫的观点是：人是马克思社会主义的出发点，也是它的终点、它的目的。马克思的人本学是马克思主义的核心内容，是理解马克思主义哲学和经济学的全部关键，是马克思主义原有内容的重新发现。马克思主义是真正的人道主义、战斗的人道主义、乐观的人道主义，马克思主义的人道主义的最高价值目标，是个人的幸福，

是最大限度地扩大个人自由，使人的个性得到充分发展，因而，应当把“人道主义的社会主义”和“社会主义的人道主义”作为马克思主义和社会主义的中心口号。为了达到这个价值，就要消除异化，承认人是至善的，为改变贬低人的社会关系而斗争。这种异化不仅存在于资本主义制度中，在高度集中的苏联模式下，官僚主义制度势必也会产生异化现象。共产主义运动目前处于危机之中，在“现实社会主义”中，社会生活的一切形式无不受到官僚机构的控制，其官僚化程度比资本主义社会有过之而无不及。马克思主义、社会主义都处在十字路口，需要重新建构一个在社会主义经济结构上具有社会主义性质、政治上具有民主性质、其本质是人道的社会主义。今天靠社会主义自身的改革已是无济于事，只能靠发达资本主义国家在将来建立起一种民主社会主义模式，反过来影响现有的社会主义国家。

沙夫的上述哲学观点是逐步形成的，中间经历了不少剧烈的变化。他于 1945 年在莫斯科获博士学位，从 1948 年起任华沙大学教授，1951 年当选为波兰科学院院长，1955—1968 年曾担任波兰统一工人党中央委员会委员。1968 年，被开除出中央委员会，1984 年，被开除党籍。20 世纪 60 年代前，他曾经坚决维护社会主义的苏联模式和“左”的教条主义，60 年代以后，他的哲学观点发生剧烈变化，特别突出地强调人、个人、人道主义在马克思主义、社会主义中的核心地位，成为波兰哲学人文学派的主要代表人物。80 年代以后，他对波兰及现实的社会主义前景表示悲观，但仍自称为一个“开放的”马克思主义者。他在人学方面的主要代表作有：《人的哲学：马克思主义与存在主义》（1961）、《马克思主义与人类个人》（1965）、《作为社会现象的异化》（1977）、《人道主义与语言哲学》、《处在十字路口的共产主义运动》（1981）等。

与之对垒的马克思主义人论学派主要代表是雅罗舍夫斯基，他从 20 世纪 60 年代起，担任波兰社会科学院哲学和社会学研究所所长，是波兰当代知名哲学家。他的哲学思考，愈来愈集中到人的问题上来，先后出版了三部具有国际影响力的学术专著：第一部是《个人与社会》，出版于 1973 年，试图纠正抽象地谈论个人或社会的两个极端；第二部是《对实践的思考》，出版于 1976 年，进一步为人论研究开拓了马克思主义的实践论哲学基础；第三部是《对人的思考——马克思主义人论和社会主义的人道主义原则》，旨在提纲挈领地概括马克思主义人论的基本观点，并回答当代社会主义实践中有关人论的迫切问题。库钦斯基 1976 年出版的著作《人是创造者——人的辩证法绪论》，也是人论学派的代表作之一。

以雅罗舍夫斯基为代表的马克思主义人论学派同以沙夫为代表的波兰哲学人文学派进行了激烈的论战。他们在人的问题上，针锋相对地提出了一系列学术观点：马克思主义的出发点，绝非鲁滨孙式的抽象孤立的个人，而是人的社会实践活动。在这种实践活动中，个人与社会发展的相互制约性是辩证唯物主义唯一可能的出发点。马克思主义的人性论绝对不是一种简单不变的抽象概念，必须借助于综合方法来把握人性三重性的统一——人所特有的生物性、人的社会性、人的历史性，尤其是马克思的人性的历史性概念，使人性理论发生了根本革命。绝不应把马克思的人道主义淹没在一般的人道主义抽象讨论中去，马克思主义的人道主义超越前人的本质特征在于它第一次把社会结构的严格科学分析同人道主义的最高理想目标结合在一起；这种新型人道主义的全新性质在于马克思深入考察了人的主体性问题，提出了新的主体性观。个性的完善、个人的幸福，不是单纯的个人行为，它取决于社会关系的革命改造，而现实社会主义提供了这种现实的可能性；现实社会主义正在为人的发展提供有利条件，使人道主义梦想成真，社会主义的管理方式正在不断完善，整个社会的民主制度正在进一步深化。

波兰哲学人文学派较早地提出了社会主义体制与个人的关系问题，揭示了波兰战后现实社会主义中的尖锐矛盾，触及了苏联僵化模式的某些根本弊端，在历史上曾经起到一定的积极作用。但是，他们对马克思主义的出发点和实质的理解，带有抽象人道主义性质，而对于现实社会主义中的人的关系则采取了否定性的大批判态度，未能积极地建设性地解决波兰以及整个现实社会主义的迫切问题，特别是体制更新与经济建设问题。

马克思主义人论学派比较忠实于马克思主义的人学理论，旗帜鲜明地主张维护和改进社会主义制度，对当代波兰与世界的人学问题也做了一定程度的创造性探索。但是，他们“批判有余，建设不足”，未能正视苏联僵化模式给现实社会主义带来的深刻矛盾，对于战后波兰社会主义一次又一次陷入危机的深刻根源缺少应有的理论分析，更缺少足以支撑体制改革的理论创新，因而同样未能真正指出人的解放的现实途径。

（三）20世纪七八十年代沙夫人学理论曲折的历史命运

在波兰哲学界，沙夫的思想特别引人注目，他以在研究人道主义和异化问题上的大胆而鲜明的观点著称。他宣称，马克思主义的人本学即关于人的学说，是“马克思主义原有内容的重新发现”。在他看来，人本学是马克思主义的核心内容，是理解马克思主义哲学和经济学理论的全部关键。因而沙夫系统地研究了人的学说，其中包括人的本质、人的产物及其异化、人的自由而全面的发展等问题。他提出，马克思主义人道主义的目的就是要最大限度地扩大个人自由，使人的个性得到最完美的发展。而要做到这点，就必须消除异化。私有制的消灭奠定了一切社会进步的基础，但异化并不会随着私有制的消灭而自动消亡。在社会主义条件下，由于商品生产和社会分工的存在、国家和官僚制度的存在、三大差别的存在，异化现象不会消除。因此，在社会主义条件下，也要为克服异化而进行不懈的斗争。

沙夫先后以人学研究为主题，出版了一系列有分量的学术著作：《马克思主义与人类个体》《结构主义与马克思主义》《人道主义与语言哲学》《人的哲学：马克思主义与存在主义》《作为社会现象的异化》等。

由于沙夫的思想锋芒触及了波兰社会主义条件下的官僚制度、异化现象、体制危机等问题，沙夫本人一度受到不公正对待，被开除党籍，被迫出走国外，直至20世纪80年代才恢复党籍与名誉。

二、兰格的社会主义政治经济学

波兰新马克思主义的理论先声是兰格的社会主义政治经济学。虽然波兰新马克思主义主要勃兴于哲学领域，但伴随着1956年波兰危机的爆发，马克思主义和现实的社会主义面临的最急迫的挑战，首先来自经济领域，建设波兰模式的社会主义首先在经济领域展开。正如弗兰尼茨基所说：“社会主义关系的结构问题，以及经济政策和管理体制问题，自然成了首先面临的问题。”[①] 因此，从时间上看，兰格的社会主义经

① 弗兰尼茨基. 马克思主义史：第2卷. 哈尔滨：黑龙江大学出版社，2015：374.

济理论成了波兰新马克思主义思潮的先导，兰格也被视为“波兰新马克思主义的先行者”。

奥斯卡・兰格（Oskar Lange，1904—1965）是战后波兰最著名的经济学家，曾在美国密歇根大学任教，熟悉资本主义经济学理论和政策，并于 20 世纪 30 年代开始积极探索社会主义经济理论。兰格因参与第一次世界大战后某些知名的资产阶级经济学家与社会主义者之间关于社会主义制度下经济运行机制和资源配置问题的探讨而蜚声国际。1956 年 12 月，兰格与博勃罗夫斯基（C. Bobrowski）共同领导政府经济委员会，为国家经济建设提供咨询。随着个人研究的深入和社会主义经济实践的推进，兰格创立了自己的社会主义政治经济学，并提出社会主义经济运行的具体方案。

兰格认为，在社会主义经济建设中应该发挥经济规律的作用。他提出，社会主义政治经济学的理论前提，是社会主义社会中存在着客观的经济规律。社会主义社会应遵循历史唯物主义的一般规律，同时，也应服从特殊的经济规律。一方面，兰格指出，在社会主义社会中依然存在生产力发展与制约性生产关系之间的矛盾、经济基础与上层建筑之间的矛盾，只是这些矛盾不属于阶级斗争，因而表现为非对抗性的矛盾。然而，这并不意味着这些矛盾不会加剧。由于多种社会阶层的存在，在社会主义发展过程中也会因经济基础的新需要与陈旧的上层建筑的矛盾，引发一定既得利益阶层的反对，从而使社会改革举步维艰。另一方面，兰格强调经济规律在社会主义社会依然有效。他按照经济规律与社会主义生产方式之间的联系，划分了四种社会主义经济规律：第一种规律是在每一个社会经济制度中都发挥作用的关于生产和再生产的规律。第二种规律是由社会主义生产关系所决定的社会主义生产方式的特殊规律。其一，生产关系决定生产资料的使用目的。在资本主义社会是追求私人利润，而在社会主义社会是满足全社会的需要。其二，生产关系决定人们活动的社会相互作用的形式。在资本主义社会采取的是竞争、垄断的形式，在社会主义社会则采取计划性指令的形式。兰格所谓的计划性的经济活动，是指社会主义社会有意识、有目的地引导整个经济生产过程。他强调，社会主义社会的经济规律绝不是自发的，而是通过有意识的指导发挥作用的。第三种规律不是每一个社会都起作用的一般规律，也不是特定生产方式下的特殊规律，而是在几种生产方式中起作用的经济规律，比如价值规律。因为社会主义生产仍然是商品生产，所以价值规律在社会主义经济中仍然发挥作用。第四种规律是与社会主义经济管理的上层建筑模式相适应的规律，随其变化而发生变化。兰格认为，管理社会主义经济的方法不仅历史地、地域地发生着变化，还会产生各自特有的经济规律。由此，必须关注社会主义经济中的机会与激励机制问题，而且国家在社会主义经济上的构建与指导作用也必须予以特别考虑。

兰格针对社会主义革命的特点，重点分析了国家在社会主义经济中的作用。他指出，社会主义革命不同于资本主义革命，后者爆发时资本主义生产关系已经得到了充分发展，而社会主义大都产生在不发达的国家，通过建立无产阶级专政废除资本主义生产关系建立社会主义生产关系。因此，现实存在的社会主义国家生产关系主要依赖国家政权的作用。具体来说，在社会主义经济建立和发展的初级阶段，国家的超经济力量将起主导作用，促进生产关系从资本主义向社会主义的转变。随着社会主义社会经济规律作用的日益增强，国家的作用才会逐渐弱化，被经济规律取代。从共产主义社会的长远前景来看，经济管理组织与国家政治权力会逐步分离，为旧的国家机构的“消亡”准备条件，社会主义社会必然从“人的统治”转向“物的管理”和“生产过程的指导”的有组织的社会①。

总之，兰格主张运用经济规律为社会主义经济建设服务，并试图通过先进的计量经济学和经济分析方法，为波兰建立自己的社会主义经济模式。他倡导实行分权、灵活的计划经济，使中央计划与分散管理相结合，发展中央计划领导下的工人自治和农村合作自治。在 20 世纪 60 年代，兰格还发表了《计算机和市场》等论著，探索计算机和市场在社会主义经济中发挥作用的新问题。尽管波兰现实的社会主义经济建设并没有完全采纳兰格的理论，但他却是最早自觉思考和探索社会主义经济理论和市场机制的经济学家，对开启后来的市场社会主义理论以及对东欧新马克思主义都产生了积极影响。因此，从一定意义上可以说，兰格是波兰新马克思主义在经济学领域的开拓者。

---

① TADUESZKOWALIK. Economic theory and market socialism selected essays of Oskar Lange. Edward Elgar Publishing Limited，1994.

三、沙夫的人道社会主义批判理论

沙夫的难能可贵之处在于始终坚定马克思主义信仰，坚持科学对待马克思主义的批判精神，并在思考人、异化、社会主义等重大问题上积极捍卫马克思主义的人道主义。沙夫曾是波兰公共生活中的标志性人物、波兰统一工人党重要成员，也曾经简单地批判非马克思主义哲学。但正如弗兰尼茨基指出："渊博的学识和在所有这些问题上持坦率的态度，使沙夫能够从马克思主义的立场出发，在解决这些可以阐明人的本质和生存的一个重要方面的哲学问题上，迈出了若干意义重大的步伐。"① 1956 年波兰"十月事件"之后，波兰国内出现了对马克思主义的失望情绪，存在主义开始流行。在这一背景下，沙夫开始反思人的问题及其在马克思主义中的地位。这一时期，他出版了《人的哲学：马克思主义与存在主义》和《马克思主义与人类个体》。

在《人的哲学：马克思主义与存在主义》中，沙夫指出人的命运是哲学研究的对象："马克思主义就是从这个问题开始开创自己的发展道路的，并且如果人们正确地理解社会主义，即把它看作是人类的事业，就会知道，马克思主义是必须指向这个问题的。"② 沙夫一再强调人的问题和人道主义立场是马克思主义理论的传统内容和题中之义，在马克思主义理论中占据核心地位。

进而，在随后出版的《马克思主义与人类个体》一书中，沙夫阐释了马克思主义的作为具有类特征的个人，首先是自然存在物；其次，作为具有类特征的个人主要是社会历史存在；再次，个人是自我创造的产物，劳动和实践是个人的本质特征；最后，马克思主义的个人概念还包含个性要素，人的个性是其历史地形成的情感、意志、偏好等等的独特性与社会性的统一③。通过对马克思主义个人概念的重新发现和精细分

---

① 弗兰尼茨基．马克思主义史：第 2 卷．哈尔滨：黑龙江大学出版社，2015：390.

② 沙夫．人的哲学：马克思主义与存在主义．北京：生活・读书・新知三联书店，1963：52.

③ 张笑夷．关于社会主义人道主义的理论探索：亚当・沙夫的社会主义思想研究．学术交流，2015 (7).

析，沙夫揭示了个人的社会性及其与社会关系的相互作用，强调马克思主义的社会主义的出发点是个人。这个“个人”是现实的、具体的个人，是通过劳动和实践参与社会生活，并在这个过程中自我创造、成为历史创造者的个人，为分析人及其现实生活中的社会关系和人道主义的现实矛盾奠定了基础。

在《作为社会现象的异化》（1977）一书中，沙夫创造性地阐释了马克思的异化理论。他认为，马克思的异化理论对人类现实问题具有独特的解释力和批判力，它不仅适用于对资本主义社会中人的问题的分析，也适用于对“苏联模式的现实的社会主义”中人所面临的社会问题和生存困境的分析。沙夫指出，如今，首要的不是宗教异化，而是社会异化，它包括客观异化、人类活动结果的异化和主观异化——人在与他人、社会及自我的关系中的自我异化。作为第二种形式的自我异化的问题，变得尤为惨痛和突出，特别是在第一次世界大战和第二次世界大战之后愈演愈烈。与资本主义总体危机和残酷战争相关的事件，达到历史前所未有的程度与影响，传统价值体系的崩溃影响了宗教信仰，作为对社会主义革命的回应，极权主义、法西斯主义反革命活动以拒绝个人基本权力的恐怖政权为基础，扭曲了社会主义的发展，尤其是对人的态度。新军事技术的发展给人类造成了彻底灭绝的威胁——这一切将关于人及其生命质量的争论推到了风口浪尖，成为现代文明不得不面对的重大问题①。沙夫深刻地剖析了“苏联模式的现实的社会主义”的各种异化现象，就客观异化而言，主要包括以国家、政党和官僚体制为主要方面的社会制度的异化和自然的异化。就主观异化而言，沙夫主要分析了人性的异化。沙夫坚信社会主义社会有扬弃异化的可能性，而且扬弃异化是社会主义的历史使命。因此，他始终坚持用马克思主义的人道主义精神，积极探索社会主义理论，把社会主义的人道主义作为毕生的追求和无悔的事业。沙夫提出，“社会主义的理想是和人道主义的观念密切联系着的”，社会主义作为一种理想，乃是这种人道主义的彻底表现，同时也是人道主义理想的物质化的实现②。总之，他强调，社会主义的出发点和最终目的是人，其实

---

① SCHAFF A. Alienation as a social phenomenon. Oxford: Pergamon Press, 1980: 86.

② 沙夫. 人的哲学：马克思主义与存在主义. 北京：生活·读书·新知三联书店，1963：64.

质是社会主义的人道主义，即从马克思主义对人以及人与社会的关系的理解出发，以包括每个人在内的全体人的幸福为目标。作为一种关于人的幸福理论，社会主义就是谋求在“社会幸福”的方式中实现个人的幸福。

通过《人的哲学：马克思主义与存在主义》《马克思主义与人类个体》《作为社会现象的异化》等论著，沙夫以马克思的个人概念和异化理论为依据，以人的问题为核心，在批判苏联模式的现实的社会主义基础上，提出了以社会主义的人道主义为终极价值和理想的社会主义理想。他的理论凭借对马克思主义人的哲学的呼唤、对异化理论和社会主义人道主义立场的系统阐发、对未来社会主义的理论探索及其理论的国际影响力，而在东欧新马克思主义乃至20世纪马克思主义的社会主义理论中占据重要地位，从而推动了马克思主义人道主义的复兴。当然，他的理论不可避免地存在一些局限性。比如，尽管他呼唤人的哲学，但是对人的问题分析的形而上层面略显不足；尽管他也重视并强调日常的社会主义建设和人们的思想意识问题，但在其理论中对此没有深入分析和系统阐释；他的理论体系过度倚赖人道主义因素，以至于他的社会主义思想的科学基础显得有些薄弱；等等①。但是，无论如何，我们应该承认，沙夫是在东欧新马克思主义者中较早强调人的问题和人道主义立场是马克思主义理论的传统内容和核心内容，甚至将其视为马克思主义思想的总问题的马克思主义理论家。相比于其他东欧新马克思主义代表人物将马克思主义人道主义相对剥离出来并加以系统化，这无疑是沙夫最大的理论贡献之一。

虽然波兰新马克思主义理论家最后几乎都逃脱不了被迫离开祖国的命运，但他们在西方世界获得了较高的声誉，产生了重要影响。沙夫20世纪60年代因与波兰党中央关系恶化而辞去了有关领导职务，之后到维也纳任社会科学欧洲中心理事会主席，1972年后成为罗马俱乐部最高成员之一，1980年担任罗马俱乐部执行委员会主席，并在国外一些大学任客座教授。

---

① 张笑夷. 关于社会主义人道主义的理论探索：亚当·沙夫的社会主义思想研究. 学术交流，2015（7）.

四、科拉科夫斯基的《马克思主义的主要流派》三卷本

莱泽克·科拉科夫斯基（Leszek Kolakowski，1927—2009）是波兰著名的哲学家，东欧新马克思主义的另一重要代表人物。1927 年，科拉科夫斯基出生于波兰的腊多姆，第二次世界大战结束后在罗兹读大学，1946 年加入波兰共产党。1948 年，他开始在罗兹大学担任逻辑课助教，第二年成为波兰最主要的哲学杂志——《哲学研究》的主编。1953 年，科拉科夫斯基获得华沙大学博士学位，先后成为该校讲师、现代哲学史教授和现代哲学教研室主任。在西方哲学史方面，特别是对中世纪哲学、基督教哲学、斯宾诺莎哲学研究方面，科拉科夫斯基有很深的造诣，对于分析哲学、欧洲大陆哲学的传统也很熟悉。

1956 年，苏共二十大召开，对斯大林个人崇拜进行的批判，使波兰的知识分子和青年学生受到鼓舞和触动，科拉科夫斯基的思想观点开始发生转变。紧接着，1956 年 6 月“波兹南事件”的发生，又进一步促成了科拉科夫斯基的思想独立，推动他由原有意识形态的论证者转变为苏联模式的批判者，开始对现存政权进行越来越激进的批判。与沙夫的经历不同，科拉科夫斯基自 1956 年之后就开始被划为修正主义者的代表，遭到官方的批判。1966 年，因为发表纪念“波兹南事件”的文章，他被开除党籍；1968 年，又被开除出华沙大学。此后，他离开祖国，开始先后在加拿大、美国、英国等地任教，成为国际上的知名学者。

科拉科夫斯基著作颇丰，他的思想观点主要集中表现在《别无选择的人》（1960）、《走向马克思主义的人道主义》（1968）、《马克思主义：乌托邦与反乌托邦》（1974）、《社会主义理想：一种重新评价》（1974）、《胡塞尔与寻求确定性》（1975）、《马克思主义的主要流派》（三卷本，1976—1978）、《宗教没有上帝》（1982）等著作当中。其中，《马克思主义的主要流派》一书影响最大，在出版后的几年时间中，就被翻译成几十种文字，在国际范围内产生了重大影响。《马克思主义的主要流派》包含三卷，科拉科夫斯基于 1968 年被解除华沙大学教授职务之后完成了第一卷，于 1970—1976 年在牛津大学任特约研究员期间完成了第二

卷和第三卷。

然而，不管西方世界把科拉科夫斯基的《马克思主义的主要流派》一书捧得多么高，这仍然是一部离经叛道的马克思主义史，根本背离了马克思主义根本立场与基本原理——在这个原则性的问题上，我们绝不应当含糊不清。

科拉科夫斯基对马克思主义两位创始人思想的内在分歧，乃至马克思本人思想内部所存在的矛盾倾向进行了分析，企图借此揭示马克思主义在当代分裂的思想史根源。具体来讲，主要包括两个方面：

一方面，主观夸大马克思和恩格斯思想的差别，制造“马恩对立论”。在科拉科夫斯基看来，造成马克思主义在后来阶段思想异化的原因，也就是导致列宁主义和斯大林主义产生的一个重要原因，是马克思主义经典作家的理论本身就存在着重要的理论对立。马克思和恩格斯虽然共同创立了科学社会主义的理论，但是就他们的思想本质而言，特别是在哲学立场上，二者的思想观点是存在严重分歧的，列宁主义以及后来的斯大林主义主要延续了恩格斯的思想传统，将马克思主义解释为一种物质主义和反映论的学说，将社会历史规律只是看作自然规律在社会历史领域的延续和拓展，因而，这样的一种理论淡化了人的色彩。

在这一点上，科拉科夫斯基是制造“马恩对立论”的始作俑者之一。他主要从四个方面论证了马克思和恩格斯哲学立场的不同：一是“人类本位主义”与“自然主义”的不同，二是“实践认识论”与“物质反映论”的差别，三是“哲学的没落”与“哲学将由于实现而被消灭”观点的不同，四是“无限进步论”与“宿命末世论”的区别。

科拉科夫斯基概括马克思和恩格斯在哲学立场上的差别，强调马克思和恩格斯虽然都表明了自身的唯物主义立场，但是，马克思的唯物主义具有较为“广义”的性质，他对“唯物主义”一词的使用总是指意识对社会环境的依赖，很难把马克思称作这种真正的唯物主义者。而恩格斯，科拉科夫斯基指出，他的唯物主义事实上在现象论和真正的唯物主义之间摇摆不定，他的自然辩证法思想虽然也包含正确的东西，但是并没有对科学的发展做出什么重大的贡献，相反，它在苏联时期被大肆宣传阐发为“辩证唯物主义”的哲学体系，一定程度上窒息了而非推动了科学的发展。科拉科夫斯基指出，在这方面，恩格斯并不是完全没有责任的。

另一方面，制造了“马克思主义科学”与“马克思主义意识形态”的根本对立，把从列宁主义开始的，乃至后来社会主义国家中的马克思主义，几乎一概斥为“虚假意识形态”。在他看来，正是由于赋予政党阶级智慧的功能对其进行了乐观主义的阐释，马克思主义才在这样一种错误认识的指导下不可避免地发生了异变，由一种科学的思想理论转变为一种“毫无错误的教条”，转变为一种“意识形态的谎言”，正是人们首先要顺从组织的压力，要以组织的意志为意志来进行科学研究，因此，在这一过程当中，科学发展所要求的客观性、理性检验以及不断修正等原则就不再能发挥根本性的作用，人们就不得不取消这些原则，由此，科学的发展就发生了异变，发生了与自身相悖的异化。科拉科夫斯基强调，现实“马克思主义的发展，使科学变成了神话，变成了一种抽去了理性精髓的可塑性材料”。

但是，科拉科夫基指出，非常明显的是，在现实社会主义国家当中，这种异质的、已经被意识形态化的马克思主义又恰恰是以科学的名义，打着科学的旗号来发展和进行自我宣传的。“马克思主义的发展是按照意识形态发展的典型格式实现的，不过根据它们的传统，它们总是披着科学的外衣，其目的是实现全部文化的意识形态化和绝对渗透，虽然这种意识形态早已不能同科学相匹敌，可是它还是在科学的口号下发挥作用。”科拉科夫斯基所指的、作为“科学的意识形态”的马克思主义，就是由列宁所强调和阐发的马克思主义。

科拉科夫斯基《马克思主义的主要流派》一书的批判矛头，首先指向列宁主义——20 世纪马克思主义的主流；科拉科夫斯基的批判矛头，更指向受列宁主义影响的一切社会主义国家中的马克思主义。科拉科夫斯基最后公开宣布“放弃马克思”不是偶然的。《马克思主义的主要流派》一书最终做出了否定马克思主义的历史结论与理论结论，该书不仅仅是概述马克思主义的哲学思想发展史，更重要的是对马克思主义的历史命运做出了批判性分析，分析马克思主义如何从“普罗米修斯式的人道主义”走向所谓的“斯大林主义”。毋庸置疑，我们不赞同他对马克思主义历史命运做出的结论。他认为，作为阐释性的体系，它死亡了，它已不能提供任何方法用来有效地阐释现代生活、预见未来或培植乌托邦规划。……现在，马克思主义既不解释世界，也不改变世界，它只是一套为组织各种利益而服务的口号。其中的大多数利益与马克思主义最初认为与其同一的利益相距遥远。在第一国际崩溃的一个世纪之后，一个能够保卫全世界被压迫人民利益的新国际的前景比以往任何时候都黯淡渺茫①。

我们今天应当如何对待马克思主义呢？对于这个问题的回答，科拉科夫斯基讲得更加悲观也更加露骨，就是“不能完善，只能摒弃”。

科拉科夫斯基一方面承认“马克思本人的学说确实提供了较多的精神食粮”，甚至认为它是“一种权威的包罗万象的真理体系，任何人只要肯钻研就能从中找到对一切事情的答案”；马克思学说的特点就在于“促进人们思索社会冲突范围内的文化现象，强调历史过程中的经济背景和技术背景，总的趋势是把所考察的现象置于规模宏大的历史潮流之中”。另一方面他又断言，马克思“既不能对从马克思时代起提出的哲学和社会科学问题提供答案，也不能对 20 世纪的人道主义化所发展的各种概念范畴作出统一的解释”。他虽然确认马克思主义“作为一个自圆其说的强有力的政治思想派别曾经起过作用”，但他又说马克思主义后来的发展，使自己完全孤立于世界其他思想体系之外。而现在它在思想史上仅仅居于若干重要贡献之一的地位。科拉科夫斯基特别攻击道：马克思主义在斯大林的解释下已凝结在专制主义的国家意识形态研究之中，变得僵化了。他据此认为，“马克思主义实际上已经消失了”，“在许多方面都已过时了”。他甚至攻击“马克思主义是本世纪最大的乌托邦”，“马克思主义将被证明在全部精神的生活领域中是最少有吸引力的意识形态”，是“为人与人之间采取暴行做辩护的哲学”。所以他得出的结论是：马克思主义“不能完善，只能摒弃”。马克思主义“作为一种解释的体系，它已经死了，它也不再提供任何能够有效地用于阐释现代生活、预见未来或孕育乌托邦规划的‘方法’”②。

五、波兰新马克思主义的其他重要学者

经济学家兰格、哲学家沙夫、思想史学家科拉科夫斯基、社会学家

① 科拉科夫斯基. 马克思主义的主要流派：第 3 卷. 哈尔滨：黑龙江大学出版社，2015：507.

② 黄楠森. 马克思主义哲学史：第 8 卷. 北京：北京出版社，1996：680.

鲍曼、巴奇科和教育学家苏霍多尔斯基，这 6 人可以作为波兰新马克思主义的主要代表人物。

他们代表了波兰新马克思主义思潮，乃至整个东欧新马克思主义的理论深度和思想高度。对于经济学家兰格、哲学家沙夫、思想史学家科拉科夫斯基，我们在前文中已经分别做了专题介绍，下面再对社会学家鲍曼、思想史学家巴奇科、教育学家苏霍多尔斯基做简要介绍，以窥波兰战后马克思主义发展的多重画面。

鲍曼是一位著名的马克思主义社会学理论家，1965 年出版了学术专著《马克思主义社会学概论》。在此前后，他还出版了一系列论著，提出了独具特色的、系统的社会学理论。鲍曼从 1972 年起移居英国，到利兹大学任教。他对大屠杀的社会学分析和现代伦理道德问题的研究为当代人类思想发展做出了重要贡献，曾获雅马尔费奖（Amalfi Prize，1990）和阿多诺奖（Theodor W. Adorno Prize，1998）等学术奖项，产生了较大的国际学术影响。

巴奇科是波兰著名的华沙思想史学派的代表人物，代表作有《人与世界观》（1965）、《20 世纪的哲学与社会学》（1965）和《波兰哲学》（1967）等。1968 年被华沙大学开除后他先后在法国克莱蒙费朗大学和日内瓦大学任教，著有《乌托邦之光》（1978）和《终结恐怖：罗伯斯庇尔之后的法国大革命》（1989）等学术专著。

苏霍多尔斯基是一位成果颇丰、独具特色的教育理论家，在教育如何促进人的自由全面发展等重大问题上，提出过一系列闪光思想。

苏霍多尔斯基也参与了马克思的人道主义问题的讨论。他的《文艺复兴的人道主义和马克思的人道主义》（Renaissance Humanism and Marxian Humanism）和巴奇科的《马克思与人的普遍性观念》（Marx and the Idea of the Universality of Man）都被收录在 1965 年弗洛姆主编的国际论文集《社会主义的人道主义》中。

虽然波兰新马克思主义哲学家们研究的着力点各有侧重，激进地反对教条主义理论，各具特色，甚至观点上存在很大差异，但他们有一个共同的理论精神追求。波兰新马克思主义就是在这一精神的指引下，在对教条式的马克思主义展开激进理论批判的基础上，企图重建马克思主义的人道主义。

战后波兰马克思主义思想的发展，一度呈现出多姿多彩的生动局面。历史的悲剧在于，僵化的苏联模式压抑扭曲了波兰马克思主义的发展轨迹，其最终因未能走出危机而走向了反面……

六、民主德国的实践中心论、布洛赫的希望哲学

马克思列宁主义哲学在民主德国的发展具有十分有利的条件：马克思、恩格斯以及狄慈根的哲学思想，马克思、恩格斯及马克思主义在德国工人运动中的影响，国际共产主义运动著名活动家卡尔·李卜克内西、弗·梅林和罗·卢森堡等丰富的理论与实践活动，以及反法西斯战争的胜利和苏联的影响，都为马克思列宁主义哲学在民主德国的发展奠定了深厚的思想基础。民主德国的哲学家们不仅继承了前人富于理论思维的传统，而且继承了理论与实践密切结合的传统，他们纷纷立足于民主德国社会主义建设的实践，在理论上进行探讨，试图为社会主义建设提供思路。其中，实践中心论和布洛赫的希望哲学最具特色，也有较大国际影响力。

（一）实践中心论

民主德国哲学家将实践理论本身作为他们研究的一个热点。克劳斯、柯辛、柯尔纽等人就“如何以实践观为出发点来建构马克思主义哲学现代新体系”提出了自己的看法，并引发了哲学界的两次“实践论争”。第一次论争发生在 1961—1964 年，争论的焦点问题是实践的含义，即实践与理论活动的关系。第二次论争发生在 1966 年，争论围绕实践在马克思主义哲学体系中的地位问题展开。在争论中，一些哲学家提出，实践不仅是认识论范畴，而且是整个马克思主义哲学的中心范畴；应当以实践概念为基本范畴，构建当代马克思主义哲学的理论体系；物质、意识、实践这三个范畴，是马克思主义哲学中贯穿全局、规定体系的重要范畴，应当以这三个范畴的展开为框架来构建体系，从而实现辩证的和历史的唯物主义的一体化①。以柯辛为首的 7 名哲学家还以“实践”概念为中心编写了新的马克思主义哲学教科书，教科书一改

① 黄楠森. 马克思主义哲学史. 北京：高等教育出版社，1998：318.

辩证唯物主义与历史唯物主义传统叙述方法，将两者融为一体。虽然这一体系存在着一定的缺陷，但不失为马克思主义哲学体系改革的一次有益尝试。

(二) 布洛赫的希望哲学

恩斯特・布洛赫（Ernst Bloch，1885—1977），德国著名哲学家、文学家、思想家，20世纪西方马克思主义与西方哲学的重要代表人物之一。曾任民主德国科学院院长、哲学研究所所长。后因主张不同模式的社会主义而受到批判。60年代后避难于联邦德国，1977年逝世于图宾根大学。他的一生涉猎政治学、哲学、宗教学、艺术、心理学等多个研究领域，著作颇丰。其中，希望哲学是学界对其哲学思想的高度概括。他的两部代表作，一部是1918年出版的早期著作《乌托邦精神》（*Geist der Utopie*）；另一部是三卷本巨著《希望的原理》（*Das Prinzip Hoff-nung*），50年代出版了第一、二卷，60年代出版了第三卷。布洛赫把过程哲学、乌托邦主义、新浪漫主义、人道主义、弥赛亚主义等思想资源进行整合，从“尚未存在的本体论”出发，将马克思主义解释为一种“面向未来的唯物主义”、体现未来客观趋势的“具体的乌托邦”，从而构造出一种具有明显复调结构的“希望哲学”①。他的哲学著作曾被誉为“当代精神领域庞大而出类拔萃的思想”。

（1）希望哲学的基础——“尚未存在的本体论”。

布洛赫希望哲学的理论基础是“尚未存在的本体论”。与传统形而上学的本体论不同，在“尚未存在的本体论”中，世界万物都处于尚未生成的状态和从无到有的进化过程，这是一种始终处于尚未存在之中的本体论。这一理论追问尚未的、未来的存在是什么，追问世界过程、物质运动、社会变革之中的趋势——潜势②。因此，它将整个世界看作一个辩证发展的开放性的系统，强调辩证的物质总是指向未来的可能性的存在。布洛赫用“S 还不是 P”（主词还不是宾词）的公式来表述其“尚未存在的本体论”的演进逻辑。从这一逻辑出发，“尚未”就成为宇宙论的核心。从字面上看，“尚未”既是指目前还不存在或还没有实现

① 欧阳谦. 布洛赫的马克思主义观：一种“希望哲学”的理论建构. 马克思主义理论与现实，2012 (5).

② 梦海. 布洛赫的希望哲学与马克思主义. 哲学动态，2005 (12).

的东西，也指在现实中蕴含着的有待实现的可能性，或者现在部分存在而将来可能全部存在的东西。在布洛赫看来，人和世界都处在“尚未”的完成过程之中，都是尚未完成和有待实现的存在之物，未来变化多样，世界的最终走向也不确定。就像科学家做的一次次实验，谁也不能保证实验的结果。因此，布洛赫也把这一过程称为世界的“实验室”。换言之，世界本身就是一个拯救式的实验室，世界的固有趋向就是通过实验而达到其理想状态。在此基础上，布洛赫引入了“趋势”和“潜势”这两个范畴作为对“尚未存在的本体论”的补充，意在进一步说明，虽然世界的结局并不固定，但它的走向绝不是随心所欲的，而是遵循特定趋势的。

此外，围绕着“尚未存在的本体论”，布洛赫还对已有概念，例如物质，进行了改造。布洛赫认为，马克思主义的物质范畴是一个总体性范畴，这一范畴不仅揭示了世界通过矛盾而得以发展的过程性，而且也肯定了这一发展过程的目的性。不仅如此，布洛赫还借用亚里士多德的术语，指出物质还是没有完成的“隐德来希”(entelechie，指目的)。物质世界从一开始就是作为“尚未”出现在面向未来的视域中的，而不是既定的存在。正是在这种意义上，布洛赫将马克思的唯物主义理解成为一种“向前看的唯物主义”，而不是回溯式的唯物主义。

(2) 希望哲学的最终归宿——“具体的乌托邦”与新家乡。

与民主德国哲学家在哲学研究上秉持的理论与实践相结合的优良传统相一致，布洛赫也不仅仅将视野局限于纯粹的理论探讨，而是逐步转移到对未来社会的构想及其实现中来，不断拓展希望哲学的实践内涵。在他看来，未来社会即理想中的社会主义社会，是没有剥削、没有压迫的人道主义的社会主义社会。因此，“乌托邦”应该是一个褒义词，它的本质是对现实的批判，它同时代表了一种希望，反映了人类共同的追求美好家园的愿望。它是一个尚未实现和并不存在的“好地方”，是人和世界的真正本质的回归。

但布洛赫认为应该把乌托邦分成“具体的乌托邦”和“抽象的乌托邦”，指出现存社会的弊病归根结底在于社会本身还只是一个抽象的乌托邦的存在物，而人类要做的是将“抽象的乌托邦”改造成“具体的乌托邦”。“具体的乌托邦”与“旧的、恶的(抽象的)乌托邦”相对立，是一种兼具理论性与实践性的乌托邦形式，它以历史中的客观趋势和潜在因素为立足点，是一种过程化的和具体化的期盼，是未来社会在实践过程中的必经方向。正如列维塔斯指出的："具体的乌托邦更多是预期的而不是后知的，它会提前指向一种可能性的未来，同时包含不仅仅是充满希望的而且是有意的想法……抽象的乌托邦表达愿望，只有具体的乌托邦带来希望。"布洛赫把乌托邦看作未来社会的最高组织形式，并指出，作为一种扬弃异化的共产主义理论，马克思主义不是单纯停留在幻想中的"抽象的乌托邦"，而是一种在发展趋势中寻求理想的"具体的乌托邦"。

在此基础上，布洛赫提出了新家乡的范畴，并认为新家乡是"具体的乌托邦"的全盛时期。所谓新家乡是指"尚未有人到过的地方"，是"至善"下所能设想到的一切。布洛赫把民主看作通往新家乡的必由之路以及未来社会主义的基本特征。

（3）希望哲学的理论旨趣——希望的人学。

根据布洛赫"尚未存在的本体论"，人是一种尚未存在，迄今为止，不仅在人身上尚未发现可能人性，在整个世界或自然中也尚未发现其真正的本质。因此，从根本上讲，人生活在未来中，人总是在路上而想成为某种其他的东西。因此，布洛赫希望哲学的宗旨是要阐明人类意志的中心是预先设定一种更美好生活的梦，即一个没有剥削和压迫的社会制度。

毋庸置疑，布洛赫不是把人看作特定的、目前具有的种种属性总和的人，而是看作正在超越他本身的人，人是一个开放的实验的存在。因而，人总是盼望着。"期待、盼望，对还没有实现的可能性的意志，这一切不仅是人们意识的标记，而且如果加以正确的理解和定义，也是整个客观现实的一个根本性的决定因素。"① 在"期待"和"盼望"的引导下，人有了未来，不断确证其本质。

民主德国的马克思主义哲学流派，对于马克思主义的实践做出了有益的探索，但这一探索未能使本国突破苏联僵化模式和"左"的教条主义，从而找到社会主义建设的新道路；布洛赫的希望哲学，实际上谈的是人的希望在个人与社会发展中的作用和价值，力图揭示人对现实的超越关系，这一探索在20世纪西方世界人性严重扭曲、精神普遍衰退的

① 科拉科夫斯基. 马克思主义的主要流派：第3卷. 哈尔滨：黑龙江大学出版社，2015：417.

背景下有积极的意义。但他把马克思主义的思想实质归结为乌托邦，这是一种根本性、时代性的错误，必然导致神秘主义、唯心主义、悲观主义思想泛滥，也很难为社会主义改革提供坚实可靠的理论基础①。

七、保加利亚的巴甫洛夫现代科学反映论

早在 19 世纪 80 年代，保加利亚的马克思主义哲学研究，就随着共产主义运动的实践开始出现。保加利亚马克思主义政党的创始人布拉格耶夫对马克思主义哲学的传播做出了重要的贡献。十月革命后，国际共产主义运动的著名活动家季米特洛夫进一步推动了列宁主义及其哲学的传播，他创造性地运用马克思列宁主义哲学的基本思想，解决国内和国际斗争的策略问题。大体来讲，保加利亚马克思主义哲学的研究主要有两种思想倾向：一种是脱离保加利亚的现实国情，简单机械地照搬苏联模式中的某些教条，抽象空洞地论证所谓发达的社会主义。一种是在充分吸收信息论等现代科技革命最新成果的基础上，开创性地对辩证唯物主义反映论进行全面研究。而后者的研究基本上是占主导地位的。因此，本节主要探讨以巴甫洛夫为代表的现代科学反映论。

巴甫洛夫早在 20 世纪 30 年代就出版了专著《反映论》。1969 年，为纪念列宁诞辰 100 周年，他在索非亚召开了题为“列宁的反映论与现代科学”的国际学术讨论会，主持编写了两卷本的论文集《列宁的反映论与当代》。1973 年，他又广泛吸收各国哲学成果，主持编写了三卷本的《列宁的反映论与现代科学》②。他开创的这一系列研究，使得研究反映论及其有关问题成为当今保加利亚哲学发展的一个主要方向③。其研究成果主要体现在以下几个方面：

（一）物质系统反映能力的产生和发展问题

巴甫洛夫是保加利亚老一辈马克思主义哲学家，继承和发扬了列宁

① 黄楠森. 马克思主义哲学史. 北京：高等教育出版社，1998：318-319.

② 同①313.

③ 黄楠森，施德福，宋一秀. 马克思主义哲学史：中. 北京：北京大学出版社，1987：407.

关于反映源于物质自身性质的基本思想，运用丰富的事实材料考察了物质系统反映能力的产生和发展问题，即反映论是如何由比较简单的形式过渡到日益复杂的形式，最终在人类的社会实践中得到自己最发达的体现的。他探讨了物质系统的反映机制，力图证明物质系统在同周围世界相互作用时，其内部状态的改变是对外部作用的特有的内部反映，在此基础上便产生了外部反映。因此，反映活动的本质是物质系统的内部状态和外部反映的统一。

（二）反映活动的本质属性问题

巴甫洛夫及其助手从主客体关系方面探讨了反映活动的本质属性。在他们看来，反映是主客体关系的一个特殊的方面。在主客体关系问题上引起广泛讨论的是主体能动的、创造性的方面。在《信息、反映、创造》等著作中他们创造性地探讨了一系列新的哲学问题，特别是反映活动与主体创造活动问题、主体创造活动的主要表现形式问题等。在讨论中，学者们还探讨了本体论主体与认识论主体、客观与主观、客观现实与主观现实等概念的含义。

（三）反映与信息的相互关系问题

由于控制论、信息论的广泛应用，一种以信息范畴取代反映论范畴的倾向开始出现，这促进了保加利亚学者对反映与信息的相互关系的研究。他们在充分吸收现代信息论、控制论、系统论最新研究成果的基础上，以辩证唯物主义反映论为理论基石，探讨了反映与信息的相互关系问题。在他们看来，反映是物质系统的一般属性，而信息则是物质反映属性的特殊表现形式。在他们那里，对信息存在着不同的理解：一种观点把信息看作一切物质客体所具有的属性；另一种观点则只把信息看作高级有机体，即生物和社会所固有的反映的形式。但由于他们都以反映论为方法论基础，有的学者就提出，无论是把信息看作客观物质的普遍属性的观点还是把信息看作意识的属性的观点，都不能简单地归结为唯物主义或唯心主义，对信息的哲学分析来说，最重要的是反映与信息的相互关系。

（四）与反映论相关的其他问题

巴甫洛夫及其助手结合现代科学和哲学的发展，广泛研究了与反映论密切相关的种种问题，开创了一些新的哲学研究领域。他们首先把社会管理作为哲学研究相对独立的领域，创立了管理哲学的重要分支，包括社会管理论、管理主体论、科学管理论等。他们还对社会意识领域展开了较为系统的哲学分析，尤其是对社会意识进行了系统化和结构化的解析，探讨了社会意识不同形式、不同层次的相互关系，现代信息系统、大众传播媒介同社会意识、社会心理的关系问题①。

综上所述，巴甫洛夫及其助手以辩证唯物主义反映论为理论基石，对物质系统反映能力的产生和发展问题、反映活动的本质属性问题、反映与信息的相互关系问题以及与反映论相关的其他问题进行了卓有成效的探讨，不仅为马克思主义哲学在保加利亚的发展奠定了基础，同时也使得反映论及其有关问题成为保加利亚哲学家研究的传统领域和主要方向。

这一研究旨在回答20世纪下半期的一个时代课题、哲学课题：怎样才能把辩证唯物主义反映论与现代信息革命、现代科学技术革命时代潮头更好地结合起来？

八、捷克斯洛伐克科西克的存在主义人类学和里赫塔的现代科技革命哲学

20世纪下半期捷克斯洛伐克马克思主义的发展与第二次世界大战后捷克斯洛伐克的历史进程和社会状况密切相关。需要指出的是，同波兰、匈牙利和南斯拉夫等其他中东欧国家相比，捷克斯洛伐克是所谓“斯大林化进程最为彻底，也最为持久”的国家。因此，这一国度并没有为新马克思主义的充分发展创造有利的历史条件，但它在20世纪60年代为东欧新马克思主义提供了一场以“布拉格之春”为典型事件的思想解放运动，即“哲学的‘布拉格之春’”。其中，最具思辨色彩、最富有深刻内蕴和影响最为深远的是科西克的存在主义人类学思想。然而，历史的悲剧在于“布拉格之春”很快被镇压，捷克斯洛伐克新马克思主义犹如昙花一现，早早夭折了。在此之后，捷克斯洛伐克被迫“正

① 黄楠森. 马克思主义哲学史. 北京：高等教育出版社，1998：314.

常化”，重归苏联模式。在意识形态控制和政治高压下，具有创造性的“新马克思主义”陷入低谷，因而政治风险不高的科技革命问题探讨和自然科学的方法论研究便成为哲学研究的重心之一，以里赫塔的现代科技革命的哲学最为典型。

（一）科西克的存在主义人类学

卡莱尔·科西克，1926 年生于布拉格，曾因参加反法西斯斗争而被捕入狱，战后在列宁格勒和莫斯科大学学习哲学，后回到布拉格成为哲学教授。因在“布拉格之春”中写下著作《具体的辩证法》（1963）而成为闻名国际哲学论坛的哲学家，但也因此付出了被驱逐出党、停止所有的职务、严禁参与理论生活的惨重代价，是东欧新马克思主义者中最早终止自己哲学生涯和批判历程的哲学家。

科西克的《具体的辩证法》从术语到思想上都受到存在主义，特别是海德格尔的影响，一些研究者将他的理论称为“海德格尔马克思主义”，他建构的人类学理论也被称为“存在主义人类学”。总体而言，科西克存在主义人类学思想旨在探讨人类通过革命的和批判的实践超越“伪具体世界”，实现“具体的总体”的过程。因而具体存在、“伪具体世界”批判、具体的总体的生成与人的实践构成了科西克哲学的基本内容。

（1）具体存在的内涵。

科西克提出的“具体的辩证法”，实际上是“具体性的辩证法”或“具体存在的辩证法”，他的这一概念深受卢卡奇总体性原则的影响。在这里，具体是一种实体性的存在，它与总体性具有同等含义。在科西克看来，具体存在是人类实践活动的产物，它既是人类存在的本真状态，也是人类实践所追求的最终目标，同时还是观照和评价人类全部历史活动的根本尺度。具体论述包括如下两个方面：

一方面，具体存在是一个自我生成、自我建构的整体，是一个“结构性的、进化的、自我塑造的整体”。也就是说，具体存在是一个意义结构，只有在这个意义结构中，事实才能获得合理的理解；同时，也只有把事实看作一个辩证总体中的事实和结构性的部分，才能把握实在的具体性与总体性①。

① 潘宇鹏，史蕾．“伪具体世界”的批判与超越：论科西克哲学的逻辑构成及理论困境．学术交流，2010（2）．

另一方面，具体存在标志着主体与客体、个体与类本质的统一，是人类存在的本真状态。在这里，人不是作为片面的、抽象的、孤立的、纯粹的物（客体）而存在，而是作为历史的主客体的统一而存在。主体根据自己的需要设定客体，客体从属于主体，并为主体服务。在这个过程中，主体也不断发展自身，实现自我确证，从而“把自己塑造成具有人类本性和潜能的历史社会存在，从而实现着‘人的人化’的无限过程”①。因此，这是一个扬弃了异化劳动的世界，社会整体不再是凌驾于个体之上、束缚个体发展的抽象存在，而为个体发展提供了广阔的空间，它使得人作为类的本性自由自觉地复归于人，从而个体和类本质的统一得以生成，人类自由而全面的发展成为可能。

(2)“伪具体世界”批判。

与具体存在这一人类存在的本真状态相对应的是“伪具体世界”。即人在其中以自在的和异化的方式活动的世界。换言之，在“伪具体世界”中，人的创造物脱离了人自身，成为某种自在的、独立的、凌驾于个人之上的力量。这其实与异化理论类似。因此，对“伪具体世界”的批判与超越就成为科西克“具体的辩证法”的核心。在科西克看来，“伪具体世界”分为四类。

一是外部现象世界。科西克认为，“认识是对一的分割”，是把现象与本质分开，但本质不会直接地将自身呈现在人的面前，因此，把握本质必须借助超越日常思维的辩证思维才能实现。“辩证法是一种批判的思维，它力求把握‘物自体’，并系统地探寻把握实在的方式。”② 但是，自在地活动的人，由于缺少辩证思维，只能把“伪具体世界”看作独立的、自主的，进而是唯一真实的世界，而没有进一步去揭示其本质。

二是人的拜物教实践的世界，即获取和操控的世界。这是人被物所奴役的异化世界。在这里，科西克用“烦”来描述人的活动方式和存在状态。也就是说，个体作为主体被客观关系所决定，人成为工具体系中的人，成为被操控的对象，只能习以为常地、机械地重复劳动。

三是日常生活与日常观念的世界。日常是人类活动不可或缺的领域，也是一个具有很强惰性和保守性的自在的，甚至是异化的领域。个

① 科西克．具体的辩证法．北京：社会科学文献出版社，1989：37.

② 同①7.

体在给定的日常生活中形成相应的认识形式，以此来认识实在的现象外观并使之固定化，这种认识形式就是日常思维。这个日常思维使人们在日常生活世界中游刃有余，他们得心应手地对事物进行操持，从而“使人们在世界上找到可行之路，使人们感到与物相熟悉，并能处置它们”[①]。但是日常思维以直接功利主义的实践或拜物教实践为基础，它揭示的只能是“伪具体”，而达不到对事物本质的认识。

四是给定的或固定的客体世界，也就是经济因素对人占绝对统治地位的世界。在这里，科西克将他对“伪具体世界”的批判与资本主义生产方式联系起来。在资本主义生产方式中，一个物的世界拔地而起，它的发展呈现出自律性，而作为主体的人则受到经济因素和物的制约，被一体化到经济体系中，“被整合进一个超个体的类似规律的整体之中，作为其组成部分”，变成资本运动的代理人和执行者。在这种情况下，人服务于资本增殖的逻辑，作为一个经济人而存在，人真实的社会关系被掩盖了。

（3）具体的总体的生成与人的实践。

科西克认为，要扬弃“伪具体世界”，使具体存在（具体的总体）得以生成，一方面要摧毁“伪具体”，另一方面要使革命的批判的实践成为人的存在方式。这是同一进程的两个方面。

摧毁“伪具体”有三种方法：第一，用辩证思维超越日常思维摧毁“伪具体”；第二，用革命的批判的实践摧毁“伪具体”，革命的批判的实践与辩证思维相联系，它能真实地建立起人与自然、人与类、人与社会存在的自觉的统一，从而摧毁“伪具体”；第三，通过把个体创造性实践同具体的总体之间建立起自觉的关系来摧毁“伪具体”，这是对前两种方式的进一步发挥，在此基础上实现摧毁“伪具体”的最终目的——使每个人自觉地建构自身与自己的世界，实现主体与客体的辩证统一。

毋庸置疑，革命的和批判的实践，即所谓的真正意义上的实践是科西克“具体的辩证法”的核心范畴。在科西克看来，实践不仅仅是一种认识论范畴，它还具有重要的人本学和本体论内涵：一方面，实践是人类存在和人的世界的基础；另一方面，实践既是人的对象化和对自然的

---

① 科西克. 具体的辩证法. 北京：社会科学文献出版社，1989：2.

控制，也是人的自由的实现。

（二）里赫塔的现代科技革命哲学

里赫塔是捷克斯洛伐克科学院院士，后来成为捷克斯洛伐克科学院哲学和社会学研究所所长，兼任科学技术革命的社会后果研究组组长。他从 20 世纪 60 年代起一直致力于现代科技革命的哲学概括和理论总结，在他的倡导下形成了一个具有国际联系的学术共同体，并进行了卓有成效的研究工作。具体代表作有：《文明在十字路口》《人—科学—技术：对科技革命的马克思主义分析的尝试》《社会主义和科学》。

里赫塔等具有较为广阔的理论视野，没有囿于科技革命的细枝末节，而是试图就三个方面从宏观上做出哲学概括：一是现代科技革命的自然科学和技术革命问题，二是现代科技革命给社会生产力和社会经济结构带来的根本变革，三是现代科技革命给科学认识、社会心理、意识形态带来的巨大挑战①。

（1）科技革命与不同社会制度的关系。

捷克斯洛伐克学者系统地探讨了科技革命与资本主义和社会主义两种不同社会制度的关系，指出“科技革命的完全实现和充分利用，只有社会主义才能做到”。在资本主义社会，科学和技术的畸形发展引起了深刻的矛盾和社会困境，造成人的生命价值和活动意义的深刻危机。而在社会主义社会，科技革命的发展却造成完全不同的结果：科学和技术的革命变化经由生产力结构、经济发展的性质、人的劳动内容的变化，最终达到全面发展的个人的形成。当然，社会主义既为科技革命开辟了广阔的研究领域，同时又在科技革命中经受住考验。

（2）马克思主义的现代科技革命观。

这一观点主要包括：现代文明正处在一个划时代的十字路口，一场现代科技革命正在兴起，这一革命具有空前规模，将使整个世界的社会物质技术基础发生深刻变革，引起社会生产力的一场大革命。按照马克思主义的基本观点，产业革命尽管具有种种不同形式，但共同本质是生产工具的更新，而现代科技革命的显著特征在于，它使整个生产力发生全面的根本性的变化，使生产力的社会结构发生了历史变革，由此产生

① 黄楠森．马克思主义哲学史．北京：高等教育出版社，1998：316.

了把现代科技革命与社会主义联系起来的历史任务，必须尽快寻求科技革命发展的社会主义道路，能否适应这一全球变革是对当代社会主义的重大考验。现代科技革命不仅给当代社会发展带来重大变革，也给现代科学认识包括哲学认识带来重大变革，这也是对马克思主义哲学历史命运的一次重大考验①。

综上所述，无论是科西克的存在主义人类学，还是里赫塔的现代科技革命哲学，都在不同程度上做出了有益的哲学探讨，但也都存在着根本缺陷。科西克的存在主义人类学，从具体的人学本体论出发，对僵化的社会主义模式进行了批判，认为人类最终会通过批判的革命的实践扬弃“伪具体世界”的异化状态，回到人类存在的本真状态——具体存在。但他的具体存在只是一种价值预设，他对“伪具体世界”的批判也只是一种伦理批判，没有最终落实到现实生活中，更没有给出通向具体存在的现实道路。里赫塔对现代科技革命的一般趋势做了较好的哲学概括，但他对传统社会主义体制的颂扬多于批判，不能揭示科技革命的大趋势与传统社会主义体制的矛盾，也未能就社会主义怎样适应科技革命提供思路。

九、罗马尼亚古里安的马克思主义哲学人类学

20 世纪初，马克思、恩格斯和列宁的著作就开始在罗马尼亚传播，但直到 1921 年罗马尼亚共产党成立之后，马克思列宁主义及其哲学思想才开始与本国社会主义运动有机结合起来。这一时期，罗马尼亚处于社会主义革命和建设的初期，哲学上的首要任务是消除旧哲学的影响，确立马克思主义哲学的主导地位。因此宣传、介绍马克思主义的基本理论居多，开拓性研究很少。从 20 世纪 60 年代中期开始，特别是 70 年代后，由于国家进入全面发达的社会主义建设时期，马克思主义哲学研究才取得了长足的发展，大批专著不断涌现。总体来说，罗马尼亚的马克思主义哲学主要存在两种不同的哲学倾向：一种是重点研究社会主义问题的马克思主义哲学流派，另一种是以古里安为代表的马克

① 黄楠森. 马克思主义哲学史. 北京：高等教育出版社，1998：316-317.

思主义哲学人类学派。与东欧其他国家不同的是，这两种哲学倾向不是针锋相对的，而是彼此兼容的。下面依据黄楠森教授的相关论述，对以古里安为代表的马克思主义哲学人类学的基本观点进行如下概括①：

（一）建立马克思主义哲学人类学学科

古里安等人指出：现代西方哲学人类学研究了许多现实问题，但是缺少站得住脚的哲学根基，只有批判性地分析各种人的概念，努力建立马克思主义哲学人类学，才能为解决人的问题提供唯一科学的哲学方法论。马克思主义哲学人类学应具有双重的综合性质，它既是各种研究人的局部科学成果的综合，又包括对人的问题的多方面的哲学思考。这个新学科应包括人类学和伦理学、心理学和文化史的相互交叉问题，成为上述人文学科交汇综合的场所。它的研究对象是“生活的意义和价值问题”。

（二）马克思主义关于人的完整理论

古里安等人认为，心理学和伦理学固然是人的问题的中心要素，是这个综合问题的核心部分，但不应当仅仅局限于传统人学、传统哲学的自由、价值等范畴，需要走出这种传统的理论框架，最大限度地扩展人的问题的理论空间。要注意探究人的存在的丰富性、多样性、多种可能性，不仅要研究人的实体，更要研究人的潜能。人既是社会关系的历史产物，又是自我创造的能动主体，因而人是多维的人，至少有“职业特性”“文明特性”“道德特性”“文化特性”四个向度。在研究人的个性时，应实现五个向度，即心理学的、社会学的、伦理学的、美学的和价值学的向度的统一。心理学的向度确定个人与个人意识的关系，社会学的向度强调个人作用与社会关系的联系，伦理学的向度和美学的向度强调“主观小我”和“社会大我”的和谐结合，价值学的向度则实现个人与社会的最高综合。社会文明的发展与个人个体化之间存在着某种同步规律，个人之间最发达的社会关系、最复杂的社会联系，同时要求人最大限度的个性化等。

古里安等的马克思主义哲学人类学，有一些可贵的人学思想火花；

---

① 黄楠森．马克思主义哲学史．北京：高等教育出版社，1998：319-320.

但他们最大的理论局限是脱离社会主义的经济体制现状，脱离当代社会主义改革大势而抽象地谈论人的个性发展，无法解决罗马尼亚社会主义建设和改革中的重大理论问题与现实问题。

十、东欧马克思主义的历史局限与历史命运

马克思主义哲学在东欧国家的发展经历了大致相同的过程，一开始以输入为主，本国的马克思主义哲学基本上是苏联哲学的翻版，然后随着各国社会主义建设的实践，才逐步走上了相对独立发展的道路。只不过这一转变在有的国家来得早些，有的国家来得晚些。实际上，由于东欧国家相对封闭的社会历史条件和比较落后的社会精神状况，东欧新马克思主义的许多理论探讨和社会批判都有很大的历史局限，从而在总体上也决定了其带有悲剧色彩的历史命运。

（一）东欧马克思主义的历史局限

战后东欧各国的马克思主义研究，基本上有两种哲学倾向，一种思潮受苏联模式的马克思主义传统观念影响比较大，常常居于马克思主义哲学的主流地位，却都缺少应有的重大哲学问题创新；另一种思潮比较多地偏向西方，受西方现代流行思潮的影响比较大，特别是受西方新马克思主义影响更为直接，它们时常被当作一种离经叛道的异端邪说受正统马克思主义者的批判。这两大流派一方面对马克思主义哲学做了一些有益的探讨，另一方面又存在着重大缺陷。这两种哲学倾向的一个共同的根本缺陷，就是未能从马克思主义理论思维高度深入探索本国国情、民主传统、文化特点，从根本上突破苏联僵化模式，创造具有时代精神和民族特色的社会主义新体制、新文化，从而为本国社会主义建设提供理论基础与改革方案。因此，东欧政治风波和改革浪潮往往两极震荡，左右摇摆，始终未能解决理论创新、体制创新的根本问题。

（二）东欧马克思主义的历史命运

东欧新马克思主义是一种具有强烈的历史关联性的理论，它处于社会主义已经取得胜利但出现许多严重问题、资本主义在一系列的调整之

后有了长足发展的时期，置身于这一历史冲突之中似乎成了它的宿命。在这里，我们把东欧新马克思主义当作一个总体，置于 20 世纪人类历史的关联之中，从总体上揭示它的历史命运。东欧新马克思主义者是处于历史冲突和时代夹缝中的悲剧群体，其理论生涯几乎涵盖了东欧各国迄今为止的全部社会主义实践进程。但是他们的主张却很少被社会无保留地接受，他们似乎生活在社会的边缘，与社会的正统力量频频发生冲突。而且东欧新马克思主义者存在重理论批判而轻实践建设的倾向。在某种意义上，他们是理论上的强者和实践上的弱者。尽管他们对现存社会体制和意识形态的批判确实对促进东欧社会的民主化进程起到了重要的推动作用，但在对未来社会的设计和具体的实施方案上，可操作性不强。而且一些东欧新马克思主义者对自己的社会改革方案也缺乏足够的信心，找不到切实可行的路径。这使得他们提出的一些设想大多停留于一般理论构想和呼吁，很难实现从理论到实践的飞跃。这也是其理论“批判有余，建设不足”的原因所在。

总体而言，东欧新马克思主义是以异化理论为基础对现存的资本主义和社会主义社会进行批判、以“人道的民主的社会主义”作为社会改革方案的哲学思想。东欧新马克思主义所开创的独特的人道主义的社会批判理论是对东欧现存社会主义模式进行分析和反思所得出的珍贵的理论宝藏，其理论的价值和丰富的内涵还没有完全体现出来，值得我们进一步挖掘和研究。

第十二章　戈尔巴乔夫新思维的演变轨迹

进入 20 世纪 80 年代中期，苏联社会矛盾十分尖锐。1985 年春天，戈尔巴乔夫在改革呼声中就任苏共中央总书记。他的改革从经济起步，但以固守僵化苏联模式的“加速战略”为核心的最初改革思路严重脱离苏联实际，失败是其必然的命运。1988 年后，他企图通过更加激进的政治改革掩盖经济危机，并改旗易帜，提出“人道的民主的社会主义”，开始从根本上背离社会主义轨道，将党和国家带入了万劫不复的历史深渊。

一、固守苏联模式的“加速战略”宣告失败

1985 年苏共中央四月全会吹响了苏联经济改革的号角，戈尔巴乔夫在会上明确提出了加速经济发展的战略指导思想。但是经过 3 年的改革实践，经济和社会生活停滞现象有增无减，经济危机进一步加剧，固守苏联模式的“加速战略”宣告失败。

（一）“加速战略”的提出

由于经济发展的停滞，苏联改革势在必行。1985 年苏共中央四月全会回避并绕过了苏联经济改革的真正迫切问题，戈尔巴乔夫在会上明

确提出了加速经济发展的战略指导思想，使苏联经济改革一开始就走上了脱离实际的错误道路。

(1) 1985 年苏共中央四月全会提出“加速战略”。

“加速战略”是戈尔巴乔夫在 1985 年苏共中央四月全会上所做报告的核心，是新思维的第一个改革设想。戈尔巴乔夫认为，导致苏联经济发展停滞的原因，“主要是发展生产的客观条件产生的变化、加快生产集约化与经营管理方法变革的必要性，没有及时地得到应有的评价”①。因此，“加速战略”在坚持社会主义公有制和计划经济的前提下，强调生产关系的调整，主要涉及“加快国家社会经济发展”和“完善社会生活各个方面”两个方面。在苏共中央四月全会上，戈尔巴乔夫初步确定了经济体制改革的方针和措施。他认为要根本克服苏联经济发展中的停滞现象，必须对现有政策进行全面调整，破除旧的机制障碍，建立适应国内经济发展实际和经济改革战略要求的新经济体制，“应大大加快社会经济进步，其他道路是不存在的”②。戈尔巴乔夫盲目乐观地认为，“加速战略”将有助于许多经济问题的解决。为此，他制定了一系列经济发展政策。一是开展改革试验，正式通过《关于广泛推广新的经营方法并加强其对加速科技进步的影响的决议》，以价格调整的方法促进产品质量的提高和劳动计划的完成。二是加速发展科学技术。一方面在苏联科学院建立跨部门的综合科技实验中心，充分挖掘和利用高校的科研成果；另一方面积极调整投资政策，明确规定了全国用于技术改造的投资额占总投资额的比重，以及实施大范围的设备更新，并积极调整产业结构。这次会议还为着手制定 1986—1990 年和新世纪以前的经济和社会发展规划做了准备工作，计划在今后一个时期不断调整经济政策，增大企业的自主权，部分允许集体经济和个体经济的存在，放宽农村集体经济，推行家庭联产承包责任制等。

苏共中央四月全会虽然极力倡导政策的继承性，但是戈尔巴乔夫的改革思想已经初露端倪，他盲目乐观地认为按照他的加速经济发展战略，“加快增长速度，而且是大大加快增长速度的任务是完全能够实现的”③。

① 贾海楼，王卫东．社会主义国家经济体制改革概要．沈阳：辽宁教育出版社，1986：183.

② 韦政强．苏联解体纪实．北京：新华社参考新闻编辑部，1992：6.

③ 朱文忠，张同俊，等．戈尔巴乔夫与改革．上海：复旦大学出版社，1989：14.

虽然这一时期戈尔巴乔夫也表现出了对于民主和公开的重视，国际关系的新思维也正在酝酿，但是国内经济的“加速战略”仍然是其工作的中心，民主和公开只是推动“加速战略”的动力，国际关系的新思维也是为了给经济改革营造更加有利的环境。

戈尔巴乔夫深知苏联国内危机深重，但他却错误地认为“加速”才是解决问题的关键，虽然他的“加速战略”也确实制定了一些具有积极意义的经济政策，但是其存在的问题更为严重。

一是未能突破苏联模式的束缚。虽然戈尔巴乔夫已经看到了苏联体制的弊端，并信誓旦旦地进行根本性改革，但是所采取的经济改革措施实际上并没有突破苏联模式，既未形成完备的经济改革设想，又未做好对抗保守力量的充分准备。关于改革过程中国家的角色问题也没有形成明确的认识，计划经济色彩依然十分浓厚。

二是加速不能从根本上解决苏联经济的畸形发展问题。戈尔巴乔夫将苏联经济问题的根源归结为不合理的经济关系，将加速经济发展的战略方针看作解决所有问题的关键，枉顾苏联三度未完成五年计划、国内经济濒临崩溃的现实，仍然对国民经济提出了高速发展的目标，对农轻重比例失调的问题缺乏正确的认识，严重违背了苏联经济发展实际。

在苏共中央四月全会上，戈尔巴乔夫已经开始认识道：“国家已经处在濒临危机的状态。”但他认为危机的根源除了自然因素和许多外部因素外，是因为没有及时地对生产发展做出反应，对生产方式和管理方式缺乏必要的调整。诚然，生产关系的调整是苏联问题的部分根源，但长期以来错误的经济政策也对苏联国内经济形势恶化负有责任。其实，当时苏联面临的最根本最迫切的问题是如何打破僵化苏联模式，解放与发展生产力，改善人民生活。戈尔巴乔夫却一厢情愿地为苏联经济开出了“加速”的药方，拉开了苏联悲剧的序幕。

“加速战略”只是戈尔巴乔夫改革的序曲，他在1985年苏共中央四月全会的报告中明确指出：“国家的历史命运、社会主义在当代世界上的地位，在很大程度上取决于我们今后如何引导我们的事业。”尽管戈尔巴乔夫充分认识到自己的改革关系着苏联的命运，在改革初期新思维也确实沿着所谓“发达社会主义”的轨道前进，但在后期却发生了剧烈变化，国家的历史命运和社会主义的历史命运都在新思维的一步步引导下发生了悲剧性的转变。

（2）1986 年 3 月苏共二十七大确定“加速战略”。

1986 年苏共召开了二十七大，这次会议在对一个时期内国家的内外政策进行总结和反思的基础上，提出了苏联到 20 世纪末的战略任务及具体措施。人民对这次会议充满期待，期望这次会议能够切实推进改革进程，使苏联社会经济发展出现转机。

在苏共二十七大上，戈尔巴乔夫代表苏共中央做了政治报告。报告共分六个部分，分别是：当代世界的主要趋势和矛盾；加速国家经济发展是战略性方针；社会的进一步民主化，加深人民的社会主义自治；党的对外政策战略的基本目标和方针；党；关于讨论党纲新修订本和修改党章的结果。会上，戈尔巴乔夫还提出了在“在短期内感觉到在根本解决食品问题，确保对高质量的商品及服务的需求，改善医疗服务、住房和生活条件以及环境保护状况方面所作的共同努力的结果”① 等要求。

首先，重申加速发展社会经济的重要性。

戈尔巴乔夫将“加速”作为经济改革的关键，在苏共二十七大报告中强调：“加速国家社会主义经济发展是解决我们所有问题的关键，这些问题包括近期的和远景的，经济的和社会的，政治的和意识形态的，内部的和外部的，苏联社会的崭新状况只有通过这种途径才能达到，而且应当达到。”② 他将经济停滞的原因归结为：“我们没有及时地对经济形势的变化做出正确估计，没有认识到经济转向集约化发展方法、转向在国民经济中积极采用科技进步成果的全部尖锐性和紧迫性。”③ 他进一步强调，由于长期以来苏联改革过于保守而均告失败，必须进行根本的改革，“加速战略”和彻底的经济改革是十分必要的。

其次，进一步阐释“加速”的内涵。

戈尔巴乔夫在 1985 年 6 月召开的科技进步会议上就明确指出：“苏共中央提出的加速经济发展任务，不仅包括提高国民经济增长速度，而且还包括新的质的发展，沿着调整生产结构、向集约化过渡、向实行有

---

① 辛华. 苏联共产党第 27 次代表大会主要文件汇编. 北京：人民出版社，1987：34.

② 同①30-31.

③ 同①32-33.

效的管理形式及更全面地解决社会问题等重要战略方向迅速前进。”在此次大会上，戈尔巴乔夫进一步阐释了“加速”的内涵：“首先是提高经济发展的速度，但也不仅仅如此。其实质在于发展要有新的质量；在科学技术进步、经济结构改造、有效的管理、劳动组织和刺激形式的基础上，尽一切可能使生产集约化。”①

会上，苏联制定了逐步推进的“加速战略”，并制定了新世纪之前的经济发展规划，计划在1986—1990年，国民收入增长率由前一个五年计划的3.1％提高到3.5％～4.9％，而1996—2000年，国民收入增长率再提高到5％。他们甚至提出一个总目标，就是要在1985—2000年，让苏联经济加速增长，翻两番。再次明确了加速发展社会主义经济的基本方针和具体措施。

第一，推进科技进步。戈尔巴乔夫把加速科技发展和科研成果转化看作加速社会经济发展的重要手段，因此制定了一系列促进科技发展的措施。其中包括发展新兴工业、鼓励企业向知识和技术密集型转变、开展生产工艺革新、增加技术和设备更新投资、建立科研和生产一体化组织、提高科技人员待遇等。

第二，改造国民经济。一是引入市场经济方法。一方面建立更加灵活的价格体制；另一方面改革财政信贷体制，摒弃过去优质企业补贴落后单位和地区亏损的做法。二是调整产业结构和投资政策。一方面大力发展机器制造业，提高经济增长速度和改造的效益；另一方面增加投资总量，尤其是在高质量产品和重要科研成果转化方面的投资。三是改革农业，解决食品问题。在农业方面，集体承包制和家庭联产承包责任制并行，畜牧业也推广家庭联产承包责任制，农庄农场可以自行处置超计划的那部分产品；在食品问题方面，力图在最短的时间内建立中央和地方统一的农工综合体管理机构，加强农业和工业部门的一体化，增加农业投入，发展农业技术。

第三，改善经济管理。一是要把经济管理提高到新的水平，使管理服务于效益和质量的提高；二是要扩大企业自主权，中央领导不干预下级的业务活动，实行经济核算、自负盈亏、自筹资金；三是各经济部门改进经济领导方法，包括技术供应、价格形成、信贷拨款等；四是进行

① 辛华．苏联共产党第27次代表大会主要文件汇编．北京：人民出版社，1987：30-31．

经济管理组织机构的改革，简化管理环节，减少管理层次，建立横向跨部门的专业综合体，整合部门与地区管理。

苏共二十七大正式确定了实现“加速战略”的两个方面，即加速科技进步和改革现行经济体制。这一时期戈尔巴乔夫的改革思想依然没能摆脱在苏联长期存在的违背客观实际的冒进思想，没能认清制约苏联经济发展的体制根源，片面强调“加速”，将苏联改革再次引入错误方向。

(二)“加速战略”的深入贯彻及存在的问题

苏共二十七大虽然确定了改革的方向和原则，在具体方针和策略上却比较模糊，尚处于探索阶段。因此，改革在深入贯彻过程中问题也随之暴露：僵化体制的顽疾没有得到根治，问题反而越积越多，经济形势越来越糟。

(1)“加速战略”的深入贯彻。

在“加速战略”执行成效并不明显、历史上遗留下来的畸形经济结构并未得到实际调整、改革政策频繁调整的形势下，问题暴露得更加严重。不仅经济增长缓慢，多项指标没有完成，而且物资供应紧缺情况进一步恶化，商品供给量和流通量远远低于工资增长。

“国家垄断制，乃是改革必须根本突破的攻坚所在。”① 在 1987 年 1 月全会上，戈尔巴乔夫的思想开始发生明显的变化，他认为制约苏联经济发展的关键问题并未得到解决，“向好的方面的转化进展缓慢，改革工作比以前预想的更困难，社会中所积存的问题的根源比以前预想的更深”②。于是在这次会议上，戈尔巴乔夫开始将政治改革作为推动经济改革的动力，放在中心位置，经济改革反居其次。

在 1987 年苏共中央六月全会上，戈尔巴乔夫在重申苏共中央四月全会“加速战略”时，进一步明确了改革的目标，他说：“改革的目标首先是解决构成障碍机制主要环节的矛盾，从而使社会发展具有强大的不可逆转的加速力……加速社会经济发展的目的不仅是克服社会发展各

---

① 王东. 系统改革论：列宁遗嘱，苏联模式，中国道路. 长春：吉林人民出版社，2014：342.

② 韦政强. 苏联解体纪实. 北京：新华社参考新闻编辑部，1992：73.

个领域中出现的落后和不正常现象。”① 会议还通过了《关于根本改革经济管理的基本原则》，提出了经济管理机制改革的具体措施：扩大企业自主权，完全经济核算，收入决定于工作效率，发展集体承包；改革集中领导方法，中央只处理经济发展战略、质量、速度、比例、平衡等问题，不干预下级经济工作；改革计划、价格、信贷等机制，向生产资料批发贸易过渡；改革对科技、外贸的管理；建立新的机构使科学直接参与生产；从过分集中的指令性管理体制向民主化体制过渡，区分党政职能，改变工作作风和工作方法②。这次全会为苏联的经济改革描绘了一个更加清晰的轮廓，但是由于戈尔巴乔夫此时的改革已经完全偏离了最初的轨道，政治改革成为工作的中心，经济改革难以如期推行，经济形势日益恶化。

（2）僵化体制下过急追求超高速度。

在苏联社会主义建设过程中逐渐形成的苏联模式，一直将追求高速度、超越发达国家设为自己的既定目标。戈尔巴乔夫所进行的经济改革，仍然未能突破苏联模式的“速度拜物教”，将加速社会经济的发展作为解决苏联所有问题的关键，违背了经济发展的客观规律，改革苏联模式的努力以失败告终，经济发展状况急转直下。

建国初期，处在资本主义包围中的苏联要站稳脚跟并展现社会主义的优越性，迫切需要革新技术，并对整个国民经济部门进行迅速、全面的改造。斯大林在推进工业化的过程中，坚持高速发展、高内部积累、高投资，初期效果十分显著，到 1937 年，大工业产值比 1913 年增加了 7 倍，使苏联从一个落后的农业国迅速转变为一个强大的工业国。高速度由此也被认为是马克思列宁主义的一个基本原则和重大理论问题，是社会主义的本质特征。虽然从 1927 年苏共第十五次代表大会开始，关于速度的问题党内开始出现了分歧，但事实上苏联依然强调经济发展持久的加速度，急躁冒进的倾向长期存在。

在追求高速的发展模式下，苏联经济曾一度辉煌，尤其是 20 世纪 50 年代以前。长期以来，苏联将社会主义的发达程度等同于工业化水平，存在对社会主义认识简单化的倾向。因国民经济增长速度快于发达国家而沾沾自喜，陶醉于与美国的经济差距逐步缩小，片面追求工业化

① 韦政强．苏联解体纪实．北京：新华社参考新闻编辑部，1992：52.

② 戈尔巴乔夫．关于党的根本改革经济管理的任务．苏联东欧问题译丛，1987（5）.

率使苏联对经济增长速度过于执着，并将经济增长速度作为整个国经济发展水平和健康程度的指标，片面追求工业化水平，长期以重工业为主，农业反哺工业，国民经济比例严重失调，农业积极性受到严重打击。与高速相伴随的是高积累、高消费和高度集中，致使人民生活极度困苦，行政命令过多地参与经济管理，经济活力严重不足。随着僵化模式弊端的日益暴露，经济增长速度开始出现放缓甚至停滞的现象。20 世纪 50 年代平均年增长率为 4.9%，60 年代降低到 3.3%，70 年代再降为 1%，虽然苏联有着迅速赶超发达资本主义国家的愿望，但现实是苏美两国的差距不断拉大。

在苏联模式下成长起来的戈尔巴乔夫也对“加速”情有独钟。他提出的加速社会经济发展战略，要求从 1985 年到 20 世纪末国民收入翻一番，使社会劳动生产率提高 1.3～1.5 倍，在 15 年内达到与苏联建国 68 年经济成就相等的经济发展规模和数量。为保证这一战略的顺利实施，他还制定了一系列具体措施来促进经济发展速度、劳动生产率、科技和农业发展速度等方面的加速。加速经济发展战略不仅是戈尔巴乔夫经济改革的重要指导思想，更被他当作解决国内各方面问题的关键。根据戈尔巴乔夫在 1987 年一月中央全会上的报告，改革初期经济发展速度略有提升，国民收入增长率超过计划规定的 3.9%，达到 4.1%，工业生产创 4.9%的新高，集约化率也大幅提升，只是人均实际收入、农业总产值和科技进步等仍低于计划规定。然而受到“加速”思想影响的戈尔巴乔夫认为经济改革进展缓慢，他脱离经济规律和国情分析苏联的经济形势，转而从政治视角寻找问题的根源。

“传统计划经济体制、苏联模式的深层本质，是根源于国家垄断制的官僚主义体制。它既表现为传统计划经济苏联模式，又表现为官僚主义国家体制。”① 这恰是导致苏联经济模式到了戈尔巴乔夫时代便活力殆尽的根源。戈尔巴乔夫的经济改革虽然部分冲击了苏联模式，但是未能彻底突破计划经济体制并找到切实可行的经济发展之路，经济形势持续恶化。

（三）“加速战略”的失败

1988 年，戈尔巴乔夫在苏共第十九次代表会议报告中再次暗示了

① 王东. 系统改革论：列宁遗嘱，苏联模式，中国道路. 长春：吉林人民出版社，2014：340.

改革的失败，承认对过去那些年的扭曲和停滞的整个深度和严重性估计不足。实际上，在“加速战略”下国民收入年增长率仅为2.8%，不仅大大低于70年代以前的水平，甚至低于“加速战略”实施前10年停滞时期的水平。经济滑坡的现实说明“加速战略”不仅没能实现苏联经济的加速发展，反而将经济形势引入了更加悲惨的境地，“加速战略”在实际意义上已经破产。但直到1990年11月，苏联总理雷日科夫才在苏共二十八大上正式宣布放弃“加速战略”，虽然这一战略早已名存实亡。

苏联“加速战略”失败的原因是多方面的。一是“加速战略”严重违背了苏联实际。苏联经济存在的问题是计划经济管理体制僵化、经济结构比例失调、农业和农村经济负担过重。然而“加速战略”对于这三方面的问题都没能得到有效的处理，缺乏有效的针对性措施，虽然部分冲击了计划经济的管理体制，但是由于多种原因，改革并未取得实效。

二是战略执行中出现的新问题没能得到及时而正确的解决。在“加速战略”执行之初，戈尔巴乔夫在视察中就发现了执行不力的情况，但他并未找出问题的症结所在，而是认为改革碰上的绊脚石是庞大的党政机关，从而“未能及时充分地评价改革的必要性和社会中危机现象滋生的危险性，未能制定出明确的路线来克服这些现象和更充分地利用社会主义制度中的潜力”①。这种错误的归因导致了戈尔巴乔夫转而将政治改革作为经济改革的手段，导致了经济改革所需的稳定环境被破坏，而经济政策本身却未做出合理调整。

三是领导层斗争削弱了经济改革的领导核心。由于加速战略的推行困难重重，戈尔巴乔夫的思想也随之发生了转变，转向将政治改革作为中心，党内分歧日益严重，经济改革掺杂了过多政治斗争的因素，党内团结被削弱，经济改革政策难以落到实处。

二、缺少真正反思而转向政治“公开性”“民主化”

戈尔巴乔夫的经济改革从一开始就步履维艰，随着改革的深入推进，出现的问题也越来越多，改革措施推行起来愈加困难重重，企业还

① 戈尔巴乔夫. 关于改革和党的干部政策问题. 苏联东欧问题译丛，1987（2）.

是老样子，农业和轻工业生产也未有大的改观，物资紧缺进一步加剧，国民经济日益临近崩溃的边缘。戈尔巴乔夫错误地将问题归结为人们的惰性，认为是僵化的机制体制制约了经济改革的深入推行，因此将改革转向政治领域，企图以“公开性”和“民主化”为手段促进经济改革的深入开展。

（一）戈尔巴乔夫对改革失败的思考

苏共二十七大刚刚正式确定了加速经济发展的战略，戈尔巴乔夫的思想就在改革实践的挫折前发生了微妙的变化。虽然他满怀热情地推进改革，但现实是改革难以推行，经济危机不断加剧。

面对改革推行进程中的重重困难，戈尔巴乔夫直观地看到“庞大的党政机关推行改革措施不力，仍有保守力量在阻挠改革”，就错误地将矛头直指党政机关及党内部分保守分子。在 1986 年 6 月 19 日的苏共中央全体会议上，戈尔巴乔夫在总结改革的初步教训时就指出：“在现实生活中不仅有积极的趋势在发展（它们无疑在社会中占优势），而且也有一些在改革过程中遇到的阻碍因素在起作用。有时，它们具有客观性质，但更多的时候来自惰性，来自陈规陋习和麻木不仁的心理。”① 他在 1987 年 1 月全会上进一步指出，改革进程缓慢的主要原因来自主观方面，并指出正是由于党内的“保守思想、惰性，对不合乎习惯公式的一切置之不理和不愿意解决迫切的社会经济问题的意图占了上风”②，才未能制定出明确的政策来克服社会中不断滋生的危险，才未能在实践中探索出激发社会主义制度潜力的明确路线。正因为从改革刚起步时，戈尔巴乔夫就对改革进程缓慢的原因缺乏深刻的认知，因此，“公开性”和“民主化”是他常常挂在嘴边的两个词，“公开性”和“民主化”作为推进改革进程的有力工具，也为他最终的改革转向奠定了舆论基础。

（二）对失败原因的误判导致苏联改革转向

戈尔巴乔夫的改革进程频频受挫，当他将问题归因为党内的保守势力和保守思想及维护这些思想的现行体制时，就难免要向政治体制

① 黄宏，纪玉祥．原苏联七年“改革”纪实．北京：红旗出版社，1992：26．

② 戈尔巴乔夫．关于改革和党的干部政策问题．苏联东欧问题译丛，1987（2）．

开战。

“公开性”和“民主化”思想在戈尔巴乔夫心中早就有思想萌芽，在正式提出“加速战略”之初，戈尔巴乔夫就曾谈到过“民主”与“公开”原则，虽然最初“公开性”和“民主化”思想仍在马克思主义的理论范围内，但随着改革的深入和问题的层出不穷，戈尔巴乔夫对“公开性”和“民主化”问题开始高度关注，其内涵也开始偏离了正确的轨道。

1986 年 7 月 31 日，戈尔巴乔夫在哈巴罗夫斯克边疆区党组织积极分子会议上首次明确提出了政治体制改革问题，他说：“目前的改革不仅包括经济，而且也包括社会生活的所有其他方面：社会关系、政治体制、精神和意识形态领域、党和我们全体干部的工作作风和工作方法改革是一个内容广泛的词。”① 他还极力倡导“公开性”，他强调：“发扬公开性……人民感觉到力量骤增，无论在工作中，还是在社会生活中变得更大胆、更积极了。”② 此时政治改革虽然已被提上议事日程，但仍不是戈尔巴乔夫改革的重点，但是其“公开性”和“民主化”思想却逐渐酝酿成熟，“公开性”泛滥的时代逐渐到来。1986 年 10 月 1 日，苏联《真理报》发表文章说，“公开性是争取改革和加速国家发展的不可替代的工具”③，这反映了苏联的“公开性”和“民主化”思想正在发生质的变化，逐渐成为推动改革的工具，政治改革逐渐成为改革的重点。在 1987 年苏共中央一月全会对“改革”的七项理解中，戈尔巴乔夫将“公开性”和“民主化”纳入其中，强调要“扩大社会生活各个领域的公开性”④。通过这次会议，政治改革正式成为改革的核心，“最大限度的公开性”和“加深社会主义民主”成为政治生活的重要内容被提到首位，成为改革的纲领和旗帜，使苏联改革方向开始偏离社会主义的轨道。

（三）改革转向的社会影响

1987 年苏共中央一月全会后，苏联正式开启了社会生活的全面民主化进程，改革的重点由经济领域转向了政治思想领域。在戈尔巴乔

---

①② 黄宏，纪玉祥．原苏联七年“改革”纪实．北京：红旗出版社，1992：28．

③ 韦政强．苏联解体纪实．北京：新华社参考新闻编辑部，1992：46．

④ 同③54．

夫对“公开性”和“民主化”的大力倡导下，全国掀起了揭露苏共历史黑暗面和批判党的领导的浪潮，资产阶级自由化思潮开始泛滥，他们以推进激进的改革为借口，以各种历史问题为突破口，否定社会主义制度和党的领导，各种政治势力不断涌现，利用政治改革的有利时机开展夺权斗争，面对如何改革的问题，党的领导核心产生了严重的分歧，戈尔巴乔夫在激进派和传统派之间摇摆不定，国内局势日趋动荡，苏联在危机中越陷越深。

在苏共中央一月全会上，“公开性”和“民主化”被戈尔巴乔夫作为推进改革的动力和保证在全国推行开来，在全国引起了强烈的反响，舆论氛围开始发生深刻的变化。舆论界掀起了揭露和批判苏联几十年历史和现实的浪潮，“公开性”的限制不断被突破，逐渐发展为公然的诽谤谩骂和对历史事实的歪曲。党的威信受到挑战，党的核心领导层产生巨大分歧，主管意识形态工作的利加乔夫和雅科夫列夫关于“公开性”的限度产生了尖锐的分歧，戈尔巴乔夫没有认识到意识形态原则的斗争实质上关系着苏共改革的前途和命运，对二人的分歧置之不理，社会舆论陷入一片混乱。人们的政治热情被点燃，争取个人和社会的自由成为社会活动的中心，无限制的“民主化”开始蔓延，社会稳定遭到了严重破坏。

在“民主化”的氛围下，怀着各种政治目的的非官方群众组织开始登上政治舞台，不仅如此，戈尔巴乔夫还大批释放政治犯，解除对持不同政见者的处罚，并放宽了控制媒体的闸门，允许国内收听美国之音等西方广播，资产阶级自由化思潮开始暗涛汹涌，他们打着民主改革的口号，心里却对资本主义制度心向往之。

继 1987 年苏共中央一月全会社会生活的全面民主化的纲领掀起“公开性”和“民主化”浪潮后，在苏共十九次代表会议上，戈尔巴乔夫又提出了把社会政治生活根本“民主化”和政治体制改革的计划，明确把“人道的民主的社会主义”作为改革的最终目标和理想。此时戈尔巴乔夫的思想已经严重偏离了马克思主义，在批判苏联社会主义思想是一种“精神垄断”的同时，放弃了马克思列宁主义的指导地位，在批判苏共的僵化领导体制的同时，否定了无产阶级专政，在党员群众中引起了极大的思想混乱，苏联的改革运动也由此发生了巨大的转折。随着政治改革的逐步推进，戈尔巴乔夫从思想到行动彻底背离了马克思主义，苏联日益逼近崩溃的边缘。

（1）消解共产主义的舆论浪潮。

戈尔巴乔夫无限制的“公开性”原则为不同派别发表观点提供了舞台，大众传媒一度掀起了对苏联的历史、政治、经济和文化进行公开自由讨论和批判的热潮。随着批判的日益深入，局势逐渐失去控制，言论越来越激进：从对历史和现实问题的揭露逐渐演化为对苏共领袖、苏共历史、党的领导、社会主义制度和马克思主义指导地位等几个方面的否定和批判，资产阶级自由化思潮彻底泛滥。

第一，对苏共领袖的批判。

“公开性”实行之初，舆论批判的矛头主要指向勃列日涅夫后期的僵化和停滞现象，但随着1987年苏共中央一月全会上“消除历史空白点”和“苏联社会不应该有不受批评的禁区”口号的提出，舆论批判的范围就扩大了。批判的矛头首先指向斯大林，进而批判的范围不断扩大，党的领袖几乎无一幸免，极大地损害了苏共的形象。

第二，对苏共历史的否定。

戈尔巴乔夫对苏共历史的反思导致了对苏共历史的全盘否定。在苏联官方对重新认识历史问题的默许和鼓励下，1990—1991年，苏联掀起了一场否定历史的浪潮，苏联的政治、经济和文化历史被公开地批判，出现了许多歪曲和污蔑苏联社会主义实践的不实评论，进一步加剧了苏联社会的信仰危机，出现了严重的历史虚无主义倾向。

第三，对党的领导的否定。

在苏共二十八大上，戈尔巴乔夫批判苏共“本身已经发生严重变形”，很多党员干部是妨碍改革的保守力量，这极大地否定了苏共在历史上的功绩和当下的作用。戈尔巴乔夫把改革的矛头指向了苏共，大批撤换党员干部，改组党的领导机构，实行党政分离和多党制，直至最终宣布解散苏共。与此同时，舆论工具在“公开性”浪潮下竞相报道社会问题，揭露社会阴暗面，对于党内的官僚主义、形式主义问题极尽渲染，公开报道苏共党内分歧和争论，严重损害了苏共的形象。

第四，对社会主义制度的批判。

戈尔巴乔夫认为，是苏联高度集中的政治体制导致了经济改革的失败，因此对苏联政治体制进行大肆批判和全面否定。他说：“现行政治体制几十年来不是在法律范围内组织社会生活，而主要是执行强制命令和指示。口头上宣传民主原则，实际上却独断专行；在讲台上宣扬人民政权，实际上是唯意志论和主观主义，大谈民主制度，实际上是践踏社会主义生活方式准则。"[①] 戈尔巴乔夫批判苏联高度集权的行政命令体制导致了斯大林的独裁，认为要真正实现民主，必须实行三权分立，推行西方的议会制、多党制和总统制。

第五，对马克思主义指导地位的否定。

与"公开性"相伴随的是思想观点上的社会主义多元化，实质上是对马克思主义指导地位的否定。在苏共二十七大上，戈尔巴乔夫把坚持马克思主义的指导地位批判为"精神垄断"，在 1990 年苏共二月中央全会上将马克思主义指导地位说成是"意识形态限制"，将批判的矛头直指马克思主义及其在意识形态领域的指导地位。时任苏联宣传部长的雅科夫列夫曾经在接受记者采访时说："我们越来越确认，我们的不幸来源于马克思主义的教条……我反对把马克思主义作为行动指南，断定社会主义会失败。"

戈尔巴乔夫对苏联社会主义制度的批判导致了苏联国内信仰危机的全面爆发，"人道的民主的社会主义"取代共产主义成为奋斗目标，意识形态的多元论取代马克思主义的领导地位，使因经济危机激化的信仰危机进一步蔓延，最终演化为政治危机。

（2）持不同政见者运动的兴起。

在 20 世纪 70 年代，持不同政见者运动被苏联法律明令禁止，但是在戈尔巴乔夫当政期间，持不同政见者却由背叛者一跃成为改革的先驱。在"公开性"和"多元化"思潮的刺激之下，资产阶级自由化人士已经不满足于在思想舆论领域大放厥词，他们日益组织起来结成联盟，成为有组织的社会力量，"莫斯科、列宁格勒、波罗的海沿岸各共和国成立了成百上千个群众组织"[②]。"1988 年 5 月 7 日，苏联 14 个城市的 100 多名代表在莫斯科集会，决定成立'民主同盟'，主张实行西方式的民主，发展混合经济，实行多党制，成立独立工会，自称是'反对现秩序的反对派政党'，要求允许反对派报纸合法化。"[③] 随着各种社会组

① 黄宏，纪玉祥．原苏联七年"改革"纪实．北京：红旗出版社，1992：95-96.

② 谭索．戈尔巴乔夫改革与苏联的毁灭．北京：社会科学文献出版社，2006：92.

③ 韦政强．苏联解体纪实．北京：新华社参考新闻编辑部，1992：115.

织的涌现，改革的方向已经越来越超出戈尔巴乔夫的控制，群众集会、示威游行和大规模的罢工活动频繁发生，社会稳定局面遭到了严重破坏。有资料显示，在1988—1990年，苏联共发生9 400多次群众性集会，参加人次累计达到3 500多万，反党、反政府、反社会主义示威游行频繁发生，反共势力乘着多党制的“东风”迅速发展，各派政党纷纷成立。仅在多党制实行一年后，新出现的全苏性的政党就增加了20个，苏共内部也分裂出了“马克思主义纲领派”和“民主纲领派”等不同派别。多数新政党与苏维埃共产党存在着较大的理论分歧，加之苏维埃共产党内部的分化，导致苏联政局极为混乱，才使得以叶利钦为首的亲资本主义阵营有了可乘之机，在改革的关键时刻夺取了政权。

(3) 此起彼伏的民族分离主义运动。

苏联是一个多民族国家，民族关系异常复杂，苏联建国后的民族政策也是得失参半。戈尔巴乔夫在改革过程中对民族问题重视不够，部分政策的执行极大地激起了民族矛盾，这些矛盾被民族分离主义势力所利用，导致民族冲突持续爆发。纳卡州民族冲突、“阿拉木图事件”和“巴库之乱”等民族冲突问题在多地时有发生。此时的苏联民族矛盾愈演愈烈，戈尔巴乔夫在改革的过程中，极力维护联盟的统一，对民族分裂势力妥协退让，使得各共和国逐渐壮大，民族分离主义盛行，在改革的关键点上给苏联以致命一击。

(4) 分歧日益尖锐化的党内斗争。

随着戈尔巴乔夫改革思想迷失方向，党内的分歧也日益严重。在改革初期，戈尔巴乔夫就对党的领导班子进行过改组，反对改革的保守力量已经被清除出领导核心，戈尔巴乔夫建立的是以自己为核心的改革力量，在坚持改革这一点上大家的观点是一致的。然而随着改革的深入推进，关于树立什么样的改革目标和如何开展改革的问题，党内出现了严重的分歧，并展开了激烈的政治斗争，这在一定程度上反映了社会上各种思潮与政治势力开始结合，思想观点的不同日益演化为政治立场的斗争。一方面，激进派和渐进派之间因为改革的步骤问题产生了严重分歧，戈尔巴乔夫摇摆不定，但是迫于舆论迫切要求改革的压力，选择了极端激进的改革方案，推行了一系列激进的经济改革措施，最终导致正常的经济秩序被破坏，国家财政全面混乱；另一方面，尽管利加乔夫和雅科夫列夫之间就“公开性”的尺度问题爆发了严重分歧，但戈尔巴乔夫依然采取观望态度，导致“公开性”的闸门被彻底打开，自由化思潮泛滥。政治斗争也严重削弱了党的领导核心作用，改革的路线和政策开始成为许多人政治斗争的工具，戈尔巴乔夫的改革在错误的道路上越走越远，国内动乱不断。

三、1987 年的《改革与新思维》：照搬西方的开始

改革到了 1987 年已经进行了两年多的时间，根据戈尔巴乔夫最初的计划，改革即将进入一个新的阶段。在两年的改革实践中，不仅经济改革中存在的问题已经初步显露，戈尔巴乔夫的改革理论也日益成熟。为了推进更深层次的改革，戈尔巴乔夫撰写了《改革与新思维》一书，系统阐释自己的改革思想，“人道的民主的社会主义”思想也初步形成。此时，戈尔巴乔夫偏离社会主义的思想已经初露端倪，西方的抽象人道主义、“普世价值观”等思想牵强地与马克思列宁主义糅合在一起，迈开了背离马克思列宁主义和社会主义原则的第一步。

（一）《改革与新思维》

《改革与新思维》一书是戈尔巴乔夫应美国出版商的请求，回顾历史，反思过去，结合自己未发表的讲话和报告等材料写作而成的。全书由上、下两编组成。上编为“改革”，下编为“新思维与世界”，共 7 章。该书对斯大林以来的诸位领导人时期的一系列重大历史问题重新做了评价，详细介绍了当时苏联改革的根源和实质、措施和步骤、问题和前景，总结了苏联已开展两年的经济、政治民主化和社会改革，还在分析苏联与社会主义国家、欧洲以及美国等关系的基础上，阐述了苏联对外政策新思维。

在上编“改革”中，戈尔巴乔夫回答了改革的起源、实质和革命性质等问题，并对改革的初步成果和经验教训进行了总结。在剖析苏联经济社会发展中存在的理念和体制缺陷基础上，戈尔巴乔夫指出了改革的迫切性。“改革是迫切的需要，是从我国社会主义社会发展的深刻进程

中产生的……而拖延改革就会在最近使其造成国内局势的加剧。”[①] 戈尔巴乔夫强调改革关系到每一个人，在改革过程中要重视领导的作用，并充分调动民众的积极性，“不调动人的因素，也就是不考虑人们、劳动集体、社会团体、各个社会集团多样的利益，不依靠他们，不吸引他们进行积极的创造活动，要解决任何一项任务和改变国家的状况都是不可思议的”[②]。戈尔巴乔夫指出改革“是直接民主与代议制民主相结合的独一无二的和最有效的形式”[③]，改革的目的“是要深刻革新国家生活的各个方面，是社会主义具有最现代化的社会组织形式，最充分地解释我们的制度在其各个决定性方面，即经济方面、社会政治方面和道德方面的人道主义形式”[④]。戈尔巴乔夫对走民主化道路进行了着重论述，他指出，“人的因素，从最广泛的意义来说，是我们的主要潜力，而把这种潜力变成现实的途径则是民主化”[⑤]。戈尔巴乔夫还进一步批判和澄清了西方关于苏联改革的各种不当评论和报道。此时，戈尔巴乔夫虽然已经为苏联改革提出了“公开性”、“民主化”和新思维的原则，但并未抛弃苏共的领导权，他提出“苏共是为加强社会主义的利益、为劳动者的利益而进行改革的倡导者、推动者、组织者和领导者，我还要说是改革的保证人。我们党担负着真正历史性的责任”[⑥]。戈尔巴乔夫虽然并不讳言苏联社会主义建设中存在的问题，但他把这归结为苏联社会主义建设的探索性：“社会主义作为一种年轻的社会制度，作为一种生活行为方式，在自我发展，自我完善，解决当代科技进步，社会经济、文化和精神发展的根本问题以及发展人的个性等方面，拥有巨大的和远未挖掘出来的潜力。”[⑦] 此时的戈尔巴乔夫虽然对国际国内形势的认识存在狭隘性，但是共产主义的红旗并未在这片大地变色。

在下编“新思维与世界”中，戈尔巴乔夫对当代世界做了“独特的述评和思索”，提出“新思维的核心是承认全人类的价值高于一切，更

① 戈尔巴乔夫．改革与新思维．北京：新华出版社，1987：11－12.
② 同①26.
③ 同①135.
④ 同①35.
⑤ 同①125.
⑥ 同①150.
⑦ 同①39.

确切地说，是承认人类的生存高于一切”[①]。这是戈尔巴乔夫枉顾意识形态对立的严峻形势而盲目调整对外关系战略、主动妥协的错误思想根源。

戈尔巴乔夫把世界分为社会主义世界、发展中国家的第三世界和发达资本主义世界三个部分。在与社会主义世界的关系方面，戈尔巴乔夫强调社会主义盟友之间的相互协作，同时强调改革还要深入社会主义国家之间的关系中。在发展中国家的第三世界方面，戈尔巴乔夫首先批评了发达资本主义国家运用不平等的经济制度对发展中国家进行搜刮，进而倡导与美国领导人一起寻求解决第三世界各种问题的途径。在苏欧关系方面，他指出“应该通过共同的努力使事情从对抗和军事角逐转到和平共处和互利合作的轨道上来”[②]。戈尔巴乔夫把美苏关系作为关注焦点，把相互削减核武器和裁军作为调整与改善苏美关系的主方向。戈尔巴乔夫认为，人类的共同利益已经超出了制度和意识形态体现的阶级利益，此时应该做的就是停止军备竞赛，着手裁军，争取国家间关系的非意识形态化，两国关系健康化，加强经济和政治合作。

此书的撰写过程也是戈尔巴乔夫梳理改革思路的一个过程，是对改革两年的总结和对改革愿景的展望。此时戈尔巴乔夫仍然没有放弃完善社会主义的表述，但是许多改革措施已经触及了社会主义的原则底线，一场更加剧烈的政治变革已经“山雨欲来”。

（二）背离马克思列宁主义的第一步

《改革与新思维》是戈尔巴乔夫在苏联改革的关键节点上系统阐述其改革思想的一本著作，标志着戈尔巴乔夫“人道的民主的社会主义”思想初步形成，其西方民主思想已经呈现，迈开了背离马克思列宁主义的第一步。

一是要深刻革新国家生活的各个方面。戈尔巴乔夫不仅强调对经济机制进行根本改造，还强调要着手改变社会的道德心理状况，他强调：“在各处，既在党内，也在国家机关和领导层中不发生急剧的变化那是不行的。”[③] 让那些主张“公开性”的人放手去干，取消毫无根

① 戈尔巴乔夫. 改革与新思维. 北京：新华出版社，1987：184.

② 同①250.

③ 同①26.

据的限制和禁令，实际上意味着主动放弃了对意识形态和舆论宣传工作的领导权。戈尔巴乔夫将改革的重点放在发扬社会主义民主化上，强调“除了民主化——包括改革经营机制和管理——之外，就不可能有其他途径”①，并将“多一些社会主义，多一些民主”② 作为改革的口号，导致西方民主主义思潮泛滥。

二是宣扬抽象的人道主义。戈尔巴乔夫将抽象的人道主义作为社会主义的本质，将超越阶级、脱离实际的人道主义作为改革的核心理论，误导了人们对社会主义的认识，误导了社会主义的改革方向。

三是超越阶级的“普世价值”。戈尔巴乔夫新思维的核心是承认全人类的价值高于一切，强调人类的共同利益已经超出了制度和意识形态体现的阶级利益，放弃了列宁关于资本制度下对立阶级间的利益不可调和的观点。

四是马克思列宁主义与照搬西方的混合。一方面，当时戈尔巴乔夫仍然宣称坚持共产党的领导和社会主义道路，并尖锐地批评部分地区党的领导被削弱和地方党组织不坚守党的原则的问题；另一方面，在具体改革措施上存在对西方民主体制的照搬，戈尔巴乔夫试图西体苏用，这就导致两种在本质上根本不同的政治体制在苏联这一时期出现了奇怪的杂糅。

这一时期，戈尔巴乔夫的政治改革已经开始参考西方的民主政体，他曾几次秘密出国考察国外体制，并将所学生硬地套在了苏联身上。但这种政治改革从迈出第一步起就步履维艰、内外交困，在背离马克思列宁主义的道路上只会越走越远。

虽然《改革与新思维》集中阐释了戈尔巴乔夫的改革设想，但是事实上，他的改革思想早在担任总书记之初就已经初露端倪。新思维一词频繁出现在他的讲话和文章当中，随即被广泛使用，含义也由最初的对外关系层面，扩大到包括政治、经济和社会、军事、外交等多个领域。新思维的产生绝非偶然，“它是苏联传统政治经济体制与生产力的矛盾发展的结果”③，是内外交困下苏联寻求改革之路的探索。戈尔巴乔夫已经意识到必须要用新思维取代人民头脑中原有的保守思想，才能确保

① 戈尔巴乔夫．改革与新思维．北京：新华出版社，1987：31.

② 同①36.

③ 周向军，徐艳玲，高奇．走进社会主义殿堂．济南：山东大学出版社，2009：247.

改革的成功，为苏联社会主义注入新的活力。但由于改革理论严重脱离了苏联实际，没能正确认识苏联问题的根源，在最初的经济新思维进程受阻后又转向了政治领域，改革改旗易帜。《改革与新思维》代表的仅是戈尔巴乔夫政治体制改革之初的思想，随着改革的深入，戈尔巴乔夫在多次讲话和文章中又提出了许多新的观点和主张，共同构成了新思维的完整体系。

四、1989 年 11 月提出“人道的民主的社会主义”思想

进入 1989 年，东欧许多国家已经发生了剧烈的政治动荡，红色疆土不断收缩，苏联国内局势也日益动荡。戈尔巴乔夫改革在前 4 年经历了经济改革的失败和政治改革的全面启动，社会问题不减反增。戈尔巴乔夫改革更加激进，为了给改革造势，“公开性”政策成了改革的第一步，一度掀起了对苏联的历史、现实和改革前景进行公开自由讨论和批判的热潮，也为西方民主自由思想的传播打开了方便之门。随着苏共对意识形态局势失去控制，民主社会主义思想开始甚嚣尘上，党内的激进民主派也开始占据上风。戈尔巴乔夫的思想在这种形势下发生了明显的蜕变，公然提出“人道的民主的社会主义”，迈开了照搬西方民主社会主义、背离马克思列宁主义和社会主义原则的第二步。

（一）“人道的民主的社会主义”的提出和发展

戈尔巴乔夫的政治新思维并不是一蹴而就的，而是在国际国内形势的剧烈变动中不断调整完善形成的。自苏共二十七大以后，“人道的民主的社会主义”理论逐渐形成，《改革与新思维》的出版更是基本描绘了“人道的民主的社会主义”的概貌，戈尔巴乔夫的思想开始蜕化。

在 1988 年 6 月苏共十九次代表会议上，戈尔巴乔夫将经济改革收效甚微的责任归为政治体制的阻碍，并主张要扭转当前局面必须把政治体制改革放到首位。他放弃了“完善社会主义”的初心，转而走向“人道的民主的社会主义”之路，并对“人道的民主的社会主义”的基本特征进行了具体阐述：真正的现实的人道主义、有效而活跃的经济、拥有社会保障和社会公正、具有高度文化素养和道德、人民自治的民主政

治、民族平等、国际和平合作。此外，戈尔巴乔夫还主张实行“完整的无条件的民主”和“最大限度的公开性”。此次大会还明确了苏联政治体制改革的地位、任务和具体内容，确立了在人道主义价值观的指导下，进行党的自身建设、组织建设和法制建设等内容。全会还通过了把一切权力归还苏维埃的决议，决定成立由全民选举产生的国家最高权力机关——苏联人民代表大会，这一决议实质上是将党的领导与国家的管理分离，否定了党对国家的领导，放弃了党组织直接指挥国家经济机构和社会团体的做法，这一方面削弱了苏共对国家的掌控和管理能力，另一方面又为“非正式组织”向政党转化提供了机会。这次大会清晰地描绘了“人道的民主的社会主义”的图景，并将其作为社会主义的特征与目标开始在苏联大力推行。

1989 年 11 月 26 日，戈尔巴乔夫在《真理报》上发表了《社会主义思想与革命性改革》一文，正式提出了“人道的民主的社会主义”，成为戈尔巴乔夫社会主义观根本转向的标志。文章提出“根本改造我们的整个社会大厦：从经济基础到上层建筑”①，表明改革的性质、范围和内容都发生了根本的转变。文中还提出：“我们可以有完全根据地说，我们正在建设的不仅是人道的社会主义，而且是民主的社会主义。”②进一步提出把“人道的民主的社会主义”作为改革目标，迈出了用社会民主主义理论取代马克思主义理论的步伐。他还进一步论证了社会主义的人道性，“这种人道主义化对于我国社会来说，现在也变成经济和社会的需要了，同时也是社会发展的需要了”③。戈尔巴乔夫改变了一贯以来视社会民主党为“修正”马克思主义的态度，将人道主义作为社会改革的目标，把社会民主派也看作社会主义流派的一员，并充分肯定了他们的思想价值。另外，戈尔巴乔夫还在文中大力宣扬社会主义与资本主义的趋同论，正面肯定了资产阶级的三权分立学说，为苏联议会制改革埋下伏笔。这篇文章是戈尔巴乔夫改革的另一个重要理论纲领，它在“反教条主义”名义下，贬低马克思列宁主义，并以“人道的民主的社会主义”的虚幻蓝图取而代之。在随后的 1990 年的新年讲话中，戈尔巴乔夫说：“现在我们更加清楚地认识了我们为之奋斗的目的，这个

---

① 黄宏，纪玉祥．原苏联七年“改革”纪实．北京：红旗出版社，1992：208.
② 同①212.
③ 同①211.

目的就是建立'人道的民主的社会主义'，建立自由的和公正的社会。"①

用"人道的民主的社会主义"取代马克思列宁主义，是苏联改革改旗易帜的标志。马克思主义是无产阶级政党的精神旗帜，自从马克思主义与工人运动相结合，就爆发出了巨大的实践力量，成为指导无产阶级政党完成一系列艰巨历史任务的锐利武器，成为社会主义建设取得一个个胜利的思想指南。在政治上，是否坚持马克思主义的指导地位关乎无产阶级政党的先进性，关系社会主义国家的前途和命运。苏共是领导苏联社会主义事业的核心力量，马克思列宁主义是指导苏联社会主义事业的理论基础。党的指导思想和党是紧密联系在一起的，一荣俱荣、一损俱损。对于苏共来说，指导思想的改变直接改变了党的性质，是改旗易帜、改变道路方向的根本性问题。列宁曾指出："我们完全以马克思的理论为依据，因为它第一次把社会主义从空想变为科学，给这个科学奠定了巩固的基础，指出了继续发展和详细研究这个科学所应遵循的道路。"② 戈尔巴乔夫用"人道的民主的社会主义"取代马克思主义的指导地位，从根本上改变了党的性质和贯穿党的一切政治活动的宗旨和目标的理论指导原则。从阶级基础上来说，马克思主义是关于无产阶级解放的学说，共产党是无产阶级政党，只有坚持马克思主义的指导地位，才能保证无产阶级专政，保证劳动人民当家作主，才能巩固社会主义制度。"人道的民主的社会主义"虽然保留了社会主义之名，但是实质上是一股反马克思主义的资产阶级思潮，它否认和反对阶级斗争和无产阶级专政学说，从根本上否认作为一个完整的理论体系的无产阶级世界观——马克思列宁主义，同时也"彻底抛弃了无产阶级夺取政权、实现社会主义的必要性和可能性"③。根本上改变了苏共的性质和苏共领导下的国家事业的奋斗目标。

（二）"人道的民主的社会主义"的本质

从 20 世纪 50 年代起，苏联文学和哲学领域就已经有人道主义思潮

① 王正泉. 戈尔巴乔夫与"人道的民主的社会主义". 北京：社会科学文献出版社，2012：15.

② 列宁. 列宁全集：第 4 卷. 2 版. 北京：人民出版社，1984：160.

③ 周新城，张旭. 苏联演变的原因与教训：一颗灿烂红星的陨落. 北京：社会科学文献出版社，2008：206.

在涌动。戈尔巴乔夫深受其影响，认为是人道和民主的缺乏导致了苏联历史上的集权主义和现实中的种种困境，要进行根本性变革就要将人道主义作为重中之重，并以这种抽象的人道主义为基础，提出了“人道的民主的社会主义”理论，将实现“民主化”“公开化”“多元化”作为其前提，具体到施政方略上，体现为政治体制上的多党制，经济体制上的私有制为基础、多种所有制并存，意识形态领域的多元化和外交领域的新思维。

戈尔巴乔夫改革理论的实质是抽象的人道主义。对于“人”和“人道”的重要性及其在民主社会主义理论体系中的地位，戈尔巴乔夫进行过多次论述。

1985 年苏共中央三月全会：“党将坚定不移地奉行它所制定的社会政策，一切为了人，为了人的幸福。”

1987 年《改革与新思维》：“从原则上我们可以说，改革的最终目的我们是清楚的。这就是要深刻革新国家生活的各个方面，使社会主义具有最现代化的社会组织形式，最充分地解释我们的制度在各个决定性方面，即经济方面、社会政治方面和道德方面的人道主义性质。”

1988 年苏共第十九次代表会议：“社会的整个发展，从社会的经济到精神领域，目的都是在于满足人的需求和人的全面发展。”

1989 年《社会主义思想与革命性改革》：“社会主义思想的核心是人。”

戈尔巴乔夫强调“人道主义”，并将其贯穿改革过程的始终，但是他所强调的“人道主义”具有明显的抽象性，与马克思主义的人道观存在本质上的差异。

抽象的“人”和人道主义的观念是在 17—18 世纪欧洲资产阶级反对封建专制和宗教神学的革命斗争中提出的，当时提出的“天赋人权”“自由”“平等”等口号在反封建斗争中起到了重要的作用。但是这种“人道主义”建立在唯心史观基础上，以个人主义为核心，具有很强的抽象性和空想性，虽然在当时起到了积极的历史作用，但是随着人类历史的发展和文明的进步，它所提出的社会理想和伦理原则已经不具有社会现实性，脱离具体的社会历史条件，仅从理论上、哲学上来理解“人”，就会陷入历史虚无主义。马克思在《关于费尔巴哈的提纲》中批判费尔巴哈从永恒不变的宗教情感角度来理解人的本质，实质上仍是理想化了的人的思想和观念，与黑格尔没有本质的不同。“资产阶级思想家鼓吹的人道主义和人性论之所以被马克思称为抽象的人道主义和人性论，归根到底是因为资产阶级思想家根本不去研究现实的个人究竟都是通过什么而且是怎样来实现他们的存在并因此具有各种关系属性社会属性的，而只是简单地认为只要从神本主义走向无神论的以人为本，就是实现人道主义关怀了……这样，他们讲的所谓的‘人’其实都是没有人的具体形式和内容的纯思想观念的‘人’”①。因此，这种带有历史局限性的历史观是马克思主义所批判的。

马克思主义尊重并重视“人”，强调无产阶级革命的根本任务是实现全人类的解放，促进人的全面发展。但与资产阶级的“人道主义”有着本质的差异。在《德意志意识形态》中，马克思和恩格斯指出，“我们的出发点是从事实际活动的人”，也就是说，不能脱离生产力和生产关系空谈“人”。在《关于费尔巴哈的提纲》中，马克思指出：“人的本质不是单个人所固有的抽象物，在其现实性上，它是一切社会关系的总和。”② 在不同的历史时期和社会形态中，人的社会属性存在根本性的差异。在阶级社会中，人的社会属性必然受到阶级属性的影响。把抽象的“人道主义”作为考量社会进步的标尺，无疑会陷入历史唯心主义的旋涡。毛泽东也指出：“只有具体的人性，没有抽象的人性。在阶级社会里就是只有带着阶级性的人性，而没有什么超阶级的人性。”③ 马克思主义将人道主义的伦理原则置于特定社会关系和人的现实活动内进行具体的历史的分析，由此确定具有特定时代内涵的道德观念和伦理原则。因此，不存在超越时代、国家、阶级和民族的抽象的人道主义。阶级社会中，人们有着不同的，甚至是对立的利益诉求，如封建社会地主阶级与农民阶级的对立，资本主义社会资本家与工人的对立，因此，一个阶级认为人道的原则，可能在另一个阶级中恰恰是最不人道的。资产阶级革命期间提出的人道主义必然带有资产阶级利益的烙印，如果舍弃具体的历史背景，将其作为“普世的”价值规范所实现的也只能是资产

① 杨思基．马克思恩格斯对抽象人道主义、抽象人性论的第一次系统批判：上．马克思主义哲学研究，2015（2）．

② 马克思，恩格斯．马克思恩格斯文集：第1卷．北京：人民出版社，2009：152，505．

③ 毛泽东．毛泽东选集：第3卷．2版．北京：人民出版社，1991：870．

阶级的人道主义。

从戈尔巴乔夫的诸多论述中可以发现，他所谓的“人道主义”与西方资本主义的人道观如出一辙，既不存在阶级关系也不存在阶级斗争，既无视国际资本主义阵营与社会主义阵营长期对立的现实环境，又不尊重苏联国内经济社会发展的客观实际，只抽象地谈人和人的财富、文明、发展，具有极强的空想性；他以抽象的人取代现实的社会属性的人，用全人类的价值高于一切的价值取代阶级差别，并以此作为社会主义发展的本质和最终要求，就从根本上背离了历史唯物主义；他把社会主义的特征抽象地概括为人道和民主，实质上是用虚幻的人道和民主否定现实的社会主义制度。

五、1990 年提出多党制、总统制和议会制

在“公开性”和“民主化”的旗帜下，苏联掀起了反苏、反共、反社会主义的浪潮，各种非正式组织在有利的形势下迅速发展，民主派借着政治体制改革实行自由选举的机会，进入了全国人民代表大会，形成全国民主派政治组织，与中央展开夺权运动。戈尔巴乔夫照搬的西方的“人道的民主的社会主义”改革路线被继续推行，在非正式组织和党内激进派的联合逼迫下妥协退让，修改宪法中关于苏共领导地位的规定，实行多党制、总统制和议会制，其照搬西方体制的图谋已经原形毕露。这进一步激化了国内矛盾，罢工、游行、示威不断，已经壮大起来的民族分离主义，势力开始活动，党内两条路线的斗争也开始白热化，苏联处于解体的边缘。

（一）多党制、总统制和议会制的确立与苏共领导地位合法性的丧失

在苏共二十七大后不久，苏联盲目加快了政治体制改革的步伐。1988 年 12 月 1 日，苏联最高苏维埃通过了《苏联人民代表大会选举法》，并于次年 3 月选出了第一次苏联人民代表大会的 2 250 名代表，并产生了两院制（联盟院、民族院）最高苏维埃。苏维埃选举制的改革和实践在客观上为“非正式组织”向组织化、政党化发展创造了条件，他们与苏共党内的激进民主派联合，利用“最大限度的公开性”宣传自己

的政治主张，煽动民众进行游行示威，要求苏共实行多党制，取消苏共领导地位。

面对强大的政治攻势，戈尔巴乔夫选择了妥协。在 1990 年的二月全会上，实行多党制、总统制，修改《宪法》第 6 条中关于党的领导权的规定等决定获得通过，这是苏共政治体制改革的一个重要转折，是苏共发展史上最大的失误，在外部压力下主动放弃了政治上的领导权，丧失了对国家局势的把控。

1990 年 3 月，第三次苏联非常人民代表大会正式通过了《关于设立苏联总统职位和苏联宪法修改补充法的决议》，决定删去 1977 年制定的苏联《宪法》第 6 条中"苏联共产党是苏维埃社会的领导和指导力量，是其政治制度、国家和社会组织的核心"的规定。这就在法律上取消了苏共的领导，并事实上确认了多党制的合法性。此次大会还通过了有关设立总统职位的决定，并在会上正式选举戈尔巴乔夫为苏联总统，苏联的总统制也正式确立。1990 年 7 月，苏共二十八大召开，大会通过了新党章和苏共纲领性声明《走向人道的民主的社会主义》和《关于经济改革和向市场经济过渡》等重要文件。声明指出，放弃"政治垄断地位"和"包揽国家和经济管理机构的做法"，由此苏联共产党的性质、宗旨、组织原则、指导思想和地位都发生了明显变化，苏共力量不仅被严重削弱，执政党的地位也被彻底剥夺。1990 年 12 月，苏联召开了第四次人民代表大会，又将苏联部长会议改组为总统领导下的内阁制，总统直接控制行政权。至此，苏联的政治体制改革目标已经初步实现，总统及其领导下的部长会议掌握政府行使行政权，最高人民法院和最高检察院等司法机关行使司法权，人民代表大会和最高苏维埃行使立法权，照搬西方的"三权分立"式政治体制框架基本形成，苏联照搬西方的改革已经图穷匕见，彻底背离了马克思列宁主义，将国家引向了更加危险的深渊。

（二）戈尔巴乔夫照搬西方政治体制改革的影响和后果

"人道的民主的社会主义"事实上混合了西方民主社会主义的大量成分，戈尔巴乔夫在改革过程中顺风转向，否定党的领导，实行了总统制、议会制和多党制，突破了马克思列宁主义和社会主义原则的底线，带来了极为严重的后果。

（1）照搬西方体制加速了苏联演化的过程。

戈尔巴乔夫照搬西方体制的改革不仅剥夺了党对国家的政治思想领导权，使国家在形势剧烈变化的关键历史时期丧失了坚强统一的领导核心，而且为反动派夺取政权提供了机会，大大加快了苏联演化的过程。

（2）戈尔巴乔夫的政治改革进一步激化了民族矛盾。

苏维埃联盟在创建之时，采取的是由苏联共产党执政，以民族为基础的加盟共和国联邦制形式。由于加盟共和国、自治共和国、自治州和民族自治专区较多，在国内外政治经济局势复杂多变和思想激荡之时，民族矛盾日益激化。而戈尔巴乔夫对苏共的革新又极大地削弱了苏维埃共产党的地位，使维系苏维埃联盟的最重要政治核心力量不复存在，民族矛盾日益尖锐，苏维埃联盟面临全面解体的危险。

（3）戈尔巴乔夫的政治改革进一步加剧了党内分歧。

在改革之初，党内已经出现了较大的分歧，随着改革重心从经济转向政治体制，党内的冲突和分化进一步加剧。苏共内部分化出了小修小补的保守派、彻底推翻苏联体制的激进派，以及以戈尔巴乔夫为首主张转轨民主社会主义的中派，三派在苏共二十八大上激烈争锋。虽然戈尔巴乔夫最终胜出，但也激起了激进派领导叶利钦等人的不满，集体宣布退出苏共。这之后传统派和激进派的斗争开始白热化，各种示威游行此起彼伏，社会秩序极度混乱，苏共的领导岌岌可危，戈尔巴乔夫在两派斗争中左右摇摆。1990 年 10 月，"民主俄罗斯"运动兴起，以叶利钦为首的反对派力量壮大，与苏共展开夺权斗争。为了打击激进派势力，戈尔巴乔夫先是向固守苏联正统的保守派靠拢，试图采取强硬措施，稳定国内局势，但遭到了激进派的激烈反击。戈尔巴乔夫转而倾向激进派，与叶利钦合作，于 1991 年 4 月 23 日发表了"9＋1"联合声明，试图修改国名，建立新的中央政府，根本上变革国家性质，抛弃社会主义。1991 年 6 月，叶利钦当选俄罗斯联邦总统，同年 7 月，叶利钦宣布禁止苏联共产党在俄联邦政府机关和国营企业进行活动，两派斗争愈演愈烈。

六、戈尔巴乔夫新思维照搬西方、背离马列

在戈尔巴乔夫新思维改革路线的推行之下，民族问题和党内分裂进

一步加剧，最终在激烈的政治斗争中爆发了“八一九”事件，固守苏联正统派宣告失败，随后以叶利钦为首的激进派借机夺取了政权，苏共全面溃败，亡党亡国。总结戈尔巴乔夫新思维的症结所在，才能汲取这个社会主义超级大国一步步走向自我毁灭的经验教训。

(一)“八一九”事件与苏联解体

1991 年 8 月 19 日凌晨，固守苏联正统派人士苏联副总统亚纳耶夫宣布戈尔巴乔夫因健康原因不再履行总统职务，由他本人即日起履行，同时成立苏联国家紧急状态委员会，全面负责国家事务。但这一试图维护苏维埃联盟和苏共执政地位的做法却遭到了以叶利钦为首的激进派的反对和破坏。叶利钦一方面召开记者招待会，宣读《告俄罗斯人民书》，谴责副总统亚纳耶夫等人宣布进入紧急状态违背宪法，号召人民群起反击；另一方面，他以俄罗斯武装力量总司令的名义接管苏军，并积极争取西方国家支持，逐渐掌握了斗争的主动权。叶利钦的倡议获得了乌克兰、吉尔吉斯、白俄罗斯等多个加盟共和国的支持。在国内外压力之下，政变历时不到 3 天即告失败，叶利钦及其支持者迅速掌握国家大权。8 月 21 日晚，戈尔巴乔夫宣布已控制了局势，近日将全部恢复总统职务。22 日，戈尔巴乔夫从被软禁地返回莫斯科，并宣布苏联已进入改革的决定性阶段。然而，“八一九”事件后的苏联已经改天换地。由苏联总统戈尔巴乔夫与俄罗斯总统叶利钦联手，利用手中权力，强行宣告苏联共产党在国家机关、军队和企业中的党组织被取消，财产被没收，从中央到地方的政权均被激进派控制。

8 月 24 日，戈尔巴乔夫无奈辞去苏共中央总书记职务。次日，苏共中央书记处发表声明自行解散中央，苏共从此不复存在。与此同时，苏联解体的进程仍在继续，乌克兰、白俄罗斯、乌兹别克斯坦、哈萨克斯坦、摩尔多瓦、吉尔吉斯斯坦、塔吉克斯坦、亚美尼亚、土库曼斯坦、爱沙尼亚、拉脱维亚、阿塞拜疆等先后宣布独立，联盟已经名存实亡。戈尔巴乔夫回天乏术，最终在 12 月 25 日发表电视讲话，宣布辞去苏联总统职务。当晚，苏联国旗徐徐降下，代之以如今飘扬在克里姆林宫上空的三色俄罗斯联邦国旗，苏联正式解体。

(二) 戈尔巴乔夫新思维的症结所在

戈尔巴乔夫领导的以新思维为核心的苏联新一轮改革，将“人道的民主的社会主义”作为改革目标，从根本上背离了社会主义制度的性质和方向。他脱离苏联实际，在政治改革中照搬西方体制，在指导思想上背离马克思列宁主义，从根本上加剧了新思维理论的破产，也将苏联推入了演变和解体的深渊。

（1）戈尔巴乔夫改革路线严重脱离苏联实际。

在改革领域，戈尔巴乔夫一方面对“加速”情有独钟，严重违背了经济发展规律，另一方面未能冲破真正制约苏联经济发展的僵化经济发展模式，不仅未能有效回应经济领域出现的现实问题，反而为特权阶层成长为新的利益集团创造了条件；在政治领域，戈尔巴乔夫从一个极端跳到了另一个极端，从高度集中跳到了“无条件的民主”，他不切实际的急功近利最终葬送了苏共，也葬送了社会主义；在外交领域，戈尔巴乔夫无视两大意识形态长期对立、西方“和平演变”之心不死的事实，空想化地提出了全人类的价值高于一切，这不仅在国内造成了人们忽视两大阶级的对立，更为西方“和平演变”打开方便之门。

（2）戈尔巴乔夫违背原则，顺风转向。

戈尔巴乔夫长期以来对党内的分歧采取观望态度，希望借两派的斗争谋求新思维改革路线的切实推行。但随着激进民主派力量的不断发展壮大，戈尔巴乔夫逐渐丧失了对局势的把控能力，没有坚守住马克思列宁主义的阵地，在政治和舆论压力下顺风转向，放弃了苏共的领导，并实行多元化、多党制和总统制，盲目学习西方，将国家领入了三权分立的西方民主体制的歧途。在苏联历史上的这一重大转向过程中，戈尔巴乔夫缺乏马克思主义者应有的政治原则和信仰，在社会舆论的呼声中迷失方向，在反对派的进攻下妥协退让，放弃了共产党法定的执政地位。

（3）戈尔巴乔夫改革路线本质上是对西方体制的照搬。

“人道的民主的社会主义”是戈尔巴乔夫新思维改革路线的核心，取消苏共法定领导地位，成立议会，实行多党制、总统制，国家体制与西方三权分立的社会体制如出一辙。戈尔巴乔夫还修改了党章，彻底改变了苏共的性质、地位和作用：苏共从马克思列宁主义政党转变为“按自愿原则联合苏联公民，实施以全人类价值观和共产主义理想为基础的纲领目标的政治组织”①，由执政党转变为议会党，由领导社会主义苏

---

① 苏群. 苏联共产党第二十八次代表大会主要文件资料汇编. 北京：人民出版社，1991：146.

联向共产主义理想奋斗的核心，变为参与国家治理的政治力量。戈尔巴乔夫在国家的深刻改革过程中，没有划清西方民主社会主义与马克思列宁主义思想体系的界限，认为只有照搬西方政治体制才可称为改革，直接的后果就是将政治体制改革变成了改旗易帜。

（4）戈尔巴乔夫新思维在指导思想上背离马克思列宁主义。

作为科学的思想理论体系，马克思列宁主义不仅是指导人们认识世界、改造世界的科学世界观和方法论，更是指导苏联建党、建国并进行社会主义建设的指导思想，是社会主义的旗帜和灵魂。戈尔巴乔夫的新思维不仅动摇了马克思列宁主义在意识形态领域的指导地位，而且违背了马克思列宁主义的原则。戈尔巴乔夫主动撤下了飘扬在社会主义国家上空的马克思列宁主义红旗，使苏联丧失了凝心聚力的精神旗帜。

多元化动摇了马克思列宁主义在意识形态领域的指导地位。马克思、恩格斯在《德意志意识形态》中指出："统治阶级的思想在每一时代都是占统治地位的思想。这就是说，一个阶级是社会上占统治地位的**物质**力量，同时也是社会上占统治地位的**精神**力量。"① 而戈尔巴乔夫在意识形态领域实行的多元化政策，就在客观上促使新思维和"人道的民主的社会主义"理论替代马克思列宁主义成为党的指导思想，否定了马克思列宁主义的指导地位，改变了党的性质和国家改革的正确方向。

对马克思列宁主义的批判动摇了人们的精神信仰。戈尔巴乔夫面对反对派在思想领域的全面进攻，不仅没能组织迅速有力的回击，反而带头在重要会议上对马克思列宁主义思想进行批判，极大地动摇了社会的信仰基础。外交新思维抛弃了马克思列宁主义的阶级分析方法。抽象的超越阶级的全人类价值理论违背了马克思阶级分析方法的阶级矛盾和阶级斗争学说，具有极大的空想性，这种一厢情愿的乐观思想极大地麻痹了苏共和苏联人民，对意识形态领域斗争的长期性和艰巨性认识不足。

"人道的民主的社会主义"放弃了马克思列宁主义指导思想。马克思主义是关于全世界无产阶级和全人类彻底解放的学说，在这一伟大旗帜的引领下，苏联社会主义建设以共产主义为最高理想，社会主义是其

---

① 马克思，恩格斯．马克思恩格斯文集：第 1 卷．北京：人民出版社，2009：550.

必经之路。而戈尔巴乔夫在改革过程中，改旗易帜，放弃了马克思列宁主义的指导地位，将“人道的民主的社会主义”作为发展目标，按照西方的政治体制对党和国家体制进行了改造，使党的奋斗目标和国家的发展路线都发生了本质性的变化，从根本上背离了马克思列宁主义。

第十三章　戈尔巴乔夫时期的理论争论

1985 年，戈尔巴乔夫开始主政，也开始改革，在初期的时候，还没有完全背离马克思列宁主义。在 1985 年前后，苏联哲学界、政治经济学界、科学社会主义学界普遍展开了激烈争论。

当时争论的一个焦点问题就是，在改革重启的新形势下，马克思列宁主义向何处去？当时出现了针锋相对的两种不同主张："马列主义原罪论"与"源头活水论"。

这一争论在马克思主义哲学、政治经济学、科学社会主义各个层面激烈地展开了。由于戈尔巴乔夫从初期思想摇摆，到 1989 年后改旗易帜，整个苏联思想界走向乱象横生的衰微趋势。

一、"马列主义原罪论"与"源头活水论"之争

苏联问题，根源何在？苏联问题，出路何在？在反思过程中有两种不同的声音："马列主义原罪论"与"源头活水论"。这二者之间的激烈论争不仅是理论界关于马克思主义的历史价值和现实意义的理论争论，更是现实中马克思主义和非马克思主义的两种政治立场的鲜明对立。

"马列主义原罪论"认为，"苏联问题的罪恶之源，乃是十恶不赦的'斯大林主义'；而斯大林主义的罪恶之源，则是列宁主义；斯大林主

义、列宁主义的总根源，则是马克思主义，这乃是马克思主义、科学社会主义与生俱来的‘原罪’。他们把基督教圣经中的‘三位一体论’、‘原罪论’的说法，作为一个框子，硬套到斯大林、列宁、马克思的关系上，把这三者说成三位一体，并且是万恶之源”①。

“马列主义原罪论”在苏联有两个始作俑者：一是担任苏共中央宣传部部长、主管苏联意识形态的 A. H. 雅科夫列夫，二是 1988—1989 年担任苏联科学院国际经济与政治研究所副所长的亚・齐普科。

雅科夫列夫从根本上彻底否定了列宁和布尔什维克党，并对马克思列宁主义的“原罪”进行了口诛笔伐：“在我们的实践中，马克思主义不是别的，正是听从于绝对权力的利益和任性的新宗教，绝对权力数十次推崇自己的上帝、预言家和使徒。”② 齐普科也以标举“马列主义原罪论”而名噪一时，他在《斯大林主义的根源》一文中说：“既然大家都认识到该到哪里寻找斯大林主义的根源，那为什么许多人至今还仍然回避认真讨论这个题目呢？我认为，这是因为，使斯大林的罪恶形象浮出水面的改革浪潮关系到我们的一些主要的神圣的东西，即关系到十月革命、社会主义、马克思主义。”③ 打着清算“斯大林主义”的旗子，实际上是对马克思列宁主义的连带批判。

“马列主义原罪论”有其国际根源，典型代表人物在国际上有波兰华沙大学教授莱・柯拉科夫斯基和南斯拉夫哲学教授米・马尔科维奇。柯拉科夫斯基在他的《斯大林主义的马克思主义根源》一文中说：“我们曾试图追溯由斯大林主义到马克思主义的连续性问题，当我们讨论由列宁主义到斯大林主义的过渡时，这种连续性就表现得更加明显。”④ 他错误地将斯大林主义的问题根源追溯到列宁和马克思主义。马尔科维奇在其著作《斯大林主义和马克思主义》中认为，斯大林主义是将列宁和列宁主义作为中介同马克思主义联系起来的，试图将马克思列宁主义作为斯大林主义的历史“原罪”。

“源头活水论”是一种坚守马克思列宁主义本源，将苏联现实问题

---

① 王东. 系统改革论：列宁遗嘱，苏联模式，中国道路. 长春：吉林人民出版社，2014：358.

② 雅科夫列夫. 雾霭：俄罗斯百年忧思录. 述弢，译. 北京：社会科学文献出版社，2013：2.

③ 李宗禹. 国外学者论斯大林模式. 北京：中央编译出版社，1995：367.

④ 同③50.

和理论困境归结为对马克思列宁主义的教条化和僵化，而从根源上捍卫马克思主义的理论观点。这种观点认为，应清除斯大林和勃列日涅夫时代的“积层”，重新回到马克思主义的真正思想上来①。苏联模式已经背离了列宁的社会主义构想，与科学社会主义理论是相违背的，主张回到马克思列宁主义本源，马克思列宁主义是推动理论创新和实践发展的“源头活水”。其学术界的代表人物有斯米尔诺夫院士等人，1985—1986年，他们提出应当重新发掘列宁晚年思想与新经济政策道路，作为改革之路的“源头活水”。

“马列主义原罪论”与“源头活水论”的激烈论争，也深刻地体现在哲学界、政治经济学界和科学社会主义理论学界的思想争论中。

二、苏联马克思主义的危机与苏联哲学的终结

20 世纪 80 年代中期，苏联社会改革拉开了序幕。现实生活的改革必然推动哲学社会科学领域的改革，哲学领域展开了一场深入的反思。这一反思以苏共二十七大确立的原则纲领为理论基调和研究方向，围绕“对教条主义马克思主义的反思与再认识”，对在马克思主义的基本框架下解决改革的主体性、内在动力、合法性等方面的问题，苏联社会主义的性质、发展阶段、市场与计划之间的关系等问题进行了探讨，试图为社会改革扫清理论障碍。但由于新思维既缺乏马克思基本理论的根基，又缺少对本国国情的具体分析，因此以新思维为导向的哲学反思也难逃悲剧的历史命运。

（一）苏联马克思列宁主义发展的转机

在戈尔巴乔夫推动苏联全面改革的进程中，新思维成为消除改革障碍并贯穿苏联全部社会生活的指导思想，确立了全人类利益高于一切的核心目标，这实际上是在重复赫鲁晓夫抽象的人道主义的主张。改革与新思维不仅需要诉诸政治改革与经济改革的现实运动，而且首先需要哲学观念的改弦更张。“过去的哲学不注意人类发展提出的许多新问题，

---

① 李尚德. 20 世纪马克思主义哲学在苏联. 北京：社会科学文献出版社，2009：183-184.

没有认真讨论新形势下的世界观问题，人和自然的关系问题，认识的价值问题，辩证法也不注意研究对话的逻辑，不注意研究对话的双边性，等等”①。在新思维的推动下，《哲学问题》杂志编辑部和编委会于1987年4月14日—16日召开了以“哲学与生活”为题的哲学积极分子会议，为突破僵化的苏联哲学教科书体系提供了一个重要的转机。

（1）苏联哲学的现状及存在的问题。

“苏联哲学是苏共领导的整个社会主义意识形态中的重要组成部分”，“是在特定的社会历史条件下、在特定的地域产生的一种打上鲜明俄国烙印的马列主义哲学即苏联形态的马列主义哲学。它只是马克思主义哲学中的一种独特表现形态”②。

受到高度集中的苏联模式的影响，苏联哲学的发展也出现了僵化和教条化的现象，苏联哲学界在对待哲学发展现状的态度上存在较大的分歧。莫斯科大学科学共产主义部主任科瓦廖夫指出：“在评价近年来哲学的状况与发展方面，有两种极端意见，一者带有过分虚无主义的成分，另一者则带有乐观主义成分。我认为，以往只用玫瑰色描绘一切是不正确的，然而现在如果把以往的活动和哲学的发展一笔抹杀，同样也是不正确的。”③

苏联哲学家谢苗诺夫在充分肯定苏联创造性地发展了马克思主义哲学潜在的精神力量的同时，指出了从20世纪30年代起苏联哲学界长期存在的问题：一是简单化和粗俗化路线与方法；二是“以权威自居”的状况所导致的注释之风盛行、教条式地引经据典、对哲学材料进行专断解释等一系列问题；三是哲学见风使舵，不回应和阐释现实生活中的新现象和新问题；四是哲学阐释上的某种规范主义、应付差事和教条主义的性质不断增强；五是哲学庸俗化、形式化和好为人师的倾向。谢苗诺夫认为，正是上述过程歪曲和偏离了苏联哲学特别是马克思主义哲学，导致哲学没能充分发挥其世界观、方法论以及批判现实的功能，无法对人类历史进程以及社会现实生活的内在矛盾进行深刻的理论分析，反而成为维护现实的、保守的精神因素。同时，哲学内部也发生了辩证唯物

① 庄福龄．访问苏联哲学界随记．现代哲学，1988（1）．

② 季正矩．崩坍的山岳：苏联共产党兴衰成败经验教训研究．长沙：湖南师范大学出版社，2015：265．

③ 哲学的新思维：苏联“哲学与生活”会议材料选登．哲学译丛，1988（4）．

主义与历史唯物主义的明显割裂，哲学研究脱离其他社会科学领域，脱离实践与生活的状况。

哲学家们在对苏联哲学反思的基础上，认识到了苏联哲学领域所取得的成绩和存在的问题，为进一步寻找哲学落后的根源和探寻哲学发展的出路奠定了基础。

（2）哲学落后的根源。

大多数哲学家认为，苏联哲学的落后是主观因素和客观因素综合作用的结果。

所谓客观因素，就是苏联高度集中的社会主义体制。正如哲学家格鲁申指出的：“有什么样的生活，就有什么样的哲学！而不是相反，社会总是拥有它所需要的哲学，拥有那种它‘想要’有的哲学，拥有它‘允许’哲学家们有的因而也是它应当得到的哲学。”① 在此基础上，哲学家们进一步指出，官僚主义阻碍了哲学的创造性发展，助长了教条主义的滋生。因此，苏联哲学中的教条主义正是苏联社会的产物，是官僚主义的结果。这种高度集中的官僚体制必然导致哲学丧失独立性，沦为政治的婢女。所谓主观因素，即哲学家自身的原因。苏联哲学协会副主席斯托利亚罗夫认为，造成这种状况的责任在于我们自己，我们应该吸收新人，吸收真正的实践家和我们有意与之加强联系的各门科学的人物参加这场讨论。他进一步指出，哲学与生活的脱节是由人们错误地理解哲学研究的特点和哲学与生活联系的特点所造成的②。

（3）振兴苏联哲学的途径。

反思的目的，是为了振兴。在讨论会上，哲学家们为振兴苏联哲学提出了各种各样的建议，主要包括三个方面：

第一，改变哲学对政治的依附关系，恢复哲学的本性。莫斯科大学进修院哲学教研室主任科切尔金指出：“哲学一旦失去革命批判作用，势必成为无须分析生活现象而只需人民信奉的、歌功颂德的教条的汇集，这就降低了哲学的社会信誉。为此而付出的代价是昂贵的：真善美在价值观中不再占有首要地位，物质需求却超过了精神需求，社会精神方面的水平降低了。我们应该使我们的哲学恢复马克思主义所固有的革

① 哲学的新思维：苏联“哲学与生活”会议材料选登．哲学译丛，1988（4）．

② 李尚德．20世纪马克思主义哲学在苏联．北京：社会科学文献出版社，2009：178．

命批判精神。”① 列克托尔斯基进一步指出，批判性作为哲学思想的创造本质的最高反映，正是马克思主义哲学的根本属性。

第二，为哲学研究创造良好的氛围和条件。科瓦廖夫表示：“首先必须为哲学发展创造一个能够进行创造性探索和开展不同学术派别竞赛的环境。此外要对我们的方法论原则进行一定的改革。”② 格鲁申认为，要给哲学应有的权力与地位，确保哲学家自由独立地开展研究工作。

第三，哲学研究要与时俱进，把握时代发展的要求。苏联科学院哲学研究所所长拉宾将当今时代的要求分为整个人类、个人和社会三个层次，强调“哲学要从这三个层次的时代要求出发，形成马克思列宁主义哲学新的现代的结构，重建辩证唯物主义和历史唯物主义这个统一的、完整的、具有许多新优点的哲学”③。莫特罗什洛娃指出：“时代要求我们显示出勇气，进行创造性的思维，这种思维不应向某个个人、单位或某种局势卑躬屈节、顺从俯就。”④ 科切尔金则从哲学教学的角度提出，哲学大纲应根据科学成就和社会实践的发展状况，及时进行调整和修改。

“哲学与生活”讨论会对苏联哲学的现状、存在的问题、落后的根源以及振兴的途径都做了客观的探讨，并达成共识。这次讨论会可视为苏联哲学改革的开端，为重新回归马克思列宁主义哲学本源提供了转机。

（二）苏联马克思主义哲学的危机与苏联哲学的终结

在错误意识形态方针的指引下，苏联哲学界从对马克思主义哲学的反思、批判逐渐转向了抛弃和否定，并最终演变为一场非马克思主义的哲学运动。各种反苏、反共、反马克思主义的思潮借机大肆传播，给哲学界和社会思想文化领域带了严重的思想混乱，进一步加剧了苏东局势的恶化。

（1）苏联马克思主义哲学的危机。

“哲学与生活”讨论会后，苏联科学院哲学研究所就苏联哲学面临的“什么是哲学”“哲学在社会生活中的地位”等一系列重大问题组织了小组讨论，中心问题是“哲学是不是科学”。这次讨论会在“公开

①②③④　哲学的新思维：苏联“哲学与生活”会议材料选登. 哲学译丛，1988（4）.

性”、“民主化”和“多元化”错误思想的引导下，由对苏联马克思主义哲学的反思、批判转向了对马克思主义哲学的抛弃和否定，引发了苏联哲学发展的危机。

“哲学是不是科学”讨论以 1989 年《哲学科学》发表的尼基福洛夫的文章《哲学是不是科学?》为开端。尼基福洛夫认为：“哲学过去不是，现在不是，而且我希望将来永远也不是科学（马克思主义哲学也一样）。”① 他强调：“一旦宣布辩证唯物主义是科学真理，谁再想对它稍加改动和完善，立即就会被认定是反对真理，即被认定是某种显而易见的反动货色。既然真理只有一个，它又被辩证唯物主义所垄断，那么其他一切哲学思想和观念，实际上就都成了诺言和阶级敌人谏言的体现。”因此，“哲学不是科学，而是世界观，即人们对世界、对社会以及对自己在这个世界和社会中的地位的种种看法的体系”②。尼基福洛夫的言论引起了思想界的极大震动，讨论迅速扩展到整个社会。《哲学科学》编辑部连续四期刊登对这一问题“反应”的文章。一些哲学家指出，并非所有的哲学都是科学，但马克思主义是关于自然界、人类社会和思维的普遍规律的科学；被斯大林歪曲了的马克思主义不是科学。我们的任务是要重新回到马克思主义创始人的真正思想上来。

尼基福洛夫的文章及观点，是对马克思列宁主义科学性及其指导地位的严重挑战。

这场“哲学是不是科学”的讨论矛头直指马克思主义哲学，随着“讨论”的深入，各种非马克思主义观点大量见诸报端，以前处于隐蔽状态的反苏共和反社会主义思潮不断暴露，马克思主义信仰不断动摇，由“哲学与生活”讨论会开启的苏联马克思列宁主义发展的转机也逐渐演变为危机。

（2）苏联哲学的终结。

虽然苏联哲学界对“教条主义的马克思主义”的反思和批判在一定程度上打破了苏联哲学为政治服务的僵化体系，但却放弃了马克思主义在意识形态领域的领导地位的哲学反思，最终演变为一场否定苏联历史和批判马克思列宁主义的热潮。人们对马克思主义采取了极端的否定态度，“有关社会主义和马克思主义的东西，人们一点也听不进去，他们

---

①② 尼基福洛夫. 哲学是不是科学?. 哲学译丛，1989（6）.

把摈弃这些东西当成是社会解放和精神解放，捍卫马克思主义意味着反潮流，他们高喊马克思主义已经过时”①。新自由主义、历史虚无主义、民主社会主义等各种反苏、反共、反马克思主义的浪潮借机大量传播。苏联共产党、马克思主义、社会主义制度威信受到极大冲击。

苏联哲学改革演变为一场非马克思主义的哲学运动，给整个苏联哲学界、苏联共产党、苏联社会乃至整个东欧，都带来了严重的思想混乱，成为东欧剧变、苏联解体的直接理论导因。1988 年，由弗罗洛夫、斯焦宾、列克托尔斯基、凯列共同主编的两卷本教科书《哲学导论》，在对改革前的苏联哲学进行系统批判的基础上，将抽象人道主义作为哲学研究的核心，使苏联哲学彻底偏离了马克思主义轨道，这标志着苏联哲学的彻底终结。

在 1988 年前后，《哲学导论》成了改旗易帜的风向标，宣告了苏联哲学的终结，也宣告了马克思列宁主义指导地位的终结。

三、政治经济学中的改革新思维

经济体制改革是戈尔巴乔夫改革的重要领域，相应的，政治经济学领域也进行了一系列的理论探索，取得了一定的成效，其理论成果集中体现在新版《政治经济学》一书中。但随着改革的深入，这些探索逐渐偏离了正确的方向。

（一）“可调节市场经济”的推行过程与基本思路

1986 年，戈尔巴乔夫在苏共二十七大的政治报告中对排斥商品货币关系的成见进行了批判，指出商品货币关系是社会主义所固有的，应该从整个经济管理体制的辩证统一和互相补充出发考虑计划性与商品货币关系问题，建立更加灵活的价格体系。1987 年，苏共中央六月全会和苏联最高苏维埃会议分别通过了《根本改革经济管理的基本原则》与《国营企业法》。《根本改革经济管理的基本原则》是苏联进行全面经济改革的纲领，包括在完善宏观控制的条件下为企业创造必要的内外部条

① 李尚德. 20 世纪马克思主义哲学在苏联. 北京：社会科学文献出版社，2009：184-185.

件提高经济效益等内容。而《国营企业法》则以扩大企业自主权和实行完全经济核算制为主要内容。“按照当时苏联当局的设想，1988—1990 年期间将逐步向新经济管理体制过渡，继而于 1991 年全面推行这一体制。”[①] 但是此举在推行过程中，新旧思维之间的对抗使之遇到了重重阻力。在此情况下，苏共于 1988 年 6 月底召开的第十九次全国代表会议将政治体制改革提到了首要地位，并再次强调了走向市场经济的迫切性；同时，政治改革的推进和“公开性”“民主化”所带来的思想自由化，也给保守派施加了巨大的压力，使其不得不在原则上同意走向市场经济的改革方案，向市场经济过渡的政治思想条件更加成熟。

1990 年，在第三次苏联最高苏维埃会议上，雷日科夫做了题为《关于国家经济状况和向可调节市场经济过渡的构想》的报告，并阐述了“可调节市场经济”的主要构成要素：第一，必须保障企业作为自由的商品生产者的实际自主权和经济责任；第二，必须有对供求变化做出灵敏反映的价格形成机制；第三，排除垄断，培育市场竞争机制，以促使降低成本和价格，满足消费者的需求，并迫使商品生产者进行技术革新；第四，完善公共经济管理，以保障市场经济所需要的物质财政平衡和货币制度的稳定；第五，建立和完善居民的社会援助制度，以期最大限度地保护低收入阶层的社会利益。由于报告中向“可调节市场经济”过渡的某些措施具有不彻底性和缺乏可操作性，因此在最高苏维埃会议和整个社会中产生了诸多争议。

（二）《政治经济学》教科书对改革新思维的理论阐释

为适应经济改革需要，苏共二十七大之后组织编写了新版《政治经济学》教科书。该书从改善苏联生活各个领域的新思维出发，对原有政治经济学的体系、框架与内容进行了改革，创立了新的结构体系和逻辑内容，将研究经济规律、概念和范畴与现实情况、经济政策和经营管理紧密联系起来，并在分析经济新现象的基础上，探索适应市场经济转型的新的理论体系。全书共分为四篇：第一篇阐明社会经济，特别是现代经济发展的一般规律；第二篇考察资本主义经济制度；第三篇结合苏联经济改革实践剖析社会主义经济制度；第四篇研究现代世界经济。该书

① 林水源．苏联向“可调节市场经济”过渡的基本构想．世界经济，1990（10）．

也被看作在政治经济学领域贯彻新思维的一个总结性文献。

新版教科书竭力克服过去长期形成的刻板公式与保守主义，并指出，不允许把生产关系同生产的物质要素和人们的有意识活动（政治、法律、管理）机械地分开；政治经济学是在同生产力和上层建筑不可分割的统一中研究生产关系的，是研究形成社会完整性的那些联系环节的。如果把管理关系、经济机制一整套综合问题排斥在政治经济学研究对象之外，就不可能建立起真正科学的政治经济学，不可能保证它与生活的联系。

新版教科书在政治经济学的编写中有两种相互对立的思维方式：一种是仅仅把政治经济学看作维护现行经济体制和经济政策的工具，对于现存的一切，包括已过时或落后的经济现象予以肯定性的解释；另一种是在说明现实的同时，给自己提出改造世界的任务，即为改革旧的经济体制指明方向。新版《政治经济学》正是基于第二种批判的立场强调这门科学的意识形态功能与实践功能的统一。在方法论上坚持实践第一，反对把政治经济学过分“意识形态化”，坚持对几十年来通行的社会主义经济体制进行批判性分析。反对教条主义，主张在新的条件下制定“现代的经济和政治思维”，以保持政治经济的生命力。“诚然政治经济学的许多问题都直接关系到意识形态领域，涉及各种社会理想之间的意识形态斗争。但是，政治经济学首先是通过解释和总结现实生活，通过提出现代经济和政治思维来实现意识形态功能的。”① 因此，迫切需要在苏共所提出的社会主义社会改革方针和完善社会主义经济体制的方针指导下，充分发挥政治经济学的实践功能和批判功能，即指导现实和用于改造社会的实际目的，而不仅仅是对现存的经济现象做出解释。“在这样的条件下，政治经济学的使命就是，从理论上论证迫在眉睫地进一步改革国民经济管理的过程，完全克服阻碍机制的方式，向经济的调节方法过渡，广泛利用商品货币关系和经济核算，以及建立和加强这些经济形式的途径。”②

《政治经济学》一书尝试以人为中心建立起庞大的理论结构和体系，并贯穿始终。在第一篇“经济发展的一般基础”中以人的问题为核心设立了专门一章“现代社会生产体系中的人”，强调人是社会生产的主要

---

① 梅德韦杰夫．政治经济学．张仁德，等译．天津：天津人民出版社，1989：7.

② 同①8.

要素和目的，分析并指出了在生产中科技革命与人的作用的改变以及生产的人道化构成了时代的要求。在第二篇“资本主义经济制度”中批判了资本主义社会中资本对劳动剥削的反人道本质，以及现代资本主义发展在经济、政治和意识形态领域带给工人的重要影响。在第三篇“社会主义经济制度”中对社会主义自治进行了探索，强调社会生活的民主化与经济上的彻底改革两者之间的内在统一，摆脱破坏劳动成果和报酬之间自然联系的任何行政命令，因为只有当劳动者和劳动集体受到经济保护时，社会生活的民主原则才能得到全面而彻底的发展。在第四篇“现代世界经济”中探索社会主义经济改革和解决当代全球问题时，也力图从人出发，以人为核心，在“人-社会-自然”系统中寻求解决全球性问题的途径。书中对社会主义应有的特质提出了新的看法，认为：社会主义应是一种真正的、现实的人道主义制度；社会主义应是一种有效的和有活力的经济制度；社会主义应是一种具有高度文明和高度道德的制度；社会主义是所有各民族真正平等的制度；社会主义固有的本质和利益所在，就是努力争取和平，巩固与社会主义兄弟国家的合作与互助。“由于实行改革，社会主义就能够而且应当作为一种真正人道主义的、为人服务并使之变得高尚的制度来充分实现自己的潜力。”①

《政治经济学》从阐明经济生活的一般基础开始，以分析现代世界经济的基本特征结束。现代世界经济建立在人类文明展开过程的基础上，这一现实过程决定了新的政治思维，要求将这些问题作为单独的最后一篇，考察在现代的具体历史发展条件下保存和再生产文明社会的条件、问题和规律性。因此，在上述研究的内在逻辑下，第四篇“现代世界经济”分析了世界经济发展的基本特点和趋势，揭示了现代世界的多样性、矛盾性和相互依存性，指出了现代生产力和经济进步的世界性质，以及不断增强的世界整体性和改造世界经济联系问题；在世界经济体系的宏大背景下研究社会主义经济体系与资本主义经济体系各自的特征及其发展趋势，包括社会主义经济一体化、经济合作机制以及现代资本主义货币制度与经济矛盾。在两种社会经济制度的比较中探索发展中国家的社会经济特点、发展道路以及前景。第四篇的最后一部分以对全球性问题的经济分析结束，认为只有集中地球上所有人的力量，才有希

① 梅德韦杰夫．政治经济学．张仁德，等译．天津：天津人民出版社，1989：855.

望使人类将现代强大的生产力和科技革命展现出来的巨大潜力转变为自己的财富。

《政治经济学》一书以“改革和现代经济思维的形成”为结束语，强调了社会主义政治经济学本身对于阐释和推进社会发展的重要意义。

（三）对苏联社会主义经济体制改革的理论探索

1985 年，戈尔巴乔夫执政以来，一方面从实践上强调苏联经济体制改革的必要性，另一方面也从理论上推动苏联学界探索经济体制改革的理论支撑与方法论路径。

苏共于 1985 年 10 月 30 日在莫斯科举行苏联科学院会议，着重讨论了根据苏共新的纲领制定社会科学研究任务的问题。苏联科学院副院长费多谢耶夫院士在报告中要求苏联社会科学家集中力量研究和全面分析世界发展经验，社会主义条件下生产力和生产关系、物质和精神之间的辩证关系，共产主义形态形成的规律以及向更高阶段逐步发展的途径。1986 年，全苏政治经济学研讨会召开，会议强调当前苏联政治经济学家应该着重全面研究加速国家社会经济发展问题，研究社会主义经济矛盾、科技进步成果在完善经济机制方案中的应用以及经济转入集约化发展等问题。苏共二十七大以来，苏联学界在经济体制改革的重大理论问题的研究主要包括苏联所处的社会发展阶段、生产力与生产关系相互作用的理论、社会主义所有制理论、商品货币理论等。其中，所有制问题以及计划性与商品货币关系的研究最为典型。

（1）所有制问题。

苏联官方意识形态与学界在社会主义所有制问题上，坚持社会主义公有制只有国家所有制和集体所有制两种形式。在苏共二十七大报告中，戈尔巴乔夫提出应当经常性地完善生产关系，社会主义所有制包含着一整套多方面的关系和一整套经济利益，它是处于运动之中的，具有丰富的内容和形式。新版《政治经济学》也指出，“社会主义社会经济发展特征是，组织经济生活的形式和方法的多样化日益发展。所有制关系结构将不会出现单一化，而趋向复杂化”。

苏联学界从推进所有制形式和经营形式改革的角度，对所有制问题展开了深入研究，其基本观点包括：第一，从所有制关系与其具体实现形式的区别出发，论证了所有权与经营权相分离的必要性，从而在为保持国家所有制的条件下加强企业的经营自主权提供理论依据。第二，批判了全民所有制比集体所有制优越的观点和集体所有制向全民所有制过渡的机械做法，认为集体所有制经济还有发展潜力，应当积极加以利用，从而为集体所有制经济的巩固和发展提供了理论依据。第三，一些经济学家已公开承认私人经济存在的必要性，主张在一定范围内发展私人经济。

苏联在所有制理论的研究中出现了两种新的趋向，即把各种不同的所有制形式看成一个有机联系的所有制关系总体；把所有制关系看成复杂的、多方面的、不断发展的关系体系，它包括人与人、集体与集体、部门与部门、地区与地区之间在利用生产资料和生产成果方面所形成的关系。两种新趋势的共同点在于：它们都把所有制看成一种现实的经济关系，从而突破了原来将所有制视为生产资料在法律上归属关系的僵死教条，这就有利于从更广泛的现实经济关系中去调整所有制关系①，也有利于将生产资料占有方式与经济方式区别开，允许在同一占有方式下存在着不同的经营方式。学者们指出，完善经济管理体制和完善公有制是不可割裂的同一过程，实现了生产资料社会主义改造任务之后，生产者获得主人的权利，但并不意味着同时成为真正的和有主动精神的创造主体，促成后者形成的最重要的条件是，通过加强完善经济管理体制充分调动和提高生产者的积极性，因此戈尔巴乔夫反复强调经营管理的“民主化”，社会主义自治的目的在于使劳动者成为生产资料的真正主人，调动生产者的积极性。学者们反对在所有制问题上实行急于过渡的政策，认为现阶段需要充分发挥集体经济的作用，批判将集体所有制看成过时的观点。有学者指出，合作化已经结束的观点为时过早，应该在城市真正地展开合作化运动，过渡的形式可以多种多样。

(2) 计划性与商品货币关系。

1987 年，戈尔巴乔夫在苏共中央六月全会的报告中指出，应该从整个经济管理体制的辩证统一和相互补充出发来考虑计划性和商品货币关系问题，并且推出了相关政策文件，今后苏联将逐步形成生产资料贸易市场、资金市场，合同价格和自由价格应用的范围将扩大。苏联理论界在商品货币关系理论方面有了一定突破：首先，批评过去对商品货币关系存在的偏见及其不良影响。其次，指出社会主义条件下商品货币关

① 林水源．苏联经济改革的新趋向：所有制形式和经营形式的调整．苏联东欧问题，1987 (3).

系具有新的内容，即社会改造使商品货币关系变形，其范畴和规律已经倾向于服务社会主义生产关系，成为这些关系的载体，成为完善发展社会主义的工具。最后，批评将商品货币关系与计划经济相对立的观点，承认两者之间的辩证统一关系。社会主义社会没有不利用商品货币关系的计划，但商品货币关系没有计划就无法实现。在新版《政治经济学》中将“商品货币关系”与“生产的计划性”相并列，把有计划调节社会主义经济与商品货币关系作为互不相容、彼此分离的现象对立起来，不仅在理论上而且在实践上都是不正确的。

四、马克思、列宁科学社会主义思想的重新发掘

戈尔巴乔夫改革初期曾一度促使苏联学界对科学社会主义理论与实践进行反思与再认识，在社会主义的发展阶段、社会性质、改革的方法路径以及提升改革主体性研究方面都进行了一定的探讨；但戈尔巴乔夫“人道的民主的社会主义”主张根本背离了马克思和列宁的科学社会主义理论，在实践上最终摧毁了苏联社会主义制度，也将苏联科学社会主义理论发展引向歧途。

（一）对苏联社会主义性质与发展阶段的理论研究

苏联改革要求克服传统认识社会主义的僵化思维，将社会主义本身作为一个逐步完善的过程，基于上述认识，苏联学界提出对社会主义的深入研究与再认识。

（1）苏联社会主义发展阶段理论。

戈尔巴乔夫改革初期的一个重要任务，在于重新认识和定位苏联社会发展的历史阶段。苏联领导人长期以来对社会主义的长期性以及困难性认识不足，对社会主义发展阶段的定位发生了多次变化。斯大林时期提出，20 世纪 30 年代后苏联“已经建成社会主义”，正在向“共产主义过渡”；赫鲁晓夫时期提出，社会主义已经取得了完全的和彻底的胜利，宣布 1980 年将“基本上建成共产主义”；勃列日涅夫时期提出，苏联“已经建成发达的社会主义”；安德罗波夫时期提出，“苏联正处于发达社会主义这一漫长历史阶段的起点”，重大任务是“完善发达的社会

主义”；戈尔巴乔夫执政以来对社会主义阶段性的认识发生了一系列转变，从“完善社会主义”到“已经进入了发达的社会主义阶段”，最后确定为“发展中的社会主义”。

1988年6月苏共第十九次代表会议上，戈尔巴乔夫正式提出，苏联改革的目标是要达到“向共产主义前进中的重要阶段的苏联社会的崭新状态——‘人道的民主的社会主义’”。在1989年11月发表的《社会主义思想与革命性改革》一文中，戈尔巴乔夫进一步提出，苏共领导把改革看作社会主义历史道路上的一个长期的阶段，其主要任务是，放弃专制的官僚主义体制，形成真正民主的自治的社会机制，建设“人道的民主的社会主义”。1990年前后，戈尔巴乔夫在官方文件中肯定并使用了“异化的社会主义”概念，即整个苏联的社会主义是一种“变形的社会主义”，这是“由于存在人与生产资料的异化，所以苏联没有真正意义上的公有制；由于苏联存在人与政权的异化，所以苏联也没有真正的民主；而离开了公有制，社会主义就无从谈起……苏联仍然处于在向社会主义过渡的阶段”[①]。苏联学界认为，“发展中的社会主义”这一定调更加符合苏联的实际。由于20世纪70年代苏联理论界对勃列日涅夫的“发达的社会主义”进行了大量论证，所以此时理论界反思的任务之一便在于消除“发达的社会主义”理论的影响，同时对“发展中的社会主义”的特点和性质做具体分析和探索，从理论上纠正长期以来急于向共产主义过渡的超越发展阶段的倾向。

（2）确立“人道的民主的社会主义”模式。

苏共二十七大不仅强调“民主和劳动人民活生生的创造是新制度发展的主要力量”，而且提出了社会主义人民自治、“公开性”、直接民主等原则。理论界在戈尔巴乔夫的错误引导下将“公开性”和“民主化”作为研究的要点，并认为“公开性”和“民主化”是由社会主义的本质所决定的，“公开性”是社会主义“民主化”的有效形式，是社会主义优越性的体现。

戈尔巴乔夫“人道的民主的社会主义”有以下几方面的特征：第一，它以抽象的人道主义作为改革的核心理论。否认人的阶级属性，以超越阶级的、抽象的“人”作为人的本质，背离了马克思主义。第二，

① 唐莉．从列宁到戈尔巴乔夫：苏联社会主义发展阶段理论的历史嬗变．社会主义研究，2004（1）.

以异化理论为改革的哲学基础。戈尔巴乔夫认为，苏联在20世纪30年代建立的社会主义是极权主义社会，存在严重异化现象，只有“人道的民主的社会主义”才是符合人性的，他将科学社会主义与苏联模式等同，否定了社会主义制度存在的合理性。第三，以“民主化”“多元化”为改革的关键手段。戈尔巴乔夫声称，为打破苏联当时的“停滞现象”和“障碍机制”，必须在政治、经济和意识形态领域毫无保留、毫无限制地推行“公开性”和“民主化”。

戈尔巴乔夫所谓的“人道的民主的社会主义”观抛弃了马克思列宁主义指导思想，不从具体国情出发，而是简单地照搬西方社会民主主义理论，把“人道的民主的社会主义”作为自己的价值观念和价值目标，从根本上背离了马克思和列宁的科学社会主义的思想轨道。这也意味着，戈尔巴乔夫的改革，在思想上已经把马克思列宁主义理论旗帜换成了社会民主主义的理论纲领，在实践上从完善苏联现有的社会主义制度转向从根本上改造整个苏联社会主义大厦，彻底摧毁了苏联社会主义制度。

（3）表面坚持社会主义性质与人民自治。

戈尔巴乔夫强调，所谓“改革”是在社会主义自身的基础上不断更新和完善的过程。苏联理论界在这一问题上，强调以社会主义自身的基础定位苏联社会主义社会的性质，完善社会主义就是要进一步发展这个基础，充分挖掘它的潜力和优越性。

在较长的时间里，苏联学界不提社会主义人民自治，并且坚持社会主义民主的全面发展。对于社会主义的人民自治，费多谢耶夫等人认为，这是无阶级社会经济和文化过程非政治的、非国家的管理形式。自治要求社会成员积极地、直接地参加管理全民性问题，它将确保人们自由、平等和博爱的理想得到最充分的体现。而向人民自治过渡有国家管理进一步“民主化”和各种社会组织的作用不断增强两条路线，共产党与一切社会组织都将联合在共产主义自治中。鲁缅采夫等人认为，社会主义国家的消亡，与社会主义国家发展成为共产主义人民自治制度是同一个过程，在直接过渡到共产主义人民自治制度的准备性因素中，进一步发扬社会主义民主，吸收所有公民参加社会事务的管理是最基本的方面。但也有学者提出了不同的观点，他们认为不能因为共产主义是人民自治制度，是直接从以社会主义国家为基础的社会政治组织中发展起来的，就要求国家立即消亡。过早地限制和缩小社会主义国家在社会领域的作用是与马克思主义关于国家消亡理论背道而驰的。

戈尔巴乔夫认为，在社会主义条件下，只有当人民自己切实管理起自己的事务和千百万人参加政治生活的时候，社会主义制度才能够顺利地发展。自治原则不在苏联社会主义国家制度之外，而是其所固有的并不断发展的。这种过度的“民主化”最终演变为苏联社会各种“民主派别”歪曲和丑化社会主义、颠倒是非甚至进行恶毒的人身攻击的自由化，为苏联社会主义理论的发展埋下了隐患。

（二）对苏联社会主义改革辩证法的研究

在谢苗诺夫看来，改革首先是社会发展本身向着改善社会过程的方向变化，这是一定类型的、质的、革命性质的变化。改革的性质并非造成政权更迭的社会政治变革，而是表现为社会改革的建设性趋势，表现为肯定和揭示新的、真正的社会主义，同时清除和摧毁旧的、过时的社会主义发展障碍的辩证法，促成社会现象和社会过程发展中的飞跃，实现社会条件和结构根本的、质的变化。苏联社会改革就是用革命的方法和手段改造经济、政治和社会领域的深层基础与结构，保证人们在精神生活和道德关系方面发生本质的变化。

（1）改革与发展的辩证法。

苏联学界在阐释“发达的社会主义”理论时，一般都把苏联描述为高度一致的、和谐的社会。它们不否认矛盾，但认为在社会主义条件下，对立面的统一占主要目的。波兰团结工会的出现曾经对苏联理论界产生一定的冲击，个别理论工作者曾经提出社会主义可能产生对抗性矛盾的问题，但是这种观点很快遭到批评。苏共二十七大后，关于当前社会矛盾性质和特点的问题再次被提上日程，布尔拉茨基认为过去在解释对立面统一和斗争规律中有庸俗主义的倾向，把其看作社会主义的特征和动力，而将斗争作为资本主义社会独有的特点和原则。近二三十年对社会主义矛盾的估计不足构成了保守与停滞状态的思维方式和实践基础，这也是导致经济和社会政策失误的重要原因。理论界进一步发展了这一观点，强调矛盾表现的多样性、竞争性和正当性是加速社会发展的重要动力；改革和革命都是对立统一的斗争规律的要求，同样适用于社会主义社会；问题在于如何对具体问题、具体矛盾进行具体分析。苏联学界认为，应该最大限度地利用社会主义自身的潜力和优越性，为改革提供内在动力。首先，要充分地、完整地和全面地揭示现阶段社会主义的本质特征。其次，在社会关系实践、社会全部活动以及人的生活方式中，要保证充分地、全面地和彻底地体现社会主义的社会本质、集体本质和劳动本质的原则要求。最后，在改革阶段所实行的、一切有目的的社会政策应该从根本上促进社会关系的深化。在谢苗诺夫看来，苏联社会生活改革过程的本质和内容具有如下特征：首先，改革具有全面的性质，与社会状态和社会发展的各种主观和客观因素有关。因此，改革具有人民的、群众的性质。其次，改革具有深刻的性质，它从客观的社会关系开始，根据社会主义基本原则进行的社会经济基础改革，将为革新其他一切生活领域奠定坚实的基础。

学者们还对戈尔巴乔夫改革时期苏联社会发展的辩证特点进行了总结概括，指出：第一，社会发展具有质上全新的综合性和系统性，把完善、加速、改革的过程纳入同一条轨道。第二，这不单单是一些有机的相互联系的过程，而是同一个系统完整性的诸过程，它们内在地相互转化、相互渗透、相辅相成，它们共同把苏联社会提高到一个新的进步阶段。第三，以统一的、同一的内在目标加速和完善改革过程。当代社会发展的辩证逻辑体现在：只有根据社会主义原则进行改革，才能顺利地完善和加速苏联社会的发展，改革过程中的进展和成就有助于完善和加速战略任务的实现。

（2）生产力与生产关系的辩证法。

在讨论社会发展动力的问题时，苏联理论界着重讨论了生产力与生产关系的问题。在过去的长期实践中，苏联理论界占主导地位的观点是强调生产力与生产关系相适应的一面，忽视了两者的对立，认为社会主义生产关系为生产力的发展开辟了无限广阔的天地。

在苏共二十七大上，戈尔巴乔夫明确批评了这种观点，强调在社会主义条件下，生产力与生产关系自动相适应的观点是站不住脚的，而且目前的生产关系形式、经营和管理体制已经过时了。苏共二十七大通过的新的党的纲领在批评理论战线远离生活实际的同时，要求社会科学“集中研究和全面分析生产力和生产关系的辩证法”，戈尔巴乔夫也强调，这一矛盾是根本性的迫切问题。他批评理论界对这一问题的解释远未克服教条主义观点，表现在把生产关系同生产力的现状以及人们的生活实际割裂和对立起来，生产关系被作为一种不变的实质远远脱离社会现实。于是，学者们认为，苏联特殊生产关系的产生有其特殊的政治经济文化背景，但随着时间的推移，这一现实的生产关系形式已经耗尽了自身潜力，必须对旧的经济体制模式做根本改革，而经济机制的改革符合社会主义原则，构成了自觉完善社会主义生产关系和发展社会经济的必要手段。经济体制改革的最高标准是社会经济的加速发展和社会主义的切实加强。

（三）人的问题研究

苏联经济改革屡遭失败后，学者们在重新认识和研究社会主义方面开始强调意识和思维问题，提出改革的最大困难是人的问题。苏共中央关于《共产党人》杂志的决议，将研究人的因素作为哲学和科学共产主义研究的重要方向，并且是作为解决社会主义社会发展的关键问题而提出来的，认为改革的主要目的以及目标的实现，需要充分调动和发挥人的积极性和能动性。1988 年，苏联科学院专门成立了全苏综合研究人的问题学术委员会，1988 年 3 月又举行了关于人的问题讨论会，对人进行综合研究。弗罗洛夫是这一时期苏联人学研究的主要代表人物。

作为社会主义生活方式基本特征之一的人道主义，已经不局限于理论探讨，而是成为社会实践的一项根本内容。在改革期间，人的问题的研究发生了深刻的转变，尤其突出了个性和个人作用的研究，改变以往只讲“集体”“群众”，不讲甚至抹杀个人作用的倾向，强调正确处理个人和集体的关系，充分发挥个体在社会生活中的积极作用，使劳动者的利益得到切实的保护。新思维也强调在全球问题面前，全人类利益远远超过任何国家利益，人道主义高于一切。基于上述抽象的人道主义立场，苏联学界对马克思主义经典论述断章取义，从不同角度对人的问题展开了讨论。在改革之前，理论界更多强调社会因素在人的发展中的决定作用，然而由于科学技术革命所带来的生态变化，学者们越来越重视生物因素在个人发展中的作用，即要求从人的发展的生物因素与社会因素的关系角度深入理解人的本质问题。弗罗洛夫在考察“作为个性的人的本质”与“作为个体、作为人类代表的人的存在”的差异性基础上，要求以活生生的、感性的人的存在为基础，将人的生物因素和社会因素结合起来，以面对社会发展对于人的存在所提出的新问题和新挑战。

毫无疑问，马克思主义是人道主义的，但它不是抽象的而是现实的人道主义，它强调人道主义的实现对客观、现实条件的依赖，认为只有当人类社会发展到共产主义，人道主义才能彻底实现。苏联学界无视客观条件对人道主义的制约，而谈论抽象的人道主义，表现出了明显的历史唯心主义倾向。

五、苏联马克思列宁主义学界的局限性

苏联马克思列宁主义作为20世纪在世界范围内产生巨大影响的理论体系，指引了苏联社会主义建设，并为社会主义国家的哲学社会科学发展提供了一个可资借鉴的蓝本。但由于苏联马克思列宁主义学界教条化和政治化的特征，导致苏联哲学社会科学的发展逐渐丧失了独立精神，失去了阐释社会现象和改造社会的基本功能。

（一）一部分人依然固守僵化的苏联教科书哲学体系

在苏联高度集中的社会体制下，日益僵化的苏联马克思列宁主义学界严重脱离社会现实问题，理论研究失去了创造力和生命力。在“解冻年代”，苏联僵化教条的马克思主义受到了各种外来和国内思潮的剧烈冲击，尽管一些学者认识到回归理论本源的重要意义，但却未能在根本上从旧的理论框架中“突围”出来，仍然没有跳出僵化的教科书体系。

（二）研究方向被戈尔巴乔夫新思维误导

戈尔巴乔夫执政时期，苏共实行“人道的民主的社会主义”的改革方针，极力推行“公开性”“民主化”“多元化”，偏离了科学社会主义的正确轨道。苏联马克思列宁主义学界在错误改革思想的引导和西方民主思潮的影响之下，不仅没有用先进理论来反思、批判和引导实践发展，反而盲目为错误改革理论歌功颂德，甚至被西方反动势力利用，开始歪曲和丑化社会主义，颠倒是非，对党、社会主义、马克思主义进行根本否定。这也反映了苏联马克思列宁主义学界缺乏对于真理的探索和坚守，缺乏对马克思主义的坚定信仰。

总之，苏联所形成的教条化马克思主义的历史命运，实际上是整个

苏联历史演变的缩影，它屈从于特殊的社会政治环境，是苏联高度集中的社会体制的产物。苏联马克思列宁主义学界的政治化和教条化，从根本上伤害了苏联马克思主义的健康发展。因此，以苏联教科书哲学体系为标志的苏联模式教条主义和苏联政权一道曲终人散，就成为其必然归宿。

六、戈尔巴乔夫、雅科夫列夫等人倡导的“公开性”“民主化”

在苏联政治改革的过程中，戈尔巴乔夫打着“公开性”“民主化”的幌子，行改旗易帜之实，实际上是反对共产党的领导与马克思列宁主义的指导地位，这极大地改变了苏联的意识形态状况。在这一错误方向引导之下，社会上对苏共和苏联社会主义历史与现实的批判不绝于耳，甚至是恶意的攻击诽谤，矛头直指共产党的领导和马克思列宁主义的指导地位，公然宣传西方资本主义、自由主义。面对反对派在意识形态领域的猖狂进攻，苏共已经无力回天，意识形态工具全面失灵，共产党与马克思列宁主义的领导地位被迫丧失，广大党员群众在多元化浪潮的冲击下，被反动宣传所蛊惑，政治信仰体系全面崩塌。

这是一场改旗易帜的历史悲剧。而其始作俑者，就是窃取了党的领导权与意识形态领导权的戈尔巴乔夫、雅科夫列夫。曾担任苏共中央宣传部部长的雅科夫列夫是戈尔巴乔夫的亲密助手，他长期主管苏联的意识形态工作，不仅是戈尔巴乔夫改革的倡导者，更是中央意识形态政策的真正领导者，戈尔巴乔夫改革新思维的思想来源和理论基础均与雅科夫列夫有着莫大关系。事实上，雅科夫列夫的改革思想能在苏联大行其道，就说明戈尔巴乔夫与雅科夫列夫在改革的观点上是一致的，二人都对苏联社会主义意识形态大厦的倾覆负有无可推卸的责任。

苏联改革指导思想的演变和意识形态的崩溃经历了 6 年的曲折历程。在改革的初始阶段，戈尔巴乔夫屡屡提到“公开性”和“民主化”，并将其作为冲破保守思想和僵化体制的有力武器，作为推进改革的工具。从 1987 年 1 月全会开始，戈尔巴乔夫开始接受雅科夫列夫的建议，更多地谈到“公开性”和“民主化”的问题，“公开性”和“民主化”

改革进入了扩大化阶段。

(一)“公开性”和“民主化”的新战略

戈尔巴乔夫经济改革破产后转向了政治体制改革，在1987年苏共中央一月全会上，戈尔巴乔夫着重对加深社会主义民主、发展人民自治进行了论述，开始将“公开性”和“民主化”提到了全新的高度，“公开性”和“民主化”成为改革的首要问题。戈尔巴乔夫在讲话中指出：“改革——这就是依靠群众活生生的创造力；这就是全面发扬民主和开展社会主义自治，鼓励主动精神和首创精神，加强纪律和秩序，扩大社会生活各个领域的‘公开性’、批评与自我批评；这就是大力提倡尊重人的价值与人格。”① 由此，戈尔巴乔夫改革的核心政策也转向了所谓的“公开性”和“民主化”。1987年11月，《改革与新思维》一书的出版，进一步用“公开性”、“民主化”和“全人类价值”等所谓的新思维取代了马克思列宁主义，而1988年苏共第十九次全国代表会议上提出的“人道的民主的社会主义”理论，不仅奠定了“公开性”和“民主化”的理论基础，为其合理性辩护，而且以此取代了马克思列宁主义，成为苏联改革发展的根本遵循，成为苏联改旗易帜的根本标志。

(二)“公开性”和“民主化”的内涵与具体措施

“公开性”和“民主化”不仅是戈尔巴乔夫提出的改革口号，更是他推进改革、实现政治目标的工具和武器，这两个口号以推进公开和民主为名，实际上是否定苏联历史和社会主义制度，为改革鸣锣开道。

(1)“公开性”的内涵和具体措施。

“公开性”原则并不是戈尔巴乔夫和雅科夫列夫的首创，早在18世纪，“公开性”就融入了俄国人的政治生活，只是含义与此大不相同。列宁在领导俄国人民进行社会主义革命和建设的实践中也提出了一系列“公开性”的主张。戈尔巴乔夫和雅科夫列夫借“公开性”大做文章，并将“公开性”的意义扩大化、扭曲化，给苏联社会造成了严重的思想混乱，为苏联演变打开了意识形态缺口。

---

① 黄宏，纪玉祥. 原苏联七年“改革”纪实. 北京：红旗出版社，1992：36.

戈尔巴乔夫并未给“公开性”下一个明确的定义，但是在各种讲话和文章中多次对“公开性”原则进行详细的阐述。在《改革与新思维》中，戈尔巴乔夫明确表示“‘公开性’是社会主义的特征”[①]，认为“公开性”原则是保障社会主义民主的有效形式，是人民当家作主、参政议政、表达自由意志、实现人民监督的重要途径。他说：“发展‘公开性’是集中各种各样的意见和观点的方法，这些意见和观点反映了苏联社会各个阶层和各行业的利益。”[②]“‘公开性’是对毫无例外的一切管理机关的活动进行民主监督的有效形式，是纠正缺点的强有力杠杆。”[③]戈尔巴乔夫的言论基本描绘了“公开性”的面貌，即认为国家和社会发生的一切应当向人民最大限度地公开，将党和国家的活动置于人民的监督之下，人民群众有权就国家和社会生活中的问题公开发表意见，“公开性”是社会主义的本质特征，是实现社会主义民主的有效形式。

在扩大“公开性”方面，苏联主要采取了以下几方面措施：

一是组织人事调整，撤换干部，建立支持“公开性”改革的干部队伍；二是重新认识党和国家的历史、现状及国际地位和作用，揭露党和国家历史和现实中存在的问题，承认国家建设中存在的失误，披露一系列所谓的“历史事件真相”；三是及时公开党和国家机关及其主要领导人的活动，公开党务政务决策过程，公布国家和社会发展的真实情况；四是扩大公民直接参与党和国家事务的决策和管理的权利；五是对舆论工具进行改革，确保广泛反映群众的意见和要求；六是出台与“公开性”相关的法律法规，确保舆论多元化。

（2）“民主化”的内涵和具体措施。

所谓的政治“民主化”是戈尔巴乔夫和雅科夫列夫政治改革的核心思想。早在改革之初，“民主化”思想就体现在新思维中，戈尔巴乔夫认为：“‘民主化’在各个领域里都是整个改革事业的主要手段和保障。”[④]但在改革后期，“民主化”由推进改革的手段变为改革的目的本身，并且成为戈尔巴乔夫为改旗易帜而编织的美丽谎言。

---

① 戈尔巴乔夫．改革与新思维．苏群，译．北京：新华出版社，1987：64.

② 同①92.

③ 同①89.

④ 新华社《国际内参》编辑部．苏联改革的轨迹：戈尔巴乔夫言论辑录．出版者不详，1990：38.

戈尔巴乔夫和雅科夫列夫也并未给“民主化”下一个明确的定义，但是在不同场合多次提及“民主化”的内涵。戈尔巴乔夫在1986年9月会见克拉斯诺达尔边疆区党的积极分子时表示：“民主不仅仅是权利，也是责任和义务，这是一个纪律问题，民主不是为所欲为，不是无政府状态……同时，民主要求每个人用自己的劳动来参与实现我们社会的目标。”[①] 在1987年苏共中央一月全会上，戈尔巴乔夫进一步指出：“民主的实质就在于劳动者掌权，是实现劳动者的广泛的政治权利与公民权利的形式，是他们关心改造并实际参与改造的形式。”[②] 在1987年6月29日同法国一批著名政治和社会活动家谈话时，戈尔巴乔夫指出：“多些社会主义”、多些民主的提法表达了我们纲领的实质；这个提法包含着一个主要思想；多些社会主义意味着一切都建立在社会主义原则基础之上，一切都应根据社会主义原则来做、来改革；多些民主则意味着做一切事都应有人民参与。

从戈尔巴乔夫的各种言论中，我们能够看出戈尔巴乔夫和雅科夫列夫“民主化”思想的概貌。戈尔巴乔夫虽然通过“民主化”改革描绘了一个美好愿景，但其实走的是一条否定、摧毁苏联共产党和社会主义的路子，“民主化”不仅不是医治苏联问题的良药，反而成为背离马克思列宁主义、脱离党的领导的“万能保护伞”。

在“民主化”方面具体包括以下措施：一是坚持民主原则，否定民主集中制，承认思想多元化。取消民主集中制中“少数服从多数”“个人服从组织”“下级服从上级”“全党服从中央”等原则。二是发展社会主义的人民自治，即“当人民自己切实管理起自己的事务和千百万人参加政治生活的时候，社会主义制度才能够顺利地发展。这就是列宁所理解的劳动人民自治，它是苏维埃政权的实质”[③]。三是放弃党的领导地位，公开承认多元化、多党制。

（三）“公开性”和“民主化”的实质

“公开性”和“民主化”所带来的社会问题是极其严重的。它忽视

---

① 新华社《国际内参》编辑部．苏联改革的轨迹：戈尔巴乔夫言论辑录．出版者不详，1990：35.

② 戈尔巴乔夫．戈尔巴乔夫关于改革的讲话（1986.6—1987.6）．苏群，译．北京：人民出版社，1987：142.

③ 真理报，1986-02-26.

了公开的条件限度和民主的阶级属性，严重偏离了苏联问题的本源。戈尔巴乔夫借“公开性”之名，为反动言论大开方便之门，为各种反动势力的政治宣传提供掩护，为西方“和平演变”创造了条件，导致苏联改革过程中社会舆论失控，公然为资产阶级摇旗呐喊。“民主化”改革破坏了党的民主集中制，加剧了党的分裂瓦解，放弃了党的领导，打着民主旗号，为复辟资产阶级政权提供了方便之门。

（四）“公开性”和“民主化”政策存在的问题

在国家和社会面临重大转折的时期，“公开性”和“民主化”的转向对苏联马克思列宁主义意识形态造成了剧烈的冲击，对苏联共产党和苏联的社会主义制度来说无异于一场空前的灾难。

一是“公开性”和“民主化”的扩大化严重脱离苏联实际。戈尔巴乔夫实行“公开性”和“民主化”政策的思想基础是错误的。一方面，他没能面向苏联实际，解决经济中的突出矛盾和问题，对现实问题进行了错误的归因，导致了改革的错误转向。另一方面，戈尔巴乔夫企图将否定马克思列宁主义在意识形态领域的领导权和党对国家与社会事务的领导权作为推进改革的力量，主动放弃了该有的原则立场，丧失了对改革方向的把控。加之戈尔巴乔夫在经济危机恶化的情况下转向政治改革，不仅缺乏改革应有的稳定环境，而且政治改革与经济改革难以形成政策上的配合联动，顾此失彼。

二是“公开性”和“民主化”的扩大化首先面临着澄清历史问题的诘难。戈尔巴乔夫认为，苏联社会不应该有不受批评的禁区，应全面放开舆论工具，积极倡议和支持媒体展开舆论监督，揭露社会问题，披露历史真相。殊不知一旦放开了意识形态的闸门，言论自由就泛滥成了恶意的攻击和诽谤，不仅对于改革政策的攻击不绝于耳，否定苏共和苏联社会主义的言论甚嚣尘上，而且人们的精力也很难再集中到改革上，反而被历史的反思和批判转移了注意力。戈尔巴乔夫对“公开性”和“民主化”政策可能带来的严重后果缺乏应有的预判，在日益增加的民众压力下，只能向激进派妥协退让。

三是“公开性”和“民主化”的扩大化给反动势力的进攻提供了阵地。最广泛的公开和民主，使得敏感问题的争论和交锋异常活跃，不同政见者通过“民主化”政策进入权力机关，纷纷借“公开性”契机发表恶意歪曲、丑化苏共和社会主义制度的言论，提出自己的政治主张，加之西方资本主义的渗透，使得戈尔巴乔夫在巨大的压力下无法掌控改革的走向。

四是“公开性”和“民主化”的扩大化客观上加剧了党内不同派别之间的斗争。戈尔巴乔夫过分强调民主，否定集中，同时又主张无限制的公开，给不同派别掌握报纸等舆论媒介提供了便利条件。这就在允许党内不同派别存在的基础上，为它们相互攻击、阐述自己的政治改革路线，争取群众提供了便利条件。

七、矛头指向共产党领导、马克思列宁主义指导地位

在“公开性”和“民主化”的错误引导之下，社会舆论陷入一片混乱，批判的矛头也从社会问题逐渐转向了共产党领导和马克思列宁主义指导地位，意识形态的“大解放”给苏联带来了一场空前的灾难，苏联马克思列宁主义意识形态阵地逐渐丧失。

（一）错误引导和偏见泛滥

“公开性”和“民主化”政策根本逆转了苏共意识形态工作的方向。主管意识形态工作的雅科夫列夫大力鼓吹“公开性”和“民主化”，反对为“公开性”确定界限。戈尔巴乔夫也公开倡导批评无禁区，倡导社会民主和党内民主。他们根据自己的立场观点大批撤换报刊的领导班子，安插自由派人士担任主编，并授意撰写批判社会主义的文章，对主张坚持马克思列宁主义的言论进行舆论围攻，对公开反对他们的言论实行“思想恐怖”，根据戈尔巴乔夫“为改革造舆论”的要求，打响了一场旨在颠覆社会主义制度的宣传战。

社会舆论导向的错误引起了利加乔夫的警惕，他与雅科夫列夫在“公开性”和“民主化”的尺度上发生了较大的分歧。利加乔夫发现舆论发展在批判历史问题的基础上已经演化为对历史的歪曲，主张有限的“公开性”，而主张加快改革进程的雅科夫列夫极端仇视马克思列宁主义，他在《一杯苦酒：俄罗斯的布尔什维主义和改革运动》中写道：“毫不妥协地推翻阶级斗争和无产阶级专政的理论——马克思主义的基

本教条。"[①] 戈尔巴乔夫与雅科夫列夫的思想在很大程度上是一致的，而雅科夫列夫则充分利用主管媒体和舆论工作的优势，大力倡导"公开性"，掀起了一场上下交互、歪曲历史、抹黑历史的活动。在这种错误思想的引导下，苏联国内理论和舆论界的风向也朝着否定苏共和社会主义的方向转化。

1987 年苏共中央一月全会后，"公开性"政策为人们批判历史和现实打开了窗口，人们开始涉足以前列为禁区的话题，并且文章越来越大胆，苏联的意识形态状况发生了巨大的变化。长期在苏共中央工作的博尔金在回忆当时的情形时说："党放开手脚搞无限的公开性，无限制地批评自己过去和现在的错误。然而，'公开性'常常被扭曲，扭曲得面目全非。这是因为舆论部门经常发表严重失实的消息，甚至故意进行歪曲。"[②]

在"公开性"和"民主化"大力推行的时期，书刊检查制度放宽，有自由主义色彩的人物大量掌握舆论工具，社会敏感问题被公开讨论，大胆的电影、戏剧和书籍大批涌现，它们公开抹黑歪曲苏共历史，侮辱国家领袖和党政军干部，反政府、反社会主义、反马克思列宁主义恶浪汹涌。然而在这场席卷苏联的意识形态浪潮中，对过去和现在的批判都成为否定未来的武器，被政治热潮席卷的人们不是为改革建言献策，而是争相用舆论摧毁和瓦解社会主义，不同的政治派别利用媒体蛊惑群众，苏联舆论界偏见泛滥，意识形态面临全面解体。

由于苏共党内关于意识形态问题的分歧长期存在，戈尔巴乔夫与雅科夫列夫的"马列主义原罪论"思想直指马克思列宁主义和党的领导，与固守苏联正统派展开激烈论战。戈尔巴乔夫在 1989 年 11 月年发表的《社会主义思想与革命性改革》一文中不仅批评了马克思对资本主义自我发展的可能性估计不足，也批评列宁根本没有一个完整的在俄国建设社会主义的纲领，明目张胆地改旗易帜。"雅科夫列夫从声讨斯大林主义入手，上溯到列宁主义，并且进一步追溯到祖坟，追到马克思列宁主义的'原罪'"[③]。

---

① 雅科夫列夫．一杯苦酒：俄罗斯的布尔什维主义和改革运动．徐葵，等译．北京：新华出版社，1999：105.

② 博尔金．戈尔巴乔夫沉浮录．李永全，等译．北京：中央编译出版社，1996：183.

③ 王东．系统改革论：列宁遗嘱，苏联模式，中国道路．长春：吉林人民出版社，2014：360.

雅科夫列夫鼓吹“公开性”和“民主化”，并向传统的意识形态阵地发起攻击。在雅科夫列夫的直接授意和无限制的“公开性”所形成的揭黑浪潮中，批判的矛头开始指向共产党领导、马克思列宁主义指导地位，苏联马克思主义意识形态阵地逐渐丧失。

（二）错误舆论将批判的矛头引向了共产党领导、马克思列宁主义指导地位

戈尔巴乔夫一直认为阻碍苏联改革的因素是僵化的体制和思想，于是将推进改革的重心放在破旧立新上，因此“公开性”和“民主化”政策实际上就是否定了苏联的政治体制和意识形态。社会上歪曲丑化、凭空捏造苏联历史问题的现象不仅越来越多，而且在意识形态领域批判的矛头开始指向现实的共产党领导和马克思列宁主义指导地位，在政治领域反对派也开始大肆攻击苏共和社会主义，为自身争取权利，并趁机宣传自己的政治主张，社会上偏见泛滥。

“公开性”和“民主化”政策的实施首先面临的问题就是重新认识和评价苏联的历史和苏联体制，戈尔巴乔夫本人虽然极力主张改变苏联的意识形态现状，但是他并没有在改革之初就将矛头指向斯大林。在1987年庆祝十月革命70周年的大会报告中，戈尔巴乔夫仍然认为斯大林所建立的体制模式是正确的，他反对的只是斯大林所用的方法，但这却打开了苏联意识形态的闸门。苏联的舆论界开始异常活跃，发表了许多反思历史的文章，揭露历史真相的资料也被大量公开，苏联文化界掀起了一场解禁潮。在戈尔巴乔夫和雅科夫列夫等人的授意下，大量的非马克思主义、反马克思主义的言论涌现，宣传西方意识形态和价值体系的声音蜂拥而至，各种诋毁历史和否定社会主义、否定苏共领导地位的声音甚嚣尘上，苏联开始了一场自上而下、上下联动的反马克思主义意识形态浪潮。清算历史问题的思潮自1987年底开始，到1988年达到高潮，批判的矛头也由斯大林个人问题转向了苏联的社会主义体制，从1989年开始，又出现了否定十月革命、批判列宁主义和列宁本人的思潮，进而学校中马克思列宁主义必修课也被取消，在官方的错误引导下，意识形态领域的批判浪潮席卷全国，反对派逐渐揭开了拥护社会主义的面具，各大媒体争相发表针砭时弊的文章，激进报刊如《星火》画报和《莫斯科新闻》等开始公开否定社会主义、否定马克思列宁主义，

进而公然打出向资本主义方向“改革”的旗号，“许多所谓‘坚定的列宁主义者’摇身一变成为反对所谓‘极权主义’的斗士”。反对派也抓住“公开性”的机会，合法地传播各种反苏反共言论，比如《视点》《第五车轮》等电视节目公开否定和批判苏共，此时苏联思想界已经异常混乱。

（三）西方敌对势力“和平演变”的阴谋

趁混乱之机，西方敌对势力通过预谋、策划，花费大量金钱和精力与社会主义的叛徒们勾结，逐步对苏联进行“和平演变”，成为苏联社会主义瓦解的重要外因。

美国总统里根借苏联社会经济政治改革的关键时期，加快了对苏联渗透的步伐。他不仅将苏联称为邪恶的帝国，而且宣称将战胜共产主义，马克思列宁主义将被扔进历史的垃圾堆。尼克松在《1999：不战而胜》中公开表示，对东欧进行“和平演变”的条件已经成熟。美国著名战略思想家布热津斯基批判苏联是极权统治，他的《大失败：二十世纪共产主义的兴亡》一书充分体现了西方资本主义通过“和平演变”毁灭共产主义的狂妄野心，极尽所能地批判苏联，将共产主义同法西斯主义、纳粹主义混为一谈，宣扬“共产主义大失败”。英国的撒切尔夫人也一直将“和平演变”作为瓦解社会主义苏联的重要手段，她将苏联看作对西方世界构成严重威胁的国家，“积极帮助”戈尔巴乔夫在苏联实行改革，极力引导其走资本主义道路。美英两国合力抓住戈尔巴乔夫改革的机会，进一步加大“和平演变”的力度，以经济援助为诱饵，力图瓦解、推翻苏联的社会主义制度。

（四）苏联社会意识形态的转向

在意识形态领域，利加乔夫和雅科夫列夫进行了旷日持久的斗争，在利加乔夫的极力维护下，苏联马克思主义意识形态尚有一席之地，对各种问题还保持着应有的警觉。1988 年 3 月 13 日，《苏维埃俄罗斯报》刊登了女教师安德烈耶娃的《我不能放弃原则》一文，针对社会上出现的对布尔什维主义、斯大林主义的批判和否定倾向，主张维护其中的合理成分。这篇文章引起了戈尔巴乔夫和雅科夫列夫的极大不满。他们认为这篇文章实际上是在否定改革，是社会保守力量的顽固抵抗，是反对改革纲领的危险阴谋，因此对作者进行了大力围剿。雅科夫列夫不仅亲自撰写了《改革的原则：思维和行动的革命性》一文，对作者大加批判，还给安德烈耶娃安了许多政治罪名，将她的文章说成“反革命势力的思想纲领和宣言”，对刊登这篇文章的《苏维埃俄罗斯报》的编辑记者大加批判，他还借机对坚持马克思列宁主义原则的思想大加批判，通过思想恐怖主义对马克思主义意识形态进行“围剿”，使得利加乔夫的影响趋弱，而雅科夫列夫所代表的“人道的民主的社会主义”思想占领了意识形态阵地，苏联的意识形态开始发生了实质性的转向。

从 1988 年 6 月的苏共第十九次全国代表会议开始，苏维埃制度的改革正式启动。这次代表会议将“公开性”、“民主化”和社会主义“多元化”作为苏共的三项革命性倡议，提出了放弃党的领导权、革新政治体制的基本设想，并正式提出建立“人道的民主的社会主义”的指导思想，背离了马克思列宁主义，彻底改旗易帜。

八、共产党与马克思列宁主义领导地位的丧失

基于对世情国情党情的误判，戈尔巴乔夫采取了错误的改革指导方针，在西方意识形态渗透长期存在的情况下，盲目实行扩大的“公开性”和“民主化”政策，导致马克思列宁主义在传统的僵化、教条化、淡化的情况下，又出现了被丑化、妖魔化和虚无化的现象。为了获得对改革的支持，戈尔巴乔夫对于不断滋生的反共反社会主义言论一再支持和纵容，使得反马克思列宁主义思想成为苏联意识形态的主流，反共势力异常猖獗。这种对苏联社会主义的否定，很快从意识形态领域蔓延到政治生活上，从意识形态多元化发展到了政治体制上的多党制，共产党与马克思列宁主义领导地位逐步丧失。

（一）“公开性”和“民主化”的严重后果

历史进入 1989 年，戈尔巴乔夫的改革逐渐深化，“公开性”和“民主化”政策对意识形态产生了巨大的冲击，一时间人心涣散，社会舆论失控，改革已经很难按照预想的路线发展。面对反动势力的步步紧逼，戈尔巴乔夫妥协退让，公开承认多元化，放弃党的领导权。

“公开性”和“民主化”政策在思想上削弱了苏共和马克思列宁主义的领导。戈尔巴乔夫在改革过程中反复强调要摒弃“意识形态限制”，将马克思主义看成一种“精神垄断”，积极宣扬人道主义和全人类价值。在“公开性”和“民主化”政策的刺激下，苏共和马克思主义成为众矢之的。戈尔巴乔夫对各种反党反社会主义言论听之任之，主动解除了思想武装，实行了“多元化”的方针。1987 年 7 月 14 日，戈尔巴乔夫会见舆论工具和各创作协会的领导人时，首次谈到了“多元化”。他说：“让我们的言论多样化一些吧，让全社会都参加，让社会主义的‘多元化’充满每一种刊物。”[①] 1988 年 7 月 1 日，在苏共第十九次代表会议闭幕会上，戈尔巴乔夫又明确表示：“我们肯定舆论的多元化，摒弃精神垄断的做法。”[②] 在苏共第十九次代表会议上进一步将社会主义“多元化”作为三大“革命性倡议”之一。“多元化”政策从根本上摧毁了苏共和苏联社会主义制度的理论基础。

“公开性”和“民主化”政策在组织上削弱了苏共和马克思列宁主义的领导。戈尔巴乔夫的亲密助手雅科夫列夫从一开始就怀有分裂苏共的祸心，早在 1985 年 12 月，他就上书戈尔巴乔夫，提出实行“公开性”、“民主化”、多党制和总统制等一系列全面政治改革建议，并提出在组织上将党一分为二。苏共二十八大对党章进行了修改，极大地破坏了党的组织基础，改变了马克思主义政党的本质，导致苏共在政治生活中逐渐被边缘化，最终葬送了社会主义事业。

“公开性”和“民主化”政策在法律上取消了苏共和马克思列宁主义的领导。面对民主派要求废除苏共领导地位的要求，戈尔巴乔夫顺风转向，抛弃了马克思列宁主义原则，在 1990 年的苏共中央二月全会上修改了宪法，取消了苏共对国家政权的法定领导地位，在同年举行的苏共二十八大上通过了《走向人道的民主的社会主义》的纲领和新党章，把“人道的民主的社会主义”确定为党的“理想”和“奋斗目标”。戈尔巴乔夫明确表示，坚决抛弃对不同意见和主张的意识形态的限制。1990 年 6 月，戈尔巴乔夫用总统令颁布《新闻出版法》，宣布“舆论不受检查”，规定公民有“以任何形式，包括通过报刊和其他舆论工具发

---

① 黄宏，纪玉祥. 原苏联七年“改革”纪实. 北京：红旗出版社，1992：56.

② 新华社《国际内参》编辑部. 苏联改革的轨迹：戈尔巴乔夫言论辑录. 出版者不详，1990：33.

表意见和见解，以及寻找、选择、获得和传播信息的权利”，意识形态“多元化”的方针以法律的形式固定下来。1991 年，苏共中央七月全会正式决定取消马克思主义的指导地位，实行指导思想多元化。苏共背弃了马克思列宁主义指导思想，动摇了立党立国的根本，同时也破坏了自身存在和发展的基础，使苏联从思想混乱发展到组织涣散，进而发展到社会动荡，亡党亡国。

（二）“八一九”事件后取缔马克思列宁主义的白色恐怖

在“八一九”事件后，苏联国内的反共浪潮更加汹涌，戈尔巴乔夫与叶利钦联起手来竭力清除苏共党内的所谓“持有怀旧思想的反动势力”。叶利钦的拥护者们举行集会，公然喊出“打倒苏共”“审判苏共”等口号，反共气焰更加嚣张，并在国内掀起了一场逮捕、解职、起诉的白色恐怖浪潮。叶利钦签发命令，以“污蔑诽谤合法政权代表、欺骗群众”为由暂停了大批党的机关报纸的出版，查封了《真理报》。随后，苏共中央、市委、区委的大楼都被查封，大批档案被销毁，部分州执委领导被解职，参与“八一九”事件的舍宁、季贾科夫、博尔金、瓦连尼科夫、普列汉诺夫、格鲁什科等一大批核心领导人物被逮捕，苏共笼罩在白色恐怖之下。美联社将其评价为“一场全面的清洗运动，给共产党的权力结构以一系列惊人打击，包括罢黜高级官员、关闭共产党的总部和限制共产党的活动”①。领导苏联人民奋斗了近一个世纪的苏联共产党随后也被解散。

（三）苏联意识形态政策的历史教训

总结苏联共产党与马克思列宁主义领导地位丢失的沉痛教训，对于改进和加强社会主义意识形态建设具有十分重要的意义。

首先，背离马克思主义意识形态必然导致无产阶级政党失去灵魂、迷失方向。马克思主义是立党立国的根本指导思想，苏共是一个马克思主义政党，它将马克思主义作为自己的指导思想和理论基础。在历史上，马克思主义曾经引导水深火热中的俄国走上了社会主义道路，在社会主义建设过程中取得了辉煌的成绩。然而苏共在社会主义建设过程中

① 美联社 1991 年 8 月 23 日致莫斯科电。

却将生动鲜活的马克思主义逐渐僵化、教条化，使马克思主义丧失了实事求是、与时俱进的理论品质，并在国家经济改革失败的时候逐渐弱化、淡化马克思主义的影响，直至背弃马克思列宁主义。这就导致苏共丧失了根本的精神旗帜、最有力的斗争武器，迷失了以共产主义为最高奋斗目标的信仰基础，这种自我迷失的党已经自身难保，更无法带领苏联人民走出历史的困境。

其次，背离马克思主义意识形态必然会失去社会主义文化发展的正确方向。发展社会主义文化必须以马克思主义为指导，戈尔巴乔夫在“公开性”和“民主化”的伪装下公开鼓吹意识形态“多元化”，导致各种非马克思主义、反马克思主义的社会思潮不断滋长，历史虚无主义泛滥，直接动摇了苏共和苏联社会主义的信仰基础，促进了反社会主义、反马克思主义的政治组织和各种非法社会组织的迅速发展，形成了侵蚀马克思主义的巨大政治力量，直接动摇了社会稳定的基础，消弭了共产主义的信仰，对无产阶级专政产生巨大威胁。

最后，背离马克思主义意识形态就丧失了辨别是非的能力，给西方敌对势力进行“和平演变”提供了可乘之机。戈尔巴乔夫的“多元化”政策抛弃了马克思主义的原则立场，丧失了在政治领域辨别是非的敏锐性，被西方伪善的“民主自由”和“人道主义”所迷惑，使苏联意识形态阵地沦为反马克思主义和反社会主义的战场。戈尔巴乔夫的新思维极力鼓吹全人类价值，缺乏马克思主义领袖应有的政治立场，忽视了意识形态斗争的重要性，主动放弃了意识形态阵地，允许国外媒体大举进入，公开歪曲丑化苏共，宣传西化思想，为西方的“和平演变”大开方便之门。

第十四章　东欧剧变浪潮

20 世纪 80 年代末 90 年代初，戈尔巴乔夫偏离社会主义轨道的改革措施一步步瓦解了苏联模式的根基，摧毁了许多人对社会主义的信仰。东欧各国马克思主义执政党丧失领导地位，社会主义意识形态丧失凝聚力，维系各联邦国家团结一致的向心力也随之消失，东欧社会主义国家的思想嬗变和政权更迭也已不可避免，主动或被动放弃了党的领导权，走上了复归欧洲资本主义之路，科学社会主义发展遭遇了前所未有的挫折。

一、20 世纪八九十年代之交的多事之秋、东欧剧变

以 1986 年苏共第二十七次代表大会为标志，苏联的改革转向了政治领域，并将改革党的中央机构作为改革的第一步，这导致了各种问题的集中爆发，人民的思想陷入极度混乱，信仰体系随之崩塌。与此同时，民族分立主义在联盟内部政治斗争日趋激烈的情况下迅速发展，在“人道的民主的社会主义”改革的误导下走上了不归路，最终被反对党夺取政权，苏联模式如多米诺骨牌一样，在各加盟共和国接连倒塌后，联盟也分崩离析，成为历史一页。

（一）20 世纪八九十年代之交的多事之秋

随着苏共第十九次代表会议错误改革路线在实践中的贯彻，苏联社会的危机日趋严重。而 1989 年 11 月 26 日戈尔巴乔夫发表在《真理报》上的《社会主义思想与革命性改革》一文，是一个风向标，更加赤裸裸地表明了他瓦解社会主义大厦、消灭共产主义的决心。这极大地激发了各种潜存的社会矛盾，苏共的团结性和凝聚力几乎被破坏殆尽，党员的思想混乱，信仰体系崩塌，大批党员退党，苏联政局更加动荡，社会危机日趋严重。

（1）民主派迅速崛起，政治斗争日趋激烈，社会稳定遭到严重破坏。

意识形态多元化导致苏联为数众多的“非正式组织”出现，多种思潮风起云涌，群众集会、示威游行和大规模的罢工活动频繁发生，社会稳定局面遭到了严重破坏。有资料显示，在 1988—1990 年，苏联共发生 9 400 多次群众性集会，参加人次累计达到 3 500 多万，反党、反政府、反社会主义示威游行频繁发生，反共势力乘着“多党制”的东风迅速发展，各派政党纷纷建立。仅在多党制实行一年后，新出现的全苏性政党就增加了 20 个，多数新政党与苏维埃共产党存在着较大的理论分歧，甚至公开抨击共产党，诋毁社会主义。与此同时，共产党内部的分化也日益严重，苏共内部也分裂出了马克思主义纲领派和民主纲领派等不同派别。民主纲领派虽然借着“人道的民主的社会主义”的东风迅速发展起来，但最初并不掌握实权。在政治体制改革的休克疗法推行过程中，苏共放弃了对全苏人代会选举的领导权，这为反对势力掌握政权大开方便之门，因而民主纲领派在莫斯科和列宁格勒市，以及波罗的海三国的选举中获胜掌权，从根本上改变了政治局势和力量对比，斗争形势进一步恶化，苏联政局极为混乱，为以叶利钦为首的亲资本主义阵营在改革的关键时刻夺取政权提供了可乘之机。

（2）经济形势进一步恶化。

戈尔巴乔夫的经济体制改革虽然酝酿已久，但是操之过急，许多根深蒂固的消极因素很难短期消灭，部分尚不完善的措施仓促实施只能加剧经济问题。而且随着改革向政治领域的深入，国内的稳定形势也遭到了破坏，罢工游行时有发生，人们忙于政治斗争，经济改革几乎被搁置，1987 年中央六月全会制定的经济改革计划再次落空。GDP 年均增长率逐年下降，经济形势的恶化进一步加剧了政治危机，形成恶性循环，社会危机日益深重。

（3）信仰危机的全面爆发。

首先，为了贯彻“人道的民主的社会主义”路线，戈尔巴乔夫对苏联历史和社会主义制度进行了全盘否定，并为“持不同政见者运动”平反，为反党反社会主义舆论浪潮的兴起打开了闸门，导致非马克思主义思潮大肆泛滥，广大党员和民众观念混乱。其次，戈尔巴乔夫改革的美好愿景和现实的巨大落差导致了很多党员对戈尔巴乔夫与苏共普遍产生了失望情绪，对苏共执政能力产生了怀疑。改革之初，人们对戈尔巴乔夫寄予厚望，但现实却是随着改革的推进国内危机日益深重，使得“很多人开始怀疑改革的合理性，怀疑领导者使国家摆脱危机的能力”①。“据民间抽样调查，1988 年前的几年间人民群众对苏共的信任率是 70%左右，而在 1990 年已下降到 20%，到 1991 年初则进一步降为百分之十几。”② 最后，苏联从高度集权快速过渡到全面开放，这从心理习惯和文化传统上来说都会造成人们的无所适从和信仰迷失，“骤然取消苏维埃政权和马克思主义，是一颗政治地雷”③。指导思想的突然转变引发了非常严重的精神变形，缺乏判断力的民众极易被错误思想所误导和操纵而轻信反动言论，精神信仰进一步被动摇。

（4）民族分立主义迅速发展。

苏联是一个多民族国家，民族关系异常复杂，苏联建国后的民族政策也是得失参半。戈尔巴乔夫在改革过程中对民族问题重视不够，部分政策的执行极大地激化了民族矛盾。在重新认识历史问题的过程中也导致了一些历史遗留的民族问题集中爆发，持不同政见者利用这些矛盾煽动民族主义和反苏反共情绪，加之党内民主纲领派的支持，导致集会游行和民族冲突持续爆发，如“阿拉木图事件”、“纳卡冲突”和“巴库之乱”等，类似的民族冲突在多地都有发生。此时的苏联民族独立运动风

---

① 博尔金. 改革先锋：戈尔巴乔夫传. 吉力，译. 长春：时代文艺出版社，2003：184.

② 王正泉. 戈尔巴乔夫与“人道的民主的社会主义”. 北京：社会科学文献出版社，2012：66.

③ 安启念. 回首改革：И. Т. 弗罗洛夫与日本《朝日新闻》记者的谈话. 俄罗斯研究，2016（10）.

起云涌，民族矛盾愈演愈烈，戈尔巴乔夫在改革的过程中，为了在联盟的领导力和凝聚力不断下降的情况下维护联盟的统一，换取各加盟国对改革的支持，对民族分裂势力妥协退让，使得各共和国逐渐坐大，反之联盟中央的领导力和向心力却不断削弱。

（二）东欧剧变

由于照搬苏联模式的弊端日益暴露，东欧各国先后掀起改革浪潮。与此同时，戈尔巴乔夫的错误导向严重背离了马克思列宁主义，背离了科学社会主义的应有轨迹，使各国的发展道路陷入僵局。1989 年，在苏联政治改革大潮的推动下，各加盟共和国纷纷进行了激进的政治改革，引发了一系列强烈的政治地震，出现了东欧社会主义国家剧变、倒退的现象，使国际共产主义运动和世界社会主义事业遭受了重大挫折。

东欧八国都曾照搬了苏联的政治经济体制，政治上过度的集权导致民主缺乏，滋生官僚主义和个人专权；经济上管理落后、缺乏活力，经济结构失调，效率低下；思想文化领域保守落后，个人崇拜盛行。在这些因素的共同作用下，东欧各国社会矛盾突出，多国爆发大规模示威游行或流血冲突。为了缓和国内矛盾，从 20 世纪 50 年代起，东欧各国先后掀起改革浪潮，80 年代掀起全面改革浪潮，也引发了强烈的政局震荡，各国的无产阶级政党在很短的时间内纷纷丧失政权，社会制度也随之发生了根本性变化。东欧各国的剧变大体经历了酝酿、发展和爆发三个阶段：酝酿阶段是指在“公开性”和“民主化”的影响下，执政党内部由于分歧严重分化出了民主纲领派，不同政见党派也纷纷成立，为东欧矛盾的爆发埋下了伏笔；发展阶段是指执政党在违背社会主义原则的情况下不断妥协退让，在政治多元化和多党制推行过程中促进了反对派势力的发展壮大；爆发阶段是指反对派通过依法选举或武装冲突的形势取得政权，各国共产党和工人党沦为在野党，部分政党被迫解散。剧变之风率先在波兰和匈牙利刮起，波兰统一工人党和匈牙利社会主义工人党都在选举中失利并丧失政权，接着浪潮又席卷了捷克斯洛伐克、民主德国、罗马尼亚、保加利亚等国，一时之间东欧各社会主义国家都发生了政权更迭，政治经济制度发生了根本性的改变。

在剧变之后相当长的时间内，东欧各国政局动荡不安，新发展起来的反对派执政力量薄弱，经济发展秩序混乱。东欧国家的剧变虽然在时间和方式上存在差异，但本质相同，都是共产党的性质、政权的性质、社会制度发生了根本变化，反对党执政，共产党沦为在野党，社会主义制度也为西方民主制所取代，走上了资本主义道路。虽然剧变受到西方“和平演变”的影响，但是执政党在领导地位、领导方式、党群关系方面的错误，仍然是失去政权的重要内因。东欧剧变并非社会主义制度的自我完善，而是社会主义向资本主义的演变，是国际共产主义运动的倒退，是世界社会主义事业发展过程中的重大挫折。

二、波兰团结工会在大选中夺权

波兰是东欧率先实行经济体制改革的国家，也是在东欧剧变中最早偏离社会主义道路、丧失无产阶级政党领导权的一个，是最先倒下的第一块多米诺骨牌。

冰冻三尺非一日之寒，波兰的危机不是一蹴而就的。高度集中的指令性苏联模式弊端重重，在经济危机和政治动乱的双重压力之下，波兰统一工人党没有坚守住社会主义原则，决定同团结工会举行圆桌会议。虽然由于党内的严重分歧，圆桌会议一再推迟，但最终并未摆脱被夺权的命运。在 1988 年末和 1989 年初分两个阶段召开的十届十中全会上，《党内改革是革新和改革战略取得成功的条件》和《关于政治多元化和工会多元化问题的立场》两个具有决定性意义的文件获得通过，明确规定放弃苏联模式，实行三权分立，承认团结工会的合法地位。波兰统一工人党并没有意识到放弃无产阶级专政的严重后果，认为政治多元化的全新模式既能维护国家的统一，又有利于解决现实中的矛盾与冲突，是内外交困下最好的选择。经过反复的谈判和斗争，1989 年 2 月，为期两个月的圆桌会议最终召开，波兰统一工人党在会上做出了历史性的让步，承认了工会多元化、政治体制改革和社会经济体制改革，这是其做出的巨大妥协。会议还决定在波兰实行议会民主制、总统制，设置参议院。会后，波兰议会通过了一系列法案，将圆桌会议的协议法制化，与此同时，团结工会也被宣布为合法组织。圆桌会议的协议不仅是波兰走向“民主化”的巨大历史转折，也为东欧各国突破社会主义原则开了先河。然而此时，面对重重危机的波兰统一工人党，仍然沉浸在开启政治新篇章的表面美好憧憬之中，并未意识到背离马克思主义原则将给党和国家带来的巨大风险。

1989 年 6 月，波兰举行了议会和参议院选举，虽然事先确定了政党的席位比例分配，但由于团结工会进行了积极的大选宣传，加之作为全新的党团，与波兰统一工人党背负着“过去十年的错误”和无法推卸的现实责任不同，团结工会在群众中很有威望。波兰统一工人党乐观地以为议会民主制能够激发群众的政治热情，在群众中树立开明的不断发展的政党形象，然而结果却与它们的预想大相径庭，不仅民众的选举参与率仅为 62%，党派所获席位更是少得可怜。这不仅表明民众政治冷漠，而且反映了面对不断恶化的政治经济形势，人民对波兰统一工人党丧失了信心。波兰统一工人党在不断退让中已经面目全非，在民众中的威望一落千丈。波兰统一工人党错误地判断了形势，结果在第一轮选举中就遭到惨败，与其形成鲜明对比的团结工会则大喜过望，它们不仅在参议院获得了 92%的席位，在议会中也顺利获得了分配的比例席位，波兰的政治力量对比发生了明显变化。与此同时，美国借机鼓吹西方价值观，大力颂扬波兰正在走向自由和民主。

虽然组织了第二轮选举，但是结果仍然让波兰统一工人党大失所望，它仅获得议会 460 个席位中的 173 个，而参议院席位却全部丧失，这就意味着丧失了党对政府的控制权。虽然在之后几经波折的共和国总统选举中，波兰统一工人党第一书记雅鲁泽尔斯基顺利当选，但建立一个以波兰统一工人党领导的政府的企图却落空了，人们担心权力的过分集中将会导致历史重演，在多党派的多次协商后最终达成一致，由各党派联合组阁，最终形成了由团结工会领导的联合政府。1989 年 9 月，新政府正式成立，马佐维耶茨基当选总理，由 24 人组成的新政府中波兰统一工人党仅有 4 人，波兰统一工人党由执政党沦为参政党。

新政府一成立就制定了以“休克疗法”著称的向西方市场经济过渡的经济改革纲领，对苏联模式的经济制度进行了彻底的改革，国有资产私有化动摇了无产阶级政党的存在基础。1989 年 12 月 29 日，波兰议会又通过修宪取消了波兰统一工人党在国家政治生活中的领导地位，并且将国名和国徽都做了修改，至此，波兰彻底转变为资产阶级民主制国家，国家性质和形式都发生了本质的变化。

在 1990 年 7 月的政府改组选举中，原政府中波兰统一工人党 4 人中有 3 人被解职，随着团结工会的权力日益集中，总统的权力已经形同虚设，雅鲁泽尔斯基不得不在 1991 年春选择辞职，参政党又沦为在野党。

大选的失败，极大地打击了波兰统一工人党的士气，第一轮选举过后很多人就转投到了其他政党门下，党员数量锐减，时任波兰统一工人党第一书记的拉科夫斯基也对一直以来的信仰产生了怀疑，他本人带头说苏联社会主义模式是遭受如此大的失败的主要原因之一。在一片冷漠、怀疑和颓废的氛围下，1990 年 1 月 27 日，在波兰统一工人党第十一次代表大会上通过了《关于波兰统一工人党停止活动的决议》，执政 52 年的波兰统一工人党正式退出历史舞台。

三、匈牙利社会主义工人党分裂，失去政权

苏联模式和苏联控制都给匈牙利人民留下了难以磨灭的心理阴影，随着苏联对各共和国约束的放宽，匈牙利也拉开了改革的大幕，开始了摧毁苏联模式的步伐。

1988 年 5 月，面对政治经济危机的不断加深，匈牙利社会主义工人党（简称匈牙利社工党）召开了党的全国代表会议，正式开启了彻底摧毁苏联模式的步伐。推进匈牙利剧变的是重新评价“1956 年事件”。从 1988 年 6 月开始，为“1956 年事件”正名、为受害者恢复名誉的呼声日益高涨，并爆发了多次群众活动，在巨大的政治和舆论压力下，匈牙利社工党内部发生了动摇，最终以公报的形式对“1956 年事件”做出了新的评价，既肯定了前半期革命的人民性，也指出了后半期的反革命性，但更突出前半期的革命性质。随后，对纳吉等人的判决也被撤销，这是一件颇有历史象征意义的历史事件，作为社会主义改革运动的先锋，对纳吉的重新肯定就意味着冲破了苏联模式。匈牙利全面改革的启动，也意味着对匈牙利民族自治和民主多党制的多元社会主义道路的肯定，为党内民主力量的崛起和民主社会主义思潮的泛滥奠定了思想基础。

重新评价历史运动也加速了匈牙利改革的步伐，匈牙利社工党内部分歧日益加大。一部分人坚持马克思主义的基本立场和观点，坚持社会

主义的本质要求；另一部分人受到西方资本主义的威逼利诱，主张彻底抛弃马克思主义，走西方“民主化”道路。前者以格罗斯为代表，后者则以波日高伊为领袖。波日高伊主张实行西欧议会民主制，而格罗斯则主张坚持一党制，但他的立场并不坚定，面对民主派咄咄逼人的进攻，匈牙利社工党不断妥协。最终，1989 年 2 月，匈牙利社工党中央全会公报正式宣布政治体制多元化可以在多党制的范畴内实现，明确表示允许反对派的运动和政党的存在。这是匈牙利社工党主动放弃政治和意识形态领导权的标志性事件。

在承认多党制的刺激下，匈牙利关于政治改革道路的分歧进一步加大，各党派争论的焦点在于如何向多党制过渡。格罗斯主张应分阶段地逐步过渡到多党制，并认为应该坚持匈牙利社工党的领导地位，坚持马克思主义在意识形态领域的指导地位，建立以匈牙利社工党为主体的多党联合政府。但以波日高伊为代表的一些领导人则主张迅速过渡到多党制，彻底改革社会制度和意识形态。

承认多党制也促进了匈牙利国内政治力量对比的急剧变化。反对派力量获得了巨大的发展，以民主论坛居首，反对党和政治团体迅速发展到 30 多个，它们彼此联合，力量逐渐发展到与匈牙利社工党分庭抗礼。与此同时，匈牙利社工党内部也发生了剧烈分化，主张彻底改革的激进派与传统派之间关于党和国家发展问题的分歧已经无法调和，匈牙利社工党的分裂已经无法挽回，民众对匈牙利社工党的支持率也逐渐下降。

1989 年 6 月，匈牙利社工党与部分反对派和社会团体举行了三方圆桌会议，就如何向多党制和平过渡的问题展开讨论，匈牙利社工党在反对派的步步紧逼之下节节败退，同意退出军队、内务部门，解散单位基层党组织，放弃宪法中规定国家社会主义性质的原则，并签署了修改《宪法》《国会代表选举法》等多个法律草案的决议，在随后的 8 月 19 日，匈牙利社工党中央发表的《匈牙利社会主义工人党纲领宣言（草案）》中也明确表示：“我们党的最主要目标和平地、渐进地向民主社会主义过渡。”① 这表明匈牙利社工党内部激进改革派已经占据了主导地位，他们将民主社会主义作为医治国家政治经济症结的灵丹妙药，殊不

① 刘祖熙．东欧剧变的根源与教训．北京：东方出版社，1995：474.

知国家剧变的危机正在一步步靠近。

1989 年 10 月，匈牙利社工党决定提前召开非常党代表大会来应对日益严峻的国内局势。匈牙利社工党主席涅尔什公开提出放弃匈牙利实行多年的“国家社会主义”，建立民主社会主义，解散匈牙利社工党，成立新党，一时间国际舆论哗然。在这样的会议基调下，匈牙利社工党内的各种派别纷纷提出自己的纲领和主张，尤其是激进的改革派通过党派联合迅速占据了上风，占了代表总数的 40%多。它们唇枪舌剑，争论异常激烈，尤其是关于社工党是否要保留的问题。最终，主张与过去一刀两断、建立新党的改革派联盟获胜，大会决定将匈牙利社工党改建为匈牙利社会党，匈牙利社工党退出历史舞台。大会还通过了匈牙利社会党的纲领和党章，党的性质发生了彻底的变化，资本主义制度复辟的危机日益逼近。

1989 年 10 月 18 日，匈牙利人民共和国正式更名为匈牙利共和国，新《宪法》规定实行国家总统制，取消了马克思主义政党的无产阶级专政，1990 年 3—4 月，匈牙利举行了两轮全国自由大选，结果是民主论坛获得了议会多数席位，组建了由民主论坛和独立小农党及基督教民主人民党联合的内阁，将社会党排除在外，执政了 40 余年的匈牙利社工党在改建为社会党后又成为在野党，并由于得票过低未能进入国会而失去了参政机会。匈牙利反对党通过大选掌握了全部政权，共产党退出历史舞台，匈牙利走上了资本主义道路。

四、捷克议会通过宪法修正案取消党的领导权

与东欧很多国家在不断妥协中走向民主社会主义制度不同，捷克斯洛伐克在强大的内外压力之下，更倾向于在维持现状下进行限度内的改革，以维持风雨飘摇的捷共政权。尽管捷克斯洛伐克也不得不遵循改革和“民主化”的时代大潮，但稳中求变仍然是其首选。尽管不愿突破无产阶级专政的原则，僵化的模式和简单粗暴的国家管理方式还是不断激化了社会矛盾，捷共最终没能躲过东欧剧变浪潮的冲击，在关键时刻选择了妥协，丧失了党的领导权。

在内外交困之际，捷共一方面不得不改革，一方面又不愿意真正

深化改革，在这种改革原则的指引下，捷克斯洛伐克制定了自己的改革路线，即实行“民主化”，建立以民族阵线为基础的社会主义“多元化”，重视发挥民主党派的作用；加强法制化进程，修订新宪法，并先后修订了《国营企业法》《股份公司法》《农业合作社法》《劳动法》《经济法》《对外关系法》等一系列法律；精简政府，裁撤党的中央机构；狠抓经济问题，进行了一批改革试点，为改革做了多方面的准备。但前车之鉴历历在目，捷共在改革过程中谨小慎微，并未真正突破苏联模式，捷共领导人强调改革步子要更加稳健，要尊重本国国情，做到准备充分，先搞试点，坚持改革过程中一定要坚持党的领导，坚持社会主义，坚持计划经济，拒绝剥削制度，拒绝国际债务，不能紧跟苏联改革的步伐，不效仿激进改革的东欧国家。捷共既希望通过改革来缓解矛盾日益加剧的国内政治经济形势，又不敢突破僵化的管理体制，因此改革成效并不显著。

对匈牙利“1956 年事件”的重新评价带来的风波让捷共格外警惕，在对待长期影响国内团结的 1968 年事件上十分慎重，拒绝重新评价 1968 年事件。捷共的强硬立场并没能遏制住国内反对派借 1968 年事件挑起动乱的势头，反对派的反抗和斗争日益激烈。

在波兰和匈牙利的前车之鉴下，捷共对反对派问题采取绝不妥协的政策，不仅通过媒体对反对派的反社会主义本质进行大肆抨击，而且拒不承认反对派组织的合法性，并对反对派的活动采取镇压措施。从 1987 年开始，在苏东改革浪潮的冲击和西方国家的怂恿下，捷克斯洛伐克的反对派组织不断增多，活动也日益公开化，捷共的执政环境持续恶化。1989 年 6 月，以“七七宪章”为宗旨的反对派组织发表了《几句话》宣言，明确提出了反对派的政治诉求，其中包括为 1968 年事件平反、反对派组织合法化和彻底推进政治经济改革等主张。同年 11 月，反对派又提出让捷共放弃宪法中规定的领导地位，实行政治多元化。为了实现政治目的，反对派组织的抗议示威活动持续不断，并向国内各大城市蔓延，参与者达数十万人。

1989 年 11 月，反对派的示威活动不断升级，由 12 个反对派组织联合成立的“公民论坛”，公开发表了自己的政治纲领，在全国展开了大规模的夺权运动。巨大的国内外压力也导致捷共领导层产生了巨大分歧，早在改革初期捷共内部矛盾就存在，此时的国内紧张气氛使捷共内部分歧更加尖锐，在反动派由分散斗争走向联合的过程中，捷共由统一走向分裂，总书记雅克什主张同反对派斗争到底，而捷共中央主席团委员兼青年联盟主席莫霍里塔却公开支持罢工罢课和示威游行。11 月 23 日，“公民论坛”在布拉格组织了 30 万人的大示威，并呼吁 11 月 27 日举行总罢工，在反动派的步步紧逼之下，捷共强硬的政治态度也开始软化。在 11 月 24 日召开的捷共中央非常全会上，雅克什决定辞职，交出权力，全会选出了新的领导机构，并提出了应对紧张局势的妥协政策：公开承认武装干预群众活动的错误性质，允许其他党派和非党人士的政治参与，保证民族阵线范围内各个政党和社会组织权利平等。捷共的妥协换来的是反对派的得寸进尺，以总罢工要挟领导班子中不符合他们要求的领导辞职。11 月 26 日，捷共同“公民论坛”举行了会谈并达成协议，商定了包括反对党和无党派人士在内的新政府组成人员名单，捷共在会谈中还同意修改宪法，取消了关于共产党的领导和马克思主义意识形态指导地位的规定。11 月 27 日，约 200 名捷共党员组成了“民主论坛”，捷共从内部开始分裂，出现了两个领导核心。随后，在 11 月 29 日，修改了宪法，取消了党的领导，无产阶级专政的法律依据丧失了；12 月，阿达麦茨和胡萨克分别辞去了总理和总统职务，由恰尔法任总理，组成了新的“民族谅解政府”。在 21 人组成的政府中捷共占 10 人，随后部分捷共党员又主动或被动离开了联邦政府，捷共最终仅余 3 人，议会中的捷共党员也下降到了 40%，丧失了绝对优势。而在 1968 年领导“布拉格之春”的捷共中央第一书记杜布切克当选为捷联邦议会主席，哈韦尔当选为总统。1989 年底，捷共中央宣布停止党在军队和部分单位的活动，党的基层组织解散，大批党员退党，执政 40 多年的捷克斯洛伐克共产党丧失政权，成为在野党。

五、民主德国并入联邦德国

虽然东欧诸国都在 1989 年前后发生了剧变，但没有一个国家像民主德国一样整个儿地从地图上消失。民主德国并入联邦德国，彻底瓦解了二战后建立的雅尔塔体系，世界格局发生了重大变化。德国统一社会党在妥协退让下最终丧失了政权。

（一）德国统一社会党步步妥协

德国的分裂源于发动法西斯战争并以失败告终，苏、美、英三国在1945 年雅尔塔会议上达成协议，由苏、美、英、法对德国实行分区占领，苏联与美英法三国实际上在德国形成了控制东西欧的政治较量，形成了德国人为的分裂。1949 年下半年，苏占区和西占区分别成立了德意志民主共和国和德意志联邦共和国，分别走上了社会主义道路和资本主义道路。

1989 年，随着民主德国国内政治经济形势的恶化，大批民众逃亡联邦德国。10 月 7 日民主德国 40 周年国庆日前后，许多城市爆发了游行示威活动，对当局提出了“民主化”改革的要求。与此同时，民主德国开始出现反对派，具有代表性的有新论坛、社会民主党等，它们煽动和组织群众进行各种抗议活动，向当局提出了各种政治诉求。为了应对日益紧张的局势，德国统一社会党中央政治局召开了紧急扩大会议，公开声明在不侵犯社会主义价值、理想和成就的基础上，可以与反对派展开政治合作，发扬社会主义民主。担任民主德国最高领袖 20 余年的昂纳克也被迫辞职。但这并未能平息国内动乱，游行示威在全国各地此起彼伏、愈演愈烈，规模最大时竟达到了 50 万人。政府在更加动荡的局势下做出了错误的决策，做出了更大的妥协和让步，不仅中央领导班子和各专区党委第一书记集体辞职，重新组建了新政府，还接纳非党人士和反对派进入部长会议，承认了反对派的合法地位，同时全面开放了边界。但民主德国当局的妥协政策并没能稳定住局势，抗议活动依然频发，并有愈演愈烈的趋势，反对派的诉求也不断升级，提出修改宪法、自由选举和多党制等诉求。德国统一社会党再次妥协，于 12 月 1 日通过了宪法修正案，删去了关于无产阶级专政和马克思主义政党领导的内容，并随后公开批评政治局的错误，党的总书记、中央委员会和国家安全局集体辞职。在频繁的高层政治人物的变动中，国家政局剧烈动荡，德国统一社会党民心渐失，政治和意识形态安全已经无从谈起。

1989 年 12 月 7 日，民主德国召开了历史上第一次有反对党、政治组织和社会团体代表参加的圆桌会议，会议决定在 1990 年 5 月 6 日举行人民议院选举。在动荡的局势和巨大的压力下形成的社工党新任领导集团的政治观点已经发生了明显变化，公开表示要同集权主义和社会主义彻底决裂，并决定为了维护党的统一，化解分歧，将党的名称改为“德国统一社会党-民主社会主义党”（后又改为德国民主社会主义党），并明确提出建立“人道的民主的社会主义”的主张。

（二）大选失败，德国统一社会党沦为在野党

1990年3月18日，民主德国提前召开人民议院大选，由于受到联邦德国的公开干预，亲联邦德国的基督教民主联盟在大选中获胜，获得了40.91%的选票，它与德国社会联盟和民主觉醒党组成的德国联盟得票率占到48.15%，占了人民议院400个席位中的192个，而德国民主社会主义党仅获得了66个席位，得票率仅为16.33%。4月12日，德国联盟与自由民主联盟、德国社会联盟、民主觉醒党组成新政府，总理由基督教民主联盟主席德梅齐埃出任，德国民主社会主义党被排除在内阁之外，沦为在野党。

德国民主社会主义党在大选中败北，彻底丧失了国家领导权，执行了40多年的政治经济制度被全盘西化，国民经济私有化过程步履维艰，经济状况持续恶化，失业率空前。国家安全、外交、军队、司法以及意识形态部门被大量解散，民主德国公务人员和德国民主社会主义党党员受到了严重的社会歧视，纷纷被解雇，原德国统一社会党的多名领导人被逮捕和监禁，两次更名后的德国统一社会党社会境况在沦为在野党后更加悲惨，党员人数锐减，在德国当局的全面压制和打击下，其执政地位根本无从谈起。

（三）民主德国并入联邦德国，民主德国在地图上消失

随着德国民主社会主义党在大选中的失利，沦为在野党，亲联邦德国的新政府在组建之初就加快了两德统一的步伐。新政府组建当天，参与执政的各党就签署了《执政联盟协议原则》，主张民主德国恢复州建制加入联邦德国。德国统一的进程开始在联邦德国的主导下加速推进。由于德梅齐埃政府的亲联邦德国立场，两德统一的协商已经由两个国家的力量角逐转变为国内各政党之间的制衡和四大国的利益协商。随着《货币、经济和社会联盟》的国家条约的签订，民主德国全盘接受了联邦德国的社会经济制度，此后两德又进行了近两个月的谈判，依附于联邦德国的民主德国新政府在谈判中几乎没有发言权，最终在1990年8

月 31 日签署了《德国统一条约》，条约正式规定民主德国地区的 14 个专区将组成 5 个州，按照《联邦德国基本法》第 23 条，于 1990 年 10 月 3 日加入联邦德国，联邦德国的《宪法》也将从民主德国加入之日起在民主德国地区生效。这一条约的签署标志着民主德国全盘接受了联邦德国的政治经济制度，民主德国彻底并入联邦德国。

六、罗马尼亚齐奥塞斯库被推翻

1989 年的政治大地震也席卷了罗马尼亚。长期以来，罗马尼亚国内对尼古拉·齐奥塞斯库的个人崇拜愈演愈烈，政治经济领域问题日积月累，党内的不满情绪不断高涨，最终导致在危机四伏的 20 世纪 80 年代末集中爆发。执政了 25 年之久的齐奥塞斯库也在经历了个人崇拜的“齐奥塞斯库时代”后迎来了末日，在激烈的政权更迭过程中被处死，罗马尼亚共产党也因此失去了执政地位。

（一）罗马尼亚的经济危机

罗马尼亚在建国初期经济发展势头良好，后期制定了严重脱离国家经济发展实际的高积累政策，坚持大规模的投资计划和保持高额的积累，忽视了罗马尼亚经济和科技基础差的实际，片面追求经济发展速度和产量，大力发展重工业和大型加工工业，经济比例严重失调，农业遭到了严重破坏。国家为发展工业欠下了巨额外债，又为偿还国际债务而增加出口、限制进口，造成市场供应不足，尤其是食品严重短缺，人民生活十分困苦。

罗马尼亚虽然也进行了大量政治经济领域的改革，但并没有突破苏联高度集中的计划经济体制，人民长期生活在困苦之中，这激起了人民强烈的不满，人民怨声载道。面对广大干部群众的各种改革呼声，齐奥塞斯库固执己见，自大地宣称罗马尼亚的政治经济体制早已完备，这导致人民的不满不断积累。在齐奥塞斯库执政的末期，罢工和各种抗议事件频繁发生，齐奥塞斯库的统治开始处于崩溃的边缘。

（二）齐奥塞斯库政权崩溃

错误的政治经济政策带来的政治经济危机使广大党员群众对齐奥塞

斯库的领导失去了信心，而个人崇拜和独裁统治也引发了党内外的极度不满，罗马尼亚的局势危机四伏。1989 年初，党内外的不满情绪已经到达临界点，罗马尼亚共产党 6 名元老发表公开信批判齐奥塞斯库的个人崇拜和错误的内外政策，一石激起千层浪，公开信在社会上引起普遍共鸣，在罗马尼亚国内引起强烈反响。伴随倒齐传单的舆论攻势，反对组织也开始秘密出现，持不同政见者开始加紧活动，西方国家借机对罗马尼亚施压，苏联和东欧已经发生剧变的国家也公开抗议齐奥塞斯库。然而，国内外与日俱增的压力并未引起齐奥塞斯库的警惕，他仍然一意孤行，并对各种反对活动采取封锁遏制政策，这导致他越来越为党和人民所孤立。

1989 年 12 月 16 日，罗马尼亚城市蒂米什瓦拉爆发了反对政府的群众示威游行，这成为罗马尼亚剧变的导火索。齐奥塞斯库在国内不稳定的局势下仍然自信地按原计划于 18 日出国访问。然而当天，罗马尼亚又爆发了示威游行。19 日，首都又发生了两起爆炸事件，蒂米什瓦拉也再次爆发示威活动，示威者同军警爆发激烈冲突。20 日，齐奥塞斯库回国，他宣布蒂米什瓦拉县进入紧急状态，但局势已经无法控制，动乱的大火迅速蔓延全国。21 日，齐奥塞斯库在首都召开批判示威游行的群众大会，却不料导致更大规模的示威游行。当齐奥塞斯库准备让军队镇压群众运动时，国防部长站到了示威者一边，军队倒戈。22 日，齐奥塞斯库在仓皇出逃时被捕。25 日，已经众叛亲离的齐奥塞斯库被处决。罗马尼亚的“齐奥塞斯库时代”也宣告终结。

于 12 月 22 日成立的救国阵线委员会成为临时国家最高权力机构，成立伊始就接管了罗马尼亚政权。罗马尼亚共产党在齐奥塞斯库多年的独裁统治下已经丧失了活力、丧失了民心，选择了自行解散，东欧又一个社会主义国家走上了资本主义道路。

七、保加利亚共产党丧失政权

在东欧动荡的局势下，保加利亚共产党面对反对派的攻势，曾试图通过革新领导机构、走民主社会主义道路来摆脱国家的危机，但是妥协退让只换来了暂时的稳定，威信日失的保加利亚社会党还是在反动派的攻势下最终丧失了政权，成为倒下的又一块多米诺骨牌。

（一）保加利亚共产党向民主社会主义政党过渡

19 世纪 80 年代，保加利亚的国内危机不断加深，保共中央总书记日夫科夫也出现了过度集权专断的问题，党的威信和凝聚力不断下降。东欧国家的政局变动也让保加利亚深感改革迫在眉睫。1989 年 11 月，日夫科夫被迫下台后，保共决心通过彻底改革来重新塑造党的社会凝聚力，挽救国家危亡。新任保共总书记姆拉德诺夫在走马上任之初就对过去僵化的管理体制进行了批判，决心在任期内实行“人道的民主的社会主义”改革。在随后的一个月里，保共平反冤假错案，改组中央机构，积极与人民对话，并在 12 月的中央全会上提出了党向民主社会主义政党过渡的方针，以及建立民主的法制的社会主义的政治经济改革之路。这在一定程度上使保共挽回了民心，但也使反对党发展壮大，开始了夺权斗争。

（二）保加利亚社会党在多党竞争的大选中获胜

保共在政策上的妥协使反对派势力崛起。1989 年 11 月中央全会后，多党竞争的局面就已形成，近百个政党和组织登上了保加利亚的政治舞台，部分反对派组织结盟，成为可以与共产党抗衡的反对派组织力量。它们通过组织群众集会和示威游行等方式对政府施压，向保加利亚国内民族政策的历史错误发难，提出实行多党制要求，并明目张胆地喊出“打倒共产主义”“反对社会主义”等口号。而保共在反对派公开的进攻之下，不仅没有予以坚决反击，反而妥协退让，删去了《宪法》中关于保共领导地位的条款，并希望借机走上民主社会主义之路，但超出预判的是反对党的贪得无厌使国内局势超出保共的控制。

在 1990 年召开的历时 4 个月的圆桌会议上，民主力量联盟再次发难，保共顺风转向，将总统制、多党制和实行市场经济都写进了《宪法》。在是年 2 月召开的保共第十四次非常代表大会又通过了《民主社会主义宣言》和新党章，明确提出当前党的任务是为建立民主社会主义的党、建立“人道的民主的社会主义”社会而奋斗。这标志着党的性质发生了根本性变化，随着 4 月保加利亚共产党正式更名为“保加利亚社会党”，无产阶级政党性质彻底改变。1990 年 6 月，保加利亚举行了国民议会选举，保共以全面改革的姿态挽回了部分民心，最终在大选中以微弱优势获胜，这也是东欧改革中唯一一个仍然在大选中获胜的共产党。

（三）保加利亚社会党丧失政权

由于为东欧各国反对派夺权的良好势头所鼓舞，在大选中失败的民主力量联盟并没有善罢甘休，它们立刻组织力量进行反扑，宣称社会党在选举中作弊，并借机掀起了全国范围内的罢工罢课浪潮，总统穆拉德诺夫被迫辞职，取而代之的是被各党派协商确定的民主力量联盟领导人热烈夫。但社会党组建的政府并不稳固，社会动荡更加激烈，在强大的内外压力下政府频繁更替，经济雪上加霜。

1990 年秋，保加利亚人民共和国更名为保加利亚共和国。12 月，由无党派法官波波夫牵头组成了和平过渡政府，在 19 人中社会党仅有 6 人，社会党继丧失了总统职位后又丧失了在政府中的领导力。波波夫当政后开始实施的经济改革并未奏效，但各党派暂时的力量均势维持了短暂的社会稳定，政治改革仍在有序进行。1991 年上半年，50 余部法律获得通过，新《宪法》也在是年 7 月获得通过，明确规定了三权分立和政治多元化，禁止以任何政党的意识形态为国家的意识形态，同时《宪法》还规定了实行多种所有制并存的经济制度，保加利亚的国家性质发生了彻底改变。

新《宪法》通过后，举行了新一届国民议会和总统选举，实力已经大不如前的社会党与其他政党组成联盟，共同对抗已经分裂为三派的民主力量联盟。但结果事与愿违，社会党最终以微弱差距败给了民主力量联盟的运动派，民主力量联盟组成了以协调委员会主席迪米特洛夫为总理的政府，社会党丧失了总统、议会主席和总理的全部职务，丧失了对国家的领导权，执政了 46 年的社会党丧失了政权，成为在野党。

八、历史趋势与历史教训

1989 年是极不平凡的一年，东欧各国如多米诺骨牌一样先后发生剧变，一大批社会主义国家在东欧的政治版图上消失。东欧剧变的原因是多方面的，矛盾的集中爆发也有着深刻的历史和现实根源。西方国家借此宣扬“社会主义过时论”，很多人也发生了信仰动摇。但是，从世界历史的高度上看，社会主义必然胜利的历史趋势是不会改变的。

（一）科学社会主义在挫折中前进

社会主义代替资本主义是人类社会历史发展的必然趋势，但是，历史经验也证明，在社会主义发展过程中，还存在遭遇严重挫折甚至发生资本主义复辟的可能性。东欧共产党在现实社会主义发展遭遇严重挫折的时候抛弃了马克思列宁主义，违背了科学社会主义的原则，偏离了社会主义方向，导致一大批社会主义国家转变为资本主义国家，共产党丧失了领导权，科学社会主义的发展遭遇了前所未有的挫折。

西方敌对势力借机落井下石，极力宣扬“社会主义失败论”，这种言论是极其错误的。苏东剧变不是“社会主义的大失败”，更不是马克思列宁主义过时，而是僵化的苏联模式的失败，是背离马克思列宁主义走民主化社会主义道路的必然下场，是“畸形的社会主义”的自行破灭，是以歪曲、僵化的马克思主义指导国家建设的深刻教训。面对西方“社会主义的大失败”的恶风浊浪，我们要坚定社会主义信念。正如邓小平同志所指出的：“我坚信，世界上赞成马克思主义的人会多起来的，因为马克思主义是科学。”①

（二）东欧剧变的历史教训

东欧剧变、苏联解体震惊了世界，东欧各国的社会主义政权在执政多年后集体遭遇剧变，在 1989 年短短一年内，波兰、匈牙利、捷克斯洛伐克、民主德国、罗马尼亚和保加利亚的共产党相继丧失政权，历史上从未有过如此大规模的政权更迭。国际共产主义运动遭遇严重挫折，为我们提供了极为深刻的历史教训。

第一，必须探索适合本国的政治经济发展模式。东欧国家的共产党领导人多谴责不适合东欧国情的社会主义模式是导致东欧各国共产党陆续丧失政权的重要原因。东欧各国在政治和经济领域普遍采用苏联模

① 邓小平．邓小平文选：第 3 卷．北京：人民出版社，1993：382.

式，没能在实践中探索出将马克思主义与本国实际相结合的发展道路，在苏联的控制下丧失了独立发展的品格，严重脱离本国实际，致使国内矛盾不断升级，最终各国共产党在反对派的攻势下败下阵来，丧失了政权。这一惨痛教训给每一个国家的执政党都敲响了警钟——探索适合本国国情的发展之路才能促进国家政治经济的发展，国家才能长治久安。

第二，必须加强党的自身建设。东欧各国共产党丧失政权都存在相似的问题，即忽视党的自身建设，党内存在严重的分歧和腐败，导致在科学社会主义遭遇挫折、反动派疯狂进攻的情况下，党没能成为坚强的领导核心，没能以崇高的政治威信团结民众，没能以高超的执政能力化解危机，没能以团结一致的组织领导共克难关，而是选择了妥协退让，将马克思主义无产阶级专政思想抛之脑后，在反动派的步步紧逼之下丧失政权，甚至党被解散，党员遭到“清洗”。东欧共产党以残酷的现实向各国执政党昭示了一个真理：加强党的自身建设时刻不能放松！

第三，必须时刻警惕和抵制“和平演变”。长期以来，美国等西方国家推行“和平演变”战略，它们借社会主义建设遭遇挫折和戈尔巴乔夫改革意识形态大门大开的时机，批判马克思列宁主义和社会主义，输出西方民主思想，搞乱了东欧人民思想，激化了东欧国家累积的历史矛盾，加速了东欧剧变的进程。“和平演变”从未停止，我们不仅要时刻警惕以政治经济援助为名的霸权主义，更要警惕新形势下日益隐蔽的意识形态渗透。

20 世纪 50—60 年代，东欧各国也曾在社会主义建设过程中取得过举世瞩目的成就，昭示了科学社会主义的巨大优越性。然而，令人遗憾的是，在 20 世纪八九十年代之交，各国共产党纷纷在政治危机下丧失了政权，党的事业毁于一旦，有的政党成为在野党后彻底从历史上消失，有的转变为民主社会主义党继续活动。东欧剧变虽然使科学社会主义遭受重大挫折，但国际共产主义运动仍然在曲折中发展。社会主义中国在经历了苏东剧变冲击后以崭新的姿态屹立于世界的东方，中国特色社会主义不断取得重大成就并胜利迈进新时代，中国人民实现了从站起来、富起来到强起来的伟大飞跃，中国人民前所未有地靠近世界舞台中心，前所未有地接近实现中华民族伟大复兴的目标。科学社会主义在

21 世纪的中国焕发出强大生机和活力，这极大地扭转了 20 世纪下半期世界社会主义陷入低潮的趋势，极大地鼓舞了世界各国人民的社会主义信念，扩大了马克思主义和社会主义在世界的影响力，也必将对世界格局和人类社会发展进程产生深远的影响。

第十五章　苏联解体根源的理论反思

在20世纪八九十年代的交错点上，发生了一件令人震惊的世界历史大事：构筑了70年的苏联国家大厦——苏维埃社会主义共和国联盟轰然倒塌。

怎样看待苏联解体的根源与实质？这个问题成了20世纪90年代俄罗斯学界，首先是马克思主义思想界的头号焦点问题，并且引起了国际社会的热切关注。

我们在这里梳理了苏联和俄罗斯学者在苏联解体根源问题上先后比较流行的五种观点，并且初步做出一些比较研究，以便于我们更好地窥见问题全貌。

苏联解体的根源与实质，究竟是马克思列宁主义、社会主义的失败，还是苏联模式僵化，加上戈尔巴乔夫改旗易帜邪路的失败？

为了便于我们更好地回答这个命运攸关的根本问题，我们还简要引述了邓小平与习近平关于苏联模式与苏联解体的看法。

一、五种流行的观点

1991年8月，十月革命后执政74年的苏联共产党被强行解散。

1991年12月，代表苏维埃国家政权的红旗从克里姆林宫屋顶旗杆上悄然落下，存在了 70 年的苏联宣告终止存在，走向解体。

这是 20 世纪世界历史进程中惊人的一幕，是一个超乎许多人想象的历史事件，也是 20 世纪马克思主义史上的一个重大事件。同时，这个问题也成了 20 世纪马克思主义史，尤其是 20 世纪下半期苏联东欧马克思主义史上的一个重要研究课题，甚至成了一个跨世纪争论的时代课题、焦点问题。

苏联解体的根源何在？苏联剧变的实质何在？在 20 世纪马克思主义史上，甚至在整个世界历史上，这是一个举目瞩目、影响深远、命运攸关的重大问题。这个问题不仅引起了马克思主义思想界的持续关注，而且引起了各种思想政治倾向的人的普遍关注，甚至成为当代世界持续关注的一个重大话题。

不过，对于这个问题的看法，至今仍未达成共识，可谓仁者见仁、智者见智、众说纷纭、莫衷一是。《系统改革论：列宁遗嘱，苏联模式，中国道路》一书曾列举了不同程度上先后流行的十种观点，不免给人以纷然杂陈、迷离混沌的印象①。

在这里，我们从中提炼出五种较有代表性的观点，并初步分析贯穿其中的内在逻辑，简要点评其理论上的是非得失：

(1)“马列主义原罪论”。该观点由戈尔巴乔夫、雅科夫列夫、齐普科等马克思主义背叛者提出，把苏联解体归罪于马克思列宁主义、社会主义，这是对马克思主义的根本挑战。

(2)“里应外合阴谋论”，即内部叛卖与外部阴谋结合论。该观点由 20 世纪 80 年代曾任总理的雷日科夫等人提出，认为内因是戈尔巴乔夫等党和国家领导人的叛党，外因是美英帝国主义敌对势力的“和平演变”阴谋。

(3)“苏联模式、制度缺陷论”。这种观点来自著名历史学家罗伊·麦德维杰夫的两部主要代表作，还来自俄罗斯共产党领导人久加诺夫提出的“三大垄断论”。

(4)“国家制度现代化滞后论”。H. 萨哈罗夫院士、维·瓦阿列克谢也夫院士、曾任总理的盖达尔等人持这种观点，认为问题根源在于国家制度理论现代化严重滞后，在现代化时代大势下企图固守旧式帝国

① 王东. 系统改革论：列宁遗嘱，苏联模式，中国道路. 长春：吉林人民出版社，2014：354-370.

体系。

(5)“民族问题、民族主义崩溃根源论”。这种观点的主要代表者有米·沙赫特、盖达尔、梅杜舍夫斯基等人，他们认为苏联帝国解体的根源是根深蒂固的民族主义和民族问题、俄罗斯的大民族沙文主义，以及民族分裂主义。

二、“马列主义原罪论”

这种观点认为，苏联问题的罪恶之源是十恶不赦的“斯大林主义”；而“斯大林主义”的罪恶之源，则是列宁主义、斯大林主义、马克思主义。

持这种观点者把基督教圣经中的“三位一体论”“原罪论”的说法作为一个框子，硬套到马克思、列宁、斯大林的关系上，把这三者说成“三位一体”，并且是万恶之源。

持这种观点者，包括后来的戈尔巴乔夫本人，还有他身边最主要的政治思想帮手雅科夫列夫，在学术界还有齐普科等人。

戈尔巴乔夫在这个问题上，表现出他身上特别突出的两面性、多变性、投机性、叛卖性。在1985年改革初期，他也曾信誓旦旦地表示要忠实于马克思主义、列宁主义，特别是列宁后期新经济政策还有晚年的思想。然而，从1989年11月26日发表长文《社会主义思想与革命性改革》，他就开始明目张胆地改旗易帜。苏联解体后，作为历史罪人，他非但没有反思自己，反而变本加厉地举起了马克思列宁主义、科学社会主义“原罪论”的旗号。

1998年，戈尔巴乔夫在总结苏共垮台、苏联解体的根本原因时，就将其明确归结为“所选择的那个‘模式’……这是布尔什维克还在斯大林之前就犯下的一个主要错误”①。这里特别值得注意的是，戈尔巴乔夫不仅明确地使用了“模式”这个提法，而且也明确地把矛头指向“斯大林之前”，即列宁时期的苏联社会主义制度。

在这条路上走得更早、更远、更彻底的，是戈尔巴乔夫的主要帮

---

① 戈尔巴乔夫. 戈尔巴乔夫对过去和未来的思考. 徐蔡，等译. 北京：新华出版社，2002：20.

手，担任政治局委员、1989 年主管意识形态的雅科夫列夫。他向来好以学者、思想家、理论家自居。集中反映他的理论观点的论著，除了他的诸多相关著作之外，我国学者还可读到《雅科夫列夫访谈录》，还有在他去世之年（2005）由莫斯科大陆出版社出版的《雾霭：俄罗斯百年忧思录》。他把斯大林说成是十恶不赦、精神病态、一无是处的杀人魔王，认为就其基本和主要的方面而言，斯大林体制的历史未必包含新发现的可能性，也许只有精神病学方面。

摧毁苏联的组织者为斯大林，他的反人类罪行永远应当受到审判①。

在《雅科夫列夫访谈录》中，他就从根本上否定了列宁、列宁主义、布尔什维克党。

他把十月革命说成“十月政变”，对列宁的歪曲攻击更是无以复加。

雅科夫列夫从声讨斯大林主义入手，上溯到列宁主义，并且进一步追根溯源到“祖坟”，追讨马克思主义的“原罪”。

在“马列主义原罪论”的鼓吹者中，还有一位学界中的代表人物，即齐普科。

或许，在一定意义上可以说，齐普科堪称是斯大林主义、列宁主义、“马列主义原罪论”在苏联、俄罗斯学术界的始作俑者。早在 1988 年底、1989 年初，当时还担任苏联科学院国际经济与政治研究所副所长的齐普科，就发表了长篇连载文章《斯大林主义的根源》。

三、内部叛卖与外部阴谋结合论

这种观点认为，苏联崩溃是一种“全然预谋策划的行为”，是“外部压力和内部阴谋，或者是二者里应外合把苏联搞垮的”。

20 世纪 80 年代中期，曾与戈尔巴乔夫共事，共同发起初期改革的苏联总理雷日科夫，是这种观点的一个著名代表人物，他有两部代表作：一是《背叛的历史：苏联改革秘录》（1992），二是后来发表的《大国悲剧：苏联解体的前因后果》（1998）。

1991 年底、1992 年初，苏联解体，当年雷日科夫就出版了《背叛

---

① 雅科夫列夫. 雾霭：俄罗斯百年忧思录. 述弢，译. 北京：社会科学文献出版社，2013：13-15.

的历史：苏联改革秘录》一书。他在前言中引用了自己 1990 年 12 月在苏联第四次人民代表大会上的发言，指出了苏联改革道路上的深刻矛盾，苏联解体的悲剧症结所在，认为改革结果与改革初衷是背道而驰的。

“首先我要说，改革未能按照所设想的样子（我要强调这一点）实现。我是改革的倡导者之一，我认为自己必须对此承担责任。”“如果政府危机、内阁更迭能改变局势，政府本来在今年 5 月就可下台。但情况要严重得多。向政府发动‘不宣而战的战争’的那些政治势力有着更深远的目标。这些目标直接出于要偷换我们已开始的改革的实质。”①

在前言结尾处，雷日科夫道出了《背叛的历史：苏联改革秘录》一书的思想主旨：

> 不仅对我，而且对整个国家来说，改革已成为大大小小背叛行为的历史。
>
> 什么背叛行为？背叛谁？何时背叛？谁背叛？
>
> 这些正是我要谈的问题，以便审判时刻到来时，让历史来考虑我的见证。要知道，我只是道出了毫不留情地分析这个寿命不长和一命呜呼的“改革帝国”（请原谅我的多余的慷慨激情！）兴衰原因的必要性，但是我并没有进行分析。依我看，当前还没有人这样做。②

雷日科夫在 1985—1990 年曾任苏联总理，并作为戈尔巴乔夫领导班子第二把手、一个特殊的“剧中人”，近距离地描述了他所理解的“背叛过程”，即戈尔巴乔夫对他和安德罗波夫嘱托的背叛：

> 我还记得安德罗波夫在世时，有一天他把我和戈尔巴乔夫送到办公室的门口，叮嘱道：“你们携手共事吧！”我曾经对戈尔巴乔夫有许多不满、不理解和不信任，在我看来，他已经变成了另外一个人。然而我还是不计较过去的恩恩怨怨，开始同他携手工作了。我始终牢记这样一句格言：马车在过河的时候是不能换马的，也许戈尔巴乔夫不知道这句格言，那就是另一码事了。正是他本人停止了

① 雷日科夫．背叛的历史：苏联改革秘录．高洪山，等译．长春：吉林人民出版社，1993：3.

② 同①6.

我的工作。这个情况我已经说过了。

雷日科夫认为，这出“背叛历史剧”的主人公戈尔巴乔夫，因为自己的权力欲而左右逢源，又左右摇摆：戈尔巴乔夫身兼二职——苏共总书记和苏联总统。尽管权力很大，但却表现得很软弱。他往往一会儿向左派做出让步，一会儿又向右派做出让步，像是在走钢丝，以至于即使把他放在平坦的地上，他也未必会走路，因为他已经习惯于左摆右晃地“走钢丝”了。还记得吧，有人提出说，应该提出明确的改革方案，对此，戈尔巴乔夫表示强烈反对。原因是，他不仅不知道，而且根本不想知道应该如何做。他习惯于想到哪一步做到哪一步。而这样做恰恰易受旁人的支配①。

在《背叛的历史：苏联改革秘录》尾声之处（第十七章），又回到全书的主题“背叛”上来：

> 这将是最短的一章，甚至不是一章，而是一节。它重复了全书的名字，为什么？因为我想把所写的广泛内容概括一下。谁背叛了谁？背叛了什么？谁给背叛了？为什么要背叛？这有什么好处？
>
> 另外，我再次声明，我的过错一点儿也不比别人少。在前面那个没有讲完的童话中，我是两个“不同助手”中的二把手。我本可以，而且应该是坚定的、毫不妥协的。我了解全部问题的实质，委婉些说，我了解戈尔巴乔夫有意妥协的、“偏离总路线”的实质，但是我没有坚持住。我没有进行抵制。要知道，不是一个人，而是许多志同道合者起而反对叛卖行为。
>
> 然而，没有成功……
>
> 戈尔巴乔夫甚至以背叛的代价来谋取职位，放弃了他从 1983 年开始狂热信仰的那些思想。②

《大国悲剧：苏联解体的前因后果》，是雷日科夫 1998 年发表的又一部代表作。

这两部书的一个好处，是雷日科夫并没有掩饰回避自己的历史责任，但他的理论分析，却只是就事论事，根本没讲清楚，究竟谁在背

---

① 雷日科夫．背叛的历史：苏联改革秘录．高洪山，等译．长春：吉林人民出版社，1993：306，314.

② 同①322-323.

叛，背叛了什么，怎么背叛，为什么会出现如此的背叛。

“里应外合阴谋论”还有另一个方面的内容，就是特别强调西方帝国主义国家的外部阴谋、外部影响、外部压力。

在这方面，当年曾作为戈尔巴乔夫大学同学，而后担任最高苏维埃主席的卢基扬诺夫，或许可以算作这种观点的一个重要代表。当年曾任苏共中央政治局候补委员、苏共书记处书记、苏联最高苏维埃主席、俄共中央顾问委员会主席的卢基扬诺夫，论及苏联解体过程中苏共领导层责任与西方外部压力、阴谋诡计关系时，特别详尽地引述了英国首相撒切尔夫人在 1991 年 11 月 18 日在美国休斯敦对一批来访的苏联化学专家所做的“透底讲话”。

> 苏联是一个对西方世界构成严重威胁的国家。我讲的不是军事威胁，从本质上讲，军事上的威胁并不存在。我们这些国家装备精良，包括核武器。我指的是经济上的威胁。借助计划政策，加上独特的精神上和物质上的刺激手段，苏联的经济发展指标很高，其国民生产总值增长率过去比我们高出一倍。如果再考虑到苏联丰厚的自然资源，如果加以合理地运营，那么苏联完全有可能将我们挤出世界市场。因此，我们一直采取行动，旨在削弱苏联经济，制造其内部问题。主要的手段是将其拖进军备竞赛。我们的政策的另一重要方面是利用苏联《宪法》上的漏洞。苏联《宪法》在形式上允许任何一个加盟共和国（只须凭着共和国最高苏维埃的简单多数）只要有意即可迅速脱离苏联。当然，由于共产党和强力部门的凝聚作用，长时间里这一权利实际上很难实现。但这一《宪法》漏洞还是给实施我们的政策留下了未来的可能……遗憾的是，无论我们如何努力，苏联的政治形势长期保持十分稳定。我们由此陷入了困境。不过，很快便得到情报，说苏联领袖逝世后，经我们帮助的人可能继任，借助他我们能够实现我们的想法。这是我的专家智囊的评估意见（我周围始终有一支很专业的苏联问题智囊队伍，我也根据需要促进和吸引苏联境内对我们有用的人才出国移民）。这个人就是米·戈尔巴乔夫。我的智囊们对此人评价是：不够谨慎，容易被诱导，极其爱好虚荣。他与苏联政界大多数精英关系良好，因此，通过我们的帮助，他能够掌握大权……专家智囊中间围绕以下一个问题争论激烈，分歧很大：是否推举叶利钦作为“人民阵线”的领

> 袖，进而推选其进入俄罗斯联邦最高苏维埃，接下来成为俄罗斯领导人（以和苏联领导人戈尔巴乔夫对抗）。智囊团多数人的意见是反对叶利钦的提名，考虑到他过去的经历和个性特点。不过，经过多次接触和约定，后来还是决定“推出”叶利钦。在 1991 年“八一九”事件期间，我们也给予了叶利钦以极大的支持。这样一来，事实上现在苏联已经解体了，不过在法律上苏联还存在。我负责任地告诉诸位，不出一个月的时间你们就会听到法律上苏联解体的消息。①

不难看出，问题是这种个人叛卖论或内外阴谋论，只能说明某些历史表象，却不能说明历史表象后面更深层的本质。

四、“苏联模式、制度缺陷论”

长期专心研究这一领域的俄罗斯著名历史学家、政论家罗伊·麦德维杰夫的一系列重要代表作，或许可作为“多因素综合论”的一个代表。他在主张国家意识形态危机论的同时，也尝试从经济体制、民族问题等诸多因素，对苏联解体做出初步系统综合剖析。

在《苏联的最后一年》这部著作中，麦德维杰夫认为，苏联“这样一个强大的国家突然间由于并不猛烈的冲击而开始削弱和瓦解，这个强大国家的命运只能说明一个问题，即苏联这座大厦是建立在不坚固和不稳定的基础之上的，其内部结构也有许多缺陷。如果基础被冲毁和削弱，如果承重结构被侵蚀和破坏，那么无论看起来多么坚实和宏伟的建筑都会倒塌。1991 年正是发生了这样的剧变”②。在《俄罗斯向何处去?：俄罗斯能搞社会主义吗?》一书中，他认为苏联解体虽然突然，但并不意味着偶然。“忘记苏共矛盾重重的历史、它的意识形态和政策及组织结构、它在国家体系和社会生活中的地位，而将其垮台首先归因于改革期间苏共领导人的作为，这是不可原谅的自我欺骗。忘记苏联复杂

① 李慎明．居安思危：苏共亡党二十周年的思考．北京：社会科学文献出版社，2011：45-46.

② 麦德维杰夫．苏联的最后一年．王晓玉，姚强，译．北京：社会科学文献出版社，2005：278-279.

的历史、它的构造以及它的领导人所实行的民族政策，而将其解体仅仅归罪于‘别洛韦日阴谋分子’，同样是不可原谅的自我欺骗。”[①] 如果苏共在1928—1933年不放弃“新经济政策”或者在50年代恢复这一政策的话，那么这个过程也许会进行得更平稳，痛苦更少一些。到了60年代末，这种转变的时机还没有完全失去，而到了80年代末，无论是从时机，还是从政治、经济和其他方面的资源来说，这种变革已经不可能了。

与此相关，提出苏联模式缺陷的还有“三大垄断论”。这种观点认为，意识形态、政治权力、经济利益的高度垄断，乃是苏联解体的深刻根源。苏联解体后长期担任俄罗斯共产党领导人的久加诺夫，是这种观点的一个著名代表人物。

1990年6月21日，在俄罗斯境内的部分苏联共产党人，召开第一次代表大会，宣布成立独立的俄罗斯共产党。1993年2月，召开第二次俄共代表大会，久加诺夫取代辛普佐夫，当选为俄罗斯共产党主要领导人，他曾是苏联共产党中央书记处成员，参与过苏共中央领导工作。

2001年12月，在苏共亡党十周年祭日，他总结这一历史悲剧及其历史教训，提出苏联亡党亡国的首要根源，在于一党制下的“三大垄断”：

一是在思想文化上，意识形态垄断，大搞一言堂；

二是在国家政治体制、国家制度上，权力垄断，大搞政治暴力；

三是在经济体制上，利益垄断，大搞特权。

总而言之，他认为三大垄断是病根。

垄断真理的意识形态管理制度、垄断权力的政治法律制度、垄断经济利益的行政特权制度，造成了苏联的解体、苏共的灭亡。

五、“国家制度现代化滞后论”

这种观点认为，苏联名为社会主义国家，实际上却同世界历史上的诸多庞大帝国大同小异，没有什么本质差异，都靠维持世界格局中的各种力量的平衡关系而维系生存，一旦关系失衡，难免走向解体。

---

① 麦德维杰夫．俄罗斯向何处去?：俄罗斯能搞社会主义吗?．关贵海，等译．北京：当代世界出版社，2003：203-204.

1996 年，俄罗斯历史研究所所长、俄罗斯科学院通讯院士 H. 萨哈罗夫首次介绍这种观点。不少俄罗斯学者都持这种看法。叶利钦时代的总理盖达尔有一本书就叫《帝国的消亡：当代俄罗斯的教训》。

这种观点在国际上也有广泛影响，如美国著名外交家、政治家、思想家基辛格就曾断言：苏联帝国的覆亡，部分是因为其本身历史诱使它坚定不移地走上过度扩张之途①。

维 · 瓦 · 阿列克谢也夫院士，是俄罗斯科学院乌拉尔分院副院长、历史及考古研究所所长。他曾来中国进行学术访问。2004 年 11 月 24 日，他试图从文明发展的角度来解释苏联解体。从宏观的角度看，20 世纪以帝国原则为基础的苏联国家建设和世界范围内的国家走向现代化这一外部环境之间的矛盾，最终导致了苏联解体。苏联解体是苏联帝国结构和世界现代化过程之间相互冲撞、相互作用的必然结果。

1922 年苏联成立，并确立了苏联《宪法》。在《宪法》中明确规定，各共和国拥有民族自决权。在实际过程中，现代化的矢量要求国家的民主化，而苏联政府却把权力牢牢地抓在自己手里。现代化要求各共和国有独立发展的空间，而帝国矢量却在朝着超级大国的方向发展。实际上，各个共和国都在苏联时代获得了工业的、社会的和文化上的发展，已经形成了获得了民族独立的经济条件，这就是国家现代化过程对帝国的结果的瓦解过程，当这个帝国的结构还在起作用，还没有把权力下放给各个共和国的时候，就形成了一种内在的矛盾。从理论上讲，它就是现代化过程和帝国结构上的矛盾。一旦经济上的统一性丧失、共产党失去政权，马上就会形成独立的意愿和事实。实际上，国家的领导人已经看到了这个矛盾，但是他们既没有意愿，也缺乏手段来解决这个矛盾，因而造成了苏联解体，而苏联本来可以在不解体的情况下来解决这个矛盾②。

在上述理论基础上，出现了“帝国崩溃论”的思想。其影响超出了狭小的学术圈，在国内外流传甚广，乃至苏共中央政治局委员、最后一任苏共莫斯科市委第一书记普罗科菲耶夫，2011 年发表了文章《苏联解体 20 年：谁之罪？怎么办?》，并在文中提道：

---

① 基辛格. 大外交. 顾淑馨，林添贵，译. 海口：海南出版社，1998：706.

② 左凤荣. 戈尔巴乔夫改革时期. 北京：人民出版社，2013：7.

> 20年前，在广袤的欧亚大陆上爆发了一场地缘政治灾难，几乎彻底地改变了世界历史进程，顷刻间亿万人民跌入了另一世界，并被新生国家的边界线分割开来。1991年12月25日，苏联国旗从克里姆林宫顶上降下，而升起的是俄罗斯的三色旗。为此俄罗斯山河破碎，失去了数百万平方公里的土地，以及近半数人口。20周年之际，俄罗斯两大电视台相继播放了多集纪录片《苏联崩溃》和《帝国瓦解》。我深信，后一名称更符合历史真实。苏联是什么？从地域上说，这是一个俄罗斯帝国，是国民经过数世纪的艰辛打造出的从波罗的海到太平洋，从北极到帕米尔高原的强大国家。这个曾占据全球1/6陆地面积的帝国，其精神血脉不仅包括数世纪以来积淀的俄罗斯文化，也包含居住在这片国土上的其他众多民族的文化。①

与“国家制度现代化滞后论”相类似的有“国家现代化滞后危机论”。这种观点认为，苏联按照自己的道路，实现了从传统农业社会向现代工业社会的近代工业化转型，却因为传统惰性力量，没有能力进一步实现后工业化条件下的现代工业社会转型，没有能力进而实现整个社会体制的现代化转型，尤其是国家制度的现代化转型、国家意识形态的现代化转型——这正是苏联危机，乃至苏联解体的深刻根源。

俄罗斯学者B. 库德洛夫2000年在莫斯科社会科学基金出版社出版的著作《苏联经济模式的崩溃》，或许可作为这种学术观点的一个重要代表。

社会主义的经济基础——国有制与集中的管理和对所有经济领域的计划结合在一起，并为党的机关的难以置信的力量所强化，甚至还有克格勃和军队，让人觉得这种经济体制是巩固和强大的，确实在世界上找不到一种能动摇它的力量。

但是在1989—1991年，社会主义到处崩溃了。破坏的力量原来是可以找到的，而且这一力量早就在“现实社会主义”的社会内部和经济中存在。在军事共产主义、工业化、集体化和战争中，也就是说，在紧张和动员的时期，这种力量无法表现出来，只是在战后和平发展时期，

① 李慎明. 亲历苏联解体：二十年后的回忆与反思. 北京：社会科学文献出版社，2012：84-85.

各种内部矛盾、“制度”的一切腐朽性和无生存性才暴露出来。但是，这并没有得到科学的深入思考和分析①。

此外，还有“国家现代化滞后导致社会经济崩溃论”。这种观点认为，苏联解体的根本原因还在于社会经济问题。苏联的社会经济制度集中表现为 20 世纪 30—50 年代形成的一套计划经济制度，是以强制劳动为基础的。这种经济制度决定了苏联经济在当代世界形势下缺少动力，也缺少活力、效力，长期固守，必然导致社会发展停滞，政治制度断裂，人民不满积聚，革命危机爆发，乃至苏联解体。这种观点的一个典型是在叶利钦主政时期曾担任总理的盖达尔 2006 年在莫斯科出版的著作《帝国的消亡：当代俄罗斯的教训》。他主张从苏联的体制模式中寻找苏联剧变的原因，而不是追究戈尔巴乔夫个人的责任。盖达尔把苏联解体看成合乎规律的意外，他认为苏联社会主义制度之所以瓦解，乃是合乎规律的历史现象，是由苏联经济政治体制的根本特征决定的。20 世纪 20 年代末 30 年代初所形成的各项制度太过僵硬，不能让国家适应当时世界发展的各种挑战。社会主义工业化的遗产、超常的国防负担、严重的农业危机、加工部门缺乏竞争力，都使得这一制度的崩溃不可避免。20 世纪 70 年代至 80 年代初期，这些问题还可以依靠居高不下的石油价格进行调节，但要保全最后的帝国，这可不是足够牢固的基础②。

盖达尔认为，苏联这种类型的国家，在这方面像停滞不前的具有东方专制制度或专制皇权制的国家一样，处于现代世界进程的不可解决的矛盾之中，而一旦企图摆脱计划经济的困境，就会导致解体和垮台。按照这种理论，世界石油价格的暴跌就成了苏联不稳定的起爆器。

这种观点通常还认为，从勃列日涅夫时代开始，苏联经济就进入长期停滞阶段。而戈尔巴乔夫改革盲动，更使苏联经济雪上加霜，在 1990 年前开始陷入经济危机、财政危机。戈尔巴乔夫曾向美国等西方发达 7 国集团请求援助，它们口头上许诺援助，实际上却迟迟不肯出手，因而加剧了苏联财政危机、经济危机、国家危机，成了苏联崩溃在经济上的导火线。

---

①② Кудров В. Крах советской модели экономики. М.: Московский общественный научный фонд, 2000. С. 5.

六、“民族问题、民族主义崩溃根源论”

这种观点认为，民族矛盾问题和民族关系问题上表现的民族主义倾向，是导致苏联解体的主要原因，至少是主要原因之一。这种民族主义有三种表现形式：一是源于俄罗斯千年帝国传统不断扩张的大俄罗斯主义、民族沙文主义；二是从俄罗斯到苏联，长期受到压抑的非俄罗斯民族，同样根深蒂固的民族分离主义；三是在 1990—1991 年叶利钦带头搞起来的俄罗斯主体民族的分离主义。这三种民族主义倾向，聚集在一起，使苏联帝国庞然大物分崩离析。

持这种观点的人为数不少。据一个粗略的统计，苏联解体十年、二十年之际，俄罗斯关于这一话题的文献数量比重占据前两位的，第一大类是探讨其社会经济根源的，第二大类就是探讨其民族问题根源的。

兹举出两位学者有代表性的理论观点。

第一位是俄罗斯政府前副总理谢米·沙赫赖。他的基本观点是：经济根源第一，民族主义第二。在他的主持下，俄罗斯当代研究基金会 2009 年发表了一套最新文献资料集《苏联解体：文件与事实（1986—1992 年）》。

沙赫赖是这一项目的负责人。他 1991 年曾作为叶利钦的俄罗斯代表团成员之一赴别洛韦日，并参与制定了废弃苏联、建立独联体的协议。作为当事人，他发表了题为《苏联解体的神话与事实》的文章。他列出苏联解体的四个原因，除第一条讲政治经济之外，其他三条讲的都是民族问题：

> 到目前为止，已经有大量著述都在讲述导致强大的苏联帝国解体的原因，但往往忽略了以下几种情况。
>
> 第一个原因是政治经济方面的。国家解体前的几十年里，每个卢布的产值中都要拿出 88 戈比用于生产和购买武器。苏联在经济上没能承受住军备竞赛。美国和阿拉伯国家“联手”降低石油价格至每桶 8～9 美元（实际上低于或仅为苏联开采的成本价）也是苏联经济崩溃最主要的因素。在最后的危急关头，西方（包括德国）拒绝给戈尔巴乔夫贷款，苏联国家经济彻底崩溃。

第二个原因是苏联《宪法》自身存在的隐患。几十年来苏联《宪法》中都一直保留着一项重要条款，即加盟共和国有权自由脱离苏联。

第三个原因是嫉妒心理像“信息病毒”一样在 20 世纪 80 年代末至 90 年代广泛传播。由于很难承受最严重的危机，每个共和国都希望能独自生存，开始吝惜分给邻居一块面包。第比利斯和维尔纽斯人说：“不再为莫斯科工作了”，乌拉尔地区要求停止“喂养”中亚各国等。

第四个原因是所谓的自主化进程。到 20 世纪 90 年代初，改革政策开始时断时续。随着中央政治和经济权力的削弱，权力开始“流向”较低层——加盟共和国和自治共和国。在叶利钦与戈尔巴乔夫争当政治领袖的对抗过程中，只是由人民代表大会推选，而不是人民直接选举的苏联总统明显处于弱势。因此他的地位和权威还比不上其他任何一位加盟共和国的总统。①

作为苏联解体的一名重要当事人、见证者，他还相当具体地描述了苏联解体的历史过程，以及民族问题在其中所起的重要历史导火索作用：

自然，在苏共解散的同时，统一的国家也如雪崩般地逐渐瓦解了。1991 年 8 月，阿塞拜疆、白俄罗斯、吉尔吉斯斯坦、拉脱维亚、摩尔多维亚、乌兹别克斯坦、乌克兰和爱沙尼亚通过了国家独立的决议；9 月，亚美尼亚和塔吉克斯坦宣布独立；10 月，土库曼斯坦也宣布独立。更早以前——在 1990 年和 1991 年春，立陶宛和格鲁吉亚就已宣布独立。这样，到 1991 年 12 月之前，事实上除俄罗斯和哈萨克斯坦之外，其余所有的加盟共和国都已脱离苏联。

大多数共和国都认为，这段时间（1991 年 8—11 月）就是建立独立国家的日子，并得到了俄罗斯领导人的正式祝贺。

1991 年 12 月 1 日，乌克兰全民公决的结果给这些瓦解苏联的过程画上了句号。在全民公决中，该共和国的绝大多数公民宣布支持乌克兰独立。

① 李慎明. 亲历苏联解体：二十年后的回忆与反思. 北京：社会科学文献出版社，2012：209-210.

美国前总统乔治·卡特的助手兹·布热津斯基曾多次指出，美国战略家们在这一阶段非常重视乌克兰在苏联解体中的关键作用：“正是乌克兰的作用，比如它在1991年12月宣布独立，在别洛韦日重要的谈判过程中它坚持用更自由的独联体代替苏联，尤其是乌克兰就像政变一样，突然强行下令收编了驻扎在其领土上的苏联军队，都阻止了独联体成为苏联新联邦化的代名词。乌克兰的政治独立震惊了莫斯科，为那些一开始不太坚定、后来随之仿效的其他加盟共和国树立了榜样。”

对于各加盟共和国的领导人来说，脱离苏共和苏联是使自己及其一小撮亲信继续掌权的一种方式。于是，1991年12月8日，三个斯拉夫共和国（白俄罗斯、俄罗斯和乌克兰）首脑签署的协议实际上是正式宣布了苏联社会主义共和国联盟的死亡书。

俄罗斯联邦这唯一的一条国家主权法令，能够摧毁一个拥有庞大军队、国家安全机构强大的核大国吗？大多数俄罗斯人似乎这么想。但似乎，这不太可能……

得知情况后，戈尔巴乔夫立即去找军队。在1991年12月25日辞职之前，他给所有军区司令官打了电话，请求沙波什尼科夫元帅的支持，但军队没有回应。这一切让人不由得想起1917年尼古拉二世的情形，当沙皇从最高司令部呼吁军队支持时，军人们一致表态要求他退位①。

另一位代表人物是曾担任最高苏维埃代表的历史学家、政论家罗伊·麦德维杰夫，在2002年发表的著作《苏联的最后一年》中，他一方面判定“意识形态的衰落是苏共和苏联解体的主要原因”，另一方面把三种形式的民族主义作为苏联解体的首要导因。

第一，他首先提到的是“反俄罗斯的民族主义”，即非俄罗斯民族分离主义：苏联是多民族国家，俄罗斯族被认为是其主导民族，而俄语则是民族之间交往的语言。苏联曾有15个加盟共和国、20个自治共和国、8个自治州和10个民族区，按照民族区域原则来划分的行政主体一共是53个。各民族的权利和资源条件各不相同，因此经常发生各共和国与中央之间的冲突。苏联解体后是按照各加盟共和国的

---

① 李慎明．亲历苏联解体：二十年后的回忆与反思．北京：社会科学文献出版社，2012：212-213.

边界划分国界的，而且许多自治共和国和自治州之间裂痕日益明显的情况时有发生。因此，许多研究苏联解体的学者将民族因素列在解体原因的首位，这也就不足为怪了。一部分学者认为，民族主义运动的主要推动力是民族知识分子，而另一部分学者则认为是“民族官僚”①。

第二，俄罗斯民族在苏联多民族国家中占主导地位，斯大林违背了列宁创立苏联的初衷，继承和发展了沙皇俄国根深蒂固的大俄罗斯主义、民族沙文主义：俄罗斯帝国不同于大不列颠、法兰西和葡萄牙帝国，它没有广大的海外殖民地，它是将与俄罗斯接壤的领土吞并，并使其同化为统一的俄罗斯帝国的一部分。这是苏维埃政权和苏共都不能改变的政治和地理上的现实。因此，如果不是从官方或是法律的角度，而是从自身地位和历史作用的角度来说，俄联邦始终占据着宗主国的地位，俄罗斯民族、俄罗斯文化、俄语也同样保持着主导地位。1922 年 12 月，苏联建国初期，所有的国家权力机构都是建立在俄罗斯各个机构的基础之上的，还有其他加盟共和国的一些补充机构。俄国共产党以同样的方式直接改名为苏联共产党。1922 年，在列宁的批评压力之下，斯大林及其追随者轻易地放弃了“自治化”的构想，其实那只是形式上的，而并非本质上的。当时在中央集权制度下，党和国家的领导人组成了统一的思想和政治中心，这也就使所有中央集权的机构得以保留下来②。

第三，作为主体民族的俄罗斯的民族分离主义被叶利钦所利用，成了特别突出的新问题，等于釜底抽薪，直接挖掉了苏联墙角。

1905 年和 1917 年的俄罗斯革命时期，民族主义运动是俄罗斯帝国灭亡的重要因素，但并不是主要因素。布尔什维克镇压了一部分民族主义运动，但是大多数的民族主义运动被其利用和同化，并且变成了建立多民族的苏联的重要支柱之一。1991 年，反俄罗斯的民族主义的政治力量比 1917—1918 年要弱小得多。这种民族主义本身不可能摧毁苏联这样的国家，对于苏联的统一来说，俄罗斯民族的分离主义更加

---

① 麦德维杰夫. 苏联的最后一年. 北京：社会科学文献出版社，2013：206.

② 李慎明. 亲历苏联解体：二十年后的回忆与反思. 北京：社会科学文献出版社，2012：213.

危险①。

与民族问题相关的另一理论还有“民族-人口论”。这种观点注重研究苏联解体前，作为主体民族的俄罗斯民族在全苏联人口中比重的下降趋势，其他诸多民族人口在全苏联人口中比重的上升趋势。该理论认为，正是由于主体民族占国家族群的多数变为少数，因而必然要求国家形态的相应变化，由庞大“帝国”走向现代“民族国家”。

这种观点注意到苏联文化与人口结构上的一个特殊矛盾。苏联是一个多民族国家，民族结构、人口结构、文化结构都表现出特殊的复杂性、多样性、丰富性，其中主体民族俄罗斯民族同其他民族的关系是一个主要矛盾。俄语、俄罗斯民族、俄罗斯文化，在苏联都占主体地位。而其他民族、文化、语言，都仅仅占从属地位。

问题是，“对帝国起决定作用的核心民族，遭到侵蚀而发生民族关系改变”，俄罗斯民族在苏联人口中的比重越来越小，而其他民族比重越来越大，由此要求国家形态要有相应变革，由庞大帝国变为近代民族国家。

此外，关系到民族问题的理论还有“多民族大国的专制权力体制论”。梅杜舍夫斯基在列举前人种种理论观点，并进行争论辩驳后，提出了自己的“多民族大国的专制权力体制论”，并将其作为苏联解体的根本原因和科学解释。

他虽然不认同对苏联解体的这七种解释，但他没有把这些解释同他的看法完全对立起来。他说：“这些解释并不是排他性的，不是与其他解释不相容的，因为它们几乎都可以归结于整个专制权力体制的多民族大国。”这就是说，“整个多民族大国”的“专制权力体制”，才是根本的、决定性的因素，而其他因素都是从这个“多民族大国”的“专制权利体制”因素派生的，“它们几乎都可归结于”这个体制。

苏联是在俄罗斯帝国的废墟上出现的，但与俄帝国不同，它是自然而平静地灭亡的。令人匪夷所思的倒不是苏联的解体，而是它竟然存在了这么长时间（其长命的基本原因在于核武器的遏制作用）。苏联不是被居心叵测的人搞垮的，而是由于人们认识到（官方也承认）它的结构模式的反常规性和无效能性而瓦解的，这种模式从一开始就是建立苏联的基础。它经受不住时间的考验，就像一栋房屋，是匆忙草率搭建起来

---

① 麦德维杰夫．苏联的最后一年．北京：社会科学文献出版社，2013：209.

的，它的整体结构随着时间的推移，已经失去任何支撑力。可以说明这个论断的基本证据就是，在它垮塌之时，没有任何人起来对它进行维护。与此同时，它也丧失了用全新性质形式构建政治体制的机遇，因为，精英们在全球化信息过程的背景下，恰恰不懂得如何构建政治的真正体制，不懂得掌握制度性参数，不懂得如何稳步而有计划地推进改革。这样一来，由于离心倾向超过向心倾向，在 20 世纪末全球化背景下，这种体制的解体便不可避免①。

七、苏联剧变实质是苏联模式僵化的失败，而不是社会主义的根本失败

苏联解体的根源是什么?

苏联剧变的实质是什么?

前者是探源问题，后者是定性问题，二者紧密联系、不可割裂，但在观察视角上又有上述微妙差异。说到底，这是一个问题的两个方面，或者说两个层次。对苏联剧变实质的定性，不仅牵涉对历史得失的总结，而且直接关系到对现实的判断、对未来发展方向的选择，因而不可回避，命运攸关。

“马列主义原罪论”的观点，必然得出苏联剧变是马克思列宁主义、社会主义的根本失败的结论，乃至认为从此以后就是资本主义、自由主义的一统天下、千年王国。持这种观点者，不仅有戈尔巴乔夫、雅科夫列夫、齐普科等人，在国际上也大有人在，如《历史的终结者和最后的人》的作者福山、《1999：不战而胜》的作者尼克松、《大失败：二十世纪共产主义的兴亡》的作者布热津斯基等。

在上述苏联、俄罗斯思想界对苏联解体根源问题的讨论中，除了第一种观点并无事实根据，而且是对马克思主义根本挑战之外，其他几种观点都有一定的事实根据或试图从某个特殊方面说明苏联解体的根源，各成一家之言，但要达到完整准确地说明问题还有一定距离，因而也还不能根本驳倒第一种观点提出的理论挑战，还需要下一番去伪存真、由

① 梅杜舍夫斯基．从分析史学观点看改革和苏联崩溃的原因．俄罗斯历史，2011（12）．

表及里、由近及远的大功夫。

然而，在这里，“马列主义原罪论”提出的问题，是必须做出回答的。为此，我们采取“他山之石，可以攻玉”的方法，援用邓小平与习近平提出的关于苏联模式与苏联解体的观点做出回答，从而有力地说明：

苏联解体的根源与实质，不是马克思主义、社会主义的根本失败，而是苏联模式僵化的失败，戈尔巴乔夫改旗易帜、走上邪路的失败！

1978 年 9 月，党的十一届三中全会前夕，邓小平视察东北三省及天津、唐山两市，发表北方谈话，提出苏联模式、改革对象症结在于官僚主义国家体制，或者更确切地说，在于带有官僚主义严重弊端的国家体制。

谈到邓小平理论，大家都知道 1992 年的南方谈话。当然，若讲到邓小平理论开篇的话，必是 1978 年 11 月他在中央工作会议上的讲话——《解放思想，实事求是，团结一致向前看》，后来这一讲话实际上成了党的十一届三中全会的主题报告，相当于改革开放的宣言书。

这里要指出的是，在此之前，在党的十一届三中全会前夕，有一个历史序曲、理论铺垫，那就是 1978 年 9 月 13 至 20 日，邓小平的北方之行、北方谈话。在访问朝鲜、会见金日成之后，他一路视察了黑龙江、吉林、辽宁三省，外加环渤海湾的唐山、天津两市，先后发表了九次讲话。

这里特别值得一提的是，1978 年 9 月 15 日，邓小平在黑龙江哈尔滨市听取省委书记李力安、王一伦、李剑白、陈雷、陈烈民等人汇报情况时，有一段画龙点睛、统领全局的话，这段话可以叫作邓小平“苏联模式症结论”，或叫“改革对象本质论”，他从理论思维高度，在逻辑与历史的统一之中，回答了“改革对象是什么”“我们到底改革什么”的问题：

> 从总的状况来说，我们国家的体制，包括机构体制等，基本上是从苏联来的，人浮于事，机构重叠，官僚主义发展。“文化大革命”以前就这样。办一件事，人多了，转圈子。有好多体制问题要重新考虑。总的说来，我们的体制不适应现代化，上层建筑不适应新的要求。①

① 中共中央文献研究室．邓小平年谱：1975—1997（上）．北京：中央文献出版社，2004：376．

这段话很重要，言简意赅，至少包含6个理论要点：

(1) 改革开放前中国的国家体制，基本上是从苏联来的，大体上属于苏联模式类型，当然也有自己的特点（这里的共性个性问题，至今还是一个值得深入研究的重大课题）；

(2) 这种体制既是经济体制，又是政治体制，是经济政治一体化的体制；

(3) 这种经济政治一体化体制的核心部分是国家体制；

(4) 这种国家体制的症结在于官僚主义发展；

(5) 总的说来，这种国家体制不适应现代化，上层建筑不适应现代化的新要求；

(6) 有好多体制问题要重新考虑，也就是说要从整个体制创新、国家制度创新高度系统改革。

这组邓小平北方谈话，在现行《邓小平文选》第二卷中，只收录了其中两次谈话——9月16日在吉林长春同王恩茂等省委同志的谈话、9月18日同鞍山市委负责同志的谈话。而9月15日这次重要谈话，只见于中共中央文献研究室冷溶等同志编的《邓小平年谱：1975—1997（上）》中。

1985年8月28日，邓小平在会见津巴布韦政府总理穆加贝时，提出了对当代社会主义、中国特色社会主义来说，一个最深层次、统摄全局、命运攸关的基本理论问题，就是必须从理论思维高度回答什么是社会主义、怎样搞社会主义？在这个基本理论问题上，苏联道路经历了两个阶段：列宁的思路比较好，特别集中表现在新经济政策上；但是，后来的苏联模式僵化了。这里昭示出他提倡中国特色社会主义的正反两个参照系：列宁新经济政策源头论和苏联模式改革对象论：

> 我们的同志编辑出版了一本小册子《建设有中国特色的社会主义》，里面是我的一些讲话，有十二大的开幕词，不知你读过没有？社会主义究竟是个什么样子，苏联搞了很多年，也并没有完全搞清楚。可能列宁的思路比较好，搞了个新经济政策，但是后来苏联的模式僵化了。中国革命取得成功，就是因为把马列主义的普遍原则用到自己的实际中去。①

① 邓小平．邓小平文选：第3卷．北京：人民出版社，1993：139．

邓小平这段讲话，浓缩了 4 个理论要点：

第一，他这里讲的主题，是介绍倡导的中国特色社会主义，而不是广泛地谈论中国与世界、内政与外交的各种问题、各种具体事务。

第二，要真正理解中国特色社会主义提出的历史背景与思想主旨，就必须牢牢抓住对于当代社会主义命运攸关的一个基本理论问题：什么是社会主义，怎么搞社会主义。

第三，应当抓住这个基本问题，从这个理论思维深度与世界历史高度来总结当代社会主义历史经验，剖析苏联模式，抓住要害问题。

第四，在这个基本问题上，苏联历史、苏联道路是一分为二的，良莠是不能混为一谈的。其中，列宁的思路比较好，新经济政策是改革开放、中国特色社会主义重要历史与理论源头；而后来，斯大林时期形成的苏联模式僵化了，这是我们的改革对象，势在必改，不改不行。

正是这段话，凝聚着邓小平关于苏联模式、改革对象的闪光思想、真知灼见。

党的十八大以来，习近平同志在系列重要讲话中，在阐述“社会主义五百年”历史进程中，继承发扬了邓小平的上述基本观点。

1992 年邓小平南方谈话中有两段话，是对这个世界历史性难题的科学总结和最好回答：“不坚持社会主义，不改革开放，不发展经济，不改善人民生活，只能是死路一条。”“右可以葬送社会主义，‘左’也可以葬送社会主义。”①

总之，是先“左”后右的两种错误指导思想，特别是长期固守传统计划经济体制的苏联模式，造成了当代社会主义的大曲折。要彻底避免重蹈当代社会主义重大曲折的历史覆辙，就必须彻底突破传统计划经济的苏联模式和“左”的教条主义观念，反“左”防右。这就是邓小平理论中蕴含的科学结论。彻底突破传统计划经济的苏联模式，需要两个突破：观念突破和体制突破。

首先需要社会主义观念的根本突破，特别是在“什么是社会主义”的问题上，在社会主义本质观上，需要突破三个僵化公式：“社会主义本质＝激烈化的阶级斗争”“社会主义本质＝清一色的国家所有制”“社会主义本质＝大一统的计划经济”。

---

① 邓小平．邓小平文选：第 3 卷．北京：人民出版社，1993：370，375.

同时，还需要社会主义体制的根本突破，特别是在“怎样建设社会主义”的问题上，在社会主义体制观上，需要实现体制上的根本改革：根本转变“以阶级斗争为纲”的工作重心，根本转变“一大二公三纯”的计划经济体制，根本改变内外禁锢的封闭半封闭体制。

1992 年邓小平南方谈话，明确了当代社会主义面临的战略态势：世纪之交，三种选择；两条死路，一条活路。第一种选择，是右的选择。就是像戈尔巴乔夫那样，走资产阶级自由化的道路，走“和平演变”的道路，走西方式的资本主义道路，这种选择是一条向右的死路。

第二种选择，是“左”的选择。就是认为改革开放是走资本主义“和平演变”的道路，因而要中断改革，向“左”逆转，重新回到传统计划经济的僵化的老路上去，重新回到“以阶级斗争为纲”的“左”的教条主义老路上去。从斯大林晚年一直到勃列日涅夫主政的 18 年，苏联走的就是这样一条僵化之路，这种选择是一条“左”的死路。

第三种选择，是反“左”防右的正确选择。就是在邓小平理论指导下，走改革开放、建设中国特色社会主义道路，坚持“一个中心、两个基本点”的基本路线，要警惕右，更主要是防止“左”，这是一条新路，也是一条活路。

邓小平关于苏联模式与苏联解体的观点在习近平新时代中国特色社会主义思想中得到了很好的继承与发展。

2013 年 1 月 5 日，习近平在新进中央委员会的委员、候补委员学习贯彻党的十八大精神研讨班上发表重要讲话，纵论社会主义 500 年的历史经验与历史教训，把“列宁阶段”与“苏联模式”作为第三、第四两个不同历史阶段，分别做出截然不同的科学评价。以下是我们迄今为止见到的对苏联模式与苏联解体根源做出的最为简明扼要的科学论断：

> 第三个时间段，列宁领导十月革命胜利并实践社会主义。列宁晚年对十月革命道路和新经济政策初步经验进行了总结，进一步提出，社会主义最终胜利的根本保证是创造出资本主义更高的劳动生产率，无产阶级在夺取政权后要实现党和国家工作重心从革命到建设的转变，合作社是把个人利益和国家利益结合起来的最好形式，必须加强国家政权建设和执政党建设，等等。列宁说，我们不得不承认我们对社会主义的整个看法根本转变了。对新经济政策，邓小平同志评价说，可能列宁的思路比较好，搞了个新经济政策，但是

后来苏联的模式僵化了。[1]

这里还有一个特别值得注意的闪光思想、科学真理，就是要实事求是，具体地分析“苏联模式”——苏联模式的起源二重性、内在二重性与历史作用二重性：

第四个时间段，苏联模式逐步形成。邓小平同志讲的苏联模式，是指列宁逝世以后，斯大林在领导苏联社会主义建设中逐步形成的高度集中的经济政治体制，主要特征是：在所有制上实行单一的生产资料公有制；在经济体制上实行自上而下的指令性计划经济；在发展战略上以重工业为重点追求外延式社会主义民主法制建设，片面强调阶级斗争和无产阶级专政，忽视社会主义民主法制建设；在政治上权力高度集中、党政不分；等等。苏联模式的形成，在特定历史条件下对巩固苏联社会主义制度曾经起到了重要作用，促进了苏联经济和整个社会生活的快速发展，也为苏联军民夺取反法西斯战争的胜利发挥了重要作用。由于苏联是世界上第一个社会主义国家，两次世界大战结束后建立的其他社会主义国家大都效仿了苏联模式。但是，由于不尊重经济规律等，随着时间的推移，苏联模式弊端日益暴露，苏联和东欧国家也想进行一些调整，但在西方等各种势力的强大攻势下，这种调整偏离了正确方向，历史和现实原因相互交织、推波助澜，终于导致 1989 年东欧国家先后发生剧变，1991 年苏联解体、苏共解散，使世界社会主义国家遭受重大挫折[2]。

苏联模式起源二重性：它是在特殊世界历史与国际环境条件下、在社会主义建设特殊时期形成的特殊体制，在一定程度上既体现了社会主义的一般本质，又体现出在斯大林领导下、在当时条件下战时体制的历史特殊性，表现为一种高度集中的政治经济体制。

苏联模式内在二重性：在上述的历史特征中，既有社会主义的活东西，又有战时体制、国家垄断体制的死东西，是走向僵化模式让死东西吞噬活东西，还是让活东西战胜死东西，还是发展过程中的两种趋势、两种可能性，不能把苏联模式与社会主义简单对立起来。

苏联模式历史作用二重性：在 20 世纪 30 年代备战时期、战争时期，苏联模式也曾起过较为积极的历史作用；20 世纪 50 年代以后，苏联模式日趋僵化、弊端激增；20 世纪 80 年代以后，问题更加尖锐，也

---

①② 习近平在学习贯彻党的十八大精神研讨班上的重要讲话. 人民日报，2013-01-06.

出现了新的问题。

这里另一个闪光思想、科学真理，就是要求对苏联解体做出唯物辩证法的实事求是、具体分析，同样体现在三个层面：

第一，要系统整体地分析苏联剧变的内因与外因的辩证关系，外因是西方帝国主义军备竞赛加“和平演变”的强大攻势，内因是党和国家领导的错误导向。内因是根据，外因是条件，外因是通过内因起作用的。

第二，要系统整体地把握历史原因与现实原因相互交织的辩证关系，苏联模式的历史原因是前提和基础，党和国家的错误领导是现实原因、直接原因，二者结合起来，终成乱局。

第三，要系统整体地把握苏联模式僵化与戈尔巴乔夫现象的辩证关系：只讲改革开放，不讲社会主义和党的领导的戈尔巴乔夫现象，是苏联模式僵化的反动，是其派生物和畸形儿，是物极必反的历史产物，一“左”一右，二者结合，造成了苏联剧变的巨大历史曲折发展。

2017 年 10 月 18 日，习近平在党的十九大报告中阐明了中国道路的思想主旨：“既不走封闭僵化的老路，也不走改旗易帜的邪路”。这既是对中国特色社会主义现代化道路探索的历史经验的科学总结，也是对当代世界社会主义，首先是苏联道路、苏联模式正反两方面历史经验的科学总结：全党要更加自觉地增强道路自信、理论自信、制度自信、文化自信，既不走封闭僵化的老路，也不走改旗易帜的邪路，保持政治定力，坚持实干兴邦，始终坚持和发展中国特色社会主义①。

“封闭僵化的老路”，其典型就是苏联模式，特别是 20 世纪 50 年代至 80 年代的苏联模式，从战后斯大林晚年开始，中经赫鲁晓夫，到勃列日涅夫时期，封闭僵化的老路达到极致。

“改旗易帜的邪路”，其典型就是 20 世纪 80 年代中后期的戈尔巴乔夫改革，打出“人道的民主的社会主义”旗帜，否定马克思列宁主义指导地位，推翻苏共领导地位，导致 1991 年苏联解体、苏共解散，可谓自乱阵脚。

当代社会主义重大曲折、苏联模式社会主义重大曲折、帝国主义的“和平演变”策略固然是不可忽视的外部条件，但根本原因还是在内部，

---

① 习近平. 决胜全面建成小康社会　夺取新时代中国特色社会主义伟大胜利：在中国共产党第十九次全国代表大会上的报告. 北京：人民出版社，2017：17.

走了先“左”后右的两条死路。

东欧剧变、苏联解体，本质上是苏联模式僵化的失败，是戈尔巴乔夫改旗易帜邪路的失败，而不是社会主义的根本失败；

东欧剧变、苏联解体，实质上是先“左”后右、两条错误路线的失败，而不是马克思列宁主义、科学社会主义政治路线的失败；

东欧剧变、苏联解体，实质上也表现为先“左”后右、两种形式教条主义的失败，而不是马克思列宁主义、科学社会主义的失败。

苏联剧变的实质，是苏联模式走向封闭僵化的老路的失败、戈尔巴乔夫改旗易帜邪路的失败，而不是社会主义的根本失败、改革开放正确道路的根本失败。

这就是问题的实质。

这就是历史表象背后的本质所在。

这就是历史长河表层泡沫下潜藏着的深层本质。

以史为鉴，可以知得失。

从毛泽东的《论十大关系》到邓小平首倡的中国特色社会主义理论与道路，中国共产党人始终是以苏联东欧的历史经验为借鉴来探索中国道路的，以便增强自觉性，减少盲目性。

中国特色社会主义进入新时代后，更进一步把这种历史借鉴、理论借鉴、道路借鉴作用提高到了新高度、新境界，集中表现在正反两个方面：

用“两个不走”——“既不走僵化封闭的老路，也不走改旗易帜的邪路”，来总结概括东欧剧变、苏联解体的历史教训，作为反面教材，引为鉴戒。

用“两大创造”——“创造中国式现代化新道路，创造人类文明新形态”，表明我们在总结东欧剧变、苏联解体教训之后做出的开天辟地式的重大创新。这是马克思主义中国化、时代化的新飞跃。

八、中国学界研究的新成果、新观点

战后苏东马克思主义史与苏联解体的问题，在中国学术思想界引起极大关注，学界展开了持续深入研究。主要论著成果之多，可能直追俄罗斯。然而，在一系列重大问题上，尤其是苏联解体的首要根源何在的问题上，至今仍存在着重大分歧。这里简单梳理一下这方面的研究情况、研究队伍、主要成果、主要观点、争论焦点。

代表性的学术观点可以概括为三种：

第一种观点，重点是批判戈尔巴乔夫的右倾，改旗易帜、走上邪路；

第二种观点，重点放到向前追溯至斯大林时期形成的苏联模式，批判其封闭僵化、固守老路；

第三种观点，先后以高放（中国人民大学）与王东（北京大学）为代表，更强调对历史功过得失的综合考察，批判其先“左”后右的错误道路，认为原先“封闭僵化的老路”与戈尔巴乔夫“改旗易帜的邪路”先后合到一起，造成社会主义历史大曲折。

中国学术界有一支以研究列宁思想和苏联问题为主的研究队伍，主要存在于首都北京的几所重点大学与中央一级的科研机构中。这支队伍研究人员掌握俄语，比较熟悉苏联与俄罗斯的情况，持续开展这方面的研究，有的还设有相应的专门科研机构。主要有五家：第一家是北京大学，这方面的专家有黄枬森、王东、黄宗良、曹长盛、徐天新等；第二家是中国人民大学，曾设有苏联东欧研究所，这一领域的专家有高放、周新城、安启念等；第三家是中国社会科学院，这方面的专家多半集中在世界历史研究所、俄罗斯及中亚研究所与马克思主义研究院，这里有一批专家常年从事有关研究，如陈之骅、陆南泉、马龙闪、左凤荣、黄立茀、吴恩远等；第四家是中共中央党校（国家行政学院），专家学者有姜长斌、康绍邦、郭建平等；第五家是中央编译局，著名专家有郑异凡、季正矩等人。另外，在上海华东师范大学，建立了教育部人文社会科学重点研究基地——俄罗斯研究中心，主任为冯绍雷教授，副主任为刘军教授，专家有沈志远等人。

中国学术界近 30 年来，出现了一批综合论述苏联兴亡的历史著作或理论著作，仅就手头掌握的资料而言，较有影响的是以下几部：

周尚文、叶书宗、王斯德合著的《苏联兴亡史》（上海人民出版社，1993 年）；

陆南泉、姜长斌等主编的《苏联兴亡史论》（人民出版社，2002

年，2004 年修订再版）；

陈之骅等主编的《苏联兴亡史纲》（中国社会科学出版社，2004 年）；

陆南泉、黄宗良、郑异凡、马龙闪、左凤荣主编的《苏联真相——对 101 个重要问题的思考》（新华出版社，2010 年），这也是一部三卷本，集中了 34 位专家学者，依苏联几代主要领导人时序（列宁—斯大林—赫鲁晓夫—勃列日涅夫—戈尔巴乔夫），回答了 101 个重大问题；

郑异凡主编的《苏联史》（人民出版社，2013 年），该书共分八卷，2013 年首批推出的是其中五卷，《俄国革命》《新经济政策的俄国》《斯大林模式的形成》《勃列日涅夫的十八年》《戈尔巴乔夫改革时期》，已有 308 万字，全部出齐，当有四五百万字之多。

还有一部实证性专题苏联史——《一个大国的崩溃——苏联历史专题研究（1917—1991）》（社会科学文献出版社，2009 年），该书为三卷本，125 万字，共分 28 个专题，24 位专家学者参加合作，其中有郑异凡、马龙闪等著名专家。

这一系列的著作，多半是集体合著的，以史料取胜，以历史铺陈见长，而对有些重大理论问题、基本问题、深层问题的回答，有时却不甚了了，其中有些基本观点甚至值得质疑。

由于知识背景、理论观点的不同，中国学界在苏联解体问题上的研究，较为明显地出现了两种不同类型的观点，他们选择了不同的研究重心。

第一种类型观点认为，从赫鲁晓夫到戈尔巴乔夫的右倾叛卖，正是苏联解体的根本原因，因而侧重于这方面的研究，尤其是戈尔巴乔夫背离马克思主义意识形态，推出“人道的民主的社会主义”，离经叛道、改旗易帜的叛卖行径。大体属于这种类型，又有较高学术价值和代表性的著作，可列出六部：

江流、陈之骅主编的《苏联演变的历史思考》（中国社会科学出版社，1994 年）；

曹长盛、张捷、樊建新主编的《苏联演变过程中的意识形态研究》（人民出版社，2004 年）；

吴恩远著的《苏联史论》（人民出版社，2007 年）；

周新城、张旭合著的《苏联演变的原因与教训》（社会科学文献出版社，2008 年）；

李慎明担任主编、陈之骅担任副主编的《居安思危——苏共亡党二十年的思考》（社会科学文献出版社，2011 年）；

黄苇町著的《苏共亡党二十年祭》（江西高校出版社，2013 年）。

第二种类型观点多半认为，把苏联解体如此重大的社会历史变化主要甚至仅仅归为从赫鲁晓夫到戈尔巴乔夫的个人过失、叛卖行为，是过于肤浅的历史表象，其深刻的根源，还在于体制模式、制度上的问题。因而，他们把研究重心转向 20 世纪 30—50 年代形成的传统计划经济的苏联模式，也称其为"斯大林模式"。大体属于这种类型的著作，可举出三部代表作：

宫达非担任主编，徐葵、杨铮担任副主编的《中国著名学者：苏联剧变新探》（世界出版社，1998 年），撰稿人包括一批著名专家学者，如徐葵、高放、俞邃、姜长斌、郑异凡、陆南泉、黄宗良、马龙闪等 13 人；

陆南泉、姜长斌主编的《苏联剧变深层次原因研究》（中国社会科学出版社，1999 年），全书分三篇 22 章，作者团队由 22 位这一领域的专家组成；

陆南泉等主编的《苏联真相——对 101 个重要问题的思考》下卷（新华出版社，2010 年），该书第六编题为"苏联剧变的原因与教训"，陆南泉执笔开篇论文，题目就是"苏联剧变的根本原因是什么？"。

还有一些著作，专门针对苏联模式中的政治体制、国家制度的历史做专题研究，有以下四部代表作：

康绍邦、郭建平合著的《社会主义政治体制改革的理论与实践》（河北人民出版社，1988 年）；

王正泉主编的《从列宁到戈尔巴乔夫——苏联政治体制的演变》（中国人民大学出版社，1989 年）；

黄宗良的《书屋论政——苏联模式政治体制及其变易》（人民出版社，2005 年）；

张祥云的《兴衰之路——民族问题视域下的苏联民族国家建设研究》（人民出版社，2011 年）。

在研究苏联解体根本原因的过程中，中国学界形成了各执一端的两种观点：

第一种观点，可简称为“右倾叛卖祸根论”。这种观点认为，本来斯大林时期苏联社会主义搞得好端端的，从赫鲁晓夫到戈尔巴乔夫，大反斯大林，背离了苏联社会主义正确理论、路线方针，乃至苏共方向，搞垮了苏联共产党，乃是苏联解体的根本原因。持这种观点的学者指出：

> 苏联和苏共如大山般的倒塌了。其根本原因在哪里？正如以上所述，各种观点杂陈纷争。随着国内外学术界对苏联剧变研究的不断深入，苏联剧变的根本原因的其他答案，比如“乌托邦说”“病态早产说”“经济没有搞好说”“军备竞赛说”“民族矛盾说”等逐渐在我国媒体上消退，但认为其根本原因在于“斯大林模式”即“苏联的社会主义模式”说的观点，却仍有相当的影响。
>
> 几年来，我们“苏共亡党的历史教训研究”课题组经过认真分析、研究探讨，大家逐渐达成共识：苏共垮台、苏联解体的根本原因并不在于“斯大林模式”即苏联社会主义模式，而在于从赫鲁晓夫集团到戈尔巴乔夫集团逐渐脱离、背离乃至最终背叛马克思主义、社会主义和最广大人民群众根本利益。
>
> 一些同志所说的苏共垮台、苏联解体的根本原因是“斯大林模式”即苏联社会主义模式，其实质是把苏共垮台、苏联解体的根本原因算到了苏联的社会主义基本经济政治制度的头上。这一说法的实质，与“乌托邦说”“病态早产说”没有本质的区别。①

更有甚者，有的学者进一步走向极端，干脆认为，“苏联模式”是一个“可疑的”假命题。“苏联历史以苏共二十大为界分为方向相反的两个时期，前期的斯大林时代是社会主义苏联走向繁荣强大的历史，后期从赫鲁晓夫始到戈尔巴乔夫是苏联衰败下来直至亡党亡国的历史，因而不存在一个一概而论的‘斯大林模式’或‘苏联模式’”。提出这个概念就是“可疑”的。所谓中国改革开放和中国特色社会主义是对苏联模式的“突破”，是一个“假命题”。提出这种说法是“制造混乱”“别有用心”“包藏祸心”“借刀杀人”②。

---

① 李慎明．居安思危：苏共亡党二十年的思考．北京：社会科学文献出版社，2011：17，18，19.

② 陆南泉，等．苏联真相：对 101 个重要问题的思考：上卷．北京：新华出版社，2010：330.

与此相反的第二种观点，可简称为“斯大林模式祸根论”。他们认为，赫鲁晓夫、戈尔巴乔夫的个人过失不是主要根源，“斯大林模式”或叫“苏联模式”才是主要根源。下面的提法，或许可以作为这种学术观点的一个代表：

> 剧变的根本原因在于斯大林-苏联模式的社会主义制度本身。
>
> 从时间来讲，苏联的剧变发生在戈尔巴乔夫执政的最后时期——1991 年。这是无可争辩的历史事实。并且还应看到苏联的剧变与戈尔巴乔夫执政后期在体制改革政策方面的失误有联系。但笔者认为，苏联剧变的根本性原因是斯大林-苏联模式的社会主义制度以及体现这一模式的体制问题，就是说斯大林-苏联模式的社会主义制度由于弊病太多，已走不下去了，已走入死胡同，失去了动力机制。历史唯物主义的一个基本观点是，社会变迁的原因应该从社会经济与政治制度中去寻找。苏联剧变的根本原因亦应从制度中去找，而不能简单地归结为某些领袖人物。①

还有些学者在长期关注研究苏联问题的基础上，开始注意到把上述两方面问题综合起来，试图更全面地揭示苏联解体的根源。这方面的学者，主要有俞邃、高放、肖枫等几位，也包括陆南泉 2007 年个人专著，北京大学哲学系王东教授则是这种新观点在新时代的一位主要学术代表人物。

我们在这里，姑且把这种观点称为有别于上述两种主要流行观点的第三种新观点。

俞邃曾长期从事对苏联-俄罗斯的研究工作与联络工作，1992 年曾写成书稿《莫斯科的冬与春——一个时代的终结》，1993 年由四川人民出版社出版。1998 年，在《苏联剧变原因纵横对话》一文中，他提出两大重要因素互为因果的“基本思路”：

> 本文试图把握导致苏联剧变的两个突出的因素——苏共领导的错误与苏联模式的弊端互为因果这一基本思路，通过纵横对话的形式，概要地谈谈个人对于苏联剧变复杂原因的几点研究心得……
>
> 鉴此，我想可以给苏联剧变原因一个总的说法，这就是：有内

---

① 陆南泉，等. 苏联真相：对 101 个重要问题的思考：下卷. 北京：新华出版社，2010：1180.

> 因，也有外因；有现实原因，也有历史原因；有领导者的错误，也有改革本身的难度；这些原因在深层次盘根错节。其中执政党及其领导者的错误与管理模式弊端相交织所体现的现实内因，则是问题之根本。①

2000年，在《从苏联演变谈世界格局转变的若干理论问题》一文中，他更进一步提出，苏联模式的弊端与戈尔巴乔夫的路线，一个是基础因素，一个是决定因素：

> 苏联模式的弊端与苏共领导的路线政策错误，在苏联的剧变过程中，相互作用，前者是基础因素，后者是决定因素……这里就有戈尔巴乔夫领导集团不可推脱的历史责任。②

2011年，在苏联解体20年之际，他又出版了这方面的一部新著，题目是《其兴也勃焉，其亡也忽焉：二十年后再看苏联演变》。在前言中，他重点谈的一个主要问题，就是苏联解体两大原因的综合作用机制问题：

> 关于苏联发生演变的深层次原因，当今国内影响较大的看法有两种，一种认为根本原因在于苏联模式，另一种认为根本原因是戈尔巴乔夫与赫鲁晓夫一脉相承的修正主义路线。
>
> 从宏观上讲，苏联发生演变的原因是多方面、综合性的，涉及政治、经济、民族、理论、意识形态、文化、外交等诸多因素，执政党因素则是决定性的。导致苏联演变有内因，也有外因，内因是主要的；有现实原因，也有历史原因，现实原因是主要的；有领导人的错误，也有改革本身的难度，领导人的错误是主要的。强调说内因是主要的，并非外因不重要，而是避免将外部“和平演变”万能化；强调说现实原因是主要的，并非低估苏联模式弊端的严重性，而是警惕陷入改革必败的“宿命论”；强调说领导人的错误是主要的，并非否认苏联改革的艰巨性，而是防止无谓地为领导者的罪责开脱。我们不应忽视其中任何一种原因，但又不能孤立地只用某一种原因来对苏联剧变作总体上的解释。如果更概括地表述，那

---

① 宫达非. 中国著名学者：苏联剧变新探. 北京：世界出版社，1998：88，90.

② 俞邃. 从苏联演变谈世界格局转变的若干理论问题. 当代世界与社会主义，2000(3).

么可以说，导致剧变的各种原因在深层次盘根错节，执政党及其领导者的路线错误与僵化的管理模式弊端相交织所体现的现实内因，则是问题之根本。①

中国人民大学资深教授高放，也是长期研究这一问题的著名专家。他在《苏联剧变宏观研究论纲》中的开头与结尾两段，首尾呼应地阐发了他的两大要素综合论观点：

看来，理论界对于苏联剧变这一重大问题的看法很不一致，其中既有右的，更有根深蒂固的“左”的观点。如果不能清除右的、主要是“左”的观点，那么我们就难以从苏联剧变中真正吸取深刻的教训，这样也就难以使建设有中国特色的社会主义宏伟事业取得全面的成功。②

总之，戈氏的政治体制改革不是超前，而是改向，改变为从西方引进议会制、总统制和多党制。这样就必然遭致政局混乱，政治危机加深，最终引起政治、经济和民族三个危机并发症，导致党、国家和社会制度三个灭亡。造成这种结果戈氏当然要负主要责任，但是若从历史发展的长河全面地来看，与其说是戈氏一个人葬送了苏共，毋宁说是苏共饮下了斯大林酿制的个人集权制和官僚特权制的苦酒、毒酒而自尽。斯大林的教条主义错误，尤其是极权主义体制留下了大患，以致后人难以有效地进行根本改革。但又不能因此说其改革必然失败。③

1999 年，在《苏联剧变深层次原因研究》一书中，高放执笔的第二篇第一章，更明确地道出了他的“综合根源论”的基本思想：

苏联失败的真正原因是什么？不是单一的，应该用马克思主义历史发展合力论来解释。从 1991 年起，我就苏联东欧剧变问题发表过多篇文章（都已收入我的四本文集之中）。在 1992 年的《苏联东欧剧变原因探究》中，我认为苏联东欧剧变有 12 个原因；外因与内因，内因为主；远因与近因，近因为主；客观原因与主观原

① 俞邃．其兴也勃焉，其亡也忽焉：二十年后再看苏联演变．北京：当代出版社，2011：前言 1，2.

② 宫达非．中国著名学者：苏联剧变新探．北京：世界出版社，1998：51.

③ 同上 86.

因，主观原因为主；微观原因与宏观原因，宏观原因为主，大的决策有错误；下层原因与上层原因，上层原因为主，上层领导出了问题；浅因与深因，深因为主。浅因，如民族矛盾没处理好，深因就是苏联共产党没有很好掌握不发达国家实现社会主义的特殊规律。

从根子上说，苏联共产党受教条主义、封建主义的影响太深。教条主义的影响表现在把马克思、恩格斯针对发达国家设想的社会主义模式简单地搬到苏联来。如：急于消灭商品市场经济，急于搞产品计划经济，没有考虑到不发达国家还存在许多自然经济和半自然经济。封建主义的影响更多地表现在封建君主专制的东西对社会主义政治制度的影响很深。长期的教条主义和封建主义影响难以改正，到 1987 年以后，戈尔巴乔夫转向推行右倾机会主义路线，对苏联的解体起了决定性的作用。

长期的“左”，促进后期转向右的极端，先“左”后右，合葬了社会主义。如果只看到了后期的右，而无视或忽视长期主要的错误是“左”，那就是目光短浅，只看到病象、病变，回避了病根、病源。苏联东欧剧变的病根、病源是“左”的东西，病象、病变是后期右的东西。①

陆南泉是中国社会科学院俄罗斯东欧中亚问题资深专家，长期从事苏联问题研究。2007 年，他把自己多年研究成果结集为新著《苏联经济体制改革史论（从列宁到普京）》，其中也阐发了对苏联剧变根源的综合分析观点和思想走向。

陆南泉通过对苏联的经济体制进行深入研究，提出苏联崩溃首因论，认为：苏联剧变的根本原因或者说深层次的原因是，“斯大林苏联社会主义模式丧失了动力机制，它的弊端日趋严重，成了社会经济发展的主要阻力，这种模式走不下去了，走进了死胡同”。在梳理戈尔巴乔夫改革与苏联剧变的关系时，他得出的结论是：“第一，戈尔巴乔夫改革的严重失误，特别是后期改革迷失方向，加速了苏联剧变的进程，是苏联剧变的直接原因。”“第二，更应看到，苏联剧变有其十分深刻的深层次的历史原因。就是说，不要因为苏联剧变发生在戈尔巴乔夫执政时

---

① 陆南泉，姜长斌. 苏联剧变深层次原因研究. 北京：中国社会科学出版社，1999：139，140.

期，而忽略了苏联历史上长期积累下来的问题，忽略引起质变的诱因，忽略量变背后更为重要的起决定性作用的东西。”①

看来，这种学术争论还会长期继续，有些重大问题远未根本解决，更远未能完全取得理论共识。

然而，我们还必须看到，马克思列宁主义为我们解答这个贯穿 20 世纪的历史之谜指出了正确方向；更为可喜的是，从毛泽东到邓小平、江泽民、胡锦涛，一代又一代党中央领导集体，始终注意以史为鉴，总结正反两方面历史经验；中国特色社会主义进入新时代，以习近平同志为核心的党中央，更从“两个不走”“两大创造”的新高度，为我们总结战后苏东马克思主义史的历史经验指出了明确方向。

北京大学王东教授，多年以来一直力图以马克思列宁主义为指导，对于苏欧东欧问题，尤其是战后苏东马克思主义，做出理论与历史的综合比较研究，旨在为中国改革开放、开创中国式现代化新道路，提供历史借鉴、理论参照。他的这一研究，迄今已持续 60 年之久，先后迈出六步，并努力在新时代推出新成果。

第一步，1963—1983 年。以学习俄语与列宁研究为主，为苏东马克思主义史综合比较研究打下最初基础，其中最后 3 年来到中国人民大学马列主义发展史研究所，还接触了苏联东欧研究所，并曾直接受教于高放、刘佩弦等有关专家。

第二步，1984—1990 年。1986 年他在专著《社会主义建设中的哲学问题探索——改革之路的哲学沉思》中，首辟专章，综合比较研究苏东各国改革之路与改革开放的中国道路，1990 年出版专著《改革之路的真正源头》。

第三步，1991 年 2 月至 9 月。王东到莫斯科大学做了半年多访问学者，并实地走访匈牙利、德国等国，成为少数目睹、实地考察苏东剧变的学者之一，回国后持续开展相关研究。

第四步，2013—2015 年。王东再次实地走访了俄罗斯，去了伏尔加河流域、圣彼得堡、莫斯科等地，回国后 2015 年出版综合研究 20 世纪苏东马克思主义史、75 万字的专著《系统改革论——列宁遗嘱，苏联模式，中国道路》②。

---

① 陆南泉. 苏联经济体制改革史论（从列宁到普京）. 北京：人民出版社，2007：616，617.

② 王东. 系统改革论：列宁遗嘱，苏联模式，中国道路. 长春：吉林人民出版社，2015.

第五步，2015—2017 年。为纪念列宁领导十月革命 100 周年，王东在北京大学主持召开了国际性的列宁学论坛"从列宁十月革命道路到中国改革开放新道路"，并与刘军合作出版专著《列宁思想在中国——中国列宁学百年轨迹与前沿问题》①。

第六步，2018—2023 年。王东参加了北京大学马克思主义学院、顾海良教授主持的重大项目《20 世纪马克思主义发展史》，接替安启念教授，担任其中第六卷《20 世纪下半期马克思主义在苏联东欧的发展》主编，并与陈红教授、林艳梅教授、叶帆博士后组成一个精巧强悍的学术团队，努力以马克思列宁主义为指导，综合国内外百家研究成果，提出自成一家的创新之言，旨在为开创中国式现代化新道路与人类文明新形态，提供他山之石、历史明镜……

这一研究的最新成果，就是摆在大家面前的这部新著《20 世纪下半期马克思主义在苏联东欧的发展》，还有就是 2023 年 7 月由吉林人民出版社出版的新著《中国式现代化新道路与人类文明新形态》②：前者重点讲"两个不走"，后者在此基础上，更进一步把重心转向"两大创造"。

---

① 王东，刘军．列宁思想在中国：中国列宁学百年轨迹与前沿问题．北京：人民出版社，2017.

② 王东．中国式现代化新道路与人类文明新形态．长春：吉林人民出版社，2023.

第十六章　苏联解体与俄罗斯马克思主义的历史命运

苏联解体与马克思主义在当代俄罗斯主流意识形态地位的丧失，都是20世纪历史进程中的大事件。1991年，伴随“八一九”事件的发生，马克思主义在遭遇叶利钦激进民主派的沉重打击之后，开始成为非主流和边缘性的意识形态存在，甚至受到严厉禁止与强制镇压。世纪之交，当代俄罗斯马克思主义重新开始呈现一定程度的复兴趋势，在一部分左翼、中左翼政党和学术组织当中，艰难重生，并初步形成了6个比较有影响的学派。

一、苏联解体与马克思主义的边缘化

对俄罗斯马克思主义的发展状况，更多人的记忆，仍然停留于1991年“八一九”事件发生的前后。在以叶利钦为代表的激进民主派夺取政权、苏共被宣布为非法的政治组织之后，马克思主义作为苏联国家的主流意识形态，遭到了近乎“毁灭性”的打击。马克思主义由原有的正统主流地位，落入社会意识形态的边缘，甚至成为很多人直接谩骂、指责和攻击的对象。这一点，正如《马克思主义：未被推介的教科书》一书的编者在其编者引言中所讲到的那样：“马克思主义在今天，已不再是一种时髦的学说，而是落入到了被诅咒和挨千刀的境域，遭到了所有被称作现代政治学家的人的否弃……人们固执地将这一学说扔入了‘历史的垃圾堆’。”①

马克思主义在经历了意识形态地位的败北之后，其发展受到了严重的阻抑和中断，马克思主义在人们心目中的地位、形象更是一落千丈。在苏联解体后的一段时间内，其实也包括今天，人们对马克思主义性质和实质的讨论和争论一直在继续，马克思主义被戴上了“乌托邦主义空想论”“暴力专政论”“末日宗教论”“历史决定论”等各式各样的“帽子”，马克思主义创始人的著作文献等也被从图书馆中移除和销毁。激进民主派掌权后，对马克思的著作进行了一场特殊的讨伐。有学者指出，在当代俄罗斯，人们对马克思主义的攻击和指责，不仅限于那些“光明的资本主义明天的建设者们”，还包括那些曾经多年宣传甚至“信仰”马克思主义的人。“有趣的是，最疯狂的反对马克思思想的恰恰是那些多年宣传马克思思想的人。”

可见，在对马克思主义的攻击和指责方面，历史的确是上演了疯狂的一幕。马克思主义伴随苏联的解体以及苏共执政地位的丧失，遭受了最为沉重的重创和打击。

二、马克思主义在当代俄罗斯的艰难重生

自 20 世纪 90 年代中期以来，随着叶利钦新自由主义改革的弊端和后果不断暴露与显现，整个国家的发展逐渐陷入崩溃的边缘，以俄共为代表的俄罗斯左翼、中左翼政治力量开始获得兴起和发展，马克思主义的学术研究传统也获得了一定的保存和延续。进入 21 世纪以来，伴随普京新政的实施，俄罗斯经济社会发展的状况发生了很大程度的改观，政治格局和框架也进行了积极向度的改变和调整。一方面，支持普京路线的统一俄罗斯党在国家杜马当中占据绝对优势地位，它以俄罗斯新保守主义的意识形态对国家经济政治生活发挥主导性的决定作用；另一方面，以俄共、公正俄罗斯等为代表的一些左翼、中左翼政治力量获得相对稳定和弱势的发展，马克思主义在国家政治社会生活中的影响开始获

① 卡加尔利茨基. 马克思主义：未被推介的教科书. 莫斯科：埃克斯莫出版社，2007：4.

得有限程度的发挥。以此为背景，马克思主义的学术研究也开始有了一定程度的恢复性发展，在总体萧条的大背景下，呈现曲折复兴的基本态势。

（一）学术建制与研究队伍

自 1991 年“八一九”事件发生之后，俄罗斯的各大高校和科研院所开始全面停止马克思主义的研究和教学活动，马克思主义的书籍从图书馆中搬出来焚毁和烧掉，一些原本从事马克思主义教学和研究的人员纷纷改行，或者改变研究方向，自此，马克思主义作为一种学术建制被明确地加以取消和清除，直到今天，仍然没有获得任何的恢复和发展。以马克思主义哲学的教学科研为例，在当今俄罗斯哲学研究的权威机构——俄罗斯科学院哲学研究所中，共设有 6 个研究分部，分别是认识论和逻辑学部、科学技术哲学部、社会和政治哲学部、历史哲学研究部、价值哲学和哲学人类学部、人学研究综合问题部，并下设 27 个研究室或研究中心。但在这些研究分部、室或研究中心中，没有任何一个机构的名称是和马克思主义哲学相关联的，个别从事马克思主义哲学研究的学者，只是分散在政治哲学、西方哲学史等个别研究室中，无法形成整体性的和综合性的学术力量。莫斯科大学的情况也是如此。以莫斯科大学哲学系为例，在包括本体论和认识论、社会哲学、外国哲学、俄罗斯哲学史等在内的 19 个教研室中，同样没有一个教研室是以马克思主义哲学来命名的，几位依然从事马克思主义哲学研究的学者，只是分散在俄罗斯哲学史、社会哲学、社会政治学说史等几个不同的教研室中。根据该系一位副主任的回忆，在 20 世纪 90 年代末期，该系曾试图恢复马克思主义哲学的学科建制，但最终没有成功。由于学术建制的缺失，不具备相应的学科和专业设置，没有专门的导师和具体的研究方向，没有培养专门人才所需的科研经费，因此，到目前为止，在俄罗斯，没有一篇硕士论文或者博士论文是以马克思主义为研究选题的，马克思主义的学术研究整体断层、后继乏人，一些依然从事马克思主义学术研究的学者，大多是在苏联时代起就已具备马克思主义研究背景的人，个别有重大学术影响的学者，如 Т. И. 奥伊泽尔曼、А. Д. 科西切夫等人，甚至超过了 95 岁的高龄。对于世纪之交的俄罗斯马克思主义研究来讲，年龄结构整体老化、梯队建设严重不足，已经成为制约这一领域发展的重要因素。

（二）主要著述和出版物

在学术著述和研究成果方面，当前俄罗斯马克思主义研究成果较之于国家历史类、传统文化类、后现代主义类等热门出版物，客观地说，只占有极其微小的比例。但相对于20世纪90年代的状况，应当说，今日俄罗斯的马克思主义出版物，无论在数量方面还是在质量方面，都有了明显的改善和提高。我们以俄罗斯社会主义取向学者协会莫斯科分部成员的研究成果为例。在整个20世纪90年代，该协会成员的研究成果主要是以个人发表的文章和集体出版的论文集为主，如《社会主义：昨天、今天和明天》《由灾变到重建：苏联解体的原因和后果》《俄罗斯共产主义运动的当代阶段》等，比较有影响的个人著述相当之少。而进入21世纪以来，由于社会环境的日益宽松，以及学者个人思考和反思的日益深入，一些重要的个人专著开始出现，如B.C.谢苗诺夫的《20世纪的教训和通向21世纪的道路：社会哲学的分析和预测》、И.П.奥萨齐的《历史的艰难一页》、B.B.特鲁什科夫的《俄罗斯资本主义的恢复》、Ю.K.普列特尼科夫的《社会主义的历史命运》等。仅以2003年以来的作品为例，有较大影响力的马克思主义学术著作就有：A.Д.科西切夫的《哲学、时代、人》（2003），P.И.科索拉波夫的《来自俄罗斯的真理》（2004），T.И.奥伊泽尔曼的《马克思主义与乌托邦主义》（2003）和《为修正主义正名》（2005），Б.斯拉文的《马克思的社会理想》（2003），A.B.布兹加林的《抉择主义》（2003）、《社会主义的复兴》（2003）、《全球资本论》（2004）和《俄罗斯的后苏联马克思主义：对21世纪挑战的回答》（2005），Б.卡加尔利茨基的《马克思主义：未被推介的教科书》（2007），B.M.梅茹耶夫的《反马克思主义的马克思》（2007），A.叶利谢耶夫的《俄罗斯面相的社会主义》（2007），Ю.K.普列特尼科夫的《唯物史观和社会主义理论问题》（2008），B.C.谢苗诺夫的《社会主义和二十一世纪的革命》（2009），等等。此外，为纪念《共产党宣言》发表160周年，由Г.A.巴加图利亚、Д.B.肇哈泽任主编、于2007年出版的新版《共产党宣言》产生了较大的社会影响。根据中共中央编译局所提供的数据资料显示，2007—2008年，由俄罗斯文化-革命出版社、联盟出版社等左翼出版机构出版的马克思列宁主义学术著作一共 37 本，2009 年则出版了 30 本。正是由于这些大部头、思想性学术著作的连续出版和问世，马克思主义在当今俄罗斯学术界的影响开始扩展和增强。

（三）研究团体和社会影响

世纪之交，伴随俄罗斯左翼、中左翼政治力量的稳定发展，俄罗斯的马克思主义研究开始获得一些基金会和研究项目的支持，在规模和数量上有了新的发展，形成了几个相对固定的、比较有影响的研究团体。具体来讲主要包括：一是社会主义取向学者协会。该协会全称为俄罗斯社会主义取向学者协会，最早成立于 1994 年，到目前为止，已经发展为全国性的政治学术组织，在 76 个地区都设有分部，其成员主要是俄罗斯联邦共产党、苏联共产党、俄罗斯共产主义工人党中一些从事马克思主义理论研究的学者，如 И. П. 奥萨奇、Р. И. 科索拉波夫等人。该协会虽然人数较多，但思想倾向较为保守，经常在《对话》《政治教育》《马克思主义与当代》等杂志上发表文章，阐述自身的思想见解。该协会办有自己的月报——《海燕》，但社会影响较小。二是争取民主和社会主义学者协会。这是由莫斯科大学经济系教授 A. B. 布兹加林于 20 世纪 90 年代创建的一个具有鲜明民主化政治倾向的马克思主义研究团体，因对社会持明确的批判立场，目前在俄罗斯影响较大，其成员主要以《抉择》杂志和社会主义国际网络研究院为平台，举行不定期的学术讨论，也召开一些国际性的学术会议，就苏联解体的原因、全球化与经济发展等问题进行讨论。2007 年，为纪念十月革命胜利 90 周年，该协会的一些主要思想学者共同发表了一篇题为《十月革命对俄罗斯和整个世界的意义》的文章，对十月革命所涉及的一些史学、现实问题进行探讨，产生了较强的社会反响。2009 年，由 A. B. 布兹加林任主编，该协会出版了《21 世纪的社会主义：后苏联批判马克思主义学派的十四篇论文》和《马克思主义 21 世纪的抉择：后苏联批判马克思主义学派的辩论》两部论文集，这表明其研究活动相对活跃。三是“马克思阅读”理论讨论。这是由俄罗斯科学院哲学研究所肇哈泽组织的一个政治性学术组织，其成员思想观点较为激进和保守，围绕“列宁与当代”“古巴的社会主义现状”等问题，每月定期举行讨论。在“马克思主义研究”基金会的支持下，该团体出版了论文集《马克思主义与未来文明》

(2006)、新版《共产党宣言》(2007) 等著作文献。四是马克思主义自由讨论。该讨论活动地点同样在俄罗斯科学院哲学研究所，是一个思想较为开放的马克思主义学术组织，甚至会邀请一些自由派人士参加自身的讨论，讨论题目也较广泛，从议会问题到当代中国的改革开放等问题，时代感较强。五是莫斯科大学马克思主义讨论。这是由莫斯科大学教授、俄罗斯国家社会历史档案馆研究员 Г. А. 巴加图利亚所主持的一个开放式大学生论坛，论坛题目为“马克思理论与20世纪的社会-政治观”，围绕马克思主义的异化理论、马克思主义与自由问题、马克思主义与心理分析、工人运动的组织史、马克思主义与后现代主义等问题，每两周定期举行一次讨论，受到部分青年学生的欢迎。

三、六个主要流派及其代表人物

世纪之交，俄罗斯马克思主义研究的进展，一个非常突出的重要体现就是形成了几支特点鲜明、各具特色的思想流派。这些不同的思想流派，虽然都强调自身的马克思主义来源和思想基础，但由于对马克思学说的实质内涵理解不同，所关注的问题和研究的侧重点也不完全一致，因而，对俄罗斯的社会历史、当代选择和未来发展前途，也都持有各自的看法和主张。通过这些不同的思想流派，我们不难看到，一方面，新世纪俄罗斯的马克思主义研究，较之于苏联时期来讲，明显呈现多元化、多样态的特征和特点；另一方面，这一特点也表明，马克思的理论学说实际上包含非常丰富的思想内容。下面对当代俄罗斯马克思主义六个重要流派的重要贡献简要加以介绍。

(一) 固守苏联正统的马克思主义学派

正统的马克思主义，又被称为教条主义的马克思主义，是以 Р. И. 科索拉波夫、А. Д. 科西切夫、Д. В. 肇哈泽等人为代表的一批坚定地持有马克思列宁主义思想立场、主张恢复重建苏联并对当代俄罗斯资本主义发展现实持尖锐批判态度的思想学者构成的流派。Р. И. 科索拉波夫曾任苏共中央机关刊物《共产党人》杂志主编、苏共中央意识形态委员会委员，2001 年与 Г. А. 久加诺夫发生思想分歧后，加入由 О. С. 舍宁领导的共产党联盟-苏联共产党（2004 年之后改称苏联共产党），是该党的重要成员。自苏联解体后，科索拉波夫始终坚信共产主义的理想信念，强调其所属政党——苏联共产党的性质是马克思列宁主义的政党，是共产党人-布尔什维克的政党，是工人阶级、劳动农民和人民知识分子战斗的先锋队，党的任务是为恢复苏维埃政权而斗争，为使社会重返共产主义的发展道路而斗争。为实现恢复和重建苏联、推翻资本主义现政权的目的，科索拉波夫主张采取一切形式，既包括合法的形式，也包括非法斗争的手段，同现政权进行坚决彻底的斗争。在此意义上，他反对俄共所采取的体制内斗争路线，认为久加诺夫是在忙于玩议会的游戏，实质上脱离了党员群众。同时，其他左翼政党所推行的右倾机会主义妥协政策，也只能将共产主义运动引上西方社会民主主义的发展道路。在对斯大林如何进行评价的问题上，科索拉波夫明确主张斯大林是人，而不是神，反对将斯大林妖魔化或者神圣化，主张为斯大林进行有条件的辩护，认为俄罗斯人民应当怀着深切的感激之情，缅怀斯大林这位全心全意为祖国和人民服务、具有彻底牺牲精神的人。自苏联解体后，科索拉波夫一直从事《斯大林文集》补卷的编撰工作，到 2006 年为止已经完成了第 18 卷的出版工作，被认为是当今俄罗斯“新斯大林主义”的典型代表。

（二）反思的马克思主义学派

反思的马克思主义学派以俄罗斯科学院哲学研究所的著名元老级院士、欧洲哲学史家 Т.И. 奥伊泽尔曼为代表。伴随苏联解体，马克思主义意识形态退出官方主流意识形态地位，奥伊泽尔曼的思想观点也发生重要的转向，开始注重从马克思主义的当代反思视角，对苏联解体的原因进行意识形态角度的研究和思考。2003 年和 2005 年，奥伊泽尔曼先后推出两部大部头的学术著作——《马克思主义与乌托邦主义》和《为修正主义正名》，前者主要侧重阐释马克思主义与乌托邦主义之间的联系和区别，后者更为注重对此前一直遭到正统马克思主义批判和拒绝的、以伯恩施坦为代表的修正主义进行辩护或者正名，强调伯恩施坦关于资本主义仍具有一定调节能力的观点，同样应当受到人们的重视和承认。这两部著作又被奥伊泽尔曼称作“姊妹篇”，实际上是对苏联解体之后当代俄罗斯人不可逾越和绕过的一个问题，也就是马克思主义到底是一门科学的思想理论还是一种乌托邦主义的理想学说问题，进行了系统的阐释和回答。由于奥伊泽尔曼提出的“马克思主义包含乌托邦主义因素”和“还伯恩施坦主义以历史的公正”的命题，犹如“一石激起千层浪”，在俄罗斯马克思主义学界甚至世界范围的马克思主义研究领域都产生了巨大反响。奥伊泽尔曼虽然指出了马克思历史预测理论存在的一定失误，同时，特别突出和强调了马克思晚年“两种过渡理论”的价值，但他完全主张苏联社会发展应当遵循西欧式的民主路径，进而完全否定列宁道路的思想观点，实际上忽视了历史发展的多样性和特殊性，对社会历史发展采取了齐一性的解决方案。奥伊泽尔曼对马克思主义所进行的反思，虽然具有重要的价值，但一些重要结论的做出，还是缺乏历史的客观性。他的反思过了头，伤及了马克思主义根基，背离了列宁主义，转向了后伯恩施坦修正主义。

（三）批判的马克思主义学派

批判的马克思主义学派是以莫斯科大学经济系教授 A. B. 布兹加林为中心所建立的一个具有人道、民主和社会主义价值取向的学术组织。进入 21 世纪以来，布兹加林开始创建“批判的马克思主义学派”，成为这一学派的奠基者和核心代表人物。针对当今俄罗斯社会思想界新实证主义、新自由主义、后现代主义的盛行，新斯大林主义、斯拉夫主义的复兴等现象，布兹加林依然坚持马克思主义的思想传统，但强调应当在恢复马克思学说的精神实质，即在人道主义历史哲学的基础上，重新确立马克思主义的当代形象。但是，按照布兹加林的观点，他的批判的马克思主义理论与马克思的异化世界批判理论之间仍然存在基本的、重要的区别，也就是，批判的马克思主义学派不仅致力于对资本主义异化世界的批判，而且要批判俄罗斯资本主义发展的现实，不仅要批判全球资本霸权对世界的统治，而且要批判苏联社会特别是斯大林统治时期的社会。这一社会被视为一个异化的、与人的价值和尊严相背离的社会，一个极权主义的刚性社会。他强调，社会主义者的任务在于，在对全部异化世界的批判过程中，实现向新社会，也就是人类自由王国的过渡和转变。

（四）创新的马克思主义学派

创新的马克思主义学派在当今俄罗斯是一个人数较多、相对松散的学术派别，其构成人员的思想观点、见解主张并不相同。但共同点是，都强调应当将马克思主义与当代俄罗斯社会发展的实际、与当代人类社会的发展实际结合起来，强调马克思主义的思想创新和发展的重要性。这一学派的重要代表人物有 Б. 卡加尔利茨基、В. Ж. 科列、Б. 斯拉文、В. Н. 舍甫琴科、В. Г. 布洛夫等。他们对如何依据俄罗斯社会发展的实际以及当代人类历史发展的新状况，正确理解马克思思想的实质，有效地阐释其思想的当代价值和意义，做出了自己的分析和阐释。例如，在《马克思主义：未被推介的教科书》一书中，俄罗斯著名政论家、政治活动家、苏联时期持不同政见者 Б. 卡加尔利茨基不仅对马克思主义的流派构成重新进行了考察，将马克思主义划分为经典马克思主义、苏联马克思主义、西方马克思主义、托洛茨基主义、东欧修正主义等不同的思想流派，而且特别对托洛茨基思想的当代价值，尤其是其"不断革命论"思想所包含的对"孤立的社会主义"的批判及其"社会主义民主"思想所表达的对"官僚主义"的批判，进行了正面的肯定和评价。所以，在这一点上，也有人认为卡加尔利茨基是当代俄罗斯的新托洛茨基主义者。再如，作为俄罗斯中左翼政党——公正俄罗斯党的思想智囊、俄罗斯科学院哲学研究所政治哲学研究室主任 В. Н. 舍甫琴科对马克思哲学的理解主要强调马克思哲学所具有的社会哲学性质，主张"回到马克思，首先就是要回到人道的、公正的社会的理念，回到把人从一切形式的剥削、压迫和异化中解放出来，为人的全面和谐发展创造条件的理念"①。从这一理念出发，舍甫琴科强调，公正俄罗斯党的历史任务即在于，不断地推进社会的发展和公正的实现，推进人的全面发展和自由解放。

（五）文化学的马克思主义学派

文化学的马克思主义学派主要是以当代俄罗斯著名思想家、文化学家 В. М. 梅茹耶夫为代表的学派。从马克思的实践、历史、人、自由时间等观点出发，梅茹耶夫将马克思的历史理论阐释为一种文化理论，提出马克思的唯物主义是一种实践唯物主义、马克思的社会主义学说是一种文化学说、共产主义只有在自由时间背景下才能实现等一系列观点。

---

① 安启念. 当代学者视野中的马克思主义哲学：俄罗斯学者卷. 北京：北京师范大学出版社，2008：289.

梅茹耶夫赋予文化以积极的内涵，将文化与人的创造性和自由时间联系起来，将社会主义、共产主义阐释为与人的创造性本质和自由个性实现相关联的存在，并对苏联在现实社会主义发展过程中出现的失误以及资本主义不可克服的矛盾进行了批判，一定意义上恢复了马克思实践、劳动、人的创造性本质的本真内涵。梅茹耶夫尊重马克思思想的当代价值，认为马克思在当代俄罗斯社会“必将重新归来”。

（六）文本学的马克思主义学派

该学派的主要代表是莫斯科大学哲学系教授、国际著名马克思学家、MEGA2 版国际编委会主席之一 Г. А. 巴加图利亚教授。自苏联解体后，MEGA2 版的编辑整理工作在国际马克思恩格斯基金会的支持下，在俄罗斯得以继续进行。目前，以俄罗斯国家社会历史档案馆为中心，由经济学家 Л. 瓦西纳任组长，包括 Г. А. 巴加图利亚、О. К. 科拉列娃、Л. Г. 邱尔巴诺夫、Ю. 罗伊亚娜 4 人在内所组成的 5 人编辑小组，承担 MEGA2 版其中 15 卷的直接或间接编撰工作。2007 年，为纪念《共产党宣言》出版 160 周年，由巴加图利亚、肇哈泽任主编，出版了包括《共产主义信条》、《共产主义原理》和《共产党宣言》三个文献在内的《共产党宣言》新版本，巴加图利亚还为这一新版本撰写了前言、注释和评注，对包括“工人阶级”“暴力革命”“废除私有制”“国家的消亡”“最终目的”等在内的 15 个词条重新进行了注解和解说。作为国际著名的马克思学家，巴加图利亚主张对马克思的学说进行准确的诠释和理解，反对将马克思的思想庸俗化。同时，在如何对待马克思的理论遗产问题上，巴加图利亚认为，最重要的就是根据当代的实际来努力地发展马克思和恩格斯理论遗产中积极的、正面的内容，而不是将全新的事实作为证明马克思主义是不变真理的论据。

四、研究主题和共同关切

如上所述，世纪之交的俄罗斯马克思主义各家流派，虽然在关注领域、研究重点包括研究方法等方面都存在明显的异质性和差别，对马克思学说的实质、苏联解体的原因以及对当代俄罗斯社会发展现状和未来出路的思考也不尽相同，但有必要指出的是，作为当代俄罗斯多元文化语境中左翼的重要构成因素，这些不同流派所共同具有的马克思主义身份和性质决定了它们仍然分享了一些共同关心的问题，从大的方面来说，它们关心的问题有三个方面。

（一）对苏联解体原因的分析和反思

作为世界上第一个建立社会主义制度并引导整个世界向社会主义方向迈进和发展的国度，苏联解体、社会主义制度的历史消亡无疑对那些曾经坚定地持有马克思主义信仰和立场的学者产生了思想上的重大冲击和感情上的巨大创伤。概而言之，当前俄罗斯马克思主义学界有关苏联解体原因的思考有三种代表性的观点：

第一种观点认为，这场悲剧是由主观人为原因导致的。持这观点的主要有以科索拉波夫、科西切夫、肇哈泽等人为代表的正统马克思主义学者，他们强调苏联解体并非历史的必然，而是主观人为的结果，是苏共党内的叛徒和特权利益阶层背弃历史的结果。对于苏联的社会主义制度和性质，包括公有制、计划经济和按劳分配等，这些学者总体上持明确的肯定态度，认为问题只在于如何更为充分地发挥出这一制度的优越性和潜能，以推动劳动生产率的增长，应对西方新科技革命的挑战。但是，以叶利钦为代表的苏共党内叛徒和众多腐败官员却“与地下资产者相互勾结，共同反对社会的劳动者，在‘民主化’的假面具之下，完成了对权力的争夺，从而竭力将十月革命之后人们的社会主义积累，不仅包括全民财产，而且也包括个人的积蓄，全都转变为权贵资产阶级、犯罪-买办资产阶级的原始资本积累”。由此，在苏联-俄罗斯，资产阶级官僚主义的反革命赢得了胜利。科索拉波夫强调，正是由于列宁所称之为工人国家的“官僚主义畸变”，转变成了滋生资本主义蛀虫的癌症肿块，或者说，由于政治民主的缺乏才为一些共产党员的变质、为权力与资本的结合开启了便利之门。

第二种观点认为，经济失败是这场悲剧最根本的原因。从现代化发展方案的失效、生产力动力机制的不足或者经济增长放缓的角度对苏联缘何解体的原因进行思考，是很多当代俄罗斯马克思主义学者所持有的一种思想观点，或者说，在他们的思考和追问中，或多或少地会触及这一层面的问题。虽然对这一问题的回答，不同的学者采取了完全不同的叙述和表达方式，但其思想实质却是一致的。例如，布兹加林就运用“突变的社会主义”一词对原本良好的“社会主义基因”缘何发生“突变”进行分析，他认为，社会主义基因的突变首先是因为客观环境的恶劣影响，其中最重要的是受“落后的社会生产力”的影响。卡加尔利茨基则通过对托洛茨基主义的基本立场，即“不断革命论”的强调，突出了斯大林孤立的“一国胜利论”必然走向失败的根本原因。也就是说，缺乏人类文明的共同成果——高度发达的社会生产力基础作为支撑和保证，社会主义无法取得成功。斯拉文、布洛夫等人则从对列宁新经济政策创造性内涵入手，指出苏联解体的根本原因是教条地遵循了马克思主义经典作家的相关论述，而未能创造性地结合本国实际，发挥和运用列宁新经济政策的积极思想成果。从这里，他们得出以下结论：“第一，在国际市场占统治地位的情况下，在国内经济不发达的条件下，第一个社会主义国家不能拒绝市场关系”；“第二，社会主义要想在这种条件下生存下去，就必须建立比发达资本主义国家拥有更高水平的生产和生产力”①。因而，苏联走向解体的根本原因，即在于生产关系与生产力发展水平的严重脱节，在于社会主义未能在经济上战胜资本主义，未能为劳动人民提供比发达资本主义国家更高的生活水平。

第三种观点认为，国家官僚主义体制是苏联社会主义失败的主要原因。在对苏联解体原因的反思和探讨中，存在一种耐人寻味的现象，这就是认为这种反思和探讨首先应从“去斯大林主义”的统治开始，然后是“去列宁主义”的影响，最后是对马克思主义的创始人——经典作家的思想观点提出质疑和批评。例如，在奥伊泽尔曼那里，便明确地提出了“教条主义是马克思主义内在固有的东西”以及“马克思主义包含有乌托邦因素”的思想观点，主张从理论根源上探寻苏联社会进入“死胡同”的根本原因。客观而言，对于马克思和列宁的思想学说，更多的俄罗斯马克思主义学者主要还是站在分析和挖掘的立场上，侧重于他们思想的当代意义和现实价值，但对于斯大林的理论和做法，除俄共等政治组织以及一些正统马克思主义学者强调斯大林是“强国的建设者”，是“功过并存的历史人物”外，大多数的俄罗斯马克思主义学者主张对斯大林主义进行坚决彻底的批判，对“现实的社会主义”所具有的“暴

---

①　斯拉文．被无知侮辱的思想：马克思社会理想的当代解读．孙凌齐，译．北京：中央编译出版社，2006：124.

力”“官僚主义”“极权主义”“反人道”“兵营式”“动员式”“行政命令式”“脱离人民”“半封建式”的异变实质进行深入的分析。按照这些学者的看法和主张，正是由于对社会经济生活、政治生活和精神生活进行严格和全面控制的斯大林式国家官僚主义极权体制，导致市场的缺位、效率的丧失，因而既无法形成强大的中产阶级、发达的公民社会，也无法确立权利意识和民主权利的传统，社会主义所本应具有的性质——“人道的民主的”基本内涵在这一体制中无法获得应有的体现。因而，苏联解体只是以历史悲剧的方式诠释为试图以“非市场”和“非民主”的方式来实现社会发展现代化方案的失败。

（二）对当代俄罗斯资本主义发展现实的批判

自叶利钦新自由主义的改革实施以来，在俄罗斯，人们不得不接受和认同这样的逻辑，即整个社会由“现实的社会主义”向资本主义方向的变迁和演变。21 世纪俄罗斯马克思主义研究的一个重要视角，就是对这一“新”资本主义的缺陷和弊端进行揭示，对其所具有的“畸变”、“依附”和“官僚主义”的实质进行彻底的批判。这一批判可以概括为以下三方面：

第一，俄罗斯“新”资本主义的发展具有畸变性质。对当代俄罗斯资本主义发展畸变性质或者“非正常”性质的强调，应当说构成了当代俄罗斯左翼学者共同的思想取向。以俄罗斯批判的马克思主义学派代表人物布兹加林的思想观点为例，在《俄罗斯的后苏联马克思主义：对 21 世纪挑战的回答》一书中，他对当代俄罗斯资本主义发展的畸变性质进行了明确分析，指出当代俄罗斯资本主义的发展实际上是陈旧的资本主义关系，甚至是前资本主义关系同当代晚期资本主义形式相互结合的产物，其中包含着市场、非市场和前市场的多重因素。因此，在当代俄罗斯形式上所发展的资本主义进程背后，实际上隐藏的是一种变形的资本主义不断扩张的过程，市场本身生活在变形的形式中。在这一意义上，当代俄罗斯众多马克思主义学者反对将俄罗斯仅仅理解为一般意义上的或者说现代意义上的资本主义社会，因为这会导致对很多复杂问题的遮蔽，不认清这一点，最终带给俄罗斯的将是一种并不确定的未来，使俄罗斯社会发展陷入更为深刻的危机之中。

第二，俄罗斯“新”资本主义的发展具有依附性质。对俄罗斯

"新"资本主义发展所具有的依附性质或者说寄生性质的强调，同样是俄罗斯左翼学者的共同主张。应当说，对这一点的揭示，实质上切中了当代俄罗斯资本主义发展的要害和神经。按照科索拉波夫、布兹加林等人的分析和阐释，当代俄罗斯资本主义的发展不仅在其形成阶段就是作为资本主义的依附性外围模式而出现的，而且就其现实的发展而言，同样呈现出明显的外部依赖性和非独立的特征。具体来讲主要表现在三个方面：一是经济增长方式严重畸形。由于主要的经济增长动力不是科技创新，而是对石油和天然气的出口，因此就表现为粗陋的原料经济，沦为了西方国家的原料供给国。二是国内市场遭到严重破坏，民族工业发展受到严重限制。由于将本国的国内市场大部分交给外国的企业，而不是本国的公司，因此，民族工业发展受到极大的限制，这造成了本国企业在竞争中处于严重的不利地位。三是过度倚重外国资本，寄生性质明显。由于俄罗斯资本主义发展的3/4部分具有商业银行的性质，直接依赖于外国资本的支持，这就使其发展带上了典型的寄生性质，并直接导致在国际竞争与角逐中处于不平等的弱势地位。

第三，俄罗斯"新"资本主义的发展具有官僚主义性质。对俄罗斯"新"资本主义发展所具有的官僚资本主义性质的批判，是当前俄罗斯马克思主义学界的共同观点。该观点认为，就发端和起源来讲，俄罗斯"新"资本主义并不具有自然而然的性质，而是由官僚特权阶层一手造成的，是自上而下的因素和国外异己力量共同作用的结果；就发展进程来讲，俄罗斯"新"资本主义在20世纪90年代的发展，实质上具有官僚-寡头资本主义的明显特点。官僚集团与寡头势力相结合，再加上黑社会-犯罪组织的作用，使整个国家的发展走上了一条政治反动、社会倒退的道路，不仅经济增长跌入低谷，而且贫富差距迅速拉大，大部分居民沦落到赤贫和贫困的边缘。就目前的状况而言，自进入21世纪以来，俄罗斯"新"资本主义的发展虽然对寡头势力进行了强力的遏制，使其不再介入政权，但整个政权的官僚主义、极权主义性质更趋明显，社会的民主化程度不断下降，在腐败的官僚、垄断的资本和有组织犯罪的共同作用下，俄罗斯"新"资本主义的发展依然困境重重。

（三）对俄罗斯和人类未来发展道路的社会主义建构

无论是对当代俄罗斯的激进左翼、左翼学者还是对中左翼学者来讲，对未来人类社会发展的社会主义瞩望或者确信是他们一致的思想观点。但在这一社会主义到底有什么样的内涵、何时能够实现，又应当以怎样的方式和途径实现的问题上，左翼思想界实际上存在着不同的观点和看法，其代表性的思想观点主要有以下四种：

第一，把社会主义理解为一种社会形态。俄罗斯正统马克思主义学派的代表人物科索拉波夫对社会主义内涵的理解主要是在社会形态的意义上展开的，他将社会主义理解为高于或优于资本主义的社会制度，认为处于 20 世纪和 21 世纪之交的人类社会，正处于向真正的社会主义社会转变的历史时期，也就是由资本主义向社会主义过渡的时期。他强调，只有社会主义制度才是能够拯救俄罗斯及其人民的唯一制度，因此，有必要“复兴”社会主义，在尊重俄罗斯人自然本性的前提下，结合后工业技术背景下的信息化、全球化发展的新趋势，为当代俄罗斯人提供“经济-生态的、社会-政治的和文化-道德的”社会主义新方案，这一方案的核心是人类生产过程与自然恢复过程、物质动机与道德动机的统一。对于这一社会主义新方案的生成，科索拉波夫强调，现代工人阶级和左翼共产党人负有自身不可推卸的历史使命，在推动当代俄罗斯左翼-爱国运动的发展中应该扮演重要的组织者和倡导者角色。

第二，把社会主义作为一种现实的选择。包括俄共、公正俄罗斯以及其他一些社会民主主义政党的左翼派别在内，当前俄罗斯具有左翼、中左翼性质的各派政党或政治派别，在其政治纲领或主要代表人物的思想观点中，都阐发和强调了社会主义的立场和主张，将“21 世纪社会主义”作为俄罗斯社会发展的现实选择。虽然在与执政党——统一俄罗斯党的相互关系上，在群众基础和价值原则上，在对国家与社会未来发展的筹划方式等问题上，这些政党或政治派别之间实际上存在着或大或小的差别，但作为当前俄罗斯国内较为有影响的政治势力或意识形态主张，他们都共同地将社会主义作为自身的政治选择，强调只有社会主义才能为俄罗斯的未来发展带来光明的前途。在此意义上，俄共领导人 Г. А. 久加诺夫提出要走“俄罗斯社会主义”的发展道路，主张放弃纯粹的国有制、阶级斗争的激进纲领、战斗的无神论和无产阶级国际主义等思想原则，以对民族和宗教价值的承认，国家爱国主义、俄罗斯强国主义等观念来与马克思主义结合。公正俄罗斯党领袖 С. 米罗诺夫致力于建设“第三社会主义”，强调这一社会主义既是对苏联军事社会主义模式的超越，也不同于欧洲的社会民主主义模式，是既不拒绝市场、私有制、自由经营活动、人权、多党制、议会制等人类文明的共同成果，同时又符合俄罗斯社会性质和发展状况的“21世纪新社会主义”，其核心是保证社会的公正和安全。

第三，作为过渡过程的社会主义。在当代俄罗斯马克思主义学者有关社会主义内涵的阐释中，一种非常独特的阐释方案，就是以布兹加林为代表的社会主义过渡与转变进程论。作为当代俄罗斯批判的马克思主义学派代表人物，布兹加林首先是从对马克思异化理论和人道主义立场的当代坚持和阐释出发，对资本主义发展以来的历史形态进行了批判，他坚持认为，苏联的“突变社会主义”、当代俄罗斯的资本主义以及晚期资本主义发展——全球资本霸权，都是人类社会发展的异化形式。在此基础上，布兹加林不同意把社会主义作为未来的社会形态，也不同意把它作为当代制度的一种现实选择，而是把社会主义诠释为由“异化世界”向“共产主义”、由必然王国向自由王国的过渡与转变，“我们用‘社会主义’一词所标示的正是这一过程”。同时，布兹加林还指出，“当代社会所存在的大量的深刻的社会矛盾表明，异化关系的消除不能不是长期的、非线性的世界性过程”。可以看到，布兹加林这样的一种阐释方案反映了当代俄罗斯马克思主义一些学者的尴尬境遇：一方面他们尊重并坚守社会主义的价值立场和价值原则，另一方面他们又对社会主义的当代复兴持谨慎的乐观态度。

第四，作为理论学说的社会主义。对待社会主义的另一种谨慎乐观的态度或者观点，是以B. M. 梅茹耶夫为代表提出的社会主义理论学说论，他认为社会主义并不是一种现实的社会形态或者社会运动，马克思并没有明确赋予“共产主义第一阶段”社会主义的称谓，社会主义只是以一种理论的形态——“科学的社会主义”形态表达的马克思和恩格斯有关人类共产主义发展未来的思想观点。以此为根据，梅茹耶夫对马克思和恩格斯社会主义学说的当代内涵进行了进一步的阐发。他强调，社会主义就其本质来讲只具有“文化空间”的意义，是处于经济必然性之外的一种存在，在由社会主义理论所诠释的共产主义社会中，每一个人都对全部的社会财富——科学、艺术、教育、信息、交往形式等具有完整的所有权，并且这种所有权由于这些财富本身所具有的公共性或者可分享性并不会影响或减少其他人对其的拥有和使用。因此，社会主义社会也就是对共产主义社会——自由个性和按需分配社会的理论表达，其前提是社会生产力的高度发展。

梅茹耶夫指出，对于当代俄罗斯的社会发展来讲，实际发生的过程不是与社会主义上述价值和原则相适应，而是“向市场和私有制转变的进程”①。他认为，在社会主义思想的现实发展和实践方面，欧洲的社会党或者社会民主党人事实上是做出了重要的贡献。当代资本主义发展特别是欧洲文明所陷入的新的危机——生态危机和精神危机，其实质是文化危机，它为社会主义的未来发展提供了现实的背景和可能性。透过梅茹耶夫的这一分析，我们不难看到，对于社会主义在俄罗斯的未来发展前景，他实际上持相当保留的态度，将其推论为遥远的、只能由西欧社会率先实现和做出表率的事情。

① 梅茹耶夫. 我理解的马克思. 林艳梅，译. 北京：人民出版社，2013：118.

第十七章　固守苏联正统派与奥伊泽尔曼反思学派

固守苏联正统的马克思主义学派，在今天的俄罗斯又被称为教条主义的马克思主义学派，是以原苏共机关刊物《共产党人》主编 Р. И. 科索拉波夫、莫斯科大学哲学系原主任 А. Д. 科西切夫和俄罗斯科学院哲学研究所 Д. В. 肇哈泽教授等人为代表，主张恢复苏联的社会制度，并对当代俄罗斯社会制度的资本主义性质持尖锐批判的态度。反思的马克思主义学派主要代表人物是俄罗斯科学院著名元老级院士——Т. И. 奥伊泽尔曼。早在苏联时期，奥伊泽尔曼实际上就已在马克思主义哲学史和欧洲哲学史研究方面取得了较大的成就，荣登苏联科学院院士宝座，获得了学术界的最高荣誉。但在苏联解体之后，奥伊泽尔曼的观点发生了重要的转向，开始从自我反思和批判的视角，对苏联社会的发展道路以及苏联解体的原因进行分析和思考。

一、固守苏联正统的马克思主义学派

目前在俄罗斯，固守苏联正统的马克思主义学派的学者并不是很多，或者说，已经相当之少，在很多人眼中，他们甚至已经被看成顽固不化、抱残守缺、执迷不悟的典型。但就这些学者本人的立场和态度来讲，应当指出的是，不仅他们在思想观点上一直是明确的和一贯的，而且他们对苏联社会制度的感情，也确乎是由衷的和真实的，这是一种发自肺腑的遗憾和留恋之情。下面，我们就以当代俄罗斯最为知名的苏联正统马克思主义代表科索拉波夫的观点为例，介绍一下这一学派的主要观点立场。

（一）科索拉波夫与苏联正统的马克思主义学派

科索拉波夫是俄罗斯教条主义马克思主义的最主要代表、哲学博士，苏共中央机关刊物《共产党人》的主编、苏共中央委员。由于他在政治立场上对斯大林持辩护的态度，因此，目前在俄罗斯，也有人将他看作一位典型的斯大林主义者，或者说保守的斯大林派。

1955 年，科索拉波夫毕业于莫斯科大学哲学系，1976 年被选举为苏共中央委员，1976—1986 年担任苏共中央机关刊物《共产党人》的主编，同时成为苏共中央意识形态委员会的委员之一，1986 年后又回到莫斯科大学哲学系工作。目前，科索拉波夫只是在身份上归属于莫斯科大学哲学系，但已不再承担学生的教学活动，其思想活动和政治活动的范围和领域，主要集中在与其左翼立场密切相关的政治实践中。自 1991 年“八一九”事件发生，苏共被宣布为非法之后，科索拉波夫的政治身份曾经几次更易，表面上看来不断变化，但其左翼激进的基本立场实际上一直没有改变。

1991 年 11 月，科索拉波夫加入由 B. A. 秋利金领导的俄罗斯共产主义工人党，后又转入由久加诺夫领导的俄罗斯联邦共产党。2001 年之后，由于同久加诺夫的思想有分歧，科索拉波夫又成为由舍宁领导的共产党联盟——苏联共产党的重要成员，或者说思想智囊。在很大程度上，科索拉波大的思想表达和政治实践，集中地体现了苏联意识形态的主导方面和基本价值，特别是其教条主义方面的特征和特点。也就是说，科索拉波夫一直是作为苏联官方意识形态的宣传者、坚持者和捍卫者而存在的，即使是在苏联解体和覆亡之后。

自 20 世纪 60 年代起，科索拉波夫出版的著作主要有《共产主义和自由》（1965）、《共产主义和劳动》（1968）、《社会主义理论问题》（1975）、《在共产主义建设者的领导下》（1983）、《最主要的事情》（1983）。苏联解体之后，科索拉波夫站在对苏联社会制度进行反省和辩护的立场，同时针对俄罗斯当下的资本主义社会现实，从揭示问题和暴露矛盾的角度，又写了《回归理智》(1993)、《猫头鹰的起飞》(1994)、《理智和心灵的概念》(1996)、《写给斯大林的话》(2002)、《来自俄罗斯的真理》(2004) 等著作。

针对人们加诸他身上的“斯大林主义者”的头衔和帽子，科索拉波夫曾经郑重地申明，他并不是一位斯大林主义者，在世界观上，他是一位唯物辩证法的信徒，是一位坚定的马克思列宁主义者。直到今天，科索拉波夫仍然一如既往地坚持共产主义的价值理念，强调其所属政党——苏联共产党的性质是马克思列宁主义的政党，是共产党人-布尔什维克的政党。该党的理论基础和思想基础是马克思主义哲学，马克思、恩格斯、列宁、斯大林学说的辩证唯物主义；该党的任务是成为工人阶级、劳动农民和人民知识分子的革命的、战斗的先锋队，为恢复作为体力和脑力劳动的无产阶级的专政的组织形式的苏维埃政权而斗争，为使社会重返共产主义的社会主义发展道路而斗争，为实现每个人的自由全面发展和社会公平而斗争；该党主张重建苏联，实现向共产主义的过渡，并认为这一过程中不可避免地要经过尖锐的阶级斗争。与久加诺夫所领导的俄罗斯联邦共产党忙于玩议会游戏，与政权融为一体，脱离党员群众不同，与俄共及其他共产党推行的右倾机会主义妥协政策不同，科索拉波夫认为，必须同这些企图把共产主义运动引上西方社会民主主义道路的做法进行坚决的斗争，目的是推翻资本主义政权，恢复苏联。下面，我们就来具体阐述一下科索拉波夫的思想观点。我们对科索拉波夫基本哲学立场的阐述，主要集中在他的社会历史观上，比如：他是如何评价苏联历史、如何评价斯大林的历史功过、如何看待当代俄罗斯的发展路向的，以及新时期的共产党人在其中担当什么样的历史任务等问题。科索拉波夫主要强调三方面的思想观点：第一，苏联解体并非历史的必然；第二，对斯大林应当进行客观公正的评价；第三，对当代俄罗斯资本主义的性质应当有清醒的认识并进行明确的批判。

(二) 苏联解体并非历史的必然

如何看待苏联历史？如何正确评价包括列宁、斯大林、赫鲁晓夫、勃列日涅夫、戈尔巴乔夫、叶利钦等在内的苏共史上的重要人物？在导致苏联解体和苏共垮台的各种原因中，何种原因是最主要和最关键的？在对待苏联历史的不同态度问题上，今日俄罗斯的不同立场学者之间存在着巨大的分歧和争论。科索拉波夫作为正统马克思主义的典型代表，在所有这些问题上，都有自身明确而一贯的思想主张，其核心即在于强调苏联解体并非历史的必然，而是一些反革命势力人为叛变的结果。下面，我们以科索拉波夫教授于十月革命 100 周年之际，在苏联共产党中央主席舍宁的授权下完成的有关苏联史方面的一篇重要纪念性文献，来阐明一下科索拉波夫教授对于整个苏联时期社会历史发展的观点和看法。

（1）对十月革命和卫国战争的积极评价。

如何看待和评价十月革命在俄国现代史中所占的地位、是否承认卫国战争对于全人类以及苏联国家的伟大历史意义、对于自 20 世纪 20 年代初苏联国家政权建立至 50 年代初斯大林逝世之前的这一段历史到底应给予何种评价，应当说，这些问题到目前为止仍然是俄国史学界争议较大的问题。一些自由派学者从否定苏联历史的角度，一直强调俄国社会自十月革命所发端的历史，是一条将俄国引入死胡同、偏离人类康庄大道的历史，一些明确站在马克思主义当代反思的视角看待俄国社会这段历史的左翼学者，也对十月革命的历史意义估价不高。科索拉波夫作为正统马克思主义的典型代表，既明确而又坚持一贯地主张，对于自十月革命开始直至卫国战争结束后的这一段苏联历史，应主要给予积极的正面的评价。第一，关于十月革命。关于十月革命所实现变革的伟大历史意义，科索拉波夫主要强调了三点：一是它在人类历史上首次确立了国家的劳动人民性质。二是自十月革命开始，人类开始了由资本主义向社会主义过渡的进程。三是十月革命的胜利为共产主义社会的第一阶段，也就是苏联社会主义制度的形成和确立奠定了前提和基础。第二，关于新经济政策的实质内涵。科索拉波夫指出，新经济政策的提出，在列宁那里是作为一项严肃的和长期的、具有战略意义的政策选择而进行的，列宁决没有打算要停止这一政策。同时他强调，新经济政策在很多时候被错误地歪曲为只是对“自由”市场的放开，被做了狭隘的市场化理解，但事实上，在新经济政策的框架中，包含有非常丰富的内容，比如，国家工业化的内容，应当实现整个国民经济向电气化动力基础的转变，实现农业的合作化和包罗万象的文化革命等。第三，关于社会主义工业化和农业集体化政策的提出。对于苏联 20 世纪二三十年代这一历史阶段，科索拉波夫指出，可以用毁誉参半来形容，或者说，必须从两方面来看待。一方面，在斯大林成为联共（布）最高领导人之后，开始全力地推行加速工业化和农业集体化的政策，使苏联在十几年的时间里迅速建立了完整的、独立自主的工业和军事体系，成功地将苏联从一个落后国改造为一个工业和军事强国。另一方面，在国家的政治生活中，斯大林又开始残酷地清除其他政党和党内的反对派和政治对手，以肃反的方式对苏联党、国家和军队的领导人展开了“大清洗”。第四，关于卫国战争。科索拉波夫对卫国战争的胜利给予高度评价，认为1941—1945年的卫国战争，是对十月革命成果的坚固性、对苏联社会主义制度坚固性的一次全面检验，是对十月革命事业的继续。

（2）关于“伟大的时代”与“停滞的时期”。

与对十月革命和卫国战争的积极评价相对照，科索拉波夫对于苏联历史上的赫鲁晓夫时期和勃列日涅夫时期，在总体上是持保留和批评态度的，主要是强调了这一时期发展的负面性质，认为他们都没有真正地践行列宁主义的基本原则，因而使苏联社会的发展错过了最好的历史时期，并为后来的解体和覆亡埋下了种子。第一，赫鲁晓夫及其主观主义错误。科索拉波夫对赫鲁晓夫的评价，总体来讲，也是从正反两个方面进行，但其侧重点，则主要放在了对赫鲁晓夫问题的揭示上，特别表现在对其主观唯心主义指导思想错误的批判上。一是在经济发展方面。对于被称为“伟大的几十年”的赫鲁晓夫执政时期，科索拉波夫强调，实际上应当进行两个阶段的划分。在第一阶段，即1953—1958年，的确取得了非常重要的成果，是苏联社会所特有的生机勃勃的时期。在第二阶段，即从1958—1964年，由于在指导思想上出现了主观唯心主义错误，在苏共二十二大上制定了乌托邦主义的思想纲领——在20年之内建成共产主义的物质技术基础——从而引起了自相矛盾的、在很多方面表现为退化的过程。二是在政治生活方面。科索拉波夫完全不赞同赫鲁晓夫所采取的全盘否定斯大林的做法，认为这给后来的国际共产主义运动造成了诸多消极负面的影响。第二，关于勃列日涅夫停滞时期。对于人们普遍使用的“停滞时期”一词，科索拉波夫并不持完全赞同的意见，但他也指出，这一用语的使用，毕竟还是揭示出了勃列日涅夫时期苏联经济社会发展中所存在的一些问题。一是社会发展缺乏深入的革新。二是错误地判断了国际局势。三是错过了科技进步的时机。四是资本主义复辟势力开始形成。由于开始仿效资本主义经济体系的运行规律，这一时期，与社会主义方向相背离的资本主义复辟势力开始获得发展，社会结构发生了明显变化。第三，对安德罗波夫改革的积极评价。科索拉波夫对于安德罗波夫的评价一直很高，他始终认为，如果 20 世纪 80 年代的苏联能够坚持安德罗波夫的改革路线，即以改革和完善苏联为目的而不是转向以最终葬送苏联为目的，那么，苏联的社会改革进程将有可能获取最后的成功，而不是招致失败。同时，科索拉波夫认为，安德罗波夫始终将不断增长的社会需求领域的满足程度作为主要标尺来衡量和评价各部和政府机关的工作，这一点是到目前为止人们始终怀念安德罗波夫改革的最重要因素之一。

（3）叶利钦时期与苏联解体悲剧的发生。

虽然科索拉波夫是教条主义马克思主义的典型代表，但他并不反对对苏联僵化的经济和政治体制进行改革，而只是强调对苏联社会主义的发展和建设应当依据马克思列宁主义的精神原则来进行，应当在发展和振兴社会主义的意义上进行。因此，科索拉波夫将由戈尔巴乔夫所开启并到叶利钦时期所完成的改革过程称为历史的“反革命”进程。

第一，关于改革的必要性。关于改革的必要性，实际上，科索拉波夫也是持认可态度的。科索拉波夫明确地承认，对于 20 世纪 80 年代苏联社会的经济和政治制度，需要进行刻不容缓的质的改造，并强调，戈尔巴乔夫及其承诺的出现并不是偶然的。由于他承诺进行第二次十月社会主义革命，并且是和平的、可以进行自上而下调控的社会主义革命，因此，很自然地，他获得了大多数人民的赞同和信任。科索拉波夫指出，进入 20 世纪 80 年代，实际上，苏联的社会结构已经变得相当脆弱和不稳定。一方面，仿佛阶级问题和阶级隔阂感已经消失，人们对阶级问题不再敏感，而是普遍表现出一种阶级上的不在意。另一方面，实际上，一种以隐蔽的方式发展起来的、日益增长的地下资产者阶层逐渐增多，这些人建立了占有和分配的平台，并已经为自身准备好了利益的代言人。但在苏联社会的经济和政治制度面临着必须加以变革的历史任务时，科索拉波夫指出，劳动居民中的基本构成——工人、集体农庄庄员、大众知识分子等，都选择了对新任改革者——初露锋芒的苏共“上层”人物的信任，都以赞许和期待的目光，寄希望于这位承诺进行和平变革和“革命-改革”的推行者，人们默许了他后来所做的一切。

第二，悲剧是主观人为的结果。对于改革的最终走向，科索拉波夫则是持明确的反对态度的。对于改革最终所导致的社会主义在苏联的终结和退场，对于改革最终背离了其最初的原有的目的，科索拉波夫实际上一直持强烈的批判态度。科索拉波夫始终强调：悲剧原本是可以避免的，假如苏共中央的主要成员，党和国家的机构、经济管理的机构和战斗机构能够高水平地表现自己，悲剧原本是可以避免的。从这段论述中，我们可以明确地看出，科索拉波夫对于苏联解体原因的解析，是定位在官僚统治集团的主体身上的，是从执政党成员的内部蜕变角度来进行的。不幸的是，这一时期，在掌握国家权力的人们当中，健康的力量基本不存在了；而剩下的人们，或者是失去了阶级嗅觉，或者是受到了精神上的腐蚀。

苏共统治集团的失误，科索拉波夫指出，最突出的，是长期没有重视列宁的建议，没有认识到民主的破坏将成为党分裂的根源，将严重降低共产党员的威信。正是由于没有对党内的庸俗作风采取坚决的制止措施，相反，却创建了一系列的特许权，最终造成了干部和群众的不平等。列宁称之为工人国家“官僚主义畸变”的东西，转变为了生长出资本主义蛀虫的癌症肿块。一些与搞影子经济的商人有密切联系的、潜在的窃贼积极地活动起来，这些人后来成为以反苏联为目的的叶利钦制度的干部基础。在人民的背后，地下资产者与受贿官员相互勾结，在预先取得西方情报机关的支持，以及美国犹太复国主义金融人士的支持之后，相互串通起来，共同反对社会的劳动者。在“民主化”的假面具之下，他们完成了对权力的争夺，并竭力将十月革命之后人们的社会主义积累，不仅包括全民财产，而且也包括个人的积蓄，全都转变为权贵资产阶级、犯罪买办资产阶级的原始资本积累。在苏联-俄罗斯，资产阶级官僚主义的反革命赢得了胜利。对于苏共领导人以改革的名义所进行的对苏联社会制度的拆解，科索拉波夫明确地表明了自身的激进批判立场，在他看来，所谓的“改革”就是一场历史的背叛。也就是说，恰恰是苏共高层中一部分人的变节和背叛行为，构成了导致苏联解体的直接原因。

科索拉波夫强调，“改革”最初是在体面的借口之下，以复兴“列宁式的社会主义”开始的，但实际上则培植了对“商品的拜物教”。被交到假“民主派”手中的大众信息工具，特别是电视，在科索拉波夫看来，只是执行了对人们特别是年轻人进行异化性熏染的功能，使他们远离生产和创造性的劳动，而热衷于金钱一类的事务。科索拉波夫指出，这些信息手段致力于消除原本内化于人们内心的、使人能够变得崇高的社会目的，毁灭人们的爱国主义精神，污蔑国家的历史，将人们行为社会准则的基准改变为兽性的个人主义、腐败、无知和蒙昧主义。在这其中，科索拉波夫犀利地指出和批评道，那些所谓的社会精英、作为社会发展方向表达的知识分子并没有起到积极的作用，恰恰相反，"杰出的"知识分子们更偏重于持消极异化的或者是下流的鼓励立场。科索拉波夫引用《自由思想》杂志中的观点进一步总结道，俄罗斯人的生活之所以如此，不只是因为外部的力量而遭受了全球化的失败，而且是因为自身的国家领导者进行了无耻的抢劫、侮辱、叛变和摧残。

第三，反革命的三个阶段。在科索拉波夫看来，政变的发生实际上经历了一个长期的酝酿过程。他将导致苏联解体的反革命进程划分为三个基本的阶段。反革命的第一阶段（1985—1988 年）：科索拉波夫指出，这一阶段在很大程度上还带有虚假的、伪装的性质，所进行的主要是干部的撤换、对媒体所进行的垄断以及对经济的破坏。只是在这些前提性、基础性的工作做完之后，这些改革的策动者才开始"动手消灭苏联政权"。反革命的第二阶段（1988—1991 年）：科索拉波夫指出，对苏联政权的实质性拆解开始于 1988 年六七月间召开的苏共第十九次代表会议。正是这次会议的召开，开启了苏联的自杀式政治体制改革进程，通过推行职业议会制，拒绝工人农民在立法机构中占据多数的代表权，而后是实行三权分立制和总统制，逐渐弱化了苏共的权威，取消了其作为执政党的合法地位。而在叶利钦被选举为俄罗斯联邦最高委员会主席之后，人们都明显地感觉到了一种"苏联-俄罗斯"双头政治的形势。这一具有冲突性质的形势的发展，最终以 1991 年"八一九"事件的发生作为结局。最终，以叶利钦在"八一九"事件中的胜利为标志，通过停止苏共的活动，逮捕合法政权的代表，将苏联的一切权力、财产和机构转移到俄罗斯联邦手中，苏联人民代表大会被解散，苏维埃联盟彻底被瓦解。反革命的第三阶段（1992—1993 年）：这也就是在叶利钦实施"休克疗法"之后，围绕着国家经济改革的方针和最高权力的享有问题，以执行权和立法权之间的紧张关系不断加剧为标志，在俄罗斯联邦总统与议会（俄联邦人民代表大会和最高委员会）之间不断爆发冲突，最后是以公开的暴力途径进行解决，俄罗斯社会出现了一段复辟资本主义制度的相对稳定期。对于苏联解体、资本主义在俄罗斯的复辟，以及社会主义事业所遭遇的历史性挫折，科索拉波夫虽然深表痛惜，但他并不认为社会主义至此就已经成为过去。他强调，在向社会主义过渡的过程中，包含有社会政治高潮和低潮的可能，具有局部退化性质的政治革命实际上是不可避免的。因此，科索拉波夫依然对社会主义的未来抱有信心。

（三）对斯大林进行客观公正的评价

对斯大林执政时期（1924—1953 年）苏联历史的评价，包括对斯大林本人及其理论学说——斯大林主义的定位和评价，在当代俄罗斯仍然是一个热点问题。这一问题随着 2009 年 12 月 21 日斯大林诞辰一百三十周年的到来而变得更加敏感和现实。在当代俄罗斯左翼学者中间，这一问题也成为人们争论的焦点问题之一，是每一个人都必须表明态度同时必须要做出价值评判的一个基本问题。

在苏联历史上，斯大林是执政时间最长的一位政治领袖。在他执政期间，推行了一国建成社会主义的理论，采取计划经济的形式，进行了社会主义工业化建设和农业集体化建设。同时，在政治上制造了著名的“大清洗”事件。在第二次世界大战期间，他领导了世界反法西斯战争并获得最终胜利。在战后，他领导、扶持了世界社会主义阵营的发展。对这样一位曾经深刻影响了苏联历史的政治人物，当代俄罗斯人的评价不一而足，甚至尖锐对立，这一点也充分反映在左翼学者的思想观点中。科索拉波夫作为苏联正统马克思主义学派的代表人物，他鲜明地表明自己对斯大林所持的辩护态度，在当代俄罗斯被认为是保守的斯大林派的典型代表。在对斯大林历史功过的评价问题上，他主要强调了斯大林的历史功绩和正面作用，而对于他所犯的历史过错，则所言甚少，谈到的只是一些细枝末节。

1998 年 1 月 15 日，《苏维埃俄罗斯报》记者采访了科索拉波夫。在这篇以《并不神秘的斯大林》为题的采访中，科索拉波夫谈到了自己对斯大林的看法。基本之点主要包括：

第一，斯大林并不是“恶的化身”。在对斯大林是不是“暴君”“元凶”“恶的化身”的评价上，科索拉波夫明确表明自己的态度，认为斯大林虽然是一个非常复杂和矛盾的人物，但他并不是一个恶人。相反，在当时的具体历史条件下，他的所作所为如果从社会的角度来看其实是善的。“他所做的一切都是为了大多数人的利益”①。

第二，关于 1937 年的镇压和“清洗”。一方面，科索拉波夫强调，对 1937 年的历史不能做片面的概括。“1937 年不单单是镇压。这一年还成功地完成了第二个五年计划……并根据苏联新宪法进行了第一次最高苏维埃选举。选举法的变化标志着十月革命后历史上对苏联政治体制进行的一次最重大的民主改革。这一年全国上下政治热情高涨，劳动积极性迸发。”② 另一方面，镇压的发生实际上事出有因。1937 年 5 月，斯大林事实上收到了捷克斯洛伐克总统贝奈斯的亲笔信，信中谈到苏联正在策划一起与德军总司令部和盖世太保里应外合的军事政变，这令斯大林不得不果断地采取行动。在消灭剥削阶级残余的同时，当然，那一时期也制造了许多无辜者的冤案，但就原因来讲，“部分原因是由于官僚主义和邀功请赏的愿望，部分原因是由于护法机关工作人员的职业素养和文化水平低下。然而，主要原因毕竟不在这里。我们现在握有大量事实和文件，据此可以得出结论：许多无辜的人，特别是共产党员之所以受到迫害，是由于阶级异己分子（白卫军、刑事犯罪分子等）钻进了这些机关，他们把自己的职位当作反对苏维埃的阶级斗争工具”③。

第三，斯大林不是排犹主义者。他是爱国主义和国际主义者、反法西斯主义者，即反种族主义者和反纳粹主义者，也就是说他所反对的是纳粹意识形态变种之一的犹太复国主义。

第四，当代俄罗斯需要斯大林式的领导人。在科索拉波夫看来，无论是列宁还是斯大林，他们都是清正廉洁、全心全意为人民和祖国服务并具有彻底自我牺牲精神的人。只有这些人才是社会主义事业的真正领导者，才会让形形色色的资产者感到害怕，同时，也只有他们才能让今天的俄罗斯重新站立起来。“俄罗斯期待和能够接受的只是这样的领导人，人们应该怀着感激之情缅怀他们。”④

在科索拉波夫看来，斯大林是 20 世纪被弄得最神秘莫测的杰出人物。起初，他被鼓吹个人崇拜的言论弄得神秘莫测，被与同代的人隔绝，后来又成为赫鲁晓夫和戈尔巴乔夫贬损和诽谤的牺牲品。因此，必

①②③④ 刘淑春. 关于斯大林的对话. 国外理论动态，1999 (7).

须打破加诸斯大林身上的“神化-恶魔化”恶性循环，还原给人们一个真实的斯大林。科索拉波夫将打破这种循环看作自己的“义务”。自1995年起，他开始进行《斯大林文集》第14卷的编撰工作，也就是苏联时期《斯大林文集》未完成部分的编撰工作。正是由于科索拉波夫所从事的这一工作，让很多人将他与保守的斯大林派直接挂钩，将其看作新斯大林主义的当代代表，虽然他本人并不承认这一点。

众所周知，在苏联时代，当斯大林去世之后，赫鲁晓夫停止了《斯大林文集》的排版和印刷，《斯大林文集》只出版到第13卷。自1995年起，科索拉波夫发起、倡议和组织，开始重新进行斯大林遗著的挖掘、整理和编撰工作。到2006年，《斯大林文集》已经出版到第18卷。2007年，又对1997年出版的第14卷进行了较大程度的增补。这些内容中收进了斯大林当时并不同意收录的一些著作，包括他不少鲜为人知的文章、讲话、书信、电报，以及他起草的决议、命令、声明等，同时还收入了第二次世界大战期间斯大林的一些重要文献和资料，以及其他时间他与普通劳动者交往和谈话的一些内容。通过这些内容，科索拉波夫强调，人们可以看到一个真实的、并非极权主义的、与普通劳动者密切交往和接触的斯大林，同时，也可以对赫鲁晓夫所做的“斯大林是按地球仪制订作战计划”的批评加以反驳，还原斯大林在卫国战争期间所发挥的“最高统帅”作用。在这个意义上，这些遗著的出版“可以把斯大林这个人从吹捧和凌辱的石棺里拉出来，成为与其他人平等的人，因为死是最好的平衡器和民主派”①。

（四）当代俄罗斯社会资本主义性质的清醒认识和明确批判

站在苏联正统马克思主义立场的基点上，科索拉波夫虽然主张对原有的计划经济体制进行改革和调整，以增加其效率和产出，但坚决反对进行市场向度的改革和调整。

（1）资本主义复辟及其恶果。

科索拉波夫强调，正是这一市场原教旨主义的兴起和盛行，导致了俄罗斯国内生产的迅速下滑。自1990年起，俄罗斯每年的工业生产平均缩减10%，农业经济缩减达8%。缩减的主要领域集中在科学和机器制造

① 刘淑春. 关于斯大林的对话. 国外理论动态，1999（7）.

领域，而轻工业和食品工业缩减了 70%～80%，建筑业缩减了 2/3，农业减少了 1/3，超过 40%的消费性粮食需要进口，而这一指标已经远远超过了粮食安全的国际许可界限。20 世纪 90 年代，俄罗斯同美国相比，内部总产品的比值从 1/4 降到了 1/10。科索拉波夫引用俄罗斯学者的看法，强调这一时期俄罗斯的国民收入总额同十月革命后国内战争时期所缩减的 1/3 相比较，缩减达一半的份额。而国内生产的下滑，更可以同 20 世纪 20 年代末资本主义大萧条时期美国生产所下降的 48%、德国生产所下降的 42%相提并论，其下降的水平仅次于二战期间被摧毁的德意志帝国 66%的降幅。由于经济增长的速度下降，社会生产的快速下滑，俄罗斯人原有的“体面”地位不复存在，民族自尊也受到了严重挑战。针对其衰落，西方国家在“文明”的旗帜下实施了补偿措施，号召要保卫俄罗斯的安全，使其免于不断加剧的社会危机。

（2）俄罗斯“新”资本主义的畸变性质。

科索拉波夫对当代俄罗斯资本主义的发展持拒绝态度，认为它同典型的比如被十月革命所彻底铲除的资本主义相比较，具有完全特殊的特点，因此其发展将在总体上具有畸形、畸变的性质。按照科索拉波夫的分析，导致这一状况形成的原因主要有三条：

第一，俄罗斯资本主义的发展并不是上升的、自然的发展结果，而是来自上面和外部的人为组织的结果，是一种倒退和下降的运动。科索拉波夫强调，这一退化过程的发生，是由内部的反共产主义和反爱国主义因素与国际帝国主义共同努力最终促成的。就其性质来讲，这一过程是异己的，并非俄罗斯文化、俄罗斯人民的心灵结构和心理习惯所固有的，相反，是一个其损害不断加重的过程。

第二，俄罗斯国内市场的形成，具有严重的外部依赖性和非独立特征。就市场的性质和生成状况来看，科索拉波夫强调，世纪之交资本主义在俄罗斯的复辟过程，并非如列宁所讲的，是一个为了大工业的发展而积极形成内部市场的过程。从苏联解体之前开始一直到“改革”后的内部市场，大部分所交给的并不是本国的企业，而是外国的公司，由此对本国的企业来讲，不仅参与市场竞争的条件异常残酷，而且也造成了对本国最好生产的破坏。一方面，导致俄罗斯私有性质的商品生产者无所事事。另一方面，带来了经纪人、中介人的兴盛和繁荣，也就是信奉务实的世界主义的商业投机分子和银行家高利贷者从中获利。

第三，俄罗斯“新”资本主义带有明显的寄生性质，在本质上是有缺陷的。科索拉波夫强调，与19世纪末20世纪初俄国资本主义的发展所首先具有的工业性质不同，当时虽然其发展仍带有一定的军事-封建主义遗迹，但也已经是在主权独立的基础上，在帝国主义国家内发展的、在本民族的土壤基础上获得发展的资本主义。相反，今天，俄罗斯“新”资本主义，已经是不具有工农根本制度性质的、同社会主义“遗迹”相疏离的“新”资本主义，其3/4的部分主要具有商业银行的性质，这也就意味着，它是寄生性的，其存在是直接地、真实地依赖于外国支持的，这就决定了它自身的缺陷，并在国际角逐中必将处于不平等的地位，这也决定了它在国内的不成熟、早产儿性质和它所具有的佝偻特征。

因此，基于以上三点，科索拉波夫强调，当代俄罗斯资本主义的发展将是一个非常艰难的过程，受到重重因素的阻遏和限制，它将带给俄罗斯人民的，不会是一条康庄大道，因此，是一种注定错误的选择。

（3）当代俄罗斯的经济社会结构。

科索拉波夫指出，自苏联解体以来，最近20年来俄罗斯的经济结构主要由四个门类构成，即国家资本主义（过去的全民所有制企业）、私人资本主义（被私有化的生产）、小商品经济（手艺人、农场主、小企业家、买卖人）和合作社经济。其中，科索拉波夫强调，只有后者还保留有残余的社会主义潜能，而其他几个经济门类，就其性质来讲，则并不是将权力交付于劳动者手中，而是在经历了病态的资本主义演化和市场的碾压之后，变得极端不稳定的经济，是不能够为俄罗斯未来发展带来光明前景的经济。在此意义上，科索拉波夫反对一些左翼活动家所持的有关“90年代列宁新经济政策”的主张，认为这种主张实质上具有不严肃的性质，是一种不可实现的理想。这种理想不严肃地指望，仿佛不改变政权的阶级实质，民族国家资本主义便可以引领俄罗斯以“曲线”的方式走向社会主义。在科索拉波夫看来，这只能是一种幼稚的、无法实现的空想。

科索拉波夫强调，经过叛变性“改革”之后的苏联社会，实际上是一个在劳动环境下阶级特征并不清楚的社会，并且是一个已经形成了统一的、非法的资产阶级-犯罪集团的社会，其中包括官僚-知识分子集团和民族主义集团。导致这样一种社会阶层结构最终出现并且定型的原因，科索拉波夫指出，主要在于20世纪80年代后半期苏共高层的错误。他们“忽略”了这一状况，从而未能在提高劳动者的自觉性和组织性方面采取应有的措施。在 1988—1991 年事件的进程中，中央委员会宁愿给“人民阵线”和其他精神政治上的分裂势力以帮助和庇护，也不愿意对共产党人提供这种帮助和庇护。在对劳动居民首先是生产领域的工人、工程师和科研工作者的态度方面，所执行的方针也不是为了团结，不是为了提供真实的情报，而是为了以民主市场的蛊惑宣传使他们分离和冻结，使他们异化于自身的阶级本性，并使之边缘化。这一政策所针对的靶子和主要目标，其牺牲者是工人阶级。正是工人阶级畸变的自我意识和抵抗性的降低，与政权的“断开”，以及行为上的自私动机，减轻了国家资本化的反应。从上述可以看出，科索拉波夫是对苏共高层所遵奉的“民主”“市场”的价值取向及其所带来的消极后果进一步进行了批判，强调正是由于苏共高层的价值选择失误，直接导致了俄罗斯社会大部分居民和普通群众生活水准的急剧下降，导致了俄罗斯社会贫富分化的迅速产生和形成。

科索拉波夫指出，要想实现对当代俄罗斯资本主义的客观真实的描写，就必须考虑到基本居民的状况，而在对公民的公共财产进行总体剥夺的情况下，俄罗斯居民实际上是被分裂为了远非平等的对抗性部分。在社会的 10%瞬间致富的人与 10%瞬间贫困化人的收入对比方面，二者之间的比值大概为 15∶1。只占俄罗斯总人口 0.2%的人为自身据有了几乎全部社会积累的一半。按照官方的统计数字，在 15 年时间之内，在无法做合理解释的基础之上，俄罗斯有 100 万的私有者据有了大部分的工业企业、建筑企业、交通、信息和其他领域的企业，其一年内所获得的利润，要超过总计 6 000 万雇佣工人工资的 1.5 倍。正是这些不劳而获的人每年将数百亿美元运送到外国银行，而同时，70%～80%的俄罗斯人，包括预算内的工人和职员、集体农庄庄员、学者、军人则被列为低支付者，80%的人的生活水平降低了一半，全国有 2/3 的人生活在贫困线以下。

科索拉波夫将这一过程具体化为具有典型意义的四个方面：一是快速而剧烈的社会阶级分化。二是劳动者的相对或绝对赤贫。三是社会大多数人的实际无产阶级化。四是对居民进行的有意识灭绝（死亡率持续高过出生率），也就是种族灭绝。这里，科索拉波夫所指的种族灭绝，主要所针对的是当前俄罗斯社会人口特别是出生率的急剧下降，其中，对那些曾经建设、保卫并铭记着社会主义的人的排挤，科索拉波夫强调，更是被列为第一位。结果，从 1990 年初开始，俄罗斯失去了大约 1 500 万人。而所有这一切都是在人类生活道德贬值的背景下发生的。科索拉波夫进一步以实例指出，只是在 1990—1993 年，仅仅 3 年的短暂时间内，俄罗斯的谋杀数字就增加了 2 倍多，而自杀的数字也增加了一倍半。由此，科索拉波夫得出结论，年轻的俄罗斯资本主义，不仅在保障有成就的外表方面显示出自己的无能，而且甚至在保障本民族的简单生存方面，也都表现出是危险的。

总体来讲，目前在俄罗斯持正统马克思主义思想立场的学者，他们对苏联社会制度缘何最终走向解体、苏联共产党的执政地位为何须臾间丧失虽然也做了一定的考察和反省，但在考察的力度和反省的深度方面，仍存在明显的欠缺和不足，很难说是深刻的和富于洞见的，在很大程度上，是感情和意识形态的因素影响了这些学者对事物发展进程的客观看待，因此，也影响了这些学者对这些进程的正确评价。但值得一提的是，这些学者对目前俄罗斯社会现实所持的明确批判态度，无论怎样，也是作为一种不同的声音，提醒人们当今俄罗斯社会弊端的存在，警示人们对这些负面现象进行思考和解决。同时，这些教条主义的马克思主义学者对苏联社会进程所持的辩证分析态度，也有利于人们正确地评价和认识苏联社会的历史进程，避免走向历史的和民族的虚无主义，也避免陷入极端主义误区。

二、奥伊泽尔曼及其反思的马克思主义学派

自苏联解体之后，特别是进入 21 世纪以来，当代俄罗斯马克思主义的发展形成了一个重要的流派，即以奥伊泽尔曼为代表的反思的马克思主义流派。奥伊泽尔曼的反思在一部分普通学者和中间群众中，引起了比较广泛的共鸣，曾获得了学术好评；而一部分坚持马克思列宁主义基本立场的学者，则认为这种反思过了头，由反思变成了转向，转向了伯恩施坦修正主义立场，根本背离了马克思主义，也根本否定了列宁主义。反思学派的头号代表人物是奥伊泽尔曼。同样属于马克思主义反思学派的，还有苏联老一辈的马克思主义研究专家拉宾、凯列等

人，他们的学术影响不如奥伊泽尔曼大，好在他们的反思也没有如此过头与转向。也就是说，他们还是有原则区别的，不宜简单化地混为一谈。

（一）奥伊泽尔曼开创反思的马克思主义学派

奥伊泽尔曼是俄罗斯科学院著名的元老级院士。因长期从事马克思主义哲学史、西欧哲学史等方面的著述研究并取得广泛成果，奥伊泽尔曼在苏联时期就已非常有名，1981 年即当选为苏联科学院院士，获得学界最高殊荣。1991 年苏联解体，对奥伊泽尔曼的思想产生重大冲击和影响，自此以后，奥伊泽尔曼的学术观点开始发生转向，将主要精力放在了对苏联哲学的检讨和对马克思主义经典作家思想观点的重评上。2003 年和 2005 年，奥伊泽尔曼先后推出两部有关马克思主义的大部头著作——《马克思主义与乌托邦主义》《为修正主义辩护》。这两部著作并称“姊妹篇”，主要是从一正一反、一破一立两个不同的角度对马克思主义缘何失去苏联的官方正统主流意识形态地位，以及在当代历史条件下如何重新确定和评价伯恩施坦主义的历史地位，进行了自我反省和批判。这两部著作的出版和问世，标志着当今俄罗斯“后苏联马克思主义”的重要流派——“反思的马克思主义”流派正式生成，奥伊泽尔曼也因其深厚的哲学素养和在马克思主义学界的重要地位，无可争议地成为这一流派的首要代表人物。奥伊泽尔曼对马克思主义所进行的反思，主要具有以下三个特点：

一是对马克思主义的反思首先开始于哲学领域。在对苏联教科书哲学体系的批判过程中，以恢复马克思主义哲学的性质、实质和本来面目为目的，奥伊泽尔曼开始了对马克思主义的反思，并最终反思到了马克思主义创始人思想的失误中去。在《马克思主义与乌托邦主义》一书的第三章中，奥伊泽尔曼以“对辩证唯物主义的批判性尝试”为标题，对马克思和恩格斯哲学的本质特征进行了概括，强调了马克思和恩格斯哲学与苏联辩证唯物主义体系的不同，揭示了后者对前者的曲解。奥伊泽尔曼指出，无论是马克思还是恩格斯，他们都没有将自身的学说称为辩证唯物主义。马克思提出了新唯物主义的概念，恩格斯提出了现代唯物主义的概念，但是，他们都没有明确使用辩证唯物主义这一用语。不仅如此，在苏联的辩证唯物主义和历史唯物主义哲学体系中，还存在像

“物质”定义的不足、对人的精神能动性重视不够、对社会历史规律的实现做过多决定论式理解等问题。因此，奥伊泽尔曼强调，应当恢复马克思主义哲学的新唯物主义学说实质，重视劳动、实践、人在马克思历史唯物主义和其整个哲学体系中的地位作用。

二是对马克思主义的反思最终指向马克思主义创始人。苏联解体前夕，在以“公开性”“民主化”为基本价值导向的意识形态宣传和反诘中，斯大林主义、列宁主义、马克思主义先后受到人们的指责和攻击。在《马克思主义与乌托邦主义》一书中，奥伊泽尔曼在对列宁主义进行分析的基础上，把重点放在了对马克思主义失误之处的检讨上。对列宁的思想和学说，除对新经济政策有所肯定之外，对列宁的无产阶级革命理论、无产阶级专政学说，以及列宁所引领的苏联社会发展道路，奥伊泽尔曼基本予以全盘否定，将列宁视为导致俄国社会发展脱离人类康庄文明大道的“历史罪人”。而对马克思的思想理论，奥伊泽尔曼作为苏联和当代俄罗斯马克思主义学界的权威，实际上是给予了双重的看待，这一点，特别体现在该书“历史唯物主义：优点和缺点”一章的观点和分析中。关于马克思的社会历史理论，奥伊泽尔曼虽然将其看作关于人及其历史发展的科学，并提出了“人是最重要的生产力”等观点，试图恢复马克思主义学说的本意，但他对马克思晚年“两种过渡理论”的揭示，以及对马克思有关资本主义历史寿命的判断存在失误的阐发，实际上体现了对暴力革命理论的反感、对苏联社会主义道路选择的排斥，以及对马克思思想理论学说的批评和质疑。

三是对马克思主义的反思集中在苏联社会发展道路的选择上。2003年和2005年，奥伊泽尔曼先后出版的两部著作《马克思主义与乌托邦主义》和《为修正主义辩护》，如前所述，立意是很明显的，是从一正一反的两个角度，通过对比式的论证和说明，对马克思主义进行了历史反思。一方面，对马克思历史预测理论所存在的失误进行了揭示，指出了马克思主义所存在的局限性；另一方面，对伯恩施坦的渐进主义进行了肯定，强调了伯恩施坦学说的当代价值和意义。不难看出，奥伊泽尔曼的全部论证核心都是围绕着苏联社会的道路选择问题进行的。通过对修正主义的辩护和正名、对伯恩施坦主义价值的重视和强调，奥伊泽尔曼实际上反对以暴力革命形式建立苏联政权，主张以和平渐进方式走西欧式的民主社会主义发展道路。

（二）马克思主义包含乌托邦主义因素

围绕苏联解体之后当代俄罗斯人最关注的两个问题，也就是马克思主义到底是一门科学的思想理论还是一个理想主义的乌托邦，以及苏联应当走暴力革命道路还是和平民主道路问题，奥伊泽尔曼进行了深入的研究和系统的梳理。在这一过程中，奥伊泽尔曼虽然强调了马克思主义的科学性，但同时，他以大量的笔墨指出了马克思主义历史预测理论存在的失误，并对列宁的暴力革命理论进行了批判，对伯恩施坦的和平过渡理论给予了支持和肯定。下面，我们就分别批判性地介绍与评析一下奥伊泽尔曼的这些思想观点。

在《马克思主义与乌托邦主义》一书的第二章——“马克思主义及其乌托邦主义的先驱者”部分中，奥伊泽尔曼阐述了马克思主义与空想社会主义之间的联系和区别。奥伊泽尔曼指出，在马克思的学说与圣西门、傅立叶、欧文等人的空想社会主义学说之间，存在思想上的内在联系，也就是，空想社会主义者们对社会生活所持的人道主义立场、他们有关社会公正和消除贫困的思想，以及对资本主义生产方式所持的强烈批判态度等，构成了马克思主义的理论来源之一，为马克思主义的形成和确立做了思想源流上的准备。奥伊泽尔曼特别指出，马克思早在 19 世纪 40 年代中期的著作中，例如在《共产党宣言》中，就已经形成了有关资本主义的暂时性，以及向后资本主义社会过渡和转变的必然性的观点，但实际上，这一观点的提出，无论是在经济关系上，还是在历史和政治关系上，就当时来讲，都还没有获得充分的论证，马克思是在自己的经济学说体系——剩余价值学说创立以前，就已经提出和确立了这一观点，因此，马克思的思想实际上是受到了其前辈——空想社会主义者的深刻影响。

在论述了马克思主义与空想社会主义之间的内在关联之后，奥伊泽尔曼援引了马克思和恩格斯对空想社会主义者所做的批评，指出，马克思恩格斯之所以最终还是将社会主义和共产主义先驱者的学说定性为一种“批判的-乌托邦社会主义”，就在于这些先驱者并没有摆脱主观主义的缠绕，而是在自己的头脑中构思和设计了有关未来社会的因素，而这些因素在现实资本主义社会中尚未产生和形成，资本主义还没有耗尽自己的资源和潜力。“鼓舞着乌托邦主义者的社会正义感，催促他们得出结论，以一种和谐的公正社会代替不公正社会制度的时候已经来临了。"[①] 一言以蔽之，按照马克思和恩格斯的观点，空想社会主义之所以陷入自身的理论失误，其最为根本的原因，是资本主义的不发达。

虽然列举了马克思和恩格斯对空想社会主义学说所做的批评，但就奥伊泽尔曼《马克思主义与乌托邦主义》一书的思想主旨或者说论证的重心来讲，则是对马克思主义自身所内在包含的理论失误的揭示，是对马克思主义中同样包含有"乌托邦主义因素"或者"乌托邦主义成分"的阐释和说明。奥伊泽尔曼强调，马克思和恩格斯对资本主义的分析和批判，对关于人类历史发展趋势和未来前景的判断，虽然总体上超越了空想社会主义者的抽象道德设定性质，但并没有完全摆脱乌托邦主义的痕迹，在"马克思主义创始人有关资本主义崩溃已经日益临近的信念当中，同样包含有乌托邦主义的性质"[②]；"马克思主义对乌托邦社会主义和乌托邦共产主义所作的批评并不是始终一贯的，在对乌托邦主义者的理想主义世界观加以否定的同时，马克思和恩格斯也同样表现出了受人道主义幻想影响的方面，预言了资本主义制度在近年的崩溃"[③]。

以 20 世纪资本主义发展的现实经验为依据，奥伊泽尔曼从四个方面具体展开了他的论证，对经典作家思想中所包含的对乌托邦主义的"让步"予以了分析和揭示。首先，自 19 世纪下半叶所开始的有组织的工人运动的进行，以及社会民主党活动的开展，迫使资本家为无产阶级的阶级需求做出严肃的让步，导致"劳动者绝对贫困和相对贫困的规律，在马克思和恩格斯活着的时候，就已经被驳倒了"[④]。其次，自 19 世纪末期以来，与马克思和恩格斯有关生产社会化趋势不断增强的观点相反，建立在生产资料私人占有基础上的中小企业生产不仅没有被消除，而且获得了促进性的发展，这表明，"生产资料的私人占有构成了资本主义生产方式发展的非暂时性的基础"。再次，现代社会的发展证明，商品货币关系、市场经济不仅是每个国家内部，而且是国与国之间交往的合理经济关系，"作为经济关系的文明形式，它们将在后资本主义社会中依然得到保存"。最后，"马克思和恩格斯有关各尽所能、按劳分配原则能够在消除了商品货币关系的社会中实现的结论，当然，也是

①②③　Ойзерман Т. И. Марксизм и утопизм. М：Прогресс-Традиция. 2003. С. 59.

④　同①97.

对乌托邦主义的让步”①。

在对马克思和恩格斯有关资本主义即将走向崩溃、行将走向历史消亡的历史预见做出以上逐一反驳的基础上，奥伊泽尔曼又运用“以子之矛，攻子之盾”的方法，借用马克思和恩格斯对空想社会主义理论失误所进行的批判，对马克思和恩格斯自身的思想理论缘何也走向了最终的失误，做出了根本原因的分析和揭示，“恩格斯阐明，乌托邦主义者之所以成为乌托邦主义者，是由于资本主义制度还没有获得充分的发展。只是，马克思和恩格斯同样也生活在资本主义尚未获得充分发展的时代，生活于资本主义刚刚步入工业化生产的时代”②。由此，奥伊泽尔曼得出结论，“与乌托邦主义者相类似，马克思和恩格斯没有看到，由资本主义生产方式所内在产生出来的矛盾，在资本主义制度的框架内不断获得了自己的解决。因此，马克思和恩格斯单方面地、悲观地评价了发展中的资本主义的前景”③。在奥伊泽尔曼看来，马克思和恩格斯的思想观点中存在着对乌托邦主义的“让步”，马克思主义中包含有确定无疑的乌托邦主义因素，这是一个不争的历史事实。

（三）根本否定列宁与苏联历史道路的选择

在《马克思主义与乌托邦主义》一书中，奥伊泽尔曼将列宁视为具有典型“克里斯玛型”性格特征的人物，认为列宁具有超凡的感染力和号召力，是一位伟大的、天才的政治家。但是，在对列宁及其思想的评价上，奥伊泽尔曼却完全采取了否定和批判的态度，认为对于俄国国家历史来讲，列宁是一位将这个国家带入弯道和歧路的错误领路人，使这个国家的发展付出了巨大代价。因此，在共产主义崩溃后，奥伊泽尔曼指出，在今天的俄国，人们对这位“克里斯玛型”领袖的崇拜也“坍塌”了。

（1）列宁与十月革命的偶然性。

首先，对于十月革命的发生，以及由这一革命所开启的苏维埃社会主义道路，奥伊泽尔曼所持的就是否定的态度，并且，在他看来，列宁在其中起了决定性的作用。在奥伊泽尔曼看来，如果没有作为“克里斯玛型”领袖人物的列宁，也许十月革命的发生就是不可能的，进而，也

---

① Ойзерман Т. И. Марксизм и утопизм. М.：Прогресс-Традиция. 2003. С. 59.

② 同①92.

③ 同①.

就不会有苏维埃政权的建立以及那场伟大的后来被证明是错误的社会主义试验。“对列宁作为克里斯玛型领袖的评价就到此为止了。但还有一个问题，未必不是最重要的问题——与历史唯物主义不相矛盾的十月革命也许是不可能的。”[②]这里，奥伊泽尔曼实际上表达了一个历史偶然性的观点，强调了伟人及其个性特征在重大历史进程中的地位和作用。“开始于彼得格勒起义，后来席卷整个俄国的十月革命之所以可能，是因为列宁直接迫使布尔什维克党掌握国家政权，这在更大程度上显示出列宁的克里斯玛型个性特征甚至超过了他的任何理论著作。”[①]

（2）列宁的无产阶级革命理论。

列宁的无产阶级革命理论，被奥伊泽尔曼认为是列宁学说的最主要和最基本的构成之一。同样，对于列宁的这一核心和基本理论，奥伊泽尔曼所持的也基本上是批评和否定的态度。

关于列宁无产阶级革命理论的基本内容，奥伊泽尔曼主要概括为三个方面：一是对革命作用的高度评价。二是革命的领导者只能是无产阶级。对列宁来说，“最重要的是要证实，在新的历史条件下，无产阶级已经清楚地意识到自身的利益同资产阶级利益的对立，无产阶级有必要成为资产阶级革命的领导者”。三是对革命形势和主观因素的重视。奥伊泽尔曼指出：“列宁认为，资产阶级民主革命发展到社会主义革命的主要条件，并不是国家经济的发展水平，或者新的生产力与旧的生产关系的冲突，而是革命形势（客观条件）和工人阶级的自觉性和组织性（他称之为主观条件），并且，列宁赋予后一个条件决定性的意义。”

而对列宁无产阶级革命理论的失误之处，奥伊泽尔曼也是从三个方面进行了指摘。一是歪曲了唯物主义历史观以及整个马克思主义理论学说的实质。列宁主要将马克思主义看作有关“暴力革命必然性”的学说，强调暴力革命的历史火车头作用。但是，唯物主义历史观的核心观点，实际上是生产力对社会历史发展起决定性作用的观点。在马克思那里，奥伊泽尔曼指出，革命暴力所起的只是“辅助”的历史作用。二是错误地把握了工人运动发展的历史趋势。“虽然在俄国列宁和布尔什维克获胜了，但是历史的真理实际上在普列汉诺夫和他的战友孟什维克这一边。后者认识到了在俄国实行资产阶级民主革命的必要性，并力求最

---

① Ойзерман Т. И. Марксизм и утопизм. М.: Прогресс-Традиция. 2003. С. 359.

大范围地扩大民主，他们认为布尔什维克关于社会主义革命的方针原则上不具有充分的理由，是冒险的和盲动主义的。”三是忽视了马克思和恩格斯后期的思想转变。在马克思和恩格斯思想发展的晚期，他们根据资本主义内在危机一定程度上缓解，以及资产阶级社会中民主因素增强的形势，实际上提出了著名的“两种过渡形式”理论，认为向社会主义的过渡和转变既可能通过暴力革命的方式来进行，也可能通过和平过渡的方式来实现。但遗憾的是，列宁完全忽视了马克思和恩格斯晚年思想的转变。“马克思和恩格斯的功绩，是他们从理论上论证了由无产阶级革命暴力的必然性转向从理论上论证社会主义在资本主义社会中和平变革的可能性……这个现实内容没有被人们所理解，尤其被列宁和布尔什维克党所歪曲，这个事实是历史悲剧的主要原因之一。俄罗斯深深地陷入这个悲剧当中，从十月革命开始一直到‘现实社会主义’的最终崩溃。”①

奥伊泽尔曼对列宁无产阶级革命理论所做的批评是十分偏颇的。列宁根据 19 世纪末 20 世纪初俄国社会的现实国情，依据俄国社会的自身特点，特别是作为资本主义世界体系薄弱环节而产生的深刻社会矛盾，同时依据马克思主义创始人关于暴力革命是推动历史前进“火车头”的思想，开创了一条在经济文化发展落后国家建设社会主义的发展道路。列宁一直坚信，在 20 世纪，即便在经济文化较为落后的国家，革命也不会停留在资产阶级民主变革的阶段，而是会实现向无产阶级革命、向社会主义革命的转变。因此，无论就列宁思想的产生来讲，还是就列宁所开创的实践道路来讲，都不是偶然的。虽然这一道路在后来苏东的实践探索中并没有最终取得成功，但是，它对于经济文化落后国家如何实现现代化发展，特别是对于推动东方社会国家实现自身的现代化发展，仍然具有十分重要的意义和价值。

（3）列宁的无产阶级专政学说。

在《马克思主义与乌托邦主义》一书中，奥伊泽尔曼不仅对列宁的无产阶级革命理论进行了批判，同时也对列宁的无产阶级专政理论予以了批判，他指出，列宁的无产阶级专政理论既与马克思的无产阶级专政理论有联系，同时也与其有本质的区别。在马克思那里，专政的内涵实质上是民主；但在列宁那里，布尔什维克党的专政实质上是恐怖主义的

① Ойзерман Т. И. Марксизм и утопизм. М.: Прогресс-Традиция. 2003. С. 359.

反民主政权，是实现布尔什维克党统治的镇压工具。具体来讲，奥伊泽尔曼从以下几个方面阐述了自己的观点：

第一，马克思和恩格斯的无产阶级专政思想及其民主内涵。奥伊泽尔曼指出，“无产阶级专政”这一概念最初并不是由马克思和恩格斯提出的，而是由法国大革命时期的革命家巴贝夫在其组织的秘密协会的文件中最先使用的。1848 年，在《共产党宣言》中，马克思和恩格斯初步形成了自身的无产阶级专政思想，主张“工人革命的第一步就是使无产阶级上升为统治阶级，争得民主”。1850 年，在马克思写作的《1848 年至 1850 年的法兰西阶级斗争》一书中，马克思开始第一次明确提出“工人阶级专政”的口号。随后，在 1852 年 3 月 5 日马克思致魏德迈的信中，他又进一步肯定了“无产阶级专政”的结论。后来，在 1875 年马克思对“哥达纲领”进行批判时，他又进一步强调了“无产阶级专政”的历史必然性，并提出从资本主义社会到共产主义社会之间的整个历史时期的国家，都只能实行无产阶级的革命专政。关于马克思无产阶级专政理论的内涵，奥伊泽尔曼主要概括为三个方面：第一，马克思把无产阶级专政首先视为对民主的“争得”，是大多数人民主的实现。奥伊泽尔曼强调，在社会主义的政治原则与自由主义的政治原则之间存在前后相续的关系，马克思将自由主义的民主原则视为民主运动的财富，并承认自身学说同民主运动主要思想发展之间的联系。第二，马克思主义创始人赋予无产阶级专政摧毁资产阶级政治统治的意义，通过专政的方式，建立不是为资产阶级利益服务而为工人阶级利益服务的新的国家机构。第三，在很多地方，马克思并没有清晰地进行“无产阶级的政治统治”和“无产阶级专政”的概念区分。在《共产党宣言》时期，二者的内涵是一致的，无产阶级政治权利的获得可以通过革命方式来实现。但是，在马克思和恩格斯思想的晚期，在他们论述向社会主义和平过渡的问题时，他们所主要使用的概念是“无产阶级的政治统治”。这两个概念之间的区别又是很明显的。

第二，列宁对民主与专政内涵的理解。奥伊泽尔曼指出，在民主与专政的内涵及其相互关系问题上，列宁思想曾经历了三个发展阶段。一是早期思想中对自由、民主的肯定。奥伊泽尔曼指出，在列宁政治活动的早期，列宁也是充分重视和强调民主问题的。例如，在 1897 年《俄国社会民主党人的任务》一文中他指出，没有获得政治自由、没有政治民主和俄国的社会制度，为工人事业而进行的斗争就不可能胜利①。他还把无产阶级争取民主的斗争同无产阶级获得政权相联系，认为仅仅无产阶级就能够把政治民主和经济制度进行到底，因为这种民主制度由工人掌握。这一时期，列宁虽然主张民主在资本主义条件下会受到限制，会受到社会不平等的限制，资产阶级仍然是社会中的统治阶级，但是他并没有怀疑民主和自由的现实性，并认为工人阶级对国家政权的掌握将实现更加充分的民主。二是一战时期对资产阶级民主和资产阶级专政的否定。奥伊泽尔曼指出，到了第一次世界大战时期，特别是一战后期，列宁对资产阶级民主的看法发生了改变，认为民主只是用华丽的词句、激昂的言辞等掩饰的劳动者的不自由，是对劳动者的压迫和奴役。"资产阶级国家的形式虽然多种多样，但本质是一样的：所有这些国家，不管怎样，归根到底一定都是**资产阶级专政**"②。三是无产阶级专政所具有的虚假民主性质。奥伊泽尔曼指出，在十月革命胜利和无产阶级夺取政权之后，列宁反复强调社会主义制度将实现充分的民主，强调苏维埃政权意味着全体劳动者普遍享有管理国家的权利，或者说，他试图实现一种充分的、直接意义上的民主。但事实上，由于列宁所讲的民主并不具备有效的体现形式，因此它只具有虚假民主的性质。"在苏联政权存在的最初几年和以后的时间内，这种类似的情形应当说是不存在的。无产阶级专政，确切地说，只是布尔什维克党的专政，取消了吸收劳动群众管理国家的现实性。"

第三，列宁无产阶级专政理论的暴力和反民主实质。虽然列宁重视和强调全体劳动者民主管理国家权利的实现，但奥伊泽尔曼指出，就苏维埃政权的实质以及列宁对待民主问题的根本看法来讲，这一政权只能是反民主的暴力政权。主要原因在于：其一，俄国的无产阶级专政只是一些少数人的专政。在俄国，由于无产阶级仅仅由一部分劳动者组成，是为满足工人、农民和士兵关于结束战争和获得土地的需求，通过革命的方式而建立的推翻资本家和大土地所有者的统治，因此，这一由无产阶级同农民和其他一切劳动者所结成的特殊联盟，是"不与任何人分掌而直接依靠群众武装力量的政权"③，是铁一般的政权，"是无论对剥削

① 列宁．列宁全集：第12卷．2版．北京：人民出版社，1987：434．

② 列宁．列宁专题文集·论马克思主义．北京：人民出版社，2009：207．

③ 同②198．

者或流氓都实行无情镇压的政权”①，在本质上，它是与民主相背离的。其二，俄国的无产阶级专政是“极其残酷的暴力政权”。奥伊泽尔曼指出，无论在苏维埃政权建立的初期，还是在它领导经济建设的过程中，这一政权所体现的都是极其鲜明的暴力性质。这一点，正如列宁在1920年的《关于专政问题的历史》一文中对专政进行定义时所讲的：“专政的科学概念无非是不受任何限制的、绝对不受任何法律或规章约束而直接依靠暴力的政权。”② 奥伊泽尔曼指出，正是由于这一政权所具有的暴力而非民主的实质，所以这也就意味着对大多数公民权利和自由的消灭，这些权利包括公民的出版自由、言论自由，包括工会独立的自由、罢工自由，包括公民实质意义上的信仰自由等。其三，列宁对民主的根本否定。奥伊泽尔曼指出，在对待民主的问题上，列宁最根本的看法实际上是要取消民主。奥伊泽尔曼指出，早在二月革命前夕，在《国家与革命》一文中，列宁就将无产阶级国家看作一种半国家，即已经开始消亡的国家，而民主作为一种国家形式，国家的消亡也就意味着民主的消亡。在苏维埃政权建立之后，奥伊泽尔曼指出，列宁一再地重复和强调这一观点。“这令人信服地表明，列宁在原则上对民主所持的是否定态度，他将民主不是看作别的，而只是暴力的形式。”③ 由此就可以理解，“为什么列宁拒绝用‘社会民主党’称谓并代之以‘共产党’称谓的必要性，并确信‘社会民主’这个词在科学上没有使用共产党这个词更准确。”④

总体来看，奥伊泽尔曼确认马克思和恩格斯无产阶级专政理论的民主实质，但他认为，列宁的无产阶级专政理论事实上已经具有了反民主的性质，它作为工农苏维埃的政权，作为阶级统治的工具，在本质上是暴力的，是对人的自由、民主权利的取缔。对列宁将专政与民主统一起来，并进而主张国家消亡、民主消亡的观点，奥伊泽尔曼也是持批评和反对意见的。在他看来，虽然列宁对资产阶级民主所做的批评在一定程度上是可以理解的，但是并不应该像列宁那样，否定“没有专政的民主”的存在可能性。在这一点上，奥伊泽尔曼明确主张对自由主义的民主理论成果加以继承，否则，一切在他看来都是“不合适的”。

---

① 列宁．列宁选集：第3卷．3版修订版．北京：人民出版社，2012：497.

② 列宁．列宁全集：第12卷．2版．北京：人民出版社，1987：289.

③④ Ойзерман Т. И. Марксизм и утопизм. М.: Прогресс-Традиция. 2003. С. 359.

（4）列宁的新经济政策思想。

除无产阶级革命理论和无产阶级专政理论之外，在奥伊泽尔曼看来，构成列宁思想理论重要内容的部分，还应当包括他为实现苏维埃政权经济建设而提出的“新经济政策”思想。在《马克思主义与乌托邦主义》一书的第七章——“作为马克思主义者的列宁”部分中，他用比较长的一段篇幅对列宁“新经济政策”思想的提出背景、思想内容、精神实质进行了分析。首先，列宁“新经济政策”思想的提出是“战时共产主义政策”实践受挫的结果。列宁承认，显然到 1921 年春天，我们在“突击”方法，即最短、最快、最直接地进入社会主义生产和分配基础的方法上遭到了失败。由此，由“战时共产主义政策”向“新经济政策”的转向，在国家经济生活的局部范围内恢复资本主义这样一种“战略的退却”，这样一种“政治上 180 度的大转弯”①，是不得不进行的唯一选择。其次，列宁“新经济政策”思想的核心是要发展国家资本主义。在经历了“战时共产主义政策”的失效之后，奥伊泽尔曼指出，列宁开始深刻地意识到在小农占人口多数的国家实现向社会主义过渡的长期性和复杂性。因此，在经济关系上，必须在局部范围内和一定程度上恢复资本主义，把在十月革命期间摧毁了的旧结构的东西，谨慎地、逐渐地按照受国家控制的方向恢复起来。列宁明确地讲道：我们应该利用资本主义（特别是要把它纳入国家资本主义的轨道）作为小生产和社会主义之间的中间环节，作为提高生产力的手段、途径、方法和方式。最后，列宁“新经济政策”思想的实质和缺陷。与对列宁无产阶级革命思想和无产阶级专政思想的尖锐批判态度不同，对列宁以“战略退却”为主的新经济政策思想，奥伊泽尔曼还是给予了较多的肯定，他认为它在一定程度上恢复和发展了经济。但同时，奥伊泽尔曼也认为，新经济政策实际上也存在计划和干预过多的情况，在本质上是无产阶级专政条件下的国家资本主义。奥伊泽尔曼指出，在新经济政策实施过程中出现的各种问题，实际上表明，在列宁和他的战友们身上，还存在着严格计划、集中管理、强制联合的思维方式，他们“完全没有认识到国家集中计划的官僚主义实质”；同时也表明，无产阶级专政与国家资本主义原则上并不能实现共存。

① Ойзерман Т. И. Марксизм и утопизм. М.：Прогресс-Традиция. 2003. С. 359.

综上所述，奥伊泽尔曼强调，列宁虽然是一位伟大的政治家，但是，在对马克思主义创始人思想理论的理解方面，列宁在很多重要的地方违背了马克思和恩格斯的思想原意，甚至明显地歪曲了马克思和恩格斯的思想观点。对于这些“违背”和“歪曲”，与其他很多左翼学者的观点不同，奥伊泽尔曼并不认为这是列宁主义的一种独特贡献，或者是列宁对马克思主义的创造性发展，相反，在更大的意义上，奥伊泽尔曼对列宁的这些理论和实践做法持批判和抨击态度，认为他为俄罗斯社会发展所选取的道路，具有相当程度的“偶然”特点，并不真正适合于俄罗斯社会的发展。

（四）为伯恩施坦修正主义辩护

继 2003 年出版《马克思主义与乌托邦主义》之后，2005 年，奥伊泽尔曼又出版了一部大部头的学术著作《为修正主义辩护》。这部著作被奥伊泽尔曼称为《马克思主义与乌托邦主义》一书的“姊妹篇”，主要探讨了国际共运史中两个非常重要的现象——教条主义与修正主义的问题。在这部著作中，奥伊泽尔曼不仅对苏联发展进程中所出现的马克思主义教条化问题进行了揭示，而且对伯恩施坦的修正主义重新进行了评价，提出了“还伯恩施坦主义以历史公正”的观点。

（1）马克思主义在苏联的教条化过程。

奥伊泽尔曼指出，教条主义在苏联最为集中的表现，无疑是对马克思主义经典作家的迷信，“不只是迷信于这一理论的创始人，而且还包括它的继承者列宁和斯大林”。马克思主义在苏联教条化最为严重的时期，也是斯大林个人迷信最为盛行的时期，人们将斯大林奉为神明，将他的所有言论都看作正确的、无可怀疑的，都当成对马克思主义理论宝库的杰出贡献，因而严重地阻抑了社会思想的产生和创造。马克思主义之所以在苏联蜕变为教条主义，奥伊泽尔曼指出，最为主要的，是因为发生了马克思主义向官方的、受国家政权支持的意识形态的转变，“马克思主义在意识形态领域的全面控制，使这一科学的理论无可避免地转变为教条主义的观念体系”①。

接下来，与人们一般性的思想观点和看法不同，奥伊泽尔曼对马克

① Ойзерман Т. И. Марксизм и утопизм. М.: Прогресс-Традиция. 2003. С. 50.

思主义教条化的历史追踪和溯源，对其形成和产生原因的探讨，最终则追溯到了马克思和恩格斯本人那里，提出了“教条主义是马克思恩格斯学说本身固有的东西”的重要命题。奥伊泽尔曼指出，虽然就马克思主义的思想实质来讲，马克思主义是一门科学的思想理论，是一种发展的、开放的、唯物主义的思想学说，但实际上，因之为特定阶级利益服务，也就是为无产阶级利益服务，马克思主义事实上则是由一门科学转变为一种意识形态，具有了强烈的价值性内涵，成为早期工业社会无产阶级为争取自身利益实现而加以利用和使用的工具，并演变为一种教条。以《共产党宣言》为例，奥伊泽尔曼具体地论证了他的这一思想观点。

> 《宣言》确证，资本主义社会的生产力已经高过了资本主义的私有制关系，资本主义的生产方式正面临生产过剩的危机。但后来，在《资本论》的第一卷当中，马克思则证明了，生产过剩的危机只是资本主义再生产经济周期的暂时阶段，在这一阶段过后，应当是经济的复苏和新的高涨。然而，30年之后，当恩格斯在《反杜林论》当中重新强调资本主义生产方式的危机不可避免的时候，马克思则忽略他在《资本论》当中所作的阐明，而是完全赞同自己朋友的结论。这样，在《宣言》当中所形成的错误原理，就在晚期马克思主义的作品当中被完全地加以复制了。这无疑证明了，在《资本论》当中被证明为是错误的原理，转变为了教条。这一教条的基本意义是在于，为了增强社会民主党人对资本主义生产方式最终崩溃临近的信心。①

(2)“修正主义”是一个应当被废止的概念。

与列宁明确提出、使用“修正主义”一词相反，奥伊泽尔曼则对修正主义这一用语持明确的反感、反对、批评和拒绝的态度，主张在科学研究领域彻底废除和停止这一概念的使用。具体来讲，奥伊泽尔曼指出，原因主要有三：第一，修正主义并不是科学研究中的普遍现象。“不仅在自然科学中，我们并不思考像‘修正主义’这样的现象，仿佛是内部的敌人，将自身的敌对本质掩藏在科学的面具之下，并且，在大

① Ойзерман Т. И. Марксизм и утопизм. М.: Прогресс-Традиция. 2003. С. 59.

多数人文社会科学当中也不存在这种吓唬人的东西”①。第二，修正主义加速了马克思主义的教条化进程。“由修正主义向进行不容异见的迫害，以及坚决铲除活动的转变，构成了马克思主义加速教条化的发端”。第三，修正主义实质上是“科学社会主义意识形态”的自我掩饰。奥伊泽尔曼指出，在马克思主义之外的学术界，修正主义其实是一个并不被人们接受的概念。以往人们之所以使用“修正主义”一词，对其他异己性的立场、观点、意见进行攻讦或者无情批判，“无非是一种委婉的用语，用以掩饰‘科学社会主义意识形态’思想上的孤立主义”②。因此，奥伊泽尔曼完全承认修正的合法性和正当性，并积极肯定修正的作用和价值：“我认为对任何科学理论的修正，都是正常的研究方法。”任何思想理论和学说，包括马克思主义，如果不想陷入教条主义的停滞境地，就必须根据现实实践的发展变化而不断地做出调整、做出修正。只有通过修正这一途径，通过这一科学研究过程中经常使用的正常和公认的方法，才能使理论的发展真正葆有生机和活力。

(3) 伯恩施坦主义与历史的公正。

奥伊泽尔曼的《为修正主义辩护》一书，立意非常清楚，主要就在于阐释伯恩施坦思想的合理方面，对一直受到误解或指责的伯恩施坦修正主义进行正名，还其以历史的公正。第一，对马克思主义的修正自马克思主义诞生之日就已开始。奥伊泽尔曼指出，人们对马克思主义的修正，实际上是一个早已有之的现象。例如，在马克思初登哲学舞台之际，作为青年黑格尔派代表人物的 Б. 鲍威尔，就曾对马克思在《德法年鉴》上发表的文章进行了批评，指责马克思将革命的主体力量——无产阶级过于理想化了，赋予其世界历史的使命。此外，包括英国的费边社成员、德国的讲坛社会主义者、俄国的民粹派思想家以及德国社会民主党内部的不少成员，也都对马克思的思想进行过修正。第二，伯恩施坦修正主义的产生具有现实的条件和背景。奥伊泽尔曼强调，伯恩施坦修正主义的产生并非空穴来风，而是有其现实的条件和基础。这其中最为主要的就在于，当时资本主义生产力的迅速发展表明，资本主义的生产关系尚未达到完全腐朽的程度，并没有成为生产力进步的桎梏和阻碍。第三，伯恩施坦在经济、政治论题上对马克思主义的修正是能够成

① Ойзерман Т. И. Марксизм и утопизм. М.：Прогресс-Традиция. 2003. С. 549.

② Ойзерман Т. И. Оправдание ревизионизма. М.：канон. 2005. С. 549.

立的。奥伊泽尔曼指出，在哲学方面，伯恩施坦将马克思主义的唯物论理解为一种“决定论”，将马克思主义的唯物史观理解为一种“经济史观”，将辩证法当作一种“反动的”类似于“诡辩论”性质的学说，这只能表明伯恩施坦“从来没有严肃地研究过哲学，他对唯物主义、唯物史观和辩证法的批判具有肤浅的性质”①。但在经济论题方面，奥伊泽尔曼指出，伯恩施坦就生产资料社会化问题、社会两极分化问题、工人阶级的绝对贫困和相对贫困问题而对马克思的批评，则是基本能够成立的。就政治论题而言，奥伊泽尔曼也基本肯定了伯恩施坦的正确性。例如，针对伯恩施坦对马克思无产阶级专政理论的批判，将阶级专政归属于“较为低级的文化”，进而主张以普选权理论加以替代的观点等。第四，伯恩施坦的社会政治观同样是一种社会主义的乌托邦。奥伊泽尔曼指出，自伯恩施坦在 19 世纪末提出他的非批判的、理想化的社会民主主义的思想纲领以来，时间已经过去了 100 多年，“但无论是在哪一个甚至是在最民主的发达国家里，伯恩施坦所描画的这种民主形式也没有问世。事实上，伯恩施坦的‘现实主义’的、批判的‘修正主义’远没有从乌托邦主义中解放出来，因为他的民主观，他的全部世界观的最为重要的内容，不是别的，正是社会主义的乌托邦”②。

基于以上分析，奥伊泽尔曼指出，虽然伯恩施坦的思想观点，包括对马克思主义的批评和置疑，存在明显的不当和缺欠之处，但他将马克思主义所主张的并为社会民主党领袖所深信的关于“资本主义日益临近的崩溃”的观点，作为一个并非自明的问题，提到了马克思主义理论讨论的议事日程，从而与教条主义的马克思主义者相对立，“看到了发生在资本主义生产方式当中的变化的实质：出现了使资本主义向新的更高的经济条件改进的手段和方式”。由此，奥伊泽尔曼指出，“不能不承认，我们耽误了对伯恩施坦‘修正主义’的正确评价”，但幸运的是，在经过 100 多年的历史检验之后，人们对伯恩施坦的修正主义，终于给出了正确的并且十分详尽的评价，“历史公正性，终于到处取得了胜利”③。

（五）奥伊泽尔曼从三大反思到三大转向

综合以上奥伊泽尔曼的全部观点，可以看到，奥伊泽尔曼对马克思

① Ойзерман Т. И. Оправдание ревизионизма. М.：канон. 2005. С. 418.

②③ 同①549.

主义实质的理解，与苏联教科书哲学体系的僵化、教条阐发不同。他重视强调人在马克思历史观中所占的地位，强调劳动、实践、生产力、人的观点的重要性，试图以此恢复马克思主义的精神和实质。不仅如此，他对苏联历史和政权发展实践中存在的对人的价值的贬抑甚至对人的权利的剥夺等问题，进行了深刻的反省和揭示，这一点也有一定的历史合理性。

但同时，也需要清醒地看到，奥伊泽尔曼对马克思学说所进行的反省，对伯恩施坦修正主义所进行的重评，特别是主张苏联社会的发展也应当遵循民主社会主义的范式，最终是取消了马克思主义的科学性，同时也取消了列宁主义在苏联的价值。在很大意义上，奥伊泽尔曼的批判和反思，是指向了马克思主义的思想理论自身，这一点，我们是根本不能苟同的。一方面，马克思主义作为一门科学的理论学说，有其自身的理论“范式”，比如实践是社会历史的根基，生产力和生产关系、经济基础和上层建筑的辩证矛盾推动社会历史发展，资本主义商业危机的发生具有必然性，资本主义的灭亡和共产主义的胜利同样不可避免，等等，这些方面构成了马克思主义的思想理论内核，是必须坚持的，否则，马克思主义就不再成其为马克思主义。另一方面，在涉及马克思和恩格斯对当时具体情势的判断方面，也就是马克思和恩格斯针对现实问题所下的具体结论方面，比如，在对资本主义寿命长短的估计和预期方面，在对经济危机发生的周期和具体破坏程度的判断方面，在对无产阶级阶级斗争形式的叙述和阐发方面，实际上，我们应当允许经典作家作为一个时代的思想家、作为人而不是神而出现理论失误。这一点，正如俄罗斯学者、莫斯科师范大学哲学系主任 Б. Ф. 斯拉文所指出的，虽然在马克思的个别论断之中包含有明显错误，其中，最为主要的，是他曾经错误地指出了欧洲即将发生革命的时间，过低地估计了资本主义自行发展的潜力等，但是，这毕竟是伟人所犯的错误，这些错误并没有改变和推翻他关于资本主义制度的历史局限性和暂时性的总的预测；作为一种彻底的、现实的、“真正的人道主义”学说，马克思主义并不是某种有关“人间天堂的空想”或者“意识形态的幻想”，而是一门科学的社会历史理论。

总之，奥伊泽尔曼马克思主义反思学派的思想理论，在马克思主义史上的历史地位具有明显的二重性：一方面，这一学派要求回到马克思主义创始人的一些基本原理上，反思苏联社会主义道路的历史教训，批判僵化模式与“左”的教条主义，还是有一定学理依据与学术贡献的，在马克思主义思想史上成一家之言，占有一定的历史地位；另一方面，我们今天更应毫不含糊地指出，奥伊泽尔曼的批判反思是过了头的，伤害了马克思列宁主义根基，走向了修正主义立场，这一点是我们根本不能苟同也绝不能含糊的。

问题的实质在于，奥伊泽尔曼的“三大反思”，变成了“三大转向”：

第一，在对马克思主义的反思中，相当程度上模糊了科学社会主义与空想社会主义乌托邦的根本界限，出现了背离马克思主义基本原理的倾向。

第二，在对列宁主义的反思中，根本否定了列宁主义，把列宁主义的实质归结为暴力论，认为列宁将苏维埃俄国带上了错误的方向，因而走上了背离列宁主义的错误转向。

第三，在对伯恩施坦修正主义的反思中，从书名到内容，都采取了“为修正主义辩护”的立场，实质上是自身采取了从马克思列宁主义走向伯恩施坦修正主义的错误转向。

第十八章　俄罗斯马克思主义批判学派与创新学派

当代俄罗斯马克思主义批判学派形成的起点和标志，是 1991 年《抉择》杂志的创刊和 1992 年“争取民主和社会主义”学者联合会的创建。该学派经过近 30 年的发展，目前成为当代俄罗斯最活跃、最具影响力的马克思主义学派。创新的马克思主义学派在当今俄罗斯则是一个人数较多、相对松散的学术派别，其构成人员的思想观点、见解主张并不相同。但共同点是，都强调应当将马克思主义与当代俄罗斯社会发展的实际、与当代人类社会的发展实际结合起来，强调马克思主义思想创新和发展的重要性。

一、俄罗斯马克思主义批判学派

俄罗斯马克思主义批判学派始终秉持“马克思主义不仅要坚持，更需要发展”这一共同理念，在发展过程中主要围绕三个方面汇聚队伍：一是 1991 年创刊的《抉择》杂志，二是 2001 年开始的和国家杜马教育科学委员会进行对话的讨论会，三是 2007 年创办的网络学校“21 世纪社会主义”。该学派最基本的特征是：一方面强调继承马克思的思想遗产，另一方面又对一些教条主义进行批判，从而与变化的现实相适应，创造性地丰富和发展马克思主义。因此，该学派不是简单的马克思主义学派，而是批判的马克思主义学派。同时，该学派积极迎接时代的挑战，致力于分析和理解我们置身其中的在社会生活基础方面已经发生质变的时代，努力探索后工业社会、后经济社会形成的条件。在这个意义上，该学派也自称为“后工业时代的马克思主义”。

（一）俄罗斯马克思主义批判学派的代表人物和主要活动

俄罗斯马克思主义批判学派的主要核心代表人物有包括布兹加林等人在内的大概 10 个人，此外还有一些比较活跃的年轻学者也属于该学派。该学派的科学研究活动和社会实践活动也比较丰富，这是学派富有活力的重要表现。

（1）代表人物。

亚历山大・弗拉基米洛维奇・布兹加林（Александр Владимирович Бузгалин），1954 年出生于莫斯科，1971 年考入莫斯科大学经济学系，研究生毕业后一直在莫斯科大学经济学系工作，系莫斯科大学功勋教授。2017 年，担任莫斯科大学哲学系新成立的当代马克思主义研究科学教育中心主任，担任《抉择》和《政治经济学问题》这两份左翼杂志的主编，是俄罗斯著名经济学家、理论家、左翼社会思想评论家。曾当选为苏共二十八大中央委员，领导了一系列左翼政治运动，是当代俄罗斯著名的左翼运动组织者和召集人，亦为俄罗斯马克思主义批判学派的奠基者和核心代表人物，其大部分著作是和安德烈・伊万诺维奇・科尔加诺夫（Андрей Иванович Колганов）教授合作完成的。科尔加诺夫教授 1955 年出生于莫斯科，1971 年考入莫斯科大学经济学系，研究生毕业后留校任教，现在是莫斯科大学经济系比较经济系统分析教研室主任。二人共同的研究成果体现了该学派的主要理论成就。

俄罗斯马克思主义批判学派在方法论领域比较著名的代表人物是谢尔盖・尼古拉耶维奇・马列耶夫（Сергей Николаевич Мареев）教授和戈那基・瓦西里耶维奇・罗巴斯托夫（Геннадий Васильевич Лобастов）教授。马列耶夫 1941 年出生于莫斯科，1969 年毕业于莫斯科大学哲学系，1986 年获得科技哲学博士学位。1970—1972 年曾为苏联共产党中央委员。罗巴斯托夫现为莫斯科电子技术研究所哲学和社会学中心主任、“辩证法和文化”哲学学会会长、一年一度的“伊里因科夫阅读”国际学术会议组委会主席。他们主要继承和发展了苏联时期著名哲学家伊里因科夫的基本思想，着重强调从抽象上升到具体、逻辑与历史相统一的辩证方法的重要意义，强调具体历史的方法对于研究社会进程的重要意义。

在社会哲学和社会主义理论领域最为著名的代表人物是柳德米拉·阿列克谢叶夫娜·布拉夫卡（Людмила Алексеевна Булавка）。布拉夫卡目前是俄罗斯科学院哲学研究所的研究员，她主要研究文化哲学问题，其基本思想主张是，只有走将社会解放的进程和人民群众的社会创造相结合的道路才能战胜社会异化。此外，布拉夫卡还撰写了大量有关苏联文化和社会主义现实主义方法的论著。在政治经济学领域最主要的代表人物是米哈伊尔·伊拉里奥诺维奇·瓦耶伊科夫（Михаил Илларионович Воейков）。他出生于1943年，毕业于以普列汉诺夫命名的莫斯科国民经济学院。目前是俄罗斯科学院历史经济研究所政治经济中心负责人，主要研究当代俄罗斯政治经济学。

此外，俄罗斯马克思主义批判学派也有一些年轻的代表人物，例如，奥伊卡·弗拉基米洛夫娜·巴拉什科娃（Ольга Владимировна Барашкова）、奥列格·奥列郭维奇·卡马洛夫（Олег Олегович Комолов）、格列布·安德烈耶维奇·马斯洛夫（Глеб Андреевич Маслов）等。他们大多是此学派重要代表人物培养的学生。

有必要说明的是，俄罗斯马克思主义批判学派是一个开放的、自愿结合而成的研究团体，没有完全固定不变的成员。有一些学者完全属于这个学派，也有的学者部分属于。而且从学派内部成员的理论倾向性上看，“有的人在理论上比较倾向于考茨基，有的人倾向于列宁，还有人与布哈林、托洛茨基比较接近”①。可见，该学派内部不是铁板一块，不同代表人物的观点之间存在着分歧。

（2）开展的主要活动。

俄罗斯马克思主义批判学派经常组织开展各种理论和实践活动为成员提供对话交流的平台，所开展的活动可以概括为以下几个方面：

第一，马克思主义理论杂志定期出版内容。这里主要指《抉择》和《政治经济学问题》两份杂志。《抉择》杂志主要关注的问题有：全俄罗

---

① Бзгалин А. В.， Колганов А. И. Пределы капитала：методология и онтология. Реактуализация классической философии и политической экономии（избранные тексты）. М.：Культурная революция. 2009. С. 46.

斯范围内支持捍卫公民权、社会保障权等基本权利的运动，有关当代马克思主义、社会主义、工人运动等相关出版物的整理与汇编，社会主义思想以及全球化问题的研究。2015年创刊的《政治经济学问题》杂志主要发表俄罗斯和国外学者（马克思主义者优先）关于政治经济学和经济政治学领域的文章。该杂志的宗旨是“复兴古典政治经济学传统并积极推动其发展，成为政治经济学拥护者的交流中心、展开讨论和建设性对话的平台和为解决现实生活中出现的复杂、迫切问题的平台”。

第二，在莫斯科和俄罗斯其他城市每年组织召开3～5次100～500人不等的大型国际会议。在这些大型的国际会议中，主要有相对比较固定的四种类型：一是在最近几年每年都举办的致力于生产、科学和教育复兴的国际会议（ПНО—2014，ПНО—2015，ПНО—2016）[①]，从某种意义上说，该国际会议可以被认为是“应用的马克思主义”；二是每年召开的国际政治经济会议，其中重点是马克思主义政治经济学；三是每年举行的“伊里因科夫阅读”，主题侧重于当代马克思主义哲学思想；四是每年在圣彼得堡举行的“普列汉诺夫阅读”，内容包括政治、社会、文化和历史等多个方面。

第三，每年组织召开以“批判的马克思主义：下一代”为主题的青年学者会议，每次参加的人数有30～50。参加这个会议的有俄罗斯知名大学的大学生、研究生、青年教师和研究人员，以及俄罗斯科学院研究中心的人员。会议发言人年龄限制在35岁以下，超过年龄的学者在会议上只能提出问题，或做出简要的评论，年轻的马克思主义者提交的会议论文经常在俄罗斯重要学术期刊上发表。

第四，从2001年开始的在俄罗斯国家杜马教育科学委员会第一副主席奥列格·斯莫林院士的领导下定期组织的专业研讨会活动。近年来，研讨会的主要议题如下：当代地缘政治经济问题研究背景下的信息和文明方法的比较；新技术革命和当代资本主义的社会经济和政治思想关系的内涵变化；在解决21世纪社会主义问题中，世界不同流派的马克思主义的潜力和相互关系；21世纪社会国家经济调控：批判分析现有方案；人民群众的社会创造和文化、社会解放：必然王国中相互联系的辩证法；等等。

---

① ПНО为生产、科学和教育的俄文首字母。

第五，从1990年开始的辩论俱乐部——“对话”。这是一个经常进行公开讨论的俱乐部，苏联解体后该俱乐部以“开放的马克思主义”命名，理论性比以前更强。从2000年开始从中分化出了更加职业化、专门化的讨论会——《抉择》，这是该学派理论探讨的重要平台。此后，“对话”俱乐部的性质也开始转变，主要成为宣传和教育的平台。

第六，定期开展的多层次的理论宣传和教育活动。布兹加林等学派的主要代表人物经常出现在俄罗斯媒体中，尤其是国家电视台和俄罗斯联邦共产党的频道“红色路线”，有计划地进行演讲、授课和理论宣传等。近年来，布兹加林教授每周在联邦广播《共青团真理》主持《马克思还活着!》栏目。学派还经常举办面向青年的免费讲座，每周2～3次，20多年来从未间断，这在一定程度上也扩大了学派的社会影响。

第七，支持并协助开展非政府组织的活动和以社会主义为目标的社会活动。这既包括该学派积极分子协助俄罗斯独立工会和俄罗斯人民企业联盟开展的各种活动，又包括保护公民住宅权益和教育保障权的“教育为大家”运动以及所开展的“教育、科学和文化工作者代表大会”活动。有些活动还得到了俄罗斯教育机构的支持。

第八，丰富而广泛的国际合作。该学派很注重国际合作和交流，经常在国际杂志①上发表文章，阐述该学派的基本主张。该学派积极组织和参加各种国际学术会议，近些年，布兹加林等学者在世界上20多个国家做过几百次的报告，同时也定期邀请国外学者到俄罗斯举办讲座和进行交流。

（二）马克思主义再现实化

俄罗斯马克思主义批判学派以积极回应时代挑战、自觉发展马克思主义为己任，致力于实现马克思主义再现实化，这也构成了俄罗斯马克思主义批判学派的理论基础。“再现实化”（реактуализация）这一术语在布兹加林的著作和文章中经常出现，是一个颇为关键的范畴，从构词上看，是由前缀“ре”和“актуализация”两部分构成，前缀“ре”表示“重新”和“再次”，“актуализация”意为“现实化”。前已述及，苏联解体后，马克思主义研究处于低谷，新自由主义思想一度甚嚣尘

① 这些杂志主要有：*Science and Society*，*International Critical Thought*，*World Review of Political Economy*，*New left Review*，*El Punto*，*Socializmus*.

上。但是，在苏联解体后的近 30 年间，社会发生了很多变化，社会冲突不断，全球性问题突出，战争频仍。相应地，与关于社会主义乌托邦的论调相反，在世界上也逐渐出现了各种不同的后资本主义和反资本主义的理论设计和实践，反自由主义的思想和范式日渐成熟。特别是 2008 年国际金融危机以后，在俄罗斯，人们对马克思主义表现出更多的理论需求。这反映了苏联解体以来当代俄罗斯马克思主义研究由低谷走向复苏的状况和态势，这种发展状况也表明了马克思主义由表面上失去现实意义到逐渐获得现实意义的过程。与苏联时期马克思主义的现实化相比，对于当代俄罗斯这便是“重新”和“再次”。俄罗斯马克思主义批判学派认为，在经济、社会政治、精神生活等一切领域矛盾越突出，在解决这些问题时现代社会系统局限性越凸显，那么，就越来越需要马克思主义。马克思主义需要随着时代的发展而发展，需要不断补充和完善，从而对社会历史现实做出新的解答。具体而言，俄罗斯马克思主义批判学派主要在方法和理论两大方面致力于实现马克思主义再现实化。

（1）在方法论方面。

马克思主义批判学派所做的主要工作就是积极推进和发展马克思主义的辩证方法，坚决批判后现代主义方法论。在当前俄罗斯的学术研究中，实证主义和后现代主义的研究方法比较盛行，而马克思主义辩证法遭到冷遇。辩证法为什么会被“搁置”，马克思主义批判学派代表人物布兹加林、科尔加诺夫等人分析了其中的原因：第一，当今俄罗斯学者大多关注狭窄的实证问题，而对于一些关乎人生存的意义和价值等形而上的问题并不关心。研究主题的变化决定方法的选择，实证主义者“精明”地发现，如果运用辩证法来研究具体的实证问题，往往会把这些问题本身否定了，证明其对社会发展进步是没有根本意义的。因而，关注实证问题的研究者认为辩证法是“多余”的，自然将其束之高阁。这是辩证法被疏远的前提条件。第二，近几十年来社会盛行的思维模式又不断地固化着这种趋势。当今世界被称为“后工业社会”、“信息社会”或者“专家型社会”，这都不是偶然的。布兹加林认为，“专家”是当代利益集团资本全球霸权体系的重要元素，他们屈服于这个系统，并服从其中的游戏规则，以至于他们并没有作为创造性的主体存在，其存在的逻辑是“实证”的，而不是批判的辩证的。这是辩证法被疏远的又一个原因。第三，和这个时代所特有的精神异化有关。在全球资本霸权统治的时代，个体屈服于大众消费、大众文化和政治意识形态，社会意识以扭曲形式存在，这种情况也需要与之相应的分析问题的方法就事论事，拒绝“宏大叙事”①。

基于以上分析，布兹加林等人把辩证法的运用和发展作为最重要的任务提出来。在辩证法的运用方面，他们着重强调“从抽象上升到具体”和“逻辑和历史相统一”这两种辩证方法。我们知道，从抽象上升到具体的方法是从抽象开始，通过逻辑中介展开矛盾，从而走向思维具体的方法。布兹加林等人认为，该方法对于研究当代实际、探寻历史和理论的具体真理、维护马克思主义的辩证真理观是至关重要的，正是在这个意义上，他们将该方法称为辩证法第一原理。布兹加林在《全球资本论》一书中说：“如果我们研究一个复杂的、不断发展的社会系统，那么研究任务主要有两个：首先是分析该系统不同于其他系统的主要特征；其次是确定它作为整体存在的主要范式。如果用数理模型的方法只能解决系统的某些联系、机制方面的具体问题，而要对社会系统进行整体分析最好的方法只有辩证的方法，特别是从抽象上升到具体的方法。”②

逻辑和历史相统一的方法被布兹加林等人称为辩证法的第二原理。布兹加林指出，运用这种方法可以为找到历史发展中的“红线”提供可能。“现实的历史进程不同于理论上建构的社会发展模式，但是辩证的逻辑有可能使我们确定出社会发展的基本原则，从而区分开历史的曲折性和历史发展的红线。”③ 布兹加林在这里着重强调，历史发展具有曲折性，这是无法避免的，是必须正视的常态和规律。但是，历史发展的红线是保持一个社会性质的底线，应尽量避免超过这个底线，否则就会发生质的变化，从而出现不可逆转的局面，而借助逻辑和历史相统一的辩证方法能够帮助人们看到这条底线。

布兹加林等人所强调的这两种辩证方法是马克思主义基本原理中重

---

① Бузгалин А. В，Колганов А. И. Глобальный капитал. В 2-х тт. Т. 1. Методология：По ту сторону позитивизма，постмодернизма и экономического империализма. М.：ЛЕНАНД. 2015. С. 110－136.

② 同①115.

③ 同①217.

要的辩证思维方法，二者具有内在的一致性。从抽象上升到具体的过程就是以逻辑的必然性再现对象的历史发展过程。他们认为，只有借助马克思主义唯物辩证法才能透过纷繁复杂的现象揭示其实质，才能看清当今世界全球性的变化。而无论是反本质、反规律、反确定性的后现代主义方法论，还是将任何人的活动还原为抽象变量的实证主义方法，都无法胜任这一重任。当然，布兹加林等人也致力于对实证主义和后现代主义方法论进行批判性重建，并且认为，如果涉及经济理论，辩证法必须与数学方法和形式逻辑的方法相结合，与现实相适应，应当并且必须再现实化，要不断地发展和创新。

（2）在社会历史观方面。

俄罗斯马克思主义批判学派继承了马克思历史哲学和苏联时期创造性的马克思主义的传统，坚信在新的历史条件下历史唯物主义依然具有十分重要的意义。布兹加林等人更倾向于从人的存在状态角度来理解社会历史发展，把对人的异化存在状态的分析以及如何扬弃异化看成是社会历史领域的核心问题，将消除人异化的存在状态、发展人的创造性、实现人的自由解放、实现向自由王国飞跃看作社会历史发展的根本目标。他们认为，马克思主义不是经济决定论，在历史哲学问题上应主要揭示全部异化世界的矛盾，研究被市场和资本等外部的社会关系所奴役的人和作为历史创造者角色之间的矛盾。在他们看来，异化就是一种当人从属于外部力量时产生的关系系统，人就像是客观外部力量的傀儡，是市场的、资本的、官僚阶层的、意识形态的傀儡。如果从这个角度作为切入点来看待社会主义，那么重要的就不仅仅是将私有制转变为公有制，而是彻底实现占有关系社会主义化，这是非常复杂艰巨的任务，实现的过程将是长期的、非线性的。布兹加林指出，扬弃异化的过程就是在各个领域恢复人的主体地位。在经济生活领域，人民真正感觉到自己是主人，在实际上也确实能够当家作主，而不仅仅是国家财产名义上的所有者；调控不是受到官僚阶层的操纵，而是真正为了人民的利益；发展是为了提高人的素质，而不是为了增加消费品和各种财富的数量；政治体制能够为人民提供参与各级管理的机会，小到村庄、大到国家和国际事务，这样资本主义与社会主义的区别不再是形式上的，而是内容上的，即消除种种异化。社会主义就是朝着这个特定的方向前进的过程。在这个意义上，该学派强调，社会主义不仅仅要消除资本主义的剥削，而且要消除所有形式的社会异化，将人转变为真正的历史创造者，这也是社会解放的问题①。

与异化和扬弃异化问题密切相关的就是由必然王国向自由王国的非线性转换的问题，这也是该学派社会历史观的一个重要方面。在布兹加林看来，必然王国的基本矛盾在于：一方面是使人变成劳动分工、人身依附、市场、资本、国家等各种客观力量傀儡的异化关系系统；另一方面是作为人的本质属性的创造性。他说："正是由于人类在物质生产、文化、社会生活等领域的创造性活动按照真善美的规律改变着这个世界；（正是由于人的创造性）保障技术、科学、文化的进步并实现战胜奴隶制和农奴制、殖民主义和可怕的野蛮资本主义甚至是整个资本主义体系的社会革命和改革。"② 所以，应当把发展人的创造性作为社会发展的首要任务，把人的创造性活动看作推动社会发展的主要因素，它就如同前资本主义社会的土地和资本主义社会的机器一样必不可少。与此同时，布兹加林也看到，全球资本垄断、市场等客观力量将人的创造性排挤到"地下室"，而后现代主义对于所谓的"进步"采取冷漠态度实际上是对这种现实的一种无奈的反映，或者说是消极的认可。对此，布兹加林指出，批判的马克思主义不同于后现代主义对现实的消极态度，而是在发展传统马克思主义历史哲学的同时，着重强调人作为社会关系创造者的积极作用。不仅如此，他还提出了关于人的创造活动能动论的界限问题，以及消极不作为的盲从者对于停滞和倒退应该承担的责任问题。

该学派对历史唯物主义的论述，还具体体现在生产力和生产关系、经济基础和上层建筑相互作用的理论上。该学派承认生产力对生产关系、经济基础对上层建筑的决定作用，但是更为注重研究生产关系、人的创造能力的反作用。布兹加林称之为"批判性地重建生产力和生产关系、经济基础和上层建筑相互作用的理论"。他指出，不仅是生产力的发展要求产生新的生产关系，而且在一定的社会经济形态

① 陈红．马克思主义的当代价值：访俄罗斯新马克思主义流派代表人物布兹加林．马克思主义理论学科研究．2016（4）．

② Бзгалин А. В.，Колганов А. И. Пределы капитала：методология и онтология. Реактуализация классической философии и политической экономии（избранные тексты）. М.：Культурная революция．2009．С. 37．

内，由于占统治地位生产关系矛盾作用的结果也会导致生产力的发展。这种发展要求以生产关系的本质性的改变为前提条件。例如，由简单的合作和工厂手工业到工业的转变，由形式上的到实际上的劳动从属。布兹加林认为，每一个历史的具体的生产关系系统，都会或多或少地促进劳动生产率的提高，形成自身促进生产力进步的特殊形式，并规定促进生产力进步的某生产方式的范围和限度，而这些是经典马克思主义所强调不够的。

概括地说，当代俄罗斯马克思主义批判学派以马克思主义再现实化为旨归所形成的社会历史观主要包括三个方面：第一，认为 20 世纪的马克思主义理论和社会主义实践证明了马克思和恩格斯的以必然王国向自由王国过渡为基础的社会制度更替理论的正确性。他们尤其强调这不只是单纯地由社会主义生产方式代替资本主义生产方式的问题，这是历史发展中更大的尺度、更大的推进，即从曾经一切占统治地位的异化的社会形式（亚细亚生产方式、奴隶占有制、封建主义、资本主义）向新质的社会迈进。第二，强调向自由王国的转变是一个非线性的过程，其中包括进步和退步、改革和反改革、革命和反革命的交织斗争。布兹加林将苏联解体后在俄罗斯所开始的社会进程视为一种历史的倒退。第三，极为关注异化和社会发展出路的抉择问题。对此，布拉夫卡谈扬弃异化，斯拉文谈共产主义理想，布兹加林则着重强调人自身创造历史和人民群众的创造性推动社会解放的进程。

（三）《全球资本论》的现代晚期资本主义批判

《全球资本论》一书是俄罗斯马克思主义批判学派的代表作，分上下两卷，2004 年出版，2007 年和 2014 年再版，作者是该学派代表人物布兹加林和科尔加诺夫。这本书获得了非常广泛的影响，是俄罗斯马克思主义批判学派最主要的理论成果，重点阐述了马克思之后 100 多年马克思主义理论方法和内容发生的变化，布兹加林对这本书给予了很高的评价，认为该书为“21 世纪‘资本论’”奠定了基础。第二卷《资本全球霸权及其界限》对晚期资本主义进行了深刻的批判。书中首先对晚期资本主义发展史进行了分析，进一步阐明资本主义自我否定的逻辑，在此基础上阐述了极权市场和全球资本以及资本全面统治的新形式，即虚拟金融资本，继而深刻分析了全球资本的实质和界限以及晚期资本主义深刻的危机①。

（1）对极权市场和全球资本的批判。

布兹加林等人将当代资本主义社会置于由必然王国向自由王国过渡的历史进程中去考量，将其看作必然王国最强大、最完备的阶段，亦称为晚期资本主义。他们认为晚期资本主义的主要特征是市场掌握了无上的权力，变为极权市场；资本扩张到整个世界，成为真正的全球资本。他们指出，在过去的100年间，资本主义不断变换着剥削和压迫劳动人民的形式及手段。市场由私营生产商的自由竞争空间转变为极权市场，一切都可以出售，人的生活商品化。"资本自身在100年内也发生了变化。资本扩张到整个世界，成为了真正的全球资本，它把压迫和剥削的全部历史形式结合在一起了。包括对强迫赤贫阶层劳动的半封建式剥削和各国对有史以来人数最多的处于半边缘状态的产业无产阶级的'经典'剥削，包括抽取垄断利润、榨取帝国主义租金；使实体经济部门从属于金融部门；使人类的创造能力从属于资本。"② 他们还指出，虚拟金融资本是资本新的统治形式，这种资本不仅导致全球经济危机，而且导致当今形式上的民主规则通常被政治操控破坏。关于当今全球化进程的实质，布兹加林认为就是资本霸权统治，这一方面表现为无所不在的总体网络市场，这是一个巨大无形的结构，是在物质生产之外起作用的各种信息、能量、运输、金融等系统；另一方面体现为虚拟货币发挥价值尺度功能和人对资本的全面屈从。就是说在总体网络市场中，货币与真金白银等具有稳定的、天然形式的"绝对"等价物相比，只是虚拟地、或然地起着价值尺度、交换工具和存储工具的作用。布兹加林认为，虚拟资本将社会上创造性的人才都网罗其中，使得人对资本全面屈从，而要解决这些问题就必须寻求另一种全球化的方案，即社会主义的方案③。

（2）晚期资本主义社会关系结构发生显著变化。

俄罗斯马克思主义批判学派坚信，资本主义是一个一方面发展生产

① Бузгалин А. В, Колганов А. И. Глобальный капитал. В 2-х тт. Т. 1. Методология: По ту сторону позитивизма, постмодернизма и экономического империализма. М.: ЛЕНАНД. 2015. С. 3.

② Славин Б. Ф., Бузгалин А. В. Вершина Великой революции. К 100-летию Октября. М.: Алгоритм. 2017. С. 1182.

③ 林艳梅．当代俄罗斯马克思主义研究．北京：中央编译出版社，2013：42-46.

力，另一方面又限制其进步，并产生荒谬形式的制度。全球资本霸权时期导致生产力和社会关系结构发生显著变化。世界越来越分化为中心和边缘。“中心”已成为集中了最发达和使用最不合理的生产力的世界，成为主要应用于各种虚拟生产领域的虚拟化技术的世界，这种不合理的生产产生了与广告、经纪等行业相关的大量工人阶层。同时，“边缘”日益成为产业劳动的世界。

在“中心”世界，上层是新的财团资本，这是资本家阶级和国家高级官僚机构的强大的高级阶层，是掌握财团资本所有权和掌握政治意识形态操纵主要渠道的人物的联合。全球资本的虚拟性、越来越强的投机性以及其虚拟商品的生产定位，大大改变了晚期资本主义的社会结构。在这种框架下，形成了大量不稳定的中间阶层，服务于财团资本的“专业人士”精英是其典型代表。还有中小资产阶级，这是资本家阶级的传统阶层，它们由于受财团资本直接或间接制约，实质上已经改变了自身的外貌。越来越依附性的地位使得它们越来越倾向于支持右翼保守分子。在金字塔“塔底”又形成了大量贫困阶层，其地位接近于流氓无产阶级。他们是临时或部分就业的没有专门技能的工人、无人雇用的失业人员、合法和非法的移民。他们最终处于金字塔“塔底”，构成了右翼保守势力的社会基础①。

俄罗斯马克思主义批判学派对晚期资本主义社会结构进行分析的主要目的是从中寻找当今时代左翼策略和战略目标。该学派给出的一般性的答案是，应根据资本主义自我否定的客观规律，在当今世界培养“自由王国”的幼芽，帮助其获得相应的政治和意识形态形式，使其成为社会解放的主体力量。

（3）晚期资本主义社会存在深刻的矛盾。

该学派对晚期资本主义社会矛盾的分析是从内、外部两个方面进行的。一方面，资本主义内部存在着深刻的制度性矛盾。该学派指出，现在很多资本主义国家都能看到社会主义的影子，资本主义为了自身的延续和发展不得不将未来社会主义的部分因素融入自身。但是，另一方面，资本主义对共产主义因素感到非常恐惧，似乎亲自建造了可以将其

① Бузгалин А. В, Колганов А. И. Глобальный капитал. В 2-х тт. Т. 1. Методология: По ту сторону позитивизма, постмодернизма и экономического империализма. М.: ЛЕНАНД. 2015. С. 467-477.

置于死地的异己力量，因此就开始向后倒退。布兹加林总结说："这个过程差不多是从1913年开始的，此后一直在不停地摇摆，尝试着寻找新的模式，但是从来没有跳出过这个框架。这表明了资本主义深刻的制度性矛盾。"① 就外部而言，存在着发达资本主义国家与发展中国家的全球矛盾。布兹加林指出，当前主要资本都转换为金融投机性质的资本，并优先集中到美国、西欧等中心国家或地区。而与此同时，从事工业和农业体力劳动的雇佣工人绝大多数集中在中国、印度、拉丁美洲、俄罗斯、阿拉伯地区国家，这就形成了全球矛盾。一方面是金融投机资本集中在发达中心国家，另一方面则是大量的雇佣劳动者集中在边缘国家。也就是说，现代资本成为全球资本后，劳动和资本之间的矛盾成为真正的全球矛盾。通过对资本主义内外矛盾的分析，该学派认为，资本主义已经完成了进步的历史使命，是一个历史的有限性的系统，西方文明所铺设的道路是一条招致灭亡的道路。

（四）对苏联社会主义的反思

1991年12月25日，苏联国旗从克里姆林宫上空缓缓降落，代之而起的是俄罗斯国旗，苏联这个世界上第一个社会主义国家正式解体了。对苏联社会主义实践进行反思，分析其所取得的成就，总结其失败的经验教训，无疑具有重要的理论意义和实践意义。俄罗斯马克思主义批判学派的主要代表人物大都是苏联这一段历史的亲历者，不仅有着浓厚的苏联情结，而且还有对苏联进行反思的强烈使命感。他们认为，如果不对苏联进行认真的反思和批判，"不从过去的悲剧中吸取教训，就如同我们忘却了我们的父亲、祖父和曾祖父为社会主义事业所做的英勇斗争一样，是一种犯罪"②。

俄罗斯马克思主义批判学派对苏联社会主义的反思涉及方方面面，比如，有关于十月革命、苏联第一个五年计划、农业集体化、苏联文化等比较具体的问题，也有关于苏联社会的性质、苏联社会主义的实质、苏联的教训等比较综合宏观的问题。

① 陈红．马克思主义的当代价值：访俄罗斯新马克思主义流派代表人物布兹加林．马克思主义理论学科研究，2016（4）．

② Бузгалин А. В.，Колганов А. И. 10 мифов об СССР. М.：Яуза：Эксмо. 2010. С. 389.

关于十月革命，俄罗斯马克思主义批判学派的立场观点非常鲜明。该学派坚决反对右翼主义者的观点，对于俄罗斯政府所表现出来的矛盾性和两面性也不赞同，强调十月革命是影响深远、意义重大的社会革命，绝不是什么阴谋或者偶然事件。同时坚持人民群众是历史的主体、是历史的创造者这一马克思主义基本观点，强调俄国人民作为主张变革旧的社会制度的社会力量，其决定性作用的发挥才是革命开始和最终取得胜利的根本原因。

关于苏联的第一个五年计划，俄罗斯马克思主义批判学派首先指出："五年计划的实际发展过程不是只用一两种颜色就能描绘出的图画。工业化的政治成就是毋庸置疑的，批驳是毫无意义的。"① "1929年和1930年在工业上达到的高速增长是有目共睹的，是不需要进行专门的经济分析的。"② 在此前提下，该学派通过国民经济领域一些经济数据的列举及对比，主要从经济方面对五年计划中存在的问题进行了分析。总体上，该学派认为，第一个五年计划没有考虑到苏联正在重新恢复国民经济体系这一现实，很多计划指标定得过高，不符合实际情况，存在片面强调人的主观意志、违背客观经济规律的蛮干现象，冒险主义和官僚主义问题突出，造成经济指标下降和资源严重浪费的后果。

关于农业集体化问题，俄罗斯马克思主义批判学派也进行了深刻的反思。该学派首先强调农业集体化运动具有一定的合理性，指出"快速的工业化需要对农业所创造的部分国民收入进行再分配，以利于工业的发展，直至工业生产彻底成熟起来，并能够在技术上促进农业革新"③。但是，农业集体化违反自愿与渐进原则，给苏联经济带来了严重的后果。"农业集体化和消灭富农阶级政策的推行没有使农业生产增长，反而导致农业生产的下降；没有使工业原料供应得到改善，而是使供应情况恶化；没有使食品消费量增长，几乎各个阶层居民的营养结构都普遍恶化，出现了1932—1933年的大规模饥荒；没有在国家工业和农村合作社之间建立计划性关系，相反，采购过程中官僚模式和专横屡见不鲜。"④ 这里，该学派尖锐地指出了农业集体化所存在的一些问题。

---

① Бузгалин А. В., Колганов А. И. 10 мифов об СССР. М.: Яуза: Эксмо. 2010. С. 78.

② 同①79.

③ 同①164.

④ 同①165-166.

俄罗斯马克思主义批判学派对苏联文化进行了总结和反思，其形成的较具有代表性的观点是布拉夫卡关于苏联文化双重性的观点。布拉夫卡认为，苏联文化一方面表现为通过社会创造摆脱异化的解放的趋势，另一方面又具有压抑人主体性的异化的趋势，这就是苏联文化的双重性。具体来说，布拉夫卡认为，苏联文化是苏联社会实践成果的反映，艺术作品则是苏联文化的具体体现，而苏联文化、苏联社会实践成果和艺术作品三者的辩证统一体现了社会发展的活力和社会创造力，展现了苏联文化解放的趋势。关于苏联文化异化的一面，布拉夫卡借用马克思在《1844 年经济学哲学手稿》中关于异化劳动的论述，揭示了苏联文化中异化现象的三重表现，即文化活动过程的异化、文化活动结果的异化以及文化活动主体的异化。也就是说，就文化活动过程而言，“不是遵循艺术发生发展的规律，不是遵循美学规律，不是遵循人们的文化接受和欣赏规律，生硬地遵循刻板模型”①。就文化活动结果而言，有些文化作品寡淡乏味，缺少艺术应有的美感和观赏性，“艺术家所创作的作品本应是人们本质的展现，满足人们对美的追求，而事实上却与人们的需求相偏离”②。就文化活动主体而言，其主体性和创造性没有得到充分发挥。“苏联人民对于文化有着强烈的热情，他们热爱阅读，渴望艺术，崇尚科学，但后期僵化的文化体制却剥夺了人们的思想自由，很大程度上遏制了文化的发展，遏制了主体的创造性。”③ 布拉夫卡在对苏联文化的二重性进行阐述的基础上，进一步指出，苏联文化的异化现象是与扬弃异化的解放趋势相伴随的，二者交织在一起，但是，解放的趋势代表整个苏联文化的基调。以上，布拉夫卡从正反两个方面对苏联文化进行了总结和反思。当然，苏联文化有着不同的发展阶段，而苏联文化体制也有“产生、形成、转轨变型和确立、演进、僵化”④，以及几经变革和僵化的反复，直至出现最后的剧烈震荡和坍塌的过程。布拉夫卡对苏联文化的反思主要针对的是 20 世纪 80 年代中期以前的苏联文化及其管理体制。因为，戈尔巴乔夫时期，苏联在思想文化上逐渐放弃了意识形态领域的斗争，鼓吹“多元化”，最终丧失了马克思主义的指导地位，走上了改旗易帜的邪路。也就是说，这个时期已经

①②③　Булавка. Л. А. Революция и культура. Альтернативы, 2016 (2).

④　马龙闪. 写作《苏联文化体制沿革史（1917—1982）》的前前后后. 史学理论研究，1996 (3).

不是布拉夫卡所说的苏联文化的双重性的问题了。布拉夫卡在对苏联文化的反思过程中，一方面用解放的趋势阐明了苏联文化所蕴含的集体主义精神和爱国主义精神为苏联社会主义建设注入强大的文化力量，起到了凝聚人心、歌颂社会主义优越性、促进国家全面发展的作用；另一方面，又用所存在的异化现象批判苏联在文化体制上的弊端。我们知道，在思想文化上，“苏联有时采取过激的做法，用行政手段甚至严酷的政治斗争处理思想和学术问题”①，带来了一些比较严重的后果。所以，总体而言，布拉夫卡对苏联文化的反思还是比较深刻和辩证的。

关于苏联社会的性质，俄罗斯马克思主义批判学派一致认为，苏联是人类社会向非资本主义社会前进的第一次大规模尝试，存在着“自由王国”或者说是共产主义的萌芽。并且正是因为存在这些萌芽因素才使得苏联在技术工艺、教育和医疗领域实现了宏伟计划，在社会保障、社会公平、文化等方面也取得了很高的成就，特别是塑造培养了具有很高精神境界的社会主义新人。但是与此同时，该学派也指出，苏联社会还存在着官僚主义、经济赤字、政治意识形态强制和不正当镇压等负面现象。该学派认为，产生这些弊端的根本原因在于，苏联向共产主义或者说共产主义第一阶段迈进所需要的基本前提条件还处于很低的水平，由此导致苏联社会存在很深的矛盾。

关于苏联社会主义的实质，最为典型的就是布兹加林关于“突变的社会主义”一说。他认为，苏联社会主义虽然具有共产主义因素，或者说是自由王国生成的因素，但是，在内外矛盾十分尖锐的情况下，这些因素受到社会历史条件的严重制约而发生变形。它们以畸形的方式发展，偏离了人类向自由王国飞跃的正确轨道，产生了官僚集权式突变的社会主义。这种社会主义缺乏民主，忽视人的创造性，不能应对新的全球性的挑战，这是其走向解体的深层原因。“突变的社会主义”一说是该学派对苏联社会主义实质和苏联解体原因的揭示，具有一定的影响力。但是，这一说法实质上也具有片面性。对此，我们还需予以认真的批判和分析。

关于苏联解体的教训，俄罗斯马克思主义批判学派也做了清晰而明

---

① 顾海良. 马克思主义发展史. 北京：中国人民大学出版社，2009：356.

确的阐述。该学派指出，苏联的第一个教训，是在经济领域，必须要搞清楚在建设替代资本主义社会的新的社会初期阶段最应该做些什么。充分利用资本主义的各种元素是非常必要的，包括市场、私有制、现代的金融体制，但是必须要坚持一个原则，那就是要知道利用这些资本主义元素只是一种手段，而不是目的，也就是要在一定的框架内，在广泛的监督下使用。第二个教训，苏联的国家政党领导人逐渐蜕变了。老一代共产党领导人基本上优先考虑的还是国家未来的发展，就像是一个家庭里严厉的父亲，真正关心自己的家庭，知道这个家庭到底需要什么。但是，他们的子孙在一个非常优越的环境中成长，拥有别人没有的优越条件，更容易得到官职，这使他们很快就想用自己的地位去换取金钱和物质，他们已经受够了社会主义的各种制约。结果，苏联的高官、共产党和国家领导人联合起来背叛自己国家，他们逐渐与有钱的生意人勾结在一起。特权阶层彻底变成一个特殊的官僚阶层，一个封闭的、内部可再生的社会组织结构。总之，他们认为，在苏联社会，这样的规律在起着作用：在某种程度上，劳动人民的社会创造潜力已消耗殆尽，特权阶层（其中包括掌握着权力的党和国家的官僚）脱离了人民，不受人民监督，变成自给自足、享受特殊待遇的统治阶层。公民变成客观上意欲恢复市场化资本主义的市民，而特权阶层将官僚权力转换为资本的企图又占据了上风，特权阶层背叛了社会主义理想，而大部分小市民对这种背叛持支持态度，或者至少并不会去阻止这种背叛。到了 1991 年，他们觉得将一个大国分解为若干个小国对他们更为有利，他们更有机会攫取更多的财富。要清楚一点，高官如果不在民众的监督之下，就有可能出卖人民，利用自己的显赫地位谋取私利。这样一来，变异的社会主义制度在苏联形成并发展了起来，几乎到了极致①。

俄罗斯马克思主义批判学派对苏联的反思和批判是其理论体系中非常重要的内容，在这方面取得的研究成果也非常丰硕。该学派在其主办的左翼杂志《抉择》和《政治经济学问题》上经常刊登大量的相关文章，其代表性著作《21 世纪社会主义：后苏联批判的马克思主义流派的十四篇文章》《停滞·苏联解体前夕的潜势》《关于苏联的十个神话》等对苏联问题进行了全面系统的研究。应当说，俄罗斯马克思主义批判

① 陈红．马克思主义理论的当代价值：访俄罗斯新马克思主义流派代表人物布兹加林．马克思主义理论学科研究，2016（4）．

学派对苏联社会主义建设以及苏联解体这一重大历史事件能够进行辩证分析，对苏联社会主义建设中所取得的成就给予充分的肯定，而对于存在的弊端以及经验教训也进行了深刻的阐述，具有重要意义，尽管有一些片面的说法，但也不乏启示意义。

（五）对当代俄罗斯资本主义社会的批判和对中国特色社会主义的肯定

俄罗斯马克思主义批判学派在复兴社会主义的努力中不仅有对历史重大问题的反思，还有很重要的一个方面，即对当今社会现实的批判和关注。这主要包括对当代俄罗斯资本主义社会的批判以及对中国特色社会主义的关注。

（1）俄罗斯马克思主义批判学派对当代俄罗斯资本主义社会的批判。

在布兹加林等人看来，当前俄罗斯大部分人口依然在缺少生机活力的工厂、科研机构和财政拨款不足的国家企事业单位工作，这些人已丧失了对自己社会身份的认同。这种类型的人往往缺乏清晰表达个人利益的意识，同样也不会试图建立一个机构来保护自己的利益，他们只把希望寄托在领袖、领导和国家身上。从俄罗斯社会发展进程来看，该学派认为，当代俄罗斯社会有前资本主义残余因素存在，有“现实社会主义”官僚主义因素的影响，也有全球化背景下晚期资本主义因素，当然还有社会生活中的人道化、生态化等代表自由王国发展趋势的积极因素。这些因素交互作用，构成了俄罗斯社会发展进程中的基本样态——变形的资本主义。它在本质上是一种陈旧的资本主义关系，地方主义、本位主义明显。具体地说，在经济上，晚期资本主义的半边缘模式占主导地位，半封建形态的手工操作、附庸关系和贪污腐败掺杂其中。在政治上，对资产阶级民主基本准则形式上的遵守与波拿巴专制主义的集权相结合。在意识形态和精神生活中，主要是保守主义和教权主义。绝大多数公民的生活质量下降，社会分化明显①。总之，他们认为，俄罗斯形成了一种毫无基础、极不稳定的资本主义模式，是特殊的半边缘的资本主义，主要特点是与国家最高官僚机构结为一体的寡

---

① Славин Б. Ф.，Бузгалин А. В. Вершина Великой революции. К 100-летию Октября. М: Алгоритм. 2017. С. 1211.

头资本统治。

（2）对中国特色社会主义的关注。

关于当今世界的社会主义，特别是中国特色社会主义，俄罗斯马克思主义批判学派也给予了关注。布兹加林在《社会主义的复兴》和《资本的界限：方法论和本体论》等书中对中国特色社会主义进行了评价。他肯定中国改革所取得的成绩，认为中国近20年来一直保持着较快的经济增长速度，这使得中国跻身于世界强国。但是，他认为中国的经济也存在着矛盾，这是萌芽的社会主义与市场关系的矛盾。布兹加林把市场比喻为老虎，他说："当市场是一只被关在马戏团里驯服的老虎时，可以给主人带来荣誉、金钱和财富。但是当人没有能力驯服它，或者没有按时喂饱它，那它就会把人吃掉。"① 布兹加林的上述观点有启发意义，但有的观点仍停留在传统理论层面，没有做到与时俱进。比如，他把计划经济、市场经济和社会制度捆绑在一起，将市场经济看作判断姓"资"还是姓"社"的标准，这实际上依然是传统经济理论的观点。事实上，中国特色社会主义市场经济已经在实践层面充分证明了社会主义可以和市场经济相结合，而这在理论层面则已突破传统马克思主义经济理论实现了马克思主义经济理论的创新发展。

（六）俄罗斯当代左翼的任务和社会主义的复兴

俄罗斯马克思主义批判学派一方面对苏联模式进行历史反思，深刻总结了苏联解体的原因和教训；另一方面对现代晚期资本主义社会、当代俄罗斯社会进行了深刻的批判，并在此基础上提出当代左翼力量的时代抉择、所应承担的历史任务以及复兴社会主义的理想。该学派坚持马克思主义辩证法和历史唯物主义的基本原理，结合当今时代人类社会生活基础发生的全球性重大变化，试图构建一种不同于20世纪社会主义的新社会主义理论，努力做到反思历史，关注现实，展望未来。

（1）俄罗斯当代左翼的任务。

俄罗斯马克思主义批判学派认为，在后工业物质基础上，整个世界沿着社会主义道路前进的客观可能性越来越大。但矛盾的是，为新社会

---

① Бузгалин А. В. Ренессанс социализма：Курс лекций，прочит. в Молодеж. ун-те соврем. социализма. М.：УРСС. 2003. С. 466.

斗争的“主观因素”却很弱小。在“消费社会”中，大多数公民变成了稳定的顺从者，极大地削弱了他们革命行动的潜力。为此，该学派提出目前左翼力量所应承担的历史任务和左翼纲领的基本原则：

第一，引导经济向人道主义目标发展；致力于形成社会的、人道主义的、生态环境标准的体制，实现对经济的优先监管和战略规划，以及形成制约财团隐藏在“自由竞争”口号背后的市场统治及其对消费者操纵的其他形式。

第二，所有自然资源国有化，将自然资源租金全部用于发展；国家对所有形式的“团结经济”都予以支持；工作透明化，企业承担社会责任；员工参与管理，直至对社会问题拥有否决权。

第三，确保透明度并限制金融资本的所有交易，发展对其社会监督形式；取消最贫穷的发展中国家的债务。

第四，全面建立税收制度，征收社会最富裕阶层至少 50%的个人所得税，将这些收入用于社会发展；建立公共消费基金，解决社会问题，特别是保障就业。发展国家扶持的社会生产体系和职业技能培训体系，使其广泛服务于各类形式的社会活动。比如：失业者自行组织的、“团结经济”的，国家公共事务的以及为保证劳动力就业，将闲散工人安置在社会公益岗位的其他形式。

第五，在缩小知识产权私有制空间的条件下，扩大公益产品的生产，并加大这些产品的推广普及，包括大力普及终身教育，推广高质量、免费的卫生保健和体育运动，以及传播真正的大众文化，等等。

第六，旨在确定直接行动准则的宪法改革，这些准则确保公民直接参与管理的广泛形式（直接和基层民主）能够贯彻到政治实践中，加强社会运动和其他公民社会基层机构的作用以及减少以职业活动为基础的政治组织的作用。

（2）社会主义的复兴。

俄罗斯马克思主义批判学派从未放弃复兴社会主义的理想，该学派所提出的左翼任务和纲领可以看作该学派为复兴社会主义所设计的现实路径。该学派坚信走上新的社会主义发展轨道是可能的和合规律的，并提出了建设新社会主义的四个前提①：第一，劳动生产率和物质财富的

① Бузгалин А. В.，Миронов В. Н. Социализм-21：14 текстов постсоветской школы критического марксизма. М：Культурная революция. 2009. С. 69.

增长是社会解放的基础。第二，科学、艺术、社会创新、道德知识等各种人的创造性活动的发展是提高生产力的动力机制，也是促使社会向物质生产彼岸迈进并使人的创造性活动变成社会发展主要因素的推动力。第三，为争取社会解放而进行斗争，并通过不同阶段的斗争形成能够进行共产主义革命的主体。第四，该学派套用马克思的话来表述这第四个前提，即异化世界由自身的矛盾形成了消灭自身的力量，产生了自己的"掘墓人"。此外，布兹加林还通过阐述自由王国——新社会主义的客观趋势来说明新社会主义的主要特征①：首先，扬弃和辩证地否定资本主义和"必然王国"。其次，新社会主义的主要社会基础，是一切具有联合创造能力但却丧失在直接的劳动和社会生活中进行创造活动可能性的人，即那些下层知识分子（包括工程师、医生、教师、工会积极分子、学者、演员）。再次，"自由王国"的发展分为两个阶段：形式上的劳动解放阶段和实际上的劳动解放阶段。在第一阶段，解放和全社会的创新活动只是社会领域的一种形式，社会主要成员劳动的内容仍然是重复性的。这与资本主义发展的前工业阶段劳动对资本的形式上的从属相类似。只有随着创新活动内容的不断发展和推进，解放才会成为现实的，那时活动的内容与它的社会形式才会真正地同一。最后，社会主义是由异化的经济必然性的王国向"自由王国"转变的统一的、曲折和矛盾的进程，社会主义制度的一个简单标准就是，它应当保证比资本主义更高程度的经济绩效和人的自由和谐发展。

该学派认为，社会主义是"自由王国"的开始，而这就意味着在文化空间和时间内，人成为人本身，他逐渐清除各种形式的社会异化，获得新的社会劳动形式，提到创造性劳动的高度，人不再作为市场条件或官僚秩序的傀儡来从事社会实践活动。因而，社会主义的最高目标及意义就是塑造新人——新人的生存、活动和交流的价值及动机为其挣脱异化世界提供了可能。"为此，需创建这样的劳动、社会关系和文化空间，使人逐渐由为了'占有'而生活在人人自危、十面埋伏的战争世界中的一个自私自利的消费者，转变成为由'创造'而自由合作、和谐生活的人。这种转化的空间和时间就是社会主义。社会主义完成及向共产主义迈进的标准就是社会中的大部分成员的新的动机及价值体

---

① Бузгалин А. В.， Миронов В. Н. Социализм-21：14 текстов постсоветской школы критического марксизма. М：Культурная революция. 2009. С. 70－72.

系的确立。”①

总之，以布兹加林等人为代表的俄罗斯马克思主义批判学派批判继承和发展经典马克思主义的基本原理，并运用这些基本原理解决社会政治、经济、文化意识形态领域的现实问题，取得了丰硕的学术成果。比如，关于必然王国向自由王国转变的相关理论；阐明必然王国向自由王国转换是非线性的进程；对晚期资本主义进行了深入研究，阐述了现代资本主义体系的内容、发展趋势和发展边界；创新性地提出了 21 世纪社会主义理论，阐述当下左翼力量战略行动基本原理；等等。但是，我们也必须看到该学派的理论局限性和在当代俄罗斯时空背景下所面临的现实困境。比如，有些理论还局限在苏联原有的理论框架之内；学派中间断层很严重，影响了学派的后续发展和进一步壮大；学派的影响力、辐射力还不够；等等。

二、俄罗斯马克思主义创新学派

俄罗斯马克思主义创新学派的重要代表人物包括 В. Ж. 科列、Б. Ф. 斯拉文、Б. 卡加尔利茨基、В. Н. 舍甫琴科、В. Г. 布洛夫等。他们对如何依据俄罗斯社会发展的实际以及当代人类历史发展的新状况，正确理解马克思思想的实质，有效地阐释其思想的当代价值和意义，做出了自己的分析和阐释。下面，我们就以斯拉文的观点为例，介绍一下这一学派的观点主张和流派风格。

（一）斯拉文与马克思的“重新归来”

斯拉文是当代俄罗斯著名的政治理论家、政治评论家，哲学博士，俄罗斯政治科学院院士。斯拉文出生在伏尔加格勒，毕业于莫斯科国立师范大学哲学系，后在莫斯科大学人文系获得硕士学位。1987 年到苏共中央马列主义研究院工作，1991 年 5 月担任苏共中央社会理论与历史研究院副院长；从 1991 年秋起，到《真理报》担任政治部主任及编委会成员；自 2000 年起，担任《新生活报》的主编和《社会民主报》

① Славин Б. Ф.，Бузгалин А. В. Вершина Великой революции. К 100-летию Октября. М.：Алгоритм. 2017. С. 1202.

的责任编辑；目前是莫斯科国立师范大学教授，同时协助戈尔巴乔夫基金会开展工作。斯拉文的著述丰富，他已出版和发表著作文献多达300篇，主要以社会哲学、现代政治学、社会民主主义和社会主义理论为主题和研究方向，国际影响力较大，很多著述都被翻译到国外出版。其中比较著名的有《在社会主义之后》(1997)、《社会主义与俄罗斯》(2004)、《关于社会主义的对话》(与B. M. 梅茹耶夫合著，2004)、《马克思的社会理想》(2004)、《尚未结束的历史：M. 戈尔巴乔夫与Б. 斯拉文的对话》(2005)、《列宁对斯大林的反对：革命者的最后一次战斗》(2010)。

苏联解体后，对马克思主义的诋毁和攻讦可以说甚嚣尘上，对马克思本人及其思想观点的攻击也扑面而来。无论是持新自由主义观点的激进民主派，还是一些原本持马克思主义思想观点的意识形态专家，都开始以不同的方式、从不同的角度，对马克思主义进行批判和反诘。在《马克思的社会理想》一书中，斯拉文对苏联解体后俄罗斯意识形态领域的混乱状况，以及马克思主义所遭到的严厉指责和攻讦进行了描述。同时，作为俄罗斯现代社会民主主义的左翼，斯拉文坚定地信仰马克思的学说并确信其时代价值，在他看来，马克思的思想表现为一种特殊的“怪异之处”，这就是“越是随着时间的推移，这些思想越是具有其现实意义”①。

斯拉文指出，在“新”俄罗斯诞生之后，马克思主义所遭受的批判和攻击主要来自两个方面：一是激进民主派对马克思主义的粗暴对待，二是一些马克思主义原持有者的背叛。出现了一种非常有趣的现象，“最疯狂地反对马克思思想的恰恰是那些多年宣传马克思思想的人”②。历史上从来没有这么大批的共产党员变成反共分子。他们将马克思主义从洞悉一切的真理变成一种“恶魔式”的学说，认为在这一理论当中充斥着暴力与历史的狂妄，他们将这一学说看作苏联极权主义产生的源头，在今天加以谩骂和攻击。具体来讲，斯拉文指出，马克思主义在当代俄罗斯所遭遇的批评和攻击主要表现在：

第一，将马克思主义等同于阶级斗争学说或暴力革命理论。斯拉文

---

① 斯拉文. 被无知侮辱的思想：马克思社会理想的当代解读. 孙凌齐，译. 北京：中央编译出版社，2006：10.

② 同①9.

指出，对马克思阶级斗争理论的批评，早在马克思主义产生的时候就已经开始了。苏联解体后，关于马克思主义本质上不外是一门阶级斗争理论的说法，更是大行其道，广为散布和传播。“常常有人指责马克思宣扬革命的暴力，因而把他视为平庸的极端主义者。”① 按照这一观点，马克思主义被想象成一种“恶魔化”、“恐怖式”或者“毫无人性”的学说，将阶级斗争视为推动历史发展和前进的“永动机”，将社会历史演进看作由无休止的“暴力”、“革命”和“斗争”所推进的充满血腥和暴力的进程。对马克思主义所进行的这样一种概括和指摘，斯拉文表示不能接受，认为这种论断不仅是不准确的，而且是错误的。他强调，马克思虽然肯定阶级斗争的作用，但是他并没有将阶级斗争普遍化，并没有将阶级社会视为历史的最终目标。阶级斗争往往是群众对统治阶级经常使用的暴力的一种回应措施，与此同时，暴力革命也不是不可避免的。

第二，将马克思主义看作“宗教末世论”或“千禧王国”理论。斯拉文指出，赋予马克思主义强烈的宗教文化背景，将共产主义看作另一种版本的“人间天国”理论，这是很多当代俄罗斯人对马克思主义的认识，特别是在经历了“现实社会主义”在苏联的覆败之后，人们更加认为，苏联解体不只确证了马克思“宗教末世论”的虚妄，更确证了马克思以西方文化为背景的宗教式理想遭遇到了现实的重创。例如，俄罗斯著名持不同政见者、社会学家和哲学家亚·季诺维也夫就曾明确讲道，共产主义学说创建了马克思主义的天堂。之所以出现这种情形，斯拉文指出，这正是以尼·别尔嘉耶夫等人为代表的俄罗斯宗教哲学思想家观点的复活，将马克思主义看作一种变形的宗教理论。当然，对于这种批评，斯拉文的态度是犀利和明确的，他强调马克思对宗教的反对态度是非常清晰的，绝不能将马克思主义与宗教理论等同起来。

第三，将马克思主义视作乌托邦主义的意识形态空想。斯拉文指出，最近一段时间以来，越来越多地出现一种观点，认为马克思的社会学说，特别是他对未来的看法，“不是严谨意义上的科学理论，而是带有很大空想成分的意识形态”。马克思主义并没有证明共产主义符合社会历史发展的现实趋势，而仅仅是“预言”、“幻想”、“美化”和“空

---

① 斯拉文．被无知侮辱的思想：马克思社会理想的当代解读．孙凌齐，译．北京：中央编译出版社，2006：9.

想”了未来社会的必然到来，因而就本质而言，马克思主义不外是一种狂热的社会空想主义，缺乏科学的理论依据。对于这样一种批评和指责，斯拉文在《被无知侮辱的思想：马克思社会理想的当代解读》一书中重点予以驳斥，他强调，马克思的未来社会理论或者共产主义学说只是马克思的一种社会理想，可以将这一理想称为“真正的人道主义”。就这一理想的产生和形成来讲，它产生于现实的历史发展进程中，并不是一种毫无源头的空想；而它的真正实现，按照马克思的观点，需要建立在高度发达的生产力条件基础之上；但是，苏联社会的发展并不具备这样的历史条件。

从以上三个方面可以看出，斯拉文重点列举了当代俄罗斯人对马克思主义的批评和置疑，描述了马克思主义在今天的俄罗斯所受到的抨击和指摘。但即便是在这种情况下，斯拉文依然相信马克思主义的科学性和理论价值。他强调，“只要资本主义存在，能够最深刻理解资本主义的马克思主义就具有生命力”①，马克思主义就仍然具有其不可超越的价值。因此，他确信，“俄罗斯马上就会意识到，马克思必然会重新归来”②。

（二）马克思的社会理想

针对苏联解体后很多人将马克思主义视为乌托邦理论或不切实际的空想，斯拉文将自身讨论的重点放在了对马克思社会理想问题的研究上，强调这一理想不仅是可以实现的，而且具有历史必然性。“马克思主义的批评家们认为，社会主义只能成为或者理想，或者科学。他们认为，科学社会主义是‘木头的铁’，是不存在的东西。科学从来不考虑‘应有’这个问题，不能提出各种理想。科学与道德、科学与应有是完全不同的，是不能相容的东西。”③ 但是实际上，斯拉文指出，存在与应有之间的区别并不是绝对的；科学虽然首先应当研究存在的、真实的东西，但是应有的东西并不总是和存在的东西相矛盾，应有完全可以成为存在的事物的自然表现和继续；不仅如此，应有的事物恰恰产生于存

① 斯拉文．被无知侮辱的思想：马克思社会理想的当代解读．孙凌齐，译．北京：中央编译出版社，2006：14.

② 同①104.

③ 同①17-18.

在的事物当中，是未来的一种存在。斯拉文主张，马克思的社会理想正是具有这样一种性质，它不是脱离生活或超越生活的理想，而是未来在现实中的雏形。“这是发展过程中出现的社会生活，是社会生活成熟和完善的形式。”① 因此，马克思的社会理想不仅不具有空想性质，相反，它恰恰发端和产生于人类的现实生活，是对现实生活固有矛盾的解决，是对现实生活异化状况的“扬弃”。

首先，马克思的社会理想具有人道性质。斯拉文指出，苏联解体后，有关马克思主义是一门暴力学说的观点广为流行，“人们对马克思进行大肆诽谤，在他们看来，苏联出现古拉格群岛也是马克思的过错，《资本论》的作者几乎成了当代世界恐怖主义的根源，马克思在内心深处是一位反犹太主义者”②。斯拉文指出，这样一些言论实际上体现了对马克思学说的充分无知。无论是就马克思社会历史学说的出发点——人的现实劳动而言，还是就马克思社会历史学说的最终归宿——他的社会理想理论而言，马克思实际上都是非常关注人的，在对人类社会和历史发展进行分析时，马克思所遵循的恰恰是非常人道的观点。“从最普通的形式上看，马克思的社会理想意味着在未来能够实现每一个人的自由与解放的‘人类社会’或‘社会的人类’。”③ 这一社会的实现，作为人类史前阶段的结束和真正的自觉创造的历史的开始，是以人的最终价值实现为目标的，在本质上，它是与暴力、胁迫、恐怖、压制等相反对的。

其次，马克思的社会理想与历史发展“三形态”论。斯拉文指出，人的观点，不仅是马克思看待未来理想社会的核心观点，而且对于整个人类历史的发生和发展来讲，都是核心的观点。正是以人发展的不同样态为依据，马克思将人类社会历史发展划分为三个大的阶段，分别是人群共同体阶段、以物的依赖性为基础的人的独立性发展阶段和自由个性全面发展的阶段④。斯拉文强调，关于马克思，当前有两个代表性的观点：第一个是传统的观点，也就是把历史视为五种著名的历史社会形态

---

① 斯拉文．被无知侮辱的思想：马克思社会理想的当代解读．孙凌齐，译．北京：中央编译出版社，2006：2.

② 同①15.

③ 同①2-3.

④ 马克思，恩格斯．马克思恩格斯文集：第8卷．北京：人民出版社，2009：52.

的替代过程，这种观点在目前正在受到所谓“文明观点”的激烈批评。第二个是更普遍的历史的观点，是与人的发展的三个阶段联系在一起的著名的三段论：从过去人的不自由，经过今天物质的依附，走向未来的人的自由。这个具有深刻人道主义内涵的历史观既是马克思社会形态理论的深刻的哲学基础，也是马克思关于无产阶级历史使命的思想，即实现自由的人的社会的深刻哲学基础。也就是说，历史归根结底是人们通过消除劳动、财产、权力和文化的异化从不自由走向自由的运动。

最后，马克思的社会理想并不意味着“历史的终结”。与西方一些学者所主张的“历史的终结”的观点相反，斯拉文强调，马克思的社会理想理论仅仅是关于人类历史真正开始的理论，是明确地与“历史的终结”的理念相反的：“必须再一次强调，马克思并没有把实现自己的‘在自由的人的社会中’的‘自由的个性’这一社会理想同历史的‘结束’联系在一起，恰恰相反，是同历史的‘开始’联系在一起的。”马克思的“史前时期”概念包括阶级社会之前的社会和阶级社会，而“真正的历史”概念则指的是资本主义之后的更高级的、以每个人自由而全面发展为基本原则的社会形式。只有到了这一阶段，人们才能自觉地创造属于自己的历史，才能不再为偶然性所主宰，才能完全控制自己与自然界的关系以及人与人之间的关系，真正的人类历史也才刚刚发端和开始。

在论述了马克思社会理想的真实性、突出了马克思社会理想的非乌托邦性质之后，关于如何实现这一社会理想，马克思社会理想的实现又需要有哪些条件和因素作为保障、需要具备什么样的历史前提等一系列问题，斯拉文从三个方面进行了重点强调：一是人们劳动性质的转换。在斯拉文看来，对马克思社会历史理论的理解，首先需要把握的一个范畴或者说核心范畴，就是劳动范畴。但是，与只看到劳动积极一面的黑格尔不同，马克思还看到了劳动的消极一面，看到了异化劳动、强制劳动的存在，以及与之联系在一起的对抗性社会制度，特别是资本主义制度。因此，马克思在审视人类历史时，主要是从劳动的性质角度出发的，只有在人们摆脱异化的劳动状态，不再将大部分时间用在满足自身肉体生存需求的条件下，才是创造性劳动开始的地方，人们才能走出必然王国的限制，进入“自由王国”的彼岸。二是发达的生产力前提和基础。斯拉文指出，马克思所讲的“自由人联合体”社会的到来，首先是以发达的社会生产力条件为前提的。早在《德意志意识形态》中，马克思就曾讲到，这个社会不能建立在技术经济落后和不发达的基础上，只能以高度发达的生产力为基础，共产主义不是地区和民族性的现象，而只能是具有国际性的全球现象，否则，就只会有贫穷的普遍化，以及在极端贫困的情况下，又会重新开始争取必需品的斗争。三是自由时间的获得。斯拉文指出，随着人们劳动性质的转换，不是个人劳动、直接劳动而是社会劳动成为整个社会的基础，并且当劳动工具发展成为“自动化”的过程，当自然力开始服从于社会智力的时候，那么，这就将为满足个人的和社会的需求创造必要的条件，人类历史将第一次有可能摆脱资本、竞争等异化力量的束缚，达到每个人自由而全面发展的社会。“随着时间的推移，自动的机器体系成为资本发展最高阶段表现的典型形式……这时……已经不是按照‘劳动’时间的规定，而是按照‘自由时间’的规律工作了。”① 正是自由时间的出现，为个人及其能力的充分发展创造了前提，使人在艺术、科学等方面得到发展。

综上所述，斯拉文在《被无知侮辱的思想：马克思社会理想的当代解读》一书中，对马克思的社会理想理论进行了挖掘，强调马克思的社会理想并不是历史的空想，而是产生和发端于历史现实的存在，将随着人们劳动活动性质的转变、自由的创造性劳动的生成，以及社会生产力的高度发达和人们自由时间的出现而出现。并且，未来理想社会作为“真正的人道主义”社会，它的核心内涵是“自由人联合体”，虽然人们一般将这一社会称为共产主义社会，但事实上，共产主义只是人们推进和达成这一社会的一种现实运动，未来理想社会的本质内涵主要是其人道的和自由社会的内涵。可以看到，在这部著作中，斯拉文主要针对人们将马克思极权化、暴力化的指责，突出强调了马克思社会历史理论的人道性质，在这一点上，斯拉文对马克思学说性质的定位，明显地受到了当代西方马克思主义人本主义流派的影响。但同时也应该看到，斯拉文对马克思学说人道主义性质的强调，并没有否定马克思的社会历史发展规律理论。对马克思的劳动实践观点，以及生产力与生产关系矛盾运动的规律，斯拉文都给予了充分的重视。

---

① 斯拉文．被无知侮辱的思想：马克思社会理想的当代解读．孙凌齐，译．北京：中央编译出版社，2006：57-58.

（三）对官僚主义的社会主义模式和激进民主派的批判

作为当代俄罗斯马克思主义的代表人物之一，斯拉文对苏联社会主义模式的批判以及对新自由主义的激进民主派的批判，也构成了他新社会主义思想的重要内容之一。

（1）苏联社会主义模式及其实质。

斯拉文并不反对将苏联时期的社会主义称为社会主义，认为它是20世纪早期社会主义革命的第一个产物，但他强调，这种社会主义与马克思和列宁所阐述的社会主义有着本质的不同，这个模式远不是马克思和列宁著作中所阐述的那个社会主义社会的理想——最人道和最民主的制度。斯拉文将苏联模式社会主义的特点主要概括为三个方面：其一，它是致力于在一个单独国家建立社会主义的模式，认为社会主义是可以在一个国家进行和实现的。其二，它是在一个带有很多中世纪残余的、具有多种经济成分的国家建设社会主义，这一点必然反映在苏联国家的经济政治政策上。其三，由于苏联社会主义是在残酷的国内战争中诞生的，因此这必然会在它的政权性质和工作方式上留下印记。带有这三个特点的社会主义，斯拉文将其本质概括为“国家官僚主义的或‘兵营式’的社会主义”。这样一种形式的社会主义，由于它完全忽视世界资本主义的经验，因此它主要是以“兵营式”的方式、自上而下的方式建立起来的社会主义，命令和集权是它的一个基本特点。“我们可以给苏联社会主义模式下一个定义：这是国家官僚主义的或‘兵营式’的社会主义模式。这个模式的本质是对社会的经济生活、社会生活和精神生活实行高度的中央集权和严格的管理，缺少真正的市场关系，国家机构占主导地位，实行一党制，占统治地位的意识形态教条化，生活、教育和文化方式形式化。”① 斯拉文指出，这样一种国家官僚主义的社会主义模式通常也被人们称作一种动员式的社会主义模式，因为它能够在战争之前、战争之中、战争之后的历史时期发挥有效的社会作用。同时，他强调，这一模式也并非铁板一块，从未发生任何改变和动摇。事实上，这一模式经历了其政治发展的不同阶段，它以斯大林时期残酷镇压的集权制度开始，以赫鲁晓夫“解冻时期”和戈尔巴乔夫改革时期的

---

① 斯拉文．被无知侮辱的思想：马克思社会理想的当代解读．孙凌齐，译．北京：中央编译出版社，2006：122-123.

“民主化”革新尝试而宣告结束，也就是说，这一模式本身也是在不断地改变和调整着。

关于苏联模式社会主义的历史作用，斯拉文主张辩证地看待，不能予以全盘否定。“应该指出的是，虽然‘旧’社会主义具有官僚主义的甚至是‘兵营式’的性质，但它仍然解决了很多复杂的社会经济问题，包括实现工业化，使公民的物质保障达到世界平均水平，实现劳动、休息、教育和医疗保障的现实权利，使广大居民能够享受到科学和文化的成果，等等。”① 但是，斯拉文指出，历史最终证明，苏联的社会主义模式没有经受住时代的挑战，在快速兴起的科技革命面前，在与进入后工业时代的当代资本主义的竞争过程中，它最终败下阵来，走向了解体和失败。

那么，到底是什么原因导致苏联现实社会主义的模式破产呢？斯拉文提出，主要原因在于四个方面：“第一个原因是，社会主义没有在经济上战胜资本主义，也就是说，社会主义没有达到更高的劳动生产率，而这正是列宁提出的社会主义先进性和生命力的最重要的标准。第二个原因与第一个原因联系在一起。社会主义没有为劳动人民提供比发达资本主义国家更好的生活水平。第三个原因，看起来也是最主要的原因是，在我们国家建成的这种社会主义并不是这个词真正意义上的民主的社会主义，因为，政权脱离了劳动人民，并且首先代表的是党和国家官僚的利益。所以，这就是为什么在 1991 年‘八一九’事件中没有人支持这个党内官僚阶层，或称为党内权贵分子的原因。最后一个原因是，高举‘社会主义完全彻底胜利’理论旗帜的苏联共产党仍然是一个教条主义的政党，这个党不仅在实践中曲解了马克思列宁主义关于社会主义的思想，而且也没有让这个思想得到进一步的发展。”② 斯拉文指出，由共产党人所犯的这些错误最后不可能不被外部力量所利用，所以到最后八月政变的发生就成为不可避免的，苏共为自身的历史失误付出了巨大的代价。

虽然苏联模式的社会主义或者说国家官僚主义的社会主义失败了，但斯拉文认为，这并不意味着社会主义思想本身被消灭了。斯大林采取

---

① 斯拉文．被无知侮辱的思想：马克思社会理想的当代解读．孙凌齐，译．北京：中央编译出版社，2006：123.

② 同①123－124.

暴力手段来达到自身所要实现的目标，他将历史上的暴力作用绝对化，这实际上使马克思的学说失去了其基本的人道主义核心。但是，斯拉文认为，这并不意味着马克思的共产主义学说是错误的，同时也不意味着社会主义就此失去了价值。他相信，对马克思的社会主义学说还可以进行其他版本的阐释，以使其能够适应俄罗斯的当下现实并推动其历史发展。

（2）激进民主派的理论和实践。

苏联解体后，伴随激进民主派的上台，苏联共产党被取消，所有同马克思主义研究和教学相关的科研和教育机构也都被关闭，马克思的学说开始遭受大肆攻击。之后，以哈耶克为代表的新自由主义学说和以弗里德曼为代表的货币主义理论开始大行其道，并以此为标志，推开了新俄罗斯的经济改革进程。但是很快，斯拉文指出，这场由改革家们所开启的新自由主义改革遭到了重创。在货币金融领域，斯拉文指出："众所周知，马克思在研究货币和货币流通理论时证明，货币本身不可能引起商品生产的活跃，相反，只有增加市场上的商品数量，才能巩固货币体系，减少通货膨胀。我们的改革家们忽略了政治经济学经典作家的这个意见。他们以为，不提高生产就能实现金融和金融流通的稳定，结果不仅没有减少通货膨胀，反而彻底摧毁了整个金融体系。"① 在价值自由化改革方面，斯拉文指出，这一改革实际上也带来了同样的后果。由于这一改革是在俄罗斯经济高度垄断的条件下实施的，并且这种垄断不仅涉及一般的国家所有制形式，也涉及工艺过程本身，因此它所带来的结果就不仅导致了劳动人民的破产，使人民一生积累的积蓄在顷刻之间化为乌有，同时它也使国有企业的商品生产速度变慢，导致了很多企业的停产和关闭。当然，在这一过程中，新资产阶级通过对人民的剥夺而完成了自身野蛮的资本积累过程。

斯拉文指出，这样一场以私有化为性质的改革，最终必然导致对经济的摧毁，并最终为人民所摒弃，其原因主要有两条：第一，他们完全取消了国家干预的作用，对原本可以发挥积极作用的国家成分进行了彻底的取缔。第二，他们只注重对所有者性质的改变，并没有改变生产本身的性质。在这一点上，斯拉文认为，新自由主义的改革家们实际上重

---

① 斯拉文．被无知侮辱的思想：马克思社会理想的当代解读．孙凌齐，译．北京：中央编译出版社，2006：104.

犯了极端布尔什维克的错误，他们在不考虑社会工艺条件的情况下，就仅仅希望通过所有制形式的改变来推动经济发展。“但是，正如马克思不止一次地指出的那样，所有制形式不可能高于或低于自己的工艺基础。在相反的情况下就会出现生产的停滞或崩溃，现在我们在我国看到的就是这种情况。”① 对以叶利钦、盖达尔等人为代表所进行的自由化改革，斯拉文明确地表达了拒绝和批判的态度。

斯拉文指出，事实证明，虽然在苏联解体的过程中，上述自由主义的价值曾经被俄罗斯人接受，但是，在经历了经济的快速下滑、人民生活的困顿以及社会的动荡不安之后，人们开始对激进派改革家所提出的改革模式提出批评，认为它带给俄罗斯社会的实际上是一种野蛮的和不文明的资本主义。对这种资本主义俄罗斯人普遍表达了自身的不满，对此，斯拉文形象地予以描绘，他讲道：在 1991 年苏联解体时，一对参加游行的俄罗斯父子曾打出“社会主义——死路一条，资本主义——真正的生活”的口号，但是仅仅在 3 年之后，这对父子就在游行中打出了“资本主义——臭狗屎”的口号。这意味着，面对新自由主义给俄罗斯社会带来的新一重灾难，人们不得不重新开始寻找新的价值。斯拉文主张，在新的历史条件下有必要重新恢复马克思思想的真正内涵，在俄罗斯社会探寻新社会主义——民主主义的社会主义的实现方式。

（四）新社会主义的内涵和理论特征

无论是国家官僚主义的社会主义，还是激进民主派所实行的以新自由主义为主导的资本主义，斯拉文认为，都不适合俄罗斯的社会情况和生产力发展状况。在对以上两种理论和实践选择进行批判的基础上，斯拉文主张继承马克思主义的思想传统，同时借鉴列宁的新经济政策思想资源，推动新社会主义运动在俄罗斯和当代社会的发展。

在马克思的社会主义理论诞生之后，斯拉文认为，它在现实中所进行的第一个试验就发生在俄国。但是，这场试验并非只有斯大林模式一种，实际上还存在另外一种，也就是列宁模式。后者虽然在现实中推行的时间较短，但它却实现了对马克思社会主义思想的继承和发展，特别是在经济文化落后国家的发展。因此，斯拉文明确表明自己的观点：

---

① 斯拉文. 被无知侮辱的思想：马克思社会理想的当代解读. 孙凌齐，译. 北京：中央编译出版社，2006：105.

“我遵循的是经典作家的范式，拥护马克思时代创建的、他去世之后由列宁、葛兰西、卢卡奇以及其他有创造性的马克思主义者继承下来的社会主义观。”① 具体来讲，这是一种什么样的社会主义观，一种什么样的社会主义实践模式呢？

与苏联模式通过国家官僚主义方式“自上而下”地建立社会主义，并且忽视世界资本主义的经验，试图在一个国家建立社会主义不同，斯拉文认为，列宁模式要求在仔细研究和利用发达资本主义国家所有好经验的前提下，在广泛自治的基础上，“自下而上”地建立社会主义，并且是在经济文化较为落后的国家建设社会主义。就列宁模式的本质而言，斯拉文认为，它是与马克思的社会主义概念相符合的。因为按照马克思的观点，社会主义在本质上是一种“后资本主义社会”，因此，社会主义应当有比资本主义发展水平更高的生产力和生产效率，应当比资本主义更加人道、更加民主。但所有这些思想在苏联模式中都很难找到，而在列宁模式中却已经存在。在停止实施战时共产主义政策之后，列宁在全社会推行新经济政策，允许发展国家资本主义、小私有经济和消费合作社，从而极大地刺激了社会生产力的发展；同时，列宁没有将社会主义同民主对立起来，而是使社会主义更加民主。因此，如果在俄罗斯的国家历史上，长期占主导地位的不是斯大林模式，而是列宁模式，那么历史就有可能被改写，俄罗斯社会的发展就有可能出现另外一种情形。

历史从来不可以被假设。斯拉文指出，虽然列宁模式的社会主义在俄罗斯历史上只进行了短暂的实践，但对于今天来讲，特别是在俄罗斯社会经历了苏联模式的覆灭和新自由主义模式的失效之后，有理由重新重视列宁模式的启发意义和借鉴价值，推动俄罗斯新社会主义的发展。具体来讲，由斯拉文所构建的并且应当成为左翼民主力量精神武装的新社会主义模式，主要包含以下一些轮廓和基本特征：

第一，新社会主义在性质上是一种后资本主义社会。由此，它将汲取并保留自己的历史发展前身——资本主义的发展成果，无论是经济、政治、社会还是思想文化领域的发展成果，而不是弃绝或者排斥、否定这些成果。

---

① 斯拉文．被无知侮辱的思想：马克思社会理想的当代解读．孙凌齐，译．北京：中央编译出版社，2006：107.

第二，新社会主义具有自身的工艺和技术基础。与国家官僚主义的社会主义的技术基础不同，斯拉文强调，新社会主义的出现一定是建立在新的工艺和技术基础之上的。"'新社会主义'的工艺基础是同灵活的工艺规程、机器人的发展联系在一起的。总之，这里谈的是工艺的后工业性质和信息性质。只有这种工艺才能为创造出比传统的资本主义社会更高的劳动生产率准备物质条件。"①

第三，新社会主义以多元化的所有制形式为自身的经济基础。原则上，斯拉文强调，新社会主义所要采取的所有制形式应当以能够创造出比资本主义更高的劳动生产率同时消除劳动人民的异化为标准，按照这一标准，社会主义者倾向于采取集体所有制或公有制的所有制形式。但在经历了苏联社会主义的实践之后，斯拉文强调："最终我们应该明白，所有制及各种所有制形式并不是盲目凭空地设计出来的，而是生产发展的手段：如果它们刺激生产的发展，它们就是进步的，就是被历史证明正确的，相反：如果它们阻碍生产的发展，就应该作为历史的废弃物而抛弃它们。"因此，对于某一个国家、某一个领域的发展来讲，到底采取哪种所有制形式，要根据具体情况来进行，要将是否促进社会生产力的提高作为根据。依据此标准，斯拉文强调，现代社会主义者应该在自己的经济政策中承认所有制形式的多元化。因为世界发达国家的历史和实践证明，最稳定的经济是利用各种能够刺激生产的所有制形式的经济，所有制形式无论是私有制、国有制还是集体所有制。因此，根据效率与社会公正性对这些所有制形式合理地加以平衡才是最重要的。

第四，新社会主义具有"生态社会主义"的性质。斯拉文指出，新社会主义就其人道主义本质来讲，并不排斥人与自然之间的和谐与统一，它致力于在民族和国际舞台上积极地为人和人类的生存创造良好的环境，因此，新社会主义同样具有"生态社会主义"的性质。"社会主义的国际主义本质要求它必须积极行动，防止核战争的爆发，防止工业肥料污染周围环境，创造周边的安全环境，等等。从这个意义上说，'新社会主义'为致力于保护健康的生存环境的所有国家和社会政治运动的合作创造了条件。"②

① 斯拉文. 被无知侮辱的思想：马克思社会理想的当代解读. 孙凌齐，译. 北京：中央编译出版社，2006：125.

② 同①126.

第五，新社会主义应当重视社会事业的发展。斯拉文指出，在社会建设方面，新社会主义应当注重吸收借鉴发达资本主义国家安排社会事务的经验，为绝大多数人，为社会中的大部分人提供良好的社会环境，使他们在解决住房、医疗保健、退休保障和其他社会保障方面的问题时，能够享受到更多的社会成果，包括社会福利方面的发展成果，这样一种社会环境将为每个人的具体发展提供有效的支撑。

第六，新社会主义致力于实现广泛的社会民主。对新社会主义所主张的政治治理模式，斯拉文也进行了明确的说明。他指出，新社会主义有必要继承西方国家广泛的和各种各样的民主改革经验，包括在工人为争取自己的经济权利和政治权利而进行的阶级斗争的影响下所进行的各种改革，因为社会主义自己并不会自动地提供民主尤其是纯粹的无产阶级民主。对西方政治文明的有效成果，包括议会斗争、政治多元化、思想言论自由等等，不能武断地加以排斥，科学思想只有在进行生机勃勃的竞争和全面抛弃教条主义与经院哲学的情况下，才有可能确立并实现顺利的发展。在这一意义上，斯拉文主张新社会主义在政治治理模式上应当采取多元化的方式，实现政治和意识形态领域的多元发展。

第七，新社会主义保留自身的国际主义性质。斯拉文强调，新社会主义社会同时也是一个对外部世界开放的社会，是一个同其他所有社会和国家进行商品、人员和思想交流的社会。与苏联和东欧国家过去的发展不同，新社会主义社会不是闭关自守、与世隔绝的社会，而是同世界各个民族和种族保持密切关系与合作的社会。同时，在民族政策上，新社会主义社会实行民族平等政策，在公正的基础上，各个民族之间相互交往和保持联系。

以上，从七个方面，斯拉文对他所倡导的新社会主义思想进行了表述。斯拉文强调，这一新社会主义思想，就其实质和内涵来讲，是一种“人道的民主的社会主义”。一方面，斯拉文指出，这一“人道的民主的社会主义”，是作为对斯大林式的社会主义的反对而存在的，是与暴力、极权、非人道等等相区别的。就历史渊源来讲，它发端于 20 世纪 20 年代列宁开始实施新经济政策的时期，在后来的“解冻时期”和以人道、民主为目标的“改革时期”进一步得到发展。到今天为止，在经历了新自由主义的失效之后，要想解决当代俄罗斯社会发展一系列纷繁复杂的问题，斯拉文强调，仍然需要坚持“人道的民主的社会主义”方向目标，重新恢复经典马克思主义所理解的社会主义的尝试。“今天，完全有理由认为，新的左翼民主主义运动在世界和俄罗斯逐渐成熟起来，民主和社会主义相结合的思想将会被接受……我相信，这种运动迟早会走向通往以马克思主义为代表的人类思想史指出的社会理想的大道”①。可见，斯拉文所力主的社会主义，或者他所理解的社会主义，与北欧模式的民主社会主义有着较强的相似特征，同时，它是作为戈尔巴乔夫所倡导的“人道的民主的社会主义”的余脉而存在的，是在新的历史条件下仍然坚持民主社会主义的改革路径和主张。另一方面，斯拉文强调，这一“人道的民主的社会主义”同时是作为未来理想社会的现实萌芽而存在的。这一萌芽在资本主义和资本主义后社会的内核中产生出来，作为资本主义社会的对立面而出现。随着社会的进一步发展，它将不断地开花结果，推动社会朝着更加理想的方向前进。

进入 21 世纪之后，斯拉文指出，自动仪器、电子技术等等的发展，以及自然科学与人文科学有机互动的增强，同时伴随着体力劳动不断被驱除出生产领域，已经一定程度上为“人道的民主的社会主义”的生成创造了条件。斯拉文坚信，社会主义是伟大的思想，它属于未来，而不属于过去，对于今天来讲，无论是极权专制的思想，还是自由主义的思想，都不会有未来，但是马克思主义作为汲取了历史上自由主义和集体主义精华的思想，作为一种真正“人道的民主的社会主义”，它一定会实现。虽然“我们也看到，我们离那个最终目的、那个被马克思称为‘每个人的自由发展是一切人的自由发展的条件’的‘联合体’的社会理想还相当遥远”②。

总体而言，就学术思想和政治立场而言，斯拉文属现代社会民主主义思想的左翼，既认同政治民主的价值主张，同时又持明确的新社会主义政治立场，主张继承和发扬马克思的人道主义思想传统，在当代俄罗斯社会条件下，走出一条既不同于苏联国家官僚主义的社会主义道路，也不同于激进民主派的新自由主义道路，同时也与欧洲社会民主主义有别的新社会主义之路。可以看到，在斯拉文的思想观点中，对马克思人道传统的维护、对国家官僚主义和激进民主派的批判，以及对当代俄罗

① 斯拉文．被无知侮辱的思想：马克思社会理想的当代解读．孙凌齐，译．北京：中央编译出版社，2006：115.

② 同①63.

斯新社会主义道路的探寻，构成了其最重要的三个核心方面。其中，在对当代俄罗斯新社会主义发展道路的探寻方面，斯拉文主要强调应当根据俄罗斯社会发展的实际，特别是经济社会发展不发达的实际，继承列宁新经济政策的思想成果，并借鉴当代中国发展的经验，走一条在所有制关系上发展“多元”的道路，因此，斯拉文构成了当代俄罗斯马克思主义创新学派的重要代表。

第十九章　俄罗斯马克思主义的文本学派与文化学派

在马克思主义文本学研究方面，苏联时期曾经取得过重要成就，做出过重大贡献。苏联解体后，当代俄罗斯马克思主义文本学派的重要代表巴加图利亚等人，坚守马克思主义的思想立场，继续从事马克思主义文本学研究，在马恩著作文献的整理、编撰、研究和出版方面取得了新的进展。此外，从文化视角理解马克思主义的内涵和实质，是当代俄罗斯马克思主义研究所呈现的另一个特点，形成了以梅茹耶夫为代表的俄罗斯马克思主义文化学派。

一、梁赞诺夫、阿多拉茨基与苏联马克思学传统

20 世纪二三十年代，在列宁本人的首倡与支持下，由梁赞诺夫、阿多拉茨基先后担任院长的马克思恩格斯研究院，以及后续的相关研究机构，先后出版了《黑格尔法哲学批判》《1844 年经济学哲学手稿》《德意志意识形态》等著作。20 世纪 40 年代，马列主义研究院（原马克思恩格斯研究院）的工作又促成了《马克思恩格斯全集》历史考证版第一版（MEGA1 版）的诞生以及《马克思恩格斯全集》俄文一、二版的问世。

在苏联马克思学和马克思主义文本学研究方面，梁赞诺夫一直被视为最重要的开拓者和奠基人。早在十月革命前，梁赞诺夫就已经开始致

力于对马克思著作的收集、编辑、出版等工作，并将研究的重点放在1851年之后马克思在欧美所发表的报刊文章上。1917年，在此前工作的基础上，梁赞诺夫出版《马克思恩格斯著作集：1852—1862》。这套文集的出版具有非常重要的意义，为梁赞诺夫进一步从事马克思和恩格斯全部著作与文稿的编撰工作积累了经验，为其展开后续浩繁的《马克思恩格斯全集》历史考证版第一版工程奠定了基础。

1921年，根据列宁将全部马克思和恩格斯文献遗产集中到莫斯科的建议，俄共（布）中央委员会成立了专门的机构——马克思恩格斯研究院，对马克思和恩格斯的著作、手稿、书信等进行系统的收集、整理、编撰和研究，梁赞诺夫担任首任院长，阿多拉茨基是其继任者。在俄共（布）中央委员会的大力支持下，研究院通过购买、接受捐赠、影印等形式，收集到大量马克思、恩格斯、列宁等人的原始文献原件，并同时开始了对这些文献的整理、编撰和出版工作。

1924年，根据俄共（布）第十三次代表大会的决定，研究院开始着手进行《马克思恩格斯全集》（俄文第一版）的编辑出版工作。1927年，《马克思恩格斯全集》德文版第1卷问世发行。到20世纪30年代初，经过艰辛的收集，马克思恩格斯研究院保存的档案中已有1.5万多份原始手稿和1.7万多份复印件。这一时期，苏联马克思恩格斯研究院当之无愧地成为马克思和恩格斯著作档案收藏和研究的中心。后来，由于梁赞诺夫受到攻击迫害以及德国纳粹法西斯上台，马克思和恩格斯著作文献的编辑出版工作受到很大程度的破坏，卫国战争的开始，更使这一工作暂时停止和中断。但是，这一时期的工作仍然取得了巨大的成就，并产生了巨大的国际影响。这其中最为著名的就是1927年由苏共（布）中央马克思恩格斯研究院发表的《黑格尔法哲学批判》（又称《克罗茨纳赫手稿》），以及1932年由更名后的马列主义研究院出版的《1844年经济学哲学手稿》和《德意志意识形态》。这几部著作的问世和出版，不仅直接推动了国际范围内的马克思主义研究，并间接地导致“两个马克思”争论的产生，促成了西方马克思主义内部人本主义马克思主义学派和科学主义马克思主义学派的出现。

虽然对马克思和恩格斯文本的编撰与研究工作曾经中断，但到20世纪60年代中期，由马列主义研究院编辑出版的马克思和恩格斯著作文献还是具备了基本的规模。主要的成果有《马克思恩格斯全集》历史考证版第一版（德文原文版）11 卷（12 册）、《马克思恩格斯全集》俄文第一版 29 卷、《马克思恩格斯全集》俄文第二版 50 卷和《马克思恩格斯全集》英文版 50 卷。这些成果的取得，特别是《马克思恩格斯全集》历史考证版第一版的问世，对国际马克思学研究以及对马克思主义精神实质的研究产生了重要的影响，甚至是具有颠覆意义的影响。它提示人们，以往正统马克思主义者对马克思学说内涵的理解有可能是不确切的，至少是不全面的。随着对马克思和恩格斯文本研究的深入，马克思学说的实质和内涵获得不断丰富的呈现。同时，《马克思恩格斯全集》历史考证版第一版的诞生以及《马克思恩格斯全集》俄文第一、二版的问世，对中国学者的马克思主义研究以及官方意识形态的宣传和普及也是至关重要的。众所周知，《马克思恩格斯全集》中文 50 卷本的翻译就是依据《马克思恩格斯全集》俄文第二版进行的。在很长一段时间内，它对于中国人认识和把握马克思的思想起到了决定性的作用。

当然，《马克思恩格斯全集》历史考证版第一版以及《马克思恩格斯全集》俄文第一、二版的编撰也不是没有问题的。例如，以《德意志意识形态》为例，在“I. 费尔巴哈”一章的编撰过程中，就存在手稿文本因肆意编撰而被强行分割的情况，因语句前后位置颠倒而影响了对文本的理解。这样，在《德意志意识形态》一书问世 30 多年后，到了 20 世纪 60—70 年代，国际学术界出现了对这一文本进行重新编撰的需求。包括巴加图利亚（1965）、广松涉（1974）等在内的一些知名马克思主义文献学家纷纷提出了自己的修改方案。正是在这样的历史背景下，对《马克思恩格斯全集》历史考证版第一版进行修正以及重新编撰新版的任务就明确地提了出来。

自 20 世纪 60 年代起，莫斯科与柏林的两个马列主义研究院正式开始了《马克思恩格斯全集》历史考证版第一版的再版工作，计划到十月革命一百周年时，出版《马克思恩格斯全集》共计 170 册左右。但到 20 世纪八九十年代，由于民主德国的消亡和苏联的解体，《马克思恩格斯全集》新版的编撰出版工作由于两国研究院的解散而受到极大影响，资金来源也出了问题。后来，在德国、俄罗斯、日本等一些国家的历史学家、经济学家和哲学家的共同努力下，从 1990 年起，《马克思恩格斯全集》新版的编撰工作开始由国际马克思恩格斯基金会领导，主要工作中心设在阿姆斯特丹、柏林、莫斯科和特里尔。按照《马克思恩格斯全集》历史考证版国际编委会的计划，新版预计编辑122卷，共计约240册。自1975年至今，已经出版了54卷共计101册，目前还有40卷约80册正在德国、俄罗斯、日本、法国、荷兰、丹麦、美国等国家进行编辑，以待出版。

在这一浩繁而且艰巨的编辑出版工作中，以巴加图利亚为代表的俄罗斯马克思学家一直承担了比较重要的工作。不仅在苏联时期巴加图利亚就在马克思主义文献学研究方面做出过重要贡献，而且在苏联解体之后，巴加图利亚也一直作为《马克思恩格斯全集》历史考证版国际编委会的重要成员而工作，为马克思主义的文本学研究奉献了毕生的精力。目前，以巴加图利亚为代表、在俄罗斯国家社会政治历史档案馆工作的"五人小组"，继续进行着马克思主义哲学和政治经济学的文献研究和思想研究工作。在当代俄罗斯，他们构成了一个独特的同时有着深厚历史传承的学派——马克思主义文本学派。

二、巴加图利亚与马克思主义文本学派

巴加图利亚是当代俄罗斯马克思主义文本学派的主要代表，国际著名马克思学家，历史考证版国际编委会主席之一，哲学博士，社会哲学家。目前在俄罗斯国家社会政治历史档案馆工作，同时担任莫斯科大学政治学系教授。

1952年，巴加图利亚毕业于莫斯科大学哲学系，所学专业为逻辑学。大学毕业后，巴加图利亚即进入苏共（布）中央马列主义研究院，在马恩室从事经典著作的编撰和研究工作，是《马克思恩格斯全集》第二版（50卷本）的主要筹备者之一。1981—2000年，巴加图利亚领导了《马克思恩格斯全集》历史考证版（MEGA2版或原文版）在苏联和当代俄罗斯的工作。这一工作先是在苏共中央马列主义研究院进行的，1992年后，在俄罗斯国家社会政治历史档案馆继续加以开展，经费主要由国际马克思恩格斯基金会（中心在阿姆斯特丹和柏林）提供。目前，在国际范围内承担MEGA2版编辑出版工作的研究中心主要有四个，分别在阿姆斯特丹、柏林、莫斯科和特里尔。其中，俄罗斯参加这项工作的研究人员主要有五个，被称为"五人小组"，组长由经济学家

Л. Л. 瓦西纳担任，成员除巴加图利亚以外，还包括 О. К. 科拉列娃、Л. Г. 邱尔巴诺夫和 Ю. 罗伊亚娜。在 MEGA2 版共计 122 卷的繁重编撰任务中，他们 5 人主要负责其中 15 卷的直接或间接的编撰工作。到目前为止，作为重要的编辑力量，他们已经完成了 MEGA2 版第二部分也就是马克思经济学遗产部分的全部出版工作。

在这“五人小组”中，最具国际知名度的就是巴加图利亚教授。不仅因为他是《马克思恩格斯全集》俄文第二版的主要组织者和参与者，同时，在 MEGA2 版的整个编撰出版过程中，巴加图利亚教授也花费了大量的精力，倾注了大量的心血，是这一事业的主导者和参与者。不仅如此，作为国际知名的马克思学家，巴加图利亚教授精通德文，是马克思手迹的精湛辨识者，特别是在对马克思生前并未出版的著作——《德意志意识形态》的编撰研究过程中，他形成了对《德意志意识形态》第一章文本的自身解读和编撰版本——1965 年版本，这一版本至今仍然沿用，在国际范围内产生着重要影响。

1988 年，在大量文献研究的基础上，巴加图利亚完成自己的博士论文——《马克思恩格斯著作中唯物主义历史观形成与发展的基本阶段》。在这篇博士论文中，巴加图利亚对作为唯物史观基本构成的一些重要概念和理论，如生产关系、交往关系、所有制关系、异化、经济社会形态等进行了文献学的追踪和考证，再现了这些概念和理论的提出、发展、演进过程，同时明确地表明了自己的思想观点。到今天为止，巴加图利亚的这篇博士论文仍然在国际学术界有着非常重要的影响。此后，巴加图利亚还陆续出版和发表了一系列著作和文章，主要有：《研究马克思恩格斯手稿遗产的经验》《对〈德意志意识形态〉第一章的重构》(《哲学问题》1965 年第 10 期)，《文献学：理论和方法问题》(1969)，《马克思论对社会进行共产主义变革的前提》(《哲学问题》1978 年第 5 期)，《系统现代化的非形式因素》(1980)，《社会经济形态理论》(1982)，《作为理论体系的马克思主义的一些发展特征》(《哲学问题》1983 年第 1 期)。2007 年，在《共产党宣言》诞生 160 周年之际，巴加图利亚和肇哈泽担任主编，对《共产党宣言》在俄罗斯进行了再版。

(一)《德意志意识形态》第一章的文本结构

作为当代俄罗斯马克思主义文本学派的代表人物，迄今为止，巴加图利亚在国际马克思学界影响最大的地方，仍然是他在1965年为《德意志意识形态》第一章（《费尔巴哈》章）重新编排的版本，又称“1965年版本”。直到今天，这一版本仍然是人们进行《德意志意识形态》研究所不可跨越的版本，仍然在国际范围内产生着重要影响。

巴加图利亚指出，弄清《德意志意识形态》第一章手稿的结构，对于理解手稿的真实内容，理解最初形式的历史唯物主义的结构，并帮助弄清《德意志意识形态》一书与其他著作的联系是非常重要的。1932年版本的《德意志意识形态》第一章手稿的结构虽然流传甚广，但它并没有遵循作者本身的逻辑，而是以人为的目的，以很多虚假的内容改变了文稿的原本结构，同时，编者所加的标题与手稿自身的结构内容也不是很相符，因此，必须以批判的眼光重新看待这一版本。

巴加图利亚强调，事实上，《德意志意识形态》第一章是马克思和恩格斯在不同时间、依据不同的思想脉络写成的5个相对独立的手稿。按照时间顺序，第一手稿是这一章的核心，第二、三手稿是马克思和恩格斯在批判施蒂纳过程中挪到第一章的理论插叙。马克思将这三部分手稿用统一的页码联结在一起，组成了整个章节的原始文本。第四、五手稿是第一章开端的两个誊清稿。第一个誊清稿被部分地用在了第二稿，其中的有些部分被勾掉了。通过比较研究，巴加图利亚指出，可以非常清楚地看出，后一个誊清稿的基本文本应该是在确定的地方，是为有关对历史进行唯物主义理解的前提片段而增补的。在此情况下，巴加图利亚认为，对《德意志意识形态》第一章五个手稿的结构和内容可以进行以下方式的概括，分成4个组成部分和26节。为了方便起见，巴加图利亚以表格的形式进行了划分，并与《马克思恩格斯全集》俄文版第3卷进行了比对（见表19-1）。

表19-1　《德意志意识形态》第一章（手稿结构、划分、目录）

I	印张 誊清稿	《马克思恩格斯全集》第3卷俄文版页码
一（序言）	{1}	(15—16)
1. 一般意识形态，特别是德意志意识形态	{2}	(16—18)
2. 对历史的唯物主义理解的前提		(18—19)

续表

I	印张 誊清稿	《马克思恩格斯全集》第3卷俄文版页码
第四章“生产和交往”。劳动分工和所有制形式：部落的、古代的、封建的	{3}—{4}	(19—24)
4. 对历史的唯物主义理解的实质。社会存在和社会意识	{5}	(24—26)
II	页码草稿	
1. 人的真正解放的条件	[1]—[2]	
—(缺失5页手稿)	[3]—[7]	
2. 批判费尔巴哈唯物主义的直观性、不彻底性	[8]—[10]	(42—44)
最初的历史关系，或社会活动的基本方面：生活资料的生产、新需要的产生、人的生产（家庭）、交往、意识	[11]—[16]	(26—31)
社会分工及其结果：私有制、国家、社会活动的“异化”	[16]—[19]	(31—34)
5. 作为共产主义物质前提的生产力的发展	[18]—[19]	(33—35)
对历史的唯物主义理解的结论。历史过程的继承性，历史向世界历史的转变，共产主义革命的必然性	[20]—[23]	(44—45. 36. 69—70)
7. 对历史的唯物主义理解概要	[24]—[25]	(36—38)
以往一切对历史的唯心主义理解，特别是黑格尔之后的德国哲学，何以不能成立	[25]—[28]	(38—41)
9. 对费尔巴哈及其对历史唯心主义理解的补充批判	[28]—[29]	(41)
III		
统治阶级和占统治地位的意识。黑格尔关于精神在历史中占统治地位的观念是如何形成的	[30]—[35]	(45—49)
IV		
—(缺失4页手稿)	[36]—[39]	
1. 生产工具和所有制形式	[40]—[41]	(65—66)
物质劳动和精神劳动的分工，城市和乡村的分离，行会制度	[41]—[44]	(49—52)

续表

Ⅰ	印张 誊清稿	《马克思恩格斯全集》第3卷俄文版页码
劳动的进一步分工。商品从工业中独立出来。在不同城市面上的劳动分工。工场手工业	[44]—[50]	(52—59)
4. 最广泛的劳动分工。大工业	[50]—[52]	(59—61)
5. 作为社会革命基础的生产力和交往形式的矛盾	[52]—[53]	(74—75)
个人竞争与阶级形成。个人与其生活活动条件之间的对立发展。在资本主义社会条件下单个人的虚假共同体和在共产主义条件下个人的真正联合。社会化活动的条件对联合起来的个人的服从	[53]—[59]	(61、28、53—54、75—78)
个人与其生活活动条件之间的矛盾是生产力与交往形式之间的矛盾。生产力的发展与交往形式的更替	[60]—[62]	(71—73)
8. 暴力（征服）在历史中的作用	[62]—[64]	(21—22，74)
9. 大工业的发展。劳动与资本之间的对立	[64]—[66]	(66，73，67)
10. 消灭私有制的必然性、条件和结果	[66]—[68]	(67—69，35)
11. 国家和法与所有制的关系	[68]—[72]	(62—64)
12. 社会意识的形式	[72]	—

资料来源：巴加图利亚．《德意志意识形态》第一章手稿的结构和内容．马克思主义与现实，2006(6)．

对《德意志意识形态》第一章手稿结构所做的上述划分，巴加图利亚相对来讲是满意的。在他看来，“目前，由苏共中央马克思列宁主义研究院出版的《德意志意识形态》第一章的新版，在完整性、布局和划分、文本翻译的准确性方面，是最符合马克思恩格斯的手稿的”①。

具体来讲，巴加图利亚介绍了这四个部分的内容逻辑、整个篇章写作的基本线索以及马克思和恩格斯写作这一章的计划和构思。

第一，关于《德意志意识形态》第一章四个部分的逻辑结构。第Ⅰ部分是以青年黑格尔派哲学的总体特征开始，然后马克思和恩格斯提出

① 巴加图利亚．《德意志意识形态》第一章手稿的结构和内容．马克思主义与现实，2006(6)．

了自身的唯物主义理论，也就是关于现实的个人及其历史活动的理论；接下来，马克思和恩格斯叙述了历史唯物主义的概念本身，也就是关于生产、劳动分工、交往、所有制形式的更替等等；最后，概括说明了历史唯物主义理解的实质。第Ⅱ部分同样从对青年黑格尔派的总体批判以及对费尔巴哈哲学的总体批判开始，然后正面叙述马克思和恩格斯自己的理论，也就是关于人类历史前提的理论，叙述人类历史的第一个活动——物质生产以及人类再生产活动的产生；接下来，马克思和恩格斯考察了原生的历史关系、再生的历史关系以及作为生产力发展结果的共产主义革命的物质前提；最后，马克思和恩格斯重新回到对唯心主义的批判。第Ⅲ部分主要是从两个方面来写的：一是为了弄清历史唯心主义是如何产生的，二是为了弄清意识形态上层建筑同社会阶级结构的关系。第Ⅳ部分首先是从生产力和生产关系的关系问题开始的，但采取了生产工具和所有制形式相互关系问题的形式；然后叙述了私有财产的最后形式，资产阶级形成的前史和发展的基本阶段；接下来是从生产领域过渡到交往领域，简要地表述了生产力与交往形式发展的辩证法；最后是转向上层建筑领域，详细地分析了政治上层建筑、国家和法与经济基础的关系。

第二，关于《德意志意识形态》第一章篇章写作的基本线索。第一条线索：唯物主义观点与唯心主义观点的对立。在批判唯心主义的同时对历史唯物主义进行正面的叙述。这条线索是基本的，由整章的标题就可以看出。第二条线索：关于历史唯物主义理解的前提、实质和结论。最终的结论是无产阶级革命和共产主义革命的必然性、不可避免性。第三条线索：关于社会的唯物主义理论，包括生产力和生产关系的相互关系，社会的阶级结构，政治上层建筑与经济基础、生产关系之间的关系，以及意识形态上层建筑与社会阶级结构的关系。第四条线索：关于历史的唯物主义理论，包括生产力发展和所有制形式的更替，前阶级社会—阶级社会—无阶级的共产主义社会。这条线索研究了社会活动的基本方面，研究了作为劳动的社会分工结果的社会发展的第二个阶段——阶级社会，最后论述了向未来的、无阶级的、共产主义社会过渡的必然性。巴加图利亚认为：“这四条基本线索相互交织在一起，彼此转换，组成整个第一章全部思想财富的复杂图景。”①

① 巴加图利亚.《德意志意识形态》第一章手稿的结构和内容. 马克思主义与现实，2006 (6).

第三，关于《德意志意识形态》第一章写作的总体计划。巴加图利亚指出，依据马克思五个手稿的内容以及整个篇章的逻辑线索，可以尝试对马克思和恩格斯写作《德意志意识形态》第一章的总体计划进行再现，对马克思和恩格斯的基本逻辑构思进行汇总。按照巴加图利亚的观点，再现后的基本结构如下："(1) 序言。(2) 一般意识形态，特别是德意志意识形态的一般特征。(3) 对历史唯物主义理解的前提。(4) 历史的唯物主义理论。生产力的发展，劳动分工和所有制形式。(5) 生产力和生产关系的辩证法。(6) 个人-阶级-社会。(7) 国家和法与所有制的关系。(8) 统治阶级与占统治地位的意识。(9) 对历史的唯物主义理解的结论。共产主义革命的必然性。(10) 对历史的唯物主义理解概要。(11) 对青年黑格尔派唯心主义的批判。(12) 对费尔巴哈的批判。或者更简单些：(1) 德意志意识形态的一般特征；(2) 对历史的唯物主义理解的前提；(3) 生产，交往，政治的和意识形态的上层建筑；(4) 关于这一理论实质的结论和概述；(5) 对各种历史唯心主义的批判，特别是对青年黑格尔派和费尔巴哈的批判。"① 巴加图利亚对《德意志意识形态》第一章进行的逻辑重建，于 1965 年以学术论文的形式发表在《哲学问题》杂志第 10 期、第 11 期上。翌年，又以俄文单行本的形式由苏共中央马列主义研究院出版。1966 年，民主德国统一社会党中央马列主义研究院也参照巴加图利亚版本的形式，在《德国哲学杂志》第 10 期上发表了《费尔巴哈》章的新编德文版，但没有进行四个部分的具体区分。1972 年，《马克思恩格斯全集》国际版第 2 版 (MEGA2) 的试编本出版。

当然，对于巴加图利亚版或 1965 年版《德意志意识形态》第一章的文本结构，也有学者提出了质疑和批评意见，认为这一版本的结构编排明显缺乏内在逻辑，很难觅出一条清晰的逻辑线索，内容显得前后重叠，很不连贯。在此基础上，日本学者广松涉在 1974 年编辑出版了自己的版本，即《新编辑版：〈德意志意识形态〉(第 1 卷第 1 篇)》(日本河出书房新社，1974 年 6 月版)。2003 年，在《中共中央党校学报》上，中国学者侯才教授也提出了自身对《德意志意识形态》第一章手稿所做的重建。

---

① 巴加图利亚.《德意志意识形态》第一章手稿的结构和内容. 马克思主义与现实，2006 (6).

（二）唯物史观的创立过程

作为国际知名的马克思学家，巴加图利亚不仅在文本学研究方面独树一帜，为人们提供了《德意志意识形态》第一章结构方面 1965 年版的编排方案，而且，依靠雄厚的文本学功底，他还在对马克思思想理论的理解方面提出了一系列重要观点。这集中体现在他 1970 年发表的一篇文章——《马克思的第一个伟大发现：唯物主义历史观的创立》中。在这篇文章中，巴加图利亚以对马克思主义思想文献的熟识和精深理解，提出马克思主义的唯物史观最早是在《德意志意识形态》中获得明确确立的重要观点，并向人们展示和再现了唯物主义历史观的创立过程，揭示了唯物史观的史前史、形成史和完善史。

（1）唯物史观的史前史。

巴加图利亚认为，如果撇开马克思的先辈不算，唯物史观的史前史，就是指 1843 年以前马克思自觉生活的时期。这个时期从马克思的中学毕业论文到《黑格尔法哲学批判》手稿，即从 1835—1843 年春，共 8 年之久。这期间马克思写作的重要文献有《青年在选择职业时的考虑》(1835)、《给父亲的信》(1837)、博士论文《德谟克利特的自然哲学和伊壁鸠鲁的自然哲学的差别》及其准备材料（1839—1941)、《莱茵报》时期的论文（1842—1843），特别是《关于林木盗窃法的辩论》(1842）和《摩塞尔记者的辩护》(1843）两篇。巴加图利亚指出，青年时期的马克思，在理论上就已经非常敏感，并具有独特的在理论上的现实主义。这一点，在他中学毕业论文中就已经开始显现。上了柏林大学，马克思在经过对康德和费希特哲学的短暂崇拜以后，开始致力于研究黑格尔的哲学。他的博士论文《德谟克利特的自然哲学和伊壁鸠鲁的自然哲学的差别》，整体上也还是黑格尔唯心主义的。但是这时候，在马克思的思想观点中已经潜在地包含着唯物主义倾向。而从 1841 年起，费尔巴哈的著作开始对马克思产生重要影响。但巴加图利亚指出，这并不构成马克思从唯心主义转向唯物主义的决定性原因。费尔巴哈的著作虽然对马克思克服黑格尔唯心主义的缺陷起了催化剂的作用，加速了马克思向唯物主义世界观的转变过程，但是，在这一过程中起最主要决定作用的，还是马克思在担任《莱茵报》主编期间发生的同物质现实性的第一个严重冲突。因此，马克思向唯物主义的转变，不仅是在纯哲学领域中实现的，而且是在社会学的领域中实现的。巴加图利亚得出结论：未来的唯物主义历史观的史前期，是以遇到严重的理论困难而结束的，随着这些困难的解决，现在就开始了唯物主义历史观的“本义的”历史。

（2）唯物史观的形成史。

从1843年春季马克思开始写作《黑格尔法哲学批判》起，巴加图利亚指出，马克思开始了唯物史观的创立过程，而这一过程从开始到完成又可以分为三个阶段：克列茨纳赫阶段（《黑格尔法哲学批判》）—巴黎阶段（《1844年经济学哲学手稿》）—布鲁塞尔阶段（《德意志意识形态》）。

唯物史观形成的第一个阶段——克列茨纳赫阶段。为了解决令人苦恼的物质利益问题，巴加图利亚认为，马克思开始了对经济问题的研究。这一研究的直接结果，是马克思首先对黑格尔的社会学观点，特别是其精华部分——《法哲学》的正确性产生了怀疑。因此，当马克思首次遇到令他头疼的物质利益问题时，他开始认识到黑格尔的观点是“不适用的”，并开始了对黑格尔《法哲学》的批判。这就有了1843年春夏之际马克思在克列茨纳赫所写的手稿——《黑格尔法哲学批判》。巴加图利亚指出，正是在《黑格尔法哲学批判》中，马克思得出最重要的结论——“市民社会决定国家”的结论。在这部手稿中，巴加图利亚发现了几处直接或间接同“市民社会决定国家”相一致的思想，至少是相类似的思想。例如，在对黑格尔《法哲学》第262节进行批判分析的时候，马克思就做出了同黑格尔观点直接相对立的关于市民社会同国家关系的结论：实际上，家庭和市民社会是国家的前提，它们才是真正的活动者，而思辨的思维却把这一切头足倒置——家庭和市民社会本身把自己变成国家。它们才是原动力。可是在黑格尔看来却刚好相反，它们是由现实的理论产生的……①对于马克思1843年发现的成果，巴加图利亚给予高度的评价，认为它以简化的形式，已经表达了马克思社会结构理论中一个非常重要的原理——“经济基础决定政治上层建筑”的原理。“如果我们从马克思主义的发展观点的高度来看这个成果，那么可以看到以下的情况：从发展的完全成熟了的观点来看，社会结构有四个

① 马克思，恩格斯．马克思恩格斯全集：第1卷．北京：人民出版社，1956：250-252.

基本环节：生产力、生产关系、政治上层建筑、社会意识形态。这表明1843 年马克思就在某种程度上阐明了（最好说是摸索到了）这整个链条中的第二个环节和第三个环节的相互关系。”巴加图利亚得出结论，马克思在 1843 年进行《黑格尔法哲学批判》的过程中，就已经得出了自己未来的唯物主义历史观的第一个起始的原理，从那时起，马克思就已经开始了长期而复杂的制订新的历史观的过程。

唯物史观形成的第二个阶段——巴黎阶段。在对黑格尔的法哲学进行批判，并继而得出“市民社会决定国家”的结论之后，巴加图利亚认为，按照逻辑的自然发展，马克思必然要在市民社会领域进行深入挖掘，以便寻找到支配整个社会发展的规律。因此，为了解决令他“头疼”的物质利益问题，马克思的研究还会进一步转向政治经济学领域，进行对政治经济学的批判研究。这也就有了 1844 年夏天，马克思在巴黎写作的《1844 年经济学哲学手稿》。巴加图利亚指出，《1844 年经济学哲学手稿》按其研究主旨来讲，应该是一部经济学著作，应该把它叫作“政治经济学批判”或者“关于……的批判”。从 1844 年开始，“政治经济学批判”就构成了马克思不同时期写作的主要著作的研究主题和固定名称。虽然这部著作原本打算进行的是政治经济学批判，但究其实质，这部著作在经济学领域的意义和贡献较之它在哲学和社会学领域的意义和贡献，还只是次要的，还远远没有那么大。因此，巴加图利亚指出，虽然这些手稿按其内在主旨来看，是经济学著作，但按其现实存在来看，倒不如说是哲学和社会学的著作。首先，《1844 年经济学哲学手稿》首次形成了生产在社会生活中起决定作用的思想。在《1844 年经济学哲学手稿》中，马克思不仅提出了“异化劳动”的概念，还提出了与“劳动”范畴相类似的“生产”范畴。其次，《1844 年经济学哲学手稿》对社会结构的认识更加深刻和全面。最后，《1844 年经济学哲学手稿》中已经形成了初步完整但并不规范的历史分期概念。马克思已经通过“异化”“异化的扬弃”“私有财产”“消灭私有财产”等观点，表达了明确的历史主义态度和原则。此外，在《1844 年经济学哲学手稿》中，巴加图利亚指出，马克思还以“生产”范畴为基础，对人与动物之间的区别以及自然的社会历史性质进行了阐述。在《1844 年经济学哲学手稿》的末尾，马克思还对“分工”范畴进行了初步的阐述。

唯物史观形成的第三个阶段——布鲁塞尔阶段。巴加图利亚指出，

《德意志意识形态》作为马克思和恩格斯在布鲁塞尔陆陆续续花费几个月时间共同完成的一部著作，虽然没有出版，但它的最终完成则标志着唯物史观的第一次全面确立，标志着唯物史观的创立和形成。《德意志意识形态》是在 1845 年 11 月开始写作，到 1846 年 6 月全部完成。但是，巴加图利亚指出，这部著作的最初酝酿或者初步想法已经在 1845 年春天就形成了，其最显著的标志就是《关于费尔巴哈的提纲》。对《关于费尔巴哈的提纲》和《德意志意识形态》进行比较分析，就可以得出结论：《关于费尔巴哈的提纲》是马克思和恩格斯在 1845 年春打算研究的共同著作，即后来《德意志意识形态》的草稿。一个是唯物史观的天才的萌芽，一个是唯物史观的第一次全面制订。巴加图利亚强调，《德意志意识形态》之所以成为唯物史观正式诞生的标志性著作，最重要的原因是在这部著作中阐述了生产力与生产关系相互作用的原理。这一原理的阐释，不仅使马克思的社会结构理论趋于完整，而且使马克思的历史分期理论也接近成熟和完整。具体来讲，马克思在《德意志意识形态》中实现的理论创新主要包括：首先，一般性地阐明了生产力与生产关系的辩证法。巴加图利亚强调，对马克思来讲，生产力概念是一个在以前的政治经济学中就已经存在和被使用了的概念，但是在《德意志意识形态》中，马克思赋予这一概念新的含义。在《德意志意识形态》中，马克思也已经开始使用了生产关系的概念，但这一时期，这一概念的内涵还没有获得完全明确的表达，并且，往往是与其他一些相类似的术语如“市民社会”“交往方式”“交往关系”“生产和交往关系”“所有制形式”“所有制关系”等联结在一起的。巴加图利亚指出，虽然这个概念在这里还没有十分确切地规定下来，但它已经一般地形成了。其次，创立了完整的社会结构理论。巴加图利亚指出，到《德意志意识形态》时期，马克思已经创立了完整的马克思主义关于社会结构的观点，思想上大大向前跨越了一步。再次，第一次以雏形形式阐释了社会经济形态演进学说。按照马克思的观点，生产力发展到一定阶段，便同现存的交往形式发生矛盾，这个矛盾要通过社会革命来解决，与新的生产力相适应的新的交往形式便代替了旧的交往形式。于是，实现了从一个社会发展阶段到另一个社会发展阶段，从一种社会形态到后来的更高的社会形态的过渡……在《德意志意识形态》的最后一部分，人类社会历史发展的这些基本阶段，已被规定为历史上彼此依次更替并在每个阶段占据统治地位的所有制形式：部落所有制、古代公社所有制、资产阶级所有制。资产阶级所有制统治时代分为两个时期：工场手工业和大工业。最后，作为所有制的第五种形式，就是未来的共产主义的公有制形式。基于以上理由，巴加图利亚认为，《德意志意识形态》写作的完成，标志着唯物史观第一次全面地被描述出来，并且成为完整的概念，它以后的全部历史，就是这一完整理论的深化、确切化和发展。

(3) 唯物史观的完善史。

自马克思的唯物史观在《德意志意识形态》中形成和确立之后，巴加图利亚指出，以后的历史就都属于这一理论的深化、确切化和发展。这其中，既包括 1850—1852 年马克思全力阐释阶级斗争理论的阶段，也包括 1857—1859 年马克思写作经济学手稿的阶段，同时还包括马克思和恩格斯晚年进一步丰富和完善自身思想理论的时期。

通过对唯物史观形成与发展历史的追溯，巴加图利亚将唯物史观的发展主要确定为三个主要的时期，这就是 1848 年以前、1848—1871 年、1871—1895 年。其中，第一时期（1848 年以前）主要是唯物史观的制订时期，这一时期理论所发生的质变非常迅速，其间，马克思的思想又经历了 3 次快速跃迁的过程；在第二时期（1848—1871 年），马克思依据自身的方法论基础，把自己的研究主要致力于政治经济学方面，集中研究资本主义社会；在第三时期（1871—1895 年），马克思又将理论关注的重心转回到唯物史观方面来，重新关注人类历史的发展问题。因此，总体来讲，巴加图利亚总结道，马克思理论活动的发展呈现出一种特殊的否定之否定的过程。

（三）2008 年重释《共产党宣言》基本概念

2007 年，是《共产党宣言》诞生 160 周年。这一年，由巴加图利亚和肇哈泽担任主编，对《共产党宣言》进行了俄文的重新再版。新版《共产党宣言》不仅收录了《共产党宣言》制定过程中最重要的三个文献，也就是 1847 年 6 月初恩格斯写下的《共产主义信条草案》，1847 年 10 月底恩格斯写下的《共产主义原理》，1847 年 12 月—1848 年 1 月马克思和恩格斯共同写下的《共产党宣言》，而且还对《共产党宣言》作者后来为党的这一纲领性文献所做的 7 篇序言进行了集中收录。

为使这部《共产党宣言》俄文最新版付梓印刷，巴加图利亚作了专门的《序》，介绍了《共产党宣言》诞生 160 年来所经历的命运，以及它所产生的世界性影响，包括今天人们对马克思思想地位的认识和评价。同时，在这部再版的《共产党宣言》中，巴加图利亚还以自身深厚的马克思主义文献学功底，对《共产党宣言》中所涉及的 15 个重要概念，如“工人阶级”“暴力革命”“阶级斗争”“国家的实质”“消灭私有制”“无产阶级专政”“国家的消亡”“最终目的”等进行了注解和说明。透过这些注解和说明，我们也可以看到在涉及马克思主义的一些基本概念问题上巴加图利亚所持的看法和主张。下面，我们就选取其中的“无产阶级专政”概念，对巴加图利亚的最新文献学观点做一下简单的介绍。

(1)“无产阶级专政”的实质。

巴加图利亚指出，对马克思和恩格斯来讲，无产阶级专政的概念与工人阶级、无产者的政治统治相一致。“无产阶级专政”与资产阶级专政相对立。与前辈（如巴贝夫主义者、布朗基主义者、魏特琳主义者）的类似思想不同，它不是某些革命少数人的专政，而是工人阶级的专政。“无产阶级专政”——这是过渡时期的国家，它与阶级一起消亡。《共产党宣言》说明，“无产阶级专政”不是与民主对立，而是与资产阶级虚假民主对立。

(2) 马克思和恩格斯关于“无产阶级专政”的一些主要表述。

1845 年，马克思和恩格斯在《德意志意识形态》中指出，“每个力图取得统治的阶级，即使它的统治要求消灭整个旧的社会形式和一切统治，就像无产阶级那样，都必须首先夺取政权”①。

1848 年，马克思和恩格斯在《共产党宣言》中指出：“工人革命的第一步就是使无产阶级上升为统治阶级，争得民主。无产阶级将利用自己的政治统治，一步一步地夺取资产阶级的全部资本，把一切生产工具集中在国家即组织成为统治阶级的无产阶级手里，并且尽可能快地增加生产力的总量。”②

1850 年，马克思在《法兰西内战》中指出：巴黎无产阶级的革命口号在 1848 年六月起义时：**“推翻资产阶级！工人阶级专政！”**③“无产阶

---

① 马克思，恩格斯．马克思恩格斯选集：第 1 卷．3 版．北京：人民出版社，2012：164.

② 同①421.

③ 马克思，恩格斯．马克思恩格斯文集：第 2 卷．北京：人民出版社，2009：104.

级就日益团结在**革命的社会主义**周围，团结在被资产阶级用**布朗基**来命名的**共产主义**周围。这种社会主义就是**宣布不断革命**，就是无产阶级的**阶级专政**，这种专政是达到**消灭一切阶级差别**，达到消灭这些差别所由产生的一切生产关系，达到消灭和这些生产关系相适应的一切社会关系，达到改变由这些社会关系产生出来的一切观念的必然的过渡阶段。”①

1871 年，马克思在《纪念国际成立七周年》的讲话中指出：“在过去发生的一切运动当中，最近的和最伟大的运动是巴黎公社。巴黎公社就是工人阶级夺取政权——关于这一点不可能有任何异议。”② 为了把一切劳动资料转交给生产者和迫使每一个体力适合的人工作，必须无产阶级专政。

1874—1875 年，马克思在《巴枯宁“国家制度和无政府状态”一书摘要》中指出：工人对反抗他们的旧世界各个阶层的实行的阶级统治必须持续到阶级存在的经济基础被消灭的时候。

1875 年，马克思在《哥达纲领批判》中指出：“在资本主义社会和共产主义社会之间，有一个从前者变为后者的革命转变时期。同这个时期相适应的也有一个政治上的过渡时期，这个时期的国家只能是**无产阶级的革命专政**。”③

1891 年，在纪念巴黎公社 20 周年时恩格斯在马克思《法兰西内战》新版的序言中写道：“近来，社会民主党的庸人又是一听到无产阶级专政就吓得大喊救命。先生们，你们想知道无产阶级专政是什么样子吗？请看看巴黎公社吧。这就是无产阶级专政。”④

1891 年，恩格斯在《1891 年社会民主党纲领批判草案》中指出：“如果说有什么是毋庸置疑的，那就是，我们的党和工人阶级只有在民主共和国这种形式下，才能取得统治。民主共和国甚至是无产阶级专政的特殊形式，法国大革命已经证明了这一点。”⑤

（3）无产阶级专政并非暴力政权。

巴加图利亚指出，通过认真分析马克思和恩格斯关于无产阶级专政

① 马克思，恩格斯．马克思恩格斯文集：第 2 卷．北京：人民出版社，2009：166.

② 马克思，恩格斯．马克思恩格斯全集：第 17 卷．北京：人民出版社，1963：468.

③ 马克思，恩格斯．马克思恩格斯选集：第 3 卷．3 版．北京：人民出版社，2012：373.

④ 马克思，恩格斯．马克思恩格斯全集：第 22 卷．北京：人民出版社，1965：229.

⑤ 马克思，恩格斯．马克思恩格斯选集：第 4 卷．3 版．北京：人民出版社，2012：294.

的论述，特别是具体和详细分析他们对《法兰西内战》中巴黎公社经验的总结，分析19世纪法国这段独一无二的历史，也就是马克思主义社会主义的追随者在公社的领导下在一个与全国隔绝的大城市坚持了十个星期的历史，就会很清楚地认识到，马克思主义的创始人并没有把无产阶级的革命专政理解为直接凭借暴力而不受任何法律约束的政权——这并不是马克思主义创始人的定义。

总之，以巴加图利亚为代表的马克思主义研究的文本学派，在学术上成一家之言，在国内外都有一定影响力，在马克思主义史上的历史贡献、历史地位不容低估；当然，这一学派也有一定的历史局限与理论局限，该学派把主要精力放在马克思文本阐释上，在理论与实践的结合上，在马克思主义理论创新、制度创新、实践创新上，还是有所不足的。

三、梅茹耶夫与俄罗斯马克思主义文化学派

以梅茹耶夫为代表的俄罗斯马克思主义文化学派从文化的视角阐释马克思主义，提出了一系列带有文化创新性的学术观点，在国内外产生了一定的社会影响。该学派针对马克思主义在进入俄国社会过程中所遭受的变异，以及在苏联解体过程中所受到的抨击、指责甚至咒骂，明确表示，马克思并非一切的罪魁祸首，并不应让马克思对我们不久前的过去进行买单。如果这样做，不仅说明我们还没有理解他的学说，而且说明我们不愿为我们制度的罪孽和过错承担责任。不仅如此，以梅茹耶夫为代表的马克思主义文化学派的学者主张，马克思作为一位历史学家、社会学家和文化学家，他首先是现代社会或现代文明的批判者，而不是别的，马克思并不是暴力政权的论证者，同时也不是绝对真理的掌握者。因此，马克思需要得到尊重，他在当代俄罗斯社会必将重新归来。

（一）梅茹耶夫及其文化学马克思主义学派

梅茹耶夫是一位在苏联和当代俄罗斯都非常有影响的哲学家、文化学家，是文化哲学和社会哲学研究领域的专家，出版了250多部学术作品。其中影响最大的，是他在1977年出版的著作《文化和哲学》，以及

在 2007 年出版的《反马克思主义的马克思》。梅茹耶夫于 1956 年毕业于莫斯科大学哲学系。从 20 世纪五六十年代起，他开始从事历史哲学、社会哲学和文化哲学方面的研究，特别是从唯物史观的视角阐述社会历史发展与文化之间的关联，并致力于进行文化与文明的区分，以及对文明世界的批判。

在他思想发展的过程中，他曾经深受著名哲学思想家领袖 Э. В. 伊里因科夫的影响："正是因为他，我们这一代人得以自觉地脱离斯大林时期教条的和繁琐的官方哲学……同时他也保留着马克思主义哲学的传统。"① 梅茹耶夫将伊里因科夫称为俄国马克思主义哲学史上最后一位见解独到的思想家，认为他的思想达到了俄国马克思主义哲学流派的顶峰。其中，伊里因科夫哲学的最重要之处在于，他对文明与文化进行了划分，揭示了唯物主义辩证法和文化发展的实际过程之间的联系，提出了文化是人的活动客观创造的产品的观点。"他不是文明的敌人，但他反对把文明看作人在世界中存在的最后真理。他的哲学的深刻性在于，在文明的强权之下保护文化和人的精神。"② 因此，正是由于对文化和人的捍卫，对马克思主义精神实质的捍卫，梅茹耶夫指出，苏联政权并不喜欢伊里因科夫，其原因就在于，"这个政权本身是实证主义的，'资产阶级的'，以纯粹外部的和抽象的——经济技术和强国的——发展为目标，而根本不是以文化为目标，以人的自由发展为目标"③。

进入 21 世纪之后，面对马克思主义所遭遇的悲剧命运，梅茹耶夫从马克思本人作为现代文明社会的批判者、从马克思主义所包含的文化内涵角度，对马克思的思想进行了捍卫和重新解读。在《反马克思主义的马克思》一书中，梅茹耶夫深入地阐发了自己的思想观点。按照梅茹耶夫的说法，他对马克思的兴趣并不在文本方面或思想史方面，而是由他多年从事的哲学和文化理论研究所决定的。"早在苏联时期我就曾试图提出，马克思的学说主要地并不是一种经济、社会或政治理论，而是一种历史理论，是一种为整个人类历史奠定基础的文化史。"④ 进入 21 世纪后，梅茹耶夫进一步表明："我之所以对马克思感兴趣，首先是因为他是现代社会或者现代文明的批判者，从文化的立场对现代社会的

① 梅茹耶夫. 我理解的马克思. 林艳梅，译. 北京：人民出版社，2013：127.

②③ 同①135.

④ 同①4.

经济、政治和意识形态进行了批判。”① 将马克思的学说诠释为一种历史理论，强调马克思是一位历史学家、社会学家和文化学家，这是梅茹耶夫站在文化研究的立场上对马克思所做出的评价。

从文化研究的立场，梅茹耶夫强调，马克思首先是一位欧洲思想家。他主张，如果能够客观而理性地评价马克思，那么，可以注意到，马克思主义实际上是作为欧洲文化的高级古典形式出现的。只有在欧洲的历史背景下，马克思的优势和不足才会比较明显。但在马克思主义俄国化的过程中，由于俄国特殊的历史、现实和文化原因，马克思主义实际上发生了变异，呈现出一种两极化的现象，人们或者将马克思主义圣像化，将马克思主义视为神一样的宗教存在，或者将马克思主义鬼蜮化，马克思主义开始成为恶的象征。一是俄国马克思主义具有强烈的宗教特征。梅茹耶夫指出，马克思主义在 19 世纪下半叶传入俄国，但仅仅在 19 世纪末期的时候，马克思主义就已经被打上了强烈的宗教印记，被很多俄国人视为新降临的先知。这一先知，不仅通晓人类历史的全部秘密，而且能够预见人类历史的未来。梅茹耶夫指出，关于马克思主义的宗教根源，实际上西方学者也曾经做过论述。但是，唯独在俄国，马克思主义被幻化为一种宗教，马克思被比作新的弥塞亚，赋予拯救整个世界的功能。例如，尼·亚·别尔嘉耶夫就曾将马克思主义视作一种宗教，一种作为对基督教替代的宗教。而今天仍然健在的马克思主义研究者卡·莫·坎托尔则指出，在马克思的学说与耶稣基督学说之间存在直接的共同之处，它们在形式上是不同的，一个是宗教，另一个是科学，但在意义上则是相同的。作为人类历史两种不同的“范式设计”，二者在人类演化进程中相互替代。关于这一替代，卡·莫·坎托尔进一步解释道，马克思的设计比基督的设计更加具有普适性，虽然在今天它已经被消耗殆尽。因此，将马克思主义神化或者宗教化，构成了俄国马克思主义的第一个特点。二是俄国马克思主义妖魔化了马克思。梅茹耶夫指出，俄国马克思主义所具有的第二个特点，是将马克思本人妖魔化。“在俄国人的意识当中还存在另外一个马克思。这个马克思是战斗的无神论者，是去除了任何幻想的唯物主义者，是无情对待阶级敌人的革命者。”梅茹耶夫指出，用列宁的话来讲，这个马克思没有丝毫伦理学的

① 梅茹耶夫. 我理解的马克思. 林艳梅，译. 北京：人民出版社，2013：4-5.

气味。如果说这个马克思也是一位先知的话，那么，它仅是非基督意义上的而且是反基督意义上的先知。这样的一个马克思形象，无疑是与暴力革命论所主张的马克思形象相一致的。

梅茹耶夫总结道，因此，在俄国人的社会意识中，马克思的形象是双重的，体现为极端对立的两极：或者是作为绝对善的化身而存在，或者是作为绝对恶的化身而存在。梅茹耶夫指出，直到今天，人们对马克思的理解仍然如此。无论是将马克思神化还是将其妖魔化，俄罗斯人主要还是透过“宗教-道德意识”的棱镜来看待马克思的，这通常也是俄国及其传统文化所具有的一个特点，即首先从道德立场评判世间的一切。

（二）作为历史学家和社会学家的马克思

梅茹耶夫指出，由于马克思主义曾长期作为苏联官方的意识形态而存在，因此，它的名字为许多人所愤慨，这一点是可以理解的。例如，将著名的《联共（布）党史简明教程》第四章——“辩证唯物主义和历史唯物主义”看作真正的马克思主义，这实际上是非常牵强的，影响了人们对马克思思想遗产的理解。俄国的马克思主义者，包括普列汉诺夫和列宁，他们也没有读过马克思的许多著作，因为这些著作当时还没有出版，还保存在档案馆。梅茹耶夫强调，实际上，苏联模式的马克思主义与真正的马克思几乎没有共同之处。马克思从不认为自己是意识形态家，也从未想建立某种意识形态。同样，他也不认为自己是哲学家和经济学家，只是人们通常这样认为。那么，马克思到底是什么人呢？

（1）马克思对历史研究的重视。

梅茹耶夫指出，马克思首先是一位历史学家。他指出，在《德意志意识形态》中，马克思和恩格斯总结了自己的哲学和以往的一切哲学，他们写道：“我们仅仅知道一门唯一的科学，即历史科学。历史可以从两方面来考察，可以把它划分为自然史和人类史。但这两方面是不可分割的；只要有人存在，自然史和人类史就彼此相互制约。自然史，即所谓自然科学，我们在这里不谈；我们需要深入研究的是人类史，因为几乎整个意识形态不是曲解人类史，就是完全撇开人类史。”① 因此，马克思认为自己是历史学家，而且是一个对历史做出科学解释的特殊的历

① 马克思，恩格斯. 马克思恩格斯文集：第 1 卷. 北京：人民出版社，2009：516-519.

史学家，这种解释，他称为唯物主义历史观。唯物主义历史观既不像实证主义的史料研究那样偏重收集和描述历史事实，也不像唯心主义历史哲学那样把历史归于文化史，“所谓的文化史全部是宗教史和政治史”①。唯物史观对历史学所起的作用大致等同于达尔文理论对生物学所起的作用。

梅茹耶夫指出，通常人们将历史学家看作一些把研究过去作为自己职业的人，在这个意义上马克思不是历史学家。对于马克思而言，历史就是我们现在所发生的一切。没有生活在现在的我们，也就没有任何过去（也没有将来），也就是说，没有历史本身。过去和将来是相对于现在而存在的。我们不只是在历史中停留、在历史中生活，而且是在我们时代的条件和状况中用我们的活动创造历史。马克思认为，历史学家的任务是使人们认识到，他们是如何创造历史、如何参与历史过程的。历史研究的对象应该是人的社会存在，并且不仅包括英雄人物的社会存在，也应当包括大多数社会现实人的社会存在。

在对社会存在的理解中，梅茹耶夫指出，不应将社会存在只归结为某种经济活动，归结为物质财富的生产和交换，因为这只是资本主义关系体系的特征。梅茹耶夫反对单纯从物质的、经济的层面理解社会存在，而是将社会存在看作物质和精神、被动和能动相统一的一个过程，因而，他反对将资产阶级的社会观扩大到整个历史，反对将整个人类历史加以经济的理解。在这一点上，他对人们一般所持的对《政治经济学批判〈序言〉》观点的理解进行了批驳。“为了论证社会存在的经济本质，人们通常会援引马克思《政治经济学批判》中的著名序言。通常认为，它是对唯物史观的经典阐述，我们曾经倒背如流。在这里没有必要全部援引，但是‘物质生活的生产方式制约着社会的社会生活、政治生活和精神生活的过程’，以及‘不是人们的意识决定人们的存在，相反，是人们的社会存在决定人们的意识’的理论，被认为是唯物史观的实质。恩格斯也同意这个观点，并把这个理论称为政治经济学和整个历史学的革命的发现。”梅茹耶夫指出，审慎地研究将会看到，马克思概括的这些原理只是对“市民”社会，也就是对资产阶级社会的分析，是在政治经济学中对资产阶级社会的“解剖”。而根据我们的观点，《〈政治

① 马克思，恩格斯．马克思恩格斯文集：第8卷．北京：人民出版社，2009：33．

经济学批判〉序言》不是整个历史的研究纲领，而只是部分历史的研究纲领，马克思称之为“社会经济形态”。至于整个历史，马克思后来清楚地认识到，远不是所有东西都可以从经济基础中得出的。

因此，在马克思的思想体系中，社会存在不是哲学范畴，而是历史学范畴。马克思解决社会存在的问题，不是通过人的抽象本质的哲学公设，而是通过科学研究实际存在的社会现实及其具体的历史表现形式。存在对于人而言就是如何生存，也就是在具体的历史条件和状况下生产人本身，包括肉体。不能臆想社会存在，只能在当时的社会关系体系中发现它。在马克思时代，这个体系具有“市民”社会或资产阶级社会的形式，在这样的社会，人的社会存在不是表现为直接的人的关系，而是物化或与人本身相异化的商品货币关系。在这种形式下的社会存在可以是政治经济学的研究对象。在这种情况下历史科学的任务是发现隐藏在物的关系背后的人本身的关系，在理论上就是“政治经济学批判”。

（2）对“实践唯物主义”的明确概括。

正是基于对社会存在的生成性理解，梅茹耶夫指出，马克思实际上是以实践的视角在把握人类历史的发展，赋予实践概念在唯物史观中的根基性地位。“马克思的唯物主义可以被称为实践唯物主义（他也这样表述）：与直观唯物主义不同，对他而言，现实不是以‘客体的或者直观的形式’存在的，而是‘人的感性活动’，是‘实践’，或是‘主体方面’”①。马克思在实践中寻找历史现实性的基础和实体，理解人的全部的而不仅是经济的现实活动。人生活的世界既不是自然的和旧唯物主义的，也不是精神的和黑格尔式的，而是实践的，也就是说，既是感性直观的又是创造变化的。“因此，马克思的唯物主义可以被称为实践唯物主义。”② 梅茹耶夫明确提出，如果旧唯物主义使人处于现实世界之外，使人处于外部观察者的位置，那么实践唯物主义就使人处于世界的中心，作为世界的造物主、创造者，使世界成为“人的无机体”。

因此，对于马克思而言，梅茹耶夫指出，基本的历史范畴不是物质或精神，而是实践。马克思通常更喜欢使用的概念不是“物质”和“精神”，而是“物质的”和“精神的”。在语法意义上，它们是形容词，不是名词；在哲学意义上，它们是本质属性，而不是实体。“物质的”和

①② 梅茹耶夫. 我理解的马克思. 林艳梅，译. 北京：人民出版社，2013：50.

“精神的”是人的实践活动的根本属性，最初它们之间完全没有区分，只是由于社会劳动分工才彼此分离。人的社会存在不是物质的或精神的，而是实践的，也就是由人的活动创造的，人的活动既是物质的又是精神的。只是由于社会劳动分工，意识才从存在中分离出来。

但是如何理解实践本身呢？梅茹耶夫指出，对于马克思而言，实践就是活动的同义词，不仅是生产有用物品的活动，而且是生产人本身的活动。人改变世界的同时也改变自身以及与他人的所有关系。马克思把改变环境与改变人本身的一致性称为实践，甚至革命实践，不是夺取政权的政治行为，而是富有现实内涵的历史存在方式。在实践活动的进程中，不仅客体在改变，而且活动的主体，也就是行动的人也在改变。在任何情况下，历史不仅是物或观念的历史，而且是人本身的历史，在人实现劳动活动的过程中改变和发展人的历史。

在实践、劳动的过程中，劳动不仅能够创造“物”，而且以物的形式创造人与人之间的关系。因此，实践、劳动是具有社会本质的概念。这些关系是这样的：它们不是由人的意识和意志决定的，而是由生产力的发展程度决定的，生产力包括劳动工具和劳动方式，不过它们又是由参与现实生产过程的人本身创造的。

（3）共产主义反对任何形式的异化。

梅茹耶夫指出，人与动物不同，人不仅能够创造自身或下一代需要的东西，而且能够创造与自己没有直接血缘关系或亲属关系的他人所需要的东西。因此，人能够劳动不仅是由于自身生理的需要，而且是由于社会的需要。社会需要对于人而言不是无意识的本能或爱好，而是有意识的目的。在为他人生产的同时，人也生产自己与他人的关系，虽然这种情况在一定时间内是潜在的和不明显的。但在现实生活中，这些关系对于人而言是外部必需的，是人不具备但不得不加以考虑和适应的力量。因此，梅茹耶夫指出，这里就出现了一个对于马克思非常重要的概念——异化劳动概念。异化劳动同实践一起，构成马克思理解历史的基础。

为什么人创造历史，但又不是自己命运的主宰者，而是微不足道的小人物，且完全依赖于国家的强力和关系呢？为什么多数人没有意识到自己是世界的主人，世界是他们自己创造的呢？梅茹耶夫指出，按照马克思的观点，因为他们所创造的一切不属于他们，而是属于他人。也就是说，如果实践确立了人在世界上的中心作用，使人处于世界的创造者和统治者的位置，那么异化则使人处于各种不自由和被压迫的关系之中，使自身的存在和自由经常受到威胁。梅茹耶夫指出，实践和异化——就像生命和死亡：前者没有设定自我存在的界限，后者则限制人，直到他从社会生活中完全消失。在这种情况下，人的社会本质体现在被神化的或者被异化的国家、金钱（资本）、意识形态等等中。那么，应当如何克服劳动在社会中的异化，使劳动具有真正的实践性呢？梅茹耶夫指出，马克思的历史理论，或者说，马克思的劳动现象学回答了这个问题。对于马克思而言，实践所等同的，是人在历史中的生活；而由异化所表达的，则是人在现代资本主义社会中的生活。因此，反对实践和异化就是反对历史和社会。梅茹耶夫指出，这种反对贯穿着以前的整个人类历史，其最尖锐的形式表现在资本主义阶段。在这个意义上，马克思不仅是资本主义而且是任何社会的批判者，只要这个社会阻碍历史进程，成为历史道路上的障碍，那么它就是应当被批判的。

因此，马克思所要解决的问题是如何在历史中生存，在历史时间中生存，而不只是在某个社会组织的空间中生存。历史生活使同时代的人相互交往，并且同自己的前辈和后代建立关系，从而进入历史的关系中，这是人与动物的最大区别。这种关系是在物质和精神的活动过程中实现的，它是人本身社会发展的标准。如果人在过去寻找自己当前活动的历史前提，那么人在现在则在创造未来活动的历史前提。根据马克思的定义，历史不是别的，正是人追求自身目标的活动，这种活动除了以前的发展外没有任何预先条件。社会在整体上是什么，其实就是每个生活在其中的人所具有的历史生活的能力，这样的社会就是马克思所说的共产主义。

这一共产主义，它不是停滞在历史当中，而是按历史的方向流动的。它不是合理设计的、所有一切都被一劳永逸地建立和规划的社会制度，它是人们相互之间有意识地不断实现的生产过程，这意味着，人本身是社会存在物。在这种社会中，人与人之间的相互交往不是强制的和外部的必然性，而是根据自身的需要和个人倾向。交往的形式由他们自己确定——根据他们的兴趣、能力、知识和技能。不是财产状况或社会属性，而是人的自然本性以及他所接受的文化使个人进入社会关系中。人的社会生活以及社会存在同时具有人的关系的形式，这些关系不是由不依赖于他们而存在的必然性确定的，而是由他们自身的自由选择和当时的文化发展程度确定的。

（三）历史是文化的历史

在梅茹耶夫对马克思历史观的解读中，一个非常重要的概念是文化。也就是说，梅茹耶夫对马克思思想的诠释，是从文化的角度进行的。他强调，马克思虽然没有直接阐述过这些观点，但这些观点却蕴含在马克思思想的精神实质中，文化构成了马克思历史观的基础、条件、评价标准和历史目标，马克思的劳动现象学也就是马克思的文化观。

（1）文化是人在历史中存在的基本条件。

按照马克思的观点，人在历史中存在的基本条件是文化。在大部分情况下，文化包含了马克思所谓的“生产力”。文化包括人从上一代继承来的以及留给下一代的一切东西。它就像是联结人的过去和未来的桥梁，直接体现了人们的历史联系，人们在历史中的生活。“后来的每一代人都得到前一代人已经取得的生产力并当做原料来为自己新的生产服务，由于这一简单的事实，就形成人们的历史中的联系，就形成人类的历史，这个历史随着人们的生产力以及人们的社会关系的愈益发展而愈益成为人类的历史。”① 如果根据生产力的发展水平来评价社会的文明程度，科学技术、经济和社会的进步程度，那么可以根据社会关系的特征来评价这种进步与个人发展相适应的程度。衡量生产力发展尺度的就是文化，不过，只有当生产力与社会关系达到一定的统一后，也就是社会关系把生产力变成了人本身的力，文化才具有这种作用。

（2）马克思对历史的理解是以文化为中心的。

梅茹耶夫强调，马克思对社会历史的理解，本质上是与宗教史、政治史、经济史和任何其他历史相区别的。在他看来，历史不是“宗教和国家”的历史，不是商品、货币和资本的经济史（一些人错误地认为这些是他的唯物史观的实质），而是“人的历史”，是人生产自己的社会力量和关系的历史。在这种情况下，历史是文化的历史。商品经济、国家、意识形态只是外部的、与人异化的生产形式。它们实质上是通常所说的文明史（社会史），在一定时间内与文化的历史也就是人本身的历

① 马克思，恩格斯．马克思恩格斯文集：第 10 卷．北京：人民出版社，2009：43.

史是不相吻合的。同样，虽然可以用王朝的更替、战争、帝国的盛衰、文明的产生和灭亡来冒充历史，但按照马克思的理解，这本质上不是历史，不是马克思想建立的科学认识的对象。因为它无法解释人在地球上出现直到我们今天所主要发生的那些事情。因此，如果拒绝自由作为人的社会发展的主要动因和结果，那么实际上就是拒绝世界历史思想以及与这一思想相关的历史科学。马克思所重视和强调的，是人及人产生以来所创造的历史。

（3）马克思发展了关于文化的劳动理论。

在梅茹耶夫对马克思社会历史观的解读中，他明确地将马克思的历史观理解为一种文化的历史。那么，马克思如何理解文化呢？按照梅茹耶夫的看法，关于这一问题的答案应该在马克思对劳动，也就是他所称为的马克思的劳动现象学中去寻找。“在古典的文化概念中，文化只是人的精神（理论、道德和美学）活动领域，在以后的解释中，文化被看作象征或符号体系。但是与这些理解不同，马克思发展了可以称之为文化的劳动理论。根据马克思的观点，作为‘文化实体’的劳动与创造交换价值和剩余价值的劳动不同，后者是古典政治经济学关注的对象。而马克思将人的劳动形式与其他劳动形式区分开来，在人的劳动形式中发现了对文化实质的解释。”

梅茹耶夫指出，在古典政治经济学中，自然主义是商品拜物教的源泉，在商品拜物教中，人与人的社会关系被物与物的关系所掩盖。但马克思避免了自然主义把文化与自然同一的极端，也克服了唯心主义把文化与自然完全脱离的极端。他认识到物具有成为商品的能力，不是因为它的自然的或纯粹精神（在我们头脑中）的属性，而是它的完全客观的属性，也就是在社会劳动分工中获得的社会属性。马克思做出结论：“可见，商品形式的奥秘不过在于：商品形式在人们面前把人们本身劳动的社会性质反映成劳动产品本身的物的性质，反映成这些物的天然的社会属性，从而把生产者同总劳动的社会关系反映成存在于生产者之外的物与物之间的社会关系。由于这种转换，劳动产品成了商品，成了可感觉而又超感觉的物或社会的物。”① 正是由此，梅茹耶夫指出，商品像一面镜子一样反映了人的劳动的社会性质，包含了对文化的解释。作

① 马克思，恩格斯．马克思恩格斯文集：第 5 卷．北京：人民出版社，2009：89.

为文化价值的物反映着人的劳动的社会属性，但它不是以抽象劳动的形式表现的，而是以全面普遍的形式表现的，这种普遍形式与作为社会存在物和历史主体的人的存在是相符合的。

(4) 文化的真正内容是人。

梅茹耶夫指出，虽然文化的客观形式只是它存在的外部形式，但它的真正内容却是人，在社会存在中的完整的人。人并不是在某一种规定性上再生产自己，而是全面地生产自己；他不是停留在某种已变成的东西上，而是处在变易性的绝对运动之中。梅茹耶夫强调，生产完整的人正是以马克思对文化的理解为基础的。因此，文化也是生产，不过它不是某种一般的生产，而是一种特殊的生产。文化可以被定义为人生产自己这个社会存在物，或人的自我的社会生产。文化培养社会的人的一切属性，并且把他作为具有尽可能丰富的属性和联系的人，因而具有尽可能广泛需要的人生产出来，把人作为尽可能完整的和全面的社会产品生产出来。

梅茹耶夫强调，文化不仅是人创造的东西，而且反映人与人之间的社会联系和关系。正因为社会关系在总体上是社会存在，体现人本身的存在形式，因此，考察人与人之间关系的发展状况对于考察人的发展状况至关重要。在梅茹耶夫看来，应该把人本身的形式与人的异化形式区别开来，从三个方面考察人的发展状况：一是人与自然的关系，二是人与人的关系，三是人与自身的关系。他强调，文化与自然、社会与人的关系就反映在这三种关系里，文化使这些关系形成不可分割的统一整体，在其中，人与自然的关系具有社会关系的特征，而社会关系又具有人与自身关系的特征。文化就是人与自然和社会的统一体，是人道地对待自然、他人和人本身，其标准是，人在活动的过程中在何种程度上能够不是以某一种而是以任何一种标准，即全面地进行创造活动，能够拥有自由的个性，而这种个性，是由人的天赋才能和文化发展程度决定的。梅茹耶夫强调，从自然发展到社会，从社会发展到人本身，这种统一的形成过程构成了文化史的内部逻辑。

(四) 社会主义是文化空间

对经典作家社会主义思想的文化内涵的阐述，是梅茹耶夫所侧重强调的。在《反马克思主义的马克思》一书中，梅茹耶夫专门写作了“社会主义是文化空间”一文，明确提出了自己的思想观点，主张经典作家社会主义理论的核心，是认为人未来将生存于文化的空间而非文明的空间内，将成为富有个性的、自由的存在。

（1）社会主义的创造性内涵。

梅茹耶夫指出，社会主义和更广范围的共产主义思想，最早实际上起源于欧洲文化的人道主义目标。最早的乌托邦主义者如托马斯·莫尔等，都是当时最为杰出的人道主义者，这并不是偶然的。马克思在许多方面，特别是在他将共产主义称为“现实的或实践的人道主义”、强调共产主义继承和发展了近代人道主义传统的时候，是正确的。因此，西方知识分子实际上普遍意识到了文化与文明的脱节，这种脱节，本质上也就是自由个性与资产阶级社会中个人生活形式的脱节。而各种共产主义的方案，尽管其中存在差异，但它们所包含的思想，则探索出了克服这种脱节并有利于文化发展的路径。梅茹耶夫指出，不仅西方的知识分子，包括俄国被称为科学与创作的知识分子，这样一种意识也已经进入他们的生活方式和自身心灵中。甚至对于马克思及其无产阶级的参与理论来讲，未来社会也是“仿照”人们的创造性劳动塑造出来的，人们将劳动视为自身存在的意义和目的。对于这些知识分子而言，能够保障每个人皆可享有劳动权的社会就是最好的社会。至于这个社会叫什么，则是次要的。因此，梅茹耶夫指出，社会主义所主张的创造性劳动或者创造性实践，就其自身的本性来讲，是与国家及货币资本对它的统治不相容的，社会主义的使命就是对货币资本的统治加以批驳。这一点，就如同自由主义对国家的绝对权力加以拒斥一样。但是，正如自由主义并不意味着消灭国家，而是使其转向法律和宪法的空间一样，梅茹耶夫指出，社会主义也与自身的极端做法——革命相反，并不号召用暴力来消灭市场经济和货币，而是要不断限制它们对人的统治。因此，可以说，只有当“经济必然性”的空间缩减了，“自由王国”的空间由此得以扩展的时候，社会主义的实现才会获得最大可能。梅茹耶夫明确地提出，也可以将这一空间称作“文化空间”。

（2）社会主义是一种文化理论。

梅茹耶夫指出，一个结构复杂的社会并不只具有经济合理性领域和政治合目的性领域，还有一个文化领域。在这一领域，人们所遵循的是另一些价值——道德的、伦理的和认知的价值。无论我们怎样称呼这一领域——“精神”领域、自由领域，还是真正的人类交往领域，正是这一领域构成了人类历史最深刻和最基础的层面。社会主义思想也面向这一领域。最一般形式的社会主义是按照文化规律运行的社会，而文化规律处于对经济和政治规律优先的地位。在“经济—政治—文化”这三者中，社会主义将文化提到了首要地位，其他一切社会关系、机构和设施都依附于它。社会主义的社会设想并不是经济和政治法律意义上的设想，可以称其为一种文化设想或者人自身的设想。的确，将社会主义不是看作一种经济理论或者政治理论，而是一种文化理论，这可能让人感觉很荒诞，但我们认为，唯其如此，才能将社会主义理论与其他理论区别开来。

在同一个经济政治空间内，与其他社会思想流派相比较，梅茹耶夫指出，社会主义显然已经败下阵来。那么，社会主义用什么才能够与自由主义的法治国家和自由市场理论相抗衡呢？梅茹耶夫指出，尽管我们自己有权认为我们的社会主义政治经济学和社会主义国家理论是科学的，但这些理论总是遭到人们的怀疑，对于什么是社会主义经济学和社会主义国家，过去人们一直是很难理解的。这是因为，不仅在马克思和恩格斯那里没有这些理论，而且在西方社会思想中也找不到类似的理论。事实上，对于马克思而言，共产主义是一种经济外的现实，具有自身的法则和规律。因此，体现在理论方面，共产主义并不是经济思维的继续，而是批判。梅茹耶夫指出，我们哪怕回想一下《资本论》的副标题——“政治经济学批判”，就会认识到这一点。在这里，批判并不是否定经济和国家，而是确定它们历史存在的界限。在这些界限内，国家和市场为争夺对人们社会生活的决定性影响而进行的对抗，构成了全部文明史的突出特征。在这一文明史的最后阶段，也就是由资本主义的胜利所标示的阶段，市场无疑起到了这种作用。从这一观点来看，共产主义，亦被阐释为科学社会主义，不仅将替代资本主义，而且将替代以往的、在资本主义阶段达到繁荣顶点的全部文明。马克思也是这样来理解这一问题的，他从来没有否定过“资本的伟大文明作用”。

梅茹耶夫强调，但是要知道，在文明史之外还有文化史。不知什么原因，至今这二者并没有很好地相互“契合”，而是相互排斥。在资本主义阶段这种情况表现得尤为明显。文明和文化在这一阶段表现出来的冲突成为近代不同哲学流派和社会思想流派，包括马克思主义讨论的对象。马克思将社会劳动分工看作这一冲突的原因，因为这一分工破坏了人的活动，也即人本身的基本价值。按照马克思的思想，文明在自身发展的过程中，通过人类生活的一切领域——劳动分工、所有制、权力、意识等等，逐渐地却毫不动摇地贯彻了社会分工的原则。在这一意义上，文明史宣布，分散的个体或者个别的个体战胜了以往发展阶段上人们生活的一切集体形式。在以往的发展阶段，部分还没有从整体中分离出来，而是相互融合在同质的、自身内部还无法区分的共同性中。但个人不等于有个性的个人。在存在个人局部利益（分散利益）的社会中，个性与其说是法律上的或美学上的个人，不如说是实际活动中的个人。部分之所以是部分，就是因为它们可以处于整体中，可以免受不取决于它们的、处在它们之外的力量的侵犯，这些力量或者是凌驾于它们之上的国家，或者是商品生产和交换机制、货币和资本的统治。人们分散为一个个个体，作为补偿，既得到普遍发展，又存在于与大多数人分离孤立的状态之中，而异化中的人们的力量和关系就会集聚在文明的另一端。全部文明都是在个别与普遍的对立中发展的，其中每一方在与另一方分离的情况下都将表现出纯粹抽象的趋势。文明把作为一个个个体或者抽象个体的人们联合起来，用与他们的个性完全相违背的枷锁将他们束缚在一起。在这个意义上，文化是与文明相对立的。文化的存在原则是自由的、具有不可复制的个性的人们的联系。

（3）社会所有制本质上是文化所有制。

在谈到社会主义的时候，梅茹耶夫指出，必须要回答的是社会所有制的问题。对于社会主义来讲，社会所有制原则无疑是最基本的原则。“可以赋予社会主义不同的性质，如人道主义、社会公正、平等、自由等等，但这些词汇都不能阐明社会主义最为根本的东西，即什么是社会所有制的问题。”①

梅茹耶夫指出，当听到有人说社会所有制就是公共所有制，就是一切公共所有、属于所有人的时候，我们不能不表示惊讶。按照这样的观点，只要把一切生产资料都集中到多数人手里，那么就可以称这种所有制为社会所有制了。的确，梅茹耶夫指出，在苏联经济学中曾经存在过的占统治地位的观点，也就是社会主义社会所有制存在两种基本的形

① 梅茹耶夫．我理解的马克思．林艳梅，译．北京：人民出版社，2013：93.

式——国家所有制（甚至是全民所有制）和集体-合作社所有制。相对于后者而言，前者是更为成熟的社会所有制形式。这两种观点，无论是其中的哪一种，实际上，它们与马克思所理解的社会所有制都没有什么关系。原因在于以下四个方面：一是马克思从来没有将社会所有制与国家所有制混同起来。在《1844 年经济学哲学手稿》中，马克思曾经把那种试图将财产集中到国家手中进而克服社会不平等的企图称为“粗陋的共产主义”。这种“粗陋的共产主义”，实际上是要逻辑终结私有制原则，要将国家中有工作的所有人都变成无产者，变成服务于国家的雇佣工人。二是被我们称为社会主义政治经济学的很多东西，都是建立在斯大林教条主义的基础之上的。正是这一政治经济学将斯大林作为社会主义代名词的国家所有制神话当成科学公设。三是国家和所有制的关系问题构成马克思后期著作的关键问题之一。将国家视为独立的经济主体，视为全部社会财富的所有者的观点，是与马克思本人的思想观点相去甚远的。四是对合作社所有制及其变体劳动集体所有制问题需要认真加以理解。

由此，梅茹耶夫提问道，如果社会所有制既不是国家所有制也不是集体所有制，那么它会以什么方式实现呢？梅茹耶夫指出，如果仍然固守在经济思维的界限内，是无法回答这一问题的，因为向社会所有制的过渡实际上是以超越经济界限为前提的，因此，改变的就不是所有制的主体而是客体，即一定程度的生产力发展。那么，到底什么是社会所有制呢？梅茹耶夫重点从三个方面进行了论述。

第一，社会所有制是每个人对全部社会财富的所有。梅茹耶夫指出，不应将社会所有制理解为所有人对某一东西——对某部分社会财富的所有，而应理解为每个人对全部社会财富的所有。“如果作为私人，那么属于他个人的只有部分社会财富（或者根本没有），但作为一个自由人，他需要的则是全部财富。”① 这便产生了社会所有制的公式：社会所有制的条件不是分割财富，而是每个人对财富完整无遗的占有。“如同每个人的自由是所有人自由的条件一样，每个人对全部财富的所有权也是社会所有权、所有人的所有权的前提条件。”② 所有人的所有权是属于每个人因此也属于所有人的所有权，并不是属于所有人但不

①② 梅茹耶夫．我理解的马克思．林艳梅，译．北京：人民出版社，2013：98.

属于单独的任何人的无名的所有权。自由主义宣告了人们在财产权利上的平等（它按照人们对财富实际占有的多少来对人进行划分），社会主义则不同，它认为自身的目的是人平等地占有财产，也就是每个人都变为全部社会财富的所有者。换句话说，社会主义提出的不是法律形式上的平等问题，而是人们的事实平等或者现实平等问题。

第二，社会所有制是对“个人所有制”的重新理解。梅茹耶夫指出，在《资本论》中，马克思曾将社会所有制称为“个人所有制”，但是，对马克思这一观点的理解不应按照抽象否定私有制的原则来进行。“如果说资本主义私有制在利用雇佣工人劳动的同时否定建立在自己劳动基础上的个人私有制，那么，社会所有制则否定资本主义私有制，并在‘资本主义时代的成就的基础上’重新建立个人所有制。也就是说，它不是简单地否定资本主义私有制，而是对它的‘否定之否定’。”① 社会所有制，在客体方面（不是部分财富，而是全部社会财富成为其客体）否定私有制，在主体方面则恢复了私有制（每个人都成为这一财富的所有者）。这种对社会所有制的理解保存并恢复了私有制的积极方面（否定了其消极的——不平等的方面），这一私有制是“发展社会生产和劳动者本人的自由个性的必要条件”②。

第三，社会所有制本质上是文化所有制。梅茹耶夫指出，对于马克思而言，社会所有制并不是一个经济学范畴，而完全是另一个层次和序列的范畴：它是人的存在条件，但这个人不是物质生产的媒介，而是超越物质生产的社会主体。具体来讲，梅茹耶夫指出，社会所有制的实现，需要具备以下三个条件：一是科学条件，也就是作为一般劳动条件的科学。按照马克思的观点，社会化的对象不可能是分散的劳动资料。而在现代生产中，科学就是这样一种“一般劳动条件”。不可能将科学私有化，不可能将其分割为归属于不同人的一个个部分。二是科学必须具有主要生产力的意义。只有当科学具有了主要生产力的意义，人与科学的结合成为生产过程的主要因素时，社会所有制的建立才有可能。三是社会所有制是对文化的所有权。梅茹耶夫指出，连同科学在内，文化包含了一切能够成为人这个“主要资本”的生产资料的东西，包括艺术、教育、各种形式的智力和创造性活动、信息系统、交往形式等等。

① 梅茹耶夫．我理解的马克思．林艳梅，译．北京：人民出版社，2013：98．

② 马克思，恩格斯．马克思恩格斯文集：第5卷．北京：人民出版社，2009：872．

如果说私有制是对资本的所有权，那么社会所有制就是对文化的所有权。

梅茹耶夫指出，马克思关于自由王国超出“经济必然性”界限的愿望，招致了人们对其理论的恶意嘲笑和指责，特别是自由主义者的嘲笑和指责。因为对于后者而言，自由就等于私有制和市场。很少有人想弄清楚，对于这一过渡，马克思本人到底是如何思考的。要知道，马克思所指的并不是要否定经济，如果是这样的话，那确实是乌托邦，而且是极其有害的；他指的是经济发展的另外一种源泉——它不同于工人简单的直接劳动和分散劳动，也就是说，他指的是一种将人从劳动力功能中解放出来的经济。资本主义懂得这一源泉并且广泛地利用了它。马克思写道：“可见，资本的趋势是赋予生产以科学的性质，而直接劳动则被贬低为只是生产过程的一个要素。”① 当科学应用到生产中去的时候，它改变了对劳动资料所有权的性质，因为科学作为一般劳动条件，已经不再具有私人的、他人不可享用的性质。因而，社会所有制的源泉并不在于对私有制的强制剥夺，而是使物质生产发展到科学生产的水平。

由此，梅茹耶夫总结道，只是到了今天才越来越明显，社会主义在其最初的意义上，在本质上解决的不是技术与经济的任务，而是摆在社会和每个人面前的文化任务。正是由于进入高技术和全球化发展阶段的资本主义并没有对历史发展所提出的文化挑战给予直接的回答，才迫使西方知识界开始谈论给资本主义以重创的文化危机问题。按照梅茹耶夫的观点，在很多方面，社会主义的命运恰恰是由文化危机而不是由“生产过剩的危机”、“无产阶级的贫困化”或者其他的经济和金融灾难所决定的。“不是经济上的困境，而是文化上的困境，将迫使人们在社会主义的方向上寻找摆脱它的出路。”②

从文明与文化的立场，梅茹耶夫继承了苏联历史上著名的哲学家伊里因科夫的思想传统，注重从文化、人、历史的视角理解马克思，理解马克思的理论和学说。因此，梅茹耶夫思想的特色，并不在于他从文本或思想史的角度研究马克思，而是从哲学和文化理论的视角研究马克思。从这一视角出发，他将马克思主要理解为现代社会或现代文明的批

① 马克思，恩格斯．马克思恩格斯文集：第 8 卷．北京：人民出版社，2009：188.

② 梅茹耶夫．我理解的马克思．林艳梅，译．北京：人民出版社，2013：103.

判者，从对人的发展的关注视角，进行对现代文明经济、政治和意识形态体系的全方位批判。因此，他强调，马克思的学说主要不是经济、社会或政治理论，而是历史理论，是作为整个人类历史基础的文化史。梅茹耶夫从不同角度对马克思的思想理论做了历史学的和文化学的全面阐释，特别是他提出了“社会主义是文化理论”“社会主义是文化空间”“社会所有制本质上是文化所有制”等一系列重要而明确的观点，并结合当代人类社会历史的发展，对社会主义的内涵做了文化学和创造性意义上的深刻阐释，富有较强的启发意义。梅茹耶夫的思想深邃厚重、鲜明独特，在当代俄罗斯学术界受到广泛的尊重。他强调并尊重马克思的思想价值，主张在对待马克思的问题上，人们既要从苏联时期对他的虚假美化和吹捧中解放出来，也要从当前对他的诽谤和唾骂中解放出来。梅茹耶夫确信，正如主张向资本主义市场经济的转变是不可避免的一样，向马克思的回归也是不可避免的。

梅茹耶夫提出的文化学或文化哲学，是在苏联解体之后坚持与发展马克思主义的有益尝试，成一家之言，有重要的理论意义与学术创新，值得重视。但是，他的理论有一定抽象性质，与社会主义实践创新结合不够紧密，与马克思主义哲学、政治经济学、科学社会主义基本理论之间的内在统一问题也尚待进一步解决。

上述六个学派，代表了苏联解体后，马克思列宁主义在俄罗斯重生的艰难历程，其中多数学派努力在困境之中坚持发展马克思列宁主义，犹如顶凌而开的冰凌花。1991 年，东欧剧变、苏联解体，马克思主义在苏联东欧经历了十月革命后的锋芒初试、第二次世界大战后的多国发展之后，陷入了严寒冬季与低谷时期。

在国际范围内，甚至还出现了流行一时的福山的“历史终结论”，认为马克思主义、社会主义，将永远地退出世界历史舞台，以后将是自由主义横行天下的千年王国。

然而，短短几年之后，在俄罗斯首都莫斯科，在莫斯科大学思想论坛上，就开始出现了马克思主义复苏的迹象。俄罗斯马克思主义在世纪之交，走向艰难重生。在历尽磨难之后，还先后出现了六个颇具影响的学术流派，这使我们不由得想起中国改革开放总设计师邓小平在 1992 年初春南方谈话中做出的大胆预言、科学预见：“我坚信，世界上赞成马克思主义的人会多起来的，因为马克思主义是科学。它运用历史唯物主义揭示了人类社会发展的规律。封建社会代替奴隶社会，资本主义代替封建主义，社会主义经历一个长过程发展后必然代替资本主义。这是社会历史发展不可逆转的总趋势，但道路是曲折的。资本主义代替封建主义的几百年间，发生过多少次王朝复辟？所以，从一定意义上说，某种暂时复辟也是难以完全避免的规律性现象。一些国家出现严重曲折，社会主义好像被削弱了，但人民经受锻炼，从中吸收教训，将促使社会主义向着更加健康的方向发展。因此，不要惊慌失措，不要认为马克思主义就消失了，没用了，失败了。哪有这回事！”①

“离离原上草，一岁一枯荣。野火烧不尽，春风吹又生。”这首古诗描写的意境，也许正是战后苏东马克思主义历史命运的生动写照。它们历经磨难，曲折发展，如今正在走出低谷，艰难重生……

回顾这段历史进程，不应讳言，历史走着曲折的路，战后苏东马克思主义史走过了曲折发展的道路，甚至经历了马克思主义史上前所未有的大曲折；时至今日，虽然从 1991 年最低谷已经走出来，并走过了 30 多年艰难复苏之路，但从世界历史整体高度来看，仍处于一个低潮时期。

然而，我们立足中华大地，纵观整个世界历史长河，却不必悲观失望、消极颓丧。屹立在世界东方的中华民族，在伟大的中国共产党领导下，在努力借鉴苏联模式、吸取苏东剧变沉痛教训的基础上，有无限生机、无限希望、无限光明。

1992 年春天，邓小平发表南方谈话。同年，中国共产党第十四次全国代表大会召开，确立社会主义市场经济体制，这是我们党的一个伟大创举，是中国共产党人对马克思主义的重大发展，也是社会主义发展史上的重大突破。

2012 年、2017 年党的十八大、十九大，都从“两个不走”——“既不走封闭僵化的老路，也不走改旗易帜的邪路”的新高度，表达出中国共产党对中国特色社会主义理论体系的坚持和强调。

2022 年党的二十大，守正创新，在“两个不走”的基础上，进而提出“两大创造”的发展方向，“创造中国式现代化新道路，创造人类

① 邓小平．邓小平文选：第 3 卷．北京：人民出版社，1993：382-383.

文明新形态"，不断推动马克思主义中国化，是马克思主义基本原理同中国具体实际相结合、同中华优秀传统文化相结合的进程和结果。

让我们举起双手，共同迎接马克思主义走出低谷、走向复兴的壮丽日出！

后　记

本书是由北京大学马克思主义学院组编、顾海良教授担任总主编的《20世纪马克思主义发展史》九卷本的第六卷，题为《20世纪下半期马克思主义在苏联东欧的发展》。该书的写作过程、作者队伍的组织过程，有一定的特殊复杂性，有必要在后记中略加说明。

这本书最初的主编，是中国人民大学安启念教授，他是这一领域的著名专家，长期从事这方面的研究，与俄罗斯的有关专家联系广泛，是该书主编的理想人选。在他的主持下，2016年、2017年开始这一课题的研究、专著的写作。至2018年3月，形成了有11章内容的最初的书稿，作者既有中国多所高校的专家，又有3位著名的俄罗斯专家学者，这11章的分工如下：

东北农业大学武卉昕执笔写出了第一章初稿：《斯大林去世后苏联理论界和苏东二十大对斯大林的批评》；俄罗斯学者布罗夫执笔写出了第二章初稿：《苏共二十大后苏联学者著作中对马克思主义和社会主义的新理解》（王梓译）；俄罗斯学者B. H舍甫琴科写了第三、九章初稿：《苏联马克思主义哲学的基本发展方向（20世纪50年代中期至20世纪60年代中期）》（张韦康译），《苏联解体后俄罗斯的马克思主义》；俄罗斯学者彼得·康德拉绍夫写了第四章初稿：《勃列日涅夫的改革尝试与马克思主义理论领域的斗争》（张韦康译）；海南师范大学的陈红写了第七、八、十章初稿：《戈尔巴乔夫改革及其对马克思主义的影响》《戈尔巴乔夫改革期间的苏联马克思主义》《俄罗斯批判的马克思主义流派》；黑龙江大学隽鸿飞负责组织撰写关于东欧各国马克思主义史的三章：《东欧各国的社会主义实践与马克思主义的广泛传播》《南斯拉夫实践派》《波兰、匈牙利、捷克斯洛伐克与民主德国的新马克思主义思潮》。

2018 年初春，安启念教授的身体出了点问题，一度住院治疗，出院之后还必须疗养一段时间，才能完全恢复。在这种情况下，本卷主编安启念和丛书总主编顾海良教授都提出希望由我接手这项工作。

安启念是我多年的好友，关系甚好，观点相近。他遇到困难，我出手相助是义不容辞的，因而我也来不及仔细考虑，自 2018 年 3 月 6 日即开始接手本卷主编工作。从一定意义上说，我承担这项工作，多少有点临危受命、临时救场的意味。

我也曾长期从事这一重大领域研究，我 10 岁开始学俄语，1963 年，15 岁时开始自学研读列宁著作，接触苏联、俄罗斯问题，我的硕士、博士论文研究的都是列宁哲学与苏联问题。1986 年，在我的第一本书《社会主义建设中的哲学问题探索：改革之路的哲学沉思》中，开始倡导苏联、东欧、中国改革比较综合研究；1991 年我到莫斯科大学做访问学者，目睹苏联解体过程……2013 年，我重新走访了俄罗斯；2015 年我出版了专著《系统改革论——列宁遗嘱，苏联模式，中国道路》。

然而，创作本书，毕竟还是有点仓促，遇到了一些未曾想到的难题。安启念教授的组织工作，和原有的 11 章初稿，为完成本书打下了重要基础；但直接由原稿做出修改而组合成全书，却有难以克服的困难。

于是经过反复考虑和认真准备后，由我、陈红、林艳梅（中共中央党校（国家行政学院）教授）、叶帆（莫斯科大学历史学博士、北大马克思主义学院博士后）四人，组成一支小而强的队伍，完成改写统稿的任务。为此，我重新拟定了一份写作大纲，包括总体框架、基本结构、章节目录、理论要点。按照这个大纲，四人分别承担的统稿任务是：

我负责导言，第一章，第二章，第三章，第五章，第七章，第八章，第十章第一、二、三节，第十五章，后记；

陈红负责第六章，第九章，第十章第四、五、六节，第十一章，第十二章，第十三章，第十四章，第十八章第一节；

林艳梅负责第十六章，第十七章，第十八章第二节，第十九章；

叶帆负责第四章。

为了更好地共同解决书稿写作中遇到的难题，从 2018 年春到 2020 年春的这两年间，我们先后召开过 4 次比较集中的专题研讨会和统稿会：

第一次是在 2018 年暑假期间，在全面梳理原有书稿的基础上，拟定大纲，全面启动。

第二次是在 2019 年暑假期间，进行全面加工，初步统稿。

第三次是在 2019 年十月中下旬，召开了专家审读会，出席会议的专家有顾海良、季正聚、吴恩远、俞良早、魏小萍、何萍、苑秀丽、刘从德、孙熙国、孙蚌珠、孙代尧、孙来斌等 12 人。他们充分肯定了该书的重大理论意义与学术价值，同时对如何进一步修改完善书稿，提出了许多中肯的意见，在此基础上从 2019 年 10 月至 12 月底又进行了全面修改。

第四次是 2020 年开春，在过年期间和抗击新冠疫情期间，总主编顾海良又从头到尾审读一遍，并具体明确地提出了重点修改的书面意见。由于受新冠疫情影响，我们未能谋面，就在网上展开讨论，进行分工合作，又进行了一轮修改。

我作为主编，负责全书统筹、重点章节修改，尽可能协调全书风格，及至最后的全书统稿定稿。副主编陈红，负责全书部分重点章节的修改，并带领其学术团队对全书的体例格式、行文规范性做了全面检查修正。叶帆作为主编助理，对全书的文字和注释的学术规范性从头到尾仔细检查。

在 20 世纪马克思主义发展史中，甚至在哲学社会科学界中，“20 世纪下半期马克思主义在苏联东欧的发展”，是一个难度特别高、意义特别重大的研究课题。这也是一个至今学术分歧特别大，仁者见仁、智者见智、众说纷纭、莫衷一是的理论难题。它不仅影响到我们对历史的看法，而且还必然会深刻地影响到我们对现实的剖析、未来的选择、中国道路的开创以及人类社会发展的方向。

这个课题背后的深层问题，就是苏联模式的历史命题：苏东剧变的历史根源，究竟是马克思主义、社会主义的根本失败，还是苏联僵化模式的失败，加上戈尔巴乔夫背叛马克思列宁主义、科学社会主义的失败？

作为一部历史科学著作、马克思主义史著作，本书的学术理想目标就是“究天人之际，通古今之变，成一家之言”。也就是在这个命运攸关的重大时代课题、世界历史课题上，做出马克思主义的科学回答，做出马克思主义的响亮回答，根本超越极左与极右的流行见解，也超越国内外的一些流行著作。

应当说，通过大家的共同努力，这个学术理想目标基本实现了。

但由于时间过于仓促，本书还有许多不完善的地方，远未达到尽善尽美的理想境界：有些重大问题的研究火候不到；有些细节还打磨得远不够细致；全书风格如何协调一致，也是一个有待进一步研讨的问题。这些问题的进一步解决，看来只好有待来者、有待来日了。

感谢本书初创阶段的主编安启念教授，还有本书初稿的原创作者——各位俄罗斯与中国作者，没有他们打下的最初基础，就没有本书的最终完成！感谢参加审读会的各位学术专家，没有他们的批评意见和修改建议，就没有这本新著的认真修改、精益求精！感谢顾海良总主编的理解支持与批评指正，让本书更好地融入《20 世纪马克思主义发展史》的整体系列之中！也感谢陈红、林艳梅、叶帆三位中青年学者，没有他们的共同努力、齐心合作，就没有这一课题的完成，我也欣喜地看到他们在学术上发展起来，前途无量！末了，还要感谢北京大学马克思主义学院的科研组织工作、中国人民大学出版社的精心编辑工作！

让我们大家薪火相传，共襄盛举！

王　东

2020 年 2 月 20 日

于北大清华蓝旗营小区

2023 年末修改补充

图书在版编目（CIP）数据

20 世纪马克思主义发展史．第六卷，20 世纪下半期马克思主义在苏联东欧的发展/北京大学马克思主义学院组编；顾海良总主编；王东主编；陈红副主编．--北京：中国人民大学出版社，2024.1
（马克思主义研究论库．第二辑）
ISBN 978-7-300-32353-4

Ⅰ.①2… Ⅱ.①北…②顾…③王…④陈… Ⅲ.①马克思主义-历史-研究-20 世纪 Ⅳ.①A81

中国国家版本馆 CIP 数据核字（2023）第 221592 号

马克思主义研究论库·第二辑
20 世纪马克思主义发展史
北京大学马克思主义学院　组编
总主编　顾海良
第六卷
20 世纪下半期马克思主义在苏联东欧的发展
主　编　王　东
副主编　陈　红
Ershi Shiji Makesi Zhuyi Fazhanshi

出版发行	中国人民大学出版社		
社　　址	北京中关村大街 31 号	**邮政编码**	100080
电　　话	010－62511242（总编室）		010－62511770（质管部）
	010－82501766（邮购部）		010－62514148（门市部）
	010－62515195（发行公司）		010－62515275（盗版举报）
网　　址	http://www.crup.com.cn		
经　　销	新华书店		
印　　刷	北京联兴盛业印刷股份有限公司		
开　　本	720 mm×1000 mm　1/16	**版　　次**	2024 年 1 月第 1 版
印　　张	41 插页 3	**印　　次**	2024 年 1 月第 1 次印刷
字　　数	645 000	**定　　价**	198.00 元